UkrainianLessons.com

Anna Ohoiko

Grammar Guide Included!

500+ Ukrainian Verbs

Conjugation & Examples of Use

- **Complete Verb Details**: Each verb page includes imperfective and perfective aspects, stems, conjugation types, English translation, and more.
- **All-in-One Conjugation Tables**: Verb charts cover all tenses, moods, and special verb forms, each marked with stress indicators.
- **Practical Usage**: Simple examples showcase diverse verb forms with typical cases and prepositions.
- **In-Depth Introduction**: A comprehensive Verb Guide in English provides essential grammar information, suitable for learners at all levels.
- **Alphabetical English and Ukrainian Indexes**: For quick access.

© Ukrainian Lessons
2024

Copyright © 2024 Ukrainian Lessons / Anna Ohoiko (Анна Огойко)

All rights reserved. No part of this publication may be reproduced, stored in a retrieval system, or transmitted in any form or by any means, electronic, mechanical, photocopying, recording, or otherwise, without the prior written permission of the publisher.

Cover Designer: Oleksandra Siryk (Олександра Сірик)
Book Designer: Oleksandra Siryk (Олександра Сірик)
Production Director: Anna Ohoiko (Анна Огойко)
Lead Ukrainian and English Editor: Mariana Vasylyk (Мар'яна Василик)
Senior Ukrainian Editor: Nataliia Zaika, PhD (Наталія Заїка, кандидат філологічних наук)
Proofreaders: Maryna Serbyna (Марина Сербина), Mariia Rusanovska (Марія Русановська)
Assistant: Maryna Serbyna (Марина Сербина)

Abstract:

"500+ Ukrainian Verbs" is the ultimate reference guide for anyone eager to master Ukrainian conjugation and verb usage. It covers all the essentials of Ukrainian verbs, from the imperfective and perfective aspects to conjugation in all tenses.

Going beyond a simple listing of verb forms, the author includes practical example sentences to aid understanding in context, as well as common formulas with cases and prepositions. Additionally, a Verb Guide in English provides essential grammar information about the system of Ukrainian verbs, making this book an indispensable resource for learners at all levels.

Whether you're brushing up on verb forms, diving deep into grammar, or seeking simple examples for the new verbs you are learning, "500+ Ukrainian Verbs" is your go-to resource.

Publisher Information
Ukrainian Lessons A.O., Sweden
Anna Ohoiko
anna@ukrainianlessons.com
UkrainianLessons.com

Paperback ISBN: 978-91-986937-8-2
Ebook ISBN: 978-91-986937-9-9

Table of Contents

Introduction	7
10 Ways to Use This Book	9
Quick Start	10
Verb Page Structure	10
Special Notes	13
Verbs Ending with -ся (-сь)	13
Euphony Alternations: в-у, і-й	14
Unidirectional vs Multidirectional Verbs	15
Special Conjugation of Athematic Verbs	16
Stressing Verbs in Different Forms	17
Shortened Verb Forms Used in Casual Speech	17
Overview of Ukrainian Cases	18
Verb Guide	21
1. Foundations of Ukrainian Verb	21
1.1 What is a Verb?	21
1.2 Infinitive Form	22
1.3 Two Types of Verb Stems	23
1.4 Two Conjugation Types	26
1.5 Verb Forms	31
1.6 Morphological Categories of Ukrainian Verbs	32
2. Aspect in Ukrainian	34
2.1 Introduction to Aspects	34
2.2 How to Recognize Imperfective and Perfective Aspects	36
2.3 Three Types of Verbs According to Aspect Realization	38
3. Ukrainian Tense System	40
3.1 Теперішній час — Present Tense	40
3.2 Минулий час — Past Tense	42
3.3 Майбутній час — Future Tense	45
4. Ukrainian Verb Moods	48
4.1 Умовний спосіб — Conditional Mood	48
4.2 Наказовий спосіб — Imperative Mood	50
5. Verb Derivatives and Impersonal Forms	53
5.1 Дієприкметник — Verbal Adjective or Participle	53
5.2 Дієприслівник — Verbal Adverb or Adverbial Participle	56
5.3 Безособові форми на -но, -то — Impersonal Forms Ending with -но, -то	57
Ukrainian Verb Conjugation Charts	59
Index of Ukrainian Verbs	561
Index of English Verbs	568
Bibliography	577
About the Author	578
About Ukrainian Lessons	579
More from Ukrainian Lessons	580

Introduction

Вітáю! Hello!

Ласкáво прóсимо до свíту украї́нських дієслíв!

Welcome to the world of Ukrainian verbs!

Verbs are the backbone of any language, adding dynamism to sentences by expressing actions or states. Think of verbs as the "action heroes" of a language — and in Ukrainian, these heroes come with their own set of superpowers and quirks!

Just like small children, we first focus on learning nouns that help us name the objects and people around. However, to piece these nouns together into sentences, mastering verbs becomes essential. Only by truly understanding verbs, their tenses, and moods (such as the imperative for directions) can you begin to speak and write smoothly and in a more sophisticated manner.

If you are diving into the Ukrainian language, dedicating some time and effort to an extensive study of verbs is a strategic move. This book aims to be your faithful companion on that journey.

In the upcoming chapters, you will find the methods I recommend for using this book, an overview of a conjugation page, and a comprehensive breakdown of the Ukrainian verb system. Take your time to go through these chapters at your own pace. Do not be discouraged if you find yourself overwhelmed at first; this is normal – after all, we are delving deep into the whole universe of Ukrainian verbs!

And who knows? Perhaps this book will take an active spot on your shelf, serving as a trusted reference friend for years to come.

P.S. At UkrainianLessons.com, we are committed to creating high-quality, inspiring resources for learning Ukrainian. We cherish your feedback and suggestions! Feel free to send us your thoughts, or even snapshots of you delving into this book, at anna@ukrainianlessons.com. Your journey inspires ours!

10 Ways to Use This Book

We created this book for different levels and learning styles. With this in mind, we present you ten ways to maximize your experience with this book:

1. **Look Up Verb Forms:** First things first, use this book as a reference for any verb forms you might need when studying or composing a text in Ukrainian. If you are uncertain while speaking Ukrainian and have doubts about a particular form, make a note on your phone to revisit this verb later in the book.

2. **Deep Dive into Verbs:** If you're genuinely committed to Ukrainian grammar, take up this challenge: study two tables from the book every day to master them within a year. For example, you can recite them aloud with their full conjugations and examples before going to bed.

3. **Check Example Sentences For Context:** Enhance your understanding of verb usage by exploring sentences that demonstrate them in natural settings. Create your own examples that are more relevant to your life — doing so will help you remember each verb even better.

4. **Use it as Your Ultimate Verb Dictionary:** Use the index to locate any verb quickly, streamlining your study sessions or quick look-ups.

5. **Look Up the Perfective Counterparts:** For many learners, this feature will be the most valuable in the book — to acquaint themselves with the perfective aspect of verbs. Keep in mind that many Ukrainian verbs lack exact perfective counterparts, but we usually attempt to provide a perfective verb with the same stem for your reference. Learn more about this in the Verb Guide (Chapter 2, page 34).

6. **Check Possible Reflexive Usage with [ся]:** Discover which verbs are commonly used with the reflexive postfix -ся, and understand the meaning of such verbs (translation in [brackets] at the top of the page).

7. **Swiftly Identify Conjugation Patterns:** Unsure about the ending — whether it's -уть or -ать in the present or future tense? Quickly check the verb's conjugation type at the top of the page.

8. **Determine Word Stress in Various Forms:** Perfect your pronunciation by knowing exactly where to emphasize each verb form.

9. **Ensure Correct Usage of Cases and Prepositions:** Learn which grammatical cases and prepositions are typically used with specific verbs. These formulas along with illustrative examples will help you construct your own sentences.

10. **Showcase Your Dedication:** Impress your friends and family members by proudly displaying this impressive book on your shelf or desk.

Quick Start

In this section, we provide foundational guidance on using the conjugation tables featured in this book. For a deeper exploration of aspects, tenses, and moods, turn to our Verb Guide (page 21).

Verb Page Structure

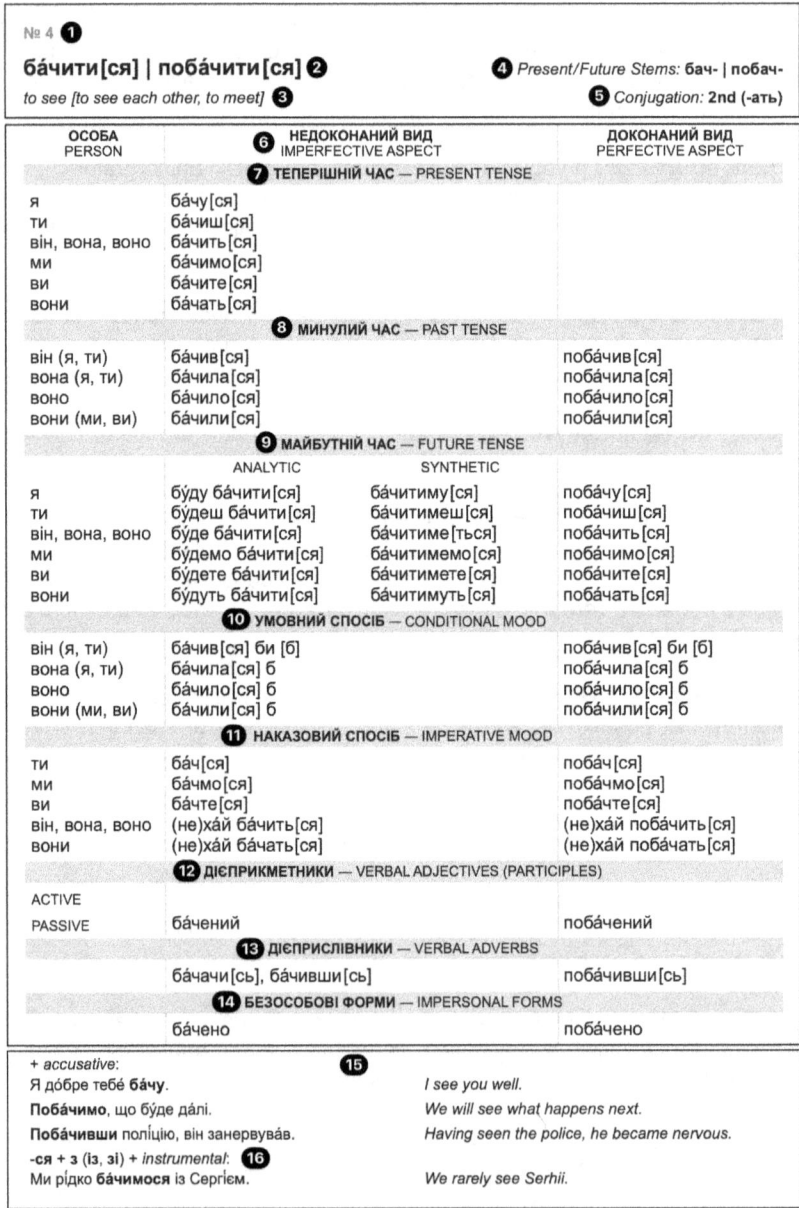

Let's examine the example page, which is divided into three distinct sections. Take some time to explore them in detail to make the most of this book.

Part 1: Header (Verb, Translation, and Basic Information)

1. **Chart Number:** Each chart is assigned a number to help organize your studies. Although there are exactly 500 pages with conjugation tables, the book includes many more verbs. For example, on the previous page alone, you will find four verbs: **ба́чити**, **ба́читися**, **поба́чити**, **поба́читися**. Now you see why the book is titled "500+ Ukrainian Verbs."

2. **Infinitive Form:** Verbs are presented in their infinitive forms, usually in two aspects: imperfective and perfective. The first, imperfective, denotes a regular action or process, while the second, perfective, indicates a one-time action or an action aimed at a result.

   Many verbs have exact perfective equivalents (e.g., **писа́ти | написа́ти**). For verbs without a direct perfective counterpart, we provide a perfective form with the same stem for conjugation reference (e.g., **бі́гати | побі́гати**). Detailed explanations on using and forming these aspects are in the Verb Guide (Chapter 2, page 34).

   Note on **[ся]**: If a verb has a separate form ending in **-ся**, it is presented as **[ся]** (e.g., **ми́ти[ся] | поми́ти[ся]**). This means the table covers the following verbs: **ми́ти**, **ми́тися** (imperfective) and **поми́ти**, **поми́тися** (perfective).

3. **English Translation:** We provide key translations, though they are concise and not exhaustive.

   Note on **[ся]**: Translations for forms ending in **-ся** are provided in brackets. For example, for **ми́ти[ся]**, the translation is "to wash, to clean with water [to wash oneself]."

4. **Present/Future Stems:** This stem, which differs from the infinitive stem, is conveniently displayed to assist in forming present and perfective future tenses. Like the infinitive verbs, stems are provided in both aspects: imperfective | perfective.

   Please note that the stems of certain verbs can vary slightly for different persons due to phonological alternations. Where applicable, we present such alternations using formats like: **плач-/плат-** (for **плати́ти**), **люб(л)-** (for **люби́ти**).

   More about verb stems can be found in the Verb Guide (Chapter 1.3, page 23).

5. **Conjugation Type:** This section quickly indicates whether a verb falls under Conjugation 1 or 2, along with the third-person plural ending. This information, coupled with the present/future stem, helps in forming the present and perfective future. If conjugation types vary between aspects, they are indicated as such (e.g., **1 (-ють) | 2 (-ять)**). Additional information on two conjugation types is in the Verb Guide (Chapter 1.4, page 26).

Part 2: Conjugation Table (All Tenses, Moods, and Derivatives)

6. **Imperfective and Perfective Sections:** The page is divided into two sections, each corresponding to either the imperfective or perfective aspect of verbs. This organization allows easy reference and understanding of the conjugation patterns for each aspect.

7. **Present Tense:** The present tense is exclusively formed from imperfective verbs. It uses the present tense stem and specific endings determined by the verb's conjugation type. More detailed information about present tense formation and usage is available in the Verb Guide (Chapter 3.1, page 40).

8. **Past Tense:** This tense is derived from both imperfective and perfective verbs, using the infinitive stem. Unlike the present tense, the past tense doesn't follow traditional forms for all persons; instead, it has four forms based on the gender and number of the subject. For a comprehensive overview of the past tense, refer to our Verb Guide (Chapter 3.2, page 42).

9. **Future Tense:** Ukrainian features three forms of the future tense. Imperfective verbs can form both analytic and synthetic future tenses, which differ in form but not meaning. Perfective verbs create the simple future tense based on their future tense stem and conjugation type. Detailed information about the formation and usage of the future tense can be found in the Verb Guide (Chapter 3.3, page 45).

10. **Conditional Mood:** This mood is used to express hypothetical actions. The conditional or subjunctive mood is formed using the verb's past form along with the particles б or би. For more in-depth understanding, see the Verb Guide (Chapter 4.1, page 48).

11. **Imperative Mood:** This mood is used to express commands, calls to action, or requests. In Ukrainian, the imperative is formed in two ways, depending on the person. For the 1st person plural, 2nd person singular or plural, it is formed synthetically from the present tense. The 3rd person (singular and plural) are created using particles хай or нехай. Further details on the imperative mood can be found in the Verb Guide (Chapter 4.2, page 50).

12. **Verbal Adjectives (Participles):** These are derivatives of verbs that resemble adjectives. We differentiate between active verbal adjectives, describing someone or something performing an action, and passive verbal adjectives, describing qualities that result from external actions. Not every verb can form all types of verbal adjectives, making this section a valuable reference. For more details, see the Verb Guide (Chapter 5.1, page 53).

13. **Verbal Adverbs (Adverbial Participles):** These forms combine characteristics of verbs and adverbs to describe actions that occur simultaneously with or before the action of the main verb. Perfective verbal adverbs are generally straightforward, whereas imperfective ones usually exist in two types (derived from present and past forms). As these types have almost no difference in meaning, they are presented together in the chart, separated by a comma. Additional information can be found in the Verb Guide (Chapter 5.2, page 56).

14. **Impersonal Forms (ending with -но or -то):** One method of expressing actions or states impersonally, without specifying a subject, is through verb forms ending with **-но** or **-то**. These forms are derived from passive verbal adjectives and are available only when the corresponding adjectives exist. For a more detailed exploration of these forms, refer to the Verb Guide (Chapter 5.3, page 57).

Part 3: Example Sentences (With Common Cases and Prepositions)

15. **Example Sentences:** These are short, clear, and natural examples showcasing the various forms of verbs in context. The examples usually follow the order presented in the conjugation table: present tense, past, future, etc. While not every tense is represented for each verb, we strive to provide a diverse mix. Different verb forms are utilized proportionally throughout the book. If parallel forms exist, such as two variations of the future tense, both are presented. Verbs within these sentences are highlighted in bold, and all words feature stress marks to assist in proper pronunciation. Additionally, if a reflexive form of the verb is available, we include one or more examples using this form, typically positioned at the end of the list.

16. **Formulas with Cases and Prepositions**: The example sentences also demonstrate, where applicable, the cases used after a verb and common prepositions associated with it. This is particularly helpful for learners of Ukrainian who are uncertain about case usage following verbs. For reference and revision, you can find our Overview of Ukrainian Cases on page 18.

Special Notes

Verbs Ending with -ся (-сь)

In Ukrainian, many verbs can adopt the postfix **-ся**, turning them reflexive. Some verbs are inherently reflexive and always use **-ся** (e.g., **боятися**, **сумніватися**), while others can be used both with and without **-ся**, becoming two different verbs (e.g., **бити** and **битися**, **мити** and **митися**).

Organization in This Book

To conserve space, we present these verbs on a single page, marking them with **[ся]**.

For example, the conjugation table for **мити[ся]** includes the conjugation of **мити** (*to wash, to clean with water*) and **митися** (*to wash oneself*). The conjugations are the same with the postfix **-ся** added at the end of the word, not written separately. The translation of the verb ending with **[ся]** is provided in the square brackets as well:

№ 247

Present/Future Stems: ми- | поми-　　　　　　　**мити[ся] | помити[ся]**
Conjugation: **1st (-ють)**　　　　　　　　　　*to wash, to clean with water [to wash oneself]*

Phonetic Variations -ся vs -сь

The postfix **-ся** is the most common and standard form; however, there is another variation: **-сь**. The choice between **-ся** and **-сь** depends on the sounds surrounding them:

-ся is used:	-сь is used:
Before a consonant:	Between two vowels:
Вона подивилася фільм.	**Вона подивилась український фільм.**
She watched a film.	*She watched a Ukrainian film.*
Before a vowel after a consonant:	Always in verbal adverbs:
Він подивився український фільм.	**дивлячись, миючись, сміючись**
He watched a Ukrainian film.	*(while) watching, washing, laughing*

To avoid overwhelming the charts with excessive information, we only show the postfix **-ся**, except for verbal adverbs, where only **-сь** is used.

Reflexive Verbs Usage

Reflexive verbs in Ukrainian can express a range of nuances, forming different groups. The most common ones include:

1. **Traditional Reflexive Verbs:** These verbs show an action the subject does to themselves, like **митися** (*to wash oneself*), **одягáтися** (*to dress oneself*). Here the postfix **-ся** functions similarly to "oneself" in English.

2. **Mutual Reflexive Verbs:** These verbs involve two or more subjects doing something to each other, like **бáчитися** (*to meet each other*), **обіймáтися** (*to hug each other*). Here the postfix **-ся** is like saying "each other" in English.

3. **Indirect Reflexive Verbs:** These actions are performed by the subject but not directly on themselves. For example: **збирáтися** (*to get ready*), **молитися** (*to pray*).

4. **Objectless Reflexive Verbs:** This type describes actions that are natural or typical for the subject, like **кусáтися** (*to bite*) as in **Цей собáка не кусáється** (*This dog doesn't bite*).

5. **State Reflexive Verbs:** These verbs lack a direct object and describe states such as feelings or moods: **хвилювáтися** (*to worry*), **злякáтися** (*to get scared*).

Note on Passive Voice

While reflexive verbs in some languages often imply passive action, this is less common in the Ukrainian language, which tends to focus more on the individual rather than the process.

For example, *"The poems are being written by poets"* can be translated as "**Вірші пишуться поéтами**", but this is not stylistically appropriate in Ukrainian. Instead, we say: "**Поéти пишуть вірші**" (*"Poets write poems"*).

Therefore, given that the Ukrainian language typically avoids using **-ся** to form the passive voice, we do not list **-ся** as an option for such verbs in this context.

Euphony Alternations: в-у, і-й

The Ukrainian language strives to sound melodic and harmonious, a concept known as **милозвýчність** or *euphony*. To achieve this euphony, the language adapts in various ways, including alternations such as **в-у** and **і-й**.

This phenomenon can be observed in the alternate usage of the prepositions **у** (**в**), **з** (**зі**, **із**) and the conjunction **і** (**й**), as well as in words that start with these letters, such as **взяти** and **узяти**, **іти** and **йти**.

The goal behind this is to create a sequence where vowels and consonants take turns, thereby achieving a balanced and pleasant flow of speech. The principal rules for implementing this are outlined in the chart below:

Euphony Alternations: в-у, і-й	
After vowels use:	After consonants use:
взя́ти	узя́ти
Вона́ **взяла́** кни́жку з поли́ці. *She took a book from the shelf.*	Ві́н **узя́в** кни́жку з поли́ці. *He took a book from the shelf.*
йти	іти́
Вони́ **йдуть** додо́му. *They are going home.*	Ві́н **іде́** додо́му. *He is going home.*

These alterations contribute to making speech more fluid and pleasant to the ear, avoiding awkward sound combinations. While these rules are often followed in written texts for linguistic precision, they may not be strictly followed in casual speech.

Whenever a verb has two variants, we include this information at the top of the page where the verb is first presented. To conserve space in our charts, we show the conjugation of only one verb form (starting with в- and і-), but the conjugation is exactly the same for its variant.

When searching for a verb, it is important to remember that verbs starting with у- and й- do not have their own charts and are placed on the same page as their corresponding forms starting with в- and і-.

Unidirectional vs Multidirectional Verbs

Verbs of motion, such as **іти́**, **ходи́ти** (*to go*); **леті́ти**, **літа́ти** (*to fly*) etc., play a crucial role in the Ukrainian language. In this book, verbs of motion are identified and marked according to two main types: *unidirectional* and *multidirectional*. Let's take a quick look at their differences.

Unidirectional Verbs (**Дієслова́ спрямо́ваного ру́ху**) describe one-time or linear actions that are often directed toward a specific goal. Here are some examples from the book:

> - **іти́, йти | піти́**
>   Сього́дні ді́ти не **йду́ть** до шко́ли.
>   *Today, the children are not going to school.*
> - **леті́ти | полеті́ти**
>   Леле́ки вже **полеті́ли** у ви́рій.
>   *The storks have already flown to the warm countries.*

Multidirectional Verbs (**Дієслова́ неспрямо́ваного ру́ху**) describe non-linear actions that do not have a specific goal — they are either habitual or regularly repeated. Examples:

> - **ходи́ти | походи́ти**
>   Ра́ніше ді́ти **ходи́ли** до шко́ли пішки́, а за́раз ї́здять на велосипе́дах.
>   *Children used to go to school on foot, but now they ride bicycles.*
> - **літа́ти | політа́ти**
>   Ласті́вки **літа́ють** на зи́му у ви́рій.
>   *Swallows fly to warm countries for the winter.*

If a verb is uni- or multidirectional, this is indicated in the English translation section:

№ 8

бі́гти | побі́гти

to run (unidirectional)

Present/Future Stems: **біж- | побіж-**

Conjugation: **2nd (-ать)**

List of Unidirectional and Multidirectional Verbs		
Дієслова́ спрямо́ваного ру́ху Unidirectional Verbs	Дієслова́ неспрямо́ваного ру́ху Multidirectional Verbs	Translation
→ One-time action Motion to destination	↻ Regular action Back and forth motion	
бі́гти	бі́гати	to run
везти́	вози́ти	to bring sth/sb by transport
вести́	води́ти	to bring sth/sb by walking
іти́	ходи́ти	to go, to walk
ї́хати	ї́здити	to go by vehicle
леті́ти	літа́ти	to fly
лі́зти	ла́зити	to crawl; to climb
нести́	носи́ти	to carry
пливти́, плисти́	пла́вати	to swim, to sail
повзти́	по́взати	to crawl, to creep

Understanding unidirectional and multidirectional verbs in Ukrainian can be challenging. Hopefully, the example sentences in our conjugation tables will assist you in grasping their differences.

Special Conjugation of Athematic Verbs

Several Ukrainian verbs feature unique conjugation patterns and are categorized as athematic verbs due to their lack of thematic suffixes. These include **бу́ти** (*to be*), **да́ти** (*to give*), **ї́сти** (*to eat*), **відпові́сти** (*to answer*), **розпові́сти** (*to narrate*), and others ending with **-вісти** or derived from **да́ти** (such as **прода́ти**).

⚠ Note: In the conjugation tables, stems and conjugation types of athematic verbs are marked as *"special"*.

More details about the special conjugation of athematic verbs can be found in the Verb Guide (Chapter 1.4, page 26).

Stressing Verbs in Different Forms

In the Ukrainian language, accentuation (stressing certain syllables in words) is free and mobile. Both native speakers and learners typically acquire the correct accentuation through exposure to the language rather than through formal rules.

Some Ukrainian words feature parallel stress. For example, **відповісти́** (*to answer*) can be pronounced as **відпові́сти** or **відповісти́**, with the meaning remaining unchanged.

Keep in mind that the stress placement might differ across verb forms. Consider the verb **люби́ти** (*to love*): stress falls on the first syllable in most forms in the present tense, such as **ти лю́биш**, **він лю́бить**, etc. However, in the first-person singular form, it shifts to **я люблю́**.

In the book, we mostly follow the stress patterns as found in academic Ukrainian sources. However, we occasionally provide an additional stress that is common in the modern language. Therefore, keep in mind that stress placement can vary due to its flexible nature in Ukrainian.

Shortened Verb Forms Used in Casual Speech

Shortened Forms of Ukrainian Verbs			
Person and Conjugation Type	Regular Endings	**Shortened Endings**	Examples
3rd Person Singular, 1st Conjugation	-ає (-яє)	**-а (-я)**	Ста́нуть собі́, обіймутьс́я, **співа́** солове́йко (Тара́с Шевче́нко). *They would stand together, embrace, a nightingale is singing (Taras Shevchenko).* *Regular form:* **співа́є**.
1st Person Plural, 1st & 2nd Conjugations	-емо (-ємо)	**-ем (-єм)**	**Ся́дем** уку́почці тут під кали́ною (наро́дна пі́сня "Ніч яка́ мі́сячна"). *Let's sit down together here under the viburnum (folk song "What a Moonlit Night").* *Regular form:* **ся́демо**.
1st Person Plural, Imperative Mood	-імо	**-ім**	**Ході́м**, тут те́мно, стра́шно, я бою́ся (Ле́ся Украї́нка). *Let's go, it's dark and scary here, I'm afraid (Lesia Ukrainka).* *Regular form:* **ході́мо**.

⚠ Note: In our conjugation tables, in order to avoid confusion, we do not provide these shortened forms as they are not as common and are primarily used in literature.

Overview of Ukrainian Cases

Відмінки в українській мові
Cases in the Ukrainian Language

Name	Keyword	Function	Examples
Називни́й відмі́нок *Nominative case*	Це хто? (що?) *Who (what) is this?*	• Actor or subject of a sentence; • After the verb *to be* which was omitted; • In comparison *(like)*.	Украї́на — прекра́сна краї́на. *Ukraine is a beautiful country.* Моя́ краї́на — **Украї́на**. *My country is Ukraine.* Будь си́льною, як **Украї́на**. *Be strong like Ukraine.*
Родови́й відмі́нок *Genitive case*	Нема́є кого? (чого?) *Is there no…?*	• Possession (of…); • Negation (after **нема́є** or verbs with **не**); • Point of departure; • Plural with numbers after 5; • After quantity words; • After certain prepositions (**без, бі́ля, від, для, до, з, навко́ло, се́ред, посе́ред**, etc.); • After certain verbs (**боя́тися, вжива́ти, вчи́ти[ся], зазнава́ти, навча́ти[ся]**, etc.).	Ки́їв — столи́ця **Украї́ни**. *Kyiv is the capital of Ukraine.* У спи́ску нема́є **Украї́ни**. *There is no Ukraine in the list.* Ми ї́демо з **Украї́ни**. *We are coming from Ukraine.* п'ять **краї́н** — *five countries* сто **краї́н** — *one hundred countries* бага́то **краї́н** — *many countries* ма́ло **краї́н** — *few countries* без **Украї́ни** — *without Ukraine* бі́ля **Украї́ни** — *near Ukraine* для **Украї́ни** — *for Ukraine* навко́ло **Украї́ни** — *around Ukraine* боя́тися **Украї́ни** — *to be afraid of Ukraine* навча́ти **украї́нської мо́ви** — *to teach the Ukrainian language*
Дава́льний відмі́нок *Dative case*	Даю́ кому? (чому?) *I give to…?*	• Recipient of the action; • Age; • Subject in impersonal constructions.	Допоможі́ть **Украї́ні**. *Help Ukraine.* Незале́жній **Украї́ні** 33 ро́ки. *Independent Ukraine is 33 years old.* **Украї́ні** потрі́бна ва́ша підтри́мка. *Ukraine needs your support.*

Name	Keyword	Function	Examples
Знахі́дний відмі́нок *Accusative case*	**Знайду́** кого́? (що?) *I will find…?*	• Direct object; • Destination; • Days of the week.	Я люблю́ **Украї́ну**. *I love <u>Ukraine</u>.* Ми летимо́ в **Украї́ну** в **суббо́ту**. *We fly to <u>Ukraine</u> on <u>Saturday</u>.*
Ору́дний відмі́нок *Instrumental case*	**Ору́дую** ким? (чим?) *I manipulate…?*	• Instrument or means used for doing something; • After the verbs **бу́ти, ста́ти**; • Accompaniment; • Along, around a location; • After certain prepositions (**з, за, між, над, пе́ред**, etc.); • After certain verbs (mostly activities like **ціка́витись, займа́тись** or roles like **працюва́ти**).	Ми ї́демо в Украї́ну **маши́ною**. *We are going to Ukraine by <u>car</u>.* Украї́на ста́ла **незале́жною краї́ною**. *Ukraine became an <u>independent country</u>.* Світ — з **Украї́ною**. *The world is with <u>Ukraine</u>.* Ми подорожува́ли **Украї́ною**. *We traveled around <u>Ukraine</u>.* між **Украї́ною** і **Євро́пою** — *between <u>Ukraine</u> and <u>Europe</u>* над **Украї́ною** — *above <u>Ukraine</u>* пе́ред **Украї́ною** — *in front of <u>Ukraine</u>* ціка́витись **Украї́ною** — *to be interested in <u>Ukraine</u>* працюва́ти **президе́нтом** — *to work as a <u>president</u>*
Місце́вий відмі́нок *Locative case*	**Мі́сце**: на кому́? (на чому́?) *Place: on whom? (on what?)*	• Location (with prepositions **у (в), на, по**); • Time (**у (в)** + months; **о** + hours).	Ми бу́демо в **Украї́ні** в **ли́пні**. *We will be in <u>Ukraine</u> in <u>July</u>.* о **пе́ршій годи́ні** — *at <u>one o'clock</u>*
Кли́чний відмі́нок *Vocative case*	**Кли́чу** когось чи щось: …! *I am calling sb/sth: …!*	• Addressing or calling someone.	Приві́т, **та́ту**! *Hi, <u>Dad</u>!* Я поверну́сь, **Украї́но**! *I will return, <u>Ukraine</u>!*

Verb Guide

1. Foundations of Ukrainian Verb

1.1 What is a Verb?

Дієсло́во *(the verb)* is a fundamental part of speech that describes an action or state. It employs grammatical categories such as aspect, tense, and mood as well as person, gender and number to convey the meaning precisely.

In Ukrainian, both verbs and nouns play a central role within the system of parts of speech. While nouns often function as subjects or direct objects, verbs predominantly serve the role of predicates.

При́судок *(the predicate)*, usually with the verb at its core, tells what the subject is doing or its state of being.

Consider the following examples:

> predicate
> ➢ Я **вивча́ю** украї́нську мо́ву.
> *I am learning Ukrainian.*

> predicate
> ➢ **Допоможи́** мені́, будь ла́ска!
> *Please, help me!*

From these, it is evident that verbs are the driving force of a sentence. They provide the core action or state, with everything else adding the finer details.

Verbs in Ukrainian can be split into two main types: action verbs and state verbs.

Action verbs are about someone doing something. They cover a wide range of actions like **говори́ти** *(to talk)*, **писа́ти** *(to write)* or **ходи́ти** *(to walk)*.

State verbs describe physical or emotional conditions as well as nature states. Examples are **раді́ти** *(to be glad)*, **ну́дити** *(to feel nauseous)* or **світа́ти** *(to dawn)*.

As the central part of speech, a Ukrainian verb has a detailed structure with five distinct forms and several categories that describe it. In the upcoming chapters, we will focus on the most essential aspects that you will need for efficient communication in Ukrainian.

1.2 Infinitive Form

When you are learning verbs or checking them in a dictionary, you most probably first get to know their *infinitive form*. For example: **роби́ти**, **писа́ти**, **гра́тися**.

Інфініти́в or **неозна́чена фо́рма дієсло́ва** *(the infinitive or the undefined form of a verb)* is the base form in the verb paradigm. It names an action or process without specifying its relation to person, number, tense, or mood.

The infinitive form is created using the suffixes **-ти** (**-ть**). The suffix **-ти** is neutral and the most common. In artistic and conversational styles, infinitives are occasionally used with the shortened variant **-ть**. For instance, Lesia Ukrainka uses such forms in her poem "Contra spem spero!":

> Я на го́ру круту́ крем'яну́ю
> Бу́ду ка́мінь важки́й **підійма́ть**
> І, несу́чи вагу́ ту страшну́ю,
> Бу́ду пі́сню весе́лу **співа́ть**.
>
> *Upon the steep and stony hill,*
> *I'll lift a heavy rock with a will.*
> *And bearing such a fearsome weight,*
> *I'll sing a song, so merry and great.*
> Translated by OpenAI's ChatGPT

In the Ukrainian language, the infinitive is not only the base form listed in dictionaries, but it is also used for various purposes. The infinitive form can express:

1. The predicate (action or state) in combination with linking verbs:
    > Я хо́чу **прочита́ти** цю кни́гу.
    > *I want to read this book.*

2. The subject of an action:
    > **Полеті́ти** в ко́смос — мрі́я багатьо́х.
    > *Going into space is the dream of many.*

3. An object:
    > Вона́ обо́жнює **співа́ти**.
    > *She adores singing.*

4. Attribute:
    > У ме́не ви́никло бажа́ння **побува́ти** в Украї́ні.
    > *I developed a desire (which one?) to visit Ukraine.*

5. Purpose:
    > Він приї́хав сюди́ **вивча́ти** украї́нську мо́ву.
    > *He came here to study the Ukrainian language.*

6. Offer:
    > **Нали́ти** тобі́ лимона́ду?
    > *May I pour you some lemonade?*

Learning the infinitive form is crucial when studying a new Ukrainian verb. However, it is equally vital to learn its present/future tense forms, which are not always evident from the infinitive alone. Therefore, in the next chapter, we will delve into the differences between the infinitive and present/future stems, which are essential for conjugating Ukrainian verbs across all tenses.

1.3 Two Types of Verb Stems

Осно́ва дієсло́ва *(the verb stem)* is a foundational part of the verb that remains when inflectional endings are removed. Ukrainian verbs can generally be divided into two primary stems: *the infinitive stem* and *the present/future tense stem* (also known as the *non-past stem*).

To determine *the infinitive stem*, the suffix **-ти (-ть)** is dropped:

Осно́ва інфініти́ва	
Infinitive Stem	
Інфініти́в Infinitive	**Осно́ва інфініти́ва** Infinitive Stem
зна́**ти** *to know (imperfective)*	зна-
купува́**ти** *to buy (imperfective)*	купува-
написа́**ти** *to write (perfective)*	написа-

To identify *the present/future tense stem*, drop the personal ending from the 3rd-person plural form — **-уть (-ють)** or **-ать (-ять)**. Use the present tense for imperfective verbs and the future tense for perfective ones.

Осно́ва тепе́рішнього/майбу́тнього ча́су	
Present/Future Tense Stem	
Тепе́рішній/майбу́тній час дієсло́ва Verb in Present/Future Tense	**Осно́ва тепе́рішнього/майбу́тнього ча́су** Present/Future Tense Stem
зна́**ють** *(they) know (imperfective)*	зна-
купу́**ють** *(they) buy (imperfective)*	купу-
напи́**шуть** *(they) will write (perfective)*	напиш-

Occasionally, the stems for the infinitive and present/future tense are identical. For example: the infinitive **зна́ти** and the present tense form **зна́ють** share the same stem (**зна-**).

However, for the majority of verbs, there are slight differences in the stems. These differences become particularly noticeable across various forms, especially when comparing the past tense — which is formed from the infinitive stem — to the present or future tense. For instance:

- купувáти, купýють (**купува-**, **купу-**):
  - Ми купувáли *(past tense)*;
  - Ми купýємо *(present tense)*.
- написáти, напи́шуть (**написа-**, **напиш-**):
  - Вонá написáла *(past tense)*;
  - Вонá напи́ше *(future tense)*.

Additionally, phonetic changes may occur within the roots of words in the present/future stem. Examples include:

- написати — напишу (alteration **[с] — [ш]**);
- любити — люблю (alteration **[б] — [бл]**);
- ходити — ходжу (alteration **[д] — [д͡ж]**), etc.

The table below shows which verb forms are based on the infinitive stem versus the present/future stem. Understanding this distinction is crucial for mastering Ukrainian verb conjugation.

Using Two Types of Verb Stems Across Different Verb Forms

Оснóва інфінітѝва / Infinitive Stem

Verb forms	знáти *to know (imperfective)*	купувáти *to buy (imperfective)*	написáти *to write (perfective)*
Минýлий час Past Tense	він знáв вонá знáла воно́ знáло вони́ знáли	він купувáв вонá купувáла воно́ купувáло вони́ купувáли	він написáв вонá написáла воно́ написáло вони́ написáли
Умóвний спóсіб Subjunctive Mood	він знáв би вонá знáла б воно́ знáло б вони́ знáли б	він купувáв би вонá купувáла б воно́ купувáло б вони́ купувáли б	він написáв би вонá написáла б воно́ написáло б вони́ написáли б
Паси́вні дієприкмéтники Passive Verbal Adjective	знáний	купóваний	напи́саний
Дієприслíвники минýлого чáсу Verbal Adverbs of the Past Tense	знáвши	купувáвши	написáвши
Безособóва фóрма на -но, -то Impersonal Forms Ending With -но, -то	знáно	купóвано	напи́сано

Verb forms	Основа теперішнього/майбутнього часу Present/Future Tense Stem		
	зна́ють *(they) know (imperfective)*	купу́ють *(they) buy (imperfective)*	напи́шуть *(they) will write (perfective)*
Тепе́рішній час Present Tense	я зна́ю ти зна́єш він, вона́, воно́ зна́є ми зна́ємо ви зна́єте вони́ зна́ють	я купу́ю ти купу́єш він, вона́, воно́ купу́є ми купу́ємо ви купу́єте вони́ купу́ють	
Майбу́тній час доко́наного ви́ду Future Tense of Imperfective Aspect			я напишу́ ти напи́шеш він, вона́, воно́ напи́ше ми напи́шемо ви напи́шете вони́ напи́шуть
Наказо́вий спо́сіб Imperative Mood	знай зна́ймо зна́йте (не)хай зна́є (не)хай зна́ють	купу́й купу́ймо купу́йте (не)хай купу́є (не)хай купу́ють	напиши́ напиші́мо напиші́ть (не)хай напи́ше (не)хай напи́шуть
Акти́вні дієприкме́тники Active Verbal Adjectives	*Cannot be formed from these verbs.* *For further details on active verbal adjectives, refer to Chapter 5.1, page 54.*		
Дієприслі́вники тепе́рішнього ча́су Verbal Adverbs of the Present Tense	зна́ючи	купу́ючи	

Understanding verb stems is key for Ukrainian verbs. While finding the infinitive stem is easy (just drop **-ти**), the present/future stem can be trickier. Even though there are patterns (more discussed in Chapter 3.1 (page 40), it is good to learn the two stems for each verb. That is why we have listed present/future stems at the start of each conjugation page.

By exposing yourself to language as much as possible, you will come across verbs in different contexts and, with time, start using both stems automatically.

1.4 Two Conjugation Types

Дієвідміни are *conjugation types (or "conjugations")* in Ukrainian. They are essentially patterns or sets of verb endings, particularly in the present and future tenses.

Conjugation types help in determining the right verb endings for different subjects or persons (I, you, he, she, it, we, they). By knowing which conjugation type a verb belongs to, learners can connect a verb with a subject correctly.

Depending on the endings for the present and future tenses, verbs are divided into two conjugation types, described in the table below.

Дві дієвідміни українських дієслів
Two Conjugations of Ukrainian Verbs

Осо́ба Person	Пе́рша дієвідмі́на 1st Conjugation (-е-, -уть)		Дру́га дієвідмі́на 2nd Conjugation (-и-, -ать)	
я	-у (-ю)		-у (-ю)	
ти	-еш (-єш)		-иш (-їш)	
він, вона, воно	-е (-є)		-ить (-їть)	
ми	-емо (-ємо)		-имо (-їмо)	
ви	-ете (-єте)		-ите (-їте)	
вони	-уть (-ють)		-ать (-ять)	
Examples in Present Tense (Imperfective Aspect)				
	жи́ти to live	будува́ти to build	бі́гти to run	стоя́ти to stand
я	живу́	буду́ю	біжу́	стою́
ти	живе́ш	буду́єш	біжи́ш	стої́ш
він, вона, воно	живе́	буду́є	біжи́ть	стої́ть
ми	живемо́	буду́ємо	біжимо́	стоїмо́
ви	живете́	буду́єте	біжите́	стоїте́
вони	живу́ть	буду́ють	біжа́ть	стоя́ть
Examples in Future Tense (Perfective Aspect)				
	написа́ти to write	запам'ята́ти to remember	зроби́ти to do	пові́рити to believe
я	напишу́	запам'ята́ю	зроблю́	пові́рю
ти	напи́шеш	запам'ята́єш	зро́биш	пові́риш
він, вона, воно	напи́ше	запам'ята́є	зро́бить	пові́рить
ми	напи́шемо	запам'ята́ємо	зро́бимо	пові́римо
ви	напи́шете	запам'ята́єте	зро́бите	пові́рите
вони	напи́шуть	запам'ята́ють	зро́блять	пові́рять

Conjugation of Verbs with Postfix -ся

In the chart below, you can see how the conjugation applies to the verbs with the postfix **-ся**. These verbs function in similar ways to those described previously, with the main distinction being that the postfix **-ся** follows the personal endings.

The only significant difference is in the 3rd person singular, where **-ть-** is added to the main ending in the first conjugation (compare **миє** and **миється**). In the second conjugation, **-ть-** in the 3rd person singular exists in the verb with or without **-ся** (**зацікавить**, **зацікавиться**).

See the full conjugation below:

Осо́ба Person	ми́тися *to wash oneself (imperfective)*	зацікавитися *to get interested (perfective)*
	Present Tense:	Future Tense:
я	ми́юся	зацікавлюся
ти	ми́єшся	зацікавишся
він, вона, воно	ми́є**ть**ся	зацікавиться
ми	ми́ємося	зацікавимося
ви	ми́єтеся	зацікавитеся
вони	ми́ються	зацікавляться
	Пе́рша дієвідмі́на 1st Conjugation	**Дру́га дієвідмі́на** 2nd Conjugation

Imperfective vs Perfective Verbs Conjugation

Does a perfective verb always have the same conjugation type as its imperfective pair? Usually, but not always. They often share the same conjugation type if the perfective verb is formed by adding a prefix to the imperfective:

Осо́ба Person	писа́ти *to write (imperfective)*	написа́ти *to write (perfective)*
	Present Tense:	Future Tense:
я	пишу́	напишу́
ти	пи́шеш	напи́шеш
він, вона, воно	пи́ше	напи́ше
ми	пи́шемо	напи́шемо
ви	пи́шете	напи́шете
вони	пи́шуть	напи́шуть
	Пе́рша дієвідмі́на 1st Conjugation	**Пе́рша дієвідмі́на** 1st Conjugation

However, this is not always the case, especially if the perfective form is formed with a suffix. Compare the following examples:

Особа Person	збі́льшувати to increase (imperfective)	збі́льшити to increase (perfective)
	Present Tense:	Future Tense:
я ти він, вона, воно ми ви вони	збі́льшую збі́льшуєш збі́льшує збі́льшуємо збі́льшуєте збі́льшують	збі́льшу збі́льшиш збі́льшить збі́льшимо збі́льшите збі́льшать
	Пе́рша дієвідмі́на 1st Conjugation	Дру́га дієвідмі́на 2nd Conjugation

This is why it is so important to check the conjugation type of both imperfective and perfective verbs — which is very easy to do in our book.

Special Conjugation Patterns (Athematic Verbs)

Conjugation patterns apply to almost all Ukrainian verbs. There are just a handful of verbs that do not strictly follow the typical patterns of two conjugations. Here they are:

Атемати́чні дієслова́ (особли́ве дієвідмі́нювання)						
Athematic Verbs (Special Conjugation)						
Особа Person	ї́сти, з'ї́сти to eat		да́ти, відда́ти* to give, to give away		Verbs ending with -ві́сти: розповісти́, відповісти́ to tell, to answer	
	Present Tense:	Future Tense:	Future Tense:	Future Tense:	Future Tense:	Future Tense:
я ти він, вона, воно ми ви вони	їм їси́ їсть їмо́ їсте́ їдя́ть	з'їм з'їси́ з'їсть з'їмо́ з'їсте́ з'їдя́ть	дам даси́ дасть дамо́ дасте́ даду́ть	відда́м віддаси́ відда́сть віддамо́ віддасте́ віддаду́ть	розповім́ розповіси́ розповість розповімо́ розповісте́ (not formed)	відповім́ відповіси́ відповість відповімо́ відповісте́ (not formed)

* Verbs derived from **да́ти** also have special conjugation: **прода́ти** — **прода́м, продаси́** etc.

The usage of the verb **бу́ти** (*to be*) in the present tense is also exceptional — it has the sole form **є**:

Дієсло́во «бу́ти» в тепе́рішньому ча́сі
The Verb "To Be" in the Present Tense

Осо́ба Person	бу́ти *to be*
	Present Tense:
я	є
ти	є
він, вона́, воно́	є
ми	є
ви	є
вони́	є

However, this present tense form **є** is usually skipped in sentences. Compare:

Less common:	Much more common:
Я є в магази́ні. *I am at the supermarket.*	Я в магази́ні. *I (am) at the supermarket.*
Ти є чудо́вою по́другою. *You are a great friend.*	Ти чудо́ва по́друга. *You (are) a great friend.*

Verbs without Certain Personal Forms

A few verbs lack certain personal forms. This typically relates to the meaning of the verbs, as they may only apply to certain subjects or objects, not the speaker or listener. For example, verbs like **деше́вшати** *(to become cheaper)*, **доро́жчати** *(to become more expensive)* or **вмика́тися** *(to turn on)* conjugate only in the third person. Some examples from the book:

- На́фта **деше́вшає**, а бензи́н **доро́жчає**.
  Oil is getting cheaper, and gasoline is getting more expensive.
- Мікрохвильо́вка не **вмика́ється**.
  The microwave does not turn on.

Impersonal Verbs

Another distinct group consists of *impersonal verbs* (**безособо́ві дієслова́**). These verbs describe an action or state without linking it to a specific person or object. Examples include **бракува́ти** *(to lack)*, **вистача́ти** *(to suffice)*, and **йти́ся** *(to be about)*.

By their nature, impersonal verbs don't have personal forms, and instead use a neutral form corresponding to the 3rd-person singular in the neuter gender: **braку́є** *(it lacks)*, **ви́стачило** *(it was enough)*, **йшло́ся** — *(it was about)*. Below are examples demonstrating them in context:

- Йому́ в житті́ нічо́го не **браку́є**.
  He lacks nothing in life.
- Йому́ не **ви́стачило** на опла́ту оре́нди.
  He didn't have enough for rent payment.
- Про весі́лля тепе́р і не **йшло́ся**.
  The wedding was out of the question now.

The Importance of Present/Future Verb Stems in Conjugation

All in all, understanding both verb stems is crucial for correctly conjugating Ukrainian verbs. While *the infinitive stem* is quite straightforward, *the present/future stem* can be more challenging to distinguish. Therefore, we have placed this stem at the top of our conjugation tables, providing a quick reference. It forms the foundation to which you can add a suffix and an ending, based on the conjugation type, to immediately obtain the needed form.

1.5 Verb Forms

The table below highlights five key verb forms with some basic examples. You will come across these forms in our conjugation charts, so take your time to familiarize yourself with them. In the descriptions, you will also find references directing you to more detailed information about each specific verb form within this book.

Фо́рми украї́нського дієсло́ва			
Forms of the Ukrainian Verb			
Form	Description	Changeability	Examples
Інфініти́в (неозна́чена фо́рма дієсло́ва) Infinitive (undefined form of the verb)	Basic form of the verb, typically used to express the general idea of an action or state without linking it to any specific subject or tense. More on the infinitive — in Chapter 1.2 (page 22).	Unchanging	роби́ти написа́ти
Дієвідмі́нювані фо́рми Conjugated forms	Forms of the verb that change according to person, number, tense, mood, etc. They are essential for constructing most sentences.	Changing	роблю́ (present) роби́в, написа́ла (past) бу́ду роби́ти, напишу́ (future) роби́в би (conditional) напиші́ть (imperative)
Дієприкме́тник Verbal Adjective (Participle)	Form of the verb that functions like an adjective. It describes a noun based on an action or state it is associated with. More on the verbal adjective — in Chapter 5.1 (page 53).	Declined like adjectives	ро́блений, ро́бленого (genitive case) напи́сана, напи́саною (instrumental case)
Дієприслі́вник Verbal Adverb (Adverbial Participle)	Form of the verb that describes the manner or circumstances of the action of the main verb in the sentence. It typically adds context or nuance to the primary action. More on the verbal adverb — in Chapter 5.2 (page 56).	Unchanging	ро́блячи написа́вши
Безособо́ві фо́рми на -но, -то Impersonal forms ending with -но, -то	Special verb forms that express an action or state without referencing a specific subject, often used in situations where the actor is unknown or unimportant. More on the impersonal forms — in Chapter 5.3 (page 57).	Unchanging	ро́блено напи́сано

1.6 Morphological Categories of Ukrainian Verbs

Simply put, morphological categories refer to the different ways words can change their form to convey various meanings or functions in a sentence. These changes can indicate things like tense (past, present, future), number (singular, plural), gender (male, female, neuter), etc. Essentially, morphological categories help give words their specific roles and meanings within a sentence.

Have a look at our overview of the morphological categories of verbs with some basic examples. Consider this your handy terminology guide for verbs, aiding in your deeper understanding of the Ukrainian language structure.

Морфологічні категорії українського дієслова
Morphological Categories of the Ukrainian Verb

Category	Types	Description	Examples
Вид Aspect	недоконаний *imperfective* доконаний *perfective*	Specifies whether an action is ongoing or regular (imperfective) or, in contrast, complete or aimed at completion (perfective).	**роби́ти** *(imperfective)* **зроби́ти** *(perfective)*
Час Tense	тепе́рішній *present* мину́лий *past* майбу́тній *future*	Indicates the time when the action takes place, whether in the past, present, or future.	вона́ **ро́бить** *(present)* вона́ **роби́ла** *(past)* вона́ **роби́тиме** (**бу́де роби́ти**) *(future)*
Спо́сіб Mood	ді́йсний *indicative* умо́вний *conditional* наказо́вий *imperative*	Indicates the attitude of the speaker towards the reality — whether it is real, conditional or imperative.	**роблю́** *(indicative)* **роби́в би** *(conditional)* **роби́** *(imperative)*
Осо́ба Person	1-а осо́ба *1st person* 2-а осо́ба *2nd person* 3-я осо́ба *3rd person*	Shows who is performing the action — the speaker, the addressed person, or someone/something else.	я **роблю́**, ми **ро́бимо** *(1st person)* ти **ро́биш**, ви **ро́бите** *(2nd person)* він **ро́бить**, вони́ **ро́блять** *(3rd person)*
Рід Gender	чолові́чий *masculine* жіно́чий *feminine* сере́дній *neuter*	Determines the agreement of the verb's past tense or conditional mood with the subject's masculine, feminine, or neuter gender.	він **роби́в** *(masculine)* вона́ **роби́ла** *(feminine)* воно́ **роби́ло** *(neuter)*

Category	Types	Description	Examples
Числó Number	однинá *singular* множинá *plural*	Determines whether the verb's subject is singular or plural.	я роблю́ *(singular)* ми ро́бимо *(plural)*
Стан Voice	акти́вний *active* паси́вний *passive*	Denotes the relation of the action to the subject, whether it's active or passive.	зроби́ти *(active)* зро́блений, зро́блено *(passive)*
Перехі́дність / неперехі́дність Transitivity / Intransitivity	перехідне́ *transitive* неперехідне́ *intransitive*	Denotes whether a verb requires a direct object to complete its meaning (transitive) or functions without one (intransitive).	роби́ти *(+ direct object, transitive)* бі́гати *(no direct object, intransitive)*

Among the described categories, only three are relevant to all verb forms: **вид** *(aspect)*, **стан** *(voice)*, and **перехі́дність/неперехі́дність** *(transitivity/intransitivity)*. Others pertain to only certain forms. For example, **час** *(tense)* does not apply to verbs in the conditional and imperative moods, and **рід** *(gender)* is restricted to verbs in the past, not in the present or future.

Further in this chapter, we will take a closer look at the categories most relevant for mastering Ukrainian verbs: **вид** *(aspect)*, **час** *(time)*, and **спо́сіб** *(mood)*.

2. Aspect in Ukrainian

2.1 Introduction to Aspects

One of the most distinctive features of the Ukrainian verb system, as well as many Slavic languages, is the concept of *verbal aspect*. Grasping this concept is crucial for anyone aiming to achieve fluency in Ukrainian. Let's delve into it.

Вид дієсло́ва *(verbal aspect)* indicates how an action evolves over time. It indicates whether an action is <u>ongoing or regular</u> (**недоко́наний вид** — *imperfective aspect*) or, in contrast, <u>complete or aimed at completion</u> (**доко́наний вид** — *perfective aspect*).

Every Ukrainian verb can be distinctly labeled as either imperfective or perfective. However, they do not always form aspectual pairs; that is, not every Ukrainian verb has an exact aspectual counterpart. This will be described in detail further in Chapter 2.3 (page 38).

In the table that follows, explore the fundamental differences between these two aspects, showcased through clear examples.

Вид украї́нських дієслі́в	
Aspect of Ukrainian Verbs	
Недоко́наний вид Imperfective aspect	**Доко́наний вид** Perfective aspect
Meaning	
REGULAR ACTION Вона́ рі́дко **роби́ла** дома́шнє завда́ння. *She rarely did her homework.*	ONE-TIME ACTION Вона́ не **зроби́ла** дома́шнє завда́ння. *She hasn't done her homework.*
PROCESS Сього́дні він нічо́го не **роби́в**. *He wasn't doing anything today (no actions).*	RESULT Сього́дні він нічо́го не **зроби́в**. *He hasn't done anything today (no results).*
ACTIONS WITHOUT SEQUENCE На вихідни́х я **бі́гала**, **готува́ла** і **ї́ла**. *On the weekend, I was jogging, cooking, and eating.*	SEQUENCE OF ACTIONS У субо́ту вра́нці я **побі́гала**. Пото́му я **приготува́ла** обі́д і **пої́ла**. *On Saturday morning, I went for a run. Then I cooked lunch and ate.*

Недоконаний вид Imperfective aspect	Доконаний вид Perfective aspect
Tenses	
Can be used **in all tenses** **замовляти** *(to order, imperfective)* Present: Ми **замовляємо** піцу. *We order (are ordering) pizza.* Past: Ми **замовляли** піцу. *We were ordering pizza.* Future: Ми **замовлятимемо** (**будемо замовляти**) піцу. *We will be ordering pizza.*	Used **only in the past and future** **замовити** *(to order, perfective)* Past: Ми **замовили** піцу. *We ordered pizza.* Future: Ми **замовимо** піцу. *We will order pizza.*
Common Time Markers	
• завжди *(always)* • постійно *(constantly)* • зазвичай *(usually)* • регулярно *(regularly)* • часто *(often)* • інколи, іноді *(sometimes)* • ніколи *(never)* • щодня *(daily)* • щотижня *(weekly)* • щомісяця *(monthly)* • кожного року *(every year)*	• уже, вже *(already)* • нарешті *(finally)* • насамкінець *(at last)* • щойно *(just now)*

2.2 How to Recognize Imperfective and Perfective Aspects

To understand a Ukrainian sentence, you need to know if the verb shows an action that is <u>ongoing or regular</u> (*imperfective*) or one that is <u>completed or aimed at completion</u> (*perfective*). In this section, we'll delve into different ways and patterns used to express these aspects in Ukrainian.

Patterns to Recognize Ukrainian Verbal Aspects		
Недоко́наний вид Imperfective aspect	**Доко́наний вид** Perfective aspect	**Пере́клад** Translation
Suffixes		
-ову́ва- запам'я́то́вувати організо́вувати	**-а-, -ува-** запам'ята́ти організува́ти	to remember to organize
-ува- (-юва-) зме́ншувати висло́влювати	**-и- (-і-)** зме́ншити ви́словити	to reduce to express
-ува- запи́сувати об'є́днувати	**-а-** записа́ти об'єдна́ти	to write down to unite
-а- крича́ти стриба́ти	**-ну-** кри́кнути стрибну́ти	to shout to jump
-ва-, -а- вжива́ти ляга́ти	~~**-ва-, -а-**~~ вжи́ти лягти́	to use to lie down
Prefixes		
роби́ти формува́ти	**з- (с-)** зроби́ти сформува́ти	to do to form
плати́ти	**за-** заплати́ти	to pay
писа́ти	**на-** написа́ти	to write
обі́дати	**по-** пообі́дати	to have lunch

вітáтися	**при-** **при**вітáтися	*to say hello*
аналізувáти	**про-** **про**аналізувáти	*to analyze*
регулювáти	**в- (у-)** **в**регулювáти **у**регулювáти	*to regulate, to adjust*

⚠ Important Note: While certain prefixes can transform some verbs into their perfective form, indicating a completed action, not every prefix functions in this way. In fact, many prefixes alter the original meaning of a verb, creating a new verb that has both imperfective and perfective aspects. For example, consider the following verbs derived from **писáти** *(to write)*:

- **допи́сувати** *(imperfective)*, **дописáти** *(perfective)* — *to finish writing*;
- **відпи́сувати** *(imperfective)*, **відписáти** *(perfective)* — *to write back*;
- **надпи́сувати** *(imperfective)*, **надписáти** *(perfective)* — *to inscribe*;
- **перепи́сувати** *(imperfective)*, **переписáти** *(perfective)* — *to copy; to rewrite*.

Prefixes & Suffixes Combined		
ві́шати кусáти пáдати	пові́сити вкуси́ти впáсти	*to hang* *to bite* *to fall*
Vowel Alterations in the Root		
и забирáти	и̷ забрáти	*to take away*
и витирáти	е ви́терти	*to wipe*
і застерігáти	е застерегти́	*to warn*
Stress Change		
Stress at the end: викликáти розрізáти скликáти	*Stress at the beginning:* ви́кликати розрі́зати скли́кати	*to call* *to cut* *to convene*
Different Words		
брáти	взя́ти	*to take*

Understanding Ukrainian verbal aspects can seem challenging with all the patterns shown in the table. But remember — it is not about memorizing every single rule. The more you use the language, the more you feel which form is right. Regular practice and exposure to Ukrainian will help these patterns become familiar over time.

Recognizing the importance of this, we've placed a paramount emphasis on the imperfective and perfective aspects in our conjugation charts. There you will find both verbs conveniently displayed on each page for easy reference and comparison.

Next, we will explore three groups of verbs concerning their capacity to realize aspects.

2.3 Three Types of Verbs According to Aspect Realization

Type 1: Парновидові дієслова — Pair-aspect verbs

In Ukrainian, some verbs, known as *pair-aspect verbs*, form aspectual pairs. These are verbs that share the same lexical meaning but differ in their aspect:
- брáти — взя́ти *(to take)*,
- писа́ти — написа́ти *(to write)*,
- розповіда́ти — розповісти́ *(to tell)*, etc.

The verbs in the pairs above differ only in their aspect, not in lexical meaning, compare:

➤ Я за́вжди **беру́** із собо́ю телефо́н.
I always take my phone with me.

Так, я **взяла́** із собо́ю телефо́н.
Yes, I took my phone with me.

➤ Вона́ давно́ не **писа́ла** мені́.
She has not written to me for a long time.

Вона́ **написа́ла** мені́, що за́раз у мі́сті.
She wrote to me that she is now in town.

➤ **Розповіда́ючи** пра́вду, він хвилюва́вся.
Telling the truth, he was nervous.

Розповівши всю пра́вду, він відчу́в полегшення.
After telling the whole truth, he felt relieved.

In fact, only about a third of Ukrainian verbs can form exact aspectual pairs. More often, verbs are standalone and referred to as one-aspect verbs, which are described below.

Type 2: Одновидові дієслова́ — One-aspect verbs

One-aspect verbs, which actually constitute the majority of verbs in Ukrainian, do not form aspectual pairs. Below are some examples of these verbs, grouped by their common features:
- Verbs indicating sounds or vocal expressions: **сту́кати** *(to knock)*, **крича́ти** *(to shout)*;
- Verbs related to speech and thinking: **говори́ти** *(to speak)*, **ду́мати** *(to think)*;
- Unidirectional verbs: **бі́гти** *(to run)*, **ї́хати** *(to go by vehicle)*;

- Multidirectional verbs: **бі́гати** *(to run)*, **ї́здити** *(to go by vehicle)*;
- Verbs indicating professional and non-professional activities: **вчителюва́ти** *(to teach)*, **спонсорува́ти** *(to sponsor)*;
- Verbs with prefixes **за-** and **по-** showing the beginning of an action: **закрича́ти** *(to start shouting)*, **побі́гти** *(to start running)*;
- Verbs with the prefix **по-** limiting actions to a brief period: **поговори́ти** *(to speak for a while)*, **поду́мати** *(to think briefly)*;
- Verbs with the prefix **про-** limiting actions to a certain duration: **пропрацюва́ти** *(to work for a certain duration)*;
- Verbs with the prefix **на-** and the postfix **-ся** indicating sufficiency of long-performed actions: **набі́гатися** *(to have run enough)*, **насмія́тися** *(to have laughed enough)*;
- Verbs with the prefix **до-** and the postfix **-ся** indicating negative consequences of long actions: **добі́гатися** *(to run oneself out)*;
- Verbs with the prefix **роз-** and the postfix **-ся** denoting intensively expressed actions: **розкрича́тися** *(to start shouting intensely)*, etc.

Type 3: Двовидові́ дієслова́ — Two-aspect verbs

Two-aspect verbs in Ukrainian are a unique set of verbs that can convey both imperfective and perfective aspects — they have one form which can denote either an ongoing or a completed action.

These are mostly loan verbs such as **атакува́ти** *(to attack)*, **гарантува́ти** *(to guarantee)*, as well as certain older Ukrainian verbs: **мо́вити** *(to say)*, **жени́ти** *(to marry sb with sb)*.

In essence, the same verb is used to convey both imperfective and perfective meanings:

> Ми **гаранту́ємо** вам своєча́сну опла́ту.
> *We guarantee you timely payment.*

> Вла́да **гарантува́ла** фінансува́ння ціє́ї ініціати́ви.
> *The authorities guaranteed the financing of this initiative.*

⚠ Important note on aspects in this book's conjugation charts:

Whether a verb can or cannot form an exact pair, for the convenience of this guide, we have presented almost all verbs in couples of imperfective and perfective. Sometimes, these represent genuine pairs (pair-aspect verbs) like **ляга́ти | лягти́**.

At other times, they may be theoretically single-aspect but are related to verbs with the same roots and similar meanings, such as **бі́гти | побі́гти**, **говори́ти | поговори́ти** or **крича́ти | кри́кнути**.

From a linguistic perspective, such verbs might not always form a pair, but we believe that presenting them in this manner is beneficial for learners of Ukrainian to understand their conjugation and distinctions. Therefore, almost in each of our conjugation charts, an imperfective verb is paired with its closest-meaning, same-root perfective counterpart.

3. Ukrainian Tense System

Час *(tense)* is essential for expressing the relationship between an action or state and the moment of speaking. It shows when an action takes place from the speaker's perspective.

The Ukrainian language has three main tenses:

Часи́ украї́нських дієслі́в Tenses of Ukrainian Verbs			
Тепе́рішній час Present Tense	Represents actions that are ongoing, habitual or happening at the time of speaking.	Вона́ **пи́ше** кни́гу. *She is writing a book.*	Uses only the imperfective aspect.
Мину́лий час Past Tense	Refers to actions that were ongoing or finished before the current moment.	Вона́ **писа́ла** кни́гу. *She was writing a book.* Вона́ **написа́ла** кни́гу. *She has written a book.*	Can use both imperfective and perfective aspects.
Майбу́тній час Future Tense	Describes actions set to occur after the current moment.	Вона́ **писа́тиме** (**бу́де писа́ти**) кни́гу. *She will be writing a book.* Вона́ **напи́ше** кни́гу. *She will write a book.*	Can use both imperfective and perfective aspects.

As shown above, the present tense is exclusively represented by the imperfective aspect, while the past and future tenses can be conveyed using both imperfective and perfective aspects.

Now let's take a closer look at each tense and its conjugation.

3.1 Тепе́рішній час — Present Tense

Тепе́рішній час *(the present tense)* in Ukrainian describes actions, processes, and states that are ongoing, habitual or happening at the time of speaking. Only verbs of the imperfective aspect can be used in this tense.

Present Tense Formation

The conjugation for different grammatical persons in the present tense depends on the verb's conjugation type — either the 1st or 2nd. For a detailed overview of these types, please refer to Chapter 1.4 (page 26).

Present Tense Usage

The moment of speech in the present tense may either coincide with the moment of direct speaking or not. Based on this, there are two primary categorizations: actual and non-actual present.

1. *Actual Present*: This refers to actions and states that coincide almost precisely with the moment of speaking. Examples include:

    - Він **читає** у своїй кімнаті.
      He is reading in his room.
      This means the person referred to is reading at that exact moment.

    - Прямо зараз Президент **летить** до США.
      Right now, the President is flying to the USA.
      This action is occurring in real time.

2. *Non-Actual Present*: This category represents actions, processes, and states that may begin before the speaking moment and could continue afterward. Examples:

    - Я зараз **читаю** книгу українською мовою.
      I am currently reading a book in Ukrainian.

      This implies that the reading might not be happening at the moment of speaking but is relevant for the present time.

    - Земля **обертається** навколо своєї осі.
      The Earth rotates around its axis.

      This statement is a fact about the Earth's rotation as an ongoing process. It is happening now, occurred in the past, and will continue into the future.

Using Present Tense to Describe Past or Future

Like in many languages, including English, the present tense in Ukrainian can be used to describe time frames other than its standard application.

1. *Historical Present*: The present tense is occasionally used for storytelling, making past events feel more immediate and vivid. This is often seen in narratives or fiction. Here is an example of using the present when talking about the past:

    - **Лягаю** спати вчора і раптом **бачу** повідомлення.
      I was going to bed last night when suddenly I saw a message.

      This sentence aims to bring past events to life by using the present tense.

2. *Present for Future*: Similarly to English, Ukrainian often uses the present tense to describe upcoming or planned actions, especially when paired with future indicators. Consider this example:

    - Завтра я **йду** в кіно.
      Tomorrow, I'm going to the cinema.

      This shows how the present tense can indicate future actions, particularly when a future time marker, like **завтра** *(tomorrow)*, is included.

Given these nuances, the present tense stands out as the most adaptable among all tenses in Ukrainian, helping to make a story or information more engaging and relatable.

3.2 Мину́лий час — Past Tense

Мину́лий час *(the past tense)* in Ukrainian represents real actions, processes, and states that either took place or were occurring at a certain time before the moment of speaking. The past tense is realized in two aspects: imperfective and perfective.

Past Tense Formation

In Ukrainian, while the present and future tenses involve conjugation for each person (1st, 2nd, 3rd), the past tense form is determined by two primary factors: gender and number. As a result, there are four forms for each verb: masculine, feminine, neuter, and plural.

The past tense forms in Ukrainian are derived from the verb's infinitive stem (the basic verb form without **-ти**), using specific suffixes (**-в, -ла, -ло, -ли**). For masculine forms whose stems end with a consonant, the **-ти** is simply dropped without adding any suffix. Please refer to the table below for more details.

Ukrainian Past Tense Formation					
Gender/Number		Past Tense Suffix	Verbs in the Past Tense		
			чита́ти *to read*	носи́ти *to carry*	бі́гти *to run*
Masculine	Stem ending with a vowel	**-в**	чита́в	носи́в	
	Stem ending with a consonant	—			біг
Feminine		**-ла**	чита́ла	носи́ла	бі́гла
Neuter		**-ло**	чита́ло	носи́ло	бі́гло
Plural		**-ли**	чита́ли	носи́ли	бі́гли

In the table below, you can see how these forms are applied according to the subject pronouns:

Person		чита́ти *to read*	носи́ти *to carry*	бі́гти *to run*
1st person singular 2nd person singular	я ти	чита́в, чита́ла*	носи́в, носи́ла*	біг, бі́гла*
3rd person singular	він вона́ воно́	чита́в чита́ла чита́ло	носи́в носи́ла носи́ло	біг бі́гла бі́гло

* The choice between forms like **чита́в** and **чита́ла** depends on the gender of the subject.

Person		чита́ти to read	носи́ти to carry	бі́гти to run
1st person plural 2nd person plural 3rd person plural	ми ви вони́	чита́ли	носи́ли	бі́гли

The past is special because you need to know the gender of the subject to use it correctly. For example, when you say:

> Ти **чита́ла** цю кни́гу?
> *Have you read this book?*
> You are addressing someone of feminine gender.

> Ти **чита́в** цю кни́гу?
> *Have you read this book?*
> In this case, the subject is of masculine gender.

By the way, if you do not yet know the person's gender, you might prefer to address them in a formal manner (using the pronoun **ви**):

> Ви **чита́ли** цю кни́гу?
> *Have you read this book?*
> Even though the verb form is plural, it can be used with both the formal singular "**ви**" (you) and the regular plural "**ви**" (you).

Past Tense Usage

Depending on the verbal aspect — imperfective or perfective — the past tense in Ukrainian can convey different meanings.

1. *The Past Tense of Imperfective-Aspect Verbs* describes prolonged or repeated actions, processes, and states that were occurring over a certain span of time before the moment of speech. Here are some examples from the book:

   > Святкува́ння **трива́ло** до ра́нку.
   > *The celebration lasted until the morning.*

   > Рані́ше ці табле́тки **допомага́ли** від бо́лю, але́ бі́льше не допомага́ють.
   > *These pills used to help with pain, but they no longer help.*

2. *The Past Tense of Perfective-Aspect Verbs* emphasizes the completion of the action or its result. For instance:

   > Вони́ **погуля́ли** в па́рку й **розійшли́ся**.
   > *They walked in the park and parted ways.*

   > Дя́кую, що **допомогли́** з цим.
   > *Thanks for helping with this.*

The distinction between the meanings of imperfective and perfective aspects is often crucial, as illustrated by comparing two examples:

- Він закóхано **диви́вся** (imperfective) на ді́вчину.
  He was looking at the girl with love.
- Він закóхано **подиви́вся** (perfective) на ді́вчину.
  He looked at the girl with love.

These two sentences describe different scenarios: in the first, he was continuously looking at the girl (perhaps even staring), while in the second, it was a brief glance, suggesting he probably moved his gaze away after a moment (it was a one-time, finished action).

While the past tense in Ukrainian primarily conveys actions in the past, it can sometimes take on the meaning of another tense. This happens with perfective verbs in the past form when talking about the near future during informal conversations. For example:

- Ми **пої́хали**, до побáчення!
  We are leaving, goodbye!

Давноминýлий час — Past Perfect Tense

In Ukrainian, there exists a seldom-used tense known as **давноминýлий час**, which corresponds to the past perfect or pluperfect tense in English. This tense is used to describe an action in the past that occurred before another past action. Here is an example:

- Він **заснýв був**, алé проки́нувся від грóму.
  He had fallen asleep but woke up from the thunder.

However, this tense is quite uncommon in modern Ukrainian. It is more typical to express the same idea using the simple past tense:

- Він **заснýв**, алé проки́нувся від грóму.
  He fell asleep but woke up from the thunder.

Constructing the past perfect tense in Ukrainian involves combining the past tense form of the auxiliary verb **бýти** *(to be)* with the past tense of the primary verb:

Ukrainian Past Perfect Tense Formation				
Gender/ Number	Formation	Verbs in Past Perfect Tense		
		чита́ти *to read*	носи́ти *to carry*	бі́гти *to run*
Masculine	verb in past tense + **був**	чита́в був	носи́в був	біг був
Feminine	verb in past tense + **була́**	чита́ла була́	носи́ла була́	бі́гла була́
Neuter	verb in past tense + **було́**	чита́ло було́	носи́ло було́	бі́гло було́
Plural	verb in past tense + **були́**	чита́ли були́	носи́ли були́	бі́гли були́

In practice, the past perfect tense is less commonly used in modern-day Ukrainian (that is why it has not been included in the conjugation charts). Instead, simple past tense forms are more often used to describe one action that occurred before another.

***

In summary, Ukrainian has a special way of expressing past actions, which is typically easier for language learners to grasp compared to other tenses. Impressively, it does not have any exceptions and employs only four forms. Understanding the crucial distinctions between imperfective and perfective verb usage might be slightly more challenging, though. In this book's conjugation charts, always refer to the example sentences at the bottom to better understand such nuances.

3.3 Майбу́тній час — Future Tense

Compared to the relatively easy past tense, *the future tense* might initially surprise you: there are three different types of future tense in Ukrainian! Nevertheless, many of the future forms are quite straightforward to form, and with a bit of practice, they will become second nature to you.

Майбу́тній час *(the future tense)* in Ukrainian means actions, events, or states that are anticipated to occur after the present moment. It applies to both imperfective and perfective aspects. However, the imperfective future can be formed in two different ways, which are interchangeable and do not affect the meaning.

Future Tense Types and Formation

Here's a breakdown of the three future tenses in Ukrainian:

Ukrainian Future Tense Types & Formation			
Future Tense	Description	Formation	Examples
1. Analytic Future *(imperfective)*	• Represents continuous, habitual, or repeated future actions. • Used interchangeably with the synthetic future form. • Common across all language styles.	Use the future tense of the auxiliary verb "**бу́ти**" *(to be)* combined with the infinitive of the primary verb.	Я **бу́ду** готува́ти. Ти **бу́деш** купа́тися. Вона́ **бу́де** працюва́ти. Ми **бу́демо** йти. Ви **бу́дете** розумі́ти. Вони́ **бу́дуть** пам'ята́ти.
2. Synthetic Future *(imperfective)*	• Another means to express continuous or repeated actions in the future. • Used interchangeably with the analytic future form. • Found in various language styles, though slightly less common in casual speech.	Combine the full infinitive with future tense endings (-му, -меш, -ме, -мемо, -мете, -муть).	Я готува́**тиму**. Ти купа́**тимешся**. Вона́ працюва́**тиме**. Ми йти́**мемо**. Ви розумі́**тимете**. Вони́ пам'ята́**тимуть**.

Future Tense	Description	Formation	Examples
3. Simple Future (perfective)	• Indicates an action that will be completed or have a specific result in the future.	Conjugate perfective verbs according to their conjugation type. Two patterns are applicable (refer to Chapter 1.4 (page 26) for more details).	Я приготу́ю. Ти покупа́єшся. Вона́ попрацю́є. Ми пі́демо*. Ви зрозумі́єте. Вони́ запам'ята́ють.

* ⚠ **Note**: In colloquial speech and poetry, the first person plural of the perfective future tense can sometimes adopt a shortened ending without **-о**. For instance:

> Ми **пі́демо** у кіно́ на вихідни́х?
> Ми **пі́дем** у кіно́ на вихідни́х?
> *Will we go to the movies on the weekend?*

The latter shorter form (**пі́дем**) is often used in casual settings and literature. You can learn more about such variation in endings in Quick Start — Shortened Verb Forms (page 17).

Future Tense Usage

The imperfective future tense, in both its analytic and synthetic forms, represents actions that describe continuous, habitual, or recurring events in the future that usually do not have a specific result. Consider the following examples:

> За́втра я **бі́гтиму** (**бу́ду бі́гти**) півмарафо́н.
> *Tomorrow I will run a half-marathon.*

> Я бі́льше не **диви́тимуся** (**бу́ду диви́тися**) цей серіа́л.
> *I will not watch this series again.*

> Вони́ **жи́тимуть** (**бу́дуть жи́ти**) в Украї́ні два ро́ки.
> *They will live in Ukraine for two years.*

On the other hand, *the perfective future tense*, often referred to as the simple future tense, conveys the meaning of a completed or one-time action that often has a specific result. Here are a few examples to clarify:

> За́втра я **побіжу́** в банк і **ві́зьму́** гро́ші.
> *Tomorrow I will run to the bank and get the money.*

> Бабу́ся **поди́виться** за ді́тьми, по́ки ми бу́демо в рестора́ні.
> *Grandma will look after the children while we are at the restaurant.*

> Поживемо́ — поба́чимо.
> *We will live — we will see.*

Occasionally, this distinction can be subtle, with both aspects describing a similar situation but with slight differences in meaning:

> Я за́вжди **пам'ята́тиму** (**бу́ду пам'ята́ти**) цю подо́рож.
> *I will always remember this trip.*

> Я назáвждú **запам'ятáю** цю подóрож.
> *I will remember this trip forever.*

Though both statements express a lasting memory of the trip, the first one emphasizes the continuous state of remembering, while the second one describes a one-time act of committing the memory.

Using Future Tense to Describe Present or Past

In Ukrainian, the future tense can be used to express present or past events, particularly in casual speech. This usage is particularly common with the simple (perfective) future tense.

1. *Future in the Present*: Sentences in the perfective future tense can be closely tied to the moment of speech and may partially represent the present. A classic example is:

   > Я зáраз **прийдý**.
   > *I am coming now.*

2. *Future for Facts*: In certain contexts, the future tense can indicate actions that frequently recur. This is often seen in general statements or proverbs:

   > Професíйний викладáч нікóли не **підвúщить** гóлос.
   > *A professional teacher will never raise their voice.*

   > Що **посíєш**, те й **пожнéш** (прислíв'я).
   > *You'll reap what you sow (proverb).*

3. *Future for Past*: In a less frequent use, the perfective future tense can replace the past tense to highlight the suddenness, regularity, or intensity of actions. This style is common in storytelling, often paired with the particle "**як**":

   > Я йшла собí лíсом. І рáптом щось як **вúстрибне** з кущíв!
   > *I was walking through the forest. And suddenly, something just jumped out of the bushes!*

***

As this chapter concludes, note that Ukrainian has three future tenses, but most of them are straightforward to form. Soon enough, with a bit of practice, they will become intuitive for you to use. Remember: the future, in language as in life, is full of possibilities!

4. Ukrainian Verb Moods

The category of *mood* (**спосіб**) expresses the relation of an action to reality. In traditional Ukrainian grammar, there are three moods: *the indicative mood* expresses a real action or state; *the conditional* and *imperative moods* express unreal or hypothetical actions or states.

Compare:

- **Дійсний спосіб** *(The Indicative Mood)*: я говорю, вона говорила, ми говоритимемо;
- **Умовний спосіб** *(The Conditional Mood)*: я говорив би, вона говорила б, ми говорили б;
- **Наказовий спосіб** *(The Imperative Mood)*: Говори! Говоріть! Говорімо!

The indicative mood is the most commonly used mood that operates in three tenses, which we discussed in the previous section. Next, we will examine the hypothetical moods: conditional and imperative.

4.1 Умовний спосіб — Conditional Mood

Умовний спосіб *(the conditional or subjunctive mood)* is used in Ukrainian to express actions or states that are hypothetical or dependent on certain conditions. It can also be used to articulate desires and requests.

Here are some examples from the book:

> - Ми **вирушили б** раніше, якби не завірюха.
>   *We would have left earlier if it weren't for the blizzard.*
> - Якби в мене була сім'я, я **перестав би** курити.
>   *If I had a family, I would stop smoking.*
> - Такій техніці **позаздрила б** будь-яка армія.
>   *Any army would envy such equipment.*

Unlike some languages, Ukrainian does not have a unique set of verb conjugations for the conditional mood. Instead, it combines particles (**би, б**) with the past form of the verb to create this mood.

Ukrainian Conditional Mood Formation

Verb in the Past Tense	Particle	Conditional Mood
зробив думав знайшов	би *(after consonants)*	зробив би думав би знайшов би
зробила думали знайшовся	б *(after vowels)*	зробила б думали б знайшовся б

The particle **би (б)** can be positioned after the verb, before it, or can be separated from the verb by other words without any difference in meaning:

Якби́ не ти, я вже́ **повече́ряла б**.	
Якби́ не ти, я **б повече́ряла** вже́.	*If it was not for you,* *I would have already had dinner.*
Якби́ не ти, я **б** уже́ **повече́ряла**.	

Usage of Conditional Mood in Ukrainian

The verbs that are formed with the particle **би (б)**, are not just limited to conditional or hypothetical situations. They can also express desires, polite requests, encouragements, and more. The table below provides an overview of the most common usages of the conditional mood in Ukrainian, illustrated with examples.

Usage of <u>Conditional Mood</u> in Ukrainian		
Hypothetical Actions	Expresses actions not real but possible or desired. Often used in complex sentences with conjunctions like **якби́**, **аби́**, **коли́ б**, etc.	Таке́ в страшно́му сні не **насни́лося б**. *Such a thing would not occur in a nightmare.* Якби́ в ме́не була́ сім'я́, я **переста́в би** кури́ти. *If I had a family, I would stop smoking.*
Wishes and Desires	Expresses a wish or desire.	Ми **б хоті́ли** пої́хати в по́дорож по Украї́ні. *We would like to go on a trip around Ukraine.*
Polite Requests	A more refined way to make a request, compared to the imperative mood.	Чи **могли́ б** ви перефразува́ти пита́ння? *Could you rephrase the question?*
Advice and Encouragement	A gentler form of encouragement compared to the imperative mood.	Ви **б** кра́ще **побули́** вдо́ма, по́ки не одужа́єте. *You'd better stay at home until you recover.*

***

As you see, the conditional mood in Ukrainian is a versatile tool. It is not just for hypothetical situations but also for expressing wishes, making polite requests, and more. As you continue learning Ukrainian, remember the flexibility and usefulness of this mood. Keep practicing and you will get the hang of it!

4.2 Наказо́вий спо́сіб — Imperative Mood

Наказо́вий спо́сіб *(the imperative mood)* is used in Ukrainian to express a command, call to action, request, advice, or encouragement to perform a certain action.

Here are some examples of the imperative mood from the book:

> **Запам'ята́й** цю мить.
> *Remember this moment.*

> Ча́сто і рете́льно **ми́йте** ру́ки.
> *Wash your hands often and thoroughly.*

> Не **вага́йтеся** поє́днувати яскра́ві кольори́.
> *Do not hesitate to combine bright colors.*

Ukrainian has two distinct ways to form the imperative, depending on the person:

1. Synthetic Way (Direct Formation): For the 2nd person singular, 1st and 2nd person plural, the imperative is derived directly from the present tense with the help of endings.

2. Analytic Way (Using Particles): For the 1st and 3rd person singular, and the 3rd person plural, the form is created using additional particles, namely "**хай**" or "**неха́й**".

To delve into the details of these formations, let's examine the following tables and examples:

Ukrainian Imperative Mood: Synthetic Way (Direct Formation)			
Present/Future Tense Stem	Ending to add to the stem:		
	2nd p. sing. (ти)	1st p. pl (ми)	2nd p. pl. (ви)
	-и	-імо	-іть
1. If the stress falls at the end of the 1st-person singular form in the present tense: беру́ть (я беру́) пи́шуть (я пишу́) зро́блять (я зроблю́) ди́вляться (я дивлю́ся)	 бери́ пиши́ зроби́ диви́ся	 бері́мо пиші́мо зробі́мо диві́мося	 бері́ть пиші́ть зробі́ть диві́ться
2. If a prefix takes a stress in a verb in all forms: ви́пишуть ви́несуть	 ви́пиши ви́неси	 ви́пишімо ви́несімо	 ви́пишіть ви́несіть
3. If the stem ends with two consonants: ти́снуть тя́гнуть	 ти́сни тягни́	 ти́снімо тягні́мо	 ти́сніть тягні́ть

Present/Future Tense Stem	Ending to add to the stem:		
	2nd p. sing. (ти)	1st p. pl (ми)	2nd p. pl. (ви)
	-й	-ймо	-йте
If the stem ends with the sound [й]: чита́ють (чита́[йу]ть) співа́ють (співа́[йу]ть) ми́ють (ми́[йу]ть) In this process, the final **о** of the stem changes to **і**: стоя́ть (сто[йа́]ть) боя́ться (бо[йа́]ться)	чита́й співа́й мий стій бі́йся	чита́ймо співа́ймо ми́ймо сті́ймо бі́ймося	чита́йте співа́йте ми́йте сті́йте бі́йтеся
	-ь	-ьмо	-ьте
If the stem ends with д, т, з, с, ц, л, н: бу́дуть ста́нуть ся́дуть прихо́дять переста́нуть	будь стань сядь прихо́дь переста́нь	бу́дьмо ста́ньмо ся́дьмо прихо́дьмо переста́ньмо	бу́дьте ста́ньте ся́дьте прихо́дьте переста́ньте
	—	-мо	-те
If the stem ends with a consonant other than д, т, з, с, ц, л, н: ві́рять поба́чать	вір поба́ч	ві́рмо поба́чмо	ві́рте поба́чте
Common exceptions:			
ї́сти дава́ти да́ти	їж дава́й дай	ї́жмо дава́ймо да́ймо	ї́жте дава́йте да́йте

Ukrainian Imperative Mood: Analytic Way (Using Particles)

Structure	1st p. sing. (я)*	3rd p. sing. (він, вона, воно)	3rd p. pl. (вони)
Хай / Неха́й + Verb in the present (imperfective) or future (perfective)	Хай я пригото́ую вече́рю. *Let me prepare dinner.* Неха́й я запла́чу, неха́й свою́ Украї́ну я ще раз поба́чу! (Тара́с Шевче́нко). *Let me cry, let me see my Ukraine once more! (Taras Shevchenko)*	Хай вона́ зателефону́є мені́. *Let her call me.* Неха́й він чита́є щодня́. *Let him read every day.*	Хай ді́ти погра́ються надво́рі. *Let the children play outside.* Неха́й збу́дуться всі твої́ мрії́! *May all your dreams come true!*

* <u>Note</u>: The first-person singular imperative form (e.g., **хай пригото́ую**) is rarely used in Ukrainian and therefore is not included in our conjugation charts.

Usage of Imperative Mood in Ukrainian

The verbs in the imperative mood that are formed synthetically are straightforward and direct. They play a crucial role in everyday communication, especially when giving instructions. They can express a wide range of commands, from strict demands to gentle requests:

- Нега́йно **припині́ть**!
  Stop this immediately!
- Не **жарту́й** так зі мно́ю.
  Do not joke with me like that.
- **Подзвони́** мені́, будь ла́ска.
  Call me please.
- **Розбуді́ть** мене́ о п'я́тій, будь ла́ска.
  Wake me up at five o'clock, please.

The imperative forms in the 2nd person can have particularly strong command. For example:

- Не **лізь** на парка́н!
  Don't climb on the fence!
- Ді́ти, **ся́дьте**, будь ла́ска, за па́рти.
  Children, please sit down at your desks.

On the other hand, the forms in the 1st person plural usually convey a milder degree of command. They serve as suggestions or encouragements, often expressing a desire to involve others in an action:

- **Сподіваймось** на краще.
  Let's hope for the best.
- **Почнімо** з гарних новин.
  Let's start with the good news.

The analytic forms of imperative mood — created using particles **хай**, **нехай** — also express a milder level of appeal. They usually communicate wishes or advice:

- **Нехай** добро **переважить** зло.
  May the good prevail over the evil.
- **Хай** він **зареєструється** на цьому сайті.
  Let him register on this website.

***

In summary, the imperative mood in Ukrainian is crucial for various interactions. By understanding and practicing these forms, you can give direct commands or directions, make requests, express advice and wishes, etc. As with the conditional mood, regular practice and exposure lead to mastery. Do not hesitate to use it as you speak in Ukrainian!

5. Verb Derivatives and Impersonal Forms

5.1 Дієприкметник — Verbal Adjective or Participle

Дієприкметник *(the verbal adjective or participle)* is a form of verb that describes a state or characteristic of a noun, much like an adjective does. It conveys the meaning of a verb and an adjective simultaneously. Essentially, it characterizes a noun based on the action of a verb.

Here are some examples from the book:

- Обсяг проєкту має бути чітко **визначений**.
  The scope of the project must be clearly defined.
- Мені шкода **втраченого** часу.
  I regret the wasted time.
- Для вас **відкриті** всі можливості.
  All possibilities are open to you.

Some Ukrainian linguists do not consider **дієприкметник** a form of verb but instead treat it as an adjective. Nevertheless, we have included verbal adjectives in the conjugation tables because they originate directly from verbs and vary based on whether they stem from imperfective or perfective verbs.

Ukrainian verbal adjectives can express the characteristic of an object based on the action it performs (*active verbal adjectives*) or the action directed towards it (*passive verbal adjectives*). Let's take a closer look at the formation and usage of these two distinct groups.

Active Verbal Adjectives

Активні дієприкметники *(active verbal adjectives)* describe someone or something that is performing or has performed an action. Although it is possible to form active verbal adjectives from many verbs, they are not always considered proper in modern Ukrainian.

Study the particular usage of active verbal adjectives in the following chart:

Formation of Active Verbal Adjectives in Ukrainian			
From Imperfective Verbs			
Active verbal adjectives can theoretically be formed from many imperfective verbs by using a suffix, based on the verb's conjugation type, along with the adjective's ending. However, most imperfective active verbal adjectives are <u>not recommended for use</u> in contemporary Ukrainian. See details in the note below this chart.			
Present tense stem	везу́ть ду́мають	-уч- -юч-	везу́чий ду́маючий
	лежа́ть сидя́ть	-ач- -яч-	лежа́чий сидя́чий
From Perfective Verbs			
Only a handful of perfective verbs can form active verbal adjectives with the suffix **-л-**.			
Infinitive stem	дозрі́ти заволоді́ти зрозумі́ти	-л-	дозрі́лий заволоді́лий зрозумі́лий

⚠ Important Note on Active Verbal Adjectives

Historically, active verbal adjectives formed from imperfective verbs with the suffixes **-уч- (-юч-)**, **-ач- (-яч-)** were not inherent to the Ukrainian language. However, during the 20th century, their usage expanded under the influence of the Russian language, where active verbal adjectives are very common. In modern Ukrainian, it is recommended to avoid these verbal adjectives and use other ways to demonstrate qualities that come from an action. For example:

- Use nouns: **відпочива́льник** (not відпочиваючий), **вико́нувач, викона́вець** (not вико́нуючий);
- Use adjectives: **чи́нний зако́н** (not ді́ючий зако́н), **охо́чий працюва́ти** (not бажа́ючий працюва́ти);
- Use verbs: **хло́пець, яки́й бі́гає тут** (not бігаючий тут хлопець), **студе́нт, яки́й вивча́є украї́нську мо́ву** (not вивча́ючий українську мову студент).

As you can see, the Ukrainian language offers numerous ways to express qualities derived from actions. Therefore, using active verbal adjectives (formed from imperfective verbs) is unnecessary and considered incorrect in modern Ukrainian grammar. Although older dictionaries might include these forms and some speakers continue to use them, we have not included them into our conjugation chart, as we believe they hold no future in the Ukrainian language.

Passive Verbal Adjectives

Паси́вні дієприкме́тники *(passive verbal adjectives)* describe qualities of an object that result from external actions acted upon them.

For instance, **зачи́нений магази́н** *(a closed shop)* suggests the shop has been closed by someone, and **розви́нутий тала́нт** *(a developed talent)* suggests that the talent has been developed by external influences or efforts.

Both imperfective and perfective verbs follow the same formation patterns for passive verbal adjectives, using the infinitive stem, one of several suffixes, and the adjective's endings (details provided in the table below). However, a greater proportion of the passive verbal adjectives are derived from perfective verbs.

Formation of Passive Verbal Adjectives in Ukrainian

Infinitive stem ending with **-а**	висло́влювати забезпе́чувати	**-н-**	висло́влюваний забезпе́чуваний
Infinitive stem (minus the last vowel)	створи́ти забезпе́чити	**-ен-**	ство́рений забезпе́чений
Infinitive stem (including the last vowel)	відкри́ти забу́ти	**-т-**	відкри́тий забу́тий
Some infinitive stems ending with **-ну** or **-оро, -оло**	одягну́ти поверну́ти побо́роти коло́ти	**-ен-, -т-**	одя́гнений, одя́гнутий пове́рнений, пове́рнутий побо́рений, побо́ротий ко́лений, ко́лотий

⚠ Please note that in Ukrainian, verbs ending with **-ся** <u>do not</u> form verbal adjectives.

***

As you can see, not every verb in Ukrainian can be transformed into a verbal adjective. Therefore, it is crucial to verify the existence of specific verbal adjectives in the conjugation tables in this book.

5.2 Дієприслівник — Verbal Adverb or Adverbial Participle

Дієприслівник *(the verbal adverb or adverbial participle)* is an interesting grammatical form that combines the characteristics of verbs and adverbs. It is used to describe an action that is occurring simultaneously with or immediately before the action of the main verb.

Here are some examples from the book:

- **Прасу́ючи** о́дяг, обира́йте пра́вильну температу́ру пра́ски.
  When ironing clothes, choose the appropriate temperature of the iron.
- **Порівня́вши** всі варіа́нти, ми зупини́лись на пе́ршому.
  After comparing all the options, we settled on the first one.

Note that, similar to adverbs, **дієприслівник** does not change based on the subject's gender or number.

Formation of Verbal Adverbs in Ukrainian			
Present Tense (From Imperfective Verbs Only)			
Present tense stem 1st Conjugation	пи́шуть слу́хають	-учи -ючи	пи́шучи слу́хаючи
Present tense stem 2nd Conjugation	лежа́ть ро́блять	-ачи -ячи	лежачи́ ро́блячи
Past Tense (From Imperfective and Perfective Verbs)			
Verb in the past tense (masculine)	писа́в працюва́в написа́в ви́ріс переміѓ	-ши	писа́вши працюва́вши написа́вши ви́рісши переміѓши

Following the same principles, verbal adverbs can be formed from verbs ending in **-ся**. However, as adverbial participles, they always take the ending **-сь**:

- слу́хаються — слу́хаючи**сь**;
- поба́чився — поба́чивши**сь**.

Usage of Verbal Adverbs in Ukrainian

Дієприслі́вник is actively used in contemporary Ukrainian, especially in written language and literature. It adds a layer of depth and richness to the language and is a valuable tool for expressing complex ideas concisely.

It can be used as a standalone word:

> Він стоя́в **заду́мавшись**.
> *He was standing thinking.*

Or in combination with dependent words making it a participle phrase (**дієприслівнико́вий зворо́т**):

> Вона́ слу́хає му́зику, **готу́ючи** вече́рю.
> *She listens to music while cooking dinner.*

A participle phrase is always separated by commas.

Proper use of a participle phrase within a sentence is crucial for conveying the intended nuance accurately. For instance, it is incorrect to say:

> **Написа́вши** в підтри́мку, ~~йому́ шви́дко відпові́ли~~.
> *Having written to support, he was quickly replied to.*

Instead, the main sentence should have a subject that carries out the action of the verbal adverb:

> **Написа́вши** в підтри́мку, <u>він</u> шви́дко отри́мав відпо́відь.
> *Having written to support, he quickly received a response.*

So, **дієприслі́вник** or *the verbal adverb* is useful for describing simultaneous or sequential actions. When using it, remember that it must always be agreed with a subject in the sentence.

5.3 Безособо́ві фо́рми на -но, -то — Impersonal Forms Ending with -но, -то

Безособо́ві фо́рми на -но, -то (*impersonal verb forms ending with -но or -то*) express general actions or states without a subject. These forms serve as predicates within sentences, showing aspectual differences but lacking subject-related categories, such as gender or number.

When expressing actions in the past or future, the auxiliary verb "**бу́ти**" is used (with "**було́**" for the past and "**бу́де**" for the future).

Consider the following examples from this book:

> Усе́ це **побудо́вано** на ентузіа́змі волонте́рів.
> *All this is built on the enthusiasm of volunteers.*

> Зло́чин було́ **розкри́то** аж че́рез де́сять ро́ків.
> *The crime was solved ten years later.*

> Ваш креди́т бу́де **розби́то** на три части́ни.
> *Your loan will be divided into three parts.*

Impersonal forms ending with **-но**, **-то** are directly derived from passive verbal adjectives. This is evident in conjugation charts, where they are only present if the corresponding passive verbal adjectives exist.

Formation of Ukrainian Impersonal Forms Ending with -но, -то		
Passive Verbal Adjective Stem	Ending	Impersonal Form
чи́таний напи́саний би́тий розли́тий	-о	чи́тано напи́сано би́то розли́то

Similarly to their passive verbal adjective counterparts, impersonal forms ending with **-но**, **-то** are more common among perfective verbs.

Considering their origin, in many contexts, it is possible to interchangeably use either an impersonal form or a passive verbal adjective without altering the meaning. The subtle distinction lies in the fact that verbal adjectives emphasize the quality, while impersonal forms place more emphasis on the action. For instance:

- Військо́ві **приве́дені** до бойово́ї гото́вності.
  The militaries are brought to combat readiness.
- Військо́вих **приве́дено** до бойово́ї гото́вності.
  The militaries have been brought to combat readiness.

It is not common to use impersonal forms ending with **-но** or **-то** when there is no logical doer or actor of the action. For example: "**По́ле ще́дро поли́то доще́м**" should be "**По́ле ще́дро поли́те доще́м**" — The field is generously watered by rain (because no one actually watered the field). On the other hand, it is correct to say: "**Газо́н уже́ поли́то**" — The lawn has been watered, if someone has indeed taken the effort to water it.

Impersonal forms ending with **-но**, **-то** are used in all speech styles. However, they appear most frequently in written Ukrainian, especially in media articles and professional settings.

Ukrainian Verb Conjugation Charts

Present/Future Stems: аналізу- | проаналізу-

аналізува́ти | проаналізува́ти

Conjugation: **1st (-ють)**

to analyze

ОСОБА PERSON	НЕДОКОНАНИЙ ВИД IMPERFECTIVE ASPECT		ДОКОНАНИЙ ВИД PERFECTIVE ASPECT
ТЕПЕРІШНІЙ ЧАС — PRESENT TENSE			
я	аналізу́ю		
ти	аналізу́єш		
він, вона, воно	аналізу́є		
ми	аналізу́ємо		
ви	аналізу́єте		
вони	аналізу́ють		
МИНУЛИЙ ЧАС — PAST TENSE			
він (я, ти)	аналізува́в		проаналізува́в
вона (я, ти)	аналізува́ла		проаналізува́ла
воно	аналізува́ло		проаналізува́ло
вони (ми, ви)	аналізува́ли		проаналізува́ли
МАЙБУТНІЙ ЧАС — FUTURE TENSE			
	ANALYTIC	SYNTHETIC	
я	бу́ду аналізува́ти	аналізува́тиму	проаналізу́ю
ти	бу́деш аналізува́ти	аналізува́тимеш	проаналізу́єш
він, вона, воно	бу́де аналізува́ти	аналізува́тиме	проаналізу́є
ми	бу́демо аналізува́ти	аналізува́тимемо	проаналізу́ємо
ви	бу́дете аналізува́ти	аналізува́тимете	проаналізу́єте
вони	бу́дуть аналізува́ти	аналізува́тимуть	проаналізу́ють
УМОВНИЙ СПОСІБ — CONDITIONAL MOOD			
він (я, ти)	аналізува́в би		проаналізува́в би
вона (я, ти)	аналізува́ла б		проаналізува́ла б
воно	аналізува́ло б		проаналізува́ло б
вони (ми, ви)	аналізува́ли б		проаналізува́ли б
НАКАЗОВИЙ СПОСІБ — IMPERATIVE MOOD			
ти	аналізу́й		проаналізу́й
ми	аналізу́ймо		проаналізу́ймо
ви	аналізу́йте		проаналізу́йте
він, вона, воно	(не)ха́й аналізу́є		(не)ха́й проаналізу́є
вони	(не)ха́й аналізу́ють		(не)ха́й проаналізу́ють
ДІЄПРИКМЕТНИКИ — VERBAL ADJECTIVES (PARTICIPLES)			
ACTIVE			
PASSIVE	аналізо́ваний		проаналізо́ваний
ДІЄПРИСЛІВНИКИ — VERBAL ADVERBS			
	аналізу́ючи, аналізува́вши		проаналізува́вши
БЕЗОСОБОВІ ФОРМИ — IMPERSONAL FORMS			
	аналізо́вано		проаналізо́вано

+ accusative:

Експе́рти **аналізу́ють** ситуа́цію.   *Experts are analyzing the situation.*

Юри́сти рете́льно **проаналізува́ли** цей зако́н.   *Lawyers have carefully analyzed this law.*

Проаналізо́вані да́ні підтве́рджують цю тео́рію.   *The analyzed data supports this theory.*

Проаналізува́вши ри́нок нерухо́мості, ми ви́рішили по́ки не купува́ти кварти́ру.   *After analyzing the real estate market, we decided not to buy an apartment yet.*

№ 2

атаква́ти | атаква́ти
to attack, to assault

Present/Future Stems: **атаку-** | **атаку-**
Two-Aspect Verb, Conjugation: **1st (-ють)**

ОСОБА / PERSON	НЕДОКОНАНИЙ ВИД / IMPERFECTIVE ASPECT		ДОКОНАНИЙ ВИД / PERFECTIVE ASPECT
ТЕПЕРІШНІЙ ЧАС — PRESENT TENSE			
я	атаку́ю		
ти	атаку́єш		
він, вона, воно	атаку́є		
ми	атаку́ємо		
ви	атаку́єте		
вони	атаку́ють		
МИНУЛИЙ ЧАС — PAST TENSE			
він (я, ти)	атакува́в		атакува́в
вона (я, ти)	атакува́ла		атакува́ла
воно	атакува́ло		атакува́ло
вони (ми, ви)	атакува́ли		атакува́ли
МАЙБУТНІЙ ЧАС — FUTURE TENSE			
	ANALYTIC	SYNTHETIC	
я	бу́ду атакува́ти	атакува́тиму	атаку́ю
ти	бу́деш атакува́ти	атакува́тимеш	атаку́єш
він, вона, воно	бу́де атакува́ти	атакува́тиме	атаку́є
ми	бу́демо атакува́ти	атакува́тимемо	атаку́ємо
ви	бу́дете атакува́ти	атакува́тимете	атаку́єте
вони	бу́дуть атакува́ти	атакува́тимуть	атаку́ють
УМОВНИЙ СПОСІБ — CONDITIONAL MOOD			
він (я, ти)	атакува́в би		атакува́в би
вона (я, ти)	атакува́ла б		атакува́ла б
воно	атакува́ло б		атакува́ло б
вони (ми, ви)	атакува́ли б		атакува́ли б
НАКАЗОВИЙ СПОСІБ — IMPERATIVE MOOD			
ти	атаку́й		атаку́й
ми	атаку́ймо		атаку́ймо
ви	атаку́йте		атаку́йте
він, вона, воно	(не)ха́й атаку́є		(не)ха́й атаку́є
вони	(не)ха́й атаку́ють		(не)ха́й атаку́ють
ДІЄПРИКМЕТНИКИ — VERBAL ADJECTIVES (PARTICIPLES)			
ACTIVE			
PASSIVE	атако́ваний		атако́ваний
ДІЄПРИСЛІВНИКИ — VERBAL ADVERBS			
	атаку́ючи, атакува́вши		атакува́вши
БЕЗОСОБОВІ ФОРМИ — IMPERSONAL FORMS			
	атако́вано		атако́вано

+ accusative:
Окупа́нти **атакува́ли** мі́сто з пові́тря. *The invaders attacked the city from the air.*

+ instrumental:
Во́рог **атаку́є** ракéтами, бо́мбами й артилéрією. *The enemy is attacking with missiles, bombs and artillery.*

За́втра **атакува́тиму** (**бу́ду атакува́ти**) профе́сора запи́таннями. *Tomorrow I will attack the professor with questions.*

Наш сайт **атако́вано**. *Our website is under attack.*

Present/Future Stems: **бажа-** | **побажа-**
Conjugation: **1st (-ють)**

бажа́ти | побажа́ти
to wish, to desire

ОСОБА PERSON	НЕДОКОНАНИЙ ВИД IMPERFECTIVE ASPECT		ДОКОНАНИЙ ВИД PERFECTIVE ASPECT
ТЕПЕРІШНІЙ ЧАС — PRESENT TENSE			
я	бажа́ю		
ти	бажа́єш		
він, вона, воно	бажа́є		
ми	бажа́ємо		
ви	бажа́єте		
вони	бажа́ють		
МИНУЛИЙ ЧАС — PAST TENSE			
він (я, ти)	бажа́в		побажа́в
вона (я, ти)	бажа́ла		побажа́ла
воно	бажа́ло		побажа́ло
вони (ми, ви)	бажа́ли		побажа́ли
МАЙБУТНІЙ ЧАС — FUTURE TENSE			
	ANALYTIC	SYNTHETIC	
я	бу́ду бажа́ти	бажа́тиму	побажа́ю
ти	бу́деш бажа́ти	бажа́тимеш	побажа́єш
він, вона, воно	бу́де бажа́ти	бажа́тиме	побажа́є
ми	бу́демо бажа́ти	бажа́тимемо	побажа́ємо
ви	бу́дете бажа́ти	бажа́тимете	побажа́єте
вони	бу́дуть бажа́ти	бажа́тимуть	побажа́ють
УМОВНИЙ СПОСІБ — CONDITIONAL MOOD			
він (я, ти)	бажа́в би		побажа́в би
вона (я, ти)	бажа́ла б		побажа́ла б
воно	бажа́ло б		побажа́ло б
вони (ми, ви)	бажа́ли б		побажа́ли б
НАКАЗОВИЙ СПОСІБ — IMPERATIVE MOOD			
ти	бажа́й		побажа́й
ми	бажа́ймо		побажа́ймо
ви	бажа́йте		побажа́йте
він, вона, воно	(не)ха́й бажа́є		(не)ха́й побажа́є
вони	(не)ха́й бажа́ють		(не)ха́й побажа́ють
ДІЄПРИКМЕТНИКИ — VERBAL ADJECTIVES (PARTICIPLES)			
ACTIVE			
PASSIVE			
ДІЄПРИСЛІВНИКИ — VERBAL ADVERBS			
	бажа́ючи, бажа́вши		побажа́вши
БЕЗОСОБОВІ ФОРМИ — IMPERSONAL FORMS			

+ genitive:
Усі́ украї́нці **бажа́ють** ми́ру. — *All Ukrainians desire peace.*

+ dative + genitive:
Бажа́ю тобі́ всьо́го найкра́щого. — *I wish you all the best.*
Ба́тько **побажа́в** йому́ щасли́вої доро́ги. — *Father wished him a happy journey.*
Побажа́йте мені́ уда́чі, дру́зі! — *Wish me luck, friends!*

№ 4

бáчити[ся] | побáчити[ся]

to see [to see each other, to meet]

Present/Future Stems: бач- | побач-
Conjugation: **2nd (-ать)**

ОСОБА / PERSON	НЕДОКОНАНИЙ ВИД / IMPERFECTIVE ASPECT		ДОКОНАНИЙ ВИД / PERFECTIVE ASPECT
ТЕПЕРІШНІЙ ЧАС — PRESENT TENSE			
я	бáчу[ся]		
ти	бáчиш[ся]		
він, вона, воно	бáчить[ся]		
ми	бáчимо[ся]		
ви	бáчите[ся]		
вони	бáчать[ся]		
МИНУЛИЙ ЧАС — PAST TENSE			
він (я, ти)	бáчив[ся]		побáчив[ся]
вона (я, ти)	бáчила[ся]		побáчила[ся]
воно	бáчило[ся]		побáчило[ся]
вони (ми, ви)	бáчили[ся]		побáчили[ся]
МАЙБУТНІЙ ЧАС — FUTURE TENSE			
	ANALYTIC	SYNTHETIC	
я	бýду бáчити[ся]	бáчитиму[ся]	побáчу[ся]
ти	бýдеш бáчити[ся]	бáчитимеш[ся]	побáчиш[ся]
він, вона, воно	бýде бáчити[ся]	бáчитиме[ться]	побáчить[ся]
ми	бýдемо бáчити[ся]	бáчитимемо[ся]	побáчимо[ся]
ви	бýдете бáчити[ся]	бáчитимете[ся]	побáчите[ся]
вони	бýдуть бáчити[ся]	бáчитимуть[ся]	побáчать[ся]
УМОВНИЙ СПОСІБ — CONDITIONAL MOOD			
він (я, ти)	бáчив[ся] би [б]		побáчив[ся] би [б]
вона (я, ти)	бáчила[ся] б		побáчила[ся] б
воно	бáчило[ся] б		побáчило[ся] б
вони (ми, ви)	бáчили[ся] б		побáчили[ся] б
НАКАЗОВИЙ СПОСІБ — IMPERATIVE MOOD			
ти	бáч[ся]		побáч[ся]
ми	бáчмо[ся]		побáчмо[ся]
ви	бáчте[ся]		побáчте[ся]
він, вона, воно	(не)хáй бáчить[ся]		(не)хáй побáчить[ся]
вони	(не)хáй бáчать[ся]		(не)хáй побáчать[ся]
ДІЄПРИКМЕТНИКИ — VERBAL ADJECTIVES (PARTICIPLES)			
ACTIVE			
PASSIVE	бáчений		побáчений
ДІЄПРИСЛІВНИКИ — VERBAL ADVERBS			
	бáчачи[сь], бáчивши[сь]		побáчивши[сь]
БЕЗОСОБОВІ ФОРМИ — IMPERSONAL FORMS			
	бáчено		побáчено

+ accusative:
Я дóбре тебé **бáчу**.   *I see you well.*

Побáчимо, що бýде дáлі.   *We will see what happens next.*

Побáчивши полíцію, він занервувáв.   *Having seen the police, he became nervous.*

-ся + з (із, зі) + instrumental:
Ми рíдко **бáчимося** із Сергíєм.   *We rarely see Serhii.*

Present/Future Stems: береж- | побереж-
Conjugation: **1st (-уть)**

берегти́[ся] | поберегти́[ся]

to keep, to protect; to take care of [to be careful]

ОСОБА / PERSON	НЕДОКОНАНИЙ ВИД / IMPERFECTIVE ASPECT		ДОКОНАНИЙ ВИД / PERFECTIVE ASPECT
ТЕПЕРІШНІЙ ЧАС — PRESENT TENSE			
я	бережу́[ся]		
ти	береже́ш[ся]		
він, вона, воно	береже́[ться]		
ми	бережемо́[ся]		
ви	бережете́[ся]		
вони	бережу́ть[ся]		
МИНУЛИЙ ЧАС — PAST TENSE			
він (я, ти)	бері́г[ся]		поберіг[ся]
вона (я, ти)	берегла́[ся]		поберегла́[ся]
воно	берегло́[ся]		поберегло́[ся]
вони (ми, ви)	берегли́[ся]		поберегли́[ся]
МАЙБУТНІЙ ЧАС — FUTURE TENSE			
	ANALYTIC	SYNTHETIC	
я	бу́ду берегти́[ся]	берегти́му[ся]	побережу́[ся]
ти	бу́деш берегти́[ся]	берегти́меш[ся]	побереже́ш[ся]
він, вона, воно	бу́де берегти́[ся]	берегти́ме[ться]	побереже́[ться]
ми	бу́демо берегти́[ся]	берегти́мемо[ся]	побережемо́[ся]
ви	бу́дете берегти́[ся]	берегти́мете[ся]	побережете́[ся]
вони	бу́дуть берегти́[ся]	берегти́муть[ся]	побережу́ть[ся]
УМОВНИЙ СПОСІБ — CONDITIONAL MOOD			
він (я, ти)	бері́г[ся] би [б]		поберіг[ся] би [б]
вона (я, ти)	берегла́[ся] б		поберегла́[ся] б
воно	берегло́[ся] б		поберегло́[ся] б
вони (ми, ви)	берегли́[ся] б		поберегли́[ся] б
НАКАЗОВИЙ СПОСІБ — IMPERATIVE MOOD			
ти	бережи́[ся]		побережи́[ся]
ми	бережі́мо[ся]		побережі́мо[ся]
ви	бережі́ть[ся]		побережі́ть[ся]
він, вона, воно	(не)ха́й береже́[ться]		(не)ха́й побереже́[ться]
вони	(не)ха́й бережу́ть[ся]		(не)ха́й побережу́ть[ся]
ДІЄПРИКМЕТНИКИ — VERBAL ADJECTIVES (PARTICIPLES)			
ACTIVE			
PASSIVE	бере́жений		
ДІЄПРИСЛІВНИКИ — VERBAL ADVERBS			
	бережучи́[сь], бері́гши[сь]		поберігши[сь]
БЕЗОСОБОВІ ФОРМИ — IMPERSONAL FORMS			
	бере́жено		

+ accusative:
Ма́ти **берегла́** цю таємни́цю до сме́рті. — Mother kept this secret until death.

від + genitive:
Вона́ **поберегла́** його́ від пра́вди. — She protected him from the truth.
Бережі́ть себе́! — Take care of yourself!

-ся + від + genitive:
Тре́ба **берегти́ся** від хворо́б. — It is necessary to be careful to avoid diseases.
Побережі́ться по́ки, не виходьте на робо́ту. — Take care for now, do not go back to work.

№ 6

би́ти[ся] | поби́ти[ся]

to beat; to break [to fight]

Present/Future Stems: **б'- | поб'-**
Conjugation: **1st (-ють)**

ОСОБА PERSON	НЕДОКОНАНИЙ ВИД IMPERFECTIVE ASPECT		ДОКОНАНИЙ ВИД PERFECTIVE ASPECT
ТЕПЕРІШНІЙ ЧАС — PRESENT TENSE			
я	б'ю[ся]		
ти	б'єш[ся]		
він, вона, воно	б'є[ться]		
ми	б'ємо́[ся]		
ви	б'єте́[ся]		
вони	б'ють[ся]		
МИНУЛИЙ ЧАС — PAST TENSE			
він (я, ти)	би́в[ся]		поби́в[ся]
вона (я, ти)	би́ла[ся]		поби́ла[ся]
воно	би́ло[ся]		поби́ло[ся]
вони (ми, ви)	би́ли[ся]		поби́ли[ся]
МАЙБУТНІЙ ЧАС — FUTURE TENSE			
	ANALYTIC	SYNTHETIC	
я	бу́ду би́ти[ся]	би́тиму[ся]	поб'ю́[ся]
ти	бу́деш би́ти[ся]	би́тимеш[ся]	поб'є́ш[ся]
він, вона, воно	бу́де би́ти[ся]	би́тиме[ться]	поб'є́[ться]
ми	бу́демо би́ти[ся]	би́тимемо[ся]	поб'ємо́[ся]
ви	бу́дете би́ти[ся]	би́тимете[ся]	поб'єте́[ся]
вони	бу́дуть би́ти[ся]	би́тимуть[ся]	поб'ю́ть[ся]
УМОВНИЙ СПОСІБ — CONDITIONAL MOOD			
він (я, ти)	би́в[ся] би [б]		поби́в[ся] би [б]
вона (я, ти)	би́ла[ся] б		поби́ла[ся] б
воно	би́ло[ся] б		поби́ло[ся] б
вони (ми, ви)	би́ли[ся] б		поби́ли[ся] б
НАКАЗОВИЙ СПОСІБ — IMPERATIVE MOOD			
ти	бий[ся]		побий[ся]
ми	би́ймо[ся]		поби́ймо[ся]
ви	би́йте[ся]		поби́йте[ся]
він, вона, воно	(не)ха́й б'є́[ться]		(не)ха́й поб'є́[ться]
вони	(не)ха́й б'ю́ть[ся]		(не)ха́й поб'ю́ть[ся]
ДІЄПРИКМЕТНИКИ — VERBAL ADJECTIVES (PARTICIPLES)			
ACTIVE			
PASSIVE	би́тий		поби́тий
ДІЄПРИСЛІВНИКИ — VERBAL ADVERBS			
	б'ючи́[сь], би́вши[сь]		поби́вши[сь]
БЕЗОСОБОВІ ФОРМИ — IMPERSONAL FORMS			
	би́то		поби́то

+ accusative:

Він **б'є** боксе́рську гру́шу.

Плавчи́ня **поби́ла** світови́й реко́рд.

He is beating a punching bag.

The swimmer broke the world record.

-ся + з (із, зі) + instrumental:

Він ча́сто **б'є́ться** з хло́пцями.

He often fights with boys.

-ся + за + accusative:

Украї́нці **б'ю́ться** за свою́ свобо́ду.

Ukrainians are fighting for their freedom.

№ 7

Present/Future Stems: **біга- | побіга-**
Conjugation: **1st (-ють)**

бігати | побігати
to run (multidirectional)

ОСОБА / PERSON	НЕДОКОНАНИЙ ВИД / IMPERFECTIVE ASPECT		ДОКОНАНИЙ ВИД / PERFECTIVE ASPECT
ТЕПЕРІШНІЙ ЧАС — PRESENT TENSE			
я	бігаю		
ти	бігаєш		
він, вона, воно	бігає		
ми	бігаємо		
ви	бігаєте		
вони	бігають		
МИНУЛИЙ ЧАС — PAST TENSE			
він (я, ти)	бігав		побігав
вона (я, ти)	бігала		побігала
воно	бігало		побігало
вони (ми, ви)	бігали		побігали
МАЙБУТНІЙ ЧАС — FUTURE TENSE			
	ANALYTIC	SYNTHETIC	
я	буду бігати	бігатиму	побігаю
ти	будеш бігати	бігатимеш	побігаєш
він, вона, воно	буде бігати	бігатиме	побігає
ми	будемо бігати	бігатимемо	побігаємо
ви	будете бігати	бігатимете	побігаєте
вони	будуть бігати	бігатимуть	побігають
УМОВНИЙ СПОСІБ — CONDITIONAL MOOD			
він (я, ти)	бігав би		побігав би
вона (я, ти)	бігала б		побігала б
воно	бігало б		побігало б
вони (ми, ви)	бігали б		побігали б
НАКАЗОВИЙ СПОСІБ — IMPERATIVE MOOD			
ти	бігай		побігай
ми	бігаймо		побігаймо
ви	бігайте		побігайте
він, вона, воно	(не)хай бігає		(не)хай побігає
вони	(не)хай бігають		(не)хай побігають
ДІЄПРИКМЕТНИКИ — VERBAL ADJECTIVES (PARTICIPLES)			
ACTIVE			
PASSIVE			
ДІЄПРИСЛІВНИКИ — VERBAL ADVERBS			
	бігаючи, бігавши		побігавши
БЕЗОСОБОВІ ФОРМИ — IMPERSONAL FORMS			

Ти любиш **бігати**? — *Do you like running?*

Вона вже **побігала** зранку. — *She has already run in the morning.*

у (в), **на** + *locative*:
Коли ти **будеш бігати** (**бігатимеш**) в парку, зверни увагу на нову скульптуру. — *When you run in the park, pay attention to the new sculpture.*

Побігавши, сходи в магазин, будь ласка. — *After running, go to the store, please.*

№ 8

бі́гти | побі́гти
to run (unidirectional)

Present/Future Stems: біж- | побіж-
Conjugation: 2nd (-ать)

ОСОБА / PERSON	НЕДОКОНАНИЙ ВИД / IMPERFECTIVE ASPECT		ДОКОНАНИЙ ВИД / PERFECTIVE ASPECT
ТЕПЕРІШНІЙ ЧАС — PRESENT TENSE			
я	біжу́		
ти	біжи́ш		
він, вона, воно	біжи́ть		
ми	біжимо́		
ви	біжите́		
вони	біжа́ть		
МИНУЛИЙ ЧАС — PAST TENSE			
він (я, ти)	біг		побі́г
вона (я, ти)	бі́гла		побі́гла
воно	бі́гло		побі́гло
вони (ми, ви)	бі́гли		побі́гли
МАЙБУТНІЙ ЧАС — FUTURE TENSE			
	ANALYTIC	SYNTHETIC	
я	бу́ду бі́гти	бі́гтиму	побіжу́
ти	бу́деш бі́гти	бі́гтимеш	побіжи́ш
він, вона, воно	бу́де бі́гти	бі́гтиме	побіжи́ть
ми	бу́демо бі́гти	бі́гтимемо	побіжимо́
ви	бу́дете бі́гти	бі́гтимете	побіжите́
вони	бу́дуть бі́гти	бі́гтимуть	побіжа́ть
УМОВНИЙ СПОСІБ — CONDITIONAL MOOD			
він (я, ти)	біг би		побі́г би
вона (я, ти)	бі́гла б		побі́гла б
воно	бі́гло б		побі́гло б
вони (ми, ви)	бі́гли б		побі́гли б
НАКАЗОВИЙ СПОСІБ — IMPERATIVE MOOD			
ти	біжи́		побіжи́
ми	біжі́мо		побіжі́мо
ви	біжі́ть		побіжі́ть
він, вона, воно	(не)ха́й біжи́ть		(не)ха́й побіжи́ть
вони	(не)ха́й біжа́ть		(не)ха́й побіжа́ть
ДІЄПРИКМЕТНИКИ — VERBAL ADJECTIVES (PARTICIPLES)			
ACTIVE			
PASSIVE			
ДІЄПРИСЛІВНИКИ — VERBAL ADVERBS			
	біжачи́, бі́гши		побі́гши
БЕЗОСОБОВІ ФОРМИ — IMPERSONAL FORMS			

Куди́ ти **біжи́ш**? — Where are you running to?
+ accusative:
За́втра я **бі́гтиму** (**бу́ду бі́гти**) півмарафо́н. — Tomorrow I will run a half-marathon.
у (в), на + *accusative:*
За́втра я **побіжу́** в банк і візьму́ гро́ші. — Tomorrow I will run to the bank and get the money.
Біжи́, Фо́ресте, **біжи́**! — Run, Forest, run!

Present/Future Stems: **блоку-** | **заблоку-**
Conjugation: **1st (-ють)**

блокува́ти | заблокува́ти
to block

ОСО́БА PERSON	НЕДОКО́НАНИЙ ВИД IMPERFECTIVE ASPECT		ДОКО́НАНИЙ ВИД PERFECTIVE ASPECT
ТЕПЕ́РІШНІЙ ЧАС — PRESENT TENSE			
я	блоку́ю		
ти	блоку́єш		
він, вона, воно	блоку́є		
ми	блоку́ємо		
ви	блоку́єте		
вони	блоку́ють		
МИНУ́ЛИЙ ЧАС — PAST TENSE			
він (я, ти)	блокува́в		заблокува́в
вона (я, ти)	блокува́ла		заблокува́ла
воно	блокува́ло		заблокува́ло
вони (ми, ви)	блокува́ли		заблокува́ли
МАЙБУ́ТНІЙ ЧАС — FUTURE TENSE			
	ANALYTIC	SYNTHETIC	
я	бу́ду блокува́ти	блокува́тиму	заблоку́ю
ти	бу́деш блокува́ти	блокува́тимеш	заблоку́єш
він, вона, воно	бу́де блокува́ти	блокува́тиме	заблоку́є
ми	бу́демо блокува́ти	блокува́тимемо	заблоку́ємо
ви	бу́дете блокува́ти	блокува́тимете	заблоку́єте
вони	бу́дуть блокува́ти	блокува́тимуть	заблоку́ють
УМО́ВНИЙ СПО́СІБ — CONDITIONAL MOOD			
він (я, ти)	блокува́в би		заблокува́в би
вона (я, ти)	блокува́ла б		заблокува́ла б
воно	блокува́ло б		заблокува́ло б
вони (ми, ви)	блокува́ли б		заблокува́ли б
НАКАЗО́ВИЙ СПО́СІБ — IMPERATIVE MOOD			
ти	блоку́й		заблоку́й
ми	блоку́ймо		заблоку́ймо
ви	блоку́йте		заблоку́йте
він, вона, воно	(не)ха́й блоку́є		(не)ха́й заблоку́є
вони	(не)ха́й блоку́ють		(не)ха́й заблоку́ють
ДІЄПРИКМЕ́ТНИКИ — VERBAL ADJECTIVES (PARTICIPLES)			
ACTIVE			
PASSIVE	блоко́ваний		заблоко́ваний
ДІЄПРИСЛІ́ВНИКИ — VERBAL ADVERBS			
	блоку́ючи, блокува́вши		заблокува́вши
БЕЗОСОБО́ВІ ФО́РМИ — IMPERSONAL FORMS			
	блоко́вано		заблоко́вано

+ *accusative*:

Ця програ́ма **блоку́є** рекла́му. — *This app blocks ads.*

Інстаґра́м **заблокува́в** її про́філь. — *Instagram blocked her profile.*

Полі́ція **блокува́тиме** (**бу́де блокува́ти**) коле́са автомобі́лів, вла́сники яки́х пору́шили пра́вила паркува́ння. — *The police will block the wheels of cars whose owners have violated parking rules.*

Рух тра́нспорту тимчасо́во **заблоко́вано**. — *Traffic is temporarily blocked.*

№ 10

боліти | заболіти
to hurt, to ache

Present/Future Stems: **бол-** | **забол-**

Conjugation: **2nd (-ять)**

ОСОБА PERSON	НЕДОКОНАНИЙ ВИД IMPERFECTIVE ASPECT		ДОКОНАНИЙ ВИД PERFECTIVE ASPECT
ТЕПЕРІШНІЙ ЧАС — PRESENT TENSE			
я			
ти			
він, вона, воно	боли́ть		
ми			
ви			
вони	боля́ть		
МИНУЛИЙ ЧАС — PAST TENSE			
він	болі́в		заболі́в
вона	болі́ла		заболі́ла
воно	болі́ло		заболі́ло
вони (ми, ви)	болі́ли		заболі́ли
МАЙБУТНІЙ ЧАС — FUTURE TENSE			
	ANALYTIC	SYNTHETIC	
я			
ти			
він, вона, воно	бу́де болі́ти	болі́тиме	заболи́ть
ми			
ви			
вони	бу́дуть болі́ти	болі́тимуть	заболя́ть
УМОВНИЙ СПОСІБ — CONDITIONAL MOOD			
він	болі́в би		заболі́в би
вона	болі́ла б		заболі́ла б
воно	болі́ло б		заболі́ло б
вони	болі́ли б		заболі́ли б
НАКАЗОВИЙ СПОСІБ — IMPERATIVE MOOD			
ти			
ми			
ви			
він, вона, воно	(не)ха́й боли́ть		(не)ха́й заболи́ть
вони	(не)ха́й боля́ть		(не)ха́й заболя́ть
ДІЄПРИКМЕТНИКИ — VERBAL ADJECTIVES (PARTICIPLES)			
ACTIVE			
PASSIVE			
ДІЄПРИСЛІВНИКИ — VERBAL ADVERBS			
БЕЗОСОБОВІ ФОРМИ — IMPERSONAL FORMS			

у (в) + *genitive* + [...] + *nominative*:

У ме́не **боли́ть** голова́. — *I have a headache.*

В Оста́па **боля́ть** но́ги. — *Ostap's legs hurt.*

Що у вас **боли́ть**? — *What hurts you?*

Ра́птом у ме́не ду́же **заболі́в** зуб. — *Suddenly I got a very bad toothache.*

Present/Future Stems: бор- | побор-
Conjugation: 1st (-ють)

боро́ти[ся] | поборо́ти[ся]

to defeat; to overcome [to fight]

ОСОБА / PERSON	НЕДОКОНАНИЙ ВИД / IMPERFECTIVE ASPECT		ДОКОНАНИЙ ВИД / PERFECTIVE ASPECT
ТЕПЕРІШНІЙ ЧАС — PRESENT TENSE			
я	борю́[ся]		
ти	бо́реш[ся]		
він, вона, воно	бо́ре[ться]		
ми	бо́ремо[ся]		
ви	бо́рете[ся]		
вони	бо́рють[ся]		
МИНУЛИЙ ЧАС — PAST TENSE			
він (я, ти)	боро́в[ся]		поборо́в[ся]
вона (я, ти)	боро́ла[ся]		поборо́ла[ся]
воно	боро́ло[ся]		поборо́ло[ся]
вони (ми, ви)	боро́ли[ся]		поборо́ли[ся]
МАЙБУТНІЙ ЧАС — FUTURE TENSE	ANALYTIC	SYNTHETIC	
я	бу́ду боро́ти[ся]	боро́тиму[ся]	поборю́[ся]
ти	бу́деш боро́ти[ся]	боро́тимеш[ся]	побо́реш[ся]
він, вона, воно	бу́де боро́ти[ся]	боро́тиме[ться]	побо́ре[ться]
ми	бу́демо боро́ти[ся]	боро́тимемо[ся]	побо́ремо[ся]
ви	бу́дете боро́ти[ся]	боро́тимете[ся]	побо́рете[ся]
вони	бу́дуть боро́ти[ся]	боро́тимуть[ся]	побо́рють[ся]
УМОВНИЙ СПОСІБ — CONDITIONAL MOOD			
він (я, ти)	боро́в[ся] би [б]		поборо́в[ся] би [б]
вона (я, ти)	боро́ла[ся] б		поборо́ла[ся] б
воно	боро́ло[ся] б		поборо́ло[ся] б
вони (ми, ви)	боро́ли[ся] б		поборо́ли[ся] б
НАКАЗОВИЙ СПОСІБ — IMPERATIVE MOOD			
ти	бори́[ся]		побори́[ся]
ми	борі́мо[ся]		поборі́мо[ся]
ви	борі́ть[ся]		поборі́ть[ся]
він, вона, воно	(не)ха́й бо́ре[ться]		(не)ха́й побо́ре[ться]
вони	(не)ха́й бо́рють[ся]		(не)ха́й побо́рють[ся]
ДІЄПРИКМЕТНИКИ — VERBAL ADJECTIVES (PARTICIPLES)			
ACTIVE			
PASSIVE			побо́рений, побо́ротий
ДІЄПРИСЛІВНИКИ — VERBAL ADVERBS			
	бо́рючи[сь], боро́вши[сь]		поборо́вши[сь]
БЕЗОСОБОВІ ФОРМИ — IMPERSONAL FORMS			
			побо́рено, побо́рото

+ accusative:
Кличко́ зно́ву **поборо́в** супе́рника. — *Klychko once again defeated his opponent.*
Зло бу́де **побо́рено**. — *Evil will be defeated.*

-ся + за + accusative:
Украї́нці **бо́рються** за свою́ краї́ну. — *Ukrainians are fighting for their country.*

-ся + до + genitive:
Геро́й **боро́вся** до кінця́. — *The hero was fighting to the end.*

боя́тися | побоя́тися

to be afraid

Present/Future Stems: бо-..-ся | побо-..-ся
Conjugation: **2nd (-ять)**

ОСОБА PERSON	НЕДОКОНАНИЙ ВИД IMPERFECTIVE ASPECT		ДОКОНАНИЙ ВИД PERFECTIVE ASPECT
\multicolumn{4}{c}{ТЕПЕРІШНІЙ ЧАС — PRESENT TENSE}		

ТЕПЕРІШНІЙ ЧАС — PRESENT TENSE

я	бою́ся
ти	бої́шся
він, вона, воно	бої́ться
ми	боїмо́ся
ви	боїте́ся
вони	боя́ться

МИНУЛИЙ ЧАС — PAST TENSE

	Imperfective	Perfective
він (я, ти)	боя́вся	побоя́вся
вона (я, ти)	боя́лася	побоя́лася
воно	боя́лося	побоя́лося
вони (ми, ви)	боя́лися	побоя́лися

МАЙБУТНІЙ ЧАС — FUTURE TENSE

	ANALYTIC	SYNTHETIC	Perfective
я	бу́ду боя́тися	боя́тимуся	побою́ся
ти	бу́деш боя́тися	боя́тимешся	побої́шся
він, вона, воно	бу́де боя́тися	боя́тиметься	побої́ться
ми	бу́демо боя́тися	боя́тимемося	побоїмо́ся
ви	бу́дете боя́тися	боя́тиметеся	побоїте́ся
вони	бу́дуть боя́тися	боя́тимуться	побоя́ться

УМОВНИЙ СПОСІБ — CONDITIONAL MOOD

	Imperfective	Perfective
він (я, ти)	боя́вся б	побоя́вся б
вона (я, ти)	боя́лася б	побоя́лася б
воно	боя́лося б	побоя́лося б
вони (ми, ви)	боя́лися б	побоя́лися б

НАКАЗОВИЙ СПОСІБ — IMPERATIVE MOOD

	Imperfective	Perfective
ти	бі́йся	побі́йся
ми	бі́ймося	побі́ймося
ви	бі́йтеся	побі́йтеся
він, вона, воно	(не)ха́й бої́ться	(не)ха́й побої́ться
вони	(не)ха́й боя́ться	(не)ха́й побоя́ться

ДІЄПРИКМЕТНИКИ — VERBAL ADJECTIVES (PARTICIPLES)

ACTIVE

PASSIVE

ДІЄПРИСЛІВНИКИ — VERBAL ADVERBS

боячи́сь, боя́вшись	побоя́вшись

БЕЗОСОБОВІ ФОРМИ — IMPERSONAL FORMS

Я не **бою́сь**, що мене́ зві́льнять.	*I am not afraid of getting fired.*
+ genitive:	
Ти **бої́шся** висоти́?	*Are you afraid of heights?*
за + accusative:	
Вона́ **боя́лася** не за се́бе, а за свої́х діте́й.	*She was afraid not for herself, but for her children.*
Вони́ **побоя́лися** підтри́мати їх.	*They were afraid to support them.*

Present/Future Stems: браку- | забраку-
Impersonal Verb

бракувáти | забракувáти, забрáкнути

to lack, to be short of, to be missing

ОСОБА / PERSON	НЕДОКОНАНИЙ ВИД / IMPERFECTIVE ASPECT	ДОКОНАНИЙ ВИД / PERFECTIVE ASPECT
ТЕПЕРІШНІЙ ЧАС — PRESENT TENSE		
безособова форма *impersonal form*	бракýє	
МИНУЛИЙ ЧАС — PAST TENSE		
безособова форма *impersonal form*	бракувáло	забракувáло, забрáкло
МАЙБУТНІЙ ЧАС — FUTURE TENSE		
	ANALYTIC / SYNTHETIC	
безособова форма *impersonal form*	бýде бракувáти / бракувáтиме	забракýє, забрáкне
УМОВНИЙ СПОСІБ — CONDITIONAL MOOD		
безособова форма *impersonal form*	бракувáло б	забракувáло б, забрáкло б
НАКАЗОВИЙ СПОСІБ — IMPERATIVE MOOD		
він, вона, воно	(не)хáй бракýє	(не)хáй забракýє/забрáкне
ДІЄПРИКМЕТНИКИ — VERBAL ADJECTIVES (PARTICIPLES)		
ACTIVE		забрáклий
PASSIVE		
ДІЄПРИСЛІВНИКИ — VERBAL ADVERBS		
БЕЗОСОБОВІ ФОРМИ — IMPERSONAL FORMS		

+ *genitive*:
У мíсті **бракýє** дитсадкíв.   There is a shortage of kindergartens in the city.

dative + [...] + *genitive*:
Менí **бракувáтиме** (**бýде бракувáти**) тебé.   I will miss you.

Нам **забракувáло** (**забрáкло**) чáсу, щоб завершúти це завдáння.   We ran out of time to complete this task.

Тодí йомý вже нічóго не **бракувáло б** у життí.   Then he would lack nothing in life.

№ 14

бра́ти[ся] | взя́ти[ся], узя́ти[ся]

to take [to undertake, to get down to]

Present/Future Stems: **бер-** | **візьм-**
Conjugation: **1st (-уть)**

ОСОБА / PERSON	НЕДОКОНАНИЙ ВИД / IMPERFECTIVE ASPECT	ДОКОНАНИЙ ВИД / PERFECTIVE ASPECT
ТЕПЕРІШНІЙ ЧАС — PRESENT TENSE		
я	беру́[ся]	
ти	бере́ш[ся]	
він, вона, воно	бере́[ться]	
ми	беремо́[ся]	
ви	берете́[ся]	
вони	беру́ть[ся]	
МИНУЛИЙ ЧАС — PAST TENSE		
він (я, ти)	бра́в[ся]	взя́в[ся]
вона (я, ти)	бра́ла[ся]	взяла́[ся]
воно	бра́ло[ся]	взяло́[ся]
вони (ми, ви)	бра́ли[ся]	взяли́[ся]

МАЙБУТНІЙ ЧАС — FUTURE TENSE

PERSON	ANALYTIC	SYNTHETIC	PERFECTIVE
я	бу́ду бра́ти[ся]	бра́тиму[ся]	візьму́[ся]
ти	бу́деш бра́ти[ся]	бра́тимеш[ся]	ві́зьмеш[ся]
він, вона, воно	бу́де бра́ти[ся]	бра́тиме[ться]	ві́зьме[ться]
ми	бу́демо бра́ти[ся]	бра́тимемо[ся]	ві́зьмемо[ся]
ви	бу́дете бра́ти[ся]	бра́тимете[ся]	ві́зьмете[ся]
вони	бу́дуть бра́ти[ся]	бра́тимуть[ся]	ві́зьмуть[ся]

УМОВНИЙ СПОСІБ — CONDITIONAL MOOD

PERSON	IMPERFECTIVE	PERFECTIVE
він (я, ти)	бра́в[ся] би (б)	взя́в[ся] би (б)
вона (я, ти)	бра́ла[ся] б	взяла́[ся] б
воно	бра́ло[ся] б	взяло́[ся] б
вони (ми, ви)	бра́ли[ся] б	взяли́[ся] б

НАКАЗОВИЙ СПОСІБ — IMPERATIVE MOOD

PERSON	IMPERFECTIVE	PERFECTIVE
ти	бери́[ся]	візьми́[ся]
ми	salenoбері́мо[ся]	візьмі́мо[ся]
ви	бері́ть[ся]	візьмі́ть[ся]
він, вона, воно	(не)ха́й бере́[ться]	(не)ха́й ві́зьме[ться]
вони	(не)ха́й беру́ть[ся]	(не)ха́й ві́зьмуть[ся]

ДІЄПРИКМЕТНИКИ — VERBAL ADJECTIVES (PARTICIPLES)

	IMPERFECTIVE	PERFECTIVE
ACTIVE		
PASSIVE		взя́тий

ДІЄПРИСЛІВНИКИ — VERBAL ADVERBS

	IMPERFECTIVE	PERFECTIVE
	беручи́[сь], бра́вши[сь]	взя́вши[сь]

БЕЗОСОБОВІ ФОРМИ — IMPERSONAL FORMS

		взя́то

+ accusative:
Я за́вжди **беру́** телефо́н із собо́ю. — *I always take my phone with me.*
Ми вже **взяли́** квитки́ на по́їзд. — *We have already bought train tickets.*

з (із, зі) + genitive:
Текст **узя́то** з його́ сторі́нки у фейсбу́ці. — *The text is taken from his Facebook page.*

-ся + за + accusative:
Він ча́сто **бере́ться** за такі́ проє́кти. — *He often takes on such projects.*

-ся + до + genitive:
Сестра́ **взяла́ся** до робо́ти. — *The sister got down to work.*

Present/Future Stems: **бреш- | збреш-**   **брехáти | збрехáти**
Conjugation: **1st (-уть)**   *to lie*

ОСОБА PERSON	НЕДОКОНАНИЙ ВИД IMPERFECTIVE ASPECT		ДОКОНАНИЙ ВИД PERFECTIVE ASPECT
	ТЕПЕРІШНІЙ ЧАС — PRESENT TENSE		
я	брешý		
ти	брéшеш		
він, вона, воно	брéше		
ми	брéшемо		
ви	брéшете		
вони	брéшуть		
	МИНУЛИЙ ЧАС — PAST TENSE		
він (я, ти)	брехáв		збрехáв
вона (я, ти)	брехáла		збрехáла
воно	брехáло		збрехáло
вони (ми, ви)	брехáли		збрехáли
	МАЙБУТНІЙ ЧАС — FUTURE TENSE		
	ANALYTIC	SYNTHETIC	
я	бýду брехáти	брехáтиму	збрешý
ти	бýдеш брехáти	брехáтимеш	збрéшеш
він, вона, воно	бýде брехáти	брехáтиме	збрéше
ми	бýдемо брехáти	брехáтимемо	збрéшемо
ви	бýдете брехáти	брехáтимете	збрéшете
вони	бýдуть брехáти	брехáтимуть	збрéшуть
	УМОВНИЙ СПОСІБ — CONDITIONAL MOOD		
він (я, ти)	брехáв би		збрехáв би
вона (я, ти)	брехáла б		збрехáла б
воно	брехáло б		збрехáло б
вони (ми, ви)	брехáли б		збрехáли б
	НАКАЗОВИЙ СПОСІБ — IMPERATIVE MOOD		
ти	брешѝ		збрешѝ
ми	брешíмо		збрешíмо
ви	брешíть		збрешíть
він, вона, воно	(не)хáй брéше		(не)хáй збрéше
вони	(не)хáй брéшуть		(не)хáй збрéшуть
	ДІЄПРИКМЕТНИКИ — VERBAL ADJECTIVES (PARTICIPLES)		
ACTIVE			
PASSIVE			
	ДІЄПРИСЛІВНИКИ — VERBAL ADVERBS		
	брéшучи, брехáвши		збрехáвши
	БЕЗОСОБОВІ ФОРМИ — IMPERSONAL FORMS		

+ dative:

Вонá чáсто **брéше** йомý.	She often lies to him.
Вѝявилось, що хлóпець **збрехáв**.	It turned out that the boy lied.
Не **брешѝ** менí!	Do not lie to me!
Збрехáвши, він відчýв дóкір сумлíння.	Having lied, he felt remorse.

бува́ти | побува́ти

to be (frequently); to visit; to happen (only imperfective)

Present/Future Stems: бува- | побува-
Conjugation: 1st (-ють)

ОСОБА / PERSON	НЕДОКОНАНИЙ ВИД / IMPERFECTIVE ASPECT		ДОКОНАНИЙ ВИД / PERFECTIVE ASPECT
ТЕПЕРІШНІЙ ЧАС — PRESENT TENSE			
я	бува́ю		
ти	бува́єш		
він, вона, воно	бува́є		
ми	бува́ємо		
ви	бува́єте		
вони	бува́ють		
МИНУЛИЙ ЧАС — PAST TENSE			
він (я, ти)	бува́в		побува́в
вона (я, ти)	бува́ла		побува́ла
воно	бува́ло		побува́ло
вони (ми, ви)	бува́ли		побува́ли
МАЙБУТНІЙ ЧАС — FUTURE TENSE	ANALYTIC	SYNTHETIC	
я	бу́ду бува́ти	бува́тиму	побува́ю
ти	бу́деш бува́ти	бува́тимеш	побува́єш
він, вона, воно	бу́де бува́ти	бува́тиме	побува́є
ми	бу́демо бува́ти	бува́тимемо	побува́ємо
ви	бу́дете бува́ти	бува́тимете	побува́єте
вони	бу́дуть бува́ти	бува́тимуть	побува́ють
УМОВНИЙ СПОСІБ — CONDITIONAL MOOD			
він (я, ти)	бува́в би		побува́в би
вона (я, ти)	бува́ла б		побува́ла б
воно	бува́ло б		побува́ло б
вони (ми, ви)	бува́ли б		побува́ли б
НАКАЗОВИЙ СПОСІБ — IMPERATIVE MOOD			
ти	бува́й		побува́й
ми	бува́ймо		побува́ймо
ви	бува́йте		побува́йте
він, вона, воно	(не)ха́й бува́є		(не)ха́й побува́є
вони	(не)ха́й бува́ють		(не)ха́й побува́ють
ДІЄПРИКМЕТНИКИ — VERBAL ADJECTIVES (PARTICIPLES)			
ACTIVE			
PASSIVE			
ДІЄПРИСЛІВНИКИ — VERBAL ADVERBS			
	бува́ючи, бува́вши		побува́вши
БЕЗОСОБОВІ ФОРМИ — IMPERSONAL FORMS			

у (в), на + *locative*:
Я ча́сто **бува́ю** в цьо́му кафе́. — *I often visit this cafe.*

dative + […]:
Йому́ ча́сто **бува́є** су́мно. — *He is often (being) sad.*

Нічо́го страшно́го, **бува́є**. — *It is not a big deal, it happens.*

Побува́вши в Ки́єві оди́н раз, ви захо́чете поверну́тися. — *After visiting Kyiv once, you will want to return.*

№ 17

Present/Future Stems: **буд(ж)- | розбуд(ж)-**

Conjugation: **2nd (-ять)**

будити[ся] | розбудити[ся]

to wake sb up [to wake up]

ОСОБА / PERSON	НЕДОКОНАНИЙ ВИД / IMPERFECTIVE ASPECT		ДОКОНАНИЙ ВИД / PERFECTIVE ASPECT
ТЕПЕРІШНІЙ ЧАС — PRESENT TENSE			
я	буджу́[ся]		
ти	бу́диш[ся]		
він, вона, воно	бу́дить[ся]		
ми	бу́димо[ся]		
ви	бу́дите[ся]		
вони	бу́дять[ся]		
МИНУЛИЙ ЧАС — PAST TENSE			
він (я, ти)	буди́в[ся]		розбуди́в[ся]
вона (я, ти)	буди́ла[ся]		розбуди́ла[ся]
воно	буди́ло[ся]		розбуди́ло[ся]
вони (ми, ви)	буди́ли[ся]		розбуди́ли[ся]
МАЙБУТНІЙ ЧАС — FUTURE TENSE			
	ANALYTIC	SYNTHETIC	
я	бу́ду буди́ти[ся]	буди́тиму[ся]	розбуджу́[ся]
ти	бу́деш буди́ти[ся]	буди́тимеш[ся]	розбу́диш[ся]
він, вона, воно	бу́де буди́ти[ся]	буди́тиме[ться]	розбу́дить[ся]
ми	бу́демо буди́ти[ся]	буди́тимемо[ся]	розбу́димо[ся]
ви	бу́дете буди́ти[ся]	буди́тимете[ся]	розбу́дите[ся]
вони	бу́дуть буди́ти[ся]	буди́тимуть[ся]	розбу́дять[ся]
УМОВНИЙ СПОСІБ — CONDITIONAL MOOD			
він (я, ти)	буди́в[ся] би [б]		розбуди́в[ся] би [б]
вона (я, ти)	буди́ла[ся] б		розбуди́ла[ся] б
воно	буди́ло[ся] б		розбуди́ло[ся] б
вони (ми, ви)	буди́ли[ся] б		розбуди́ли[ся] б
НАКАЗОВИЙ СПОСІБ — IMPERATIVE MOOD			
ти	буди́[ся]		розбуди́[ся]
ми	буді́мо[ся]		розбуді́мо[ся]
ви	буді́ть[ся]		розбуді́ть[ся]
він, вона, воно	(не)ха́й бу́дить[ся]		(не)ха́й розбу́дить[ся]
вони	(не)ха́й бу́дять[ся]		(не)ха́й розбу́дять[ся]
ДІЄПРИКМЕТНИКИ — VERBAL ADJECTIVES (PARTICIPLES)			
ACTIVE			
PASSIVE			розбу́джений
ДІЄПРИСЛІВНИКИ — VERBAL ADVERBS			
	бу́дячи[сь], буди́вши[сь]		розбуди́вши[сь]
БЕЗОСОБОВІ ФОРМИ — IMPERSONAL FORMS			
			розбу́джено

+ *accusative*:

Він **бу́дить** діте́й о сьо́мій. — *He wakes up the children at seven o'clock.*

у (в) + *genitive* + *accusative*:

Учи́тель істо́рії **розбуди́в** у школярі́в почуття́ патріоти́зму. — *The history teacher awakened a sense of patriotism in schoolchildren.*

Розбуді́ть мене́ о п'я́тій, будь ла́ска. — *Wake me up at five o'clock, please.*

Вона́ мо́же поміня́ти підгу́зок, не **розбуди́вши** малюка́. — *She can change a diaper without waking the baby.*

Він ча́сто **бу́диться** (*more common:* **прокида́ється**) вночі́. — *He often wakes up at night.*

№ 18

будува́ти | збудува́ти, побудува́ти
to build

Present/Future Stems: **буду-** | **збуду-**
Conjugation: **1st (-ють)**

ОСОБА / PERSON	НЕДОКОНАНИЙ ВИД / IMPERFECTIVE ASPECT		ДОКОНАНИЙ ВИД / PERFECTIVE ASPECT
ТЕПЕРІШНІЙ ЧАС — PRESENT TENSE			
я	буду́ю		
ти	буду́єш		
він, вона, воно	буду́є		
ми	буду́ємо		
ви	буду́єте		
вони	буду́ють		
МИНУЛИЙ ЧАС — PAST TENSE			
він (я, ти)	бува́в		збува́в
вона (я, ти)	будува́ла		збудува́ла
воно	будува́ло		збудува́ло
вони (ми, ви)	будува́ли		збудува́ли
МАЙБУТНІЙ ЧАС — FUTURE TENSE			
	ANALYTIC	SYNTHETIC	
я	бу́ду будува́ти	будува́тиму	збуду́ю
ти	бу́деш будува́ти	будува́тимеш	збуду́єш
він, вона, воно	бу́де будува́ти	будува́тиме	збуду́є
ми	бу́демо будува́ти	будува́тимемо	збуду́ємо
ви	бу́дете будува́ти	будува́тимете	збуду́єте
вони	бу́дуть будува́ти	будува́тимуть	збуду́ють
УМОВНИЙ СПОСІБ — CONDITIONAL MOOD			
він (я, ти)	будува́в би		збудува́в би
вона (я, ти)	будува́ла б		збудува́ла б
воно	будува́ло б		збудува́ло б
вони (ми, ви)	будува́ли б		збудува́ли б
НАКАЗОВИЙ СПОСІБ — IMPERATIVE MOOD			
ти	буду́й		збуду́й
ми	буду́ймо		збуду́ймо
ви	буду́йте		збуду́йте
він, вона, воно	(не)ха́й буду́є		(не)ха́й збуду́є
вони	(не)ха́й буду́ють		(не)ха́й збуду́ють
ДІЄПРИКМЕТНИКИ — VERBAL ADJECTIVES (PARTICIPLES)			
ACTIVE			
PASSIVE	будо́ваний		збудо́ваний
ДІЄПРИСЛІВНИКИ — VERBAL ADVERBS			
	буду́ючи, будува́вши		збудува́вши
БЕЗОСОБОВІ ФОРМИ — IMPERSONAL FORMS			
	будо́вано		збудо́вано

+ accusative:

Ця компа́нія **буду́є** лише́ багатоповерхі́вки. — *This company builds only high-rise buildings.*

Ми **збудува́ли (побудува́ли)** за́мок із піску́. — *We built a sand castle.*

Буді́вля була́ **збудо́вана (побудо́вана)** в 1901 ро́ці. — *The building was built in 1901.*

Усе́ це **збудо́вано (побудо́вано)** на ентузіа́змі волонте́рів. — *All this is built on the enthusiasm of volunteers.*

№ 19

Present/Future Stems: special | побу́д-
Conjugation: **1st (-уть)**

бу́ти | побу́ти

to be

ОСОБА / PERSON	НЕДОКОНАНИЙ ВИД / IMPERFECTIVE ASPECT	ДОКОНАНИЙ ВИД / PERFECTIVE ASPECT
ТЕПЕРІШНІЙ ЧАС — PRESENT TENSE		
я	є*	
ти	є*	
він, вона, воно	є*	
ми	є*	
ви	є*	
вони	є*	
	*є in the meaning "to be" is usually omitted	
МИНУЛИЙ ЧАС — PAST TENSE		
він (я, ти)	був	побу́в
вона (я, ти)	була́	побула́
воно	було́	побуло́
вони (ми, ви)	були́	побули́
МАЙБУТНІЙ ЧАС — FUTURE TENSE		
я	бу́ду	побу́ду
ти	бу́деш	побу́деш
він, вона, воно	бу́де	побу́де
ми	бу́демо	побу́демо
ви	бу́дете	побу́дете
вони	бу́дуть	побу́дуть
УМОВНИЙ СПОСІБ — CONDITIONAL MOOD		
він (я, ти)	був би	побу́в би
вона (я, ти)	була́ б	побула́ б
воно	було́ б	побуло́ б
вони (ми, ви)	були́ б	побули́ б
НАКАЗОВИЙ СПОСІБ — IMPERATIVE MOOD		
ти	будь	побу́дь
ми	бу́дьмо	побу́дьмо
ви	бу́дьте	побу́дьте
він, вона, воно	(не)ха́й бу́де	(не)ха́й побу́де
вони	(не)ха́й бу́дуть	(не)ха́й побу́дуть
ДІЄПРИКМЕТНИКИ — VERBAL ADJECTIVES (PARTICIPLES)		
ACTIVE		
PASSIVE		
ДІЄПРИСЛІВНИКИ — VERBAL ADVERBS		
	бу́дучи, бу́вши	побу́вши
БЕЗОСОБОВІ ФОРМИ — IMPERSONAL FORMS		

Де ти є? *More common:* Де ти? — Where are you?
у (в), на + *locative*:
Він **побу́в** на вечі́рці пів годи́ни. — He stayed at the party for half an hour..
бути *in the meaning "to have"*:
у (в) + *genitive* + [...] + *nominative*:
У ме́не є соба́ка. — They will have a dog.
+ *instrumental*:
Хто **бу́де** нови́м дире́ктором шко́ли? — Who will be the new principal of the school?
Бу́дьмо! — Cheers! ("Let us be!", a traditional toast)

№ 20

вага́тися | завага́тися, повага́тися

to hesitate

Present/Future Stems: вага-..-ся | завага-..-ся
Conjugation: **1st (-ють)**

ОСОБА / PERSON	НЕДОКОНАНИЙ ВИД / IMPERFECTIVE ASPECT		ДОКОНАНИЙ ВИД / PERFECTIVE ASPECT
ТЕПЕРІШНІЙ ЧАС — PRESENT TENSE			
я	вага́юся		
ти	вага́єшся		
він, вона, воно	вага́ється		
ми	вага́ємося		
ви	вага́єтеся		
вони	вага́ються		
МИНУЛИЙ ЧАС — PAST TENSE			
він (я, ти)	вага́вся		завага́вся
вона (я, ти)	вага́лася		завага́лася
воно	вага́лося		завага́лося
вони (ми, ви)	вага́лися		завага́лися
МАЙБУТНІЙ ЧАС — FUTURE TENSE			
	ANALYTIC	SYNTHETIC	
я	бу́ду вага́тися	вага́тимуся	завага́юся
ти	бу́деш вага́тися	вага́тимешся	завага́єшся
він, вона, воно	бу́де вага́тися	вага́тиметься	завага́ється
ми	бу́демо вага́тися	вага́тимемося	завага́ємося
ви	бу́дете вага́тися	вага́тиметеся	завага́єтеся
вони	бу́дуть вага́тися	вага́тимуться	завага́ються
УМОВНИЙ СПОСІБ — CONDITIONAL MOOD			
він (я, ти)	вага́вся б		завага́вся б
вона (я, ти)	вага́лася б		завага́лася б
воно	вага́лося б		завага́лося б
вони (ми, ви)	вага́лися б		завага́лися б
НАКАЗОВИЙ СПОСІБ — IMPERATIVE MOOD			
ти	вага́йся		завага́йся
ми	вага́ймося		завага́ймося
ви	вага́йтеся		завага́йтеся
він, вона, воно	(не)ха́й вага́ється		(не)ха́й завага́ється
вони	(не)ха́й вага́ються		(не)ха́й завага́ються
ДІЄПРИКМЕТНИКИ — VERBAL ADJECTIVES (PARTICIPLES)			
ACTIVE			
PASSIVE			
ДІЄПРИСЛІВНИКИ — VERBAL ADVERBS			
	вага́ючись, вага́вшись		завага́вшись
БЕЗОСОБОВІ ФОРМИ — IMPERSONAL FORMS			

Ми до́вго **вага́лись**, перш ніж купи́ти кварти́ру.
We hesitated for a long time before buying an apartment.

щодо + *genitive*:
Вони́ **завага́лися** щодо цього кандида́та.
They started to hesitate over this candidate.

Не **вага́йтеся** поє́днувати яскра́ві кольори́.
Do not hesitate to combine bright colors.

Повага́вшись, вона́ погоди́лась.
After hesitating, she agreed.

Present/Future Stems: **вбива-** | **вб'-**
Conjugation: **1st (-ють)**

вбива́ти | вби́ти
убива́ти | уби́ти
to kill

ОСОБА PERSON	НЕДОКОНАНИЙ ВИД IMPERFECTIVE ASPECT		ДОКОНАНИЙ ВИД PERFECTIVE ASPECT
\multicolumn{4}{c}{ТЕПЕРІШНІЙ ЧАС — PRESENT TENSE}		
я	вбива́ю		
ти	вбива́єш		
він, вона, воно	вбива́є		
ми	вбива́ємо		
ви	вбива́єте		
вони	вбива́ють		
	МИНУЛИЙ ЧАС — PAST TENSE		
він (я, ти)	вбива́в		вбив
вона (я, ти)	вбива́ла		вби́ла
воно	вбива́ло		вби́ло
вони (ми, ви)	вбива́ли		вби́ли
	МАЙБУТНІЙ ЧАС — FUTURE TENSE		
	ANALYTIC	SYNTHETIC	
я	бу́ду вбива́ти	вбива́тиму	вб'ю́
ти	бу́деш вбива́ти	вбива́тимеш	вб'є́ш
він, вона, воно	бу́де вбива́ти	вбива́тиме	вб'є́
ми	бу́демо вбива́ти	вбива́тимемо	вб'ємо́
ви	бу́дете вбива́ти	вбива́тимете	вб'єте́
вони	бу́дуть вбива́ти	вбива́тимуть	вб'ю́ть
	УМОВНИЙ СПОСІБ — CONDITIONAL MOOD		
він (я, ти)	вбива́в би		вбив би
вона (я, ти)	вбива́ла б		вби́ла б
воно	вбива́ло б		вби́ло б
вони (ми, ви)	вбива́ли б		вби́ли б
	НАКАЗОВИЙ СПОСІБ — IMPERATIVE MOOD		
ти	вбива́й		вбий
ми	вбива́ймо		вбий́мо
ви	вбива́йте		вбий́те
він, вона, воно	(не)ха́й вбива́є		(не)ха́й вб'є́
вони	(не)ха́й вбива́ють		(не)ха́й вб'ю́ть
	ДІЄПРИКМЕТНИКИ — VERBAL ADJECTIVES (PARTICIPLES)		
ACTIVE			
PASSIVE	вби́ваний		вби́тий
	ДІЄПРИСЛІВНИКИ — VERBAL ADVERBS		
	вбива́ючи, вбива́вши		вби́вши
	БЕЗОСОБОВІ ФОРМИ — IMPERSONAL FORMS		
	вби́вано		вби́то

+ accusative:

Ми тут лише́ **вбива́ємо** час. — *We are just killing time here.*

Те, що нас не **вбива́є**, ро́бить нас сильні́шими. — *What does not kill us makes us stronger.*

Хворо́ба **вби́ла б** його́, якби́ не лі́кар. — *The disease would have killed him if not for the doctor.*

Прем'є́р-міні́стра було́ **вби́то** про́сто на ву́лиці. — *The prime minister was killed just on the street.*

№ 22

вважа́ти[ся], уважа́ти[ся] | —

to consider, to think [to be considered]

Present/Future Stems: **вважа-** | —

Conjugation: **1st (-ють)**

ОСОБА / PERSON	НЕДОКОНАНИЙ ВИД / IMPERFECTIVE ASPECT	ДОКОНАНИЙ ВИД / PERFECTIVE ASPECT
	ТЕПЕРІШНІЙ ЧАС — PRESENT TENSE	
я	вважа́ю[ся]	
ти	вважа́єш[ся]	
він, вона, воно	вважа́є[ться]	
ми	вважа́ємо[ся]	
ви	вважа́єте[ся]	
вони	вважа́ють[ся]	

МИНУЛИЙ ЧАС — PAST TENSE

він (я, ти)	вважа́в[ся]
вона (я, ти)	вважа́ла[ся]
воно	вважа́ло[ся]
вони (ми, ви)	вважа́ли[ся]

МАЙБУТНІЙ ЧАС — FUTURE TENSE

PERSON	ANALYTIC	SYNTHETIC
я	бу́ду вважа́ти[ся]	вважа́тиму[ся]
ти	бу́деш вважа́ти[ся]	вважа́тимеш[ся]
він, вона, воно	бу́де вважа́ти[ся]	вважа́тиме[ться]
ми	бу́демо вважа́ти[ся]	вважа́тимемо[ся]
ви	бу́дете вважа́ти[ся]	вважа́тимете[ся]
вони	бу́дуть вважа́ти[ся]	вважа́тимуть[ся]

УМОВНИЙ СПОСІБ — CONDITIONAL MOOD

він (я, ти)	вважа́в[ся] би [б]
вона (я, ти)	вважа́ла[ся] б
воно	вважа́ло[ся] б
вони (ми, ви)	вважа́ли[ся] б

НАКАЗОВИЙ СПОСІБ — IMPERATIVE MOOD

ти	вважа́й[ся]
ми	вважа́ймо[ся]
ви	вважа́йте[ся]
він, вона, воно	(не)ха́й вважа́є[ться]
вони	(не)ха́й вважа́ють[ся]

ДІЄПРИКМЕТНИКИ — VERBAL ADJECTIVES (PARTICIPLES)

ACTIVE

PASSIVE

ДІЄПРИСЛІВНИКИ — VERBAL ADVERBS

вважа́ючи[сь], вважа́вши[сь]

БЕЗОСОБОВІ ФОРМИ — IMPERSONAL FORMS

Я **вважа́ю**, що він пра́вильно зроби́в.
I think he did the right thing.

+ accusative + instrumental:
Усі **вважа́ють** його́ геро́єм на́шого ча́су.
Everyone considers him a hero of our time.

Дире́ктор звільни́в працівника́, **уважа́ючи** його́ шахра́єм.
The principal fired the employee, considering him a fraud.

-ся + instrumental:
Вони́ зроби́ли те, що **вважа́лося** неможли́вим.
They did what was considered impossible.

№ 23

Present/Future Stems: вез- | повез-

везти́ | повезти́

Conjugation: **1st (-уть)**

to bring by transport, to drive sb/sth (unidirectional); to be lucky (impersonal)

ОСОБА / PERSON	НЕДОКОНАНИЙ ВИД / IMPERFECTIVE ASPECT		ДОКОНАНИЙ ВИД / PERFECTIVE ASPECT
ТЕПЕРІШНІЙ ЧАС — PRESENT TENSE			
я	везу́		
ти	везе́ш		
він, вона, воно	везе́		
ми	везе́мо́		
ви	везе́те́		
вони	везу́ть		
МИНУЛИЙ ЧАС — PAST TENSE			
він (я, ти)	віз		пові́з
вона (я, ти)	везла́		повезла́
воно	везло́		повезло́
вони (ми, ви)	везли́		повезли́
МАЙБУТНІЙ ЧАС — FUTURE TENSE			
	ANALYTIC	SYNTHETIC	
я	бу́ду везти́	везти́му	повезу́
ти	бу́деш везти́	везти́меш	повезе́ш
він, вона, воно	бу́де везти́	везти́ме	повезе́
ми	бу́демо везти́	везти́мемо	повезе́мо́
ви	бу́дете везти́	везти́мете	повезе́те́
вони	бу́дуть везти́	везти́муть	повезу́ть
УМОВНИЙ СПОСІБ — CONDITIONAL MOOD			
він (я, ти)	віз би		пові́з би
вона (я, ти)	везла́ б		повезла́ б
воно	везло́ б		повезло́ б
вони (ми, ви)	везли́ б		повезли́ б
НАКАЗОВИЙ СПОСІБ — IMPERATIVE MOOD			
ти	вези́		повези́
ми	везі́мо		повезі́мо
ви	везі́ть		повезі́ть
він, вона, воно	(не)ха́й везе́		(не)ха́й повезе́
вони	(не)ха́й везу́ть		(не)ха́й повезу́ть
ДІЄПРИКМЕТНИКИ — VERBAL ADJECTIVES (PARTICIPLES)			
ACTIVE			
PASSIVE	ве́зений		пове́зений
ДІЄПРИСЛІВНИКИ — VERBAL ADVERBS			
	везучи́, ві́зши		пові́зши
БЕЗОСОБОВІ ФОРМИ — IMPERSONAL FORMS			
	ве́зено		пове́зено

+ *dative* + *accusative*:
Я **везу́** вам подару́нки. — *I am bringing you presents (by transport).*
Куди́ вони́ **везу́ть** діте́й? — *Where are they taking the kids? (by transport)*

до + *genitive* = **у (в)**, **на** + *accusative*:
Його́ **повезли́** доліка́рні (в ліка́рню). — *He has been taken to the hospital.*

dative + [...] *(to be lucky)*:
Мені́ про́сто **повезло́**! — *I just got lucky!*

№ 24

вести́[ся] | повести́[ся]

to bring by walking; to lead (unidirectional) [to be common; to be led on]
See also: **пово́дитися** | **повести́ся** (№ 334)

Present/Future Stems: вед- | повед-
Conjugation: **1st (-уть)**

ОСО́БА / PERSON	НЕДОКОНАНИЙ ВИД / IMPERFECTIVE ASPECT		ДОКОНАНИЙ ВИД / PERFECTIVE ASPECT
ТЕПЕРІШНІЙ ЧАС — PRESENT TENSE			
я	веду́[ся]		
ти	веде́ш[ся]		
він, вона, воно	веде́[ться]		
ми	ведемо́[ся]		
ви	ведете́[ся]		
вони	веду́ть[ся]		
МИНУЛИЙ ЧАС — PAST TENSE			
він (я, ти)	вів[ся]		пові́в[ся]
вона (я, ти)	вела́[ся]		повела́[ся]
воно	вело́[ся]		повело́[ся]
вони (ми, ви)	вели́[ся]		повели́[ся]
МАЙБУТНІЙ ЧАС — FUTURE TENSE			
	ANALYTIC	SYNTHETIC	
я	бу́ду вести́[ся]	вести́му[ся]	поведу́[ся]
ти	бу́деш вести́[ся]	вести́меш[ся]	поведе́ш[ся]
він, вона, воно	бу́де вести́[ся]	вести́ме[ться]	поведе́[ться]
ми	бу́демо вести́[ся]	вести́мемо[ся]	поведемо́[ся]
ви	бу́дете вести́[ся]	вести́мете[ся]	поведете́[ся]
вони	бу́дуть вести́[ся]	вести́муть[ся]	поведу́ть[ся]
УМОВНИЙ СПОСІБ — CONDITIONAL MOOD			
він (я, ти)	вів[ся] би (б)		пові́в[ся] би (б)
вона (я, ти)	вела́[ся] б		повела́[ся] б
воно	вело́[ся] б		повело́[ся] б
вони (ми, ви)	вели́[ся] б		повели́[ся] б
НАКАЗОВИЙ СПОСІБ — IMPERATIVE MOOD			
ти	веди́[ся]		поведи́[ся]
ми	ведімо[ся]		поведімо[ся]
ви	веді́ть[ся]		поведі́ть[ся]
він, вона, воно	(не)ха́й веде́[ться]		(не)ха́й поведе́[ться]
вони	(не)ха́й веду́ть[ся]		(не)ха́й поведу́ть[ся]
ДІЄПРИКМЕТНИКИ — VERBAL ADJECTIVES (PARTICIPLES)			
ACTIVE			
PASSIVE	ве́дений		пове́дений
ДІЄПРИСЛІВНИКИ — VERBAL ADVERBS			
	ведучи́[сь], ві́вши[сь]		пові́вши[сь]
БЕЗОСОБОВІ ФОРМИ — IMPERSONAL FORMS			
	ве́дено		пове́дено

+ accusative:
Куди́ вони́ **веду́ть** діте́й? — Where are they taking the kids? (by walking)
Ця доро́га **веде́** в ніку́ди. — This road leads nowhere.

-ся + у (в), на + locative:
Будівни́цтво **веде́ться** в ра́мках програ́ми досту́пного житла́. — Construction is being carried out as part of the affordable housing program.

-ся + на + accusative:
Я не **веду́ся** на провока́ції. — I am not led on by provocations.
Так у нас **повело́сь**. — That is how we do things around here.

№ 25

Present/Future Stems: вечеря- | повечеря-
Conjugation: **1st (-ють)**

вече́ряти | повече́ряти
to have dinner

ОСОБА / PERSON	НЕДОКОНАНИЙ ВИД / IMPERFECTIVE ASPECT		ДОКОНАНИЙ ВИД / PERFECTIVE ASPECT
ТЕПЕРІШНІЙ ЧАС — PRESENT TENSE			
я	вече́ряю		
ти	вече́ряєш		
він, вона, воно	вече́ряє		
ми	вече́ряємо		
ви	вече́ряєте		
вони	вече́ряють		
МИНУЛИЙ ЧАС — PAST TENSE			
він (я, ти)	вече́ряв		повече́ряв
вона (я, ти)	вече́ряла		повече́ряла
воно	вече́ряло		повече́ряло
вони (ми, ви)	вече́ряли		повече́ряли
МАЙБУТНІЙ ЧАС — FUTURE TENSE	ANALYTIC	SYNTHETIC	
я	бу́ду вече́ряти	вече́рятиму	повече́ряю
ти	бу́деш вече́ряти	вече́рятимеш	повече́ряєш
він, вона, воно	бу́де вече́ряти	вече́рятиме	повече́ряє
ми	бу́демо вече́ряти	вече́рятимемо	повече́ряємо
ви	бу́дете вече́ряти	вече́рятимете	повече́ряєте
вони	бу́дуть вече́ряти	вече́рятимуть	повече́ряють
УМОВНИЙ СПОСІБ — CONDITIONAL MOOD			
він (я, ти)	вече́ряв би		повече́ряв би
вона (я, ти)	вече́ряла б		повече́ряла б
воно	вече́ряло б		повече́ряло б
вони (ми, ви)	вече́ряли б		повече́ряли б
НАКАЗОВИЙ СПОСІБ — IMPERATIVE MOOD			
ти	вече́ряй		повече́ряй
ми	вече́ряймо		повече́ряймо
ви	вече́ряйте		повече́ряйте
він, вона, воно	(не)ха́й вече́ряє		(не)ха́й повече́ряє
вони	(не)ха́й вече́ряють		(не)ха́й повече́ряють
ДІЄПРИКМЕТНИКИ — VERBAL ADJECTIVES (PARTICIPLES)			
ACTIVE			
PASSIVE			
ДІЄПРИСЛІВНИКИ — VERBAL ADVERBS			
	вече́ряючи, вече́рявши		повече́рявши
БЕЗОСОБОВІ ФОРМИ — IMPERSONAL FORMS			

о + *locative*:

О котрі́й ви **вече́ряєте** в бу́дні дні?	At what time do you have dinner on weekdays?
Вони́ **повече́ряли** й лягли́ спа́ти.	They had dinner and went to bed.
Якби́ не ти, я **б** уже́ **повече́ряла**.	If it was not for you, I would have already had dinner.
Повече́рявши, він продо́вжив працюва́ти.	Having eaten dinner, he continued to work.

№ 26

взува́ти[ся] | взу́ти[ся]
узува́ти[ся] | узу́ти[ся]
to put on (shoes) [to put on one's shoes]

Present/Future Stems: **взува-** | **взу-**
Conjugation: **1st (-ють)**

ОСОБА / PERSON	НЕДОКОНАНИЙ ВИД / IMPERFECTIVE ASPECT		ДОКОНАНИЙ ВИД / PERFECTIVE ASPECT
ТЕПЕРІШНІЙ ЧАС — PRESENT TENSE			
я	взува́ю[ся]		
ти	взува́єш[ся]		
він, вона, воно	взува́є[ться]		
ми	взува́ємо[ся]		
ви	взува́єте[ся]		
вони	взува́ють[ся]		
МИНУЛИЙ ЧАС — PAST TENSE			
він (я, ти)	взува́в[ся]		взу́в[ся]
вона (я, ти)	взува́ла[ся]		взу́ла[ся]
воно	взува́ло[ся]		взу́ло[ся]
вони (ми, ви)	взува́ли[ся]		взу́ли[ся]
МАЙБУТНІЙ ЧАС — FUTURE TENSE			
	ANALYTIC	SYNTHETIC	
я	бу́ду взува́ти[ся]	взува́тиму[ся]	взу́ю[ся]
ти	бу́деш взува́ти[ся]	взува́тимеш[ся]	взу́єш[ся]
він, вона, воно	бу́де взува́ти[ся]	взува́тиме[ться]	взу́є[ться]
ми	бу́демо взува́ти[ся]	взува́тимемо[ся]	взу́ємо[ся]
ви	бу́дете взува́ти[ся]	взува́тимете[ся]	взу́єте[ся]
вони	бу́дуть взува́ти[ся]	взува́тимуть[ся]	взу́ють[ся]
УМОВНИЙ СПОСІБ — CONDITIONAL MOOD			
він (я, ти)	взува́в[ся] би [б]		взу́в[ся] би [б]
вона (я, ти)	взува́ла[ся] б		взу́ла[ся] б
воно	взува́ло[ся] б		взу́ло[ся] б
вони (ми, ви)	взува́ли[ся] б		взу́ли[ся] б
НАКАЗОВИЙ СПОСІБ — IMPERATIVE MOOD			
ти	взува́й[ся]		взу́й[ся]
ми	взува́ймо[ся]		взу́ймо[ся]
ви	взува́йте[ся]		взу́йте[ся]
він, вона, воно	(не)ха́й взува́є[ться]		(не)ха́й взу́є[ться]
вони	(не)ха́й взува́ють[ся]		(не)ха́й взу́ють[ся]
ДІЄПРИКМЕТНИКИ — VERBAL ADJECTIVES (PARTICIPLES)			
ACTIVE			
PASSIVE			взу́тий
ДІЄПРИСЛІВНИКИ — VERBAL ADVERBS			
	взува́ючи[сь], взува́вши[сь]		взу́вши[сь]
БЕЗОСОБОВІ ФОРМИ — IMPERSONAL FORMS			
			взу́то

Він одягну́в ку́ртку і **взув** кросі́вки. — *He put on a jacket and sneakers.*

Дити́на ще не **взу́та**. — *The child is not wearing shoes yet.*

Марі́йка вже вмі́є сама́ **взува́тися**. — *Mariika already knows how to put on her own shoes.*

Взува́йся мерщі́й! — *Put on your shoes, quickly!*

№ 27

Present/Future Stems: вжива- | вжив-
Conjugation: **1st (-ють)** | **1st (-уть)**

ВЖИВА́ТИ[СЯ] | ВЖИ́ТИ[СЯ]
ужива́ти[ся] | ужи́ти[ся]
to use (mostly abstract concepts) [to be in use]

ОСО́БА PERSON	НЕДОКО́НАНИЙ ВИД IMPERFECTIVE ASPECT		ДОКО́НАНИЙ ВИД PERFECTIVE ASPECT
ТЕПЕ́РІШНІЙ ЧАС — PRESENT TENSE			
я	вжива́ю		
ти	вжива́єш		
він, вона, воно	вжива́є[ться]		
ми	вжива́ємо		
ви	вжива́єте		
вони	вжива́ють[ся]		
МИНУ́ЛИЙ ЧАС — PAST TENSE			
він (я, ти)	вжива́в[ся]		вжи́в[ся]
вона (я, ти)	вжива́ла[ся]		вжила́[ся]
воно	вжива́ло[ся]		вжило́[ся]
вони (ми, ви)	вжива́ли[ся]		вжили́[ся]
МАЙБУ́ТНІЙ ЧАС — FUTURE TENSE			
	ANALYTIC	SYNTHETIC	
я	бу́ду вжива́ти	вжива́тиму	вживу́
ти	бу́деш вжива́ти	вжива́тимеш	вживе́ш
він, вона, воно	бу́де вжива́ти[ся]	вжива́тиме[ться]	вживе́[ться]
ми	бу́демо вжива́ти	вжива́тимемо	вживемо́
ви	бу́дете вжива́ти	вжива́тимете	вживете́
вони	бу́дуть вжива́ти[ся]	вжива́тимуть[ся]	вживу́ть[ся]
УМО́ВНИЙ СПО́СІБ — CONDITIONAL MOOD			
він (я, ти)	вжива́в[ся] би [б]		вжи́в[ся] би [б]
вона (я, ти)	вжива́ла[ся] б		вжила́[ся] б
воно	вжива́ло[ся] б		вжило́[ся] б
вони (ми, ви)	вжива́ли[ся] б		вжили́[ся] б
НАКАЗО́ВИЙ СПО́СІБ — IMPERATIVE MOOD			
ти	вжива́й		вживи́
ми	вжива́ймо		вживі́мо
ви	вжива́йте		вживі́ть
він, вона, воно	(не)ха́й вжива́є[ться]		(не)ха́й вживе́[ться]
вони	(не)ха́й вжива́ють[ся]		(не)ха́й вживу́ть[ся]
ДІЄПРИКМЕ́ТНИКИ — VERBAL ADJECTIVES (PARTICIPLES)			
ACTIVE			
PASSIVE	вжи́ваний		вжи́тий
ДІЄПРИСЛІ́ВНИКИ — VERBAL ADVERBS			
	вжива́ючи[сь], вжива́вши[сь]		вжи́вши[сь]
БЕЗОСОБО́ВІ ФО́РМИ — IMPERSONAL FORMS			
	вжи́вано		вжи́то

+ accusative:
Вона́ ча́сто **вжива́є** англі́йські слова́, коли́ гово́рить украї́нською.
She often uses English words when speaking Ukrainian.

+ genitive:
Полі́ція **вжила́** всіх необхі́дних за́ходів.
The police took all necessary measures.

Він відпові́в, **ужива́ючи** нецензу́рну ле́ксику.
He responded using profanity.

-ся + у (в), на + locative:
Де́які іме́нники не **вжива́ються** в множині́.
Some nouns are not used in the plural.

№ 28

вибача́ти | ви́бачити
to excuse, to forgive
See also: пробача́ти | пробачити (№ 373)

Present/Future Stems: вибача- | вибач-
Conjugation: **1st (-ють)** | **2nd (-ать)**

ОСОБА / PERSON	НЕДОКОНАНИЙ ВИД / IMPERFECTIVE ASPECT		ДОКОНАНИЙ ВИД / PERFECTIVE ASPECT
ТЕПЕРІШНІЙ ЧАС — PRESENT TENSE			
я	вибача́ю		
ти	вибача́єш		
він, вона, воно	вибача́є		
ми	вибача́ємо		
ви	вибача́єте		
вони	вибача́ють		
МИНУЛИЙ ЧАС — PAST TENSE			
він (я, ти)	вибача́в		ви́бачив
вона (я, ти)	вибача́ла		ви́бачила
воно	вибача́ло		ви́бачило
вони (ми, ви)	вибача́ли		ви́бачили
МАЙБУТНІЙ ЧАС — FUTURE TENSE			
	ANALYTIC	SYNTHETIC	
я	бу́ду вибача́ти	вибача́тиму	ви́бачу
ти	бу́деш вибача́ти	вибача́тимеш	ви́бачиш
він, вона, воно	бу́де вибача́ти	вибача́тиме	ви́бачить
ми	бу́демо вибача́ти	вибача́тимемо	ви́бачимо
ви	бу́дете вибача́ти	вибача́тимете	ви́бачите
вони	бу́дуть вибача́ти	вибача́тимуть	ви́бачать
УМОВНИЙ СПОСІБ — CONDITIONAL MOOD			
він (я, ти)	вибача́в би		ви́бачив би
вона (я, ти)	вибача́ла б		ви́бачила б
воно	вибача́ло б		ви́бачило б
вони (ми, ви)	вибача́ли б		ви́бачили б
НАКАЗОВИЙ СПОСІБ — IMPERATIVE MOOD			
ти	вибача́й		ви́бач
ми	вибача́ймо		ви́бачмо
ви	вибача́йте		ви́бачте
він, вона, воно	(не)ха́й вибача́є		(не)ха́й ви́бачить
вони	(не)ха́й вибача́ють		(не)ха́й ви́бачать
ДІЄПРИКМЕТНИКИ — VERBAL ADJECTIVES (PARTICIPLES)			
ACTIVE			
PASSIVE			ви́бачений
ДІЄПРИСЛІВНИКИ — VERBAL ADVERBS			
	вибача́ючи, вибача́вши		ви́бачивши
БЕЗОСОБОВІ ФОРМИ — IMPERSONAL FORMS			
			ви́бачено

+ dative:
Він багато разі́в **вибача́в** їй, але́ цього ра́зу не **ви́бачив**.
He had forgiven her many times, but this time he did not forgive her.

за + accusative:
Ви́бач мені́, будь ла́ска, за цю по́ми́лку.
Please forgive me for this mistake.

Ви́бачте, будь ла́ска, де метро́?
Excuse me, please, where is the subway?

Якби́ він попроси́в проба́чення, я **ви́бачила б** йому́.
If he asked for forgiveness, I would forgive him.

№ 29

Present/Future Stems: **вибира-** | **вибер-**

вибира́ти[ся] | **ви́брати[ся]**

Conjugation: **1st (-ють)** | **1st (-уть)**

to choose, to select [to get out]

ОСОБА / PERSON	НЕДОКОНАНИЙ ВИД / IMPERFECTIVE ASPECT		ДОКОНАНИЙ ВИД / PERFECTIVE ASPECT
ТЕПЕРІШНІЙ ЧАС — PRESENT TENSE			
я	вибира́ю[ся]		
ти	вибира́єш[ся]		
він, вона, воно	вибира́є[ться]		
ми	вибира́ємо[ся]		
ви	вибира́єте[ся]		
вони	вибира́ють[ся]		
МИНУЛИЙ ЧАС — PAST TENSE			
він (я, ти)	вибира́в[ся]		ви́брав[ся]
вона (я, ти)	вибира́ла[ся]		ви́брала[ся]
воно	вибира́ло[ся]		ви́брало[ся]
вони (ми, ви)	вибира́ли[ся]		ви́брали[ся]
МАЙБУТНІЙ ЧАС — FUTURE TENSE			
	ANALYTIC	SYNTHETIC	
я	бу́ду вибира́ти[ся]	вибира́тиму[ся]	ви́беру[ся]
ти	бу́деш вибира́ти[ся]	вибира́тимеш[ся]	ви́береш[ся]
він, вона, воно	бу́де вибира́ти[ся]	вибира́тиме[ться]	ви́бере[ться]
ми	бу́демо вибира́ти[ся]	вибира́тимемо[ся]	ви́беремо[ся]
ви	бу́дете вибира́ти[ся]	вибира́тимете[ся]	ви́берете[ся]
вони	бу́дуть вибира́ти[ся]	вибира́тимуть[ся]	ви́беруть[ся]
УМОВНИЙ СПОСІБ — CONDITIONAL MOOD			
він (я, ти)	вибира́в[ся] би [б]		ви́брав[ся] би [б]
вона (я, ти)	вибира́ла[ся] б		ви́брала[ся] б
воно	вибира́ло[ся] б		ви́брало[ся] б
вони (ми, ви)	вибира́ли[ся] б		ви́брали[ся] б
НАКАЗОВИЙ СПОСІБ — IMPERATIVE MOOD			
ти	вибира́й[ся]		ви́бери[ся]
ми	вибира́ймо[ся]		ви́берімо[ся]
ви	вибира́йте[ся]		ви́беріть[ся]
він, вона, воно	(не)ха́й вибира́є[ться]		(не)ха́й ви́бере[ться]
вони	(не)ха́й вибира́ють[ся]		(не)ха́й ви́беруть[ся]
ДІЄПРИКМЕТНИКИ — VERBAL ADJECTIVES (PARTICIPLES)			
ACTIVE			
PASSIVE	виби́раний		ви́браний
ДІЄПРИСЛІВНИКИ — VERBAL ADVERBS			
	вибира́ючи[сь], вибира́вши[сь]		ви́бравши[сь]
БЕЗОСОБОВІ ФОРМИ — IMPERSONAL FORMS			
	виби́рано		ви́брано

+ accusative:
Ми до́вго **вибира́ли** маши́ну. — *We were choosing a car for a long time.*

+ dative:
Я хо́чу **ви́брати** собі́ нови́й телефо́н. — *I want to choose a new phone for myself.*

Ви́бравши необхі́дні пара́метри, натисні́ть «Гото́во». — *After selecting the necessary options, click "Done".*

-ся + у (в), на + accusative:
Наре́шті ми змогли́ **ви́братися** на приро́ду. — *Finally, we were able to get out into nature.*

№ 30

вивча́ти[ся] | ви́вчити[ся]
to learn, to study [to be studied; to complete studies]
See also: **вчи́ти[ся]** | **повчи́ти[ся]** (№ 100)

Present/Future Stems: **вивча́-** | **вивч-**
Conjugation: **1st (-ють)** | **2nd (-ать)**

ОСОБА / PERSON	НЕДОКОНАНИЙ ВИД / IMPERFECTIVE ASPECT		ДОКОНАНИЙ ВИД / PERFECTIVE ASPECT
ТЕПЕРІШНІЙ ЧАС — PRESENT TENSE			
я	вивча́ю		
ти	вивча́єш		
він, вона, воно	вивча́є[ться]		
ми	вивча́ємо		
ви	вивча́єте		
вони	вивча́ють[ся]		
МИНУЛИЙ ЧАС — PAST TENSE			
він (я, ти)	вивча́в[ся]		ви́вчив[ся]
вона (я, ти)	вивча́ла[ся]		ви́вчила[ся]
воно	вивча́ло[ся]		ви́вчило[ся]
вони (ми, ви)	вивча́ли[ся]		ви́вчили[ся]
МАЙБУТНІЙ ЧАС — FUTURE TENSE	ANALYTIC	SYNTHETIC	
я	бу́ду вивча́ти	вивча́тиму	ви́вчу[ся]
ти	бу́деш вивча́ти	вивча́тимеш	ви́вчиш[ся]
він, вона, воно	бу́де вивча́ти[ся]	вивча́тиме[ться]	ви́вчить[ся]
ми	бу́демо вивча́ти	вивча́тимемо	ви́вчимо[ся]
ви	бу́дете вивча́ти	вивча́тимете	ви́вчите[ся]
вони	бу́дуть вивча́ти[ся]	вивча́тимуть[ся]	ви́вчать[ся]
УМОВНИЙ СПОСІБ — CONDITIONAL MOOD			
він (я, ти)	вивча́в[ся] би [б]		ви́вчив[ся] би [б]
вона (я, ти)	вивча́ла[ся] б		ви́вчила[ся] б
воно	вивча́ло[ся] б		ви́вчило[ся] б
вони (ми, ви)	вивча́ли[ся] б		ви́вчили[ся] б
НАКАЗОВИЙ СПОСІБ — IMPERATIVE MOOD			
ти	вивча́й		ви́вчи[ся]
ми	вивча́ймо		ви́вчімо[ся]
ви	вивча́йте		ви́вчіть[ся]
він, вона, воно	(не)ха́й вивча́є[ться]		(не)ха́й ви́вчить[ся]
вони	(не)ха́й вивча́ють[ся]		(не)ха́й ви́вчать[ся]
ДІЄПРИКМЕТНИКИ — VERBAL ADJECTIVES (PARTICIPLES)			
ACTIVE			
PASSIVE			ви́вчений
ДІЄПРИСЛІВНИКИ — VERBAL ADVERBS			
	вивча́ючи[сь], вивча́вши[сь]		ви́вчивши[сь]
БЕЗОСОБОВІ ФОРМИ — IMPERSONAL FORMS			
			ви́вчено

+ accusative:

Він **вивча́тиме** (**бу́де вивча́ти**) істо́рію Украї́ни. — *He will study the history of Ukraine.*

Школярі́ **ви́вчили** вірш Шевче́нка напа́м'ять. — *Schoolchildren memorized Shevchenko's poem.*

Вивча́йте на́шу солов'ї́ну мо́ву! — *Study our nightingale language! (Ukrainian language)*

-ся + на + accusative:

Хло́пець **ви́вчився** на переклада́ча. — *The boy completed his translator studies.*

Present/Future Stems: вигра- | ви́гра-

Conjugation: **1st (-ють)**

виграва́ти | ви́грати

to win

ОСОБА / PERSON	НЕДОКОНАНИЙ ВИД / IMPERFECTIVE ASPECT		ДОКОНАНИЙ ВИД / PERFECTIVE ASPECT
ТЕПЕРІШНІЙ ЧАС — PRESENT TENSE			
я	виграю́		
ти	виграє́ш		
він, вона, воно	виграє́		
ми	виграємо́		
ви	виграє́те		
вони	виграю́ть		
МИНУЛИЙ ЧАС — PAST TENSE			
він (я, ти)	вигра́в		ви́грав
вона (я, ти)	вигра́ла		ви́грала
воно	вигра́ло		ви́грало
вони (ми, ви)	вигра́ли		ви́грали
МАЙБУТНІЙ ЧАС — FUTURE TENSE			
	ANALYTIC	SYNTHETIC	
я	бу́ду вигра́вати	вигра́тиму	ви́граю
ти	бу́деш вигра́вати	вигра́тимеш	ви́граєш
він, вона, воно	бу́де вигра́вати	вигра́тиме	ви́грає
ми	бу́демо вигра́вати	вигра́тимемо	ви́граємо
ви	бу́дете вигра́вати	вигра́тимете	ви́граєте
вони	бу́дуть вигра́вати	вигра́тимуть	ви́грають
УМОВНИЙ СПОСІБ — CONDITIONAL MOOD			
він (я, ти)	вигра́в би		ви́грав би
вона (я, ти)	вигра́ла б		ви́грала б
воно	вигра́ло б		ви́грало б
вони (ми, ви)	вигра́ли б		ви́грали б
НАКАЗОВИЙ СПОСІБ — IMPERATIVE MOOD			
ти	вигра́й		ви́грай
ми	вигра́ймо		ви́граймо
ви	вигра́йте		ви́грайте
він, вона, воно	(не)ха́й виграє́		(не)ха́й ви́грає
вони	(не)ха́й виграю́ть		(не)ха́й ви́грають
ДІЄПРИКМЕТНИКИ — VERBAL ADJECTIVES (PARTICIPLES)			
ACTIVE			
PASSIVE			ви́граний
ДІЄПРИСЛІВНИКИ — VERBAL ADVERBS			
	виграю́чи, вигра́вши		ви́гравши
БЕЗОСОБОВІ ФОРМИ — IMPERSONAL FORMS			
			ви́грано

+ accusative:
Збі́рна Украї́ни **ви́грала** матч із раху́нком 4-1.

The national team of Ukraine won the match with the score 4-1.

у (в) + genitive, у (в) + accusative:
Вона́ за́вжди **виграє́** в ме́не в ша́хи.

She always beats me at chess.

На поли́ці стої́ть **ви́граний** у змага́ннях трофе́й.

There is a trophy won in the competition on the shelf.

Ви́гравши в лотере́ю, жі́нка віддала́ полови́ну на благоді́йність.

Having won the lottery, the woman gave half to charity.

№ 32

видаля́ти[ся] | ви́далити[ся]

to delete, to remove [to be removed, to delete oneself]

Present/Future Stems: видаля- | видал-
Conjugation: **1st (-ють)** | **2nd (-ять)**

ОСОБА / PERSON	НЕДОКОНАНИЙ ВИД / IMPERFECTIVE ASPECT		ДОКОНАНИЙ ВИД / PERFECTIVE ASPECT
ТЕПЕРІШНІЙ ЧАС — PRESENT TENSE			
я	видаля́ю[ся]		
ти	видаля́єш[ся]		
він, вона, воно	видаля́є[ться]		
ми	видаля́ємо[ся]		
ви	видаля́єте[ся]		
вони	видаля́ють[ся]		
МИНУЛИЙ ЧАС — PAST TENSE			
він (я, ти)	видаля́в[ся]		ви́далив[ся]
вона (я, ти)	видаля́ла[ся]		ви́далила[ся]
воно	видаля́ло[ся]		ви́далило[ся]
вони (ми, ви)	видаля́ли[ся]		ви́далили[ся]
МАЙБУТНІЙ ЧАС — FUTURE TENSE			
	ANALYTIC	SYNTHETIC	
я	бу́ду видаля́ти[ся]	видаля́тиму[ся]	ви́далю[ся]
ти	бу́деш видаля́ти[ся]	видаля́тимеш[ся]	ви́далиш[ся]
він, вона, воно	бу́де видаля́ти[ся]	видаля́тиме[ться]	ви́далить[ся]
ми	бу́демо видаля́ти[ся]	видаля́тимемо[ся]	ви́далимо[ся]
ви	бу́дете видаля́ти[ся]	видаля́тимете[ся]	ви́далите[ся]
вони	бу́дуть видаля́ти[ся]	видаля́тимуть[ся]	ви́далять[ся]
УМОВНИЙ СПОСІБ — CONDITIONAL MOOD			
він (я, ти)	видаля́в[ся] би [б]		ви́далив[ся] би [б]
вона (я, ти)	видаля́ла[ся] б		ви́далила[ся] б
воно	видаля́ло[ся] б		ви́далило[ся] б
вони (ми, ви)	видаля́ли[ся] б		ви́далили[ся] б
НАКАЗОВИЙ СПОСІБ — IMPERATIVE MOOD			
ти	видаля́й[ся]		ви́дали[ся]
ми	видаля́ймо[ся]		ви́далімо[ся]
ви	видаля́йте[ся]		ви́даліть[ся]
він, вона, воно	(не)ха́й видаля́є[ться]		(не)ха́й ви́далить[ся]
вони	(не)ха́й видаля́ють[ся]		(не)ха́й ви́далять[ся]
ДІЄПРИКМЕТНИКИ — VERBAL ADJECTIVES (PARTICIPLES)			
ACTIVE			
PASSIVE			ви́далений
ДІЄПРИСЛІВНИКИ — VERBAL ADVERBS			
	видаля́ючи[сь], видаля́вши[сь]		ви́дививши[сь]
БЕЗОСОБОВІ ФОРМИ — IMPERSONAL FORMS			
			ви́далено

+ accusative:
Я за́вжди **видаля́ю** непотрі́бні фа́йли.
I always delete unnecessary files.

+ dative:
Стомато́лог **ви́далив** їй зуб му́дрості.
The dentist removed her wisdom tooth.

з (із, зі) + genitive:
Ви́даліть це фо́то зі свого́ са́йту, будь ла́ска.
Please remove this photo from your site.

-ся + з (із, зі) + genitive:
Він **ви́далився** з усіх соцмере́ж, тому́ напиши́ йому́ на іме́йл.
He has deleted himself from all social networks, so write to him by email.

Present/Future Stems: виділя- | виділ-
Conjugation: **1st (-ють)** | **2nd (-ять)**

виділя́ти[ся] | ви́ділити[ся]

to allocate; to distinguish, to highlight [to stand out]

ОСОБА / PERSON	НЕДОКОНАНИЙ ВИД / IMPERFECTIVE ASPECT		ДОКОНАНИЙ ВИД / PERFECTIVE ASPECT
ТЕПЕРІШНІЙ ЧАС — PRESENT TENSE			
я	виділя́ю[ся]		
ти	виділя́єш[ся]		
він, вона, воно	виділя́є[ться]		
ми	виділя́ємо[ся]		
ви	виділя́єте[ся]		
вони	виділя́ють[ся]		
МИНУЛИЙ ЧАС — PAST TENSE			
він (я, ти)	виділя́в[ся]		ви́ділив[ся]
вона (я, ти)	виділя́ла[ся]		ви́ділила[ся]
воно	виділя́ло[ся]		ви́ділило[ся]
вони (ми, ви)	виділя́ли[ся]		ви́ділили[ся]
МАЙБУТНІЙ ЧАС — FUTURE TENSE			
	ANALYTIC	SYNTHETIC	
я	бу́ду виділя́ти[ся]	виділя́тиму[ся]	ви́ділю[ся]
ти	бу́деш виділя́ти[ся]	виділя́тимеш[ся]	ви́ділиш[ся]
він, вона, воно	бу́де виділя́ти[ся]	виділя́тиме[ться]	ви́ділить[ся]
ми	бу́демо виділя́ти[ся]	виділя́тимемо[ся]	ви́ділимо[ся]
ви	бу́дете виділя́ти[ся]	виділя́тимете[ся]	ви́ділите[ся]
вони	бу́дуть виділя́ти[ся]	виділя́тимуть[ся]	ви́ділять[ся]
УМОВНИЙ СПОСІБ — CONDITIONAL MOOD			
він (я, ти)	виділя́в[ся] би [б]		ви́ділив[ся] би [б]
вона (я, ти)	виділя́ла[ся] б		ви́ділила[ся] б
воно	виділя́ло[ся] б		ви́ділило[ся] б
вони (ми, ви)	виділя́ли[ся] б		ви́ділили[ся] б
НАКАЗОВИЙ СПОСІБ — IMPERATIVE MOOD			
ти	виділя́й[ся]		ви́діли[ся]
ми	виділя́ймо[ся]		ви́ділімо[ся]
ви	виділя́йте[ся]		ви́діліть[ся]
він, вона, воно	(не)ха́й виділя́є[ться]		(не)ха́й ви́ділить[ся]
вони	(не)ха́й виділя́ють[ся]		(не)ха́й ви́ділять[ся]
ДІЄПРИКМЕТНИКИ — VERBAL ADJECTIVES (PARTICIPLES)			
ACTIVE			
PASSIVE	виді́люваний		ви́ділений
ДІЄПРИСЛІВНИКИ — VERBAL ADVERBS			
	виділя́ючи[сь], виділя́вши[сь]		ви́діливши[сь]
БЕЗОСОБОВІ ФОРМИ — IMPERSONAL FORMS			
	виді́лювано		ви́ділено

+ *accusative* **+ на +** *accusative*:
Уря́д **ви́ділив** мільйо́н гри́вень на цей прое́кт.
The government allocated one million hryvnias for this project.

+ *accusative* **+ з-по́між, се́ред +** *genitive*:
Не ва́рто **виділя́ти** одну́ дити́ну з-по́між і́нших.
You should not single out one kid among others.

Найважливі́ші моме́нти **ви́ділено** жо́втим ма́ркером.
The most important points are highlighted with a yellow marker.

-ся + *instrumental*:
Її́ го́лос **виділя́ється** неймові́рною красо́ю.
Her voice stands out for its incredible beauty.

№ 34

ВИЖИВА́ТИ | ВИ́ЖИТИ
to survive

Present/Future Stems: **вижива-** | **вижив-**
Conjugation: **1st (-ють)** | **1st (-уть)**

ОСОБА / PERSON	НЕДОКОНАНИЙ ВИД / IMPERFECTIVE ASPECT		ДОКОНАНИЙ ВИД / PERFECTIVE ASPECT
ТЕПЕРІШНІЙ ЧАС — PRESENT TENSE			
я	виживаю		
ти	виживаєш		
він, вона, воно	виживає		
ми	виживаємо		
ви	виживаєте		
вони	виживають		
МИНУЛИЙ ЧАС — PAST TENSE			
він (я, ти)	виживав		вижив
вона (я, ти)	виживала		вижила
воно	виживало		вижило
вони (ми, ви)	виживали		вижили
МАЙБУТНІЙ ЧАС — FUTURE TENSE			
	ANALYTIC	SYNTHETIC	
я	буду виживати	виживатиму	виживу
ти	будеш виживати	виживатимеш	виживеш
він, вона, воно	буде виживати	виживатиме	виживе
ми	будемо виживати	виживатимемо	виживемо
ви	будете виживати	виживатимете	виживете
вони	будуть виживати	виживатимуть	виживуть
УМОВНИЙ СПОСІБ — CONDITIONAL MOOD			
він (я, ти)	виживав би		вижив би
вона (я, ти)	виживала б		вижила б
воно	виживало б		вижило б
вони (ми, ви)	виживали б		вижили б
НАКАЗОВИЙ СПОСІБ — IMPERATIVE MOOD			
ти	виживай		вижи́ви
ми	виживаймо		виживімо
ви	виживайте		вижи́віть
він, вона, воно	(не)хай виживає		(не)хай виживе
вони	(не)хай виживають		(не)хай виживуть
ДІЄПРИКМЕТНИКИ — VERBAL ADJECTIVES (PARTICIPLES)			
ACTIVE			
PASSIVE			
ДІЄПРИСЛІВНИКИ — VERBAL ADVERBS			
	виживаючи, виживавши		виживши
БЕЗОСОБОВІ ФОРМИ — IMPERSONAL FORMS			

Організа́ція **вижива́є** лише́ за підтри́мки волонте́рів.
The organization survives only with the support of volunteers.

у (в), **на** + *locative*:
Їй ди́вом вдало́ся **ви́жити** в ава́рії.
She miraculously managed to survive the accident.

Якщо́ **ви́живу**, пої́демо в до́вгу по́дорож.
If I survive, we will go on a long trip.

Ви́живши на війні́, ти ніко́ли не бу́деш жи́ти, як рані́ше.
After surviving the war, you will never live the same.

Present/Future Stems: **визна- | ви́зна-**
Conjugation: **1st (-ють)**

визнава́ти | ви́знати
to recognize, to admit

ОСО́БА / PERSON	НЕДОКО́НАНИЙ ВИД / IMPERFECTIVE ASPECT		ДОКО́НАНИЙ ВИД / PERFECTIVE ASPECT
ТЕПЕ́РІШНІЙ ЧАС — PRESENT TENSE			
я	визнаю́		
ти	визнає́ш		
він, вона́, воно́	визнає́		
ми	визнаємо́		
ви	визнаєте́		
вони́	визнаю́ть		
МИНУ́ЛИЙ ЧАС — PAST TENSE			
він (я, ти)	визнава́в		ви́знав
вона́ (я, ти)	визнава́ла		ви́знала
воно́	визнава́ло		ви́знало
вони́ (ми, ви)	визнава́ли		ви́знали
МАЙБУ́ТНІЙ ЧАС — FUTURE TENSE			
	ANALYTIC	SYNTHETIC	
я	бу́ду визнава́ти	визнава́тиму	ви́знаю
ти	бу́деш визнава́ти	визнава́тимеш	ви́знаєш
він, вона́, воно́	бу́де визнава́ти	визнава́тиме	ви́знає
ми	бу́демо визнава́ти	визнава́тимемо	ви́знаємо
ви	бу́дете визнава́ти	визнава́тимете	ви́знаєте
вони́	бу́дуть визнава́ти	визнава́тимуть	ви́знають
УМО́ВНИЙ СПО́СІБ — CONDITIONAL MOOD			
він (я, ти)	визнава́в би		ви́знав би
вона́ (я, ти)	визнава́ла б		ви́знала б
воно́	визнава́ло б		ви́знало б
вони́ (ми, ви)	визнава́ли б		ви́знали б
НАКАЗО́ВИЙ СПО́СІБ — IMPERATIVE MOOD			
ти	визнава́й		ви́знай
ми	визнава́ймо		ви́знаймо
ви	визнава́йте		ви́знайте
він, вона́, воно́	(не)ха́й визнає́		(не)ха́й ви́знає
вони́	(не)ха́й визнаю́ть		(не)ха́й ви́знають
ДІЄПРИКМЕ́ТНИКИ — VERBAL ADJECTIVES (PARTICIPLES)			
ACTIVE			
PASSIVE	визна́ваний		ви́знаний
ДІЄПРИСЛІ́ВНИКИ — VERBAL ADVERBS			
	визнаючи́, визнава́вши		ви́знавши
БЕЗОСОБО́ВІ ФО́РМИ — IMPERSONAL FORMS			
	визна́вано		ви́знано

+ *accusative*:
Так, я **визнаю́** свою́ прови́ну. — *Yes, I admit my guilt.*
Я **ви́знаю** свою́ прови́ну в суді́. — *I will admit my guilt (plead guilty) in court.*

+ *accusative + instrumental*:
Ці краї́ни **ви́знали** Голодомо́р геноци́дом украї́нського наро́ду. — *These countries recognized the Holodomor as genocide of the Ukrainian people.*
Рефере́ндум було́ **ви́знано** неді́йсним. — *The referendum was declared invalid.*

№ 36

визнача́ти [ся] | ви́значити [ся]

to determine, to define [to make up one's mind]

Present/Future Stems: **визнача-** | **визнач-**
Conjugation: **1st (-ють)** | **2nd (-ать)**

ОСОБА / PERSON	НЕДОКОНАНИЙ ВИД / IMPERFECTIVE ASPECT		ДОКОНАНИЙ ВИД / PERFECTIVE ASPECT
ТЕПЕРІШНІЙ ЧАС — PRESENT TENSE			
я	визнача́ю [ся]		
ти	визнача́єш [ся]		
він, вона, воно	визнача́є [ться]		
ми	визнача́ємо [ся]		
ви	визнача́єте [ся]		
вони	визнача́ють [ся]		
МИНУЛИЙ ЧАС — PAST TENSE			
він (я, ти)	визнача́в [ся]		ви́значив [ся]
вона (я, ти)	визнача́ла [ся]		ви́значила [ся]
воно	визнача́ло [ся]		ви́значило [ся]
вони (ми, ви)	визнача́ли [ся]		ви́значили [ся]
МАЙБУТНІЙ ЧАС — FUTURE TENSE			
	ANALYTIC	SYNTHETIC	
я	бу́ду визнача́ти [ся]	визнача́тиму [ся]	ви́значу [ся]
ти	бу́деш визнача́ти [ся]	визнача́тимеш [ся]	ви́значиш [ся]
він, вона, воно	бу́де визнача́ти [ся]	визнача́тиме [ться]	ви́значить [ся]
ми	бу́демо визнача́ти [ся]	визнача́тимемо [ся]	ви́значимо [ся]
ви	бу́дете визнача́ти [ся]	визнача́тимете [ся]	ви́значите [ся]
вони	бу́дуть визнача́ти [ся]	визнача́тимуть [ся]	ви́значать [ся]
УМОВНИЙ СПОСІБ — CONDITIONAL MOOD			
він (я, ти)	визнача́в [ся] би [б]		ви́значив [ся] би [б]
вона (я, ти)	визнача́ла [ся] б		ви́значила [ся] б
воно	визнача́ло [ся] б		ви́значило [ся] б
вони (ми, ви)	визнача́ли [ся] б		ви́значили [ся] б
НАКАЗОВИЙ СПОСІБ — IMPERATIVE MOOD			
ти	визнача́й [ся]		ви́знач [ся]
ми	визнача́ймо [ся]		ви́значмо [ся], ви́начімо [ся]
ви	визнача́йте [ся]		ви́значте [ся], ви́значіть [ся]
він, вона, воно	(не)ха́й визнача́є [ться]		(не)ха́й ви́значить [ся]
вони	(не)ха́й визнача́ють [ся]		(не)ха́й ви́значать [ся]
ДІЄПРИКМЕТНИКИ — VERBAL ADJECTIVES (PARTICIPLES)			
ACTIVE			
PASSIVE	визна́чуваний		ви́значений
ДІЄПРИСЛІВНИКИ — VERBAL ADVERBS			
	визнача́ючи [сь], визнача́вши [сь]		ви́значивши [сь]
БЕЗОСОБОВІ ФОРМИ — IMPERSONAL FORMS			
	визна́чувано		ви́значено

+ accusative:

Журі́ **визнача́є** перемо́жця ко́нкурсу. — *The jury determines the winner of the contest.*

Цей тест **ви́значить** ваш рі́вень володі́ння украї́нською мо́вою. — *This test will determine your level of Ukrainian language proficiency.*

О́бсяг прое́кту ма́є бу́ти чі́тко **ви́значений**. — *The scope of the project must be clearly defined.*

Нам потрі́бно **ви́значитися**, що роби́ти. — *We need to make up our minds about what to do.*

-ся + з (із, зі) + instrumental:

Ви́значтеся зі своі́ми пріорите́тами. — *Decide on your priorities.*

№ 37

Present/Future Stems: **виїжджа-** | **виїд-**

Conjugation: **1st (-ють)** | **1st (-уть)**

ВИЇЖДЖА́ТИ | ВИ́ЇХАТИ

to leave (by transport); to move (out)

ОСОБА / PERSON	НЕДОКОНАНИЙ ВИД / IMPERFECTIVE ASPECT		ДОКОНАНИЙ ВИД / PERFECTIVE ASPECT
ТЕПЕРІШНІЙ ЧАС — PRESENT TENSE			
я	виїжджа́ю		
ти	виїжджа́єш		
він, вона, воно	виїжджа́є		
ми	виїжджа́ємо		
ви	виїжджа́єте		
вони	виїжджа́ють		
МИНУЛИЙ ЧАС — PAST TENSE			
він (я, ти)	виїжджа́в		ви́їхав
вона (я, ти)	виїжджа́ла		ви́їхала
воно	виїжджа́ло		ви́їхало
вони (ми, ви)	виїжджа́ли		ви́їхали
МАЙБУТНІЙ ЧАС — FUTURE TENSE			
	ANALYTIC	SYNTHETIC	
я	бу́ду виїжджа́ти	виїжджа́тиму	ви́їду
ти	бу́деш виїжджа́ти	виїжджа́тимеш	ви́їдеш
він, вона, воно	бу́де виїжджа́ти	виїжджа́тиме	ви́їде
ми	бу́демо виїжджа́ти	виїжджа́тимемо	ви́їдемо
ви	бу́дете виїжджа́ти	виїжджа́тимете	ви́їдете
вони	бу́дуть виїжджа́ти	виїжджа́тимуть	ви́їдуть
УМОВНИЙ СПОСІБ — CONDITIONAL MOOD			
він (я, ти)	виїжджа́в би		ви́їхав би
вона (я, ти)	виїжджа́ла б		ви́їхала б
воно	виїжджа́ло б		ви́їхало б
вони (ми, ви)	виїжджа́ли б		ви́їхали б
НАКАЗОВИЙ СПОСІБ — IMPERATIVE MOOD			
ти	виїжджа́й		ви́їдь
ми	виїжджа́ймо		ви́їдьмо
ви	виїжджа́йте		ви́їдьте
він, вона, воно	(не)ха́й виїжджа́є		(не)ха́й ви́їде
вони	(не)ха́й виїжджа́ють		(не)ха́й ви́їдуть
ДІЄПРИКМЕТНИКИ — VERBAL ADJECTIVES (PARTICIPLES)			
ACTIVE			
PASSIVE			
ДІЄПРИСЛІВНИКИ — VERBAL ADVERBS			
	виїжджа́ючи, виїжджа́вши		ви́їхавши
БЕЗОСОБОВІ ФОРМИ — IMPERSONAL FORMS			

Я **виїжджа́ю** че́рез пів годи́ни.
I am leaving (by transport) in half an hour.

до + *genitive* = **у (в)**, **на** + *accusative*:
Вони́ **ви́їхали** до По́льщі (в По́льщу).
They moved to Poland.

з (із, зі) + *genitive*:
Студе́нти **виїжджа́тимуть** (**бу́дуть виїжджа́ти**) із гурто́житку насту́пного ти́жня.
Students will be moving out of the dormitory next week.

Неха́й він не **виїжджа́є** по ме́не в аеропо́рт, я вже в таксі́.
Let him not drive out to pick me up at the airport, I am already in a taxi.

№ 38

викида́ти[ся] | ви́кинути[ся]
to throw out [to throw oneself out]

Present/Future Stems: **викида-** | **викин-**
Conjugation: **1st (-ють)** | **1st (-уть)**

ОСОБА / PERSON	НЕДОКОНАНИЙ ВИД / IMPERFECTIVE ASPECT		ДОКОНАНИЙ ВИД / PERFECTIVE ASPECT
ТЕПЕРІШНІЙ ЧАС — PRESENT TENSE			
я	викида́ю[ся]		
ти	викида́єш[ся]		
він, вона, воно	викида́є[ться]		
ми	викида́ємо[ся]		
ви	викида́єте[ся]		
вони	викида́ють[ся]		
МИНУЛИЙ ЧАС — PAST TENSE			
він (я, ти)	викида́в[ся]		ви́кинув[ся]
вона (я, ти)	викида́ла[ся]		ви́кинула[ся]
воно	викида́ло[ся]		ви́кинуло[ся]
вони (ми, ви)	викида́ли[ся]		ви́кинули[ся]
МАЙБУТНІЙ ЧАС — FUTURE TENSE			
	ANALYTIC	SYNTHETIC	
я	бу́ду викида́ти[ся]	викида́тиму[ся]	ви́кину[ся]
ти	бу́деш викида́ти[ся]	викида́тимеш[ся]	ви́кинеш[ся]
він, вона, воно	бу́де викида́ти[ся]	викида́тиме[ться]	ви́кине[ться]
ми	бу́демо викида́ти[ся]	викида́тимемо[ся]	ви́кинемо[ся]
ви	бу́дете викида́ти[ся]	викида́тимете[ся]	ви́кинете[ся]
вони	бу́дуть викида́ти[ся]	викида́тимуть[ся]	ви́кинуть[ся]
УМОВНИЙ СПОСІБ — CONDITIONAL MOOD			
він (я, ти)	викида́в[ся] би [б]		ви́кинув[ся] би [б]
вона (я, ти)	викида́ла[ся] б		ви́кинула[ся] б
воно	викида́ло[ся] б		ви́кинуло[ся] б
вони (ми, ви)	викида́ли[ся] б		ви́кинули[ся] б
НАКАЗОВИЙ СПОСІБ — IMPERATIVE MOOD			
ти	викида́й[ся]		ви́кинь[ся]
ми	викида́ймо[ся]		ви́киньмо[ся]
ви	викида́йте[ся]		ви́киньте[ся]
він, вона, воно	(не)ха́й викида́є[ться]		(не)ха́й ви́кине[ться]
вони	(не)ха́й викида́ють[ся]		(не)ха́й ви́кинуть[ся]
ДІЄПРИКМЕТНИКИ — VERBAL ADJECTIVES (PARTICIPLES)			
ACTIVE			
PASSIVE			ви́кинений, ви́кинутий
ДІЄПРИСЛІВНИКИ — VERBAL ADVERBS			
	викида́ючи[сь], викида́вши[сь]		ви́кинувши[сь]
БЕЗОСОБОВІ ФОРМИ — IMPERSONAL FORMS			
			ви́кинено, ви́кинуто

+ *accusative* **+ у (в) +** *accusative*:
Ми **викида́ємо** ре́штки ї́жі в компо́ст. — *We throw away food scraps in the compost.*

Вона́ вже **ви́кинула** той лист у смітни́к. — *She has already thrown that letter in the trash.*

За́втра я сортува́тиму й **викида́тиму** (бу́ду сортува́ти й **викида́ти**) стари́й о́дяг. — *Tomorrow I will sort and throw away my old clothes.*

Ви́кинь це, будь ла́ска. — *Throw it away, please.*

-ся + з (із, зі) + *genitive*:
Деса́нтник упе́внено **ви́кинувся** з літака́. — *The paratrooper confidently threw himself out of the plane.*

Present/Future Stems: **виклада- | виклад-**

Conjugation: **1st (-ють) | 1st (-уть)**

викладáти | вúкласти

to put out, to lay out; to teach

ОСОБА / PERSON	НЕДОКОНАНИЙ ВИД / IMPERFECTIVE ASPECT		ДОКОНАНИЙ ВИД / PERFECTIVE ASPECT
ТЕПЕРІШНІЙ ЧАС — PRESENT TENSE			
я	викладáю		
ти	викладáєш		
він, вона, воно	викладáє		
ми	викладáємо		
ви	викладáєте		
вони	викладáють		
МИНУЛИЙ ЧАС — PAST TENSE			
він (я, ти)	викладáв		вúклав
вона (я, ти)	викладáла		вúклала
воно	викладáло		вúклало
вони (ми, ви)	викладáли		вúклали
МАЙБУТНІЙ ЧАС — FUTURE TENSE			
	ANALYTIC	SYNTHETIC	
я	бýду викладáти	викладáтиму	вúкладу
ти	бýдеш викладáти	викладáтимеш	вúкладеш
він, вона, воно	бýде викладáти	викладáтиме	вúкладе
ми	бýдемо викладáти	викладáтимемо	вúкладемо
ви	бýдете викладáти	викладáтимете	вúкладете
вони	бýдуть викладáти	викладáтимуть	вúкладуть
УМОВНИЙ СПОСІБ — CONDITIONAL MOOD			
він (я, ти)	викладáв би		вúклав би
вона (я, ти)	викладáла б		вúклала б
воно	викладáло б		вúклало б
вони (ми, ви)	викладáли б		вúклали б
НАКАЗОВИЙ СПОСІБ — IMPERATIVE MOOD			
ти	викладáй		вúклади
ми	викладáймо		вúкладімо
ви	викладáйте		вúкладіть
він, вона, воно	(не)хáй викладáє		(не)хáй вúкладе
вони	(не)хáй викладáють		(не)хáй вúкладуть
ДІЄПРИКМЕТНИКИ — VERBAL ADJECTIVES (PARTICIPLES)			
ACTIVE			
PASSIVE			вúкладений
ДІЄПРИСЛІВНИКИ — VERBAL ADVERBS			
	викладáючи, викладáвши		вúклавши
БЕЗОСОБОВІ ФОРМИ — IMPERSONAL FORMS			
			вúкладено

+ accusative:
Блóгер **викладáє** два вíдео на тúждень. — The blogger posts two videos a week.

з (зі) + genitive:
Мúтник попросúв **вúкласти** з рюкзакá всі рéчі. — The customs officer asked to take all the things out of the backpack.

у (в), на + locative:
Моя́ сестрá **викладáє** в університéті. — My sister teaches at the university.

+ dative:
Він багáто чогó навчúвся, **викладáючи** дíтям тáнці. — He learned a lot by teaching dance to children.

№ 40

виклика́ти | ви́кликати

to call (for); to arouse; to summon

Present/Future Stems: виклика- | виклич-

Conjugation: **1st (-ють)** | **1st (-уть)**

ОСОБА / PERSON	НЕДОКОНАНИЙ ВИД / IMPERFECTIVE ASPECT		ДОКОНАНИЙ ВИД / PERFECTIVE ASPECT
ТЕПЕРІШНІЙ ЧАС — PRESENT TENSE			
я	виклика́ю		
ти	виклика́єш		
він, вона, воно	виклика́є		
ми	виклика́ємо		
ви	виклика́єте		
вони	виклика́ють		
МИНУЛИЙ ЧАС — PAST TENSE			
він (я, ти)	виклика́в		ви́кликав
вона (я, ти)	виклика́ла		ви́кликала
воно	виклика́ло		ви́кликало
вони (ми, ви)	виклика́ли		ви́кликали
МАЙБУТНІЙ ЧАС — FUTURE TENSE			
	ANALYTIC	SYNTHETIC	
я	бу́ду виклика́ти	виклика́тиму	ви́кличу
ти	бу́деш виклика́ти	виклика́тимеш	ви́кличеш
він, вона, воно	бу́де виклика́ти	виклика́тиме	ви́кличе
ми	бу́демо виклика́ти	виклика́тимемо	ви́кличемо
ви	бу́дете виклика́ти	виклика́тимете	ви́кличете
вони	бу́дуть виклика́ти	виклика́тимуть	ви́кличуть
УМОВНИЙ СПОСІБ — CONDITIONAL MOOD			
він (я, ти)	виклика́в би		ви́кликав би
вона (я, ти)	виклика́ла б		ви́кликала б
воно	виклика́ло б		ви́кликало б
вони (ми, ви)	виклика́ли б		ви́кликали б
НАКАЗОВИЙ СПОСІБ — IMPERATIVE MOOD			
ти	виклика́й		ви́клич
ми	виклика́ймо		ви́кличмо
ви	виклика́йте		ви́кличте
він, вона, воно	(не)ха́й виклика́є		(не)ха́й ви́кличе
вони	(не)ха́й виклика́ють		(не)ха́й ви́кличуть
ДІЄПРИКМЕТНИКИ — VERBAL ADJECTIVES (PARTICIPLES)			
ACTIVE			
PASSIVE			ви́кликаний
ДІЄПРИСЛІВНИКИ — VERBAL ADVERBS			
	виклика́ючи, виклика́вши		ви́кликавши
БЕЗОСОБОВІ ФОРМИ — IMPERSONAL FORMS			
			ви́кликано

+ accusative:

Ми ча́сто **виклика́ємо** швидку́ допомо́гу для бабу́сі. — We often call an ambulance for grandma.

Ми **ви́кликали** санте́хніка, він ско́ро бу́де. — We called the plumber, he will be there soon.

Я ду́маю, це лише́ **ви́кличе** підо́зру. — I think it will only arouse suspicion.

до + *genitive* = **у (в)**, **на** + *accusative*:

Його́ **ви́кликали** до су́ду (в суд) на до́пит. — He was summoned to the court for questioning.

Present/Future Stems: **викону-** | **викона-**
Conjugation: **1st (-ють)**

вико́нувати[ся] | ви́конати[ся]

to fulfill, to do; to perform, to play [to be performed]

ОСОБА / PERSON	НЕДОКОНАНИЙ ВИД / IMPERFECTIVE ASPECT		ДОКОНАНИЙ ВИД / PERFECTIVE ASPECT
ТЕПЕРІШНІЙ ЧАС — PRESENT TENSE			
я	вико́ную		
ти	вико́нуєш		
він, вона, воно	вико́нує[ться]		
ми	вико́нуємо		
ви	вико́нуєте		
вони	вико́нують[ся]		
МИНУЛИЙ ЧАС — PAST TENSE			
він (я, ти)	вико́нував[ся]		ви́конав[ся]
вона (я, ти)	вико́нувала[ся]		ви́конала[ся]
воно	вико́нувало[ся]		ви́конало[ся]
вони (ми, ви)	вико́нували[ся]		ви́конали[ся]
МАЙБУТНІЙ ЧАС — FUTURE TENSE			
	ANALYTIC	SYNTHETIC	
я	бу́ду вико́нувати	вико́нуватиму	ви́конаю
ти	бу́деш вико́нувати	вико́нуватимеш	ви́конаєш
він, вона, воно	бу́де вико́нувати[ся]	вико́нуватиме[ться]	ви́конає[ться]
ми	бу́демо вико́нувати	вико́нуватимемо	ви́конаємо
ви	бу́дете вико́нувати	вико́нуватимете	ви́конаєте
вони	бу́дуть вико́нувати[ся]	вико́нуватимуть[ся]	ви́конають[ся]
УМОВНИЙ СПОСІБ — CONDITIONAL MOOD			
він (я, ти)	вико́нував[ся] би [б]		ви́конав[ся] би [б]
вона (я, ти)	вико́нувала[ся] б		ви́конала[ся] б
воно	вико́нувало[ся] б		ви́конало[ся] б
вони (ми, ви)	вико́нували[ся] б		ви́конали[ся] б
НАКАЗОВИЙ СПОСІБ — IMPERATIVE MOOD			
ти	вико́нуй		ви́конай
ми	вико́нуймо		ви́конаймо
ви	вико́нуйте		ви́конайте
він, вона, воно	(не)ха́й вико́нує[ться]		(не)ха́й ви́конає[ться]
вони	(не)ха́й вико́нують[ся]		(не)ха́й ви́конають[ся]
ДІЄПРИКМЕТНИКИ — VERBAL ADJECTIVES (PARTICIPLES)			
ACTIVE			
PASSIVE	вико́нуваний		ви́конаний
ДІЄПРИСЛІВНИКИ — VERBAL ADVERBS			
	вико́нуючи[сь], вико́нувавши[сь]		ви́конавши[сь]
БЕЗОСОБОВІ ФОРМИ — IMPERSONAL FORMS			
	вико́нувано		ви́конано

+ accusative:
Він за́вжди **вико́нує** дома́шнє завда́ння вча́сно. — *He always does his homework on time.*
Чи **ви́конаєте** ви свою́ обіця́нку? — *Will you follow through on your promise?*
Акто́рка **ви́конала** роль свекру́хи. — *The actress played the role of mother-in-law.*

+ instrumental:
Ця карти́на **ви́конана** олі́йними фа́рбами. — *This picture is made with oil paints.*

-ся + instrumental:
Пі́сня **вико́нується** трьома́ мо́вами. — *The song is performed in three languages.*

№ 42

використо́вувати[ся] | ви́користати[ся]
to use; to take advantage [to be used]

Present/Future Stems:
використову- | використа-
Conjugation: **1st (-ють)**

ОСОБА / PERSON	НЕДОКОНАНИЙ ВИД / IMPERFECTIVE ASPECT		ДОКОНАНИЙ ВИД / PERFECTIVE ASPECT
ТЕПЕРІШНІЙ ЧАС — PRESENT TENSE			
я	використо́вую		
ти	використо́вуєш		
він, вона, воно	використо́вує[ться]		
ми	використо́вуємо		
ви	використо́вуєте		
вони	використо́вують[ся]		
МИНУЛИЙ ЧАС — PAST TENSE			
він (я, ти)	використо́вував[ся]		ви́користав[ся]
вона (я, ти)	використо́вувала[ся]		ви́користала[ся]
воно	використо́вувало[ся]		ви́користало[ся]
вони (ми, ви)	використо́вували[ся]		ви́користали[ся]
МАЙБУТНІЙ ЧАС — FUTURE TENSE			
	ANALYTIC	SYNTHETIC	
я	бу́ду використо́вувати	використо́вуватиму	ви́користаю
ти	бу́деш використо́вувати	використо́вуватимеш	ви́користаєш
він, вона, воно	бу́де використо́вувати[ся]	використо́вуватиме[ться]	ви́користає[ться]
ми	бу́демо використо́вувати	використо́вуватимемо	ви́користаємо
ви	бу́дете використо́вувати	використо́вуватимете	ви́користаєте
вони	бу́дуть використо́вувати[ся]	використо́вуватимуть[ся]	ви́користають[ся]
УМОВНИЙ СПОСІБ — CONDITIONAL MOOD			
він (я, ти)	використо́вував[ся] би [б]		ви́користав[ся] би [б]
вона (я, ти)	використо́вувала[ся] б		ви́користала[ся] б
воно	використо́вувало[ся] б		ви́користало[ся] б
вони (ми, ви)	використо́вували[ся] б		ви́користали[ся] б
НАКАЗОВИЙ СПОСІБ — IMPERATIVE MOOD			
ти	використо́вуй		ви́користай
ми	використо́вуймо		ви́користаймо
ви	використо́вуйте		ви́користайте
він, вона, воно	(не)ха́й використо́вує[ться]		(не)ха́й ви́користає[ться]
вони	(не)ха́й використо́вують[ся]		(не)ха́й ви́користають[ся]
ДІЄПРИКМЕТНИКИ — VERBAL ADJECTIVES (PARTICIPLES)			
ACTIVE			
PASSIVE	використо́вуваний		ви́користаний
ДІЄПРИСЛІВНИКИ — VERBAL ADVERBS			
	використо́вуючи[сь], використо́вувавши[сь]		ви́користавши[сь]
БЕЗОСОБОВІ ФОРМИ — IMPERSONAL FORMS			
	використо́вувано		ви́користано

+ accusative:

Я **використо́вую** вла́сні матеріа́ли на своїх уро́ках. — *I use my own materials in my lessons.*

Кома́нда вже **ви́користала** всі ресу́рси. — *The team has already used all resources.*

Ви́користайте цю можли́вість на по́вну. — *Take full advantage of this opportunity.*

На́ші у́чні навча́ються, **використо́вуючи** суча́сні техноло́гії. — *Our students study using modern technologies.*

-ся + у (в), на + locative:

Ще́бінь широ́ко **використо́вується** (*better:* **використо́вують**) у будівни́цтві. — *Gravel is widely used in construction.*

Present/Future Stems: **вимага-** | **виможу-**

Conjugation: **1st (-ють)** | **1st (-уть)**

вимага́ти | ви́могти

to demand, to require (rare as perfective)

ОСОБА / PERSON	НЕДОКОНАНИЙ ВИД / IMPERFECTIVE ASPECT		ДОКОНАНИЙ ВИД / PERFECTIVE ASPECT
ТЕПЕРІШНІЙ ЧАС — PRESENT TENSE			
я	вимага́ю		
ти	вимага́єш		
він, вона, воно	вимага́є		
ми	вимага́ємо		
ви	вимага́єте		
вони	вимага́ють		
МИНУЛИЙ ЧАС — PAST TENSE			
він (я, ти)	вимага́в		ви́міг
вона (я, ти)	вимага́ла		ви́могла
воно	вимага́ло		ви́могло
вони (ми, ви)	вимага́ли		ви́могли
МАЙБУТНІЙ ЧАС — FUTURE TENSE			
	ANALYTIC	SYNTHETIC	
я	бу́ду вимага́ти	вимага́тиму	ви́можу
ти	бу́деш вимага́ти	вимага́тимеш	ви́можеш
він, вона, воно	бу́де вимага́ти	вимага́тиме	ви́може
ми	бу́демо вимага́ти	вимага́тимемо	ви́можемо
ви	бу́дете вимага́ти	вимага́тимете	ви́можете
вони	бу́дуть вимага́ти	вимага́тимуть	ви́можуть
УМОВНИЙ СПОСІБ — CONDITIONAL MOOD			
він (я, ти)	вимага́в би		ви́міг би
вона (я, ти)	вимага́ла б		ви́могла б
воно	вимага́ло б		ви́могло б
вони (ми, ви)	вимага́ли б		ви́могли б
НАКАЗОВИЙ СПОСІБ — IMPERATIVE MOOD			
ти	вимага́й		ви́можи
ми	вимага́ймо		ви́можімо
ви	вимага́йте		ви́можіть
він, вона, воно	(не)ха́й вимага́є		(не)ха́й ви́може
вони	(не)ха́й вимага́ють		(не)ха́й ви́можуть
ДІЄПРИКМЕТНИКИ — VERBAL ADJECTIVES (PARTICIPLES)			
ACTIVE			
PASSIVE			
ДІЄПРИСЛІВНИКИ — VERBAL ADVERBS			
	вимага́ючи, вимага́вши		
БЕЗОСОБОВІ ФОРМИ — IMPERSONAL FORMS			

+ genitive = infinitive:

Ми **вимага́ємо** звільнення (звільни́ти) військовополо́нених.
We demand the release of prisoners of war.

Чолові́к **вимага́в**, щоб дити́на залиши́лась із ним.
The man demanded that the child stay with him.

Держа́ва **вимага́тиме** (**бу́де вимага́ти**) гара́нтій безпе́ки.
The state will demand guarantees of security.

До́нька почала́ вередува́ти, **вимага́ючи** ма́миної уваги.
The daughter started fussing, demanding her mother's attention.

№ 44

вимика́ти[ся] | ви́мкнути[ся]
to turn off sth [to turn off]

Present/Future Stems: **вимика-** | **вимкн-**
Conjugation: **1st (-ють)** | **1st (-уть)**

ОСОБА PERSON	НЕДОКОНАНИЙ ВИД IMPERFECTIVE ASPECT		ДОКОНАНИЙ ВИД PERFECTIVE ASPECT
ТЕПЕРІШНІЙ ЧАС — PRESENT TENSE			
я	вимика́ю		
ти	вимика́єш		
він, вона, воно	вимика́є[ться]		
ми	вимика́ємо		
ви	вимика́єте		
вони	вимика́ють[ся]		
МИНУЛИЙ ЧАС — PAST TENSE			
він (я, ти)	вимика́в[ся]		ви́мкнув[ся]
вона (я, ти)	вимика́ла[ся]		ви́мкнула[ся]
воно	вимика́ло[ся]		ви́мкнуло[ся]
вони (ми, ви)	вимика́ли[ся]		ви́мкнули[ся]
МАЙБУТНІЙ ЧАС — FUTURE TENSE			
	ANALYTIC	SYNTHETIC	
я	бу́ду вимика́ти	вимика́тиму	ви́мкну
ти	бу́деш вимика́ти	вимика́тимеш	ви́мкнеш
він, вона, воно	бу́де вимика́ти[ся]	вимика́тиме[ться]	ви́мкне[ться]
ми	бу́демо вимика́ти	вимика́тимемо	ви́мкнемо
ви	бу́дете вимика́ти	вимика́тимете	ви́мкнете
вони	бу́дуть вимика́ти[ся]	вимика́тимуть[ся]	ви́мкнуть[ся]
УМОВНИЙ СПОСІБ — CONDITIONAL MOOD			
він (я, ти)	вимика́в[ся] би [б]		ви́мкнув[ся] би [б]
вона (я, ти)	вимика́ла[ся] б		ви́мкнула[ся] б
воно	вимика́ло[ся] б		ви́мкнуло[ся] б
вони (ми, ви)	вимика́ли[ся] б		ви́мкнули[ся] б
НАКАЗОВИЙ СПОСІБ — IMPERATIVE MOOD			
ти	вимика́й		ви́мкни
ми	вимика́ймо		ви́мкнімо
ви	вимика́йте		ви́мкніть
він, вона, воно	(не)ха́й вимика́є[ться]		(не)ха́й ви́мкне[ться]
вони	(не)ха́й вимика́ють[ся]		(не)ха́й ви́мкнуть[ся]
ДІЄПРИКМЕТНИКИ — VERBAL ADJECTIVES (PARTICIPLES)			
ACTIVE			
PASSIVE			ви́мкнений, ви́мкнутий
ДІЄПРИСЛІВНИКИ — VERBAL ADVERBS			
	вимика́ючи[сь], вимика́вши[сь]		ви́мкнувши[сь]
БЕЗОСОБОВІ ФОРМИ — IMPERSONAL FORMS			
			ви́мкнено, ви́мкнуто

+ *accusative*:

Я по́вністю **вимика́ю** комп'ю́тер раз на ти́ждень. — *I turn off my computer completely once a week.*
Він **ви́мкнув** телеві́зор і пішо́в спа́ти. — *He turned off the TV and went to sleep.*
Ви́мкни сві́тло, будь ла́ска. — *Turn off the light, please.*
У нас еле́ктрика **ви́мкнена**. — *Our electricity is off.*
Телефо́н постійно **вимика́ється**. — *The phone keeps turning off.*

Present/Future Stems: вимовля- | вимов(л)-
Conjugation: **1st (-ють)** | **2nd (-ять)**

ВИМОВЛЯ́ТИ [СЯ] | ВИ́МОВИТИ [СЯ]

to pronounce [to be pronounced]

ОСОБА / PERSON	НЕДОКОНАНИЙ ВИД / IMPERFECTIVE ASPECT		ДОКОНАНИЙ ВИД / PERFECTIVE ASPECT
ТЕПЕРІШНІЙ ЧАС — PRESENT TENSE			
я	вимовля́ю		
ти	вимовля́єш		
він, вона, воно	вимовля́є [ться]		
ми	вимовля́ємо		
ви	вимовля́єте		
вони	вимовля́ють [ся]		
МИНУЛИЙ ЧАС — PAST TENSE			
він (я, ти)	вимовля́в [ся]		ви́мовив [ся]
вона (я, ти)	вимовля́ла [ся]		ви́мовила [ся]
воно	вимовля́ло [ся]		ви́мовило [ся]
вони (ми, ви)	вимовля́ли [ся]		ви́мовили [ся]
МАЙБУТНІЙ ЧАС — FUTURE TENSE			
	ANALYTIC	SYNTHETIC	
я	бу́ду вимовля́ти	вимовля́тиму	ви́мовлю
ти	бу́деш вимовля́ти	вимовля́тимеш	ви́мовиш
він, вона, воно	бу́де вимовля́ти [ся]	вимовля́тиме [ться]	ви́мовить [ся]
ми	бу́демо вимовля́ти	вимовля́тимемо	ви́мовимо
ви	бу́дете вимовля́ти	вимовля́тимете	ви́мовите
вони	бу́дуть вимовля́ти [ся]	вимовля́тимуть [ся]	ви́мовлять [ся]
УМОВНИЙ СПОСІБ — CONDITIONAL MOOD			
він (я, ти)	вимовля́в [ся] би [б]		ви́мовив [ся] би [б]
вона (я, ти)	вимовля́ла [ся] б		ви́мовила [ся] б
воно	вимовля́ло [ся] б		ви́мовило [ся] б
вони (ми, ви)	вимовля́ли [ся] б		ви́мовили [ся] б
НАКАЗОВИЙ СПОСІБ — IMPERATIVE MOOD			
ти	вимовля́й		ви́мов
ми	вимовля́ймо		ви́мовмо
ви	вимовля́йте		ви́мовте
він, вона, воно	(не)ха́й вимовля́є [ться]		(не)ха́й ви́мовить [ся]
вони	(не)ха́й вимовля́ють [ся]		(не)ха́й ви́мовлять [ся]
ДІЄПРИКМЕТНИКИ — VERBAL ADJECTIVES (PARTICIPLES)			
ACTIVE			
PASSIVE			ви́мовлений
ДІЄПРИСЛІВНИКИ — VERBAL ADVERBS			
	вимовля́ючи [сь], вимовля́вши [сь]		ви́мовивши [сь]
БЕЗОСОБОВІ ФОРМИ — IMPERSONAL FORMS			
			ви́мовлено

+ accusative:

Я не вмі́ю **вимовля́ти** звук [р]. — *I cannot pronounce the [r] sound.*

Спро́буй **ви́мовити** це сло́во по склада́х. — *Try to pronounce this word in syllables.*

Він ідеа́льно **ви́мовив** «паляни́ця». — *He pronounced "palianytsia" perfectly.*

Як **вимовля́ється** це сло́во? — *How is this word pronounced?*

виника́ти | ви́никнути

to arise, to emerge

Present/Future Stems: **виника-** | **виникн-**
Conjugation: **1st (-ють)** | **1st (-уть)**

ОСОБА / PERSON	НЕДОКОНАНИЙ ВИД / IMPERFECTIVE ASPECT		ДОКОНАНИЙ ВИД / PERFECTIVE ASPECT
ТЕПЕРІШНІЙ ЧАС — PRESENT TENSE			
я	виника́ю		
ти	виника́єш		
він, вона, воно	виника́є		
ми	виника́ємо		
ви	виника́єте		
вони	виника́ють		
МИНУЛИЙ ЧАС — PAST TENSE			
він (я, ти)	виника́в		ви́ник
вона (я, ти)	виника́ла		ви́никнула
воно	виника́ло		ви́никнуло
вони (ми, ви)	виника́ли		ви́никнули
МАЙБУТНІЙ ЧАС — FUTURE TENSE	ANALYTIC	SYNTHETIC	
я	бу́ду виника́ти	виника́тиму	ви́никну
ти	бу́деш виника́ти	виника́тимеш	ви́никнеш
він, вона, воно	бу́де виника́ти	виника́тиме	ви́никне
ми	бу́демо виника́ти	виника́тимемо	ви́никнемо
ви	бу́дете виника́ти	виника́тимете	ви́никнете
вони	бу́дуть виника́ти	виника́тимуть	ви́никнуть
УМОВНИЙ СПОСІБ — CONDITIONAL MOOD			
він (я, ти)	виника́в би		ви́ник би
вона (я, ти)	виника́ла б		ви́никнула б
воно	виника́ло б		ви́никнуло б
вони (ми, ви)	виника́ли б		ви́никнули б
НАКАЗОВИЙ СПОСІБ — IMPERATIVE MOOD			
ти	виника́й		ви́никни
ми	виника́ймо		ви́никнімо
ви	виника́йте		ви́никніть
він, вона, воно	(не)ха́й виника́є		(не)ха́й ви́никне
вони	(не)ха́й виника́ють		(не)ха́й ви́никнуть
ДІЄПРИКМЕТНИКИ — VERBAL ADJECTIVES (PARTICIPLES)			
ACTIVE			ви́никлий
PASSIVE			
ДІЄПРИСЛІВНИКИ — VERBAL ADVERBS			
	виника́ючи, виника́вши		ви́никнувши
БЕЗОСОБОВІ ФОРМИ — IMPERSONAL FORMS			

у (в) + *genitive* + [...] + *nominative*:

У ме́не ча́сто **виника́ють** запита́ння щодо грама́тики.
I often have grammar questions ("Grammar questions often arise for me").

У нас **ви́никло** бажа́ння повече́ряти.
We felt like having dinner ("A desire to have dinner arose in us").

Між брата́ми **ви́ник** го́стрий конфлі́кт.
A sharp conflict arose between the brothers.

Якщо в те́бе **ви́никнуть** тру́днощі, напиши́ мені́.
If any difficulties emerge for you, write to me.

Present/Future Stems: виправля- | виправ(л)-
Conjugation: **1st (-ють)** | **2nd (-ять)**

виправля́ти[ся] | ви́правити[ся]

to correct sth/sb [to correct oneself]

ОСОБА PERSON	НЕДОКОНАНИЙ ВИД IMPERFECTIVE ASPECT		ДОКОНАНИЙ ВИД PERFECTIVE ASPECT
ТЕПЕРІШНІЙ ЧАС — PRESENT TENSE			
я	виправля́ю[ся]		
ти	виправля́єш[ся]		
він, вона, воно	виправля́є[ться]		
ми	виправля́ємо[ся]		
ви	виправля́єте[ся]		
вони	виправля́ють[ся]		
МИНУЛИЙ ЧАС — PAST TENSE			
він (я, ти)	виправля́в[ся]		ви́правив[ся]
вона (я, ти)	виправля́ла[ся]		ви́правила[ся]
воно	виправля́ло[ся]		ви́правило[ся]
вони (ми, ви)	виправля́ли[ся]		ви́правили[ся]
МАЙБУТНІЙ ЧАС — FUTURE TENSE			
	ANALYTIC	SYNTHETIC	
я	бу́ду виправля́ти[ся]	виправля́тиму[ся]	ви́правлю[ся]
ти	бу́деш виправля́ти[ся]	виправля́тимеш[ся]	ви́правиш[ся]
він, вона, воно	бу́де виправля́ти[ся]	виправля́тиме[ться]	ви́править[ся]
ми	бу́демо виправля́ти[ся]	виправля́тимемо[ся]	ви́правимо[ся]
ви	бу́дете виправля́ти[ся]	виправля́тимете[ся]	ви́правите[ся]
вони	бу́дуть виправля́ти[ся]	виправля́тимуть[ся]	ви́правлять[ся]
УМОВНИЙ СПОСІБ — CONDITIONAL MOOD			
він (я, ти)	виправля́в[ся] би [б]		ви́правив[ся] би [б]
вона (я, ти)	виправля́ла[ся] б		ви́правила[ся] б
воно	виправля́ло[ся] б		ви́правило[ся] б
вони (ми, ви)	виправля́ли[ся] б		ви́правили[ся] б
НАКАЗОВИЙ СПОСІБ — IMPERATIVE MOOD			
ти	виправля́й[ся]		ви́прав[ся]
ми	виправля́ймо[ся]		ви́правмо[ся]
ви	виправля́йте[ся]		ви́правте[ся]
він, вона, воно	(не)ха́й виправля́є[ться]		(не)ха́й ви́править[ся]
вони	(не)ха́й виправля́ють[ся]		(не)ха́й ви́правлять[ся]
ДІЄПРИКМЕТНИКИ — VERBAL ADJECTIVES (PARTICIPLES)			
ACTIVE			
PASSIVE			ви́правлений
ДІЄПРИСЛІВНИКИ — VERBAL ADVERBS			
	виправля́ючи[сь], виправля́вши[сь]		ви́правивши[сь]
БЕЗОСОБОВІ ФОРМИ — IMPERSONAL FORMS			
			ви́правлено

+ accusative:

Вона́ ча́сто **виправля́є** помилки свої́х дру́зів. — *She often corrects her friends' mistakes.*

Ми **ви́правимо** це непорозумі́ння. — *We will correct this misunderstanding.*

Ось ваш **ви́правлений** твір. — *Here is your corrected essay.*

Він шви́дко **ви́правився**, але́ було́ пі́зно. — *He quickly corrected himself, but it was too late.*

№ 48

випуска́ти[ся] | ви́пустити[ся]
to let out; to release [to graduate]

Present/Future Stems: випуска- | випущ-/випуст-
Conjugation: 1st (-ють) | 2nd (-ять)

ОСОБА / PERSON	НЕДОКОНАНИЙ ВИД / IMPERFECTIVE ASPECT		ДОКОНАНИЙ ВИД / PERFECTIVE ASPECT
ТЕПЕРІШНІЙ ЧАС — PRESENT TENSE			
я	випуска́ю[ся]		
ти	випуска́єш[ся]		
він, вона, воно	випуска́є[ться]		
ми	випуска́ємо[ся]		
ви	випуска́єте[ся]		
вони	випуска́ють[ся]		
МИНУЛИЙ ЧАС — PAST TENSE			
він (я, ти)	випуска́в[ся]		ви́пустив[ся]
вона (я, ти)	випуска́ла[ся]		ви́пустила[ся]
воно	випуска́ло[ся]		ви́пустило[ся]
вони (ми, ви)	випуска́ли[ся]		ви́пустили[ся]
МАЙБУТНІЙ ЧАС — FUTURE TENSE			
	ANALYTIC	SYNTHETIC	
я	бу́ду випуска́ти[ся]	випуска́тиму[ся]	ви́пущу[ся]
ти	бу́деш випуска́ти[ся]	випуска́тимеш[ся]	ви́пустиш[ся]
він, вона, воно	бу́де випуска́ти[ся]	випуска́тиме[ться]	ви́пустить[ся]
ми	бу́демо випуска́ти[ся]	випуска́тимемо[ся]	ви́пустимо[ся]
ви	бу́дете випуска́ти[ся]	випуска́тимете[ся]	ви́пустите[ся]
вони	бу́дуть випуска́ти[ся]	випуска́тимуть[ся]	ви́пустять[ся]
УМОВНИЙ СПОСІБ — CONDITIONAL MOOD			
він (я, ти)	випуска́в[ся] би [б]		ви́пустив[ся] би [б]
вона (я, ти)	випуска́ла[ся] б		ви́пустила[ся] б
воно	випуска́ло[ся] б		ви́пустило[ся] б
вони (ми, ви)	випуска́ли[ся] б		ви́пустили[ся] б
НАКАЗОВИЙ СПОСІБ — IMPERATIVE MOOD			
ти	випуска́й[ся]		ви́пусти[ся]
ми	випуска́ймо[ся]		ви́пустімо[ся]
ви	випуска́йте[ся]		ви́пустіть[ся]
він, вона, воно	(не)ха́й випуска́є[ться]		(не)ха́й ви́пустить[ся]
вони	(не)ха́й випуска́ють[ся]		(не)ха́й ви́пустять[ся]
ДІЄПРИКМЕТНИКИ — VERBAL ADJECTIVES (PARTICIPLES)			
ACTIVE			
PASSIVE			ви́пущений
ДІЄПРИСЛІВНИКИ — VERBAL ADVERBS			
	випуска́ючи[сь], випуска́вши[сь]		ви́пустивши[сь]
БЕЗОСОБОВІ ФОРМИ — IMPERSONAL FORMS			
			ви́пущено

+ accusative:
Він ча́сто **випуска́є** соба́ку побі́гати в лі́сі. — *He often lets the dog run in the forest.*

з (із, зі) + genitive:
Хтось **ви́пустив** папу́гу з клі́тки! — *Someone let the parrot out of the cage!*

у (в), на + accusative:
Його́ вже **ви́пустили** на во́лю. — *He has already been released.*

Ви́пустивши кни́гу, ми відсвятку́ємо. — *After releasing the book, we will celebrate.*

-ся + з (із, зі) + genitive:
Вона́ **ви́пустилася** з університе́ту два ро́ки тому́. — *She graduated from university two years ago.*

№ 49

Present/Future Stems: **виріш́у-** | **вирі́ш-**
Conjugation: **1st (-ють)** | **2nd (-ать)**

вирі́шувати[ся] | ви́рішити[ся]

to decide; to resolve [to be decided, to be resolved]

ОСОБА / PERSON	НЕДОКОНАНИЙ ВИД / IMPERFECTIVE ASPECT		ДОКОНАНИЙ ВИД / PERFECTIVE ASPECT
ТЕПЕРІШНІЙ ЧАС — PRESENT TENSE			
я	вирі́шую		
ти	вирі́шуєш		
він, вона, воно	вирі́шує[ться]		
ми	вирі́шуємо		
ви	вирі́шуєте		
вони	вирі́шують[ся]		
МИНУЛИЙ ЧАС — PAST TENSE			
він (я, ти)	вирі́шував[ся]		ви́рішив[ся]
вона (я, ти)	вирі́шувала[ся]		ви́рішила[ся]
воно	вирі́шувало[ся]		ви́рішило[ся]
вони (ми, ви)	вирі́шували[ся]		ви́рішили[ся]
МАЙБУТНІЙ ЧАС — FUTURE TENSE			
	ANALYTIC	SYNTHETIC	
я	бу́ду вирі́шувати	вирі́шуватиму	ви́рішу
ти	бу́деш вирі́шувати	вирі́шуватимеш	ви́рішиш
він, вона, воно	бу́де вирі́шувати[ся]	вирі́шуватиме[ться]	ви́рішить[ся]
ми	бу́демо вирі́шувати	вирі́шуватимемо	ви́рішимо
ви	бу́дете вирі́шувати	вирі́шуватимете	ви́рішите
вони	бу́дуть вирі́шувати[ся]	вирі́шуватимуть[ся]	ви́рішать[ся]
УМОВНИЙ СПОСІБ — CONDITIONAL MOOD			
він (я, ти)	вирі́шував[ся] би [б]		ви́рішив[ся] би [б]
вона (я, ти)	вирі́шувала[ся] б		ви́рішила[ся] б
воно	вирі́шувало[ся] б		ви́рішило[ся] б
вони (ми, ви)	вирі́шували[ся] б		ви́рішили[ся] б
НАКАЗОВИЙ СПОСІБ — IMPERATIVE MOOD			
ти	вирі́шуй		ви́ріши
ми	вирі́шуймо		ви́рішімо
ви	вирі́шуйте		ви́рішіть
він, вона, воно	(не)ха́й вирі́шує[ться]		(не)ха́й ви́рішить[ся]
вони	(не)ха́й вирі́шують[ся]		(не)ха́й ви́рішать[ся]
ДІЄПРИКМЕТНИКИ — VERBAL ADJECTIVES (PARTICIPLES)			
ACTIVE			
PASSIVE	вирі́шуваний		ви́рішений
ДІЄПРИСЛІВНИКИ — VERBAL ADVERBS			
	вирі́шуючи[сь], вирі́шувавши[сь]		ви́рішивши[сь]
БЕЗОСОБОВІ ФОРМИ — IMPERSONAL FORMS			
	вирі́шувано		ви́рішено

Ми до́вго **вирі́шували**, як зроби́ти кра́ще.
We spent a long time deciding how to do better.

+ accusative:
Наре́шті вони́ **ви́рішили** супере́чку.
Finally, they resolved the dispute.

Якби́ не нові́ обста́вини, ми **ви́рішили б** іна́кше.
If not for the new circumstances, we would have decided differently.

Вони́ розійшли́ся, нічо́го не **ви́рішивши**.
They parted without deciding anything.

На засі́данні остато́чно **ви́рішиться** до́ля підприє́мства.
At the meeting, the fate of the enterprise will ultimately be decided.

№ 50

виробля́ти[ся] | ви́робити[ся]
to produce, to manufacture; to develop [to be produced, to develop]

Present/Future Stems: **виробля-** | **вироб(л)-**
Conjugation: **1st (-ють)** | **2nd (-ять)**

ОСОБА / PERSON	НЕДОКОНАНИЙ ВИД / IMPERFECTIVE ASPECT		ДОКОНАНИЙ ВИД / PERFECTIVE ASPECT
ТЕПЕРІШНІЙ ЧАС — PRESENT TENSE			
я	виробля́ю		
ти	виробля́єш		
він, вона, воно	виробля́є[ться]		
ми	виробля́ємо		
ви	виробля́єте		
вони	виробля́ють[ся]		
МИНУЛИЙ ЧАС — PAST TENSE			
він (я, ти)	виробля́в[ся]		ви́робив[ся]
вона (я, ти)	виробля́ла[ся]		ви́робила[ся]
воно	виробля́ло[ся]		ви́робило[ся]
вони (ми, ви)	виробля́ли[ся]		ви́робили[ся]
МАЙБУТНІЙ ЧАС — FUTURE TENSE			
	ANALYTIC	SYNTHETIC	
я	бу́ду виробля́ти	виробля́тиму	ви́роблю
ти	бу́деш виробля́ти	виробля́тимеш	ви́робиш
він, вона, воно	бу́де виробля́ти[ся]	виробля́тиме[ться]	ви́робить[ся]
ми	бу́демо виробля́ти	виробля́тимемо	ви́робимо
ви	бу́дете виробля́ти	виробля́тимете	ви́робите
вони	бу́дуть виробля́ти[ся]	виробля́тимуть[ся]	ви́роблять[ся]
УМОВНИЙ СПОСІБ — CONDITIONAL MOOD			
він (я, ти)	виробля́в[ся] би [б]		ви́робив[ся] би [б]
вона (я, ти)	виробля́ла[ся] б		ви́робила[ся] б
воно	виробля́ло[ся] б		ви́робило[ся] б
вони (ми, ви)	виробля́ли[ся] б		ви́робили[ся] б
НАКАЗОВИЙ СПОСІБ — IMPERATIVE MOOD			
ти	виробля́й		ви́роби
ми	виробля́ймо		ви́робімо
ви	виробля́йте		ви́робіть
він, вона, воно	(не)ха́й виробля́є[ться]		(не)ха́й ви́робить[ся]
вони	(не)ха́й виробля́ють[ся]		(не)ха́й ви́роблять[ся]
ДІЄПРИКМЕТНИКИ — VERBAL ADJECTIVES (PARTICIPLES)			
ACTIVE			
PASSIVE			ви́роблений
ДІЄПРИСЛІВНИКИ — VERBAL ADVERBS			
	виробля́ючи[сь], виробля́вши[сь]		ви́робивши[сь]
БЕЗОСОБОВІ ФОРМИ — IMPERSONAL FORMS			
			ви́роблено

+ accusative:

Заво́д **виробля́є** со́тні автомобі́лів щодня́.
The factory produces hundreds of cars every day.

Найбли́жчим ча́сом ми **ви́робимо** план дій.
In the near future, we will develop an action plan.

Усі́ на́ші това́ри **ви́роблені** в Украї́ні.
All our products are manufactured in Ukraine.

Імуніте́т **виробля́ється** че́рез 2-4 ти́жні пі́сля вакцина́ції.
Immunity develops 2-4 weeks after vaccination.

№ 51

Present/Future Stems: **виростá-** | **вирост-**
Conjugation: **1st (-ють)** | **1st (-уть)**

виростáти | вúрости
to grow, to grow up
See also: **ростú** | **зростú** (№ 419)

ОСОБА / PERSON	НЕДОКОНАНИЙ ВИД / IMPERFECTIVE ASPECT		ДОКОНАНИЙ ВИД / PERFECTIVE ASPECT
ТЕПЕРІШНІЙ ЧАС — PRESENT TENSE			
я	виростáю		
ти	виростáєш		
він, вона, воно	виростáє		
ми	виростáємо		
ви	виростáєте		
вони	виростáють		
МИНУЛИЙ ЧАС — PAST TENSE			
він (я, ти)	виростáв		вúріс
вона (я, ти)	виростáла		вúросла
воно	виростáло		вúросло
вони (ми, ви)	виростáли		вúросли
МАЙБУТНІЙ ЧАС — FUTURE TENSE			
	ANALYTIC	SYNTHETIC	
я	бýду виростáти	виростáтиму	вúросту
ти	бýдеш виростáти	виростáтимеш	вúростеш
він, вона, воно	бýде виростáти	виростáтиме	вúросте
ми	бýдемо виростáти	виростáтимемо	вúростемо
ви	бýдете виростáти	виростáтимете	вúростете
вони	бýдуть виростáти	виростáтимуть	вúростуть
УМОВНИЙ СПОСІБ — CONDITIONAL MOOD			
він (я, ти)	виростáв би		вúріс би
вона (я, ти)	виростáла б		вúросла б
воно	виростáло б		вúросло б
вони (ми, ви)	виростáли б		вúросли б
НАКАЗОВИЙ СПОСІБ — IMPERATIVE MOOD			
ти	виростáй		вúрости
ми	виростáймо		вúростімо
ви	виростáйте		вúростіть
він, вона, воно	(не)хáй виростáє		(не)хáй вúросте
вони	(не)хáй виростáють		(не)хáй вúростуть
ДІЄПРИКМЕТНИКИ — VERBAL ADJECTIVES (PARTICIPLES)			
ACTIVE			вúрослий
PASSIVE			
ДІЄПРИСЛІВНИКИ — VERBAL ADVERBS			
	виростáючи, виростáвши		вúрісши
БЕЗОСОБОВІ ФОРМИ — IMPERSONAL FORMS			

З малéнької зернúни **виростáє** велúке дéрево. — *A big tree grows from a small grain.*

у (в), **на** + *locative*:
Вонú **вúросли** в мультикультýрному середóвищі. — *They grew up in a multicultural environment.*

з (із, зі) + *genitive*:
Настýпної зимú вонá вже **вúросте** із цієї кýртки. — *Next winter, she will already grow out of this jacket.*

Вúрісши за кордóном, він зáвжди цікáвився країною своїх батькíв. — *Having grown up abroad, he has always been interested in his parents' country.*

№ 52

виро́щувати | ви́ростити

to grow sth; to raise sb

Present/Future Stems: вирощу- | вирощ-/вирост-
Conjugation: **1st (-ють) | 2nd (-ять)**

ОСО́БА PERSON	НЕДОКОНАНИЙ ВИД IMPERFECTIVE ASPECT		ДОКОНАНИЙ ВИД PERFECTIVE ASPECT
ТЕПЕРІШНІЙ ЧАС — PRESENT TENSE			
я	виро́щую		
ти	виро́щуєш		
він, вона, воно	виро́щує		
ми	виро́щуємо		
ви	виро́щуєте		
вони	виро́щують		
МИНУЛИЙ ЧАС — PAST TENSE			
він (я, ти)	виро́щував		ви́ростив
вона (я, ти)	виро́щувала		ви́ростила
воно	виро́щувало		ви́ростило
вони (ми, ви)	виро́щували		ви́ростили
МАЙБУТНІЙ ЧАС — FUTURE TENSE			
	ANALYTIC	SYNTHETIC	
я	бу́ду виро́щувати	виро́щуватиму	ви́рощу
ти	бу́деш виро́щувати	виро́щуватимеш	ви́ростиш
він, вона, воно	бу́де виро́щувати	виро́щуватиме	ви́ростить
ми	бу́демо виро́щувати	виро́щуватимемо	ви́ростимо
ви	бу́дете виро́щувати	виро́щуватимете	ви́ростите
вони	бу́дуть виро́щувати	виро́щуватимуть	ви́ростять
УМОВНИЙ СПОСІБ — SUBJUNCTIVE MOOD			
він (я, ти)	виро́щував би		ви́ростив би
вона (я, ти)	виро́щувала б		ви́ростила б
воно	виро́щувало б		ви́ростило б
вони (ми, ви)	виро́щували б		ви́ростили б
НАКАЗОВИЙ СПОСІБ — CONDITIONAL MOOD			
ти	виро́щуй		ви́рости
ми	виро́щуймо		ви́ростімо
ви	виро́щуйте		ви́ростіть
він, вона, воно	(не)ха́й виро́щує		(не)ха́й ви́ростить
вони	(не)ха́й виро́щують		(не)ха́й ви́ростять
ДІЄПРИКМЕТНИКИ — VERBAL ADJECTIVES (PARTICIPLES)			
ACTIVE			
PASSIVE	виро́щуваний		ви́рощений
ДІЄПРИСЛІВНИКИ — VERBAL ADVERBS			
	виро́щуючи, виро́щувавши		ви́ростивши
БЕЗОСОБОВІ ФОРМИ — IMPERSONAL FORMS			
	виро́щувано		ви́рощено

+ accusative:

Тут ми **виро́щуємо** часни́к і цибу́лю.	*Here we grow garlic and onions.*
Вони́ **ви́ростили** двох чудо́вих діте́й.	*They raised two wonderful children.*
Цього́ лі́та ми **виро́щуватимемо** (**бу́демо виро́щувати**) кабачки́.	*This summer we will grow zucchini.*
Ці помідо́ри **ви́рощені** з любо́в'ю.	*These tomatoes are grown with love.*

№ 53

Present/Future Stems: вируша- | вируш-
Conjugation: 1st (-ють) | 2nd (-ать)

вируша́ти | ви́рушити
to depart, to set off

ОСОБА / PERSON	НЕДОКОНАНИЙ ВИД / IMPERFECTIVE ASPECT		ДОКОНАНИЙ ВИД / PERFECTIVE ASPECT
ТЕПЕРІШНІЙ ЧАС — PRESENT TENSE			
я	вируша́ю		
ти	вируша́єш		
він, вона, воно	вируша́є		
ми	вируша́ємо		
ви	вируша́єте		
вони	вируша́ють		
МИНУЛИЙ ЧАС — PAST TENSE			
він (я, ти)	вируша́в		ви́рушив
вона (я, ти)	вируша́ла		ви́рушила
воно	вируша́ло		ви́рушило
вони (ми, ви)	вируша́ли		ви́рушили
МАЙБУТНІЙ ЧАС — FUTURE TENSE			
	ANALYTIC	SYNTHETIC	
я	бу́ду вируша́ти	вируша́тиму	ви́рушу
ти	бу́деш вируша́ти	вируша́тимеш	ви́рушиш
він, вона, воно	бу́де вируша́ти	вируша́тиме	ви́рушить
ми	бу́демо вируша́ти	вируша́тимемо	ви́рушимо
ви	бу́дете вируша́ти	вируша́тимете	ви́рушите
вони	бу́дуть вируша́ти	вируша́тимуть	ви́рушать
УМОВНИЙ СПОСІБ — SUBJUNCTIVE MOOD			
він (я, ти)	вируша́в би		ви́рушив би
вона (я, ти)	вируша́ла б		ви́рушила б
воно	вируша́ло б		ви́рушило б
вони (ми, ви)	вируша́ли б		ви́рушили б
НАКАЗОВИЙ СПОСІБ — CONDITIONAL MOOD			
ти	вируша́й		ви́руши
ми	вируша́ймо		ви́рушімо
ви	вируша́йте		ви́рушіть
він, вона, воно	(не)ха́й вируша́є		(не)ха́й ви́рушить
вони	(не)ха́й вируша́ють		(не)ха́й ви́рушать
ДІЄПРИКМЕТНИКИ — VERBAL ADJECTIVES (PARTICIPLES)			
ACTIVE			
PASSIVE			
ДІЄПРИСЛІВНИКИ — VERBAL ADVERBS			
	вируша́ючи, вируша́вши		ви́рушивши
БЕЗОСОБОВІ ФОРМИ — IMPERSONAL FORMS			

По́їзд **вируша́є** о 22:32.
The train departs at 22:32.

до + *genitive* = **у (в)**, **на** + *accusative*:
Ми **ви́рушили** до Льво́ва (у Льві́в) на конфере́нцію.
We set off to Lviv for a conference.

Зара́з поснідаємо й тоді́ **ви́рушимо** в доро́гу.
Now we will have breakfast and then we will start the journey.

Ми **ви́рушили б** рані́ше, якби́ не завірю́ха.
We would have left earlier if it weren't for the blizzard.

№ 54

ви́сіти | пови́сіти

to hang, to be hanging

Present/Future Stems: **виш-/вис-** | **повиш-/повис-**

Conjugation: **2nd (-ять)**

ОСОБА / PERSON	НЕДОКОНАНИЙ ВИД / IMPERFECTIVE ASPECT		ДОКОНАНИЙ ВИД / PERFECTIVE ASPECT
ТЕПЕРІШНІЙ ЧАС — PRESENT TENSE			
я	вишу́		
ти	виси́ш		
він, вона, воно	виси́ть		
ми	висимо́		
ви	висите́		
вони	ви́сять		
МИНУЛИЙ ЧАС — PAST TENSE			
він (я, ти)	ви́сів		пови́сів
вона (я, ти)	ви́сіла		пови́сіла
воно	ви́сіло		пови́сіло
вони (ми, ви)	ви́сіли		пови́сіли
МАЙБУТНІЙ ЧАС — FUTURE TENSE			
	ANALYTIC	SYNTHETIC	
я	бу́ду ви́сіти	ви́сітиму	пови́шу́
ти	бу́деш ви́сіти	ви́сітимеш	пови́сиш
він, вона, воно	бу́де ви́сіти	ви́сітиме	пови́сить
ми	бу́демо ви́сіти	ви́сітимемо	повисимо́
ви	бу́дете ви́сіти	ви́сітимете	повисите́
вони	бу́дуть ви́сіти	ви́сітимуть	пови́сять
УМОВНИЙ СПОСІБ — CONDITIONAL MOOD			
він (я, ти)	ви́сів би		пови́сів би
вона (я, ти)	ви́сіла б		пови́сіла б
воно	ви́сіло б		пови́сіло б
вони (ми, ви)	ви́сіли б		пови́сіли б
НАКАЗОВИЙ СПОСІБ — IMPERATIVE MOOD			
ти	виси́		повиси́
ми	висімо́		повисі́мо
ви	висі́ть		повисі́ть
він, вона, воно	(не)ха́й виси́ть		(не)ха́й пови́сить
вони	(не)ха́й ви́сять		(не)ха́й пови́сять
ДІЄПРИКМЕТНИКИ — VERBAL ADJECTIVES (PARTICIPLES)			
ACTIVE	пови́слий		
PASSIVE			
ДІЄПРИСЛІВНИКИ — VERBAL ADVERBS			
	ви́сячи, ви́сівши		пови́сівши
БЕЗОСОБОВІ ФОРМИ — IMPERSONAL FORMS			

на + *locative*:

Карти́на вже **виси́ть** на стіні́.
Раніше тут **ви́сіли** на́ші фотогра́фії.
Оголо́шення **пови́сіло** там лише́ кілька годи́н.
Іди́ **повиси́** тро́хи на турніку́.

The picture is already hanging on the wall.
Our photos used to hang here.
The ad hung there for only a few hours.
Go hang a little on the horizontal bar.

№ 55

Present/Future Stems: **висловлю-** | **вислов(л)-**
Conjugation: **1st (-ють)** | **2nd (-ять)**

висло́влювати[ся] | ви́словити[ся]

to express sth [to express oneself]

ОСОБА / PERSON	НЕДОКОНАНИЙ ВИД / IMPERFECTIVE ASPECT		ДОКОНАНИЙ ВИД / PERFECTIVE ASPECT
ТЕПЕРІШНІЙ ЧАС — PRESENT TENSE			
я	висло́влюю[ся]		
ти	висло́влюєш[ся]		
він, вона, воно	висло́влює[ться]		
ми	висло́влюємо[ся]		
ви	висло́влюєте[ся]		
вони	висло́влюють[ся]		
МИНУЛИЙ ЧАС — PAST TENSE			
він (я, ти)	висло́влював[ся]		ви́словив[ся]
вона (я, ти)	висло́влювала[ся]		ви́словила[ся]
воно	висло́влювало[ся]		ви́словило[ся]
вони (ми, ви)	висло́влювали[ся]		ви́словили[ся]
МАЙБУТНІЙ ЧАС — FUTURE TENSE			
	ANALYTIC	SYNTHETIC	
я	бу́ду висло́влювати[ся]	висло́влюватиму[ся]	ви́словлю[ся]
ти	бу́деш висло́влювати[ся]	висло́влюватимеш[ся]	ви́словиш[ся]
він, вона, воно	бу́де висло́влювати[ся]	висло́влюватиме[ться]	ви́словить[ся]
ми	бу́демо висло́влювати[ся]	висло́влюватимемо[ся]	ви́словимо[ся]
ви	бу́дете висло́влювати[ся]	висло́влюватимете[ся]	ви́словите[ся]
вони	бу́дуть висло́влювати[ся]	висло́влюватимуть[ся]	ви́словлять[ся]
УМОВНИЙ СПОСІБ — CONDITIONAL MOOD			
він (я, ти)	висло́влював[ся] би [б]		ви́словив[ся] би [б]
вона (я, ти)	висло́влювала[ся] б		ви́словила[ся] б
воно	висло́влювало[ся] б		ви́словило[ся] б
вони (ми, ви)	висло́влювали[ся] б		ви́словили[ся] б
НАКАЗОВИЙ СПОСІБ — IMPERATIVE MOOD			
ти	висло́влюй[ся]		ви́слови[ся]
ми	висло́влюймо[ся]		ви́словімо[ся]
ви	висло́влюйте[ся]		ви́словіть[ся]
він, вона, воно	(не)ха́й висло́влює[ться]		(не)ха́й ви́словить[ся]
вони	(не)ха́й висло́влюють[ся]		(не)ха́й ви́словлять[ся]
ДІЄПРИКМЕТНИКИ — VERBAL ADJECTIVES (PARTICIPLES)			
ACTIVE			
PASSIVE	висло́влюваний		ви́словлений
ДІЄПРИСЛІВНИКИ — VERBAL ADVERBS			
	висло́влюючи[сь], висло́влювавши[сь]		ви́словивши[сь]
БЕЗОСОБОВІ ФОРМИ — IMPERSONAL FORMS			
	висло́влювано		ви́словлено

+ accusative:
Вона́ за́вжди **висло́влює** свою́ ду́мку про все. — *She always expresses her opinion about everything.*

+ dative:
Ми **ви́словили** ма́тері свої́ співчуття́. — *We expressed our condolences to the mother.*

-ся + про + accusative:
Студе́нти позити́вно **висло́влюються** про професо́рку. — *The students speak positively about the professor.*

-ся + на + accusative:
Він теж **ви́словився** на цю те́му. — *He also expressed his opinion on this topic.*

№ 56

вистача́ти | ви́стачити
to suffice, to be enough

Present/Future Stems: **вистача- І вистач-**
Impersonal Verb

ОСОБА PERSON	НЕДОКОНАНИЙ ВИД IMPERFECTIVE ASPECT		ДОКОНАНИЙ ВИД PERFECTIVE ASPECT
ТЕПЕРІШНІЙ ЧАС — PRESENT TENSE			
безособова форма *impersonal form*	вистача́є		
МИНУЛИЙ ЧАС — PAST TENSE			
безособова форма *impersonal form*	вистача́ло		ви́стачило
МАЙБУТНІЙ ЧАС — FUTURE TENSE			
	ANALYTIC	SYNTHETIC	
безособова форма *impersonal form*	бу́де вистача́ти	вистача́тиме	ви́стачить
УМОВНИЙ СПОСІБ — CONDITIONAL MOOD			
безособова форма *impersonal form*	вистача́ло б		ви́стачило б
НАКАЗОВИЙ СПОСІБ — IMPERATIVE MOOD			
безособова форма *impersonal form*	(не)ха́й вистача́є		(не)ха́й ви́стачить
ДІЄПРИКМЕТНИКИ — VERBAL ADJECTIVES (PARTICIPLES)			
ACTIVE			
PASSIVE			
ДІЄПРИСЛІВНИКИ — VERBAL ADVERBS			
БЕЗОСОБОВІ ФОРМИ — IMPERSONAL FORMS			

dative + [...] + *genitive*:
Їй **вистача́є** десяти́ хвили́н, щоб поснíдати.

Ten minutes is enough for her to have breakfast.

на + *accusative*:
Йому́ **ви́стачило** на опла́ту оре́нди.
Нам **ви́стачить** цiє́ї ї́жі на ти́ждень.
Менí **ви́стачило б**, якби́ він попроси́в проба́чення.

He had enough to pay the rent.
We will have enough food for a week.
It would be enough for me if he apologized.

№ 57

Present/Future Stems: **виступа-** | **виступ(л)-**

Conjugation: **1st (-ють)** | **2nd (-ять)**

виступа́ти | ви́ступити

to step out; to give a speech; to perform; to stand for

ОСОБА / PERSON	НЕДОКОНАНИЙ ВИД / IMPERFECTIVE ASPECT		ДОКОНАНИЙ ВИД / PERFECTIVE ASPECT
ТЕПЕРІШНІЙ ЧАС — PRESENT TENSE			
я	виступа́ю		
ти	виступа́єш		
він, вона, воно	виступа́є		
ми	виступа́ємо		
ви	виступа́єте		
вони	виступа́ють		
МИНУЛИЙ ЧАС — PAST TENSE			
він (я, ти)	виступа́в		ви́ступив
вона (я, ти)	виступа́ла		ви́ступила
воно	виступа́ло		ви́ступило
вони (ми, ви)	виступа́ли		ви́ступили
МАЙБУТНІЙ ЧАС — FUTURE TENSE			
	ANALYTIC	SYNTHETIC	
я	бу́ду виступа́ти	виступа́тиму	ви́ступлю
ти	бу́деш виступа́ти	виступа́тимеш	ви́ступиш
він, вона, воно	бу́де виступа́ти	виступа́тиме	ви́ступить
ми	бу́демо виступа́ти	виступа́тимемо	ви́ступимо
ви	бу́дете виступа́ти	виступа́тимете	ви́ступите
вони	бу́дуть виступа́ти	виступа́тимуть	ви́ступлять
УМОВНИЙ СПОСІБ — CONDITIONAL MOOD			
він (я, ти)	виступа́в би		ви́ступив би
вона (я, ти)	виступа́ла б		ви́ступила б
воно	виступа́ло б		ви́ступило б
вони (ми, ви)	виступа́ли б		ви́ступили б
НАКАЗОВИЙ СПОСІБ — IMPERATIVE MOOD			
ти	виступа́й		ви́ступи
ми	виступа́ймо		ви́ступімо
ви	виступа́йте		ви́ступіть
він, вона, воно	(не)ха́й виступа́є		(не)ха́й ви́ступить
вони	(не)ха́й виступа́ють		(не)ха́й ви́ступлять
ДІЄПРИКМЕТНИКИ — VERBAL ADJECTIVES (PARTICIPLES)			
ACTIVE			
PASSIVE			
ДІЄПРИСЛІВНИКИ — VERBAL ADVERBS			
	виступа́ючи, виступа́вши		ви́ступивши
БЕЗОСОБОВІ ФОРМИ — IMPERSONAL FORMS			

з (із, зі) + *genitive*:
Він **ви́ступив** із те́мряви.
He stepped out of the darkness.

з (із, зі) + *instrumental*:
Профе́сор **ви́ступить** із гостьово́ю ле́кцією.
The professor will give a guest lecture.

за + *accusative*:
Вона́ **виступа́є** за права́ жіно́к в Украї́ні.
She stands for women's rights in Ukraine.

у (в), на + *locative*:
Ви́ступивши на Євроба́ченні, гурт здобу́в шале́ну популя́рність.
After performing at Eurovision, the band gained immense popularity.

№ 58

витрача́ти[ся] | ви́тратити[ся]

to spend (mostly money) [to overspend]

Present/Future Stems: **витрача-** | **витрач-/витрат-**
Conjugation: **1st (-ють)** | **2nd (-ять)**

ОСОБА PERSON	НЕДОКОНАНИЙ ВИД IMPERFECTIVE ASPECT		ДОКОНАНИЙ ВИД PERFECTIVE ASPECT
	**ТЕПЕРІШНІЙ ЧАС — PRESENT TENSE**		

ТЕПЕРІШНІЙ ЧАС — PRESENT TENSE

я	витрача́ю[ся]	
ти	витрача́єш[ся]	
він, вона, воно	витрача́є[ться]	
ми	витрача́ємо[ся]	
ви	витрача́єте[ся]	
вони	витрача́ють[ся]	

МИНУЛИЙ ЧАС — PAST TENSE

він (я, ти)	витрача́в[ся]	ви́тратив[ся]
вона (я, ти)	витрача́ла[ся]	ви́тратила[ся]
воно	витрача́ло[ся]	ви́тратило[ся]
вони (ми, ви)	витрача́ли[ся]	ви́тратили[ся]

МАЙБУТНІЙ ЧАС — FUTURE TENSE

	ANALYTIC	SYNTHETIC	
я	бу́ду витрача́ти[ся]	витрача́тиму[ся]	ви́трачу[ся]
ти	бу́деш витрача́ти[ся]	витрача́тимеш[ся]	ви́тратиш[ся]
він, вона, воно	бу́де витрача́ти[ся]	витрача́тиме[ться]	ви́тратить[ся]
ми	бу́демо витрача́ти[ся]	витрача́тимемо[ся]	ви́тратимо[ся]
ви	бу́дете витрача́ти[ся]	витрача́тимете[ся]	ви́тратите[ся]
вони	бу́дуть витрача́ти[ся]	витрача́тимуть[ся]	ви́тратять[ся]

УМОВНИЙ СПОСІБ — CONDITIONAL MOOD

він (я, ти)	витрача́в[ся] би [б]	ви́тратив[ся] би [б]
вона (я, ти)	витрача́ла[ся] б	ви́тратила[ся] б
воно	витрача́ло[ся] б	ви́тратило[ся] б
вони (ми, ви)	витрача́ли[ся] б	ви́тратили[ся] б

НАКАЗОВИЙ СПОСІБ — IMPERATIVE MOOD

ти	витрача́й[ся]	ви́трать[ся]
ми	витрача́ймо[ся]	ви́тратьмо[ся]
ви	витрача́йте[ся]	ви́тратьте[ся]
він, вона, воно	(не)ха́й витрача́є[ться]	(не)ха́й ви́тратить[ся]
вони	(не)ха́й витрача́ють[ся]	(не)ха́й ви́тратять[ся]

ДІЄПРИКМЕТНИКИ — VERBAL ADJECTIVES (PARTICIPLES)

ACTIVE		
PASSIVE		ви́трачений

ДІЄПРИСЛІВНИКИ — VERBAL ADVERBS

	витрача́ючи[сь], витрача́вши[сь]	ви́тративши[сь]

БЕЗОСОБОВІ ФОРМИ — IMPERSONAL FORMS

		ви́трачено

+ accusative + на + accusative:

Вона́ ча́сто **витрача́є** гро́ші на косме́тику. — *She often spends money on makeup.*

Ми вже **ви́тратили** весь мі́сячний бюдже́т. — *We have already spent the entire monthly budget.*

Усього́ на будівни́цтво **ви́трачено** 400 ти́сяч гри́вень. — *A total of 400,000 hryvnias was spent on construction.*

Дя́кую, але́ не тре́ба було́ **витрача́тися**. — *Thanks, but there was no need to overspend.*

№ 59

Present/Future Stems: **витриму-** | **витрима-**

Conjugation: **1st (-ють)**

витри́мувати | ви́тримати

to withstand, to endure

ОСОБА PERSON	НЕДОКОНАНИЙ ВИД IMPERFECTIVE ASPECT		ДОКОНАНИЙ ВИД PERFECTIVE ASPECT
\multicolumn{4}{c}{ТЕПЕРІШНІЙ ЧАС — PRESENT TENSE}			

ТЕПЕРІШНІЙ ЧАС — PRESENT TENSE

я	витри́мую	
ти	витри́муєш	
він, вона, воно	витри́мує	
ми	витри́муємо	
ви	витри́муєте	
вони	витри́мують	

МИНУЛИЙ ЧАС — PAST TENSE

він (я, ти)	витри́мував	ви́тримав
вона (я, ти)	витри́мувала	ви́тримала
воно	витри́мувало	ви́тримало
вони (ми, ви)	витри́мували	ви́тримали

МАЙБУТНІЙ ЧАС — FUTURE TENSE

	ANALYTIC	SYNTHETIC	
я	бу́ду витри́мувати	витри́муватиму	ви́тримаю
ти	бу́деш витри́мувати	витри́муватимеш	ви́тримаєш
він, вона, воно	бу́де витри́мувати	витри́муватиме	ви́тримає
ми	бу́демо витри́мувати	витри́муватимемо	ви́тримаємо
ви	бу́дете витри́мувати	витри́муватимете	ви́тримаєте
вони	бу́дуть витри́мувати	витри́муватимуть	ви́тримають

УМОВНИЙ СПОСІБ — CONDITIONAL MOOD

він (я, ти)	витри́мував би	ви́тримав би
вона (я, ти)	витри́мувала б	ви́тримала б
воно	витри́мувало б	ви́тримало б
вони (ми, ви)	витри́мували б	ви́тримали б

НАКАЗОВИЙ СПОСІБ — IMPERATIVE MOOD

ти	витри́муй	ви́тримай
ми	витри́муймо	ви́тримаймо
ви	витри́муйте	ви́тримайте
він, вона, воно	(не)ха́й витри́мує	(не)ха́й ви́тримає
вони	(не)ха́й витри́мують	(не)ха́й ви́тримають

ДІЄПРИКМЕТНИКИ — VERBAL ADJECTIVES (PARTICIPLES)

ACTIVE		
PASSIVE	витри́муваний	ви́триманий

ДІЄПРИСЛІВНИКИ — VERBAL ADVERBS

витри́муючи, витри́мувавши	ви́тримавши

БЕЗОСОБОВІ ФОРМИ — IMPERSONAL FORMS

витри́мувано	ви́тримано

+ accusative:

Цей міст **витри́мує** вагу́ до 55 тонн.
This bridge can withstand a weight of up to 55 tons.

Де́рево **ви́тримало** бу́рю і не втра́тило жо́дної гі́лки.
The tree withstood the storm and did not lose a single branch.

Ми **ви́тримаємо** всі перешко́ди, ми не здамо́ся.
We will endure all the obstacles, we won't give up.

Не **ви́тримавши** психологі́чного ти́ску, чолові́к звільни́вся.
Unable to bear the psychological pressure, the man resigned.

№ 60

ВИХО́ДИТИ | ВИ́ЙТИ

to go out, to leave; to get off transport; to be released

Present/Future Stems: **виходж-/виход-** | **вийд-**
Conjugation: **2nd (-ять)** | **1st (-уть)**

ОСОБА / PERSON	НЕДОКОНАНИЙ ВИД / IMPERFECTIVE ASPECT		ДОКОНАНИЙ ВИД / PERFECTIVE ASPECT
ТЕПЕРІШНІЙ ЧАС — PRESENT TENSE			
я	вихо́джу		
ти	вихо́диш		
він, вона, воно	вихо́дить		
ми	вихо́димо		
ви	вихо́дите		
вони	вихо́дять		
МИНУЛИЙ ЧАС — PAST TENSE			
він (я, ти)	вихо́див		ви́йшов
вона (я, ти)	вихо́дила		ви́йшла
воно	вихо́дило		ви́йшло
вони (ми, ви)	вихо́дили		ви́йшли
МАЙБУТНІЙ ЧАС — FUTURE TENSE			
	ANALYTIC	SYNTHETIC	
я	бу́ду вихо́дити	вихо́дитиму	ви́йду
ти	бу́деш вихо́дити	вихо́дитимеш	ви́йдеш
він, вона, воно	бу́де вихо́дити	вихо́дитиме	ви́йде
ми	бу́демо вихо́дити	вихо́дитимемо	ви́йдемо
ви	бу́дете вихо́дити	вихо́дитимете	ви́йдете
вони	бу́дуть вихо́дити	вихо́дитимуть	ви́йдуть
УМОВНИЙ СПОСІБ — CONDITIONAL MOOD			
він (я, ти)	вихо́див би		ви́йшов би
вона (я, ти)	вихо́дила б		ви́йшла б
воно	вихо́дило б		ви́йшло б
вони (ми, ви)	вихо́дили б		ви́йшли б
НАКАЗОВИЙ СПОСІБ — IMPERATIVE MOOD			
ти	вихо́дь		ви́йди
ми	вихо́дьмо		ви́йдімо
ви	вихо́дьте		ви́йдіть
він, вона, воно	(не)ха́й вихо́дить		(не)ха́й ви́йде
вони	(не)ха́й вихо́дять		(не)ха́й ви́йдуть
ДІЄПРИКМЕТНИКИ — VERBAL ADJECTIVES (PARTICIPLES)			
ACTIVE			
PASSIVE			
ДІЄПРИСЛІВНИКИ — VERBAL ADVERBS			
	вихо́дячи, вихо́дивши		ви́йшовши
БЕЗОСОБОВІ ФОРМИ — IMPERSONAL FORMS			

Я вже **вихо́джу**. *I am going out now.*

у (в), на + *accusative (to go out)*:
Вона́ **ви́йшла** на балко́н. *She went out on the balcony.*

у (в), на + *locative (to get off)*:
Ми **ви́йшли** на зупи́нці «Університе́т». *We got off at the "Universytet" stop.*

з (із, зі) + *genitive*:
Ви́йшовши з буди́нку, вона́ щось помі́тила. *As she left the house, she noticed something.*

Нова́ кни́га Сергі́я Жада́на **ви́йде** наприкінці́ ро́ку. *Serhiy Zhadan's new book will be released at the end of the year.*

№ 61

Present/Future Stems: **виявля-** | **вияв(л)-**

Conjugation: **1st (-ють)** | **2nd (-ять)**

ВИЯВЛЯ́ТИ [СЯ] | ВИ́ЯВИТИ [СЯ]

to show; to discover; to detect [to turn out]

ОСОБА PERSON	НЕДОКОНАНИЙ ВИД IMPERFECTIVE ASPECT		ДОКОНАНИЙ ВИД PERFECTIVE ASPECT
ТЕПЕРІШНІЙ ЧАС — PRESENT TENSE			
я	виявля́ю [ся]		
ти	виявля́єш [ся]		
він, вона, воно	виявля́є [ться]		
ми	виявля́ємо [ся]		
ви	виявля́єте [ся]		
вони	виявля́ють [ся]		
МИНУЛИЙ ЧАС — PAST TENSE			
він (я, ти)	виявля́в [ся]		ви́явив [ся]
вона (я, ти)	виявля́ла [ся]		ви́явила [ся]
воно	виявля́ло [ся]		ви́явило [ся]
вони (ми, ви)	виявля́ли [ся]		ви́явили [ся]
МАЙБУТНІЙ ЧАС — FUTURE TENSE			
	ANALYTIC	SYNTHETIC	
я	бу́ду виявля́ти [ся]	виявля́тиму [ся]	ви́явлю [ся]
ти	бу́деш виявля́ти [ся]	виявля́тимеш [ся]	ви́явиш [ся]
він, вона, воно	бу́де виявля́ти [ся]	виявля́тиме [ться]	ви́явить [ся]
ми	бу́демо виявля́ти [ся]	виявля́тимемо [ся]	ви́явимо [ся]
ви	бу́дете виявля́ти [ся]	виявля́тимете [ся]	ви́явите [ся]
вони	бу́дуть виявля́ти [ся]	виявля́тимуть [ся]	ви́являть [ся]
УМОВНИЙ СПОСІБ — CONDITIONAL MOOD			
він (я, ти)	виявля́в [ся] би [б]		ви́явив [ся] би [б]
вона (я, ти)	виявля́ла [ся] б		ви́явила [ся] б
воно	виявля́ло [ся] б		ви́явило [ся] б
вони (ми, ви)	виявля́ли [ся] б		ви́явили [ся] б
НАКАЗОВИЙ СПОСІБ — IMPERATIVE MOOD			
ти	виявля́й [ся]		ви́яви [ся]
ми	виявля́ймо [ся]		ви́явімо [ся]
ви	виявля́йте [ся]		ви́явіть [ся]
він, вона, воно	(не)ха́й виявля́є [ться]		(не)ха́й ви́явить [ся]
вони	(не)ха́й виявля́ють [ся]		(не)ха́й ви́являть [ся]
ДІЄПРИКМЕТНИКИ — VERBAL ADJECTIVES (PARTICIPLES)			
ACTIVE			
PASSIVE	ви́явлюваний		ви́явлений
ДІЄПРИСЛІВНИКИ — VERBAL ADVERBS			
	виявля́ючи [сь], виявля́вши [сь]		ви́явивши [сь]
БЕЗОСОБОВІ ФОРМИ — IMPERSONAL FORMS			
	ви́явлювано		ви́явлено

+ accusative:

Вона́ ча́сто **виявля́є** ініціати́ву на робо́ті. — *She often shows initiative at work.*

Архео́логи **ви́явили** уніка́льний артефа́кт. — *Archaeologists discovered a unique artifact.*

У ньо́го **ви́явлено** коронаві́рус. — *He was diagnosed with coronavirus. ("Coronavirus has been detected in him").*

-ся + instrumental:

Він **ви́явився** шахрає́м. — *He turned out to be a fraud.*

№ 62

відбува́ти[ся] | відбу́ти[ся]

to serve (penalty or duty) [to take place; to get away with]

Present/Future Stems: **відбува-** | **відбуд-**
Conjugation: **1st (-ють)** | **1st (-уть)**

ОСОБА / PERSON	НЕДОКОНАНИЙ ВИД / IMPERFECTIVE ASPECT		ДОКОНАНИЙ ВИД / PERFECTIVE ASPECT
ТЕПЕРІШНІЙ ЧАС — PRESENT TENSE			
я	відбува́ю[ся]		
ти	відбува́єш[ся]		
він, вона, воно	відбува́є[ться]		
ми	відбува́ємо[ся]		
ви	відбува́єте[ся]		
вони	відбува́ють[ся]		
МИНУЛИЙ ЧАС — PAST TENSE			
він (я, ти)	відбува́в[ся]		відбу́в[ся]
вона (я, ти)	відбува́ла[ся]		відбула́[ся]
воно	відбува́ло[ся]		відбуло́[ся]
вони (ми, ви)	відбува́ли[ся]		відбули́[ся]
МАЙБУТНІЙ ЧАС — FUTURE TENSE			
	ANALYTIC	SYNTHETIC	
я	бу́ду відбува́ти[ся]	відбува́тиму[ся]	відбу́ду[ся]
ти	бу́деш відбува́ти[ся]	відбува́тимеш[ся]	відбу́деш[ся]
він, вона, воно	бу́де відбува́ти[ся]	відбува́тиме[ться]	відбу́де[ться]
ми	бу́демо відбува́ти[ся]	відбува́тимемо[ся]	відбу́демо[ся]
ви	бу́дете відбува́ти[ся]	відбува́тимете[ся]	відбу́дете[ся]
вони	бу́дуть відбува́ти[ся]	відбува́тимуть[ся]	відбу́дуть[ся]
УМОВНИЙ СПОСІБ — CONDITIONAL MOOD			
він (я, ти)	відбува́в[ся] би [б]		відбу́в[ся] би [б]
вона (я, ти)	відбува́ла[ся] б		відбула́[ся] б
воно	відбува́ло[ся] б		відбуло́[ся] б
вони (ми, ви)	відбува́ли[ся] б		відбули́[ся] б
НАКАЗОВИЙ СПОСІБ — IMPERATIVE MOOD			
ти	відбува́й[ся]		відбу́дь[ся]
ми	відбува́ймо[ся]		відбу́дьмо[ся]
ви	відбува́йте[ся]		відбу́дьте[ся]
він, вона, воно	(не)ха́й відбува́є[ться]		(не)ха́й відбу́де[ться]
вони	(не)ха́й відбува́ють[ся]		(не)ха́й відбу́дуть[ся]
ДІЄПРИКМЕТНИКИ — VERBAL ADJECTIVES (PARTICIPLES)			
ACTIVE			
PASSIVE			відбу́тий
ДІЄПРИСЛІВНИКИ — VERBAL ADVERBS			
	відбува́ючи[сь], відбува́вши[сь]		відбу́вши[сь]
БЕЗОСОБОВІ ФОРМИ — IMPERSONAL FORMS			
			відбу́то

+ accusative:
Він **відбува́є** покара́ння за ви́крадення автівки.   *He is serving a sentence for stealing a car.*
За́раз там **відбува́ється** а́кція проте́сту.   *A protest action is taking place there now.*

з (із, зі) + instrumental:
Що з тобо́ю **відбува́ється**?   *What is happening to you?*

+ instrumental:
Він **відбу́вся** невели́ким штра́фом.   *He got away with a small fine.*
Конце́рт не **відбу́вся б** без ва́шої допомо́ги.   *The concert would not have taken place without your help.*

Present/Future Stems: **відвіду-** | **відвіда-**

Conjugation: **1st (-ють)**

відві́дувати | відві́дати

to visit; to attend

№ 63

ОСОБА / PERSON	НЕДОКОНАНИЙ ВИД / IMPERFECTIVE ASPECT		ДОКОНАНИЙ ВИД / PERFECTIVE ASPECT
ТЕПЕРІШНІЙ ЧАС — PRESENT TENSE			
я	відві́дую		
ти	відві́дуєш		
він, вона, воно	відві́дує		
ми	відві́дуємо		
ви	відві́дуєте		
вони	відві́дують		
МИНУЛИЙ ЧАС — PAST TENSE			
він (я, ти)	відві́дував		відві́дав
вона (я, ти)	відві́дувала		відві́дала
воно	відві́дувало		відві́дало
вони (ми, ви)	відві́дували		відві́дали
МАЙБУТНІЙ ЧАС — FUTURE TENSE			
	ANALYTIC	SYNTHETIC	
я	бу́ду відві́дувати	відві́дуватиму	відві́даю
ти	бу́деш відві́дувати	відві́дуватимеш	відві́даєш
він, вона, воно	бу́де відві́дувати	відві́дуватиме	відві́дає
ми	бу́демо відві́дувати	відві́дуватимемо	відві́даємо
ви	бу́дете відві́дувати	відві́дуватимете	відві́даєте
вони	бу́дуть відві́дувати	відві́дуватимуть	відві́дають
УМОВНИЙ СПОСІБ — CONDITIONAL MOOD			
він (я, ти)	відві́дував би		відві́дав би
вона (я, ти)	відві́дувала б		відві́дала б
воно	відві́дувало б		відві́дало б
вони (ми, ви)	відві́дували б		відві́дали б
НАКАЗОВИЙ СПОСІБ — IMPERATIVE MOOD			
ти	відві́дуй		відві́дай
ми	відві́дуймо		відві́даймо
ви	відві́дуйте		відві́дайте
він, вона, воно	(не)ха́й відві́дує		(не)ха́й відві́дає
вони	(не)ха́й відві́дують		(не)ха́й відві́дають
ДІЄПРИКМЕТНИКИ — VERBAL ADJECTIVES (PARTICIPLES)			
ACTIVE			
PASSIVE	відві́дуваний		відві́даний
ДІЄПРИСЛІВНИКИ — VERBAL ADVERBS			
	відві́дуючи, відві́дувавши		відві́давши
БЕЗОСОБОВІ ФОРМИ — IMPERSONAL FORMS			
	відві́дувано		відві́дано

+ accusative:

Жі́нка щодня́ **відві́дує** ба́тька вліка́рні.	The woman visits her father in hospital every day.
Учо́ра ми **відві́дали** ціка́вий за́хід.	Yesterday we attended an interesting event.
Ді́ти **відві́дають** батькі́в на вихідни́х.	The children will visit their parents at the weekend.
З усіх **відві́даних** у Львові музе́їв цей мій улю́блений.	Of all the museums I visited in Lviv, this is my favorite.

відкладáти [ся] | відклáсти [ся]

to put aside; to postpone; to save [to be deposited]

Present/Future Stems: **відклада-** | **відклад-**
Conjugation: **1st (-ють)** | **1st (-уть)**

ОСОБА / PERSON	НЕДОКОНАНИЙ ВИД / IMPERFECTIVE ASPECT		ДОКОНАНИЙ ВИД / PERFECTIVE ASPECT
ТЕПЕРІШНІЙ ЧАС — PRESENT TENSE			
я	відкладáю		
ти	відкладáєш		
він, вона, воно	відкладáє [ться]		
ми	відкладáємо		
ви	відкладáєте		
вони	відкладáють [ся]		
МИНУЛИЙ ЧАС — PAST TENSE			
він (я, ти)	відкладáв [ся]		відклáв [ся]
вона (я, ти)	відкладáла [ся]		відклáла [ся]
воно	відкладáло [ся]		відклáло [ся]
вони (ми, ви)	відкладáли [ся]		відклáли [ся]
МАЙБУТНІЙ ЧАС — FUTURE TENSE			
	ANALYTIC	SYNTHETIC	
я	бýду відкладáти	відкладáтиму	відкладý
ти	бýдеш відкладáти	відкладáтимеш	відкладéш
він, вона, воно	бýде відкладáти [ся]	відкладáтиме [ться]	відкладé [ться]
ми	бýдемо відкладáти	відкладáтимемо	відкладемó
ви	бýдете відкладáти	відкладáтимете	відкладетé
вони	бýдуть відкладáти [ся]	відкладáтимуть [ся]	відкладýть [ся]
УМОВНИЙ СПОСІБ — CONDITIONAL MOOD			
він (я, ти)	відкладáв [ся] би [б]		відклáв [ся] би [б]
вона (я, ти)	відкладáла [ся] б		відклáла [ся] б
воно	відкладáло [ся] б		відклáло [ся] б
вони (ми, ви)	відкладáли [ся] б		відклáли [ся] б
НАКАЗОВИЙ СПОСІБ — IMPERATIVE MOOD			
ти	відкладáй		відклади́
ми	відкладáймо		відкладíмо
ви	відкладáйте		відкладíть
він, вона, воно	(не)хáй відкладáє [ться]		(не)хáй відкладé [ться]
вони	(не)хáй відкладáють [ся]		(не)хáй відкладýть [ся]
ДІЄПРИКМЕТНИКИ — VERBAL ADJECTIVES (PARTICIPLES)			
ACTIVE			
PASSIVE			відклáдений
ДІЄПРИСЛІВНИКИ — VERBAL ADVERBS			
	відкладáючи [сь], відкладáвши [сь]		відклáвши [сь]
БЕЗОСОБОВІ ФОРМИ — IMPERSONAL FORMS			
			відклáдено

+ *accusative* + на + *accusative*:

Ми **відкладáємо** цей проєкт на майбýтнє. — *We are postponing this project for the future.*

Він **відклáв** цю книгу на пóтім. — *He put this book aside for later.*

Бáтько **відкладáтиме** (**бýде відкладáти**) кóшти на навчáння си́на. — *The father will be saving funds for his son's education.*

Вони́ завéршили зýстріч, **відклáвши** рéшту питáнь на настýпний раз. — *They ended the meeting, postponing the rest of the issues until next time.*

-ся + у (в), на + *locative*:

Кáльцій **відкладáється** в рíзних óрганах. — *Calcium is deposited in various organs.*

№ 65

Present/Future Stems: відкрива- | відкри-
Conjugation: **1st (-ють)**

відкрива́ти[ся] | відкри́ти[ся]
to open sth; to discover [to become open]
See also: **відчиня́ти[ся]** | **відчини́ти[ся]** (№ 71)

ОСОБА / PERSON	НЕДОКОНАНИЙ ВИД / IMPERFECTIVE ASPECT		ДОКОНАНИЙ ВИД / PERFECTIVE ASPECT
ТЕПЕРІШНІЙ ЧАС — PRESENT TENSE			
я	відкрива́ю[ся]		
ти	відкрива́єш[ся]		
він, вона, воно	відкрива́є[ться]		
ми	відкрива́ємо[ся]		
ви	відкрива́єте[ся]		
вони	відкрива́ють[ся]		
МИНУЛИЙ ЧАС — PAST TENSE			
він (я, ти)	відкрива́в[ся]		відкри́в[ся]
вона (я, ти)	відкрива́ла[ся]		відкри́ла[ся]
воно	відкрива́ло[ся]		відкри́ло[ся]
вони (ми, ви)	відкрива́ли[ся]		відкри́ли[ся]
МАЙБУТНІЙ ЧАС — FUTURE TENSE			
	ANALYTIC	SYNTHETIC	
я	бу́ду відкрива́ти[ся]	відкрива́тиму[ся]	відкри́ю[ся]
ти	бу́деш відкрива́ти[ся]	відкрива́тимеш[ся]	відкри́єш[ся]
він, вона, воно	бу́де відкрива́ти[ся]	відкрива́тиме[ться]	відкри́є[ться]
ми	бу́демо відкрива́ти[ся]	відкрива́тимемо[ся]	відкри́ємо[ся]
ви	бу́дете відкрива́ти[ся]	відкрива́тимете[ся]	відкри́єте[ся]
вони	бу́дуть відкрива́ти[ся]	відкрива́тимуть[ся]	відкри́ють[ся]
УМОВНИЙ СПОСІБ — CONDITIONAL MOOD			
він (я, ти)	відкрива́в[ся] би [б]		відкри́в[ся] би [б]
вона (я, ти)	відкрива́ла[ся] б		відкри́ла[ся] б
воно	відкрива́ло[ся] б		відкри́ло[ся] б
вони (ми, ви)	відкрива́ли[ся] б		відкри́ли[ся] б
НАКАЗОВИЙ СПОСІБ — IMPERATIVE MOOD			
ти	відкрива́й[ся]		відкри́й[ся]
ми	відкрива́ймо[ся]		відкри́ймо[ся]
ви	відкрива́йте[ся]		відкри́йте[ся]
він, вона, воно	(не)ха́й відкрива́є[ться]		(не)ха́й відкри́є[ться]
вони	(не)ха́й відкрива́ють[ся]		(не)ха́й відкри́ють[ся]
ДІЄПРИКМЕТНИКИ — VERBAL ADJECTIVES (PARTICIPLES)			
ACTIVE			
PASSIVE	відкри́ваний		відкри́тий
ДІЄПРИСЛІВНИКИ — VERBAL ADVERBS			
	відкрива́ючи[сь], відкрива́вши[сь]		відкри́вши[сь]
БЕЗОСОБОВІ ФОРМИ — IMPERSONAL FORMS			
	відкри́вано		відкри́то

+ accusative:
Вона́ за́раз **відкрива́є** раху́нок у ба́нку. — *She is now opening a bank account.*
Учені́ **відкри́ли** нову́ вакци́ну. — *Scientists have discovered a new vaccine.*
Для вас **відкри́ті** всі можли́вості. — *All possibilities are open to you.*

-ся + о + locative:
О котрі́й **відкрива́ється** супермаркет? — *What time does the supermarket open?*

-ся + у (в), на + locative:
Нови́й магази́н **відкри́вся** на на́шій ву́лиці. — *A new store has opened on our street.*

№ 66

відмовля́ти[ся] | відмо́вити[ся]

to refuse sb; to talk out of [to refuse]

Present/Future Stems: відмовля- | відмов(л)-
Conjugation: **1st (-ють) | 2nd (-ять)**

ОСОБА / PERSON	НЕДОКОНАНИЙ ВИД / IMPERFECTIVE ASPECT		ДОКОНАНИЙ ВИД / PERFECTIVE ASPECT
ТЕПЕРІШНІЙ ЧАС — PRESENT TENSE			
я	відмовля́ю[ся]		
ти	відмовля́єш[ся]		
він, вона, воно	відмовля́є[ться]		
ми	відмовля́ємо[ся]		
ви	відмовля́єте[ся]		
вони	відмовля́ють[ся]		
МИНУЛИЙ ЧАС — PAST TENSE			
він (я, ти)	відмовля́в[ся]		відмо́вив[ся]
вона (я, ти)	відмовля́ла[ся]		відмо́вила[ся]
воно	відмовля́ло[ся]		відмо́вило[ся]
вони (ми, ви)	відмовля́ли[ся]		відмо́вили[ся]
МАЙБУТНІЙ ЧАС — FUTURE TENSE			
	ANALYTIC	SYNTHETIC	
я	бу́ду відмовля́ти[ся]	відмовля́тиму[ся]	відмо́влю[ся]
ти	бу́деш відмовля́ти[ся]	відмовля́тимеш[ся]	відмо́виш[ся]
він, вона, воно	бу́де відмовля́ти[ся]	відмовля́тиме[ться]	відмо́вить[ся]
ми	бу́демо відмовля́ти[ся]	відмовля́тимемо[ся]	відмо́вимо[ся]
ви	бу́дете відмовля́ти[ся]	відмовля́тимете[ся]	відмо́вите[ся]
вони	бу́дуть відмовля́ти[ся]	відмовля́тимуть[ся]	відмо́влять[ся]
УМОВНИЙ СПОСІБ — CONDITIONAL MOOD			
він (я, ти)	відмовля́в[ся] би [б]		відмо́вив[ся] би [б]
вона (я, ти)	відмовля́ла[ся] б		відмо́вила[ся] б
воно	відмовля́ло[ся] б		відмо́вило[ся] б
вони (ми, ви)	відмовля́ли[ся] б		відмо́вили[ся] б
НАКАЗОВИЙ СПОСІБ — IMPERATIVE MOOD			
ти	відмовля́й[ся]		відмо́в[ся]
ми	відмовля́ймо[ся]		відмо́вмо[ся]
ви	відмовля́йте[ся]		відмо́вте[ся]
він, вона, воно	(не)ха́й відмовля́є[ться]		(не)ха́й відмо́вить[ся]
вони	(не)ха́й відмовля́ють[ся]		(не)ха́й відмо́влять[ся]
ДІЄПРИКМЕТНИКИ — VERBAL ADJECTIVES (PARTICIPLES)			
ACTIVE			
PASSIVE			відмо́влений
ДІЄПРИСЛІВНИКИ — VERBAL ADVERBS			
	відмовля́ючи[сь], відмовля́вши[сь]		відмо́вивши[сь]
БЕЗОСОБОВІ ФОРМИ — IMPERSONAL FORMS			
			відмо́влено

+ *dative*:
Ми ніко́ли не **відмовля́ли** вам. — We have never refused you.
Жі́нка **відмо́вила** йому́. — The woman refused him.

+ *genitive* + **від** + *genitive*:
Тре́ба **відмо́вити** його́ від ціє́ї іде́ї. — We need to talk him out of this idea.

-**ся** + **від** + *genitive*:
Відмо́вившись від пропози́ції, вона́ зберегла́ свою́ гі́дність. — Refusing the offer, she kept her dignity.

Present/Future Stems: **відповіда-** | *special*   **відповідáти | відповісти́**
Conjugation: **1st (-ють)** | *special*   *to answer; to meet (requirements)*

ОСОБА / PERSON	НЕДОКОНАНИЙ ВИД / IMPERFECTIVE ASPECT		ДОКОНАНИЙ ВИД / PERFECTIVE ASPECT
ТЕПЕРІШНІЙ ЧАС — PRESENT TENSE			
я	відповідáю		
ти	відповідáєш		
він, вона, воно	відповідáє		
ми	відповідáємо		
ви	відповідáєте		
вони	відповідáють		
МИНУЛИЙ ЧАС — PAST TENSE			
він (я, ти)	відповідáв		відповíв
вона (я, ти)	відповідáла		відповілá
воно	відповідáло		відповілó
вони (ми, ви)	відповідáли		відповіли́
МАЙБУТНІЙ ЧАС — FUTURE TENSE			
	ANALYTIC	SYNTHETIC	
я	бу́ду відповідáти	відповідáтиму	відповíм
ти	бу́деш відповідáти	відповідáтимеш	відповіси́
він, вона, воно	бу́де відповідáти	відповідáтиме	відповість
ми	бу́демо відповідáти	відповідáтимемо	відповімó
ви	бу́дете відповідáти	відповідáтимете	відповістé
вони	бу́дуть відповідáти	відповідáтимуть	*(not formed)*
УМОВНИЙ СПОСІБ — CONDITIONAL MOOD			
він (я, ти)	відповідáв би		відповíв би
вона (я, ти)	відповідáла б		відповілá б
воно	відповідáло б		відповілó б
вони (ми, ви)	відповідáли б		відповіли́ б
НАКАЗОВИЙ СПОСІБ — IMPERATIVE MOOD			
ти	відповідáй		
ми	відповідáймо		
ви	відповідáйте		
він, вона, воно	(не)хáй відповідáє		(не)хáй відповість
вони	(не)хáй відповідáють		
ДІЄПРИКМЕТНИКИ — VERBAL ADJECTIVES (PARTICIPLES)			
ACTIVE			
PASSIVE			
ДІЄПРИСЛІВНИКИ — VERBAL ADVERBS			
	відповідáючи, відповідáвши		відповíвши
БЕЗОСОБОВІ ФОРМИ — IMPERSONAL FORMS			

+ *dative*:
Нáша продýкція **відповідáє** стандáртам я́кості. *Our products meet quality standards.*
Коли́ ти **відповіси́** мені́? *When will you answer me?*

на + *accusative*:
Нарéшті він **відповíв** на моє́ повідóмлення. *He finally replied to my message.*
Чоловíк хвилювáвся, **відповідáючи** на запитáння журналíстки. *The man was nervous while answering the journalist's questions.*

№ 68

відпочива́ти | відпочи́ти

to rest; to vacation

Present/Future Stems: відпочива- | відпочин-
Conjugation: **1st (-ють) | 1st (-уть)**

ОСОБА / PERSON	НЕДОКОНАНИЙ ВИД / IMPERFECTIVE ASPECT		ДОКОНАНИЙ ВИД / PERFECTIVE ASPECT
ТЕПЕРІШНІЙ ЧАС — PRESENT TENSE			
я	відпочива́ю		
ти	відпочива́єш		
він, вона, воно	відпочива́є		
ми	відпочива́ємо		
ви	відпочива́єте		
вони	відпочива́ють		
МИНУЛИЙ ЧАС — PAST TENSE			
він (я, ти)	відпочива́в		відпочи́в
вона (я, ти)	відпочива́ла		відпочи́ла
воно	відпочива́ло		відпочи́ло
вони (ми, ви)	відпочива́ли		відпочи́ли
МАЙБУТНІЙ ЧАС — FUTURE TENSE			
	ANALYTIC	SYNTHETIC	
я	бу́ду відпочива́ти	відпочива́тиму	відпочи́ну
ти	бу́деш відпочива́ти	відпочива́тимеш	відпочи́неш
він, вона, воно	бу́де відпочива́ти	відпочива́тиме	відпочи́не
ми	бу́демо відпочива́ти	відпочива́тимемо	відпочи́немо
ви	бу́дете відпочива́ти	відпочива́тимете	відпочи́нете
вони	бу́дуть відпочива́ти	відпочива́тимуть	відпочи́нуть
УМОВНИЙ СПОСІБ — CONDITIONAL MOOD			
він (я, ти)	відпочива́в би		відпочи́в би
вона (я, ти)	відпочива́ла б		відпочи́ла б
воно	відпочива́ло б		відпочи́ло б
вони (ми, ви)	відпочива́ли б		відпочи́ли б
НАКАЗОВИЙ СПОСІБ — IMPERATIVE MOOD			
ти	відпочива́й		відпочи́нь
ми	відпочива́ймо		відпочи́ньмо
ви	відпочива́йте		відпочи́ньте
він, вона, воно	(не)ха́й відпочива́є		(не)ха́й відпочи́не
вони	(не)ха́й відпочива́ють		(не)ха́й відпочи́нуть
ДІЄПРИКМЕТНИКИ — VERBAL ADJECTIVES (PARTICIPLES)			
ACTIVE			
PASSIVE			
ДІЄПРИСЛІВНИКИ — VERBAL ADVERBS			
	відпочива́ючи, відпочива́вши		відпочи́вши
БЕЗОСОБОВІ ФОРМИ — IMPERSONAL FORMS			

у (в), на + *locative*:
Мину́лого лі́та ми **відпочива́ли** на мо́рі в Іспа́нії.   *Last summer we vacationed at the sea in Spain.*
Ми чудо́во **відпочи́ли**.   *We had a wonderful rest.*
Ти за́втра **відпочива́тимеш** чи працюва́тимеш (**бу́деш відпочива́ти** чи працюва́ти)?   *Will you rest or work tomorrow?*

від + *genitive*:
Відпочи́нь від робо́ти сього́дні.   *Take a break from work today.*

Present/Future Stems: відпуска- | відпущ-/відпуст-
Conjugation: **1st (-ють)** | **2nd (-ять)**

відпуска́ти | відпусти́ти
to let go, to release

ОСОБА / PERSON	НЕДОКОНАНИЙ ВИД / IMPERFECTIVE ASPECT		ДОКОНАНИЙ ВИД / PERFECTIVE ASPECT
ТЕПЕРІШНІЙ ЧАС — PRESENT TENSE			
я	відпуска́ю		
ти	відпуска́єш		
він, вона, воно	відпуска́є		
ми	відпуска́ємо		
ви	відпуска́єте		
вони	відпуска́ють		
МИНУЛИЙ ЧАС — PAST TENSE			
він (я, ти)	відпуска́в		відпусти́в
вона (я, ти)	відпуска́ла		відпусти́ла
воно	відпуска́ло		відпусти́ло
вони (ми, ви)	відпуска́ли		відпусти́ли
МАЙБУТНІЙ ЧАС — FUTURE TENSE	ANALYTIC	SYNTHETIC	
я	бу́ду відпуска́ти	відпуска́тиму	відпущу́
ти	бу́деш відпуска́ти	відпуска́тимеш	відпу́стиш
він, вона, воно	бу́де відпуска́ти	відпуска́тиме	відпу́стить
ми	бу́демо відпуска́ти	відпуска́тимемо	відпу́стимо
ви	бу́дете відпуска́ти	відпуска́тимете	відпу́стите
вони	бу́дуть відпуска́ти	відпуска́тимуть	відпу́стять
УМОВНИЙ СПОСІБ — CONDITIONAL MOOD			
він (я, ти)	відпуска́в би		відпусти́в би
вона (я, ти)	відпуска́ла б		відпусти́ла б
воно	відпуска́ло б		відпусти́ло б
вони (ми, ви)	відпуска́ли б		відпусти́ли б
НАКАЗОВИЙ СПОСІБ — IMPERATIVE MOOD			
ти	відпуска́й		відпусти́
ми	відпуска́ймо		відпусті́мо
ви	відпуска́йте		відпусті́ть
він, вона, воно	(не)ха́й відпуска́є		(не)ха́й відпу́стить
вони	(не)ха́й відпуска́ють		(не)ха́й відпу́стять
ДІЄПРИКМЕТНИКИ — VERBAL ADJECTIVES (PARTICIPLES)			
ACTIVE			
PASSIVE			відпу́щений
ДІЄПРИСЛІВНИКИ — VERBAL ADVERBS			
	відпуска́ючи, відпуска́вши		відпусти́вши
БЕЗОСОБОВІ ФОРМИ — IMPERSONAL FORMS			
			відпу́щено

+ *accusative* + **на** + *accusative*:
Ми **відпуска́ємо** вас на во́лю.
We are setting you free (releasing you to freedom).

з (із, зі) + *genitive*:
За́втра його **відпу́стять** із ліка́рні додо́му.
Tomorrow he will be released from the hospital to go home.

Відпусти́ мене́!
Let me go!

Він їхав із **відпу́щеними** га́льмами.
He was driving with the brakes released.

№ 70

відрізня́ти[ся] | відрізни́ти[ся]

to distinguish [to be different]

Present/Future Stems: **відрізня-** | **відрізн-**
Conjugation: **1st (-ють)** | **2nd (-ять)**

ОСОБА / PERSON	НЕДОКОНАНИЙ ВИД / IMPERFECTIVE ASPECT		ДОКОНАНИЙ ВИД / PERFECTIVE ASPECT
ТЕПЕРІШНІЙ ЧАС — PRESENT TENSE			
я	відрізня́ю[ся]		
ти	відрізня́єш[ся]		
він, вона, воно	відрізня́є[ться]		
ми	відрізня́ємо[ся]		
ви	відрізня́єте[ся]		
вони	відрізня́ють[ся]		
МИНУЛИЙ ЧАС — PAST TENSE			
він (я, ти)	відрізня́в[ся]		відрізни́в[ся]
вона (я, ти)	відрізня́ла[ся]		відрізни́ла[ся]
воно	відрізня́ло[ся]		відрізни́ло[ся]
вони (ми, ви)	відрізня́ли[ся]		відрізни́ли[ся]
МАЙБУТНІЙ ЧАС — FUTURE TENSE	ANALYTIC	SYNTHETIC	
я	бу́ду відрізня́ти[ся]	відрізня́тиму[ся]	відрізню́[ся]
ти	бу́деш відрізня́ти[ся]	відрізня́тимеш[ся]	відрізни́ш[ся]
він, вона, воно	бу́де відрізня́ти[ся]	відрізня́тиме[ться]	відрізни́ть[ся]
ми	бу́демо відрізня́ти[ся]	відрізня́тимемо[ся]	відрізнимо́[ся]
ви	бу́дете відрізня́ти[ся]	відрізня́тимете[ся]	відрізните́[ся]
вони	бу́дуть відрізня́ти[ся]	відрізня́тимуть[ся]	відрізня́ть[ся]
УМОВНИЙ СПОСІБ — CONDITIONAL MOOD			
він (я, ти)	відрізня́в[ся] би [б]		відрізни́в[ся] би [б]
вона (я, ти)	відрізня́ла[ся] б		відрізни́ла[ся] б
воно	відрізня́ло[ся] б		відрізни́ло[ся] б
вони (ми, ви)	відрізня́ли[ся] б		відрізни́ли[ся] б
НАКАЗОВИЙ СПОСІБ — IMPERATIVE MOOD			
ти	відрізня́й[ся]		відрізни́[ся]
ми	відрізня́ймо[ся]		відрізні́мо[ся]
ви	відрізня́йте[ся]		відрізні́ть[ся]
він, вона, воно	(не)ха́й відрізня́є[ться]		(не)ха́й відрізни́ть[ся]
вони	(не)ха́й відрізня́ють[ся]		(не)ха́й відрізня́ть[ся]
ДІЄПРИКМЕТНИКИ — VERBAL ADJECTIVES (PARTICIPLES)			
ACTIVE			
PASSIVE			відрі́знений
ДІЄПРИСЛІВНИКИ — VERBAL ADVERBS			
	відрізня́ючи[сь], відрізня́вши[сь]		відрізни́вши[сь]
БЕЗОСОБОВІ ФОРМИ — IMPERSONAL FORMS			
			відрі́знено

+ accusative + від + genitive:

Що **відрізня́є** вас від конкуре́нтів? — *What sets you apart from your competitors?*

Студе́нтка відра́зу **відрізни́ла** росі́йську мо́ву від украї́нської. — *The student immediately distinguished Russian from Ukrainian.*

Відрізня́йте пра́вду від брехні́. — *Distinguish truth from lies.*

-ся + від + genitive + instrumental:

Вона́ **відрізня́лася** від ньо́го прагмати́змом. — *She differed from him in her pragmatism.*

Present/Future Stems: відчиня- | відчин-
Conjugation: **1st (-ють) | 2nd (-ять)**

відчиня́ти[ся] | відчини́ти[ся]

to open doors or windows [to become open]
See also: відкрива́ти[ся] | відкри́ти[ся] (№ 65)

ОСОБА / PERSON	НЕДОКОНАНИЙ ВИД / IMPERFECTIVE ASPECT	ДОКОНАНИЙ ВИД / PERFECTIVE ASPECT
ТЕПЕРІШНІЙ ЧАС — PRESENT TENSE		
я	відчиня́ю[ся]	
ти	відчиня́єш[ся]	
він, вона, воно	відчиня́є[ться]	
ми	відчиня́ємо[ся]	
ви	відчиня́єте[ся]	
вони	відчиня́ють[ся]	
МИНУЛИЙ ЧАС — PAST TENSE		
він (я, ти)	відчиня́в[ся]	відчини́в[ся]
вона (я, ти)	відчиня́ла[ся]	відчини́ла[ся]
воно	відчиня́ло[ся]	відчини́ло[ся]
вони (ми, ви)	відчиня́ли[ся]	відчини́ли[ся]

МАЙБУТНІЙ ЧАС — FUTURE TENSE

ОСОБА	ANALYTIC	SYNTHETIC	ДОКОНАНИЙ ВИД
я	бу́ду відчиня́ти[ся]	відчиня́тиму[ся]	відчиню́[ся]
ти	бу́деш відчиня́ти[ся]	відчиня́тимеш[ся]	відчи́ниш[ся]
він, вона, воно	бу́де відчиня́ти[ся]	відчиня́тиме[ться]	відчи́нить[ся]
ми	бу́демо відчиня́ти[ся]	відчиня́тимемо[ся]	відчи́нимо[ся]
ви	бу́дете відчиня́ти[ся]	відчиня́тимете[ся]	відчи́ните[ся]
вони	бу́дуть відчиня́ти[ся]	відчиня́тимуть[ся]	відчи́нять[ся]

ОСОБА	НЕДОКОНАНИЙ ВИД	ДОКОНАНИЙ ВИД
УМОВНИЙ СПОСІБ — CONDITIONAL MOOD		
він (я, ти)	відчиня́в[ся] би [б]	відчини́в[ся] би [б]
вона (я, ти)	відчиня́ла[ся] б	відчини́ла[ся] б
воно	відчиня́ло[ся] б	відчини́ло[ся] б
вони (ми, ви)	відчиня́ли[ся] б	відчини́ли[ся] б
НАКАЗОВИЙ СПОСІБ — IMPERATIVE MOOD		
ти	відчиня́й[ся]	відчини́[ся]
ми	відчиня́ймо[ся]	відчині́мо[ся]
ви	відчиня́йте[ся]	відчині́ть[ся]
він, вона, воно	(не)ха́й відчиня́є[ться]	(не)ха́й відчи́нить[ся]
вони	(не)ха́й відчиня́ють[ся]	(не)ха́й відчи́нять[ся]
ДІЄПРИКМЕТНИКИ — VERBAL ADJECTIVES (PARTICIPLES)		
ACTIVE		
PASSIVE		відчи́нений
ДІЄПРИСЛІВНИКИ — VERBAL ADVERBS		
	відчиня́ючи[сь], відчиня́вши[сь]	відчини́вши[сь]
БЕЗОСОБОВІ ФОРМИ — IMPERSONAL FORMS		
		відчи́нено

+ accusative:
Я щодня́ **відчиня́ю** вікна у кварти́рі. — Every day I open the windows in the apartment.

+ dative:
Вона́ не **відчини́ла** незнайо́мцю. — She did not open (the door) to a stranger.

Відчини́ балко́н, будь ла́ска. — Open the balcony, please.

Воро́та **відчиня́ються** автомати́чно. — The gate opens automatically.

№ 72

відчува́ти [ся] | відчу́ти [ся]

to feel, to sense [to be felt]

Present/Future Stems: **відчува-** | **відчу-**
Conjugation: **1st (-ють)**

ОСОБА / PERSON	НЕДОКОНАНИЙ ВИД / IMPERFECTIVE ASPECT		ДОКОНАНИЙ ВИД / PERFECTIVE ASPECT
ТЕПЕРІШНІЙ ЧАС — PRESENT TENSE			
я	відчува́ю		
ти	відчува́єш		
він, вона, воно	відчува́є [ться]		
ми	відчува́ємо		
ви	відчува́єте		
вони	відчува́ють [ся]		
МИНУЛИЙ ЧАС — PAST TENSE			
він (я, ти)	відчува́в [ся]		відчу́в [ся]
вона (я, ти)	відчува́ла [ся]		відчу́ла [ся]
воно	відчува́ло [ся]		відчу́ло [ся]
вони (ми, ви)	відчува́ли [ся]		відчу́ли [ся]
МАЙБУТНІЙ ЧАС — FUTURE TENSE			
	ANALYTIC	SYNTHETIC	
я	бу́ду відчува́ти	відчува́тиму	відчу́ю
ти	бу́деш відчува́ти	відчува́тимеш	відчу́єш
він, вона, воно	бу́де відчува́ти [ся]	відчува́тиме [ться]	відчу́є [ться]
ми	бу́демо відчува́ти	відчува́тимемо	відчу́ємо
ви	бу́дете відчува́ти	відчува́тимете	відчу́єте
вони	бу́дуть відчува́ти [ся]	відчува́тимуть [ся]	відчу́ють [ся]
УМОВНИЙ СПОСІБ — CONDITIONAL MOOD			
він (я, ти)	відчува́в [ся] би [б]		відчу́в [ся] би [б]
вона (я, ти)	відчува́ла [ся] б		відчу́ла [ся] б
воно	відчува́ло [ся] б		відчу́ло [ся] б
вони (ми, ви)	відчува́ли [ся] б		відчу́ли [ся] б
НАКАЗОВИЙ СПОСІБ — IMPERATIVE MOOD			
ти	відчува́й		відчу́й
ми	відчува́ймо		відчу́ймо
ви	відчува́йте		відчу́йте
він, вона, воно	(не)ха́й відчува́є [ться]		(не)ха́й відчу́є [ться]
вони	(не)ха́й відчува́ють [ся]		(не)ха́й відчу́ють [ся]
ДІЄПРИКМЕТНИКИ — VERBAL ADJECTIVES (PARTICIPLES)			
ACTIVE			
PASSIVE	відчу́ваний		відчу́тий
ДІЄПРИСЛІВНИКИ — VERBAL ADVERBS			
	відчува́ючи [сь], відчува́вши [сь]		відчу́вши [сь]
БЕЗОСОБОВІ ФОРМИ — IMPERSONAL FORMS			
			відчу́то

+ accusative:

Я **відчува́ю** підтри́мку дру́зів.
I feel the support of my friends.

Він зо́всім нічо́го не **відчу́в** під час ще́плення.
He felt absolutely nothing during the vaccination.

Відчу́вши небезпе́ку, пес розбуди́в госпо́даря.
Sensing danger, the dog woke up the owner.

Це **відчува́ється**, як кіне́ць сві́ту.
It feels like the end of the world.

№ 73

Present/Future Stems: **вір- | повір-**

Conjugation: **2nd (-ять)**

ві́рити[ся] | пові́рити[ся]

to believe; to trust [to be able to believe (impersonal)]

ОСОБА / PERSON	НЕДОКОНАНИЙ ВИД / IMPERFECTIVE ASPECT		ДОКОНАНИЙ ВИД / PERFECTIVE ASPECT
ТЕПЕРІШНІЙ ЧАС — PRESENT TENSE			
я	ві́рю		
ти	ві́риш		
він, вона, воно	ві́рить[ся]		
ми	ві́римо		
ви	ві́рите		
вони	ві́рять		
МИНУЛИЙ ЧАС — PAST TENSE			
він (я, ти)	ві́рив		пові́рив
вона (я, ти)	ві́рила		пові́рила
воно	ві́рило[ся]		пові́рило[ся]
вони (ми, ви)	ві́рили		пові́рили
МАЙБУТНІЙ ЧАС — FUTURE TENSE			
	ANALYTIC	SYNTHETIC	
я	бу́ду ві́рити	ві́ритиму	пові́рю
ти	бу́деш ві́рити	ві́ритимеш	пові́риш
він, вона, воно	бу́де ві́рити[ся]	ві́ритиме[ться]	пові́рить[ся]
ми	бу́демо ві́рити	ві́ритимемо	пові́римо
ви	бу́дете ві́рити	ві́ритимете	пові́рите
вони	бу́дуть ві́рити	ві́ритимуть	пові́рять
УМОВНИЙ СПОСІБ — CONDITIONAL MOOD			
він (я, ти)	ві́рив би		пові́рив би
вона (я, ти)	ві́рила б		пові́рила б
воно	ві́рило[ся] б		пові́рило[ся] б
вони (ми, ви)	ві́рили б		пові́рили б
НАКАЗОВИЙ СПОСІБ — IMPERATIVE MOOD			
ти	вір		пові́р
ми	ві́рмо		пові́рмо
ви	ві́рте		пові́рте
він, вона, воно	(не)ха́й ві́рить[ся]		(не)ха́й пові́рить[ся]
вони	(не)ха́й ві́рять		(не)ха́й пові́рять
ДІЄПРИКМЕТНИКИ — VERBAL ADJECTIVES (PARTICIPLES)			
ACTIVE			
PASSIVE			
ДІЄПРИСЛІВНИКИ — VERBAL ADVERBS			
	ві́рячи, ві́ривши		пові́ривши
БЕЗОСОБОВІ ФОРМИ — IMPERSONAL FORMS			

Я **ві́рю**, що все бу́де до́бре. — *I believe that everything will be fine.*
+ dative:
Вона́ не **пові́рила** йому́ і його́ дружи́ні. — *She did not believe him and his wife.*
До́бре, я **пові́рю** вам на сло́во. — *Okay, I will take your word for it.*
Пові́р мені́! — *Trust me!*
Мені́ не **ві́риться**, що ми такі́ зустрі́лися! — *I can't believe that we actually met!*

№ 74

вітáти[ся] | привітáти[ся]

to greet; to welcome; to congratulate [to greet, to say hello]

Present/Future Stems: віта- | привіта-

Conjugation: **1st (-ють)**

ОСОБА / PERSON	НЕДОКОНАНИЙ ВИД / IMPERFECTIVE ASPECT		ДОКОНАНИЙ ВИД / PERFECTIVE ASPECT
ТЕПЕРІШНІЙ ЧАС — PRESENT TENSE			
я	вітáю[ся]		
ти	вітáєш[ся]		
він, вона, воно	вітáє[ться]		
ми	вітáємо[ся]		
ви	вітáєте[ся]		
вони	вітáють[ся]		
МИНУЛИЙ ЧАС — PAST TENSE			
він (я, ти)	вітáв[ся]		привітáв[ся]
вона (я, ти)	вітáла[ся]		привітáла[ся]
воно	вітáло[ся]		привітáло[ся]
вони (ми, ви)	вітáли[ся]		привітáли[ся]
МАЙБУТНІЙ ЧАС — FUTURE TENSE			
	ANALYTIC	SYNTHETIC	
я	бýду вітáти[ся]	вітáтиму[ся]	привітáю[ся]
ти	бýдеш вітáти[ся]	вітáтимеш[ся]	привітáєш[ся]
він, вона, воно	бýде вітáти[ся]	вітáтиме[ться]	привітáє[ться]
ми	бýдемо вітáти[ся]	вітáтимемо[ся]	привітáємо[ся]
ви	бýдете вітáти[ся]	вітáтимете[ся]	привітáєте[ся]
вони	бýдуть вітáти[ся]	вітáтимуть[ся]	привітáють[ся]
УМОВНИЙ СПОСІБ — CONDITIONAL MOOD			
він (я, ти)	вітáв[ся] би (б)		привітáв[ся] би (б)
вона (я, ти)	вітáла[ся] б		привітáла[ся] б
воно	вітáло[ся] б		привітáло[ся] б
вони (ми, ви)	вітáли[ся] б		привітáли[ся] б
НАКАЗОВИЙ СПОСІБ — IMPERATIVE MOOD			
ти	вітáй[ся]		привітáй[ся]
ми	вітáймо[ся]		привітáймо[ся]
ви	вітáйте[ся]		привітáйте[ся]
він, вона, воно	(не)хáй вітáє[ться]		(не)хáй привітáє[ться]
вони	(не)хáй вітáють[ся]		(не)хáй привітáють[ся]
ДІЄПРИКМЕТНИКИ — VERBAL ADJECTIVES (PARTICIPLES)			
ACTIVE			
PASSIVE			
ДІЄПРИСЛІВНИКИ — VERBAL ADVERBS			
	вітáючи[сь], вітáвши[сь]		привітáвши[сь]
БЕЗОСОБОВІ ФОРМИ — IMPERSONAL FORMS			

+ accusative:
Ми рáді **вітáти** вас у нáшій краї́ні. — *We are glad to welcome you to our country.*

з (із, зі) + instrumental:
Вітáю тебé з Днем нарóдження! — *Happy Birthday! ("I congratulate you with your birthday!")*

Батькú **привітáли** менé з перемóгою. — *My parents congratulated me on my victory.*

-ся + з (із, зі) + instrumental:
Президéнт **привітáвся** з колéгою япóнською мóвою. — *The President greeted his colleague in Japanese.*

№ 75

Present/Future Stems: **віша-** | **повіш-/повіс-**

Conjugation: **1st (-ють)** | **2nd (-ять)**

вішати[ся] | повісити[ся]

to hang [to hang oneself]

ОСОБА / PERSON	НЕДОКОНАНИЙ ВИД / IMPERFECTIVE ASPECT		ДОКОНАНИЙ ВИД / PERFECTIVE ASPECT
ТЕПЕРІШНІЙ ЧАС — PRESENT TENSE			
я	вішаю[ся]		
ти	вішаєш[ся]		
він, вона, воно	вішає[ться]		
ми	вішаємо[ся]		
ви	вішаєте[ся]		
вони	вішають[ся]		
МИНУЛИЙ ЧАС — PAST TENSE			
він (я, ти)	вішав[ся]		повісив[ся]
вона (я, ти)	вішала[ся]		повісила[ся]
воно	вішало[ся]		повісило[ся]
вони (ми, ви)	вішали[ся]		повісили[ся]
МАЙБУТНІЙ ЧАС — FUTURE TENSE			
	ANALYTIC	SYNTHETIC	
я	буду вішати[ся]	вішатиму[ся]	повішу[ся]
ти	будеш вішати[ся]	вішатимеш[ся]	повісиш[ся]
він, вона, воно	буде вішати[ся]	вішатиме[ться]	повісить[ся]
ми	будемо вішати[ся]	вішатимемо[ся]	повісимо[ся]
ви	будете вішати[ся]	вішатимете[ся]	повісите[ся]
вони	будуть вішати[ся]	вішатимуть[ся]	повісять[ся]
УМОВНИЙ СПОСІБ — CONDITIONAL MOOD			
він (я, ти)	вішав[ся] би [б]		повісив[ся] би [б]
вона (я, ти)	вішала[ся] б		повісила[ся] б
воно	вішало[ся] б		повісило[ся] б
вони (ми, ви)	вішали[ся] б		повісили[ся] б
НАКАЗОВИЙ СПОСІБ — IMPERATIVE MOOD			
ти	вішай[ся]		повісь[ся]
ми	вішаймо[ся]		повісьмо[ся]
ви	вішайте[ся]		повісьте[ся]
він, вона, воно	(не)хай вішає[ться]		(не)хай повісить[ся]
вони	(не)хай вішають[ся]		(не)хай повісять[ся]
ДІЄПРИКМЕТНИКИ — VERBAL ADJECTIVES (PARTICIPLES)			
ACTIVE			
PASSIVE	вішаний		повішений
ДІЄПРИСЛІВНИКИ — VERBAL ADVERBS			
	вішаючи[сь], вішавши[сь]		повісивши[сь]
БЕЗОСОБОВІ ФОРМИ — IMPERSONAL FORMS			
	вішано		повішено

+ accusative:
Ми **вішаємо** одяг сушитися на балконі.
We hang clothes to dry on the balcony.

на + accusative or locative:
Вони **повісили** на стіну (на стіні) прапор України.
They hung the flag of Ukraine on the wall.

Повісь, будь ласка, рушник на гачок.
Please hang the towel on the hook.

Зрадивши Ісуса Христа, Юда **повісився**.
Having betrayed Jesus Christ, Judas hanged himself.

№ 76

вка́зувати | вказа́ти
ука́зувати | указа́ти
to point out (to, at), to indicate

Present/Future Stems: **вказу- | вкаж-**
Conjugation: **1st (-ють) | 1st (-уть)**

ОСОБА / PERSON	НЕДОКОНАНИЙ ВИД / IMPERFECTIVE ASPECT		ДОКОНАНИЙ ВИД / PERFECTIVE ASPECT
ТЕПЕРІШНІЙ ЧАС — PRESENT TENSE			
я	вка́зую		
ти	вка́зуєш		
він, вона, воно	вка́зує		
ми	вка́зуємо		
ви	вка́зуєте		
вони	вка́зують		
МИНУЛИЙ ЧАС — PAST TENSE			
він (я, ти)	вка́зував		вказа́в
вона (я, ти)	вка́зувала		вказа́ла
воно	вка́зувало		вказа́ло
вони (ми, ви)	вка́зували		вказа́ли
МАЙБУТНІЙ ЧАС — FUTURE TENSE			
	ANALYTIC	SYNTHETIC	
я	бу́ду вка́зувати	вка́зуватиму	вкажу́
ти	бу́деш вка́зувати	вка́зуватимеш	вка́жеш
він, вона, воно	бу́де вка́зувати	вка́зуватиме	вка́же
ми	бу́демо вка́зувати	вка́зуватимемо	вка́жемо
ви	бу́дете вка́зувати	вка́зуватимете	вка́жете
вони	бу́дуть вка́зувати	вка́зуватимуть	вка́жуть
УМОВНИЙ СПОСІБ — CONDITIONAL MOOD			
він (я, ти)	вка́зував би		вказа́в би
вона (я, ти)	вка́зувала б		вказа́ла б
воно	вка́зувало б		вказа́ло б
вони (ми, ви)	вка́зували б		вказа́ли б
НАКАЗОВИЙ СПОСІБ — IMPERATIVE MOOD			
ти	вка́зуй		вкажи́
ми	вка́зуймо		вкажі́мо
ви	вка́зуйте		вкажі́ть
він, вона, воно	(не)ха́й вка́зує		(не)ха́й вка́же
вони	(не)ха́й вка́зують		(не)ха́й вка́жуть
ДІЄПРИКМЕТНИКИ — VERBAL ADJECTIVES (PARTICIPLES)			
ACTIVE			
PASSIVE			вка́заний
ДІЄПРИСЛІВНИКИ — VERBAL ADVERBS			
	вка́зуючи, вка́зувавши		вказа́вши
БЕЗОСОБОВІ ФОРМИ — IMPERSONAL FORMS			
			вка́зано

на + *accusative*:
Усе́ **вка́зує** на змі́ну пого́ди.
Everything indicates a change in the weather.

+ *instrumental*:
Вона́ **вказа́ла** па́льцем на одне́ з оголо́шень.
She pointed her finger at one of the ads.

Причи́ну відмо́ви не **вка́зано**.
The reason for the refusal is not indicated.

Ука́зані ва́ми да́ні не то́чні.
The data you provided is not accurate.

№ 77

Present/Future Stems: вклада- | вклад-
Conjugation: **1st (-ють) | 1st (-уть)**

вклада́ти[ся] | вкла́сти[ся]
укладáти[ся] | укла́сти[ся]
to put in (to), to enclose; to invest [to be put, to fit]

ОСО́БА / PERSON	НЕДОКО́НАНИЙ ВИД / IMPERFECTIVE ASPECT		ДОКО́НАНИЙ ВИД / PERFECTIVE ASPECT
ТЕПЕ́РІШНІЙ ЧАС — PRESENT TENSE			
я	вклада́ю[ся]		
ти	вклада́єш[ся]		
він, вона, воно	вклада́є[ться]		
ми	вклада́ємо[ся]		
ви	вклада́єте[ся]		
вони	вклада́ють[ся]		
МИНУ́ЛИЙ ЧАС — PAST TENSE			
він (я, ти)	вклада́в[ся]		вклав[ся]
вона (я, ти)	вклада́ла[ся]		вкла́ла[ся]
воно	вклада́ло[ся]		вкла́ло[ся]
вони (ми, ви)	вклада́ли[ся]		вкла́ли[ся]
МАЙБУ́ТНІЙ ЧАС — FUTURE TENSE			
	ANALYTIC	SYNTHETIC	
я	бу́ду вклада́ти[ся]	вклада́тиму[ся]	вкладу́[ся]
ти	бу́деш укладáти[ся]	вклада́тимеш[ся]	вкладе́ш[ся]
він, вона, воно	бу́де вклада́ти[ся]	вклада́тиме[ться]	вкладе́[ться]
ми	бу́демо вклада́ти[ся]	вклада́тимемо[ся]	вкладемо́[ся]
ви	бу́дете вклада́ти[ся]	вклада́тимете[ся]	вкладете́[ся]
вони	бу́дуть укладáти[ся]	вклада́тимуть[ся]	вкладу́ть[ся]
УМО́ВНИЙ СПО́СІБ — CONDITIONAL MOOD			
він (я, ти)	вклада́в[ся] би [б]		вклав[ся] би [б]
вона (я, ти)	вклада́ла[ся] б		вкла́ла[ся] б
воно	вклада́ло[ся] б		вкла́ло[ся] б
вони (ми, ви)	вклада́ли[ся] б		вкла́ли[ся] б
НАКАЗО́ВИЙ СПО́СІБ — IMPERATIVE MOOD			
ти	вклада́й[ся]		вклади́[ся]
ми	вклада́ймо[ся]		вкладі́мо[ся]
ви	вклада́йте[ся]		вкладі́ть[ся]
він, вона, воно	(не)ха́й вклада́є[ться]		(не)ха́й вкладе́[ться]
вони	(не)ха́й вклада́ють[ся]		(не)ха́й вкладу́ть[ся]
ДІЄПРИКМЕ́ТНИКИ — VERBAL ADJECTIVES (PARTICIPLES)			
ACTIVE			
PASSIVE			вкла́дений
ДІЄПРИСЛІ́ВНИКИ — VERBAL ADVERBS			
	вклада́ючи[сь], вклада́вши[сь]		вкла́вши[сь]
БЕЗОСОБО́ВІ ФО́РМИ — IMPERSONAL FORMS			
			вкла́дено

+ *accusative* + **у (в)** + *accusative*:

Вони́ **вклада́ють** листі́вку в ко́жен паку́нок. — They put a card in each package.
Вона́ **вкла́ла** всю ду́шу в цей проє́кт. — She put her whole soul into this project.
Потрі́бно знайти́ інве́сторів, які́ **вкладу́ть** у це ко́шти. — We need to find investors who will invest in it.
Бі́льше інформа́ції — у **вкла́деному** фа́йлі. — There is more information in the enclosed file.
У ме́не в голові́ не **вклада́ється** ця нови́на. — This news doesn't fit in my head (doesn't make sense to me).

включа́ти[ся] | включи́ти[ся]

to include; to switch on [to join in]

Present/Future Stems: включа- | включ-
Conjugation: **1st (-ють)** | **2nd (-ать)**

ОСОБА / PERSON	НЕДОКОНАНИЙ ВИД / IMPERFECTIVE ASPECT		ДОКОНАНИЙ ВИД / PERFECTIVE ASPECT
ТЕПЕРІШНІЙ ЧАС — PRESENT TENSE			
я	включа́ю[ся]		
ти	включа́єш[ся]		
він, вона, воно	включа́є[ться]		
ми	включа́ємо[ся]		
ви	включа́єте[ся]		
вони	включа́ють[ся]		
МИНУЛИЙ ЧАС — PAST TENSE			
він (я, ти)	включа́в[ся]		включи́в[ся]
вона (я, ти)	включа́ла[ся]		включи́ла[ся]
воно	включа́ло[ся]		включи́ло[ся]
вони (ми, ви)	включа́ли[ся]		включи́ли[ся]
МАЙБУТНІЙ ЧАС — FUTURE TENSE			
	ANALYTIC	SYNTHETIC	
я	бу́ду включа́ти[ся]	включа́тиму[ся]	включу́[ся]
ти	бу́деш включа́ти[ся]	включа́тимеш[ся]	вклю́чиш[ся]
він, вона, воно	бу́де включа́ти[ся]	включа́тиме[ться]	вклю́чить[ся]
ми	бу́демо включа́ти[ся]	включа́тимемо[ся]	вклю́чимо[ся]
ви	бу́дете включа́ти[ся]	включа́тимете[ся]	вклю́чите[ся]
вони	бу́дуть включа́ти[ся]	включа́тимуть[ся]	вклю́чать[ся]
УМОВНИЙ СПОСІБ — CONDITIONAL MOOD			
він (я, ти)	включа́в[ся] би (б)		включи́в[ся] би (б)
вона (я, ти)	включа́ла[ся] б		включи́ла[ся] б
воно	включа́ло[ся] б		включи́ло[ся] б
вони (ми, ви)	включа́ли[ся] б		включи́ли[ся] б
НАКАЗОВИЙ СПОСІБ — IMPERATIVE MOOD			
ти	включа́й[ся]		включи́[ся]
ми	включа́ймо[ся]		включі́мо[ся]
ви	включа́йте[ся]		включі́ть[ся]
він, вона, воно	(не)ха́й включа́є[ться]		(не)ха́й вклю́чить[ся]
вони	(не)ха́й включа́ють[ся]		(не)ха́й вклю́чать[ся]
ДІЄПРИКМЕТНИКИ — VERBAL ADJECTIVES (PARTICIPLES)			
ACTIVE			
PASSIVE			вклю́чений
ДІЄПРИСЛІВНИКИ — VERBAL ADVERBS			
	включа́ючи[сь], включа́вши[сь]		включи́вши[сь]
БЕЗОСОБОВІ ФОРМИ — IMPERSONAL FORMS			
			вклю́чено

+ accusative:
Ціна́ **включа́є** доста́вку.
The price includes delivery.

+ accusative + до + genitive:
Його́ оповіда́ння **включи́ли** до шкільно́ї програ́ми.
His story was included in the school curriculum.

Тепе́р **включи́** тре́тю переда́чу.
Now switch to third gear.

-ся + у (в) + accusative:
Ми **включи́лися** в робо́ту над проє́ктом.
We joined the work on the project.

Present/Future Stems: влашто́ву- | влашту́-
Conjugation: 1st (-ють)

влашто́вувати[ся] | влаштува́ти[ся]
улашто́вувати[ся] | улаштува́ти[ся]
to arrange, to organize; to suit [to settle, to get (a job)]

ОСОБА / PERSON	НЕДОКОНАНИЙ ВИД / IMPERFECTIVE ASPECT		ДОКОНАНИЙ ВИД / PERFECTIVE ASPECT
ТЕПЕРІШНІЙ ЧАС — PRESENT TENSE			
я	влашто́вую[ся]		
ти	влашто́вуєш[ся]		
він, вона, воно	влашто́вує[ться]		
ми	влашто́вуємо[ся]		
ви	влашто́вуєте[ся]		
вони	влашто́вують[ся]		
МИНУЛИЙ ЧАС — PAST TENSE			
він (я, ти)	влашто́вував[ся]		влаштува́в[ся]
вона (я, ти)	влашто́вувала[ся]		влаштува́ла[ся]
воно	влашто́вувало[ся]		влаштува́ло[ся]
вони (ми, ви)	влашто́вували[ся]		влаштува́ли[ся]
МАЙБУТНІЙ ЧАС — FUTURE TENSE	ANALYTIC	SYNTHETIC	
я	бу́ду влашто́вувати[ся]	влашто́вуватиму[ся]	влашту́ю[ся]
ти	бу́деш влашто́вувати[ся]	влашто́вуватимеш[ся]	влашту́єш[ся]
він, вона, воно	бу́де влашто́вувати[ся]	влашто́вуватиме[ться]	влашту́є[ться]
ми	бу́демо влашто́вувати[ся]	влашто́вуватимемо[ся]	влашту́ємо[ся]
ви	бу́дете влашто́вувати[ся]	влашто́вуватимете[ся]	влашту́єте[ся]
вони	бу́дуть влашто́вувати[ся]	влашто́вуватимуть[ся]	влашту́ють[ся]
УМОВНИЙ СПОСІБ — CONDITIONAL MOOD			
він (я, ти)	влашто́вував[ся] би [б]		влаштува́в[ся] би [б]
вона (я, ти)	влашто́вувала[ся] б		влаштува́ла[ся] б
воно	влашто́вувало[ся] б		влаштува́ло[ся] б
вони (ми, ви)	влашто́вували[ся] б		влаштува́ли[ся] б
НАКАЗОВИЙ СПОСІБ — IMPERATIVE MOOD			
ти	влашто́вуй[ся]		влашту́й[ся]
ми	влашто́вуймо[ся]		влашту́ймо[ся]
ви	влашто́вуйте[ся]		влашту́йте[ся]
він, вона, воно	(не)ха́й влашто́вує[ться]		(не)ха́й влашту́є[ться]
вони	(не)ха́й влашто́вують[ся]		(не)ха́й влашту́ють[ся]
ДІЄПРИКМЕТНИКИ — VERBAL ADJECTIVES (PARTICIPLES)			
ACTIVE			
PASSIVE	влашто́вуваний		влашто́ваний
ДІЄПРИСЛІВНИКИ — VERBAL ADVERBS			
	влашто́вуючи[сь], влашто́вувавши[сь]		влаштува́вши[сь]
БЕЗОСОБОВІ ФОРМИ — IMPERSONAL FORMS			
	влашто́вувано		влашто́вано

+ accusative:
Мене́ це **влашто́вує**. It suits me.
Дя́кую, що **влаштува́ли** цю зу́стріч. Thank you for arranging this meeting.

-ся + у (в), на + locative *(to settle)*:
Ви вже **влаштува́лися** в нові́й кварти́рі? Have you already settled in your new apartment?

-ся + у (в), на + accusative *(to get a job)*:
Вона́ **влаштува́лася** на хоро́шу робо́ту. She got a good job.

№ 80

ВМИКА́ТИ[СЯ] | ВВІМКНУ́ТИ[СЯ]
умика́ти[ся] | увімкну́ти[ся]
to turn on sth (mostly electric devices) [to turn on]

Present/Future Stems: вмика- | ввімкн-
Conjugation: **1st (-ють)** | **1st (-уть)**

ОСОБА / PERSON	НЕДОКОНАНИЙ ВИД / IMPERFECTIVE ASPECT		ДОКОНАНИЙ ВИД / PERFECTIVE ASPECT
ТЕПЕРІШНІЙ ЧАС — PRESENT TENSE			
я	вмика́ю		
ти	вмика́єш		
він, вона, воно	вмика́є[ться]		
ми	вмика́ємо		
ви	вмика́єте		
вони	вмика́ють[ся]		
МИНУЛИЙ ЧАС — PAST TENSE			
він (я, ти)	вмика́в[ся]		ввімкну́в[ся]
вона (я, ти)	вмика́ла[ся]		ввімкну́ла[ся]
воно	вмика́ло[ся]		ввімкну́ло[ся]
вони (ми, ви)	вмика́ли[ся]		ввімкну́ли[ся]
МАЙБУТНІЙ ЧАС — FUTURE TENSE			
	ANALYTIC	SYNTHETIC	
я	бу́ду вмика́ти	вмика́тиму	ввімкну́
ти	бу́деш вмика́ти	вмика́тимеш	ввімкне́ш
він, вона, воно	бу́де вмика́ти[ся]	вмика́тиме[ться]	ввімкне́[ться]
ми	бу́демо вмика́ти	вмика́тимемо	ввімкнемо́
ви	бу́дете вмика́ти	вмика́тимете	ввімкнете́
вони	бу́дуть вмика́ти[ся]	вмика́тимуть[ся]	ввімкну́ть[ся]
УМОВНИЙ СПОСІБ — CONDITIONAL MOOD			
він (я, ти)	вмика́в[ся] би [б]		ввімкну́в[ся] би [б]
вона (я, ти)	вмика́ла[ся] б		ввімкну́ла[ся] б
воно	вмика́ло[ся] б		ввімкну́ло[ся] б
вони (ми, ви)	вмика́ли[ся] б		ввімкну́ли[ся] б
НАКАЗОВИЙ СПОСІБ — IMPERATIVE MOOD			
ти	вмика́й		ввімкни́
ми	вмика́ймо		ввімкні́мо
ви	вмика́йте		ввімкні́ть
він, вона, воно	(не)ха́й вмика́є[ться]		(не)ха́й ввімкне́[ться]
вони	(не)ха́й вмика́ють[ся]		(не)ха́й ввімкну́ть[ся]
ДІЄПРИКМЕТНИКИ — VERBAL ADJECTIVES (PARTICIPLES)			
ACTIVE			
PASSIVE			ввімкнений, ввімкнутий
ДІЄПРИСЛІВНИКИ — VERBAL ADVERBS			
	вмика́ючи[сь], вмика́вши[сь]		ввімкну́вши[сь]
БЕЗОСОБОВІ ФОРМИ — IMPERSONAL FORMS			
			ввімкнено, ввімкнуто

+ accusative:

Вони́ рі́дко **вмика́ють** телеві́зор. — They rarely turn on the TV.

Ма́ма **ввімкну́ла** мі́ксер, але́ він не працюва́в. — Mom turned on the mixer, but it did not work.

Ви́мкніть і **ввімкні́ть** телефо́н. — Turn the phone off and on.

На столі́ стоя́в **уві́мкнений** комп'ю́тер. — On the table, there was a computer that was turned on.

Мікрохвильо́вка не **вмика́ється**. — The microwave does not turn on.

Present/Future Stems: **вмира-** | **вмр-**

Conjugation: **1st (-ють)** | **1st (-уть)**

вмира́ти | вме́рти
умира́ти | уме́рти
to die, to pass away

ОСО́БА PERSON	НЕДОКО́НАНИЙ ВИД IMPERFECTIVE ASPECT		ДОКО́НАНИЙ ВИД PERFECTIVE ASPECT
ТЕПЕ́РІШНІЙ ЧАС — PRESENT TENSE			
я	вмира́ю		
ти	вмира́єш		
він, вона, воно	вмира́є		
ми	вмира́ємо		
ви	вмира́єте		
вони	вмира́ють		
МИНУ́ЛИЙ ЧАС — PAST TENSE			
він (я, ти)	вмира́в		вмер
вона (я, ти)	вмира́ла		вме́рла
воно	вмира́ло		вме́рло
вони (ми, ви)	вмира́ли		вме́рли
МАЙБУ́ТНІЙ ЧАС — FUTURE TENSE			
	ANALYTIC	SYNTHETIC	
я	бу́ду вмира́ти	вмира́тиму	вмру
ти	бу́деш вмира́ти	вмира́тимеш	вмреш
він, вона, воно	бу́де вмира́ти	вмира́тиме	вмре
ми	бу́демо вмира́ти	вмира́тимемо	вмремо́
ви	бу́дете вмира́ти	вмира́тимете	вмрете́
вони	бу́дуть вмира́ти	вмира́тимуть	вмруть
УМО́ВНИЙ СПО́СІБ — CONDITIONAL MOOD			
він (я, ти)	вмира́в би		вмер би
вона (я, ти)	вмира́ла б		вме́рла б
воно	вмира́ло б		вме́рло б
вони (ми, ви)	вмира́ли б		вме́рли б
НАКАЗО́ВИЙ СПО́СІБ — IMPERATIVE MOOD			
ти	вмира́й		вмри
ми	вмира́ймо		вмрі́мо
ви	вмира́йте		вмрі́ть
він, вона, воно	(не)ха́й вмира́є		(не)ха́й вмре
вони	(не)ха́й вмира́ють		(не)ха́й вмруть
ДІЄПРИКМЕ́ТНИКИ — VERBAL ADJECTIVES (PARTICIPLES)			
ACTIVE			вме́рлий
PASSIVE			
ДІЄПРИСЛІ́ВНИКИ — VERBAL ADVERBS			
	вмира́ючи, вмира́вши		вме́рши
БЕЗОСО́БОВІ ФО́РМИ — IMPERSONAL FORMS			

Ще не **вме́рла** Украї́ни і сла́ва, і во́ля (Гімн Украї́ни).
Ukraine's glory and freedom have not yet died (Ukrainian anthem).

від + *genitive*:
Він **умер** від ра́ку.
He died of cancer.

Як **умру́**, то похова́йте мене́ на моги́лі, се́ред сте́пу широ́кого, на Вкраї́ні ми́лій (Тара́с Шевче́нко).
When I die, bury me in a grave, in the middle of the wide steppe, in my sweet Ukraine (Taras Shevchenko).

за + *accusative*:
Я **вмер би** за те́бе.
I would die for you.

вмíти, умíти | —

to be able to, to know how

Present/Future Stems: вмі- | —
Conjugation: **1st (-ють)** | —

ОСОБА / PERSON	НЕДОКОНАНИЙ ВИД / IMPERFECTIVE ASPECT	ДОКОНАНИЙ ВИД / PERFECTIVE ASPECT
ТЕПЕРІШНІЙ ЧАС — PRESENT TENSE		
я	вмíю	
ти	вмíєш	
він, вона, воно	вмíє	
ми	вмíємо	
ви	вмíєте	
вони	вмíють	
МИНУЛИЙ ЧАС — PAST TENSE		
він (я, ти)	вмів	
вона (я, ти)	вмíла	
воно	вмíло	
вони (ми, ви)	вмíли	
МАЙБУТНІЙ ЧАС — FUTURE TENSE	ANALYTIC / SYNTHETIC	
я	бýду вмíти / вмíтиму	
ти	бýдеш вмíти / вмíтимеш	
він, вона, воно	бýде вмíти / вмíтиме	
ми	бýдемо вмíти / вмíтимемо	
ви	бýдете вмíти / вмíтимете	
вони	бýдуть вмíти / вмíтимуть	
УМОВНИЙ СПОСІБ — CONDITIONAL MOOD		
він (я, ти)	вмів би	
вона (я, ти)	вмíла б	
воно	вмíло б	
вони (ми, ви)	вмíли б	
НАКАЗОВИЙ СПОСІБ — IMPERATIVE MOOD		
ти	вмій	
ми	вмíймо	
ви	вмíйте	
він, вона, воно	(не)хáй вмíє	
вони	(не)хáй вмíють	
ДІЄПРИКМЕТНИКИ — VERBAL ADJECTIVES (PARTICIPLES)		
ACTIVE		
PASSIVE		
ДІЄПРИСЛІВНИКИ — VERBAL ADVERBS		
	вмíючи, вмíвши	
БЕЗОСОБОВІ ФОРМИ — IMPERSONAL FORMS		

+ *infinitive*:

Нáша дóнька вже **вмíє** ходи́ти. — Our daughter can already walk.

Мій дід **умíв** керувáти літакóм. — My grandfather knew how to fly an airplane.

Настýпного лíта я **вмíтиму** (**бýду вмíти**) води́ти маши́ну. — Next summer, I will be able to drive a car.

Не **вмíючи** дóбре готувáти, вонá чáсто замовля́є достáвку їжі. — Not being a good cook, she often orders food delivery.

Present/Future Stems: **вод(ж)- | повод(ж)-**

Conjugation: **2nd (-ять)**

води́ти[ся] | поводи́ти[ся]

to bring by walking; to drive a vehicle (multidirectional)
[to hang out with; to be found (only imperfective)]

ОСОБА / PERSON	НЕДОКОНАНИЙ ВИД / IMPERFECTIVE ASPECT		ДОКОНАНИЙ ВИД / PERFECTIVE ASPECT
ТЕПЕРІШНІЙ ЧАС — PRESENT TENSE			
я	воджу́[ся]		
ти	во́диш[ся]		
він, вона, воно	во́дить[ся]		
ми	во́димо[ся]		
ви	во́дите[ся]		
вони	во́дять[ся]		
МИНУЛИЙ ЧАС — PAST TENSE			
він (я, ти)	води́в[ся]		поводи́в[ся]
вона (я, ти)	води́ла[ся]		поводи́ла[ся]
воно	води́ло[ся]		поводи́ло[ся]
вони (ми, ви)	води́ли[ся]		поводи́ли[ся]
МАЙБУТНІЙ ЧАС — FUTURE TENSE			
	ANALYTIC	SYNTHETIC	
я	бу́ду води́ти[ся]	води́тиму[ся]	поводжу́[ся]
ти	бу́деш води́ти[ся]	води́тимеш[ся]	пово́диш[ся]
він, вона, воно	бу́де води́ти[ся]	води́тиме[ться]	пово́дить[ся]
ми	бу́демо води́ти[ся]	води́тимемо[ся]	пово́димо[ся]
ви	бу́дете води́ти[ся]	води́тимете[ся]	пово́дите[ся]
вони	бу́дуть води́ти[ся]	води́тимуть[ся]	пово́дять[ся]
УМОВНИЙ СПОСІБ — CONDITIONAL MOOD			
він (я, ти)	води́в[ся] би (б)		поводи́в[ся] би (б)
вона (я, ти)	води́ла[ся] б		поводи́ла[ся] б
воно	води́ло[ся] б		поводи́ло[ся] б
вони (ми, ви)	води́ли[ся] б		поводи́ли[ся] б
НАКАЗОВИЙ СПОСІБ — IMPERATIVE MOOD			
ти	води́[ся]		поводи́[ся]
ми	води́мо[ся]		поводі́мо[ся]
ви	води́ть[ся]		поводі́ть[ся]
він, вона, воно	(не)ха́й во́дить[ся]		(не)ха́й пово́дить[ся]
вони	(не)ха́й во́дять[ся]		(не)ха́й пово́дять[ся]
ДІЄПРИКМЕТНИКИ — VERBAL ADJECTIVES (PARTICIPLES)			
ACTIVE			
PASSIVE			
ДІЄПРИСЛІВНИКИ — VERBAL ADVERBS			
	во́дячи[сь], води́вши[сь]		поводи́вши[сь]
БЕЗОСОБОВІ ФОРМИ — IMPERSONAL FORMS			

+ *accusative*:
Вона́ вмі́є **води́ти** мотоци́кл.
She knows how to drive a motorcycle.

у (в), **на** + *accusative*:
Учи́тель **води́в** діте́й на екску́рсію.
The teacher took the children on an excursion.

+ *instrumental* = **по** + *locative*:
Він **поводи́в** нас двора́ми (по двора́х) Оде́си.
He took us around the courtyards of Odesa.

-ся + **з (із, зі)** + *instrumental*:
Ваш син **во́диться** з хулі́ганами.
Your son hangs out with bullies.
У цій рі́чці **во́диться** бага́то ри́би.
There are many fish in this river.

возѝти [ся] | повозѝти [ся]

to bring by transport; to drive sb/sth (multidirectional)
[to bother with]

Present/Future Stems: **вож-/воз-** | **повож-/повоз-**

Conjugation: **2nd (-ять)**

ОСОБА / PERSON	НЕДОКОНАНИЙ ВИД / IMPERFECTIVE ASPECT		ДОКОНАНИЙ ВИД / PERFECTIVE ASPECT
ТЕПЕРІШНІЙ ЧАС — PRESENT TENSE			
я	вожу́ [ся]		
ти	во́зиш [ся]		
він, вона, воно	во́зить [ся]		
ми	во́зимо [ся]		
ви	во́зите [ся]		
вони	во́зять [ся]		
МИНУЛИЙ ЧАС — PAST TENSE			
він (я, ти)	вози́в [ся]		повози́в [ся]
вона (я, ти)	вози́ла [ся]		повози́ла [ся]
воно	вози́ло [ся]		повози́ло [ся]
вони (ми, ви)	вози́ли [ся]		повози́ли [ся]
МАЙБУТНІЙ ЧАС — FUTURE TENSE	ANALYTIC	SYNTHETIC	
я	бу́ду вози́ти [ся]	вози́тиму [ся]	повожу́ [ся]
ти	бу́деш вози́ти [ся]	вози́тимеш [ся]	пово́зиш [ся]
він, вона, воно	бу́де вози́ти [ся]	вози́тиме [ться]	пово́зить [ся]
ми	бу́демо вози́ти [ся]	вози́тимемо [ся]	пово́зимо [ся]
ви	бу́дете вози́ти [ся]	вози́тимете [ся]	пово́зите [ся]
вони	бу́дуть вози́ти [ся]	вози́тимуть [ся]	пово́зять [ся]
УМОВНИЙ СПОСІБ — CONDITIONAL MOOD			
він (я, ти)	вози́в [ся] би (б)		повози́в [ся] би (б)
вона (я, ти)	вози́ла [ся] б		повози́ла [ся] б
воно	вози́ло [ся] б		повози́ло [ся] б
вони (ми, ви)	вози́ли [ся] б		повози́ли [ся] б
НАКАЗОВИЙ СПОСІБ — IMPERATIVE MOOD			
ти	вози́ [ся]		повози́ [ся]
ми	возі́мо [ся]		повозі́мо [ся]
ви	возі́ть [ся]		повозі́ть [ся]
він, вона, воно	(не)ха́й во́зить [ся]		(не)ха́й пово́зить [ся]
вони	(не)ха́й во́зять [ся]		(не)ха́й пово́зять [ся]
ДІЄПРИКМЕТНИКИ — VERBAL ADJECTIVES (PARTICIPLES)			
ACTIVE			
PASSIVE			
ДІЄПРИСЛІВНИКИ — VERBAL ADVERBS			
	во́зячи [сь], вози́вши [сь]		повози́вши [сь]
БЕЗОСОБОВІ ФОРМИ — IMPERSONAL FORMS			

+ *accusative*, **у (в)**, **на** + *accusative*, **на** + *locative*:
Вона́ **во́зить** си́на в садо́чок на велосипе́ді.
She takes her son to kindergarten by bicycle.

+ *instrumental* = **по** + *locative*:
Вони́ **повози́ли** нас ціка́вими місця́ми (по ціка́вих місця́х) Ки́ївщини.
They drove us around interesting places in the Kyiv region.

Якби́ в ме́не була́ маши́на, я **вози́в би** тебе́ на робо́ту.
If I had a car, I would drive you to work.

-ся + **з (із, зі)** + *instrumental*:
У ме́не нема́є ча́су **вози́тися** з приготува́нням ї́жі.
I do not have time to bother with cooking.

Present/Future Stems: володі- | заволоді-

Conjugation: **1st (-ють)**

володі́ти | заволоді́ти

to own, to possess

№ 85

ОСОБА / PERSON	НЕДОКОНАНИЙ ВИД / IMPERFECTIVE ASPECT		ДОКОНАНИЙ ВИД / PERFECTIVE ASPECT
ТЕПЕРІШНІЙ ЧАС — PRESENT TENSE			
я	володі́ю		
ти	володі́єш		
він, вона, воно	володі́є		
ми	володі́ємо		
ви	володі́єте		
вони	володі́ють		
МИНУЛИЙ ЧАС — PAST TENSE			
він (я, ти)	володі́в		заволоді́в
вона (я, ти)	володі́ла		заволоді́ла
воно	володі́ло		заволоді́ло
вони (ми, ви)	володі́ли		заволоді́ли
МАЙБУТНІЙ ЧАС — FUTURE TENSE			
	ANALYTIC	SYNTHETIC	
я	бу́ду володі́ти	володі́тиму	заволоді́ю
ти	бу́деш володі́ти	володі́тимеш	заволоді́єш
він, вона, воно	бу́де володі́ти	володі́тиме	заволоді́є
ми	бу́демо володі́ти	володі́тимемо	заволоді́ємо
ви	бу́дете володі́ти	володі́тимете	заволоді́єте
вони	бу́дуть володі́ти	володі́тимуть	заволоді́ють
УМОВНИЙ СПОСІБ — CONDITIONAL MOOD			
він (я, ти)	володі́в би		заволоді́в би
вона (я, ти)	володі́ла б		заволоді́ла б
воно	володі́ло б		заволоді́ло б
вони (ми, ви)	володі́ли б		заволоді́ли б
НАКАЗОВИЙ СПОСІБ — IMPERATIVE MOOD			
ти	володі́й		заволоді́й
ми	володі́ймо		заволоді́ймо
ви	володі́йте		заволоді́йте
він, вона, воно	(не)ха́й володі́є		(не)ха́й заволоді́є
вони	(не)ха́й володі́ють		(не)ха́й заволоді́ють
ДІЄПРИКМЕТНИКИ — VERBAL ADJECTIVES (PARTICIPLES)			
ACTIVE			
PASSIVE			
ДІЄПРИСЛІВНИКИ — VERBAL ADVERBS			
	володі́ючи, володі́вши		заволоді́вши
БЕЗОСОБОВІ ФОРМИ — IMPERSONAL FORMS			

+ *instrumental*:

Коро́ль **володі́є** ци́ми зе́млями.

Ти **заволоді́ла** мої́м се́рцем!

Ду́же ско́ро ви ідеа́льно **володі́тимете** (**бу́дете володі́ти**) украї́нською мо́вою.

Що б ви зроби́ли, **володі́ючи** тако́ю інформа́цією?

The king owns these lands.

You have captured my heart!

Very soon you will have perfect command of the Ukrainian language.

What would you do if you possessed such information?

впливáти | впли́нути
упливáти | упли́нути
to influence, to affect

Present/Future Stems: вплива- | вплин-
Conjugation: 1st (-ють) | 1st (-уть)

ОСОБА / PERSON	НЕДОКОНАНИЙ ВИД / IMPERFECTIVE ASPECT		ДОКОНАНИЙ ВИД / PERFECTIVE ASPECT
ТЕПЕРІШНІЙ ЧАС — PRESENT TENSE			
я	впливáю		
ти	впливáєш		
він, вона, воно	впливáє		
ми	впливáємо		
ви	впливáєте		
вони	впливáють		
МИНУЛИЙ ЧАС — PAST TENSE			
він (я, ти)	впливáв		впли́нув
вона (я, ти)	впливáла		впли́нула
воно	впливáло		впли́нуло
вони (ми, ви)	впливáли		впли́нули
МАЙБУТНІЙ ЧАС — FUTURE TENSE			
	ANALYTIC	SYNTHETIC	
я	бýду впливáти	впливáтиму	впли́ну
ти	бýдеш впливáти	впливáтимеш	впли́неш
він, вона, воно	бýде впливáти	впливáтиме	впли́не
ми	бýдемо впливáти	впливáтимемо	впли́немо
ви	бýдете впливáти	впливáтимете	впли́нете
вони	бýдуть впливáти	впливáтимуть	впли́нуть
УМОВНИЙ СПОСІБ — CONDITIONAL MOOD			
він (я, ти)	впливáв би		впли́нув би
вона (я, ти)	впливáла б		впли́нула б
воно	впливáло б		впли́нуло б
вони (ми, ви)	впливáли б		впли́нули б
НАКАЗОВИЙ СПОСІБ — IMPERATIVE MOOD			
ти	впливáй		впли́нь
ми	впливáймо		впли́ньмо
ви	впливáйте		впли́ньте
він, вона, воно	(не)хáй впливáє		(не)хáй впли́не
вони	(не)хáй впливáють		(не)хáй впли́нуть
ДІЄПРИКМЕТНИКИ — VERBAL ADJECTIVES (PARTICIPLES)			
ACTIVE			
PASSIVE			
ДІЄПРИСЛІВНИКИ — VERBAL ADVERBS			
	впливáючи, впливáвши		впли́нувши
БЕЗОСОБОВІ ФОРМИ — IMPERSONAL FORMS			

на + accusative:

Вонá позити́вно **впливáє** на свого́ брáта. — *She positively influences her brother.*

Змíна погóди негати́вно **впли́нула** на моє́ самопочуття́. — *Change of weather negatively affected my well-being.*

Це ні на що не **впли́не**. — *It won't affect anything.*

Прогрáма онóвлюється автомати́чно, не **впливáючи** на робóту при́строю. — *The app updates automatically without affecting the operation of the device.*

Present/Future Stems: **вража-** | **враж-/враз-**

Conjugation: **1st (-ють)** | **2nd (-ять)**

вражáти[ся] | врáзити[ся]
уражáти[ся] | урáзити[ся]

to amaze, to impress; to strike [to be impressed, to be surprised]

ОСОБА / PERSON	НЕДОКОНАНИЙ ВИД / IMPERFECTIVE ASPECT		ДОКОНАНИЙ ВИД / PERFECTIVE ASPECT
ТЕПЕРІШНІЙ ЧАС — PRESENT TENSE			
я	вражáю[ся]		
ти	вражáєш[ся]		
він, вона, воно	вражáє[ться]		
ми	вражáємо[ся]		
ви	вражáєте[ся]		
вони	вражáють[ся]		
МИНУЛИЙ ЧАС — PAST TENSE			
він (я, ти)	вражáв[ся]		врáзив[ся]
вона (я, ти)	вражáла[ся]		врáзила[ся]
воно	вражáло[ся]		врáзило[ся]
вони (ми, ви)	вражáли[ся]		врáзили[ся]
МАЙБУТНІЙ ЧАС — FUTURE TENSE			
	ANALYTIC	SYNTHETIC	
я	бýду вражáти[ся]	вражáтиму[ся]	врáжу[ся]
ти	бýдеш вражáти[ся]	вражáтимеш[ся]	врáзиш[ся]
він, вона, воно	бýде вражáти[ся]	вражáтиме[ться]	врáзить[ся]
ми	бýдемо вражáти[ся]	вражáтимемо[ся]	врáзимо[ся]
ви	бýдете вражáти[ся]	вражáтимете[ся]	врáзите[ся]
вони	бýдуть вражáти[ся]	вражáтимуть[ся]	врáзять[ся]
УМОВНИЙ СПОСІБ — CONDITIONAL MOOD			
він (я, ти)	вражáв[ся] би [б]		врáзив[ся] би [б]
вона (я, ти)	вражáла[ся] б		врáзила[ся] б
воно	вражáло[ся] б		врáзило[ся] б
вони (ми, ви)	вражáли[ся] б		врáзили[ся] б
НАКАЗОВИЙ СПОСІБ — IMPERATIVE MOOD			
ти	вражáй[ся]		врáзь[ся]
ми	вражáймо[ся]		врáзьмо[ся]
ви	вражáйте[ся]		врáзьте[ся]
він, вона, воно	(не)хáй вражáє[ться]		(не)хáй врáзить[ся]
вони	(не)хáй вражáють[ся]		(не)хáй врáзять[ся]
ДІЄПРИКМЕТНИКИ — VERBAL ADJECTIVES (PARTICIPLES)			
ACTIVE			
PASSIVE			врáжений
ДІЄПРИСЛІВНИКИ — VERBAL ADVERBS			
	вражáючи[сь], вражáвши[сь]		врáзивши[сь]
БЕЗОСОБОВІ ФОРМИ — IMPERSONAL FORMS			
			врáжено

+ accusative + instrumental:

Україна **вражáє** менé своєю унікáльністю.
Ukraine amazes me with its uniqueness.

Дівчина так **врáзила** хлóпця, що він забýв про все на свíті.
The girl impressed the guy so much that he forgot about everything in the world.

Кýля **врáзила** його в нóгу.
The bullet struck him in the leg.

Глядачí булú **врáжені** спецефéктами.
The audience was amazed by the special effects.

-ся + instrumental:

Учителí **вражáлися** талáнтом дитúни.
The teachers were impressed by the child's talent.

№ 88

врахо́вувати | врахува́ти
урахо́вувати | урахува́ти
to take into account

Present/Future Stems: **врахову-** | **враху-**
Conjugation: **1st (-ють)**

ОСОБА / PERSON	НЕДОКОНАНИЙ ВИД / IMPERFECTIVE ASPECT		ДОКОНАНИЙ ВИД / PERFECTIVE ASPECT
ТЕПЕРІШНІЙ ЧАС — PRESENT TENSE			
я	врахо́вую		
ти	врахо́вуєш		
він, вона, воно	врахо́вує		
ми	врахо́вуємо		
ви	врахо́вуєте		
вони	врахо́вують		
МИНУЛИЙ ЧАС — PAST TENSE			
він (я, ти)	врахо́вував		врахува́в
вона (я, ти)	врахо́вувала		врахува́ла
воно	врахо́вувало		врахува́ло
вони (ми, ви)	врахо́вували		врахува́ли
МАЙБУТНІЙ ЧАС — FUTURE TENSE			
	ANALYTIC	SYNTHETIC	
я	бу́ду врахо́вувати	врахо́вуватиму	врахую́
ти	бу́деш врахо́вувати	врахо́вуватимеш	врахує́ш
він, вона, воно	бу́де врахо́вувати	врахо́вуватиме	врахує́
ми	бу́демо врахо́вувати	врахо́вуватимемо	врахує́мо
ви	бу́дете врахо́вувати	врахо́вуватимете	врахує́те
вони	бу́дуть врахо́вувати	врахо́вуватимуть	врахую́ть
УМОВНИЙ СПОСІБ — CONDITIONAL MOOD			
він (я, ти)	врахо́вував би		врахува́в би
вона (я, ти)	врахо́вувала б		врахува́ла б
воно	врахо́вувало б		врахува́ло б
вони (ми, ви)	врахо́вували б		врахува́ли б
НАКАЗОВИЙ СПОСІБ — IMPERATIVE MOOD			
ти	врахо́вуй		врахуй́
ми	врахо́вуймо		врахуй́мо
ви	врахо́вуйте		врахуй́те
він, вона, воно	(не)ха́й врахо́вує		(не)ха́й врахує́
вони	(не)ха́й врахо́вують		(не)ха́й врахую́ть
ДІЄПРИКМЕТНИКИ — VERBAL ADJECTIVES (PARTICIPLES)			
ACTIVE			
PASSIVE	врахо́вуваний		врахо́ваний
ДІЄПРИСЛІВНИКИ — VERBAL ADVERBS			
	врахо́вуючи, врахо́вувавши		врахува́вши
БЕЗОСОБОВІ ФОРМИ — IMPERSONAL FORMS			
	врахо́вувано		врахо́вано

+ accusative:

Я за́вжди **врахо́вую** твою́ ду́мку. — *I always take your opinion into account.*

Вона́ не **врахува́ла** ви́трати на доста́вку. — *She did not take into account shipping costs.*

Мер **урахує́** всі ва́ші пропози́ції. — *The mayor will consider all your suggestions.*

Тут бага́то чого́ не **врахо́вано**. — *Many things are not taken into account here.*

вставáти | встáти
уставáти | устáти
to stand up, to get up, to rise

Present/Future Stems: вста- | встан-
Conjugation: **1st (-ють)** | **1st (-уть)**

ОСОБА / PERSON	НЕДОКОНАНИЙ ВИД / IMPERFECTIVE ASPECT		ДОКОНАНИЙ ВИД / PERFECTIVE ASPECT
ТЕПЕРІШНІЙ ЧАС — PRESENT TENSE			
я	встаю́		
ти	встає́ш		
він, вона, воно	встає́		
ми	встаємо́		
ви	встаєте́		
вони	встаю́ть		
МИНУЛИЙ ЧАС — PAST TENSE			
він (я, ти)	встава́в		встав
вона (я, ти)	встава́ла		вста́ла
воно	встава́ло		вста́ло
вони (ми, ви)	встава́ли		вста́ли
МАЙБУТНІЙ ЧАС — FUTURE TENSE			
	ANALYTIC	SYNTHETIC	
я	бу́ду встава́ти	встава́тиму	вста́ну
ти	бу́деш встава́ти	встава́тимеш	вста́неш
він, вона, воно	бу́де встава́ти	встава́тиме	вста́не
ми	бу́демо встава́ти	встава́тимемо	вста́немо
ви	бу́дете встава́ти	встава́тимете	вста́нете
вони	бу́дуть встава́ти	встава́тимуть	вста́нуть
УМОВНИЙ СПОСІБ — CONDITIONAL MOOD			
він (я, ти)	встава́в би		встав би
вона (я, ти)	встава́ла б		вста́ла б
воно	встава́ло б		вста́ло б
вони (ми, ви)	встава́ли б		вста́ли б
НАКАЗОВИЙ СПОСІБ — IMPERATIVE MOOD			
ти	встава́й		встань
ми	встава́ймо		вста́ньмо
ви	встава́йте		вста́ньте
він, вона, воно	(не)ха́й встає́		(не)ха́й вста́не
вони	(не)ха́й встаю́ть		(не)ха́й вста́нуть
ДІЄПРИКМЕТНИКИ — VERBAL ADJECTIVES (PARTICIPLES)			
ACTIVE			
PASSIVE			
ДІЄПРИСЛІВНИКИ — VERBAL ADVERBS			
	встаю́чи, встава́вши		вста́вши
БЕЗОСОБОВІ ФОРМИ — IMPERSONAL FORMS			

Со́нце **встає́** (*also*: **схо́дить**).
The sun is rising.

Зазвича́й вона́ **встає́** о сьо́мій, але́ сього́дні **вста́ла** о шо́стій.
Usually she gets up at seven, but today she got up at six.

Хло́пець **уста́в** і ви́йшов із кла́су.
The boy stood up and left the classroom.

Встава́й, пора́ збира́тися.
Get up, it is time to get ready.

№ 90

ВСТАВЛЯ́ТИ | ВСТА́ВИТИ
уставля́ти | уста́вити
to insert; to paste

Present/Future Stems: **вставля-** | **встав(л)-**
Conjugation: **1st (-ють)** | **2nd (-ять)**

ОСО́БА / PERSON	НЕДОКО́НАНИЙ ВИД / IMPERFECTIVE ASPECT		ДОКО́НАНИЙ ВИД / PERFECTIVE ASPECT
ТЕПЕ́РІШНІЙ ЧАС — PRESENT TENSE			
я	вставля́ю		
ти	вставля́єш		
він, вона, воно	вставля́є		
ми	вставля́ємо		
ви	вставля́єте		
вони	вставля́ють		
МИНУ́ЛИЙ ЧАС — PAST TENSE			
він (я, ти)	вставля́в		вста́вив
вона (я, ти)	вставля́ла		вста́вила
воно	вставля́ло		вста́вило
вони (ми, ви)	вставля́ли		вста́вили
МАЙБУ́ТНІЙ ЧАС — FUTURE TENSE			
	ANALYTIC	SYNTHETIC	
я	бу́ду вставля́ти	вставля́тиму	вста́влю
ти	бу́деш вставля́ти	вставля́тимеш	вста́виш
він, вона, воно	бу́де вставля́ти	вставля́тиме	вста́вить
ми	бу́демо вставля́ти	вставля́тимемо	вста́вимо
ви	бу́дете вставля́ти	вставля́тимете	вста́вите
вони	бу́дуть вставля́ти	вставля́тимуть	вста́влять
УМО́ВНИЙ СПО́СІБ — CONDITIONAL MOOD			
він (я, ти)	вставля́в би		вста́вив би
вона (я, ти)	вставля́ла б		вста́вила б
воно	вставля́ло б		вста́вило б
вони (ми, ви)	вставля́ли б		вста́вили б
НАКАЗО́ВИЙ СПО́СІБ — IMPERATIVE MOOD			
ти	вставля́й		встав
ми	вставля́ймо		вста́вмо
ви	вставля́йте		вста́вте
він, вона, воно	(не)ха́й вставля́є		(не)ха́й вста́вить
вони	(не)ха́й вставля́ють		(не)ха́й вста́влять
ДІЄПРИКМЕ́ТНИКИ — VERBAL ADJECTIVES (PARTICIPLES)			
ACTIVE			
PASSIVE			вста́влений
ДІЄПРИСЛІ́ВНИКИ — VERBAL ADVERBS			
	вставля́ючи, вставля́вши		вста́вивши
БЕЗОСОБО́ВІ ФО́РМИ — IMPERSONAL FORMS			
			вста́влено

+ *accusative* + **у (в)** + *accusative*:

Він ча́сто **вставля́є** англі́йські слова́ у своє́ мо́влення.
He often inserts English words into his speech.

Вона́ **вста́вила** заря́дку в розе́тку.
She plugged the charger into the outlet.

Ці лю́ди **вставля́тимуть** (**бу́дуть вставля́ти**) нам ві́кна.
These people will insert windows for us.

Про́сто скопію́йте і **вста́вте** текст.
Just copy and paste the text.

№ 91

Present/Future Stems:
встановлю- | встанов(л)-
Conjugation: **1st (-ють) | 2nd (-ять)**

встано́влювати[ся] | встанови́ти[ся]
устано́влювати[ся] | установи́ти[ся]
to set (up); to establish; to install [to become established]

ОСОБА / PERSON	НЕДОКОНАНИЙ ВИД / IMPERFECTIVE ASPECT		ДОКОНАНИЙ ВИД / PERFECTIVE ASPECT
ТЕПЕРІШНІЙ ЧАС — PRESENT TENSE			
я	встано́влюю		
ти	встано́влюєш		
він, вона, воно	встано́влює[ться]		
ми	встано́влюємо		
ви	встано́влюєте		
вони	встано́влюють[ся]		
МИНУЛИЙ ЧАС — PAST TENSE			
він (я, ти)	встано́влював[ся]		встанови́в[ся]
вона (я, ти)	встано́влювала[ся]		встанови́ла[ся]
воно	встано́влювало[ся]		встанови́ло[ся]
вони (ми, ви)	встано́влювали[ся]		встанови́ли[ся]
МАЙБУТНІЙ ЧАС — FUTURE TENSE			
	ANALYTIC	SYNTHETIC	
я	бу́ду встано́влювати	встано́влюватиму	встановлю́
ти	бу́деш встано́влювати	встано́влюватимеш	встано́виш
він, вона, воно	бу́де встано́влювати[ся]	встано́влюватиме[ться]	встано́вить[ся]
ми	бу́демо встано́влювати	встано́влюватимемо	встано́вимо
ви	бу́дете встано́влювати	встано́влюватимете	встано́вите
вони	бу́дуть встано́влювати[ся]	встано́влюватимуть[ся]	встано́влять[ся]
УМОВНИЙ СПОСІБ — CONDITIONAL MOOD			
він (я, ти)	встано́влював[ся] би [б]		встанови́в[ся] би [б]
вона (я, ти)	встано́влювала[ся] б		встанови́ла[ся] б
воно	встано́влювало[ся] б		встанови́ло[ся] б
вони (ми, ви)	встано́влювали[ся] б		встанови́ли[ся] б
НАКАЗОВИЙ СПОСІБ — IMPERATIVE MOOD			
ти	встано́влюй		встанови́
ми	встано́влюймо		встано́вімо
ви	встано́влюйте		встано́віть
він, вона, воно	(не)ха́й встано́влює[ться]		(не)ха́й встано́вить[ся]
вони	(не)ха́й встано́влюють[ся]		(не)ха́й встано́влять[ся]
ДІЄПРИКМЕТНИКИ — VERBAL ADJECTIVES (PARTICIPLES)			
ACTIVE			
PASSIVE	встано́влюваний		встано́влений
ДІЄПРИСЛІВНИКИ — VERBAL ADVERBS			
	встано́влюючи[сь], встано́влювавши[сь]		встанови́вши[сь]
БЕЗОСОБОВІ ФОРМИ — IMPERSONAL FORMS			
	встано́влювано		встано́влено

+ accusative:

Ця компа́нія **встано́влює** інтерне́т.
This company installs the Internet.

Найбли́жчим ча́сом лікарі́ **встано́влять** причи́ну сме́рті.
In the near future, the doctors will establish the cause of death.

Установи́вши реко́рд Украї́ни, спортсме́нка не збира́ється зупиня́тись.
Having set a Ukrainian record, the athlete is not going to stop.

Між держа́вами **встанови́лися** тісні́ відно́сини.
Close relations were established between the states.

№ 92

ВСТИГА́ТИ | ВСТИ́ГТИ, ВСТИ́ГНУТИ
устига́ти | усти́гти, усти́гнути
to be in time (to make it); to manage (in time); to keep up with

Present/Future Stems: **встига-** | **встигн-**
Conjugation: **1st (-ють)** | **1st (-уть)**

ОСОБА / PERSON	НЕДОКОНАНИЙ ВИД / IMPERFECTIVE ASPECT	ДОКОНАНИЙ ВИД / PERFECTIVE ASPECT
ТЕПЕРІШНІЙ ЧАС — PRESENT TENSE		
я	встига́ю	
ти	встига́єш	
він, вона, воно	встига́є	
ми	встига́ємо	
ви	встига́єте	
вони	встига́ють	
МИНУЛИЙ ЧАС — PAST TENSE		
він (я, ти)	встига́в	встиг, всти́гнув
вона (я, ти)	встига́ла	всти́гла, всти́гнула
воно	встига́ло	всти́гло, всти́гнуло
вони (ми, ви)	встига́ли	всти́гли, всти́гнули

МАЙБУТНІЙ ЧАС — FUTURE TENSE

	ANALYTIC	SYNTHETIC	
я	бу́ду встига́ти	встига́тиму	всти́гну
ти	бу́деш встига́ти	встига́тимеш	всти́гнеш
він, вона, воно	бу́де встига́ти	встига́тиме	всти́гне
ми	бу́демо встига́ти	встига́тимемо	всти́гнемо
ви	бу́дете встига́ти	встига́тимете	всти́гнете
вони	бу́дуть встига́ти	встига́тимуть	всти́гнуть

УМОВНИЙ СПОСІБ — CONDITIONAL MOOD

він (я, ти)	встига́в би	встиг/всти́гнув би
вона (я, ти)	встига́ла б	всти́гла/всти́гнула б
воно	встига́ло б	всти́гло/всти́гнуло б
вони (ми, ви)	встига́ли б	всти́гли/всти́гнули б

НАКАЗОВИЙ СПОСІБ — IMPERATIVE MOOD

ти	встига́й	всти́гни
ми	встига́ймо	всти́гнімо
ви	встига́йте	всти́гніть
він, вона, воно	(не)ха́й встига́є	(не)ха́й всти́гне
вони	(не)ха́й встига́ють	(не)ха́й всти́гнуть

ДІЄПРИКМЕТНИКИ — VERBAL ADJECTIVES (PARTICIPLES)

ACTIVE

PASSIVE

ДІЄПРИСЛІВНИКИ — VERBAL ADVERBS

	встига́ючи, встига́вши	всти́гши, всти́гнувши

БЕЗОСОБОВІ ФОРМИ — IMPERSONAL FORMS

на + *accusative*:
Ви́бач, я не **встига́ю** на на́шу зу́стріч.
Sorry, I cannot make it to our meeting.

Учи́тель **усти́г** (**усти́гнув**) підготува́ти уро́к.
The teacher managed to prepare a lesson in time.

за + *instrumental*:
Він ї́хав так шви́дко, що вона́ не **встига́ла** за ним.
He was driving so fast that she could not keep up with him.

Не **всти́гши** (**всти́гнувши**) на авто́бус, ми ви́рішили взя́ти таксі́.
Having missed the bus, we decided to take a taxi.

Present/Future Stems: вступа- | вступ(л)-
Conjugation: **1st (-ють) | 2nd (-ять)**

вступа́ти | вступи́ти
to step into; to enter (an institution)

ОСОБА PERSON	НЕДОКОНАНИЙ ВИД IMPERFECTIVE ASPECT		ДОКОНАНИЙ ВИД PERFECTIVE ASPECT
ТЕПЕРІШНІЙ ЧАС — PRESENT TENSE			
я	вступа́ю		
ти	вступа́єш		
він, вона, воно	вступа́є		
ми	вступа́ємо		
ви	вступа́єте		
вони	вступа́ють		
МИНУЛИЙ ЧАС — PAST TENSE			
він (я, ти)	вступа́в		вступи́в
вона (я, ти)	вступа́ла		вступи́ла
воно	вступа́ло		вступи́ло
вони (ми, ви)	вступа́ли		вступи́ли
МАЙБУТНІЙ ЧАС — FUTURE TENSE			
	ANALYTIC	SYNTHETIC	
я	бу́ду вступа́ти	вступа́тиму	вступлю́
ти	бу́деш вступа́ти	вступа́тимеш	всту́пиш
він, вона, воно	бу́де вступа́ти	вступа́тиме	всту́пить
ми	бу́демо вступа́ти	вступа́тимемо	всту́пимо
ви	бу́дете вступа́ти	вступа́тимете	всту́пите
вони	бу́дуть вступа́ти	вступа́тимуть	всту́плять
УМОВНИЙ СПОСІБ — CONDITIONAL MOOD			
він (я, ти)	вступа́в би		вступи́в би
вона (я, ти)	вступа́ла б		вступи́ла б
воно	вступа́ло б		вступи́ло б
вони (ми, ви)	вступа́ли б		вступи́ли б
НАКАЗОВИЙ СПОСІБ — IMPERATIVE MOOD			
ти	вступа́й		вступи́
ми	вступа́ймо		вступі́мо
ви	вступа́йте		вступі́ть
він, вона, воно	(не)ха́й вступа́є		(не)ха́й всту́пить
вони	(не)ха́й вступа́ють		(не)ха́й всту́плять
ДІЄПРИКМЕТНИКИ — VERBAL ADJECTIVES (PARTICIPLES)			
ACTIVE			
PASSIVE			
ДІЄПРИСЛІВНИКИ — VERBAL ADVERBS			
	вступа́ючи, вступа́вши		вступи́вши

БЕЗОСОБОВІ ФОРМИ — IMPERSONAL FORMS

у (в), на + *accusative*:
Вона́ **вступи́ла** в калю́жу й намочи́ла но́ги. — *She stepped into a puddle and got her feet wet.*

до + *genitive* = **у (в)** + *accusative*:
Хло́пець **вступа́тиме** (**бу́де вступа́ти**) до Могиля́нки (в Могиля́нку). — *The boy will (try to) enter Mohylianka (Kyiv-Mohyla Academy).*

Якби́ ти знав англі́йську мо́ву, **вступа́в би** на навча́ння за кордо́н. — *If you knew English, you would enter a university abroad.*

Він ви́рішив захища́ти своє́ мі́сто, **вступи́вши** до лав (в ла́ви) Теробо́рони. — *He decided to defend his city by joining the ranks of the Territorial Defense.*

втіка́ти | втекти́

утіка́ти | утекти́
to run away; to flee

Present/Future Stems: **втіка-** | **втеч-**
Conjugation: **1st (-ють) | 1st (-уть)**

ОСОБА / PERSON	НЕДОКОНАНИЙ ВИД / IMPERFECTIVE ASPECT		ДОКОНАНИЙ ВИД / PERFECTIVE ASPECT
ТЕПЕРІШНІЙ ЧАС — PRESENT TENSE			
я	втіка́ю		
ти	втіка́єш		
він, вона, воно	втіка́є		
ми	втіка́ємо		
ви	втіка́єте		
вони	втіка́ють		
МИНУЛИЙ ЧАС — PAST TENSE			
він (я, ти)	втіка́в		втік
вона (я, ти)	втіка́ла		втекла́
воно	втіка́ло		втекло́
вони (ми, ви)	втіка́ли		втекли́
МАЙБУТНІЙ ЧАС — FUTURE TENSE			
	ANALYTIC	SYNTHETIC	
я	бу́ду втіка́ти	втіка́тиму	втечу́
ти	бу́деш втіка́ти	втіка́тимеш	втече́ш
він, вона, воно	бу́де втіка́ти	втіка́тиме	втече́
ми	бу́демо втіка́ти	втіка́тимемо	втечемо́
ви	бу́дете втіка́ти	втіка́тимете	втечете́
вони	бу́дуть втіка́ти	втіка́тимуть	втечу́ть
УМОВНИЙ СПОСІБ — CONDITIONAL MOOD			
він (я, ти)	втіка́в би		втік би
вона (я, ти)	втіка́ла б		втекла́ б
воно	втіка́ло б		втекло́ б
вони (ми, ви)	втіка́ли б		втекли́ б
НАКАЗОВИЙ СПОСІБ — IMPERATIVE MOOD			
ти	втіка́й		втечи́
ми	втіка́ймо		втечі́мо
ви	втіка́йте		втечі́ть
він, вона, воно	(не)ха́й втіка́є		(не)ха́й втече́
вони	(не)ха́й втіка́ють		(не)ха́й втечу́ть
ДІЄПРИКМЕТНИКИ — VERBAL ADJECTIVES (PARTICIPLES)			
ACTIVE			
PASSIVE			
ДІЄПРИСЛІВНИКИ — VERBAL ADVERBS			
	втіка́ючи, втіка́вши		вті́кши
БЕЗОСОБОВІ ФОРМИ — IMPERSONAL FORMS			

з (із, зі) + *genitive*:
Кошеня́та **втекли́** з подві́р'я.

The kittens ran away from the yard.

від + *genitive*:
Вони́ **втіка́ють** від відповіда́льності.

They run away from responsibility.

до + *genitive* = **у (в)**, **на** + *accusative*:
Вони́ **втіка́тимуть** (**бу́дуть утіка́ти**) до По́льщі (у По́льщу).

They will flee to Poland.

Не **втіка́й** від ме́не.

Do not run away from me.

№ 95

Present/Future Stems: втомлю- | втом(л)-
Conjugation: **1st (-ють) | 2nd (-ять)**

втóмлювати[ся] | втомúти[ся]
утóмлювати[ся] | утомúти[ся]
to tire, to exhaust [to get tired]

ОСОБА / PERSON	НЕДОКОНАНИЙ ВИД / IMPERFECTIVE ASPECT		ДОКОНАНИЙ ВИД / PERFECTIVE ASPECT
ТЕПЕРІШНІЙ ЧАС — PRESENT TENSE			
я	втóмлюю[ся]		
ти	втóмлюєш[ся]		
він, вона, воно	втóмлює[ться]		
ми	втóмлюємо[ся]		
ви	втóмлюєте[ся]		
вони	втóмлюють[ся]		
МИНУЛИЙ ЧАС — PAST TENSE			
він (я, ти)	втóмлював[ся]		втомúв[ся]
вона (я, ти)	втóмлювала[ся]		втомúла[ся]
воно	втóмлювало[ся]		втомúло[ся]
вони (ми, ви)	втóмлювали[ся]		втомúли[ся]
МАЙБУТНІЙ ЧАС — FUTURE TENSE			
	ANALYTIC	SYNTHETIC	
я	бýду втóмлювати[ся]	втóмлюватиму[ся]	втомлю́[ся]
ти	бýдеш втóмлювати[ся]	втóмлюватимеш[ся]	втóмиш[ся]
він, вона, воно	бýде втóмлювати[ся]	втóмлюватиме[ться]	втóмить[ся]
ми	бýдемо втóмлювати[ся]	втóмлюватимемо[ся]	втóмимо[ся]
ви	бýдете втóмлювати[ся]	втóмлюватимете[ся]	втóмите[ся]
вони	бýдуть втóмлювати[ся]	втóмлюватимуть[ся]	втóмлять[ся]
УМОВНИЙ СПОСІБ — CONDITIONAL MOOD			
він (я, ти)	втóмлював[ся] би [б]		втомúв[ся] би [б]
вона (я, ти)	втóмлювала[ся] б		втомúла[ся] б
воно	втóмлювало[ся] б		втомúло[ся] б
вони (ми, ви)	втóмлювали[ся] б		втомúли[ся] б
НАКАЗОВИЙ СПОСІБ — IMPERATIVE MOOD			
ти	втóмлюй[ся]		втомú[ся]
ми	втóмлюймо[ся]		втомíмо[ся]
ви	втóмлюйте[ся]		втомíть[ся]
він, вона, воно	(не)хáй втóмлює[ться]		(не)хáй втóмить[ся]
вони	(не)хáй втóмлюють[ся]		(не)хáй втóмлять[ся]
ДІЄПРИКМЕТНИКИ — VERBAL ADJECTIVES (PARTICIPLES)			
ACTIVE			
PASSIVE			втóмлений
ДІЄПРИСЛІВНИКИ — VERBAL ADVERBS			
	втóмлюючи[сь], втóмлювавши[сь]		втомúвши[сь]
БЕЗОСОБОВІ ФОРМИ — IMPERSONAL FORMS			
			втóмлено

+ accusative:

Подóрожі літакóм **утóмлюють** менé.	Traveling by plane makes me tired.
Інтенсúвне тренувáння **втомúло** йогó.	The intense training had exhausted him.
Ця гра **втóмить** вáшу дитúну пéред сном.	This game will tire your child out before bed.
Я чáсто **втóмлююся** без причúни.	I often get tired for no reason.
Вонá **втомúлася** пíсля дóвгого робóчого дня.	She was tired after a long day at work.

№ 96

втрача́ти[ся] | втра́тити[ся]
утрача́ти[ся] | утра́тити[ся]
to lose [to be lost]

Present/Future Stems: **втрача-** | **втрач-/втрат-**
Conjugation: **1st (-ють)** | **2nd (-ять)**

ОСОБА / PERSON	НЕДОКОНАНИЙ ВИД / IMPERFECTIVE ASPECT		ДОКОНАНИЙ ВИД / PERFECTIVE ASPECT
ТЕПЕРІШНІЙ ЧАС — PRESENT TENSE			
я	втрача́ю		
ти	втрача́єш		
він, вона, воно	втрача́є[ться]		
ми	втрача́ємо		
ви	втрача́єте		
вони	втрача́ють[ся]		
МИНУЛИЙ ЧАС — PAST TENSE			
він (я, ти)	втрача́в[ся]		втра́тив[ся]
вона (я, ти)	втрача́ла[ся]		втра́тила[ся]
воно	втрача́ло[ся]		втра́тило[ся]
вони (ми, ви)	втрача́ли[ся]		втра́тили[ся]
МАЙБУТНІЙ ЧАС — FUTURE TENSE	ANALYTIC	SYNTHETIC	
я	бу́ду втрача́ти	втрача́тиму	втра́чу
ти	бу́деш втрача́ти	втрача́тимеш	втра́тиш
він, вона, воно	бу́де втрача́ти[ся]	втрача́тиме[ться]	втра́тить[ся]
ми	бу́демо втрача́ти	втрача́тимемо	втра́тимо
ви	бу́дете втрача́ти	втрача́тимете	втра́тите
вони	бу́дуть втрача́ти[ся]	втрача́тимуть[ся]	втра́тять[ся]
УМОВНИЙ СПОСІБ — CONDITIONAL MOOD			
він (я, ти)	втрача́в[ся] би [б]		втра́тив[ся] би [б]
вона (я, ти)	втрача́ла[ся] б		втра́тила[ся] б
воно	втрача́ло[ся] б		втра́тило[ся] б
вони (ми, ви)	втрача́ли[ся] б		втра́тили[ся] б
НАКАЗОВИЙ СПОСІБ — IMPERATIVE MOOD			
ти	втрача́й		втрать
ми	втрача́ймо		втра́тьмо
ви	втрача́йте		втра́тьте
він, вона, воно	(не)ха́й втрача́є[ться]		(не)ха́й втра́тить[ся]
вони	(не)ха́й втрача́ють[ся]		(не)ха́й втра́тять[ся]
ДІЄПРИКМЕТНИКИ — VERBAL ADJECTIVES (PARTICIPLES)			
ACTIVE			
PASSIVE			втра́чений
ДІЄПРИСЛІВНИКИ — VERBAL ADVERBS			
	втрача́ючи[сь], втрача́вши[сь]		втра́тивши[сь]
БЕЗОСОБОВІ ФОРМИ — IMPERSONAL FORMS			
			втра́чено

+ accusative:

Я почина́ю **втрача́ти** терпі́ння.	*I start to lose patience.*
Вона́ **втра́тила** найкра́щого дру́га на війні́.	*She lost her best friend in the war.*
Він **утра́тить** робо́ту, якщо́ бу́де й да́лі так пово́дитися.	*He will lose his job if he continues to behave like this.*
Мені́ шкода́ **втра́ченого** ча́су.	*I regret the lost time.*
Репута́ція **втрача́ється** оди́н раз.	*Reputation is lost once.*

Present/Future Stems: **втриму-** | **втрима-**
Conjugation: **1st (-ють)**

втри́мувати[ся] | втри́мати[ся]
утри́мувати[ся] | утри́мати[ся]
to hold (back) [to restrain oneself, to resist]

ОСОБА / PERSON	НЕДОКОНАНИЙ ВИД / IMPERFECTIVE ASPECT		ДОКОНАНИЙ ВИД / PERFECTIVE ASPECT
ТЕПЕРІШНІЙ ЧАС — PRESENT TENSE			
я	втри́мую[ся]		
ти	втри́муєш[ся]		
він, вона, воно	втри́мує[ться]		
ми	втри́муємо[ся]		
ви	втри́муєте[ся]		
вони	втри́мують[ся]		
МИНУЛИЙ ЧАС — PAST TENSE			
він (я, ти)	втри́мував[ся]		втри́мав[ся]
вона (я, ти)	втри́мувала[ся]		втри́мала[ся]
воно	втри́мувало[ся]		втри́мало[ся]
вони (ми, ви)	втри́мували[ся]		втри́мали[ся]
МАЙБУТНІЙ ЧАС — FUTURE TENSE			
	ANALYTIC	SYNTHETIC	
я	бу́ду втри́мувати[ся]	втри́муватиму[ся]	втри́маю[ся]
ти	бу́деш втри́мувати[ся]	втри́муватимеш[ся]	втри́маєш[ся]
він, вона, воно	бу́де втри́мувати[ся]	втри́муватиме[ться]	втри́має[ться]
ми	бу́демо втри́мувати[ся]	втри́муватимемо[ся]	втри́маємо[ся]
ви	бу́дете втри́мувати[ся]	втри́муватимете[ся]	втри́маєте[ся]
вони	бу́дуть втри́мувати[ся]	втри́муватимуть[ся]	втри́мають[ся]
УМОВНИЙ СПОСІБ — CONDITIONAL MOOD			
він (я, ти)	втри́мував[ся] би [б]		втри́мав[ся] би [б]
вона (я, ти)	втри́мувала[ся] б		втри́мала[ся] б
воно	втри́мувало[ся] б		втри́мало[ся] б
вони (ми, ви)	втри́мували[ся] б		втри́мали[ся] б
НАКАЗОВИЙ СПОСІБ — IMPERATIVE MOOD			
ти	втри́муй[ся]		втри́май[ся]
ми	втри́муймо[ся]		втри́маймо[ся]
ви	втри́муйте[ся]		втри́майте[ся]
він, вона, воно	(не)ха́й втри́му́є[ться]		(не)ха́й втри́має[ться]
вони	(не)ха́й втри́мують[ся]		(не)ха́й втри́мають[ся]
ДІЄПРИКМЕТНИКИ — VERBAL ADJECTIVES (PARTICIPLES)			
ACTIVE			
PASSIVE	втри́муваний		втри́маний
ДІЄПРИСЛІВНИКИ — VERBAL ADVERBS			
	втри́муючи[сь], втри́мувавши[сь]		втри́мавши[сь]
БЕЗОСОБОВІ ФОРМИ — IMPERSONAL FORMS			
	втри́мувано		втри́мано

+ accusative:

Відео кра́ще **втри́мують** на́шу ува́гу ніж текст.
Videos hold our attention better than text.

Злочи́нець спробува́в утекти́, але́ поліція́нт **утри́мав** його́.
The criminal tried to run away, but the policeman held him back.

Сподіва́ємося, що це **втри́має** ситуа́цію під контро́лем.
Hopefully this will keep the situation under control.

Жі́нка не **втри́малася** і засмія́лася.
The woman could not resist and laughed.

№ 98

втруча́тися | втру́титися
утруча́тися | утру́титися
to interfere, to intervene

Present/Future Stems: **втруча-..-ся | втруч-/втрут-..-ся**
Conjugation: **1st (-ють) | 2nd (-ять)**

ОСОБА / PERSON	НЕДОКОНАНИЙ ВИД / IMPERFECTIVE ASPECT		ДОКОНАНИЙ ВИД / PERFECTIVE ASPECT
ТЕПЕРІШНІЙ ЧАС — PRESENT TENSE			
я	втруча́юся		
ти	втруча́єшся		
він, вона, воно	втруча́ється		
ми	втруча́ємося		
ви	втруча́єтеся		
вони	втруча́ються		
МИНУЛИЙ ЧАС — PAST TENSE			
він (я, ти)	втруча́вся		втру́тився
вона (я, ти)	втруча́лася		втру́тилася
воно	втруча́лося		втру́тилося
вони (ми, ви)	втруча́лися		втру́тилися
МАЙБУТНІЙ ЧАС — FUTURE TENSE			
	ANALYTIC	SYNTHETIC	
я	бу́ду втруча́тися	втруча́тимуся	втру́чуся
ти	бу́деш втруча́тися	втруча́тимешся	втру́тишся
він, вона, воно	бу́де втруча́тися	втруча́тиметься	втру́титься
ми	бу́демо втруча́тися	втруча́тимемося	втру́тимося
ви	бу́дете втруча́тися	втруча́тиметеся	втру́титеся
вони	бу́дуть втруча́тися	втруча́тимуться	втру́тяться
УМОВНИЙ СПОСІБ — CONDITIONAL MOOD			
він (я, ти)	втруча́вся б		втру́тився б
вона (я, ти)	втруча́лася б		втру́тилася б
воно	втруча́лося б		втру́тилося б
вони (ми, ви)	втруча́лися б		втру́тилися б
НАКАЗОВИЙ СПОСІБ — IMPERATIVE MOOD			
ти	втруча́йся		втру́ться
ми	втруча́ймося		втру́тьмося
ви	втруча́йтеся		втру́тьтеся
він, вона, воно	(не)ха́й втруча́ється		(не)ха́й втру́титься
вони	(не)ха́й втруча́ються		(не)ха́й втру́тяться
ДІЄПРИКМЕТНИКИ — VERBAL ADJECTIVES (PARTICIPLES)			
ACTIVE			
PASSIVE			
ДІЄПРИСЛІВНИКИ — VERBAL ADVERBS			
	втруча́ючись, втруча́вшись		втру́тившись
БЕЗОСОБОВІ ФОРМИ — IMPERSONAL FORMS			

у (в) + accusative:

Він за́вжди **втруча́ється** в чужі́ спра́ви.	He always interferes in other people's affairs.
Вона́ **втру́тилась** і зроби́ла ті́льки гі́рше.	She intervened and made it worse.
Ми **втру́тимось**, якщо́ ситуа́ція погі́ршиться.	We will intervene if the situation worsens.
Будь ла́ска, не **втруча́йся**.	Please do not interfere.

Present/Future Stems: **входж-/вход-** | **ввійд-**

Conjugation: **2nd (-ять)** | **1st (-уть)**

ВХÓДИТИ, ВВІХÓДИТИ | ВВІЙТИ́

ухóдити, увіхóдити | увійти́

to enter (in, into); to be a part (of)

ОСОБА / PERSON	НЕДОКОНАНИЙ ВИД / IMPERFECTIVE ASPECT		ДОКОНАНИЙ ВИД / PERFECTIVE ASPECT
ТЕПЕРІШНІЙ ЧАС — PRESENT TENSE			
я	вхóджу		
ти	вхóдиш		
він, вона, воно	вхóдить		
ми	вхóдимо		
ви	вхóдите		
вони	вхóдять		
МИНУЛИЙ ЧАС — PAST TENSE			
він (я, ти)	вхóдив		ввійшóв
вона (я, ти)	вхóдила		ввійшлá
воно	вхóдило		ввійшлó
вони (ми, ви)	вхóдили		ввійшли́
МАЙБУТНІЙ ЧАС — FUTURE TENSE			
	ANALYTIC	SYNTHETIC	
я	бýду вхóдити	вхóдитиму	ввійдý
ти	бýдеш вхóдити	вхóдитимеш	ввійде́ш
він, вона, воно	бýде вхóдити	вхóдитиме	ввійде́
ми	бýдемо вхóдити	вхóдитимемо	ввійде́мо
ви	бýдете вхóдити	вхóдитимете	ввійде́те
вони	бýдуть вхóдити	вхóдитимуть	ввійдýть
УМОВНИЙ СПОСІБ — CONDITIONAL MOOD			
він (я, ти)	вхóдив би		ввійшóв би
вона (я, ти)	вхóдила б		ввійшлá б
воно	вхóдило б		ввійшлó б
вони (ми, ви)	вхóдили б		ввійшли́ б
НАКАЗОВИЙ СПОСІБ — IMPERATIVE MOOD			
ти	вхóдь		ввійди́
ми	вхóдьмо		ввійді́мо
ви	вхóдьте		ввійді́ть
він, вона, воно	(не)хáй вхóдить		(не)хáй ввíйде
вони	(не)хáй вхóдять		(не)хáй ввíйдуть
ДІЄПРИКМЕТНИКИ — VERBAL ADJECTIVES (PARTICIPLES)			
ACTIVE			
PASSIVE			
ДІЄПРИСЛІВНИКИ — VERBAL ADVERBS			
	вхóдячи, вхóдивши		ввійшóвши
БЕЗОСОБОВІ ФОРМИ — IMPERSONAL FORMS			

у (в) + *accusative* = **до** + *genitive*:

У кімнáту (до кімнáти) **ввійшóв** незнайóмець. — *A stranger entered the room.*

До кни́ги (у кни́гу) **вхóдять** листи́ поéта. — *The book includes the poet's letters.*

Це не **вхóдило** в йогó плáни (до йогó плáнів). — *This was not part of his plans.*

Увійшóвши до цéркви, відрáзу відчувáєш знайóмий зáпах. — *When you enter the church, you immediately feel a familiar smell.*

№ 100

вчи́ти[ся], учи́ти[ся] | повчи́ти[ся]
to learn; to teach [to study]

Present/Future Stems: вч- | повч-

See also: **вивча́ти[ся]** | **ви́вчити[ся]** (№ 30), **навча́ти[ся]** | **навчи́ти[ся]** (№ 258)

Conjugation: **2nd (-ать)**

ОСОБА / PERSON	НЕДОКОНАНИЙ ВИД / IMPERFECTIVE ASPECT		ДОКОНАНИЙ ВИД / PERFECTIVE ASPECT
ТЕПЕРІШНІЙ ЧАС — PRESENT TENSE			
я	вчу́[ся]		
ти	вчи́ш[ся]		
він, вона, воно	вчи́ть[ся]		
ми	вчимо́[ся]		
ви	вчите́[ся]		
вони	вча́ть[ся]		
МИНУЛИЙ ЧАС — PAST TENSE			
він (я, ти)	вчи́в[ся]		повчи́в[ся]
вона (я, ти)	вчи́ла[ся]		повчи́ла[ся]
воно	вчи́ло[ся]		повчи́ло[ся]
вони (ми, ви)	вчи́ли[ся]		повчи́ли[ся]
МАЙБУТНІЙ ЧАС — FUTURE TENSE			
	ANALYTIC	SYNTHETIC	
я	бу́ду вчи́ти[ся]	вчи́тиму[ся]	повчу́[ся]
ти	бу́деш вчи́ти[ся]	вчи́тимеш[ся]	повчи́ш[ся]
він, вона, воно	бу́де вчи́ти[ся]	вчи́тиме[ться]	повчи́ть[ся]
ми	бу́демо вчи́ти[ся]	вчи́тимемо[ся]	повчимо́[ся]
ви	бу́дете вчи́ти[ся]	вчи́тимете[ся]	повчите́[ся]
вони	бу́дуть вчи́ти[ся]	вчи́тимуть[ся]	повча́ть[ся]
УМОВНИЙ СПОСІБ — CONDITIONAL MOOD			
він (я, ти)	вчи́в[ся] би [б]		повчи́в[ся] би [б]
вона (я, ти)	вчи́ла[ся] б		повчи́ла[ся] б
воно	вчи́ло[ся] б		повчи́ло[ся] б
вони (ми, ви)	вчи́ли[ся] б		повчи́ли[ся] б
НАКАЗОВИЙ СПОСІБ — IMPERATIVE MOOD			
ти	вчи́[ся]		повчи́[ся]
ми	вчі́мо[ся]		повчі́мо[ся]
ви	вчі́ть[ся]		повчі́ть[ся]
він, вона, воно	(не)ха́й вчи́ть[ся]		(не)ха́й повчи́ть[ся]
вони	(не)ха́й вча́ть[ся]		(не)ха́й повча́ть[ся]
ДІЄПРИКМЕТНИКИ — VERBAL ADJECTIVES (PARTICIPLES)			
ACTIVE			
PASSIVE	вче́ний, у́чений		
ДІЄПРИСЛІВНИКИ — VERBAL ADVERBS			
	вчи́вши[сь]		повчи́вши[сь]
БЕЗОСОБОВІ ФОРМИ — IMPERSONAL FORMS			
	вче́но, у́чено		

+ accusative *(to learn)*:
Зараз ми **вчимо́** знахідний відмінок.

Now we are learning the accusative case.

+ accusative + genitive *(to teach)*:
Подруга трохи **повчи́ла** мене́ грама́тики.

My friend taught me a little grammar.

-ся + у (в), на + locative *(to study)*:
На́ші ді́ти **вча́ться** в і́ншій шко́лі.

Our children study at another school.

-ся + на + accusative *(to study)*:
Він **повчи́вся** на програмі́ста два ро́ки й влаштува́вся на робо́ту.

He studied to be a programmer for two years and got a job.

№ 101

Present/Future Stems: **гаранту-** | **гаранту-**　　　　　**гаранту́вати** | **гаранту́вати**

Two-Aspect Verb, Conjugation: **1st (-ють)**　　　　　　　　　　　　　　　　　　*to guarantee*

ОСОБА / PERSON	НЕДОКОНАНИЙ ВИД / IMPERFECTIVE ASPECT		ДОКОНАНИЙ ВИД / PERFECTIVE ASPECT
ТЕПЕРІШНІЙ ЧАС — PRESENT TENSE			
я	гаранту́ю		
ти	гаранту́єш		
він, вона, воно	гаранту́є		
ми	гаранту́ємо		
ви	гаранту́єте		
вони	гаранту́ють		
МИНУЛИЙ ЧАС — PAST TENSE			
він (я, ти)	гарантува́в		гарантува́в
вона (я, ти)	гарантува́ла		гарантува́ла
воно	гарантува́ло		гарантува́ло
вони (ми, ви)	гарантува́ли		гарантува́ли
МАЙБУТНІЙ ЧАС — FUTURE TENSE			
	ANALYTIC	SYNTHETIC	
я	бу́ду гарантува́ти	гарантува́тиму	гаранту́ю
ти	бу́деш гарантува́ти	гарантува́тимеш	гаранту́єш
він, вона, воно	бу́де гарантува́ти	гарантува́тиме	гаранту́є
ми	бу́демо гарантува́ти	гарантува́тимемо	гаранту́ємо
ви	бу́дете гарантува́ти	гарантува́тимете	гаранту́єте
вони	бу́дуть гарантува́ти	гарантува́тимуть	гаранту́ють
УМОВНИЙ СПОСІБ — CONDITIONAL MOOD			
він (я, ти)	гарантува́в би		гарантува́в би
вона (я, ти)	гарантува́ла б		гарантува́ла б
воно	гарантува́ло б		гарантува́ло б
вони (ми, ви)	гарантува́ли б		гарантува́ли б
НАКАЗОВИЙ СПОСІБ — IMPERATIVE MOOD			
ти	гаранту́й		гаранту́й
ми	гаранту́ймо		гаранту́ймо
ви	гаранту́йте		гаранту́йте
він, вона, воно	(не)ха́й гаранту́є		(не)ха́й гаранту́є
вони	(не)ха́й гаранту́ють		(не)ха́й гаранту́ють
ДІЄПРИКМЕТНИКИ — VERBAL ADJECTIVES (PARTICIPLES)			
ACTIVE			
PASSIVE	гаранто́ваний		гаранто́ваний
ДІЄПРИСЛІВНИКИ — VERBAL ADVERBS			
	гаранту́ючи, гарантува́вши		гарантува́вши
БЕЗОСОБОВІ ФОРМИ — IMPERSONAL FORMS			
	гаранто́вано		гаранто́вано

+ dative + accusative:

Ми **гаранту́ємо** вам своєча́сну опла́ту.　　　*We guarantee you timely payment.*

Вла́да **гарантува́ла** фінансува́ння ціє́ї ініціати́ви.　　*The authorities guaranteed the financing of this initiative.*

Чи **гарантува́тиме** (**бу́де гарантува́ти**) це припи́нення вогню́?　　*Will this guarantee a ceasefire?*

Незабу́тні вра́ження **гаранто́вано**.　　*Unforgettable impressions are guaranteed.*

№ 102

говори́ти | поговори́ти
to say; to speak, to talk
See also: **розмовля́ти** | **порозмовля́ти** (№ 413)

Present/Future Stems: **говор- | поговор-**
Conjugation: **2nd (-ять)**

ОСО́БА / PERSON	НЕДОКО́НАНИЙ ВИД / IMPERFECTIVE ASPECT		ДОКО́НАНИЙ ВИД / PERFECTIVE ASPECT
ТЕПЕ́РІШНІЙ ЧАС — PRESENT TENSE			
я	говорю́		
ти	гово́риш		
він, вона, воно	гово́рить		
ми	гово́римо		
ви	гово́рите		
вони	гово́рять		
МИНУ́ЛИЙ ЧАС — PAST TENSE			
він (я, ти)	говори́в		поговори́в
вона (я, ти)	говори́ла		поговори́ла
воно	говори́ло		поговори́ло
вони (ми, ви)	говори́ли		поговори́ли
МАЙБУ́ТНІЙ ЧАС — FUTURE TENSE			
	ANALYTIC	SYNTHETIC	
я	бу́ду говори́ти	говори́тиму	поговорю́
ти	бу́деш говори́ти	говори́тимеш	поговори́ш
він, вона, воно	бу́де говори́ти	говори́тиме	поговори́ть
ми	бу́демо говори́ти	говори́тимемо	поговори́мо
ви	бу́дете говори́ти	говори́тимете	поговори́те
вони	бу́дуть говори́ти	говори́тимуть	поговоря́ть
УМО́ВНИЙ СПО́СІБ — CONDITIONAL MOOD			
він (я, ти)	говори́в би		поговори́в би
вона (я, ти)	говори́ла б		поговори́ла б
воно	говори́ло б		поговори́ло б
вони (ми, ви)	говори́ли б		поговори́ли б
НАКАЗО́ВИЙ СПО́СІБ — IMPERATIVE MOOD			
ти	говори́		поговори́
ми	говорі́мо		поговорі́мо
ви	говорі́ть		поговорі́ть
він, вона, воно	(не)ха́й гово́рить		(не)ха́й поговори́ть
вони	(не)ха́й гово́рять		(не)ха́й поговоря́ть
ДІЄПРИКМЕ́ТНИКИ — VERBAL ADJECTIVES (PARTICIPLES)			
ACTIVE			
PASSIVE	гово́рений		
ДІЄПРИСЛІ́ВНИКИ — VERBAL ADVERBS			
	гово́рячи, говори́вши		поговори́вши
БЕЗОСОБО́ВІ ФО́РМИ — IMPERSONAL FORMS			
	гово́рено		

+ accusative:
Він **гово́рить** яки́сь нісені́тниці.
He is talking some nonsense.

з (із, зі) + instrumental:
Ма́ма **поговори́ла** (**порозмовля́ла**) з до́чкою, а по́тім із си́ном.
The mother talked to her daughter and then to her son.

+ instrumental:
Ви **говори́тимете** (**бу́дете говори́ти**) украї́нською вже че́рез кі́лька мі́сяців.
You will speak Ukrainian in just a few months.

про + accusative:
Говоря́чи про це, хо́чу згада́ти одну́ істо́рію.
Speaking of this, I want to mention one story.

№ 103

Present/Future Stems: **году-** | **погоду-**
Conjugation: **1st (-ють)**

годува́ти | погодува́ти
to feed, to nourish

ОСОБА / PERSON	НЕДОКОНАНИЙ ВИД / IMPERFECTIVE ASPECT		ДОКОНАНИЙ ВИД / PERFECTIVE ASPECT
ТЕПЕРІШНІЙ ЧАС — PRESENT TENSE			
я	году́ю		
ти	году́єш		
він, вона, воно	году́є		
ми	году́ємо		
ви	году́єте		
вони	году́ють		
МИНУЛИЙ ЧАС — PAST TENSE			
він (я, ти)	годува́в		погодува́в
вона (я, ти)	годува́ла		погодува́ла
воно	годува́ло		погодува́ло
вони (ми, ви)	годува́ли		погодува́ли
МАЙБУТНІЙ ЧАС — FUTURE TENSE	ANALYTIC	SYNTHETIC	
я	бу́ду годува́ти	годува́тиму	погоду́ю
ти	бу́деш годува́ти	годува́тимеш	погоду́єш
він, вона, воно	бу́де годува́ти	годува́тиме	погоду́є
ми	бу́демо годува́ти	годува́тимемо	погоду́ємо
ви	бу́дете годува́ти	годува́тимете	погоду́єте
вони	бу́дуть годува́ти	годува́тимуть	погоду́ють
УМОВНИЙ СПОСІБ — CONDITIONAL MOOD			
він (я, ти)	годува́в би		погодува́в би
вона (я, ти)	годува́ла б		погодува́ла б
воно	годува́ло б		погодува́ло б
вони (ми, ви)	годува́ли б		погодува́ли б
НАКАЗОВИЙ СПОСІБ — IMPERATIVE MOOD			
ти	году́й		погоду́й
ми	году́ймо		погоду́ймо
ви	году́йте		погоду́йте
він, вона, воно	(не)ха́й году́є		(не)ха́й погоду́є
вони	(не)ха́й году́ють		(не)ха́й погоду́ють
ДІЄПРИКМЕТНИКИ — VERBAL ADJECTIVES (PARTICIPLES)			
ACTIVE			
PASSIVE	годо́ваний		погодо́ваний
ДІЄПРИСЛІВНИКИ — VERBAL ADVERBS			
	году́ючи, годува́вши		погодува́вши
БЕЗОСОБОВІ ФОРМИ — IMPERSONAL FORMS			
	годо́вано		погодо́вано

+ *accusative*:
Він **году́є** соба́ку три́чі на день. — *He feeds the dog three times a day.*

+ *instrumental*:
Вона́ **годува́ла** до́ньку грудьми́ оди́н рік. — *She breastfed her daughter for a year.*

Заходь до ме́не, я **погоду́ю** тебе́ борще́м і варе́никами. — *Come to my place, I will feed you borsch and dumplings.*

Погоду́й ри́бок і почи́сти акваріум. — *Feed the fish and clean the aquarium.*

№ 104

голосува́ти | проголосува́ти
to vote

Present/Future Stems: **голосу-** | **проголосу-**
Conjugation: **1st (-ють)**

ОСО́БА / PERSON	НЕДОКО́НАНИЙ ВИД / IMPERFECTIVE ASPECT		ДОКО́НАНИЙ ВИД / PERFECTIVE ASPECT
ТЕПЕ́РІШНІЙ ЧАС — PRESENT TENSE			
я	голосу́ю		
ти	голосу́єш		
він, вона, воно	голосу́є		
ми	голосу́ємо		
ви	голосу́єте		
вони	голосу́ють		
МИНУ́ЛИЙ ЧАС — PAST TENSE			
він (я, ти)	голосува́в		проголосува́в
вона (я, ти)	голосува́ла		проголосува́ла
воно	голосува́ло		проголосува́ло
вони (ми, ви)	голосува́ли		проголосува́ли
МАЙБУ́ТНІЙ ЧАС — FUTURE TENSE	ANALYTIC	SYNTHETIC	
я	бу́ду голосува́ти	голосува́тиму	проголосу́ю
ти	бу́деш голосува́ти	голосува́тимеш	проголосу́єш
він, вона, воно	бу́де голосува́ти	голосува́тиме	проголосу́є
ми	бу́демо голосува́ти	голосува́тимемо	проголосу́ємо
ви	бу́дете голосува́ти	голосува́тимете	проголосу́єте
вони	бу́дуть голосува́ти	голосува́тимуть	проголосу́ють
УМО́ВНИЙ СПО́СІБ — CONDITIONAL MOOD			
він (я, ти)	голосува́в би		проголосува́в би
вона (я, ти)	голосува́ла б		проголосува́ла б
воно	голосува́ло б		проголосува́ло б
вони (ми, ви)	голосува́ли б		проголосува́ли б
НАКАЗО́ВИЙ СПО́СІБ — IMPERATIVE MOOD			
ти	голосу́й		проголосу́й
ми	голосу́ймо		проголосу́ймо
ви	голосу́йте		проголосу́йте
він, вона, воно	(не)ха́й голосу́є		(не)ха́й проголосу́є
вони	(не)ха́й голосу́ють		(не)ха́й проголосу́ють
ДІЄПРИКМЕ́ТНИКИ — VERBAL ADJECTIVES (PARTICIPLES)			
ACTIVE			
PASSIVE			проголосо́ваний
ДІЄПРИСЛІ́ВНИКИ — VERBAL ADVERBS			
	голосу́ючи, голосува́вши		проголосува́вши
БЕЗОСОБО́ВІ ФО́РМИ — IMPERSONAL FORMS			
			проголосо́вано

за + *accusative*:
Чому́ лю́ди **голосу́ють** за цю па́ртію?
Why do people vote for this party?

про́ти + *genitive*:
Він **проголосува́в** про́ти рі́шення колекти́ву.
He voted against the team's decision.

Я **голосува́тиму** (**бу́ду голосува́ти**) ра́но-вра́нці, але́ ще не зна́ю, за кого **проголосу́ю**.
I will vote early in the morning, but I do not know who I will vote for yet.

Голосу́ючи за не́ї, я **голосу́ю** за майбу́тнє.
By voting for her, I am voting for the future.

Present/Future Stems: **гор- | згор-**
Conjugation: **2nd (-ять)**

горі́ти | згорі́ти
to burn, to be on fire

ОСОБА / PERSON	НЕДОКОНАНИЙ ВИД / IMPERFECTIVE ASPECT		ДОКОНАНИЙ ВИД / PERFECTIVE ASPECT
ТЕПЕРІШНІЙ ЧАС — PRESENT TENSE			
я	горю́		
ти	гори́ш		
він, вона, воно	гори́ть		
ми	горимо́		
ви	горите́		
вони	горя́ть		
МИНУЛИЙ ЧАС — PAST TENSE			
він (я, ти)	горі́в		згорі́в
вона (я, ти)	горі́ла		згорі́ла
воно	горі́ло		згорі́ло
вони (ми, ви)	горі́ли		згорі́ли
МАЙБУТНІЙ ЧАС — FUTURE TENSE	ANALYTIC	SYNTHETIC	
я	бу́ду горі́ти	горі́тиму	згорю́
ти	бу́деш горі́ти	горі́тимеш	згори́ш
він, вона, воно	бу́де горі́ти	горі́тиме	згори́ть
ми	бу́демо горі́ти	горі́тимемо	згоримо́
ви	бу́дете горі́ти	горі́тимете	згорите́
вони	бу́дуть горі́ти	горі́тимуть	згоря́ть
УМОВНИЙ СПОСІБ — CONDITIONAL MOOD			
він (я, ти)	горі́в би		згорі́в би
вона (я, ти)	горі́ла б		згорі́ла б
воно	горі́ло б		згорі́ло б
вони (ми, ви)	горі́ли б		згорі́ли б
НАКАЗОВИЙ СПОСІБ — IMPERATIVE MOOD			
ти	гори́		згори́
ми	горі́мо		згорі́мо
ви	горі́ть		згорі́ть
він, вона, воно	(не)ха́й гори́ть		(не)ха́й згори́ть
вони	(не)ха́й горя́ть		(не)ха́й згоря́ть
ДІЄПРИКМЕТНИКИ — VERBAL ADJECTIVES (PARTICIPLES)			
ACTIVE			згорі́лий
PASSIVE			
ДІЄПРИСЛІВНИКИ — VERBAL ADVERBS			
	горячи́, горі́вши		згорі́вши
БЕЗОСОБОВІ ФОРМИ — IMPERSONAL FORMS			

У передмісті **гори́ть** ліс. — *A forest is burning in the suburbs.*

Будівля по́вністю **згорі́ла** під час поже́жі. — *The building was completely burned down during the fire.*

+ instrumental:

Юна́к **горі́в** бажа́нням зміни́ти світ. — *The young man was burning with the desire to change the world.*

На жаль, нам не вдало́ся віднови́ти **згорі́лі** книги. — *Unfortunately, we didn't manage to restore the burned books.*

готува́ти[ся] | приготува́ти[ся]

to prepare; to cook [to get ready]

Present/Future Stems: **готу-** | **пригото-**

Conjugation: **1st (-ють)**

ОСОБА / PERSON	НЕДОКОНАНИЙ ВИД / IMPERFECTIVE ASPECT		ДОКОНАНИЙ ВИД / PERFECTIVE ASPECT
ТЕПЕРІШНІЙ ЧАС — PRESENT TENSE			
я	готу́ю[ся]		
ти	готу́єш[ся]		
він, вона, воно	готу́є[ться]		
ми	готу́ємо[ся]		
ви	готу́єте[ся]		
вони	готу́ють[ся]		
МИНУЛИЙ ЧАС — PAST TENSE			
він (я, ти)	готува́в[ся]		приготува́в[ся]
вона (я, ти)	готува́ла[ся]		приготува́ла[ся]
воно	готува́ло[ся]		приготува́ло[ся]
вони (ми, ви)	готува́ли[ся]		приготува́ли[ся]
МАЙБУТНІЙ ЧАС — FUTURE TENSE			
	ANALYTIC	SYNTHETIC	
я	бу́ду готува́ти[ся]	готува́тиму[ся]	приготу́ю[ся]
ти	бу́деш готува́ти[ся]	готува́тимеш[ся]	приготу́єш[ся]
він, вона, воно	бу́де готува́ти[ся]	готува́тиме[ться]	приготу́є[ться]
ми	бу́демо готува́ти[ся]	готува́тимемо[ся]	приготу́ємо[ся]
ви	бу́дете готува́ти[ся]	готува́тимете[ся]	приготу́єте[ся]
вони	бу́дуть готува́ти[ся]	готува́тимуть[ся]	приготу́ють[ся]
УМОВНИЙ СПОСІБ — CONDITIONAL MOOD			
він (я, ти)	готува́в[ся] би [б]		приготува́в[ся] би [б]
вона (я, ти)	готува́ла[ся] б		приготува́ла[ся] б
воно	готува́ло[ся] б		приготува́ло[ся] б
вони (ми, ви)	готува́ли[ся] б		приготува́ли[ся] б
НАКАЗОВИЙ СПОСІБ — IMPERATIVE MOOD			
ти	готу́й[ся]		приготу́й[ся]
ми	готу́ймо[ся]		приготу́ймо[ся]
ви	готу́йте[ся]		приготу́йте[ся]
він, вона, воно	(не)ха́й готу́є[ться]		(не)ха́й приготу́є[ться]
вони	(не)ха́й готу́ють[ся]		(не)ха́й приготу́ють[ся]
ДІЄПРИКМЕТНИКИ — VERBAL ADJECTIVES (PARTICIPLES)			
ACTIVE			
PASSIVE			пригото́ваний
ДІЄПРИСЛІВНИКИ — VERBAL ADVERBS			
	готу́ючи[сь], готува́вши[сь]		приготува́вши[сь]
БЕЗОСОБОВІ ФОРМИ — IMPERSONAL FORMS			
			пригото́вано

+ accusative:

Моя́ вчи́телька стара́нно **готу́є** ко́жен уро́к. — *My teacher carefully prepares each lesson.*

Бабу́ся **приготува́ла** зеле́ний борщ і греча́ну ка́шу. — *Grandma cooked green borsch and buckwheat porridge.*

Готу́й са́ни влі́тку, а во́за — взи́мку (прислі́в'я). — *Prepare a sleigh in summer, and a wagon in winter (proverb).*

-ся + до + genitive:

Ми завзя́то **готу́ємося** до свя́та. — *We are eagerly preparing for the celebration.*

№ 107

Present/Future Stems: **гра-** | **погра-**

Conjugation: **1st (-ють)**

гра́ти[ся] | пограти[ся]

to play (music, a game, a role) [to play in general]

ОСОБА / PERSON	НЕДОКОНАНИЙ ВИД / IMPERFECTIVE ASPECT		ДОКОНАНИЙ ВИД / PERFECTIVE ASPECT
ТЕПЕРІШНІЙ ЧАС — PRESENT TENSE			
я	гра́ю[ся]		
ти	гра́єш[ся]		
він, вона, воно	гра́є[ться]		
ми	гра́ємо[ся]		
ви	гра́єте[ся]		
вони	гра́ють[ся]		
МИНУЛИЙ ЧАС — PAST TENSE			
він (я, ти)	гра́в[ся]		погра́в[ся]
вона (я, ти)	гра́ла[ся]		погра́ла[ся]
воно	гра́ло[ся]		погра́ло[ся]
вони (ми, ви)	гра́ли[ся]		погра́ли[ся]
МАЙБУТНІЙ ЧАС — FUTURE TENSE			
	ANALYTIC	SYNTHETIC	
я	бу́ду гра́ти[ся]	гра́тиму[ся]	погра́ю[ся]
ти	бу́деш гра́ти[ся]	гра́тимеш[ся]	погра́єш[ся]
він, вона, воно	бу́де гра́ти[ся]	гра́тиме[ться]	погра́є[ться]
ми	бу́демо гра́ти[ся]	гра́тимемо[ся]	погра́ємо[ся]
ви	бу́дете гра́ти[ся]	гра́тимете[ся]	погра́єте[ся]
вони	бу́дуть гра́ти[ся]	гра́тимуть[ся]	погра́ють[ся]
УМОВНИЙ СПОСІБ — CONDITIONAL MOOD			
він (я, ти)	гра́в[ся] би [б]		погра́в[ся] би [б]
вона (я, ти)	гра́ла[ся] б		погра́ла[ся] б
воно	гра́ло[ся] б		погра́ло[ся] б
вони (ми, ви)	гра́ли[ся] б		погра́ли[ся] б
НАКАЗОВИЙ СПОСІБ — IMPERATIVE MOOD			
ти	грай[ся]		пограй[ся]
ми	гра́ймо[ся]		погра́ймо[ся]
ви	гра́йте[ся]		погра́йте[ся]
він, вона, воно	(не)ха́й гра́є[ться]		(не)ха́й погра́є[ться]
вони	(не)ха́й гра́ють[ся]		(не)ха́й погра́ють[ся]

ДІЄПРИКМЕТНИКИ — VERBAL ADJECTIVES (PARTICIPLES)

ACTIVE

PASSIVE

ДІЄПРИСЛІВНИКИ — VERBAL ADVERBS

гра́ючи[сь], гра́вши[сь]　　　　　　　погра́вши[сь]

БЕЗОСОБОВІ ФОРМИ — IMPERSONAL FORMS

у (в) + *accusative (game, sport)*:
Ми з дру́зями ча́сто **гра́ємо** в насті́льні і́гри.　　　*My friends and I often play board games.*
Учо́ра ми га́рно **погра́ли** у футбо́л.　　　*Yesterday we played a good game of football.*

у (в) + *locative (in a movie or play)*:
Моя́ улю́блена акто́рка **гра́є** в цьо́му фі́льмі.　　　*My favorite actress is (playing) in this movie.*

на + *locative (musical instrument)*:
У дити́нстві вона́ **гра́ла** на гіта́рі.　　　*As a child, she played the guitar.*

-ся + *instrumental (toys)*, **з (із, зі)** + *instrumental*:
Хло́пчик **гра́вся** ку́биками з діду́сем.　　　*The boy was playing with blocks with his grandpa.*

№ 108

губи́ти[ся] | загуби́ти[ся], згуби́ти[ся]

to lose sth/sb [to get lost]

Present/Future Stems: **губ(л)-** | **загуб(л)-**
Conjugation: **2nd (-ять)**

ОСОБА / PERSON	НЕДОКОНАНИЙ ВИД / IMPERFECTIVE ASPECT		ДОКОНАНИЙ ВИД / PERFECTIVE ASPECT
ТЕПЕРІШНІЙ ЧАС — PRESENT TENSE			
я	гублю́[ся]		
ти	гу́биш[ся]		
він, вона, воно	гу́бить[ся]		
ми	гу́бимо[ся]		
ви	гу́бите[ся]		
вони	гу́блять[ся]		
МИНУЛИЙ ЧАС — PAST TENSE			
він (я, ти)	губи́в[ся]		загуби́в[ся]
вона (я, ти)	губи́ла[ся]		загуби́ла[ся]
воно	губи́ло[ся]		загуби́ло[ся]
вони (ми, ви)	губи́ли[ся]		загуби́ли[ся]
МАЙБУТНІЙ ЧАС — FUTURE TENSE			
	ANALYTIC	SYNTHETIC	
я	бу́ду губи́ти[ся]	губи́тиму[ся]	загублю́[ся]
ти	бу́деш губи́ти[ся]	губи́тимеш[ся]	загу́биш[ся]
він, вона, воно	бу́де губи́ти[ся]	губи́тиме[ться]	загу́бить[ся]
ми	бу́демо губи́ти[ся]	губи́тимемо[ся]	загу́бимо[ся]
ви	бу́дете губи́ти[ся]	губи́тимете[ся]	загу́бите[ся]
вони	бу́дуть губи́ти[ся]	губи́тимуть[ся]	загу́блять[ся]
УМОВНИЙ СПОСІБ — CONDITIONAL MOOD			
він (я, ти)	губи́в[ся] би [б]		загуби́в[ся] би [б]
вона (я, ти)	губи́ла[ся] б		загуби́ла[ся] б
воно	губи́ло[ся] б		загуби́ло[ся] б
вони (ми, ви)	губи́ли[ся] б		загуби́ли[ся] б
НАКАЗОВИЙ СПОСІБ — IMPERATIVE MOOD			
ти	губи́[ся]		загуби́[ся]
ми	губі́мо[ся]		загубі́мо[ся]
ви	губі́ть[ся]		загубі́ть[ся]
він, вона, воно	(не)ха́й гу́бить[ся]		(не)ха́й загу́бить[ся]
вони	(не)ха́й гу́блять[ся]		(не)ха́й загу́блять[ся]
ДІЄПРИКМЕТНИКИ — VERBAL ADJECTIVES (PARTICIPLES)			
ACTIVE			
PASSIVE			загу́блений
ДІЄПРИСЛІВНИКИ — VERBAL ADVERBS			
	гу́блячи[сь], губи́вши[сь]		загуби́вши[сь]
БЕЗОСОБОВІ ФОРМИ — IMPERSONAL FORMS			
			загу́блено

+ accusative:

Він ча́сто **гу́бить** свої́ ре́чі.
He often loses his things.

Вона́ **загуби́ла** (**згуби́ла**) гамане́ць на вокза́лі.
She lost her wallet at the station.

Загу́блені ре́чі зберіга́ються в бюро́ зна́хідок.
Lost items are stored in the lost and found.

Що б ви зроби́ли, **загуби́вши** (**згуби́вши**) ключі́ від кварти́ри?
What would you do if you lost your apartment keys?

У цьо́му мі́сті ле́гко **загуби́тися**.
It is easy to get lost in this city.

№ 109

Present/Future Stems: **гуля-** | **погуля-**
Conjugation: **1st (-ють)**

гуля́ти | погуля́ти

to walk, to go for a walk; to have fun

ОСОБА / PERSON	НЕДОКОНАНИЙ ВИД / IMPERFECTIVE ASPECT		ДОКОНАНИЙ ВИД / PERFECTIVE ASPECT
ТЕПЕРІШНІЙ ЧАС — PRESENT TENSE			
я	гуля́ю		
ти	гуля́єш		
він, вона, воно	гуля́є		
ми	гуля́ємо		
ви	гуля́єте		
вони	гуля́ють		
МИНУЛИЙ ЧАС — PAST TENSE			
він (я, ти)	гуля́в		погуля́в
вона (я, ти)	гуля́ла		погуля́ла
воно	гуля́ло		погуля́ло
вони (ми, ви)	гуля́ли		погуля́ли
МАЙБУТНІЙ ЧАС — FUTURE TENSE			
	ANALYTIC	SYNTHETIC	
я	бу́ду гуля́ти	гуля́тиму	погуля́ю
ти	бу́деш гуля́ти	гуля́тимеш	погуля́єш
він, вона, воно	бу́де гуля́ти	гуля́тиме	погуля́є
ми	бу́демо гуля́ти	гуля́тимемо	погуля́ємо
ви	бу́дете гуля́ти	гуля́тимете	погуля́єте
вони	бу́дуть гуля́ти	гуля́тимуть	погуля́ють
УМОВНИЙ СПОСІБ — CONDITIONAL MOOD			
він (я, ти)	гуля́в би		погуля́в би
вона (я, ти)	гуля́ла б		погуля́ла б
воно	гуля́ло б		погуля́ло б
вони (ми, ви)	гуля́ли б		погуля́ли б
НАКАЗОВИЙ СПОСІБ — IMPERATIVE MOOD			
ти	гуля́й		погуля́й
ми	гуля́ймо		погуля́ймо
ви	гуля́йте		погуля́йте
він, вона, воно	(не)ха́й гуля́є		(не)ха́й погуля́є
вони	(не)ха́й гуля́ють		(не)ха́й погуля́ють
ДІЄПРИКМЕТНИКИ — VERBAL ADJECTIVES (PARTICIPLES)			
ACTIVE			
PASSIVE			
ДІЄПРИСЛІВНИКИ — VERBAL ADVERBS			
	гуля́ючи, гуля́вши		погуля́вши
БЕЗОСОБОВІ ФОРМИ — IMPERSONAL FORMS			

Вона́ ча́сто **гуля́є** наодинці. — *She often goes for a walk alone.*

у (в), **на**, **по** + *locative*:
Вони́ **погуля́ли** в па́рку і розійшли́ся. — *They walked in the park and parted ways.*
Гуля́ючи на пля́жі, ми знайшли́ незвича́йну му́шлю. — *Walking on the beach, we found an unusual shell.*
Ми чудо́во **погуля́ли**! — *Depending on context: We had a great walk! or We had a lot of fun! (at a party, etc.)*

№ 110

дава́ти[ся] | да́ти[ся]

to give; to let [to come (easy, difficult); to give in to]

Present/Future Stems: **да-** | *special*
Conjugation: **1st (-ють)** | *special*

ОСОБА / PERSON	НЕДОКОНАНИЙ ВИД / IMPERFECTIVE ASPECT		ДОКОНАНИЙ ВИД / PERFECTIVE ASPECT
ТЕПЕРІШНІЙ ЧАС — PRESENT TENSE			
я	даю́[ся]		
ти	дає́ш[ся]		
він, вона, воно	дає́[ться]		
ми	даємо́[ся]		
ви	дає́те[ся]		
вони	даю́ть[ся]		
МИНУЛИЙ ЧАС — PAST TENSE			
він (я, ти)	дава́в[ся]		да́в[ся]
вона (я, ти)	дава́ла[ся]		дала́[ся]
воно	дава́ло[ся]		дало́[ся]
вони (ми, ви)	дава́ли[ся]		дали́[ся]
МАЙБУТНІЙ ЧАС — FUTURE TENSE			
	ANALYTIC	SYNTHETIC	
я	бу́ду дава́ти[ся]	дава́тиму[ся]	да́м[ся]
ти	бу́деш дава́ти[ся]	дава́тимеш[ся]	даси́[ся]
він, вона, воно	бу́де дава́ти[ся]	дава́тиме[ться]	дасть[ся]
ми	бу́демо дава́ти[ся]	дава́тимемо[ся]	дамо́[ся]
ви	бу́дете дава́ти[ся]	дава́тимете[ся]	дасте́[ся]
вони	бу́дуть дава́ти[ся]	дава́тимуть[ся]	даду́ть[ся]
УМОВНИЙ СПОСІБ — CONDITIONAL MOOD			
він (я, ти)	дава́в[ся] би [б]		да́в[ся] би [б]
вона (я, ти)	дава́ла[ся] б		дала́[ся] б
воно	дава́ло[ся] б		дало́[ся] б
вони (ми, ви)	дава́ли[ся] б		дали́[ся] б
НАКАЗОВИЙ СПОСІБ — IMPERATIVE MOOD			
ти	дава́й[ся]		да́й[ся]
ми	дава́ймо[ся]		да́ймо[ся]
ви	дава́йте[ся]		да́йте[ся]
він, вона, воно	(не)ха́й дає́[ться]		(не)ха́й да́сть[ся]
вони	(не)ха́й даю́ть[ся]		(не)ха́й даду́ть[ся]
ДІЄПРИКМЕТНИКИ — VERBAL ADJECTIVES (PARTICIPLES)			
ACTIVE			
PASSIVE	да́ваний		да́ний
ДІЄПРИСЛІВНИКИ — VERBAL ADVERBS			
	даю́чи[сь], дава́вши[сь]		да́вши[сь]
БЕЗОСОБОВІ ФОРМИ — IMPERSONAL FORMS			
	да́вано		да́но

+ dative + accusative:
Це **дає́** мені́ при́від для оптимі́зму. — *This gives me reason for optimism.*
Профе́сор не **дава́в** студе́нтам користува́тися смартфо́нами під час і́спиту. — *The professor did not allow students to use smartphones during the exam.*
Я **дам** тобі́ гро́ші на доро́гу. — *I will give you money for the trip.*
Не **дай** Бог! — *God forbid! (God, do not let this!)*

dative + -ся + nominative:
Йому́ ле́гко **даю́ться** мо́ви. — *Languages come easy for him.*
Кома́нді ва́жко **дала́сь** перемо́га. — *The victory was hard-won for the team.*

№ 111

Present/Future Stems: **дару- | подару-**

Conjugation: **1st (-ють)**

дарува́ти | подарува́ти

to give as a present; to pardon, to excuse

ОСОБА / PERSON	НЕДОКОНАНИЙ ВИД / IMPERFECTIVE ASPECT		ДОКОНАНИЙ ВИД / PERFECTIVE ASPECT
ТЕПЕРІШНІЙ ЧАС — PRESENT TENSE			
я	дару́ю		
ти	дару́єш		
він, вона, воно	дару́є		
ми	дару́ємо		
ви	дару́єте		
вони	дару́ють		
МИНУЛИЙ ЧАС — PAST TENSE			
він (я, ти)	дарува́в		подарува́в
вона (я, ти)	дарува́ла		подарува́ла
воно	дарува́ло		подарува́ло
вони (ми, ви)	дарува́ли		подарува́ли
МАЙБУТНІЙ ЧАС — FUTURE TENSE			
	ANALYTIC	SYNTHETIC	
я	бу́ду дарува́ти	дарува́тиму	подару́ю
ти	бу́деш дарува́ти	дарува́тимеш	подару́єш
він, вона, воно	бу́де дарува́ти	дарува́тиме	подару́є
ми	бу́демо дарува́ти	дарува́тимемо	подару́ємо
ви	бу́дете дарува́ти	дарува́тимете	подару́єте
вони	бу́дуть дарува́ти	дарува́тимуть	подару́ють
УМОВНИЙ СПОСІБ — CONDITIONAL MOOD			
він (я, ти)	дарува́в би		подарува́в би
вона (я, ти)	дарува́ла б		подарува́ла б
воно	дарува́ло б		подарува́ло б
вони (ми, ви)	дарува́ли б		подарува́ли б
НАКАЗОВИЙ СПОСІБ — IMPERATIVE MOOD			
ти	дару́й		подару́й
ми	дару́ймо		подару́ймо
ви	дару́йте		подару́йте
він, вона, воно	(не)ха́й дару́є		(не)ха́й подару́є
вони	(не)ха́й дару́ють		(не)ха́й подару́ють
ДІЄПРИКМЕТНИКИ — VERBAL ADJECTIVES (PARTICIPLES)			
ACTIVE			
PASSIVE	даро́ваний		подаро́ваний
ДІЄПРИСЛІВНИКИ — VERBAL ADVERBS			
	дару́ючи, дарува́вши		подарува́вши
БЕЗОСОБОВІ ФОРМИ — IMPERSONAL FORMS			
	даро́вано		подаро́вано

+ *dative* + *accusative* + **на** + *accusative*:
Ми за́вжди **дару́ємо** ма́мі квіти на день наро́дження. — We always give our mother flowers for her birthday.
Що тобі́ **подарува́в** Святи́й Микола́й? — What did St. Nicholas give to you?

за + *accusative*:
Дару́йте за кри́тику, але́ ви помиля́єтесь. — Pardon my criticism, but you are mistaken.
Мені́ ду́же сподо́балась **подаро́вана** ва́ми кни́га. — I really liked the book you gifted me.

№ 112

дешéвшати | подешéвшати

to become cheaper, to devalue

Present/Future Stems: дешевша- | подешевша-
Conjugation: **1st (-ють)**

ОСОБА / PERSON	НЕДОКОНАНИЙ ВИД / IMPERFECTIVE ASPECT		ДОКОНАНИЙ ВИД / PERFECTIVE ASPECT
ТЕПЕРІШНІЙ ЧАС — PRESENT TENSE			
я			
ти			
він, вона, воно	дешéвшає		
ми			
ви			
вони	дешéвшають		
МИНУЛИЙ ЧАС — PAST TENSE			
він	дешéвшав		подешéвшав
вона	дешéвшала		подешéвшала
воно	дешéвшало		подешéвшало
вони	дешéвшали		подешéвшали
МАЙБУТНІЙ ЧАС — FUTURE TENSE			
	ANALYTIC	SYNTHETIC	
я			
ти			
він, вона, воно	бýде дешéвшати	дешéвшатиме	подешéвшає
ми			
ви			
вони	бýдуть дешéвшати	дешéвшатимуть	подешéвшають
УМОВНИЙ СПОСІБ — CONDITIONAL MOOD			
він	дешéвшав би		подешéвшав би
вона	дешéвшала б		подешéвшала б
воно	дешéвшало б		подешéвшало б
вони	дешéвшали б		подешéвшали б
НАКАЗОВИЙ СПОСІБ — IMPERATIVE MOOD			
ти			
ми			
ви			
він, вона, воно	(не)хáй дешéвшає		(не)хáй подешéвшає
вони	(не)хáй дешéвшають		(не)хáй подешéвшають
ДІЄПРИКМЕТНИКИ — VERBAL ADJECTIVES (PARTICIPLES)			
ACTIVE			
PASSIVE			
ДІЄПРИСЛІВНИКИ — VERBAL ADVERBS			
	дешéвшаючи, дешéвшавши		подешéвшавши
БЕЗОСОБОВІ ФОРМИ — IMPERSONAL FORMS			

Нáфта **дешéвшає**, а бензи́н дорожчáє.
Oil is getting cheaper, and gasoline is getting more expensive.

на + *accusative*:
Гри́вня **подешéвшала** на п'ять відсо́тків.
The hryvnia devalued by five percent.

Улі́тку сві́жі проду́кти де́що **подешéвшають**.
In the summer, fresh produce will become somewhat cheaper.

А́кції компа́нії впа́ли до ново́го мі́німуму, **подешéвшавши** на 25 відсо́тків.
The company's shares fell to a new low, falling in price by 25 percent.

№ 113

Present/Future Stems: **дзвон-** | **подзвон-**

Conjugation: **2nd (-ять)**

ДЗВОНИ́ТИ | ПОДЗВОНИ́ТИ, ЗАДЗВОНИ́ТИ

to ring; to call, to give a call (**подзвони́ти**);
to chime (**задзвони́ти**)

ОСОБА / PERSON	НЕДОКОНАНИЙ ВИД / IMPERFECTIVE ASPECT		ДОКОНАНИЙ ВИД / PERFECTIVE ASPECT
ТЕПЕРІШНІЙ ЧАС — PRESENT TENSE			
я	дзвоню́		
ти	дзво́ниш		
він, вона, воно	дзво́нить		
ми	дзво́нимо		
ви	дзво́ните		
вони	дзво́нять		
МИНУЛИЙ ЧАС — PAST TENSE			
він (я, ти)	дзвони́в		подзвони́в
вона (я, ти)	дзвони́ла		подзвони́ла
воно	дзвони́ло		подзвони́ло
вони (ми, ви)	дзвони́ли		подзвони́ли
МАЙБУТНІЙ ЧАС — FUTURE TENSE			
	ANALYTIC	SYNTHETIC	
я	бу́ду дзвони́ти	дзвони́тиму	подзвоню́
ти	бу́деш дзвони́ти	дзвони́тимеш	подзво́ниш
він, вона, воно	бу́де дзвони́ти	дзвони́тиме	подзво́нить
ми	бу́демо дзвони́ти	дзвони́тимемо	подзво́нимо
ви	бу́дете дзвони́ти	дзвони́тимете	подзво́ните
вони	бу́дуть дзвони́ти	дзвони́тимуть	подзво́нять
УМОВНИЙ СПОСІБ — CONDITIONAL MOOD			
він (я, ти)	дзвони́в би		подзвони́в би
вона (я, ти)	дзвони́ла б		подзвони́ла б
воно	дзвони́ло б		подзвони́ло б
вони (ми, ви)	дзвони́ли б		подзвони́ли б
НАКАЗОВИЙ СПОСІБ — IMPERATIVE MOOD			
ти	дзвони́		подзвони́
ми	дзвоні́мо		подзвоні́мо
ви	дзвоні́ть		подзвоні́ть
він, вона, воно	(не)ха́й дзво́нить		(не)ха́й подзво́нить
вони	(не)ха́й дзво́нять		(не)ха́й подзво́нять
ДІЄПРИКМЕТНИКИ — VERBAL ADJECTIVES (PARTICIPLES)			
ACTIVE			
PASSIVE			
ДІЄПРИСЛІВНИКИ — VERBAL ADVERBS			
	дзво́нячи, дзвони́вши		подзвони́вши
БЕЗОСОБОВІ ФОРМИ — IMPERSONAL FORMS			

у (в) + accusative:

Ді́ти **дзво́нять** у дзвіно́чки.   *Children are ringing little bells.*

Хло́пець **подзвони́в** у две́рі.   *The guy rang the doorbell.*

У це́ркві **задзвони́ли** дзво́ни.   *In the church, the bells started to ring.*

+ dative:

Я **подзвоню́** ма́мі й запита́ю.   *I will call my Mom and ask.*

Подзвони́ мені́, будь ла́ска.   *Call me please.*

№ 114

дивитися | подивитися

to look (at, in, into), to watch; to look after

Present/Future Stems: **див(л)-..-ся | подив(л)-..-ся**

Conjugation: **2nd (-ять)**

ОСОБА / PERSON	НЕДОКОНАНИЙ ВИД / IMPERFECTIVE ASPECT		ДОКОНАНИЙ ВИД / PERFECTIVE ASPECT
ТЕПЕРІШНІЙ ЧАС — PRESENT TENSE			
я	дивлюся		
ти	дивишся		
він, вона, воно	дивиться		
ми	дивимося		
ви	дивитеся		
вони	дивляться		
МИНУЛИЙ ЧАС — PAST TENSE			
він (я, ти)	дивився		подивився
вона (я, ти)	дивилася		подивилася
воно	дивилося		подивилося
вони (ми, ви)	дивилися		подивилися
МАЙБУТНІЙ ЧАС — FUTURE TENSE			
	ANALYTIC	SYNTHETIC	
я	буду дивитися	дивитимуся	подивлюся
ти	будеш дивитися	дивитимешся	подивишся
він, вона, воно	буде дивитися	дивитиметься	подивиться
ми	будемо дивитися	дивитимемося	подивимося
ви	будете дивитися	дивитиметеся	подивитеся
вони	будуть дивитися	дивитимуться	подивляться
УМОВНИЙ СПОСІБ — CONDITIONAL MOOD			
він (я, ти)	дивився б		подивився б
вона (я, ти)	дивилася б		подивилася б
воно	дивилося б		подивилося б
вони (ми, ви)	дивилися б		подивилися б
НАКАЗОВИЙ СПОСІБ — IMPERATIVE MOOD			
ти	дивися		подивися
ми	дивімося		подивімося
ви	дивіться		подивіться
він, вона, воно	(не)хай дивиться		(не)хай подивиться
вони	(не)хай дивляться		(не)хай подивляться
ДІЄПРИКМЕТНИКИ — VERBAL ADJECTIVES (PARTICIPLES)			
ACTIVE			
PASSIVE			
ДІЄПРИСЛІВНИКИ — VERBAL ADVERBS			
	дивлячись, дивившись		подивившись
БЕЗОСОБОВІ ФОРМИ — IMPERSONAL FORMS			

+ accusative:
Ми рідко **дивимося** телевізор.
We rarely watch TV.

на + accusative:
Він закохано **дивився** на дівчину.
He was looking at the girl with love.

за + instrumental:
Бабуся **подивиться** за дітьми, поки ми будемо в ресторані.
Grandma will look after the children while we are at the restaurant.

Дивись, який гарний захід сонця!
Look how beautiful the sunset is!

№ 115

Present/Future Stems: **диву-** | **здиву-**
Conjugation: **1st (-ють)**

дивува́ти[ся] | здивува́ти[ся]
to amaze, to surprise [to be amazed/surprised]

ОСОБА / PERSON	НЕДОКОНАНИЙ ВИД / IMPERFECTIVE ASPECT		ДОКОНАНИЙ ВИД / PERFECTIVE ASPECT
ТЕПЕРІШНІЙ ЧАС — PRESENT TENSE			
я	диву́ю[ся]		
ти	диву́єш[ся]		
він, вона, воно	диву́є[ться]		
ми	диву́ємо[ся]		
ви	диву́єте[ся]		
вони	диву́ють[ся]		
МИНУЛИЙ ЧАС — PAST TENSE			
він (я, ти)	дивува́в[ся]		здивува́в[ся]
вона (я, ти)	дивува́ла[ся]		здивува́ла[ся]
воно	дивува́ло[ся]		здивува́ло[ся]
вони (ми, ви)	дивува́ли[ся]		здивува́ли[ся]
МАЙБУТНІЙ ЧАС — FUTURE TENSE			
	ANALYTIC	SYNTHETIC	
я	бу́ду дивува́ти[ся]	дивува́тиму[ся]	здиву́ю[ся]
ти	бу́деш дивува́ти[ся]	дивува́тимеш[ся]	здиву́єш[ся]
він, вона, воно	бу́де дивува́ти[ся]	дивува́тиме[ться]	здиву́є[ться]
ми	бу́демо дивува́ти[ся]	дивува́тимемо[ся]	здиву́ємо[ся]
ви	бу́дете дивува́ти[ся]	дивува́тимете[ся]	здиву́єте[ся]
вони	бу́дуть дивува́ти[ся]	дивува́тимуть[ся]	здиву́ють[ся]
УМОВНИЙ СПОСІБ — CONDITIONAL MOOD			
він (я, ти)	дивува́в[ся] би [б]		здивува́в[ся] би [б]
вона (я, ти)	дивува́ла[ся] б		здивува́ла[ся] б
воно	дивува́ло[ся] б		здивува́ло[ся] б
вони (ми, ви)	дивува́ли[ся] б		здивува́ли[ся] б
НАКАЗОВИЙ СПОСІБ — IMPERATIVE MOOD			
ти	диву́й[ся]		здиву́й[ся]
ми	диву́ймо[ся]		здиву́ймо[ся]
ви	диву́йте[ся]		здиву́йте[ся]
він, вона, воно	(не)ха́й диву́є[ться]		(не)ха́й здиву́є[ться]
вони	(не)ха́й диву́ють[ся]		(не)ха́й здиву́ють[ся]
ДІЄПРИКМЕТНИКИ — VERBAL ADJECTIVES (PARTICIPLES)			
ACTIVE			
PASSIVE			здиво́ваний
ДІЄПРИСЛІВНИКИ — VERBAL ADVERBS			
	диву́ючи[сь], дивува́вши[сь]		здивува́вши[сь]
БЕЗОСОБОВІ ФОРМИ — IMPERSONAL FORMS			
			здиво́вано

+ accusative + instrumental:

Україна **диву́є** нас своєю красою. — *Ukraine amazes us with its beauty.*

Вона **здивува́ла** подругу несподіваним подарунком. — *She surprised her friend with an unexpected gift.*

Ми приємно **здиво́вані** вашим рішенням. — *We are pleasantly surprised by your decision.*

-ся + dative:

Чоловік **здивува́вся** запитанню журналістки. — *The man was surprised by the journalist's question.*

№ 116

ди́хати | дихну́ти
to breathe

Present/Future Stems: **диха-** | **дихн-**
Conjugation: **1st (-ють)** | **1st (-уть)**

ОСОБА / PERSON	НЕДОКОНАНИЙ ВИД / IMPERFECTIVE ASPECT		ДОКОНАНИЙ ВИД / PERFECTIVE ASPECT
ТЕПЕРІШНІЙ ЧАС — PRESENT TENSE			
я	ди́хаю		
ти	ди́хаєш		
він, вона, воно	ди́хає		
ми	ди́хаємо		
ви	ди́хаєте		
вони	ди́хають		
МИНУЛИЙ ЧАС — PAST TENSE			
він (я, ти)	ди́хав		дихну́в
вона (я, ти)	ди́хала		дихну́ла
воно	ди́хало		дихну́ло
вони (ми, ви)	ди́хали		дихну́ли
МАЙБУТНІЙ ЧАС — FUTURE TENSE	ANALYTIC	SYNTHETIC	
я	бу́ду ди́хати	ди́хатиму	дихну́
ти	бу́деш ди́хати	ди́хатимеш	дихне́ш
він, вона, воно	бу́де ди́хати	ди́хатиме	дихне́
ми	бу́демо ди́хати	ди́хатимемо	дихнемо́
ви	бу́дете ди́хати	ди́хатимете	дихнете́
вони	бу́дуть ди́хати	ди́хатимуть	дихну́ть
УМОВНИЙ СПОСІБ — CONDITIONAL MOOD			
він (я, ти)	ди́хав би		дихну́в би
вона (я, ти)	ди́хала б		дихну́ла б
воно	ди́хало б		дихну́ло б
вони (ми, ви)	ди́хали б		дихну́ли б
НАКАЗОВИЙ СПОСІБ — IMPERATIVE MOOD			
ти	ди́хай		дихни́
ми	ди́хаймо		дихні́мо
ви	ди́хайте		дихні́ть
він, вона, воно	(не)ха́й ди́хає		(не)ха́й дихне́
вони	(не)ха́й ди́хають		(не)ха́й дихну́ть
ДІЄПРИКМЕТНИКИ — VERBAL ADJECTIVES (PARTICIPLES)			
ACTIVE			
PASSIVE			
ДІЄПРИСЛІВНИКИ — VERBAL ADVERBS			
	ди́хаючи, ди́хавши		дихну́вши
БЕЗОСОБОВІ ФОРМИ — IMPERSONAL FORMS			

+ instrumental:
Вони́ надво́рі, **ди́хають** сві́жим пові́трям.
They are outside, breathing fresh air.

у (в), **на** + *accusative:*
Патру́льні запропонува́ли мені́ **дихну́ти** в алкоте́стер.
The patrol officers offered me to breathe into the breathalyzer.

Вона́ **дихну́ла** на окуля́ри й ви́терла їх серве́ткою.
She breathed on her glasses and wiped them with a napkin.

Під час медита́ції **ди́хайте** глибо́ко.
During the meditation, breathe deeply.

Present/Future Stems: **дізна-..-ся | дізна́-..-ся** **дізнава́тися | дізна́тися**
Conjugation: **1st (-ють)**   *to find out, to learn*

ОСОБА PERSON	НЕДОКОНАНИЙ ВИД IMPERFECTIVE ASPECT		ДОКОНАНИЙ ВИД PERFECTIVE ASPECT
ТЕПЕРІШНІЙ ЧАС — PRESENT TENSE			
я	дізнаю́ся		
ти	дізнає́шся		
він, вона, воно	дізнає́ться		
ми	дізнаємо́ся		
ви	дізнаєте́ся		
вони	дізнаю́ться		
МИНУЛИЙ ЧАС — PAST TENSE			
він (я, ти)	дізнава́вся		дізна́вся
вона (я, ти)	дізнава́лася		дізна́лася
воно	дізнава́лося		дізна́лося
вони (ми, ви)	дізнава́лися		дізна́лися
МАЙБУТНІЙ ЧАС — FUTURE TENSE			
	ANALYTIC	SYNTHETIC	
я	бу́ду дізнава́тися	дізнава́тимуся	дізна́юся
ти	бу́деш дізнава́тися	дізнава́тимешся	дізна́єшся
він, вона, воно	бу́де дізнава́тися	дізнава́тиметься	дізна́ється
ми	бу́демо дізнава́тися	дізнава́тимемося	дізна́ємося
ви	бу́дете дізнава́тися	дізнава́тиметеся	дізна́єтеся
вони	бу́дуть дізнава́тися	дізнава́тимуться	дізна́ються
УМОВНИЙ СПОСІБ — CONDITIONAL MOOD			
він (я, ти)	дізнава́вся б		дізна́вся б
вона (я, ти)	дізнава́лася б		дізна́лася б
воно	дізнава́лося б		дізна́лося б
вони (ми, ви)	дізнава́лися б		дізна́лися б
НАКАЗОВИЙ СПОСІБ — IMPERATIVE MOOD			
ти	дізнава́йся		дізна́йся
ми	дізнава́ймося		дізна́ймося
ви	дізнава́йтеся		дізна́йтеся
він, вона, воно	(не)ха́й дізнає́ться		(не)ха́й дізна́ється
вони	(не)ха́й дізнаю́ться		(не)ха́й дізна́ються
ДІЄПРИКМЕТНИКИ — VERBAL ADJECTIVES (PARTICIPLES)			
ACTIVE			
PASSIVE			
ДІЄПРИСЛІВНИКИ — VERBAL ADVERBS			
	дізнаючи́сь, дізнава́вшись		дізна́вшись
БЕЗОСОБОВІ ФОРМИ — IMPERSONAL FORMS			

про + *accusative*:
У цьо́му подка́сті я бага́то **дізнаю́ся** про Украї́ну.   *In this podcast, I learn a lot about Ukraine.*

з (із, зі) + *genitive*:
Про це вона́ **дізна́лася** з нови́н.   *She found out about this from the news.*

від, у (в) + *genitive*:
Я бага́то **дізнаю́ся** від (у) цього́ профе́сора.   *I will learn a lot from this professor.*
Дізна́йся в ньо́го, у чо́му пробле́ма.   *Find out from him what the problem is.*

№ 118

діли́ти[ся] | поділи́ти[ся]
to divide, to share sth [to share]

Present/Future Stems: діл- | поділ-
Conjugation: **2nd (-ять)**

ОСОБА / PERSON	НЕДОКОНАНИЙ ВИД / IMPERFECTIVE ASPECT		ДОКОНАНИЙ ВИД / PERFECTIVE ASPECT
ТЕПЕРІШНІЙ ЧАС — PRESENT TENSE			
я	ділю́[ся]		
ти	ді́лиш[ся]		
він, вона, воно	ді́лить[ся]		
ми	ді́лимо[ся]		
ви	ді́лите[ся]		
вони	ді́лять[ся]		
МИНУЛИЙ ЧАС — PAST TENSE			
він (я, ти)	діли́в[ся]		поділи́в[ся]
вона (я, ти)	діли́ла[ся]		поділи́ла[ся]
воно	діли́ло[ся]		поділи́ло[ся]
вони (ми, ви)	діли́ли[ся]		поділи́ли[ся]
МАЙБУТНІЙ ЧАС — FUTURE TENSE			
	ANALYTIC	SYNTHETIC	
я	бу́ду діли́ти[ся]	діли́тиму[ся]	поділю́[ся]
ти	бу́деш діли́ти[ся]	діли́тимеш[ся]	поді́лиш[ся]
він, вона, воно	бу́де діли́ти[ся]	діли́тиме[ться]	поді́лить[ся]
ми	бу́демо діли́ти[ся]	діли́тимемо[ся]	поді́лимо[ся]
ви	бу́дете діли́ти[ся]	діли́тимете[ся]	поді́лите[ся]
вони	бу́дуть діли́ти[ся]	діли́тимуть[ся]	поді́лять[ся]
УМОВНИЙ СПОСІБ — CONDITIONAL MOOD			
він (я, ти)	діли́в[ся] би [б]		поділи́в[ся] би [б]
вона (я, ти)	діли́ла[ся] б		поділи́ла[ся] б
воно	діли́ло[ся] б		поділи́ло[ся] б
вони (ми, ви)	діли́ли[ся] б		поділи́ли[ся] б
НАКАЗОВИЙ СПОСІБ — IMPERATIVE MOOD			
ти	діли́[ся]		поділи́[ся]
ми	ділі́мо[ся]		поділі́мо[ся]
ви	ділі́ть[ся]		поділі́ть[ся]
він, вона, воно	(не)ха́й ді́лить[ся]		(не)ха́й поді́лить[ся]
вони	(не)ха́й ді́лять[ся]		(не)ха́й поді́лять[ся]
ДІЄПРИКМЕТНИКИ — VERBAL ADJECTIVES (PARTICIPLES)			
ACTIVE			
PASSIVE	ді́лений		поді́лений
ДІЄПРИСЛІВНИКИ — VERBAL ADVERBS			
	ділячи́[сь], діли́вши[сь]		поділи́вши[сь]
БЕЗОСОБОВІ ФОРМИ — IMPERSONAL FORMS			
	ді́лено		поді́лено

+ *accusative* + з (із, зі) + *instrumental*:
Брази́лія **ді́лить** кордо́н із сімома́ іспаномо́вними кра́їнами.

Brazil shares a border with seven Spanish-speaking countries.

+ *accusative* + на + *accusative*:
Ма́ма **поділи́ла** торт на двана́дцять шматкі́в.

Mom divided the cake into twelve pieces.

-ся + *instrumental*:
Він не **ді́литься** ї́жею.

He does not share food.

-ся + з (із, зі) + *instrumental*:
Хло́пчик **поділи́вся** з дівчи́нкою бутербро́дом.

The boy shared a sandwich with the girl.

№ 119

Present/Future Stems: ді- | поді-

Conjugation: **1st (-ють)**

ДІ́ЯТИ[СЯ] | ПОДІ́ЯТИ[СЯ]

to act; to affect [to happen]

ОСОБА / PERSON	НЕДОКОНАНИЙ ВИД / IMPERFECTIVE ASPECT		ДОКОНАНИЙ ВИД / PERFECTIVE ASPECT
ТЕПЕРІШНІЙ ЧАС — PRESENT TENSE			
я	дію		
ти	дієш		
він, вона, воно	діє[ться]		
ми	діємо		
ви	дієте		
вони	діють[ся]		
МИНУЛИЙ ЧАС — PAST TENSE			
він (я, ти)	діяв[ся]		подіяв[ся]
вона (я, ти)	діяла[ся]		подіяла[ся]
воно	діяло[ся]		подіяло[ся]
вони (ми, ви)	діяли[ся]		подіяли[ся]
МАЙБУТНІЙ ЧАС — FUTURE TENSE			
	ANALYTIC	SYNTHETIC	
я	буду діяти	діятиму	подію
ти	будеш діяти	діятимеш	подієш
він, вона, воно	буде діяти[ся]	діятиме[ться]	подіє[ться]
ми	будемо діяти	діятимемо	подіємо
ви	будете діяти	діятимете	подієте
вони	будуть діяти[ся]	діятимуть[ся]	подіють[ся]
УМОВНИЙ СПОСІБ — CONDITIONAL MOOD			
він (я, ти)	діяв[ся] би [б]		подіяв[ся] би [б]
вона (я, ти)	діяла[ся] б		подіяла[ся] б
воно	діяло[ся] б		подіяло[ся] б
вони (ми, ви)	діяли[ся] б		подіяли[ся] б
НАКАЗОВИЙ СПОСІБ — IMPERATIVE MOOD			
ти	дій		подій
ми	діймо		подіймо
ви	дійте		подійте
він, вона, воно	(не)хай діє[ться]		(не)хай подіє[ться]
вони	(не)хай діють[ся]		(не)хай подіють[ся]
ДІЄПРИКМЕТНИКИ — VERBAL ADJECTIVES (PARTICIPLES)			
ACTIVE			
PASSIVE			
ДІЄПРИСЛІВНИКИ — VERBAL ADVERBS			
	діючи, діявши		подіявши
БЕЗОСОБОВІ ФОРМИ — IMPERSONAL FORMS			

Цей закон уже **діє**.
This law is already in effect.

на + *accusative*:
Невідомо, чи **подіють** на неї ці ліки.
It is not known if these medicines will affect her.

Дій відповідно.
Act accordingly.

Жах, що **діється**.
It is terrible what's happening.

№ 120

довіря́ти[ся] | дові́рити[ся]
to trust; to entrust [to confide, to trust]

Present/Future Stems: **довіря-** | **довір-**
Conjugation: **1st (-ють)** | **2nd (-ять)**

ОСОБА / PERSON	НЕДОКОНАНИЙ ВИД / IMPERFECTIVE ASPECT	ДОКОНАНИЙ ВИД / PERFECTIVE ASPECT
ТЕПЕРІШНІЙ ЧАС — PRESENT TENSE		
я	довіря́ю[ся]	
ти	довіря́єш[ся]	
він, вона, воно	довіря́є[ться]	
ми	довіря́ємо[ся]	
ви	довіря́єте[ся]	
вони	довіря́ють[ся]	
МИНУЛИЙ ЧАС — PAST TENSE		
він (я, ти)	довіря́в[ся]	дові́рив[ся]
вона (я, ти)	довіря́ла[ся]	дові́рила[ся]
воно	довіря́ло[ся]	дові́рило[ся]
вони (ми, ви)	довіря́ли[ся]	дові́рили[ся]
МАЙБУТНІЙ ЧАС — FUTURE TENSE	ANALYTIC / SYNTHETIC	
я	бу́ду довіря́ти[ся] / довіря́тиму[ся]	дові́рю[ся]
ти	бу́деш довіря́ти[ся] / довіря́тимеш[ся]	дові́риш[ся]
він, вона, воно	бу́де довіря́ти[ся] / довіря́тиме[ться]	дові́рить[ся]
ми	бу́демо довіря́ти[ся] / довіря́тимемо[ся]	дові́римо[ся]
ви	бу́дете довіря́ти[ся] / довіря́тимете[ся]	дові́рите[ся]
вони	бу́дуть довіря́ти[ся] / довіря́тимуть[ся]	дові́рять[ся]
УМОВНИЙ СПОСІБ — CONDITIONAL MOOD		
він (я, ти)	довіря́в[ся] би [б]	дові́рив[ся] би [б]
вона (я, ти)	довіря́ла[ся] б	дові́рила[ся] б
воно	довіря́ло[ся] б	дові́рило[ся] б
вони (ми, ви)	довіря́ли[ся] б	дові́рили[ся] б
НАКАЗОВИЙ СПОСІБ — IMPERATIVE MOOD		
ти	довіря́й[ся]	дові́р[ся]
ми	довіря́ймо[ся]	дові́рмо[ся]
ви	довіря́йте[ся]	дові́рте[ся]
він, вона, воно	(не)ха́й довіря́є[ться]	(не)ха́й дові́рить[ся]
вони	(не)ха́й довіря́ють[ся]	(не)ха́й дові́рять[ся]
ДІЄПРИКМЕТНИКИ — VERBAL ADJECTIVES (PARTICIPLES)		
ACTIVE		
PASSIVE		дові́рений
ДІЄПРИСЛІВНИКИ — VERBAL ADVERBS		
	довіря́ючи[сь], довіря́вши[сь]	дові́ривши[сь]
БЕЗОСОБОВІ ФОРМИ — IMPERSONAL FORMS		
		дові́рено

+ dative:
Я по́вністю **довіря́ю** тобі́.
I trust you completely.

+ accusative + dative (to entrust):
Він **дові́рив** компа́нію найста́ршому си́нові.
He entrusted the company to his eldest son.

-ся + dative:
Не ва́рто **довіря́тися** незнайо́мцям.
You should not confide in strangers.
Дові́рся мені́.
Trust me (you can rely on me).

№ 121

Present/Future Stems: **довод- | довед-**
Conjugation: **2nd (-ять) | 1st (-уть)**

ДОВО́ДИТИ[СЯ] | ДОВЕСТИ́[СЯ]

to bring to, to walk to; to prove [to have to (impersonal)]

ОСОБА PERSON	НЕДОКОНАНИЙ ВИД IMPERFECTIVE ASPECT		ДОКОНАНИЙ ВИД PERFECTIVE ASPECT
ТЕПЕРІШНІЙ ЧАС — PRESENT TENSE			
я	дово́джу		
ти	дово́диш		
він, вона, воно	дово́дить[ся]		
ми	дово́димо		
ви	дово́дите		
вони	дово́дять		
МИНУЛИЙ ЧАС — PAST TENSE			
він (я, ти)	дово́див		дові́в
вона (я, ти)	дово́дила		довела́
воно	дово́дило[ся]		довело́[ся]
вони (ми, ви)	дово́дили		довели́
МАЙБУТНІЙ ЧАС — FUTURE TENSE			
	ANALYTIC	SYNTHETIC	
я	бу́ду дово́дити	дово́дитиму	доведу́
ти	бу́деш дово́дити	дово́дитимеш	доведе́ш
він, вона, воно	бу́де дово́дити[ся]	дово́дитиме[ться]	доведе́[ться]
ми	бу́демо дово́дити	дово́дитимемо	доведемо́
ви	бу́дете дово́дити	дово́дитимете	доведете́
вони	бу́дуть дово́дити	дово́дитимуть	доведу́ть
УМОВНИЙ СПОСІБ — CONDITIONAL MOOD			
він (я, ти)	дово́див би		дові́в би
вона (я, ти)	дово́дила б		довела́ б
воно	дово́дило[ся] б		довело́[ся] б
вони (ми, ви)	дово́дили б		довели́ б
НАКАЗОВИЙ СПОСІБ — IMPERATIVE MOOD			
ти	дово́дь		доведи́
ми	дово́дьмо		доведі́мо
ви	дово́дьте		доведі́ть
він, вона, воно	(не)ха́й дово́дить[ся]		(не)ха́й доведе́[ться]
вони	(не)ха́й дово́дять		(не)ха́й доведу́ть
ДІЄПРИКМЕТНИКИ — VERBAL ADJECTIVES (PARTICIPLES)			
ACTIVE			
PASSIVE	дово́джуваний		дове́дений
ДІЄПРИСЛІВНИКИ — VERBAL ADVERBS			
	дово́дячи, дово́дивши		дові́вши
БЕЗОСОБОВІ ФОРМИ — IMPERSONAL FORMS			
	дово́джувано		дове́дено

Це **дово́дить**, що ви помиля́єтесь. — *This proves that you are wrong.*
+ *accusative* + **до** + *genitive*:
Він **дові́в** її до зупи́нки й попроща́вся. — *He walked her to the stop and said goodbye.*
+ *dative* + *accusative*:
Я **доведу́** вам свою́ правоту́. — *I will prove that I am right.*
dative + **-ся**:
Нам **довело́ся** скасува́ти пої́здку. — *We had to cancel the trip.*

№ 122

доглядáти | доглянýти
to look after, to take care of

Present/Future Stems: **догляда-** | **доглян-**
Conjugation: **1st (-ють)** | **1st (-уть)**

ОСОБА / PERSON	НЕДОКОНАНИЙ ВИД / IMPERFECTIVE ASPECT		ДОКОНАНИЙ ВИД / PERFECTIVE ASPECT
ТЕПЕРІШНІЙ ЧАС — PRESENT TENSE			
я	доглядáю		
ти	доглядáєш		
він, вона, воно	доглядáє		
ми	доглядáємо		
ви	доглядáєте		
вони	доглядáють		
МИНУЛИЙ ЧАС — PAST TENSE			
він (я, ти)	доглядáв		доглянув
вона (я, ти)	доглядáла		доглянула
воно	доглядáло		доглянуло
вони (ми, ви)	доглядáли		доглянули
МАЙБУТНІЙ ЧАС — FUTURE TENSE			
	ANALYTIC	SYNTHETIC	
я	бýду доглядáти	доглядáтиму	доглянý
ти	бýдеш доглядáти	доглядáтимеш	доглянеш
він, вона, воно	бýде доглядáти	доглядáтиме	доглянe
ми	бýдемо доглядáти	доглядáтимемо	доглянемо
ви	бýдете доглядáти	доглядáтимете	доглянете
вони	бýдуть доглядáти	доглядáтимуть	доглянуть
УМОВНИЙ СПОСІБ — CONDITIONAL MOOD			
він (я, ти)	доглядáв би		доглянув би
вона (я, ти)	доглядáла б		доглянула б
воно	доглядáло б		доглянуло б
вони (ми, ви)	доглядáли б		доглянули б
НАКАЗОВИЙ СПОСІБ — IMPERATIVE MOOD			
ти	доглядáй		доглянь
ми	доглядáймо		догляньмо
ви	доглядáйте		догляньте
він, вона, воно	(не)хáй доглядáє		(не)хáй догляне
вони	(не)хáй доглядáють		(не)хáй доглянуть
ДІЄПРИКМЕТНИКИ — VERBAL ADJECTIVES (PARTICIPLES)			
ACTIVE			
PASSIVE			доглянений, доглянутий
ДІЄПРИСЛІВНИКИ — VERBAL ADVERBS			
	доглядáючи, доглядáвши		доглянувши
БЕЗОСОБОВІ ФОРМИ — IMPERSONAL FORMS			
			доглянено, доглянуто

+ *accusative* = **за** + *instrumental*:

Вонá чáсто **доглядáє** молóдшого брáта (за молóдшим брáтом).
She often looks after her younger brother.

Дя́кую, що **доглянули** менé (за мнóю).
Thank you for taking care of me.

Сусíди **доглянуть** за квíтами, пóки я бýду у відря́дженні.
The neighbors will take care of the flowers while I'm on a business trip.

Любíть свій дім і **доглядáйте** йогó (за ним).
Love your home and take care of it.

№ 123

Present/Future Stems: **дода-** | *special*
Conjugation: **1st (-ють)** | *special*

додава́ти[ся] | дода́ти[ся]

to add; to supplement [to increase; to add oneself]

ОСОБА / PERSON	НЕДОКОНАНИЙ ВИД / IMPERFECTIVE ASPECT		ДОКОНАНИЙ ВИД / PERFECTIVE ASPECT
ТЕПЕРІШНІЙ ЧАС — PRESENT TENSE			
я	додаю́[ся]		
ти	додає́ш[ся]		
він, вона, воно	додає́[ться]		
ми	додаємо́[ся]		
ви	додаєте́[ся]		
вони	додаю́ть[ся]		
МИНУЛИЙ ЧАС — PAST TENSE			
він (я, ти)	додава́в[ся]		дода́в[ся]
вона (я, ти)	додава́ла[ся]		додала́[ся]
воно	додава́ло[ся]		додало́[ся]
вони (ми, ви)	додава́ли[ся]		додали́[ся]
МАЙБУТНІЙ ЧАС — FUTURE TENSE			
	ANALYTIC	SYNTHETIC	
я	бу́ду додава́ти[ся]	додава́тиму[ся]	дода́м[ся]
ти	бу́деш додава́ти[ся]	додава́тимеш[ся]	додаси́[ся]
він, вона, воно	бу́де додава́ти[ся]	додава́тиме[ться]	дода́сть[ся]
ми	бу́демо додава́ти[ся]	додава́тимемо[ся]	додамо́[ся]
ви	бу́дете додава́ти[ся]	додава́тимете[ся]	додасте́[ся]
вони	бу́дуть додава́ти[ся]	додава́тимуть[ся]	додаду́ть[ся]
УМОВНИЙ СПОСІБ — CONDITIONAL MOOD			
він (я, ти)	додава́в[ся] би [б]		дода́в[ся] би [б]
вона (я, ти)	додава́ла[ся] б		додала́[ся] б
воно	додава́ло[ся] б		додало́[ся] б
вони (ми, ви)	додава́ли[ся] б		додали́[ся] б
НАКАЗОВИЙ СПОСІБ — IMPERATIVE MOOD			
ти	додава́й[ся]		дода́й[ся]
ми	додава́ймо[ся]		дода́ймо[ся]
ви	додава́йте[ся]		дода́йте[ся]
він, вона, воно	(не)ха́й додає́[ться]		(не)ха́й дода́сть[ся]
вони	(не)ха́й додаю́ть[ся]		(не)ха́й додаду́ть[ся]
ДІЄПРИКМЕТНИКИ — VERBAL ADJECTIVES (PARTICIPLES)			
ACTIVE			
PASSIVE	дода́ваний		до́даний
ДІЄПРИСЛІВНИКИ — VERBAL ADVERBS			
	додаю́чи[сь], додава́вши[сь]		дода́вши[сь]
БЕЗОСОБОВІ ФОРМИ — IMPERSONAL FORMS			
	дода́вано		до́дано

+ accusative:
Два **дода́ти** три бу́де п'ять. — *Two plus three makes five.*

до + *genitive* = **у (в)** + *accusative*:
Да́лі **додаємо́** до со́усу (в со́ус) смета́ну. — *Next, we add sour cream to the sauce.*

«Бува́й, — сказа́в він і **дода́в**: — Не запізню́йся». — *"Bye," he said and added: "Don't be late."*

Наре́шті **до́дано** украї́нську ве́рсію са́йту. — *Finally, the Ukrainian version of the website has been added.*

-ся + *genitive* + *dative*:
Під час пандемі́ї **додало́ся** робо́ти лікаря́м. — *During the pandemic, doctors' work increased.*

№ 124

ДОЗВОЛЯ́ТИ [СЯ] | ДОЗВО́ЛИТИ [СЯ]

to allow, to let [to be allowed (impersonal)]

Present/Future Stems: **дозволя-** | **дозвол-**
Conjugation: **1st (-ють) | 2nd (-ять)**

ОСОБА / PERSON	НЕДОКОНАНИЙ ВИД / IMPERFECTIVE ASPECT		ДОКОНАНИЙ ВИД / PERFECTIVE ASPECT
ТЕПЕРІШНІЙ ЧАС — PRESENT TENSE			
я	дозволя́ю		
ти	дозволя́єш		
він, вона, воно	дозволя́є [ться]		
ми	дозволя́ємо		
ви	дозволя́єте		
вони	дозволя́ють		
МИНУЛИЙ ЧАС — PAST TENSE			
він (я, ти)	дозволя́в		дозво́лив
вона (я, ти)	дозволя́ла		дозво́лила
воно	дозволя́ло [ся]		дозво́лило [ся]
вони (ми, ви)	дозволя́ли		дозво́лили
МАЙБУТНІЙ ЧАС — FUTURE TENSE			
	ANALYTIC	SYNTHETIC	
я	бу́ду дозволя́ти	дозволя́тиму	дозво́лю
ти	бу́деш дозволя́ти	дозволя́тимеш	дозво́лиш
він, вона, воно	бу́де дозволя́ти [ся]	дозволя́тиме [ться]	дозво́лить [ся]
ми	бу́демо дозволя́ти	дозволя́тимемо	дозво́лимо
ви	бу́дете дозволя́ти	дозволя́тимете	дозво́лите
вони	бу́дуть дозволя́ти	дозволя́тимуть	дозво́лять
УМОВНИЙ СПОСІБ — CONDITIONAL MOOD			
він (я, ти)	дозволя́в би		дозво́лив би
вона (я, ти)	дозволя́ла б		дозво́лила б
воно	дозволя́ло [ся] б		дозво́лило [ся] б
вони (ми, ви)	дозволя́ли б		дозво́лили б
НАКАЗОВИЙ СПОСІБ — IMPERATIVE MOOD			
ти	дозволя́й		дозво́ль
ми	дозволя́ймо		дозво́льмо
ви	дозволя́йте		дозво́льте
він, вона, воно	(не)ха́й дозволя́є [ться]		(не)ха́й дозво́лить [ся]
вони	(не)ха́й дозволя́ють		(не)ха́й дозво́лять
ДІЄПРИКМЕТНИКИ — VERBAL ADJECTIVES (PARTICIPLES)			
ACTIVE			
PASSIVE			дозво́лений
ДІЄПРИСЛІВНИКИ — VERBAL ADVERBS			
	дозволя́ючи, дозволя́вши		дозво́ливши
БЕЗОСОБОВІ ФОРМИ — IMPERSONAL FORMS			
			дозво́лено

+ dative:

Вона́ не **дозволя́є** собі́ ї́сти со́лодощі на ніч. — *She does not allow herself to eat sweets at night.*

Він **дозво́лив** си́ну подиви́тися му́льтики. — *He allowed his son to watch cartoons.*

Вла́да **дозво́лить** лю́дям зроби́ти свій ви́бір. — *The government will allow people to make their own choices.*

Дозво́льте вам запере́чити. — *Let me object to you.*

Підсу́дним не **дозволя́лося** розмовля́ти між собо́ю. — *The defendants were not allowed to talk to each other.*

Present/Future Stems: домовля-...-ся | домов(л)-...-ся   **ДОМОВЛЯ́ТИСЯ | ДОМО́ВИТИСЯ**
Conjugation: 1st (-ють) | 2nd (-ять)   *to agree, to arrange, to negotiate*

ОСОБА / PERSON	НЕДОКОНАНИЙ ВИД / IMPERFECTIVE ASPECT		ДОКОНАНИЙ ВИД / PERFECTIVE ASPECT
ТЕПЕРІШНІЙ ЧАС — PRESENT TENSE			
я	домовляюся		
ти	домовляєшся		
він, вона, воно	домовляється		
ми	домовляємося		
ви	домовляєтеся		
вони	домовляються		
МИНУЛИЙ ЧАС — PAST TENSE			
він (я, ти)	домовлявся		домовився
вона (я, ти)	домовлялася		домовилася
воно	домовлялося		домовилося
вони (ми, ви)	домовлялися		домовилися
МАЙБУТНІЙ ЧАС — FUTURE TENSE			
	ANALYTIC	SYNTHETIC	
я	буду домовлятися	домовлятимуся	домовлюся
ти	будеш домовлятися	домовлятимешся	домовишся
він, вона, воно	буде домовлятися	домовлятиметься	домовиться
ми	будемо домовлятися	домовлятимемося	домовимося
ви	будете домовлятися	домовлятиметеся	домовитеся
вони	будуть домовлятися	домовлятимуться	домовляться
УМОВНИЙ СПОСІБ — CONDITIONAL MOOD			
він (я, ти)	домовлявся б		домовився б
вона (я, ти)	домовлялася б		домовилася б
воно	домовлялося б		домовилося б
вони (ми, ви)	домовлялися б		домовилися б
НАКАЗОВИЙ СПОСІБ — IMPERATIVE MOOD			
ти	домовляйся		домовся
ми	домовляймося		домовмося
ви	домовляйтеся		домовтеся
він, вона, воно	(не)хай домовляється		(не)хай домовиться
вони	(не)хай домовляються		(не)хай домовляться
ДІЄПРИКМЕТНИКИ — VERBAL ADJECTIVES (PARTICIPLES)			
ACTIVE			
PASSIVE			домовлений
ДІЄПРИСЛІВНИКИ — VERBAL ADVERBS			
	домовляючись, домовлявшись		домовившись
БЕЗОСОБОВІ ФОРМИ — IMPERSONAL FORMS			
			домовлено

про + *accusative*:
Вони зараз **домовляються** про співпрацю. — They are now negotiating cooperation.

з (із, зі) + *instrumental*:
Ви вже **домовилися** з рестораном про корпоратив? — Have you already agreed with the restaurant about a corporate party?

Побачимо, про що **домовляться** країни на саміті. — We will see what the countries will agree on at the summit.

Ми розійшлись, так і не **домовившись**. — We parted ways without reaching an agreement.

допомага́ти | допомогти́

to help, to assist; to be effective
Informal: помага́ти | помогти́

Present/Future Stems: допомага- | допомож-
Conjugation: 1st (-ють) | 1st (-уть)

ОСОБА / PERSON	НЕДОКОНАНИЙ ВИД / IMPERFECTIVE ASPECT		ДОКОНАНИЙ ВИД / PERFECTIVE ASPECT
ТЕПЕРІШНІЙ ЧАС — PRESENT TENSE			
я	допомага́ю		
ти	допомага́єш		
він, вона, воно	допомага́є		
ми	допомага́ємо		
ви	допомага́єте		
вони	допомага́ють		
МИНУЛИЙ ЧАС — PAST TENSE			
він (я, ти)	допомага́в		допомі́г
вона (я, ти)	допомага́ла		допомогла́
воно	допомага́ло		допомогло́
вони (ми, ви)	допомага́ли		допомогли́
МАЙБУТНІЙ ЧАС — FUTURE TENSE			
	ANALYTIC	SYNTHETIC	
я	бу́ду допомага́ти	допомага́тиму	допоможу́
ти	бу́деш допомага́ти	допомага́тимеш	допомо́жеш
він, вона, воно	бу́де допомага́ти	допомага́тиме	допомо́же
ми	бу́демо допомага́ти	допомага́тимемо	допомо́жемо
ви	бу́дете допомага́ти	допомага́тимете	допомо́жете
вони	бу́дуть допомага́ти	допомага́тимуть	допомо́жуть
УМОВНИЙ СПОСІБ — CONDITIONAL MOOD			
він (я, ти)	допомага́в би		допомі́г би
вона (я, ти)	допомага́ла б		допомогла́ б
воно	допомага́ло б		допомогло́ б
вони (ми, ви)	допомага́ли б		допомогли́ б
НАКАЗОВИЙ СПОСІБ — IMPERATIVE MOOD			
ти	допомага́й		допоможи́
ми	допомага́ймо		допоможі́мо
ви	допомага́йте		допоможі́ть
він, вона, воно	(не)ха́й допомага́є		(не)ха́й допомо́же
вони	(не)ха́й допомага́ють		(не)ха́й допомо́жуть

ДІЄПРИКМЕТНИКИ — VERBAL ADJECTIVES (PARTICIPLES)

ACTIVE

PASSIVE

ДІЄПРИСЛІВНИКИ — VERBAL ADVERBS

допомага́ючи, допомага́вши   допомі́гши

БЕЗОСОБОВІ ФОРМИ — IMPERSONAL FORMS

+ dative + infinitive:
Син ча́сто **допомага́є** мені́ готува́ти.   My son often helps me cook.

з (із, зі) + instrumental:
Дя́кую, що **допомогли́** з цим.   Thanks for helping with this.

від + genitive:
Рані́ше ці табле́тки **допомага́ли** від бо́лю, але́ сього́дні не **допомогли́**.   These pills used to help with pain, but today they did not help.

+ instrumental:
Вони́ **допомо́жуть** харча́ми та ко́штами.   They will help with food and money.

Present/Future Stems: **дорожча- | подорожча-**
Conjugation: **1st (-ють)**

дорожчати | подорожчати

to go up in price

ОСОБА / PERSON	НЕДОКОНАНИЙ ВИД / IMPERFECTIVE ASPECT	ДОКОНАНИЙ ВИД / PERFECTIVE ASPECT
ТЕПЕРІШНІЙ ЧАС — PRESENT TENSE		
я		
ти		
він, вона, воно	дорóжчає	
ми		
ви		
вони	дорóжчають	

МИНУЛИЙ ЧАС — PAST TENSE

він	дорóжчав	подорóжчав
вона	дорóжчала	подорóжчала
воно	дорóжчало	подорóжчало
вони	дорóжчали	подорóжчали

МАЙБУТНІЙ ЧАС — FUTURE TENSE

PERSON	ANALYTIC	SYNTHETIC	PERFECTIVE
я			
ти			
він, вона, воно	бýде дорóжчати	дорóжчатиме	подорóжчає
ми			
ви			
вони	бýдуть дорóжчати	дорóжчатимуть	подорóжчають

УМОВНИЙ СПОСІБ — CONDITIONAL MOOD

він	дорóжчав би	подорóжчав би
вона	дорóжчала б	подорóжчала б
воно	дорóжчало б	подорóжчало б
вони	дорóжчали б	подорóжчали б

НАКАЗОВИЙ СПОСІБ — IMPERATIVE MOOD

ти		
ми		
ви		
він, вона, воно	(не)хáй дорóжчає	(не)хáй подорóжчає
вони	(не)хáй дорóжчають	(не)хáй подорóжчають

ДІЄПРИКМЕТНИКИ — VERBAL ADJECTIVES (PARTICIPLES)

ACTIVE		
PASSIVE		

ДІЄПРИСЛІВНИКИ — VERBAL ADVERBS

	дорóжчаючи, дорóжчавши	подорóжчавши

БЕЗОСОБОВІ ФОРМИ — IMPERSONAL FORMS

Усé в супермáркеті стрíмко **дорóжчає**.
Everything in the supermarket is rapidly becoming more expensive.

на + *accusative*:
Бензи́н **подорóжчав** на дéсять відсóтків.
Gasoline has risen in price by ten percent.

Настýпного рóку **подорóжчає** проїзд на метрó.
Next year, subway fares will be more expensive.

Якби́ не ця рефóрма, усé знáчно **подорóжчало б**.
If it were not for this reform, everything would have significantly increased in price.

№ 128

досліджувати | дослідити
to research, to investigate; to explore

Present/Future Stems: **досліджу- | дослід(ж)-**
Conjugation: **1st (-ють) | 2nd (-ять)**

ОСОБА PERSON	НЕДОКОНАНИЙ ВИД IMPERFECTIVE ASPECT	ДОКОНАНИЙ ВИД PERFECTIVE ASPECT
ТЕПЕРІШНІЙ ЧАС — PRESENT TENSE		
я	досліджую	
ти	досліджуєш	
він, вона, воно	досліджує	
ми	досліджуємо	
ви	досліджуєте	
вони	досліджують	
МИНУЛИЙ ЧАС — PAST TENSE		
він (я, ти)	досліджував	дослідив
вона (я, ти)	досліджувала	дослідила
воно	досліджувало	дослідило
вони (ми, ви)	досліджували	дослідили

МАЙБУТНІЙ ЧАС — FUTURE TENSE

	ANALYTIC	SYNTHETIC	
я	буду досліджувати	досліджуватиму	досліджу́
ти	будеш досліджувати	досліджуватимеш	дослі́диш
він, вона, воно	буде досліджувати	досліджуватиме	дослі́дить
ми	будемо досліджувати	досліджуватимемо	дослідимо́
ви	будете досліджувати	досліджуватимете	дослідите́
вони	будуть досліджувати	досліджуватимуть	дослідя́ть

УМОВНИЙ СПОСІБ — CONDITIONAL MOOD

він (я, ти)	досліджував би	дослідив би
вона (я, ти)	досліджувала б	дослідила б
воно	досліджувало б	дослідило б
вони (ми, ви)	досліджували б	дослідили б

НАКАЗОВИЙ СПОСІБ — IMPERATIVE MOOD

ти	досліджуй	дослі́ди
ми	досліджуймо	дослідімо́
ви	досліджуйте	дослідіть
він, вона, воно	(не)хай досліджує	(не)хай дослі́дить
вони	(не)хай досліджують	(не)хай дослідя́ть

ДІЄПРИКМЕТНИКИ — VERBAL ADJECTIVES (PARTICIPLES)

ACTIVE		
PASSIVE	досліджуваний	досліджений

ДІЄПРИСЛІВНИКИ — VERBAL ADVERBS

досліджуючи, досліджувавши	дослідивши

БЕЗОСОБОВІ ФОРМИ — IMPERSONAL FORMS

досліджувано	досліджено

+ accusative:

Науко́виця **дослі́джує** стовбуро́ві кліти́ни. — *A scientist researches stem cells.*

Детекти́в рете́льно **дослі́див** мі́сце зло́чину. — *The detective thoroughly investigated the crime scene.*

Кома́нда астрона́втів **дослі́джуватиме** (**бу́де досліджувати**) Юпі́тер. — *A team of astronauts will explore Jupiter.*

Дослі́джуючи мину́ле, ми кра́ще розумі́ємо сього́дення. — *By exploring the past, we better understand the present.*

Present/Future Stems: доставля- | достав(л)- **доставля́ти | доста́вити**

Conjugation: **1st (-ють) | 2nd (-ять)** to deliver; to bring to (by transport)

ОСОБА / PERSON	НЕДОКОНАНИЙ ВИД / IMPERFECTIVE ASPECT		ДОКОНАНИЙ ВИД / PERFECTIVE ASPECT
ТЕПЕРІШНІЙ ЧАС — PRESENT TENSE			
я	доставля́ю		
ти	доставля́єш		
він, вона, воно	доставля́є		
ми	доставля́ємо		
ви	доставля́єте		
вони	доставля́ють		
МИНУЛИЙ ЧАС — PAST TENSE			
він (я, ти)	доставля́в		доста́вив
вона (я, ти)	доставля́ла		доста́вила
воно	доставля́ло		доста́вило
вони (ми, ви)	доставля́ли		доста́вили
МАЙБУТНІЙ ЧАС — FUTURE TENSE			
	ANALYTIC	SYNTHETIC	
я	бу́ду доставля́ти	доставля́тиму	доста́влю
ти	бу́деш доставля́ти	доставля́тимеш	доста́виш
він, вона, воно	бу́де доставля́ти	доставля́тиме	доста́вить
ми	бу́демо доставля́ти	доставля́тимемо	доста́вимо
ви	бу́дете доставля́ти	доставля́тимете	доста́вите
вони	бу́дуть доставля́ти	доставля́тимуть	доста́влять
УМОВНИЙ СПОСІБ — CONDITIONAL MOOD			
він (я, ти)	доставля́в би		доста́вив би
вона (я, ти)	доставля́ла б		доста́вила б
воно	доставля́ло б		доста́вило б
вони (ми, ви)	доставля́ли б		доста́вили б
НАКАЗОВИЙ СПОСІБ — IMPERATIVE MOOD			
ти	доставля́й		доста́в
ми	доставля́ймо		доста́вмо
ви	доставля́йте		доста́вте
він, вона, воно	(не)ха́й доставля́є		(не)ха́й доста́вить
вони	(не)ха́й доставля́ють		(не)ха́й доста́влять
ДІЄПРИКМЕТНИКИ — VERBAL ADJECTIVES (PARTICIPLES)			
ACTIVE			
PASSIVE			доста́влений
ДІЄПРИСЛІВНИКИ — VERBAL ADVERBS			
	доставля́ючи, доставля́вши		доста́вивши
БЕЗОСОБОВІ ФОРМИ — IMPERSONAL FORMS			
			доста́влено

у (в), на + *accusative*:
Цей рестора́н тепе́р **доставля́є** в мій райо́н. — This restaurant now delivers to my neighborhood.

+ *accusative*:
Ба́тько безпе́чно **доста́вив** си́на в ліка́рню. — The father safely brought his son to the hospital.

+ *dative*:
Ми **доста́вимо** вам посилку за́втра. — We will deliver the package to you tomorrow.
Неха́й воні **доста́влять** ме́блі до пі́д'їзду. — Let them deliver the furniture to the entrance.

№ 130

досяга́ти | досягти́, досягну́ти
to reach; to achieve

Present/Future Stems: **досяга-** | **досягн-**
Conjugation: **1st (-ють)** | **1st (-уть)**

ОСОБА / PERSON	НЕДОКОНАНИЙ ВИД / IMPERFECTIVE ASPECT		ДОКОНАНИЙ ВИД / PERFECTIVE ASPECT
ТЕПЕРІШНІЙ ЧАС — PRESENT TENSE			
я	досяга́ю		
ти	досяга́єш		
він, вона, воно	досяга́є		
ми	досяга́ємо		
ви	досяга́єте		
вони	досяга́ють		
МИНУЛИЙ ЧАС — PAST TENSE			
він (я, ти)	досяга́в		досся́г, досягну́в
вона (я, ти)	досяга́ла		досягла́, досягну́ла
воно	досяга́ло		досягло́, досягну́ло
вони (ми, ви)	досяга́ли		досягли́, досягну́ли
МАЙБУТНІЙ ЧАС — FUTURE TENSE			
	ANALYTIC	SYNTHETIC	
я	бу́ду досяга́ти	досяга́тиму	досягну́
ти	бу́деш досяга́ти	досяга́тимеш	досся́гнеш
він, вона, воно	бу́де досяга́ти	досяга́тиме	досся́гне
ми	бу́демо досяга́ти	досяга́тимемо	досся́гнемо
ви	бу́дете досяга́ти	досяга́тимете	досся́гнете
вони	бу́дуть досяга́ти	досяга́тимуть	досся́гнуть
УМОВНИЙ СПОСІБ — CONDITIONAL MOOD			
він (я, ти)	досяга́в би		досся́г/досягну́в би
вона (я, ти)	досяга́ла б		досягла́/досягну́ла б
воно	досяга́ло б		досягло́/досягну́ло б
вони (ми, ви)	досяга́ли б		досягли́/досягну́ли б
НАКАЗОВИЙ СПОСІБ — IMPERATIVE MOOD			
ти	досяга́й		досягни́
ми	досяга́ймо		досягні́мо
ви	досяга́йте		досягні́ть
він, вона, воно	(не)ха́й досяга́є		(не)ха́й досся́гне
вони	(не)ха́й досяга́ють		(не)ха́й досся́гнуть
ДІЄПРИКМЕТНИКИ — VERBAL ADJECTIVES (PARTICIPLES)			
ACTIVE			
PASSIVE			досся́гнутий
ДІЄПРИСЛІВНИКИ — VERBAL ADVERBS			
	досяга́ючи, досяга́вши		досся́гши, досягну́вши
БЕЗОСОБОВІ ФОРМИ — IMPERSONAL FORMS			
			досся́гнуто

+ genitive:

Вони́ за́вжди **досяга́ють** своє́ї мети́. — They always reach their goal.

Температу́ра **досягла́** (**досягну́ла**) істори́чного ма́ксимуму. — The temperature reached a historical maximum.

Ти **досся́гнеш** верши́ни гори́ за два-три дні. — You will reach the top of the mountain in two or three days.

Досся́гши (**досягну́вши**) у́спіху, компа́нія не зупиня́лася. — Having achieved success, the company did not stop.

№ 131

Present/Future Stems: **дотриму-** | **дотрима-**
Conjugation: **1st (-ють)**

дотри́мувати[ся] | дотри́мати[ся]

to keep (a word, etc.) [to follow, to adhere]

ОСОБА / PERSON	НЕДОКОНАНИЙ ВИД / IMPERFECTIVE ASPECT		ДОКОНАНИЙ ВИД / PERFECTIVE ASPECT
ТЕПЕРІШНІЙ ЧАС — PRESENT TENSE			
я	дотри́мую[ся]		
ти	дотри́муєш[ся]		
він, вона, воно	дотри́мує[ться]		
ми	дотри́муємо[ся]		
ви	дотри́муєте[ся]		
вони	дотри́мують[ся]		
МИНУЛИЙ ЧАС — PAST TENSE			
він (я, ти)	дотри́мував[ся]		дотри́мав[ся]
вона (я, ти)	дотри́мувала[ся]		дотри́мала[ся]
воно	дотри́мувало[ся]		дотри́мало[ся]
вони (ми, ви)	дотри́мували[ся]		дотри́мали[ся]
МАЙБУТНІЙ ЧАС — FUTURE TENSE			
	ANALYTIC	SYNTHETIC	
я	бу́ду дотри́мувати[ся]	дотри́муватиму[ся]	дотри́маю[ся]
ти	бу́деш дотри́мувати[ся]	дотри́муватимеш[ся]	дотри́маєш[ся]
він, вона, воно	бу́де дотри́мувати[ся]	дотри́муватиме[ться]	дотри́має[ться]
ми	бу́демо дотри́мувати[ся]	дотри́муватимемо[ся]	дотри́маємо[ся]
ви	бу́дете дотри́мувати[ся]	дотри́муватимете[ся]	дотри́маєте[ся]
вони	бу́дуть дотри́мувати[ся]	дотри́муватимуть[ся]	дотри́мають[ся]
УМОВНИЙ СПОСІБ — CONDITIONAL MOOD			
він (я, ти)	дотри́мував[ся] би (б)		дотри́мав[ся] би (б)
вона (я, ти)	дотри́мувала[ся] б		дотри́мала[ся] б
воно	дотри́мувало[ся] б		дотри́мало[ся] б
вони (ми, ви)	дотри́мували[ся] б		дотри́мали[ся] б
НАКАЗОВИЙ СПОСІБ — IMPERATIVE MOOD			
ти	дотри́муй[ся]		дотри́май[ся]
ми	дотри́муймо[ся]		дотри́маймо[ся]
ви	дотри́муйте[ся]		дотри́майте[ся]
він, вона, воно	(не)ха́й дотри́мує[ться]		(не)ха́й дотри́має[ться]
вони	(не)ха́й дотри́мують[ся]		(не)ха́й дотри́мають[ся]
ДІЄПРИКМЕТНИКИ — VERBAL ADJECTIVES (PARTICIPLES)			
ACTIVE			
PASSIVE	дотри́муваний		дотри́маний
ДІЄПРИСЛІВНИКИ — VERBAL ADVERBS			
	дотри́муючи[сь], дотри́мувавши[сь]		дотри́мавши[сь]
БЕЗОСОБОВІ ФОРМИ — IMPERSONAL FORMS			
	дотри́мувано		дотри́мано

+ genitive:
Це люди́на, яка́ **дотри́мує** свого́ сло́ва. — *This is a person who keeps his word.*
Сподіва́юся, ти **дотри́маєш** обіця́нки. — *I hope that you will keep your promise.*

-ся + genitive:
Я за́вжди **дотри́муюся** пра́вил гри. — *I always follow the rules of the game.*
Дотри́муйтеся пра́вил безпе́ки під час робо́ти. — *Adhere to the safety protocols while working.*

№ 132

дохо́дити | дійти́

to get to (by walking); to reach

Present/Future Stems: доход(ж)- | дійд-
Conjugation: 2nd (-ять) | 1st (-уть)

ОСОБА / PERSON	НЕДОКОНАНИЙ ВИД / IMPERFECTIVE ASPECT		ДОКОНАНИЙ ВИД / PERFECTIVE ASPECT
ТЕПЕРІШНІЙ ЧАС — PRESENT TENSE			
я	дохо́джу		
ти	дохо́диш		
він, вона, воно	дохо́дить		
ми	дохо́димо		
ви	дохо́дите		
вони	дохо́дять		
МИНУЛИЙ ЧАС — PAST TENSE			
він (я, ти)	дохо́див		дійшо́в
вона (я, ти)	дохо́дила		дійшла́
воно	дохо́дило		дійшло́
вони (ми, ви)	дохо́дили		дійшли́
МАЙБУТНІЙ ЧАС — FUTURE TENSE			
	ANALYTIC	SYNTHETIC	
я	бу́ду дохо́дити	дохо́дитиму	дійду́
ти	бу́деш дохо́дити	дохо́дитимеш	дійде́ш
він, вона, воно	бу́де дохо́дити	дохо́дитиме	дійде́
ми	бу́демо дохо́дити	дохо́дитимемо	дійде́мо
ви	бу́дете дохо́дити	дохо́дитимете	дійде́те
вони	бу́дуть дохо́дити	дохо́дитимуть	дійду́ть
УМОВНИЙ СПОСІБ — CONDITIONAL MOOD			
він (я, ти)	дохо́див би		дійшо́в би
вона (я, ти)	дохо́дила б		дійшла́ б
воно	дохо́дило б		дійшло́ б
вони (ми, ви)	дохо́дили б		дійшли́ б
НАКАЗОВИЙ СПОСІБ — IMPERATIVE MOOD			
ти	дохо́дь		дійди́
ми	дохо́дьмо		дійді́мо
ви	дохо́дьте		дійді́ть
він, вона, воно	(не)ха́й дохо́дить		(не)ха́й ді́йде
вони	(не)ха́й дохо́дять		(не)ха́й ді́йдуть

ДІЄПРИКМЕТНИКИ — VERBAL ADJECTIVES (PARTICIPLES)

ACTIVE

PASSIVE

ДІЄПРИСЛІВНИКИ — VERBAL ADVERBS

| дохо́дячи, дохо́дивши | дійшо́вши |

БЕЗОСОБОВІ ФОРМИ — IMPERSONAL FORMS

до + *genitive (places)*:
Я **дохо́джу** до робо́ти за п'ятна́дцять хвили́н. — *I get to work (by walking) in fifteen minutes.*

+ *genitive (abstract concepts)*:
Ви **дійшли́** пра́вильного ви́сновку. — *You have reached the right conclusion.*

Сподіва́юся, ми **ді́йдемо** додо́му без приго́д. — *I hope we get home without incident.*

Дійшо́вши до перехре́стя, ми розійшли́ся в рі́зні бо́ки. — *Having reached the intersection, we went in different directions.*

№ 133

Present/Future Stems: друж- | подруж-
Conjugation: 2nd (-ать)

дружи́ти | подружи́ти [ся]

to be friends; to make sb friends (only perfective) [to make friends]

ОСОБА / PERSON	НЕДОКОНАНИЙ ВИД / IMPERFECTIVE ASPECT		ДОКОНАНИЙ ВИД / PERFECTIVE ASPECT
ТЕПЕРІШНІЙ ЧАС — PRESENT TENSE			
я	дружу́		
ти	дру́жиш		
він, вона, воно	дру́жить		
ми	дру́жимо		
ви	дру́жите		
вони	дру́жать		
МИНУЛИЙ ЧАС — PAST TENSE			
він (я, ти)	дружи́в		подружи́в [ся]
вона (я, ти)	дружи́ла		подружи́ла [ся]
воно	дружи́ло		подружи́ло [ся]
вони (ми, ви)	дружи́ли		подружи́ли [ся]
МАЙБУТНІЙ ЧАС — FUTURE TENSE			
	ANALYTIC	SYNTHETIC	
я	бу́ду дружи́ти	дружи́тиму	подружу́ [ся]
ти	бу́деш дружи́ти	дружи́тимеш	подру́жиш [ся]
він, вона, воно	бу́де дружи́ти	дружи́тиме	подру́жить [ся]
ми	бу́демо дружи́ти	дружи́тимемо	подру́жимо [ся]
ви	бу́дете дружи́ти	дружи́тимете	подру́жите [ся]
вони	бу́дуть дружи́ти	дружи́тимуть	подру́жать [ся]
УМОВНИЙ СПОСІБ — CONDITIONAL MOOD			
він (я, ти)	дружи́в би		подружи́в [ся] би [б]
вона (я, ти)	дружи́ла б		подружи́ла [ся] б
воно	дружи́ло б		подружи́ло [ся] б
вони (ми, ви)	дружи́ли б		подружи́ли [ся] б
НАКАЗОВИЙ СПОСІБ — IMPERATIVE MOOD			
ти	дружи́		подружи́ [ся]
ми	дружі́мо		подружі́мо [ся]
ви	дружі́ть		подружі́ть [ся]
він, вона, воно	(не)ха́й дру́жить		(не)ха́й подру́жить [ся]
вони	(не)ха́й дру́жать		(не)ха́й подру́жать [ся]
ДІЄПРИКМЕТНИКИ — VERBAL ADJECTIVES (PARTICIPLES)			
ACTIVE			
PASSIVE			
ДІЄПРИСЛІВНИКИ — VERBAL ADVERBS			
	дру́жачи, дружи́вши		подружи́вши [сь]
БЕЗОСОБОВІ ФОРМИ — IMPERSONAL FORMS			

Ми давно́ **дру́жимо**.
We have been friends for a long time.

з (із, зі) + *instrumental*:
Він **дружи́в** із моі́м бра́том.
He was friends with my brother.

+ *accusative*:
Ми коли́сь **подружи́ли** їх, і тепе́р вони́ — па́ра.
We once made them friends, and now they are a couple.

-ся + **у (в)**, **на** + *locative*:
Вони́ **подружи́лися** в лі́тньому та́борі.
They became friends at a summer camp.

№ 134

ду́мати | поду́мати
to think

Present/Future Stems: **дума-** | **подума-**
Conjugation: **1st (-ють)**

ОСО́БА / PERSON	НЕДОКОНАНИЙ ВИД / IMPERFECTIVE ASPECT		ДОКОНАНИЙ ВИД / PERFECTIVE ASPECT
ТЕПЕРІШНІЙ ЧАС — PRESENT TENSE			
я	ду́маю		
ти	ду́маєш		
він, вона, воно	ду́має		
ми	ду́маємо		
ви	ду́маєте		
вони	ду́мають		
МИНУЛИЙ ЧАС — PAST TENSE			
він (я, ти)	ду́мав		поду́мав
вона (я, ти)	ду́мала		поду́мала
воно	ду́мало		поду́мало
вони (ми, ви)	ду́мали		поду́мали
МАЙБУТНІЙ ЧАС — FUTURE TENSE			
	ANALYTIC	SYNTHETIC	
я	бу́ду ду́мати	ду́матиму	поду́маю
ти	бу́деш ду́мати	ду́матимеш	поду́маєш
він, вона, воно	бу́де ду́мати	ду́матиме	поду́має
ми	бу́демо ду́мати	ду́матимемо	поду́маємо
ви	бу́дете ду́мати	ду́матимете	поду́маєте
вони	бу́дуть ду́мати	ду́матимуть	поду́мають
УМОВНИЙ СПОСІБ — CONDITIONAL MOOD			
він (я, ти)	ду́мав би		поду́мав би
вона (я, ти)	ду́мала б		поду́мала б
воно	ду́мало б		поду́мало б
вони (ми, ви)	ду́мали б		поду́мали б
НАКАЗОВИЙ СПОСІБ — IMPERATIVE MOOD			
ти	ду́май		поду́май
ми	ду́маймо		поду́маймо
ви	ду́майте		поду́майте
він, вона, воно	(не)ха́й ду́має		(не)ха́й поду́має
вони	(не)ха́й ду́мають		(не)ха́й поду́мають
ДІЄПРИКМЕТНИКИ — VERBAL ADJECTIVES (PARTICIPLES)			
ACTIVE			
PASSIVE			
ДІЄПРИСЛІВНИКИ — VERBAL ADVERBS			
	ду́маючи, ду́мавши		поду́мавши
БЕЗОСОБОВІ ФОРМИ — IMPERSONAL FORMS			

Я ду́маю, що це непра́вда. — *I think that is a lie.*

про + *accusative*:
Він ча́сто ду́мав про не́ї та її діте́й. — *He often thought about her and her children.*
Упе́рше він поду́мав про це мину́лого ро́ку. — *He first thought about this last year.*
Добре поду́майте, перш ніж відпові́сти. — *Think carefully before you answer.*

Present/Future Stems: **дяку-** | **подяку-**

Conjugation: **1st (-ють)**

дя́кувати | подя́кувати

to thank

ОСОБА / PERSON	НЕДОКОНАНИЙ ВИД / IMPERFECTIVE ASPECT		ДОКОНАНИЙ ВИД / PERFECTIVE ASPECT
ТЕПЕРІШНІЙ ЧАС — PRESENT TENSE			
я	дя́кую		
ти	дя́куєш		
він, вона, воно	дя́кує		
ми	дя́куємо		
ви	дя́куєте		
вони	дя́кують		
МИНУЛИЙ ЧАС — PAST TENSE			
він (я, ти)	дя́кував		подя́кував
вона (я, ти)	дя́кувала		подя́кувала
воно	дя́кувало		подя́кувало
вони (ми, ви)	дя́кували		подя́кували
МАЙБУТНІЙ ЧАС — FUTURE TENSE	ANALYTIC	SYNTHETIC	
я	бу́ду дя́кувати	дя́куватиму	подя́кую
ти	бу́деш дя́кувати	дя́куватимеш	подя́куєш
він, вона, воно	бу́де дя́кувати	дя́куватиме	подя́кує
ми	бу́демо дя́кувати	дя́куватимемо	подя́куємо
ви	бу́дете дя́кувати	дя́куватимете	подя́куєте
вони	бу́дуть дя́кувати	дя́куватимуть	подя́кують
УМОВНИЙ СПОСІБ — CONDITIONAL MOOD			
він (я, ти)	дя́кував би		подя́кував би
вона (я, ти)	дя́кувала б		подя́кувала б
воно	дя́кувало б		подя́кувало б
вони (ми, ви)	дя́кували б		подя́кували б
НАКАЗОВИЙ СПОСІБ — IMPERATIVE MOOD			
ти	дя́куй		подя́куй
ми	дя́куймо		подя́куймо
ви	дя́куйте		подя́куйте
він, вона, воно	(не)ха́й дя́кує		(не)ха́й подя́кує
вони	(не)ха́й дя́кують		(не)ха́й подя́кують
ДІЄПРИКМЕТНИКИ — VERBAL ADJECTIVES (PARTICIPLES)			
ACTIVE			
PASSIVE			
ДІЄПРИСЛІВНИКИ — VERBAL ADVERBS			
	дя́куючи, дя́кувавши		подя́кувавши
БЕЗОСОБОВІ ФОРМИ — IMPERSONAL FORMS			

+ dative + за + accusative:

Щи́ро **дя́кую** вам за допомо́гу! — Thank you sincerely for your help!

Чолові́к заплати́в і **подя́кував** продавцю́. — The man paid and thanked the shop assistant.

Подя́куймо комуна́льникам за їхню робо́ту! — Let us thank the utility workers for their work!

Вона́ пішла́, не **подя́кувавши**. — She left without saying thank you.

жартува́ти | пожартува́ти

to joke, to kid

Present/Future Stems: **жарту-** | **пожарту-**
Conjugation: **1st (-ють)**

ОСОБА / PERSON	НЕДОКОНАНИЙ ВИД / IMPERFECTIVE ASPECT		ДОКОНАНИЙ ВИД / PERFECTIVE ASPECT
ТЕПЕРІШНІЙ ЧАС — PRESENT TENSE			
я	жарту́ю		
ти	жарту́єш		
він, вона, воно	жарту́є		
ми	жарту́ємо		
ви	жарту́єте		
вони	жарту́ють		
МИНУЛИЙ ЧАС — PAST TENSE			
він (я, ти)	жартува́в		пожартува́в
вона (я, ти)	жартува́ла		пожартува́ла
воно	жартува́ло		пожартува́ло
вони (ми, ви)	жартува́ли		пожартува́ли
МАЙБУТНІЙ ЧАС — FUTURE TENSE	ANALYTIC	SYNTHETIC	
я	бу́ду жартува́ти	жартува́тиму	пожарту́ю
ти	бу́деш жартува́ти	жартува́тимеш	пожарту́єш
він, вона, воно	бу́де жартува́ти	жартува́тиме	пожарту́є
ми	бу́демо жартува́ти	жартува́тимемо	пожарту́ємо
ви	бу́дете жартува́ти	жартува́тимете	пожарту́єте
вони	бу́дуть жартува́ти	жартува́тимуть	пожарту́ють
УМОВНИЙ СПОСІБ — CONDITIONAL MOOD			
він (я, ти)	жартува́в би		пожартува́в би
вона (я, ти)	жартува́ла б		пожартува́ла б
воно	жартува́ло б		пожартува́ло б
вони (ми, ви)	жартува́ли б		пожартува́ли б
НАКАЗОВИЙ СПОСІБ — IMPERATIVE MOOD			
ти	жарту́й		пожарту́й
ми	жарту́ймо		пожарту́ймо
ви	жарту́йте		пожарту́йте
він, вона, воно	(не)ха́й жарту́є		(не)ха́й пожарту́є
вони	(не)ха́й жарту́ють		(не)ха́й пожарту́ють
ДІЄПРИКМЕТНИКИ — VERBAL ADJECTIVES (PARTICIPLES)			
ACTIVE			
PASSIVE			
ДІЄПРИСЛІВНИКИ — VERBAL ADVERBS			
	жарту́ючи, жартува́вши		пожартува́вши
БЕЗОСОБОВІ ФОРМИ — IMPERSONAL FORMS			

Ти **жарту́єш**? — *Are you kidding?*

Він невда́ло **пожартува́в**. — *He made a bad joke.*

про + *accusative*:
Сього́дні я не **жартува́тиму** (**бу́ду жартува́ти**) про полі́тику… **Жарту́ю**! — *Today I will not joke about politics… I am joking!*

з (**із**, **зі**) + *instrumental*:
Не **жарту́й** так зі мно́ю. — *Do not joke with me like that.*

Present/Future Stems: жив- | пожив-

Conjugation: 1st (-уть)

жи́ти | пожи́ти
to live; to be alive

ОСОБА / PERSON	НЕДОКОНАНИЙ ВИД / IMPERFECTIVE ASPECT		ДОКОНАНИЙ ВИД / PERFECTIVE ASPECT
ТЕПЕРІШНІЙ ЧАС — PRESENT TENSE			
я	живу́		
ти	живе́ш		
він, вона, воно	живе́		
ми	живемо́		
ви	живете́		
вони	живу́ть		
МИНУЛИЙ ЧАС — PAST TENSE			
він (я, ти)	жив		пожи́в
вона (я, ти)	жила́		пожила́
воно	жило́		пожило́
вони (ми, ви)	жили́		пожили́
МАЙБУТНІЙ ЧАС — FUTURE TENSE			
	ANALYTIC	SYNTHETIC	
я	бу́ду жи́ти	жи́тиму	поживу́
ти	бу́деш жи́ти	жи́тимеш	поживе́ш
він, вона, воно	бу́де жи́ти	жи́тиме	поживе́
ми	бу́демо жи́ти	жи́тимемо	поживемо́
ви	бу́дете жи́ти	жи́тимете	поживете́
вони	бу́дуть жи́ти	жи́тимуть	поживу́ть
УМОВНИЙ СПОСІБ — CONDITIONAL MOOD			
він (я, ти)	жив би		пожи́в би
вона (я, ти)	жила́ б		пожила́ б
воно	жило́ б		пожило́ б
вони (ми, ви)	жили́ б		пожили́ б
НАКАЗОВИЙ СПОСІБ — IMPERATIVE MOOD			
ти	живи́		поживи́
ми	живі́мо		поживі́мо
ви	живі́ть		поживі́ть
він, вона, воно	(не)ха́й живе́		(не)ха́й поживе́
вони	(не)ха́й живу́ть		(не)ха́й поживу́ть
ДІЄПРИКМЕТНИКИ — VERBAL ADJECTIVES (PARTICIPLES)			
ACTIVE			
PASSIVE			
ДІЄПРИСЛІВНИКИ — VERBAL ADVERBS			
	живучи́, жи́вши		пожи́вши
БЕЗОСОБОВІ ФОРМИ — IMPERSONAL FORMS			

Де ви **живете́**? — Where do you live?

Поживемо́ — поба́чимо. — We will live — we will see.

+ instrumental:
Вона́ **живе́** та́нцями. — She lives by dancing (she has a passion for it).

у (в), на + locative (places):
Вони́ **жи́тимуть** (**бу́дуть жи́ти**) в Украї́ні два ро́ки. — They will live in Ukraine for two years.

у (в) + genitive (people):
Живі́ть у нас сті́льки, скі́льки тре́ба. — Live at our place as long as you need.

жува́ти | пожува́ти

to chew; to eat, to munch

Present/Future Stems: **жу-** | **пожу-**

Conjugation: **1st (-ють)**

ОСОБА / PERSON	НЕДОКОНАНИЙ ВИД / IMPERFECTIVE ASPECT		ДОКОНАНИЙ ВИД / PERFECTIVE ASPECT
ТЕПЕРІШНІЙ ЧАС — PRESENT TENSE			
я	жую́		
ти	жує́ш		
він, вона, воно	жує́		
ми	жуємо́		
ви	жуєте́		
вони	жую́ть		
МИНУЛИЙ ЧАС — PAST TENSE			
він (я, ти)	жува́в		пожува́в
вона (я, ти)	жува́ла		пожува́ла
воно	жува́ло		пожува́ло
вони (ми, ви)	жува́ли		пожува́ли
МАЙБУТНІЙ ЧАС — FUTURE TENSE			
	ANALYTIC	SYNTHETIC	
я	бу́ду жува́ти	жува́тиму	пожую́
ти	бу́деш жува́ти	жува́тимеш	пожує́ш
він, вона, воно	бу́де жува́ти	жува́тиме	пожує́
ми	бу́демо жува́ти	жува́тимемо	пожуємо́
ви	бу́дете жува́ти	жува́тимете	пожуєте́
вони	бу́дуть жува́ти	жува́тимуть	пожую́ть
УМОВНИЙ СПОСІБ — CONDITIONAL MOOD			
він (я, ти)	жува́в би		пожува́в би
вона (я, ти)	жува́ла б		пожува́ла б
воно	жува́ло б		пожува́ло б
вони (ми, ви)	жува́ли б		пожува́ли б
НАКАЗОВИЙ СПОСІБ — IMPERATIVE MOOD			
ти	жуй		пожу́й
ми	жу́ймо		пожу́ймо
ви	жу́йте		пожу́йте
він, вона, воно	(не)ха́й жує́		(не)ха́й пожує́
вони	(не)ха́й жую́ть		(не)ха́й пожую́ть
ДІЄПРИКМЕТНИКИ — VERBAL ADJECTIVES (PARTICIPLES)			
ACTIVE			
PASSIVE	жо́ваний		пожо́ваний
ДІЄПРИСЛІВНИКИ — VERBAL ADVERBS			
	жуючи́, жува́вши		пожува́вши
БЕЗОСОБОВІ ФОРМИ — IMPERSONAL FORMS			
	жо́вано		пожо́вано

+ accusative:

Ми за́вжди щось **жуємо́**, коли ди́вимося телеві́зор. — *We're always munching on something when watching TV.*

Коро́ва пові́льно **жува́ла** сі́но. — *The cow was slowly chewing the hay.*

Він пожува́в **жу́йку** дві секу́нди і ви́плюнув. — *He chewed the gum for two seconds and spat it out.*

Жуй пові́льно, насоло́джуйся смако́м ї́жі. — *Chew slowly, enjoy the taste of food.*

№ 139

Present/Future Stems: **забезпечу- | забезпеч-**
Conjugation: **1st (-ють) | 2nd (-ать)**

забезпе́чувати | забезпе́чити
to provide; to ensure

ОСОБА / PERSON	НЕДОКОНАНИЙ ВИД / IMPERFECTIVE ASPECT		ДОКОНАНИЙ ВИД / PERFECTIVE ASPECT
ТЕПЕРІШНІЙ ЧАС — PRESENT TENSE			
я	забезпе́чую		
ти	забезпе́чуєш		
він, вона, воно	забезпе́чує		
ми	забезпе́чуємо		
ви	забезпе́чуєте		
вони	забезпе́чують		
МИНУЛИЙ ЧАС — PAST TENSE			
він (я, ти)	забезпе́чував		забезпе́чив
вона (я, ти)	забезпе́чувала		забезпе́чила
воно	забезпе́чувало		забезпе́чило
вони (ми, ви)	забезпе́чували		забезпе́чили
МАЙБУТНІЙ ЧАС — FUTURE TENSE			
	ANALYTIC	SYNTHETIC	
я	бу́ду забезпе́чувати	забезпе́чуватиму	забезпе́чу
ти	бу́деш забезпе́чувати	забезпе́чуватимеш	забезпе́чиш
він, вона, воно	бу́де забезпе́чувати	забезпе́чуватиме	забезпе́чить
ми	бу́демо забезпе́чувати	забезпе́чуватимемо	забезпе́чимо
ви	бу́дете забезпе́чувати	забезпе́чуватимете	забезпе́чите
вони	бу́дуть забезпе́чувати	забезпе́чуватимуть	забезпе́чать
УМОВНИЙ СПОСІБ — CONDITIONAL MOOD			
він (я, ти)	забезпе́чував би		забезпе́чив би
вона (я, ти)	забезпе́чувала б		забезпе́чила б
воно	забезпе́чувало б		забезпе́чило б
вони (ми, ви)	забезпе́чували б		забезпе́чили б
НАКАЗОВИЙ СПОСІБ — IMPERATIVE MOOD			
ти	забезпе́чуй		забезпе́ч
ми	забезпе́чуймо		забезпе́чмо
ви	забезпе́чуйте		забезпе́чте
він, вона, воно	(не)ха́й забезпе́чує		(не)ха́й забезпе́чить
вони	(не)ха́й забезпе́чують		(не)ха́й забезпе́чать
ДІЄПРИКМЕТНИКИ — VERBAL ADJECTIVES (PARTICIPLES)			
ACTIVE			
PASSIVE	забезпе́чуваний		забезпе́чений
ДІЄПРИСЛІВНИКИ — VERBAL ADVERBS			
	забезпе́чуючи, забезпе́чувавши		забезпе́чивши
БЕЗОСОБОВІ ФОРМИ — IMPERSONAL FORMS			
	забезпе́чувано		забезпе́чено

+ accusative:
Держа́ва **забезпе́чує** всебі́чний ро́звиток і функціонува́ння украї́нської мо́ви (Конститу́ція Украї́ни).
The state ensures comprehensive development and functioning of the Ukrainian language (Constitution of Ukraine).

+ dative:
Організа́ція **забезпе́чує** свої́м працівника́м комфо́ртні умо́ви пра́ці.
The organization provides its employees with comfortable working conditions.

+ instrumental:
Волонте́ри **забезпе́чать** дитя́чі буди́нки о́дягом.
Volunteers will supply orphanages with clothes.
Га́рний на́стрій **забезпе́чено**.
Good mood is ensured.

№ 140

забира́ти[ся] | забра́ти[ся]

to take (away); to pick up; to take (time) [to get out, to leave]

Present/Future Stems: забира- | забер-
Conjugation: **1st (-ють)** | **1st (-уть)**

ОСОБА / PERSON	НЕДОКОНАНИЙ ВИД / IMPERFECTIVE ASPECT		ДОКОНАНИЙ ВИД / PERFECTIVE ASPECT
ТЕПЕРІШНІЙ ЧАС — PRESENT TENSE			
я	забира́ю[ся]		
ти	забира́єш[ся]		
він, вона, воно	забира́є[ться]		
ми	забира́ємо[ся]		
ви	забира́єте[ся]		
вони	забира́ють[ся]		
МИНУЛИЙ ЧАС — PAST TENSE			
він (я, ти)	забира́в[ся]		забра́в[ся]
вона (я, ти)	забира́ла[ся]		забра́ла[ся]
воно	забира́ло[ся]		забра́ло[ся]
вони (ми, ви)	забира́ли[ся]		забра́ли[ся]
МАЙБУТНІЙ ЧАС — FUTURE TENSE			
	ANALYTIC	SYNTHETIC	
я	бу́ду забира́ти[ся]	забира́тиму[ся]	заберу́[ся]
ти	бу́деш забира́ти[ся]	забира́тимеш[ся]	забере́ш[ся]
він, вона, воно	бу́де забира́ти[ся]	забира́тиме[ться]	забере́[ться]
ми	бу́демо забира́ти[ся]	забира́тимемо[ся]	заберемо́[ся]
ви	бу́дете забира́ти[ся]	забира́тимете[ся]	заберете́[ся]
вони	бу́дуть забира́ти[ся]	забира́тимуть[ся]	заберу́ть[ся]
УМОВНИЙ СПОСІБ — CONDITIONAL MOOD			
він (я, ти)	забира́в[ся] би [б]		забра́в[ся] би [б]
вона (я, ти)	забира́ла[ся] б		забра́ла[ся] б
воно	забира́ло[ся] б		забра́ло[ся] б
вони (ми, ви)	забира́ли[ся] б		забра́ли[ся] б
НАКАЗОВИЙ СПОСІБ — IMPERATIVE MOOD			
ти	забира́й[ся]		забери́[ся]
ми	забира́ймо[ся]		забері́мо[ся]
ви	забира́йте[ся]		забері́ть[ся]
він, вона, воно	(не)ха́й забира́є[ться]		(не)ха́й забере́[ться]
вони	(не)ха́й забира́ють[ся]		(не)ха́й заберу́ть[ся]
ДІЄПРИКМЕТНИКИ — VERBAL ADJECTIVES (PARTICIPLES)			
ACTIVE			
PASSIVE	забира́ний		за́браний
ДІЄПРИСЛІВНИКИ — VERBAL ADVERBS			
	забира́ючи[сь], забира́вши[сь]		забра́вши[сь]
БЕЗОСОБОВІ ФОРМИ — IMPERSONAL FORMS			
	забира́но		за́брано

+ accusative:
Це **забира́є** бага́то ча́су.   *It takes a lot of time.*
Швидка́ допомо́га **забра́ла** пора́нених.   *An ambulance took away the injured.*

в, від + genitive (people):
Вона́ **забра́ла** свої́ книжки́ в по́други.   *She took her books from her friend.*

з (із, зі) + genitive (places):
Я **заберу́** діте́й із садо́чка.   *I will pick up the children from kindergarten.*

-ся + з (із, зі) + genitive:
Забира́йся з мого́ до́му!   *Get out of my house!*

Present/Future Stems: **забороня-** | **заборон-**
Conjugation: **1st (-ють)** | **2nd (-ять)**

забороня́ти | заборони́ти

to forbid, to prohibit, to ban

ОСО́БА / PERSON	НЕДОКО́НАНИЙ ВИД / IMPERFECTIVE ASPECT	ДОКО́НАНИЙ ВИД / PERFECTIVE ASPECT
ТЕПЕ́РІШНІЙ ЧАС — PRESENT TENSE		
я	забороня́ю	
ти	забороня́єш	
він, вона, воно	забороня́є	
ми	забороня́ємо	
ви	забороня́єте	
вони	забороня́ють	
МИНУ́ЛИЙ ЧАС — PAST TENSE		
він (я, ти)	забороня́в	заборони́в
вона (я, ти)	забороня́ла	заборони́ла
воно	забороня́ло	заборони́ло
вони (ми, ви)	забороня́ли	заборони́ли
МАЙБУ́ТНІЙ ЧАС — FUTURE TENSE		
	ANALYTIC / SYNTHETIC	
я	бу́ду забороня́ти / забороня́тиму	заборо́ню
ти	бу́деш забороня́ти / забороня́тимеш	заборо́ниш
він, вона, воно	бу́де забороня́ти / забороня́тиме	заборо́нить
ми	бу́демо забороня́ти / забороня́тимемо	заборо́нимо
ви	бу́дете забороня́ти / забороня́тимете	заборо́ните
вони	бу́дуть забороня́ти / забороня́тимуть	заборо́нять
УМО́ВНИЙ СПО́СІБ — CONDITIONAL MOOD		
він (я, ти)	забороня́в би	заборони́в би
вона (я, ти)	забороня́ла б	заборони́ла б
воно	забороня́ло б	заборони́ло б
вони (ми, ви)	забороня́ли б	заборони́ли б
НАКАЗО́ВИЙ СПО́СІБ — IMPERATIVE MOOD		
ти	забороня́й	заборони́
ми	забороня́ймо	заборо́німо
ви	забороня́йте	заборо́ніть
він, вона, воно	(не)ха́й забороня́є	(не)ха́й заборо́нить
вони	(не)ха́й забороня́ють	(не)ха́й заборо́нять
ДІЄПРИКМЕ́ТНИКИ — VERBAL ADJECTIVES (PARTICIPLES)		
ACTIVE		
PASSIVE	заборо́нюваний	заборо́нений
ДІЄПРИСЛІ́ВНИКИ — VERBAL ADVERBS		
	забороня́ючи, забороня́вши	заборони́вши
БЕЗОСОБО́ВІ ФО́РМИ — IMPERSONAL FORMS		
	заборо́нювано	заборо́нено

+ accusative:
Зако́н **забороня́є** про́даж землі́. — *The law prohibits selling lands.*

+ dative + infinitive:
Ма́ма **заборони́ла** си́ну дивитися телеві́зор. — *Mother forbade her son to watch TV.*
Вла́да ніко́ли не **заборо́нить** рекла́му алкого́лю. — *The government will never ban alcohol advertising.*
Його́ кни́ги були́ **заборо́нені** в Радя́нському Сою́зі. — *His books were banned in the Soviet Union.*

№ 142

забува́ти[ся] | забу́ти[ся]

to forget [to forget oneself; to be forgotten]

Present/Future Stems: **забува-** | **забуд-**
Conjugation: **1st (-ють)** | **1st (-уть)**

ОСОБА / PERSON	НЕДОКОНАНИЙ ВИД / IMPERFECTIVE ASPECT	ДОКОНАНИЙ ВИД / PERFECTIVE ASPECT
ТЕПЕРІШНІЙ ЧАС — PRESENT TENSE		
я	забува́ю[ся]	
ти	забува́єш[ся]	
він, вона, воно	забува́є[ться]	
ми	забува́ємо[ся]	
ви	забува́єте[ся]	
вони	забува́ють[ся]	
МИНУЛИЙ ЧАС — PAST TENSE		
він (я, ти)	забува́в[ся]	забу́в[ся]
вона (я, ти)	забува́ла[ся]	забу́ла[ся]
воно	забува́ло[ся]	забу́ло[ся]
вони (ми, ви)	забува́ли[ся]	забу́ли[ся]

МАЙБУТНІЙ ЧАС — FUTURE TENSE

	ANALYTIC	SYNTHETIC	
я	бу́ду забува́ти[ся]	забува́тиму[ся]	забу́ду[ся]
ти	бу́деш забува́ти[ся]	забува́тимеш[ся]	забу́деш[ся]
він, вона, воно	бу́де забува́ти[ся]	забува́тиме[ться]	забу́де[ться]
ми	бу́демо забува́ти[ся]	забува́тимемо[ся]	забу́демо[ся]
ви	бу́дете забува́ти[ся]	забува́тимете[ся]	забу́дете[ся]
вони	бу́дуть забува́ти[ся]	забува́тимуть[ся]	забу́дуть[ся]

УМОВНИЙ СПОСІБ — CONDITIONAL MOOD

він (я, ти)	забува́в[ся] би [б]	забу́в[ся] би [б]
вона (я, ти)	забува́ла[ся] б	забу́ла[ся] б
воно	забува́ло[ся] б	забу́ло[ся] б
вони (ми, ви)	забува́ли[ся] б	забу́ли[ся] б

НАКАЗОВИЙ СПОСІБ — IMPERATIVE MOOD

ти	забува́й[ся]	забу́дь[ся]
ми	забува́ймо[ся]	забу́дьмо[ся]
ви	забува́йте[ся]	забу́дьте[ся]
він, вона, воно	(не)ха́й забува́є[ться]	(не)ха́й забу́де[ться]
вони	(не)ха́й забува́ють[ся]	(не)ха́й забу́дуть[ся]

ДІЄПРИКМЕТНИКИ — VERBAL ADJECTIVES (PARTICIPLES)

ACTIVE		
PASSIVE		забу́тий

ДІЄПРИСЛІВНИКИ — VERBAL ADVERBS

	забува́ючи[сь], забува́вши[сь]	забу́вши[сь]

БЕЗОСОБОВІ ФОРМИ — IMPERSONAL FORMS

		забу́то

+ accusative:

Він ча́сто **забува́є** свої́ ре́чі в шко́лі. — *He often forgets his things at school.*

Вона́ **забу́ла** привіта́ти його́ з днем наро́дження. — *She forgot to wish him a happy birthday.*

про + accusative:

Ми не **забу́демо** про вас. — *We will not forget about you.*

Не **забува́ймо**, що наспра́вді важли́во. — *Let's not forget what really matters.*

Забу́дься, відпочи́нь! Воно́ того́ не ва́рте. — *Forget it, have some rest! It's not worth it.*

Усе́ пога́не **забу́деться**. — *All the bad things will be forgotten.*

Present/Future Stems: **заважа-** | **завад(ж)-**

Conjugation: **1st (-ють)** | **2nd (-ять)**

заважа́ти | зава́дити

to disturb; to prevent

ОСОБА / PERSON	НЕДОКОНАНИЙ ВИД / IMPERFECTIVE ASPECT		ДОКОНАНИЙ ВИД / PERFECTIVE ASPECT
ТЕПЕРІШНІЙ ЧАС — PRESENT TENSE			
я	заважа́ю		
ти	заважа́єш		
він, вона, воно	заважа́є		
ми	заважа́ємо		
ви	заважа́єте		
вони	заважа́ють		
МИНУЛИЙ ЧАС — PAST TENSE			
він (я, ти)	заважа́в		зава́див
вона (я, ти)	заважа́ла		зава́дила
воно	заважа́ло		зава́дило
вони (ми, ви)	заважа́ли		зава́дили
МАЙБУТНІЙ ЧАС — FUTURE TENSE			
	ANALYTIC	SYNTHETIC	
я	бу́ду заважа́ти	заважа́тиму	зава́джу
ти	бу́деш заважа́ти	заважа́тимеш	зава́диш
він, вона, воно	бу́де заважа́ти	заважа́тиме	зава́дить
ми	бу́демо заважа́ти	заважа́тимемо	зава́димо
ви	бу́дете заважа́ти	заважа́тимете	зава́дите
вони	бу́дуть заважа́ти	заважа́тимуть	зава́дять
УМОВНИЙ СПОСІБ — CONDITIONAL MOOD			
він (я, ти)	заважа́в би		зава́див би
вона (я, ти)	заважа́ла б		зава́дила б
воно	заважа́ло б		зава́дило б
вони (ми, ви)	заважа́ли б		зава́дили б
НАКАЗОВИЙ СПОСІБ — IMPERATIVE MOOD			
ти	заважа́й		зава́дь
ми	заважа́ймо		зава́дьмо
ви	заважа́йте		зава́дьте
він, вона, воно	(не)ха́й заважа́є		(не)ха́й зава́дить
вони	(не)ха́й заважа́ють		(не)ха́й зава́дять
ДІЄПРИКМЕТНИКИ — VERBAL ADJECTIVES (PARTICIPLES)			
ACTIVE			
PASSIVE			
ДІЄПРИСЛІВНИКИ — VERBAL ADVERBS			
	заважа́ючи, заважа́вши		зава́дивши
БЕЗОСОБОВІ ФОРМИ — IMPERSONAL FORMS			

+ dative + infinitive:

Ви́бачте, ви **заважа́єте** нам диви́тися фільм.   *Excuse me, you are disturbing us from watching a movie.*

Війна́ **зава́дила** їй вступи́ти до університе́ту.   *The war prevented her from entering the university.*

Тобі́ не **зава́дило б** ви́спатися.   *It wouldn't hurt you to get some sleep.*

Не **заважа́й** мені́, будь ла́ска.   *Do not disturb me, please.*

№ 144

завантáжувати[ся] | завантáжити[ся] *Present/Future Stems:* **завантажу- | завантаж-**
to load; to download; to upload [to be loaded] *Conjugation:* **1st (-ють) | 2nd (-ать)**

ОСОБА / PERSON	НЕДОКОНАНИЙ ВИД / IMPERFECTIVE ASPECT		ДОКОНАНИЙ ВИД / PERFECTIVE ASPECT
ТЕПЕРІШНІЙ ЧАС — PRESENT TENSE			
я	завантáжую[ся]		
ти	завантáжуєш[ся]		
він, вона, воно	завантáжує[ться]		
ми	завантáжуємо[ся]		
ви	завантáжуєте[ся]		
вони	завантáжують[ся]		
МИНУЛИЙ ЧАС — PAST TENSE			
він (я, ти)	завантáжував[ся]		завантáжив[ся]
вона (я, ти)	завантáжувала[ся]		завантáжила[ся]
воно	завантáжувало[ся]		завантáжило[ся]
вони (ми, ви)	завантáжували[ся]		завантáжили[ся]
МАЙБУТНІЙ ЧАС — FUTURE TENSE			
	ANALYTIC	SYNTHETIC	
я	бýду завантáжувати[ся]	завантáжуватиму[ся]	завантáжу[ся]
ти	бýдеш завантáжувати[ся]	завантáжуватимеш[ся]	завантáжиш[ся]
він, вона, воно	бýде завантáжувати[ся]	завантáжуватиме[ться]	завантáжить[ся]
ми	бýдемо завантáжувати[ся]	завантáжуватимемо[ся]	завантáжимо[ся]
ви	бýдете завантáжувати[ся]	завантáжуватимете[ся]	завантáжите[ся]
вони	бýдуть завантáжувати[ся]	завантáжуватимуть[ся]	завантáжать[ся]
УМОВНИЙ СПОСІБ — CONDITIONAL MOOD			
він (я, ти)	завантáжував[ся] би [б]		завантáжив[ся] би [б]
вона (я, ти)	завантáжувала[ся] б		завантáжила[ся] б
воно	завантáжувало[ся] б		завантáжило[ся] б
вони (ми, ви)	завантáжували[ся] б		завантáжили[ся] б
НАКАЗОВИЙ СПОСІБ — IMPERATIVE MOOD			
ти	завантáжуй[ся]		завантáж[ся]
ми	завантáжуймо[ся]		завантáжмо[ся]
ви	завантáжуйте[ся]		завантáжте[ся]
він, вона, воно	(не)хáй завантáжує[ться]		(не)хáй завантáжить[ся]
вони	(не)хáй завантáжують[ся]		(не)хáй завантáжать[ся]
ДІЄПРИКМЕТНИКИ — VERBAL ADJECTIVES (PARTICIPLES)			
ACTIVE			
PASSIVE	завантáжуваний		завантáжений
ДІЄПРИСЛІВНИКИ — VERBAL ADVERBS			
	завантáжуючи[сь], завантáжувавши[сь]		завантáживши[сь]
БЕЗОСОБОВІ ФОРМИ — IMPERSONAL FORMS			
	завантáжувано		завантáжено

+ *accusative* + **у** (**в**), **на** + *accusative*:

Водíй **завантáжив** усí корóбки у вантажíвку. *The driver loaded all the boxes into the truck.*
Користувачí самí **завантáжують** фотогрáфії на сайт. *Users upload photos to the site themselves.*
Завантáжте файл і відкрúйте його. *Download the file and open it.*
Чомý вíдео так повíльно **завантáжується**? *Why is the video loading so slowly?*

Present/Future Stems: завда- | *special*
Conjugation: **1st (-ють)** | *special*

завдава́ти | завда́ти

to cause, to inflict

ОСОБА / PERSON	НЕДОКОНАНИЙ ВИД / IMPERFECTIVE ASPECT		ДОКОНАНИЙ ВИД / PERFECTIVE ASPECT
ТЕПЕРІШНІЙ ЧАС — PRESENT TENSE			
я	завдаю́		
ти	завдає́ш		
він, вона, воно	завдає́		
ми	завдаємо́		
ви	завдаєте́		
вони	завдаю́ть		
МИНУЛИЙ ЧАС — PAST TENSE			
він (я, ти)	завдава́в		завда́в
вона (я, ти)	завдава́ла		завдала́
воно	завдава́ло		завдало́
вони (ми, ви)	завдава́ли		завдали́
МАЙБУТНІЙ ЧАС — FUTURE TENSE			
	ANALYTIC	SYNTHETIC	
я	бу́ду завдава́ти	завдава́тиму	завда́м
ти	бу́деш завдава́ти	завдава́тимеш	завдаси́
він, вона, воно	бу́де завдава́ти	завдава́тиме	завда́сть
ми	бу́демо завдава́ти	завдава́тимемо	завдамо́
ви	бу́дете завдава́ти	завдава́тимете	завдасте́
вони	бу́дуть завдава́ти	завдава́тимуть	завдаду́ть
УМОВНИЙ СПОСІБ — CONDITIONAL MOOD			
він (я, ти)	завдава́в би		завда́в би
вона (я, ти)	завдава́ла б		завдала́ б
воно	завдава́ло б		завдало́ б
вони (ми, ви)	завдава́ли б		завдали́ б
НАКАЗОВИЙ СПОСІБ — IMPERATIVE MOOD			
ти	завдава́й		завда́й
ми	завдава́ймо		завда́ймо
ви	завдава́йте		завда́йте
він, вона, воно	(не)ха́й завдає́		(не)ха́й завда́сть
вони	(не)ха́й завдаю́ть		(не)ха́й завдаду́ть
ДІЄПРИКМЕТНИКИ — VERBAL ADJECTIVES (PARTICIPLES)			
ACTIVE			
PASSIVE	завдава́ний		за́вданий
ДІЄПРИСЛІВНИКИ — VERBAL ADVERBS			
	завдаючи́, завдава́вши		завда́вши
БЕЗОСОБОВІ ФОРМИ — IMPERSONAL FORMS			
	завда́вано		за́вдано

+ genitive + dative:

Цей заво́д **завдає́** шко́ди довкі́ллю. — *This plant causes harm to the environment.*

Украї́нські військо́ві **завдали́** уда́ру во́рогу. — *The Ukrainian military launched a strike against the enemy.*

Без су́мнівів, на́ша збі́рна **завда́сть** їм пора́зки. — *Without a doubt, our national team will defeat them.*

За́вдані зби́тки переви́щили мілья́рд гри́вень. — *The inflicted damages exceeded one billion hryvnias.*

№ 146

заве́ршувати[ся] | заве́рши́ти[ся]
to finish, to complete, to conclude [to end]
See also: закі́нчувати[ся] | закі́нчи́ти[ся] (№ 153)

Present/Future Stems: заве́ршу- | заве́рш-
Conjugation: **1st** (-ють) | **2nd** (-ать)

ОСОБА / PERSON	НЕДОКОНАНИЙ ВИД / IMPERFECTIVE ASPECT		ДОКОНАНИЙ ВИД / PERFECTIVE ASPECT
ТЕПЕРІШНІЙ ЧАС — PRESENT TENSE			
я	заве́ршую		
ти	заве́ршуєш		
він, вона, воно	заве́ршує[ться]		
ми	заве́ршуємо		
ви	заве́ршуєте		
вони	заве́ршують[ся]		
МИНУЛИЙ ЧАС — PAST TENSE			
він (я, ти)	заве́ршував[ся]		заве́ршив[ся]
вона (я, ти)	заве́ршувала[ся]		заве́ршила[ся]
воно	заве́ршувало[ся]		заве́ршило[ся]
вони (ми, ви)	заве́ршували[ся]		заве́ршили[ся]
МАЙБУТНІЙ ЧАС — FUTURE TENSE			
	ANALYTIC	SYNTHETIC	
я	бу́ду заве́ршувати	заве́ршуватиму	заве́ршу́
ти	бу́деш заве́ршувати	заве́ршуватимеш	заве́ршиш
він, вона, воно	бу́де заве́ршувати[ся]	заве́ршуватиме[ться]	заве́ршить[ся]
ми	бу́демо заве́ршувати	заве́ршуватимемо	заве́ршимо́
ви	бу́дете заве́ршувати	заве́ршуватимете	заве́ршите́
вони	бу́дуть заве́ршувати[ся]	заве́ршуватимуть[ся]	заве́ршать[ся]
УМОВНИЙ СПОСІБ — CONDITIONAL MOOD			
він (я, ти)	заве́ршував[ся] би [б]		заве́ршив[ся] би [б]
вона (я, ти)	заве́ршувала[ся] б		заве́ршила[ся] б
воно	заве́ршувало[ся] б		заве́ршило[ся] б
вони (ми, ви)	заве́ршували[ся] б		заве́ршили[ся] б
НАКАЗОВИЙ СПОСІБ — IMPERATIVE MOOD			
ти	заве́ршуй		заве́рши́
ми	заве́ршуймо		заве́рші́мо
ви	заве́ршуйте		заве́рші́ть
він, вона, воно	(не)ха́й заве́ршує[ться]		(не)ха́й заве́ршить[ся]
вони	(не)ха́й заве́ршують[ся]		(не)ха́й заве́ршать[ся]
ДІЄПРИКМЕТНИКИ — VERBAL ADJECTIVES (PARTICIPLES)			
ACTIVE			
PASSIVE	заве́ршуваний		заве́ршений
ДІЄПРИСЛІВНИКИ — VERBAL ADVERBS			
	заве́ршуючи[сь], заве́ршувавши[сь]		заве́ршивши[сь]
БЕЗОСОБОВІ ФОРМИ — IMPERSONAL FORMS			
	заве́ршувано		заве́ршено

+ accusative:
Пора́ **заве́ршувати** ле́кцію. — *It is time to finish the lecture.*

+ instrumental:
Вона́ **заве́ршила** ви́ступ слова́ми подя́ки. — *She concluded her speech with words of gratitude.*
Ми **заве́ршимо́** зу́стріч без вас. — *We will end the meeting without you.*

-ся + (з) + instrumental:
Гра **заве́ршилася** (з) раху́нком 1-0. — *The game ended with the score 1-0.*

Present/Future Stems: **зав'язу-** | **зав'яж-**

зав'язувати | зав'язáти

Conjugation: **1st (-ють)** | **1st (-уть)**

to tie, to knot; to quit sth (informal)

ОСОБА PERSON	НЕДОКОНАНИЙ ВИД IMPERFECTIVE ASPECT		ДОКОНАНИЙ ВИД PERFECTIVE ASPECT
ТЕПЕРІШНІЙ ЧАС — PRESENT TENSE			
я	зав'я́зую		
ти	зав'я́зуєш		
він, вона, воно	зав'я́зує		
ми	зав'я́зуємо		
ви	зав'я́зуєте		
вони	зав'я́зують		
МИНУЛИЙ ЧАС — PAST TENSE			
він (я, ти)	зав'я́зував		зав'яза́в
вона (я, ти)	зав'я́зувала		зав'яза́ла
воно	зав'я́зувало		зав'яза́ло
вони (ми, ви)	зав'я́зували		зав'яза́ли
МАЙБУТНІЙ ЧАС — FUTURE TENSE			
	ANALYTIC	SYNTHETIC	
я	бу́ду зав'я́зувати	зав'я́зуватиму	зав'яжу́
ти	бу́деш зав'я́зувати	зав'я́зуватимеш	зав'я́жеш
він, вона, воно	бу́де зав'я́зувати	зав'я́зуватиме	зав'я́же
ми	бу́демо зав'я́зувати	зав'я́зуватимемо	зав'я́жемо
ви	бу́дете зав'я́зувати	зав'я́зуватимете	зав'я́жете
вони	бу́дуть зав'я́зувати	зав'я́зуватимуть	зав'я́жуть
УМОВНИЙ СПОСІБ — CONDITIONAL MOOD			
він (я, ти)	зав'я́зував би		зав'яза́в би
вона (я, ти)	зав'я́зувала б		зав'яза́ла б
воно	зав'я́зувало б		зав'яза́ло б
вони (ми, ви)	зав'я́зували б		зав'яза́ли б
НАКАЗОВИЙ СПОСІБ — IMPERATIVE MOOD			
ти	зав'я́зуй		зав'я́жи
ми	зав'я́зуймо		зав'я́жімо
ви	зав'я́зуйте		зав'я́жіть
він, вона, воно	(не)ха́й зав'я́зує		(не)ха́й зав'я́же
вони	(не)ха́й зав'я́зують		(не)ха́й зав'я́жуть
ДІЄПРИКМЕТНИКИ — VERBAL ADJECTIVES (PARTICIPLES)			
ACTIVE			
PASSIVE	зав'я́зуваний		зав'я́заний
ДІЄПРИСЛІВНИКИ — VERBAL ADVERBS			
	зав'я́зуючи, зав'я́зувавши		зав'яза́вши
БЕЗОСОБОВІ ФОРМИ — IMPERSONAL FORMS			
	зав'я́зувано		зав'я́зано

+ accusative:
Ді́вчинка вже сама́ **зав'я́зує** шнурки́.
The girl already ties her shoelaces by herself.

Він **зав'яза́в** крава́тку й одягну́в піджа́к.
He tied his tie and put on his jacket.

з (із, зі) + instrumental (*to quit*):
Сестра́ вже давно́ **зав'яза́ла** з цигарка́ми.
My sister quit cigarettes a long time ago (colloquial).

Зав'яжи́ ву́злик на кінці́ ни́тки.
Tie a little knot at the end of the thread.

№ 148

загро́жувати | загрози́ти
to threaten, to be dangerous
See also: погро́жувати | погрози́ти (№ 338)

Present/Future Stems: **загрожу-** | **загрож-/загроз-**
Conjugation: **1st (-ють)** | **2nd (-ять)**

ОСОБА / PERSON	НЕДОКОНАНИЙ ВИД / IMPERFECTIVE ASPECT		ДОКОНАНИЙ ВИД / PERFECTIVE ASPECT
ТЕПЕРІШНІЙ ЧАС — PRESENT TENSE			
я	загро́жую		
ти	загро́жуєш		
він, вона, воно	загро́жує		
ми	загро́жуємо		
ви	загро́жуєте		
вони	загро́жують		
МИНУЛИЙ ЧАС — PAST TENSE			
він (я, ти)	загро́жував		загрози́в
вона (я, ти)	загро́жувала		загрози́ла
воно	загро́жувало		загрози́ло
вони (ми, ви)	загро́жували		загрози́ли
МАЙБУТНІЙ ЧАС — FUTURE TENSE			
	ANALYTIC	SYNTHETIC	
я	бу́ду загро́жувати	загро́жуватиму	загрожу́
ти	бу́деш загро́жувати	загро́жуватимеш	загро́зиш
він, вона, воно	бу́де загро́жувати	загро́жуватиме	загро́зить
ми	бу́демо загро́жувати	загро́жуватимемо	загро́зимо
ви	бу́дете загро́жувати	загро́жуватимете	загро́зите
вони	бу́дуть загро́жувати	загро́жуватимуть	загро́зять
УМОВНИЙ СПОСІБ — CONDITIONAL MOOD			
він (я, ти)	загро́жував би		загрози́в би
вона (я, ти)	загро́жувала б		загрози́ла б
воно	загро́жувало б		загрози́ло б
вони (ми, ви)	загро́жували б		загрози́ли б
НАКАЗОВИЙ СПОСІБ — IMPERATIVE MOOD			
ти	загро́жуй		загрози́
ми	загро́жуймо		загрозі́мо
ви	загро́жуйте		загрозі́ть
він, вона, воно	(не)ха́й загро́жує		(не)ха́й загро́зить
вони	(не)ха́й загро́жують		(не)ха́й загро́зять
ДІЄПРИКМЕТНИКИ — VERBAL ADJECTIVES (PARTICIPLES)			
ACTIVE			
PASSIVE	загро́жуваний		загро́жений
ДІЄПРИСЛІВНИКИ — VERBAL ADVERBS			
	загро́жуючи, загро́жувавши		загрози́вши
БЕЗОСОБОВІ ФОРМИ — IMPERSONAL FORMS			
	загро́жувано		загро́жено

+ *dative*:
Курі́ння **загро́жує** ва́шому здоро́в'ю.
Smoking threatens your health.

+ *instrumental*:
Журналі́ст **загрози́в** (*more common*: **погрози́в**) їй сканда́лом.
The journalist threatened her with a scandal.

Там вам **загро́жуватиме** (**бу́де загро́жувати**) небезпе́ка.
You will be in danger there.

Поже́жа поши́рюється, **загро́жуючи** довкі́лішнім се́лам.
The fire is spreading, threatening nearby villages.

Present/Future Stems:
задовольня- | задовольн-
Conjugation: **1st (-ють)** | **2nd (-ять)**

задовольня́ти[ся] | задовольни́ти[ся]

to satisfy [to be satisfied]

ОСОБА / PERSON	НЕДОКОНАНИЙ ВИД / IMPERFECTIVE ASPECT		ДОКОНАНИЙ ВИД / PERFECTIVE ASPECT
ТЕПЕРІШНІЙ ЧАС — PRESENT TENSE			
я	задовольня́ю[ся]		
ти	задовольня́єш[ся]		
він, вона, воно	задовольня́є[ться]		
ми	задовольня́ємо[ся]		
ви	задовольня́єте[ся]		
вони	задовольня́ють[ся]		
МИНУЛИЙ ЧАС — PAST TENSE			
він (я, ти)	задовольня́в[ся]		задовольни́в[ся]
вона (я, ти)	задовольня́ла[ся]		задовольни́ла[ся]
воно	задовольня́ло[ся]		задовольни́ло[ся]
вони (ми, ви)	задовольня́ли[ся]		задовольни́ли[ся]
МАЙБУТНІЙ ЧАС — FUTURE TENSE			
	ANALYTIC	SYNTHETIC	
я	бу́ду задовольня́ти[ся]	задовольня́тиму[ся]	задовольню́[ся]
ти	бу́деш задовольня́ти[ся]	задовольня́тимеш[ся]	задовольни́ш[ся]
він, вона, воно	бу́де задовольня́ти[ся]	задовольня́тиме[ться]	задовольни́ть[ся]
ми	бу́демо задовольня́ти[ся]	задовольня́тимемо[ся]	задовольнимо́[ся]
ви	бу́дете задовольня́ти[ся]	задовольня́тимете[ся]	задовольните́[ся]
вони	бу́дуть задовольня́ти[ся]	задовольня́тимуть[ся]	задовольня́ть[ся]
УМОВНИЙ СПОСІБ — CONDITIONAL MOOD			
він (я, ти)	задовольня́в[ся] би [б]		задовольни́в[ся] би [б]
вона (я, ти)	задовольня́ла[ся] б		задовольни́ла[ся] б
воно	задовольня́ло[ся] б		задовольни́ло[ся] б
вони (ми, ви)	задовольня́ли[ся] б		задовольни́ли[ся] б
НАКАЗОВИЙ СПОСІБ — IMPERATIVE MOOD			
ти	задовольня́й[ся]		задовольни́[ся]
ми	задовольня́ймо[ся]		задовольні́мо[ся]
ви	задовольня́йте[ся]		задовольні́ть[ся]
він, вона, воно	(не)ха́й задовольня́є[ться]		(не)ха́й задовольни́ть[ся]
вони	(не)ха́й задовольня́ють[ся]		(не)ха́й задовольня́ть[ся]
ДІЄПРИКМЕТНИКИ — VERBAL ADJECTIVES (PARTICIPLES)			
ACTIVE			
PASSIVE			задово́лений
ДІЄПРИСЛІВНИКИ — VERBAL ADVERBS			
	задовольня́ючи[сь], задовольня́вши[сь]		задовольни́вши[сь]
БЕЗОСОБОВІ ФОРМИ — IMPERSONAL FORMS			
			задово́лено

+ accusative:
Ва́ша відповідь по́вністю **задовольня́є** мене́.   *Your answer completely satisfies me.*
Вла́да **задовольни́ла** на́ші вимо́ги.   *The authorities have satisfied our demands.*
Робо́та бі́льше не **задовольня́ла** її́.   *The work no longer satisfied her.*

-ся + instrumental:
Ми **задовольня́ємося** мали́м.   *We are satisfied with small things.*

№ 150

за́здрити | поза́здрити
to envy

Present/Future Stems: **заздр- | поздр-**
Conjugation: **2nd (-ять)**

ОСО́БА / PERSON	НЕДОКО́НАНИЙ ВИД / IMPERFECTIVE ASPECT		ДОКО́НАНИЙ ВИД / PERFECTIVE ASPECT
ТЕПЕ́РІШНІЙ ЧАС — PRESENT TENSE			
я	за́здрю		
ти	за́здриш		
він, вона, воно	за́здрить		
ми	за́здримо		
ви	за́здрите		
вони	за́здрять		
МИНУ́ЛИЙ ЧАС — PAST TENSE			
він (я, ти)	за́здрив		поза́здрив
вона (я, ти)	за́здрила		поза́здрила
воно	за́здрило		поза́здрило
вони (ми, ви)	за́здрили		поза́здрили
МАЙБУ́ТНІЙ ЧАС — FUTURE TENSE	ANALYTIC	SYNTHETIC	
я	бу́ду за́здрити	за́здритиму	поза́здрю
ти	бу́деш за́здрити	за́здритимеш	поза́здриш
він, вона, воно	бу́де за́здрити	за́здритиме	поза́здрить
ми	бу́демо за́здрити	за́здритимемо	поза́здримо
ви	бу́дете за́здрити	за́здритимете	поза́здрите
вони	бу́дуть за́здрити	за́здритимуть	поза́здрять
УМО́ВНИЙ СПО́СІБ — CONDITIONAL MOOD			
він (я, ти)	за́здрив би		поза́здрив би
вона (я, ти)	за́здрила б		поза́здрила б
воно	за́здрило б		поза́здрило б
вони (ми, ви)	за́здрили б		поза́здрили б
НАКАЗО́ВИЙ СПО́СІБ — IMPERATIVE MOOD			
ти	за́здри		поза́здри
ми	за́здрімо		поза́здрімо
ви	за́здріть		поза́здріть
він, вона, воно	(не)ха́й за́здрить		(не)ха́й поза́здрить
вони	(не)ха́й за́здрять		(не)ха́й поза́здрять
ДІЄПРИКМЕ́ТНИКИ — VERBAL ADJECTIVES (PARTICIPLES)			
ACTIVE			
PASSIVE			
ДІЄПРИСЛІ́ВНИКИ — VERBAL ADVERBS			
	за́здрячи, за́здривши		поза́здривши
БЕЗОСОБО́ВІ ФО́РМИ — IMPERSONAL FORMS			

+ *dative*:

Я тобі́ по-до́брому **за́здрю**.	*I envy you in a good way.*
У той моме́нт він **поза́здрив** коле́зі.	*At that moment, he envied his colleague.*
Тоді́ всі **за́здритимуть** (**бу́дуть за́здрити**) нам.	*Then everyone will envy us.*
Такі́й згурто́ваності **поза́здрила б** будь-яка́ кома́нда.	*Any team would envy such unity.*

Present/Future Stems: зазна- | зазна́-
Conjugation: **1st (-ють)**

зазнава́ти[ся] | зазна́ти[ся]

to suffer, to undergo [to become arrogant]

ОСОБА / PERSON	НЕДОКОНАНИЙ ВИД / IMPERFECTIVE ASPECT		ДОКОНАНИЙ ВИД / PERFECTIVE ASPECT
ТЕПЕРІШНІЙ ЧАС — PRESENT TENSE			
я	зазнаю́[ся]		
ти	зазнає́ш[ся]		
він, вона, воно	зазнає́[ться]		
ми	зазнаємо́[ся]		
ви	зазнаєте́[ся]		
вони	зазнаю́ть[ся]		
МИНУЛИЙ ЧАС — PAST TENSE			
він (я, ти)	зазнава́в[ся]		зазна́в[ся]
вона (я, ти)	зазнава́ла[ся]		зазна́ла[ся]
воно	зазнава́ло[ся]		зазна́ло[ся]
вони (ми, ви)	зазнава́ли[ся]		зазна́ли[ся]
МАЙБУТНІЙ ЧАС — FUTURE TENSE			
	ANALYTIC	SYNTHETIC	
я	бу́ду зазнава́ти[ся]	зазнава́тиму[ся]	зазна́ю[ся]
ти	бу́деш зазнава́ти[ся]	зазнава́тимеш[ся]	зазна́єш[ся]
він, вона, воно	бу́де зазнава́ти[ся]	зазнава́тиме[ться]	зазна́є[ться]
ми	бу́демо зазнава́ти[ся]	зазнава́тимемо[ся]	зазна́ємо[ся]
ви	бу́дете зазнава́ти[ся]	зазнава́тимете[ся]	зазна́єте[ся]
вони	бу́дуть зазнава́ти[ся]	зазнава́тимуть[ся]	зазна́ють[ся]
УМОВНИЙ СПОСІБ — CONDITIONAL MOOD			
він (я, ти)	зазнава́в[ся] би (б)		зазна́в[ся] би (б)
вона (я, ти)	зазнава́ла[ся] б		зазна́ла[ся] б
воно	зазнава́ло[ся] б		зазна́ло[ся] б
вони (ми, ви)	зазнава́ли[ся] б		зазна́ли[ся] б
НАКАЗОВИЙ СПОСІБ — IMPERATIVE MOOD			
ти	зазнава́й[ся]		зазна́й[ся]
ми	зазнава́ймо[ся]		зазна́ймо[ся]
ви	зазнава́йте[ся]		зазна́йте[ся]
він, вона, воно	(не)ха́й зазнає́[ться]		(не)ха́й зазна́є[ться]
вони	(не)ха́й зазнаю́ть[ся]		(не)ха́й зазна́ють[ся]
ДІЄПРИКМЕТНИКИ — VERBAL ADJECTIVES (PARTICIPLES)			
ACTIVE			
PASSIVE			за́знаний
ДІЄПРИСЛІВНИКИ — VERBAL ADVERBS			
	зазнаючи́[сь], зазнава́вши[сь]		зазна́вши[сь]
БЕЗОСОБОВІ ФОРМИ — IMPERSONAL FORMS			
			за́знано

+ genitive:

Окупа́нти **зазнаю́ть** значни́х втрат. — The occupiers suffer significant losses.
На́ша кома́нда **зазна́ла** пора́зки. — Our team suffered a defeat.
Пі́сля рефо́рми шко́ла **зазна́є** змін. — After the reform, the school will undergo changes.
Він так **зазна́вся**, що на́віть не віта́ється. — He became so arrogant that he does not even say hello.

№ 152

займа́ти[ся] | зайня́ти[ся]

to occupy, to take (place, time) [to be engaged in, to do; to undertake]

Present/Future Stems: **займа- | займ-**
Conjugation: **1st (-ють) | 1st (-уть)**

ОСОБА / PERSON	НЕДОКОНАНИЙ ВИД / IMPERFECTIVE ASPECT	ДОКОНАНИЙ ВИД / PERFECTIVE ASPECT
ТЕПЕРІШНІЙ ЧАС — PRESENT TENSE		
я	займа́ю[ся]	
ти	займа́єш[ся]	
він, вона, воно	займа́є[ться]	
ми	займа́ємо[ся]	
ви	займа́єте[ся]	
вони	займа́ють[ся]	
МИНУЛИЙ ЧАС — PAST TENSE		
він (я, ти)	займа́в[ся]	зайня́в[ся]
вона (я, ти)	займа́ла[ся]	зайняла́[ся]
воно	займа́ло[ся]	зайняло́[ся]
вони (ми, ви)	займа́ли[ся]	зайняли́[ся]
МАЙБУТНІЙ ЧАС — FUTURE TENSE		
	ANALYTIC / SYNTHETIC	
я	бу́ду займа́ти[ся] / займа́тиму[ся]	займу́[ся]
ти	бу́деш займа́ти[ся] / займа́тимеш[ся]	займе́ш[ся]
він, вона, воно	бу́де займа́ти[ся] / займа́тиме[ться]	займе́[ться]
ми	бу́демо займа́ти[ся] / займа́тимемо[ся]	займемо́[ся]
ви	бу́дете займа́ти[ся] / займа́тимете[ся]	займете́[ся]
вони	бу́дуть займа́ти[ся] / займа́тимуть[ся]	займу́ть[ся]
УМОВНИЙ СПОСІБ — CONDITIONAL MOOD		
він (я, ти)	займа́в[ся] би [б]	зайня́в[ся] би [б]
вона (я, ти)	займа́ла[ся] б	зайняла́[ся] б
воно	займа́ло[ся] б	зайняло́[ся] б
вони (ми, ви)	займа́ли[ся] б	зайняли́[ся] б
НАКАЗОВИЙ СПОСІБ — IMPERATIVE MOOD		
ти	займа́й[ся]	займи́[ся]
ми	займа́ймо[ся]	займі́мо[ся]
ви	займа́йте[ся]	займі́ть[ся]
він, вона, воно	(не)ха́й займа́є[ться]	(не)ха́й займе́[ться]
вони	(не)ха́й займа́ють[ся]	(не)ха́й займу́ть[ся]
ДІЄПРИКМЕТНИКИ — VERBAL ADJECTIVES (PARTICIPLES)		
ACTIVE		
PASSIVE	за́йманий	за́йнятий
ДІЄПРИСЛІВНИКИ — VERBAL ADVERBS		
	займа́ючи[сь], займа́вши[сь]	зайня́вши[сь]
БЕЗОСОБОВІ ФОРМИ — IMPERSONAL FORMS		
	за́ймано	за́йнято

+ *accusative* + у (в), на + *locative*:
Цей стіл тільки **займа́є** мі́сце на вера́нді. — *This table only occupies space on the porch.*
Це завда́ння **займе́** приблизно де́сять годи́н. — *This task will take approximately ten hours.*
Займі́ть, будь ла́ска, свої́ місця́. — *Please take your seats.*

-ся + *instrumental*:
Моя́ по́друга **займа́ється** йо́гою. — *My friend does yoga.*
Вони́ **займу́ться** ремо́нтом вліт́ку. — *They will undertake repairs in the summer.*

Present/Future Stems: закінчу- | закінч-
Conjugation: **1st (-ють) | 2nd (-ать)**

закі́нчувати[ся] | закі́нчи́ти[ся]
to finish; to graduate [to be over]
See also: **заве́ршувати[ся] | заве́ршити[ся]** (№ 146)

ОСО́БА / PERSON	НЕДОКОНАНИЙ ВИД / IMPERFECTIVE ASPECT		ДОКОНАНИЙ ВИД / PERFECTIVE ASPECT
ТЕПЕРІШНІЙ ЧАС — PRESENT TENSE			
я	закі́нчую		
ти	закі́нчуєш		
він, вона, воно	закі́нчує[ться]		
ми	закі́нчуємо		
ви	закі́нчуєте		
вони	закі́нчують[ся]		
МИНУЛИЙ ЧАС — PAST TENSE			
він (я, ти)	закі́нчував[ся]		закі́нчи́в[ся]
вона (я, ти)	закі́нчувала[ся]		закі́нчи́ла[ся]
воно	закі́нчувало[ся]		закі́нчи́ло[ся]
вони (ми, ви)	закі́нчували[ся]		закі́нчи́ли[ся]
МАЙБУТНІЙ ЧАС — FUTURE TENSE			
	ANALYTIC	SYNTHETIC	
я	бу́ду закі́нчувати	закі́нчуватиму	закінчу́
ти	бу́деш закі́нчувати	закі́нчуватимеш	закі́нчиш
він, вона, воно	бу́де закі́нчувати[ся]	закі́нчуватиме[ться]	закі́нчить[ся]
ми	бу́демо закі́нчувати	закі́нчуватимемо	закі́нчимо́
ви	бу́дете закі́нчувати	закі́нчуватимете	закі́нчите́
вони	бу́дуть закі́нчувати[ся]	закі́нчуватимуть[ся]	закінча́ть[ся]
УМОВНИЙ СПОСІБ — CONDITIONAL MOOD			
він (я, ти)	закі́нчував[ся] би (б)		закі́нчи́в[ся] би (б)
вона (я, ти)	закі́нчувала[ся] б		закі́нчи́ла[ся] б
воно	закі́нчувало[ся] б		закі́нчи́ло[ся] б
вони (ми, ви)	закі́нчували[ся] б		закі́нчи́ли[ся] б
НАКАЗОВИЙ СПОСІБ — IMPERATIVE MOOD			
ти	закі́нчуй		закі́нчи́
ми	закі́нчуймо		закі́нчі́мо
ви	закі́нчуйте		закі́нчі́ть
він, вона, воно	(не)ха́й закі́нчує[ться]		(не)ха́й закі́нчить[ся]
вони	(не)ха́й закі́нчують[ся]		(не)ха́й закінча́ть[ся]
ДІЄПРИКМЕТНИКИ — VERBAL ADJECTIVES (PARTICIPLES)			
ACTIVE			
PASSIVE			закі́нчений
ДІЄПРИСЛІВНИКИ — VERBAL ADVERBS			
	закі́нчуючи[сь], закі́нчувавши[сь]		закі́нчи́вши[сь]
БЕЗОСОБОВІ ФОРМИ — IMPERSONAL FORMS			
			закі́нчено

+ infinitive:
Я **закі́нчую** прибира́ти, зачека́й п'ять хвили́н. — *I am finishing cleaning, please wait five minutes.*

+ accusative:
Сього́дні він **закі́нчи́в** робо́чий день рані́ше. — *Today, he finished his work day earlier.*

на + locative:
На чо́му ми **закі́нчи́ли**? — *Where did we finish?*
Вона́ **закі́нчить** університе́т насту́пного ро́ку. — *She will graduate from university next year.*
Коли́ **закі́нчуються** твої́ па́ри? — *When are your classes over?*

№ 154

зако́хувати [ся] | закоха́ти [ся]
to make fall in love [to fall in love]

Present/Future Stems: **закоху-** | **закоха-**
Conjugation: **1st (-ють)**

ОСОБА / PERSON	НЕДОКОНАНИЙ ВИД / IMPERFECTIVE ASPECT	ДОКОНАНИЙ ВИД / PERFECTIVE ASPECT
ТЕПЕРІШНІЙ ЧАС — PRESENT TENSE		
я	зако́хую [ся]	
ти	зако́хуєш [ся]	
він, вона, воно	зако́хує [ться]	
ми	зако́хуємо [ся]	
ви	зако́хуєте [ся]	
вони	зако́хують [ся]	
МИНУЛИЙ ЧАС — PAST TENSE		
він (я, ти)	зако́хував [ся]	закоха́в [ся]
вона (я, ти)	зако́хувала [ся]	закоха́ла [ся]
воно	зако́хувало [ся]	закоха́ло [ся]
вони (ми, ви)	зако́хували [ся]	закоха́ли [ся]
МАЙБУТНІЙ ЧАС — FUTURE TENSE	ANALYTIC / SYNTHETIC	
я	бу́ду зако́хувати [ся] / зако́хуватиму [ся]	закоха́ю [ся]
ти	бу́деш зако́хувати [ся] / зако́хуватимеш [ся]	закоха́єш [ся]
він, вона, воно	бу́де зако́хувати [ся] / зако́хуватиме [ться]	закоха́є [ться]
ми	бу́демо зако́хувати [ся] / зако́хуватимемо [ся]	закоха́ємо [ся]
ви	бу́дете зако́хувати [ся] / зако́хуватимете [ся]	закоха́єте [ся]
вони	бу́дуть зако́хувати [ся] / зако́хуватимуть [ся]	закоха́ють [ся]
УМОВНИЙ СПОСІБ — CONDITIONAL MOOD		
він (я, ти)	зако́хував [ся] би [б]	закоха́в [ся] би [б]
вона (я, ти)	зако́хувала [ся] б	закоха́ла [ся] б
воно	зако́хувало [ся] б	закоха́ло [ся] б
вони (ми, ви)	зако́хували [ся] б	закоха́ли [ся] б
НАКАЗОВИЙ СПОСІБ — IMPERATIVE MOOD		
ти	зако́хуй [ся]	закоха́й [ся]
ми	зако́хуймо [ся]	закоха́ймо [ся]
ви	зако́хуйте [ся]	закоха́йте [ся]
він, вона, воно	(не)ха́й зако́хує [ться]	(не)ха́й закоха́є [ться]
вони	(не)ха́й зако́хують [ся]	(не)ха́й закоха́ють [ся]

ДІЄПРИКМЕТНИКИ — VERBAL ADJECTIVES (PARTICIPLES)

ACTIVE

PASSIVE

ДІЄПРИСЛІВНИКИ — VERBAL ADVERBS

зако́хуючи [сь], зако́хувавши [сь]   закоха́вши [сь]

БЕЗОСОБОВІ ФОРМИ — IMPERSONAL FORMS

у (в) + *accusative*:
Це мі́сто відра́зу **зако́хує** в се́бе.   *This city immediately makes you fall in love with it.*

-ся + у (в) + *accusative*:
Він **закоха́вся** у свою́ однокла́сницю.   *He fell in love with his classmate.*
Можли́во, вони́ **закоха́ються** одне́ в о́дного.   *Maybe they will fall in love with each other.*

-ся + з + *genitive*:
Закоха́вшись з пе́ршого по́гляду, вони́ поча́ли зустріча́тись.   *Falling in love at first sight, they started dating.*

№ 155

Present/Future Stems: **закрива-** | **закри-**
Conjugation: **1st (-ють)**

закрива́ти[ся] | закри́ти[ся]
to close; to cover, to shield [to become closed; to lock oneself]
See also: **зачиня́ти[ся]** | **зачини́ти[ся]** (№ 181)

ОСОБА / PERSON	НЕДОКОНАНИЙ ВИД / IMPERFECTIVE ASPECT		ДОКОНАНИЙ ВИД / PERFECTIVE ASPECT
ТЕПЕРІШНІЙ ЧАС — PRESENT TENSE			
я	закрива́ю[ся]		
ти	закрива́єш[ся]		
він, вона, воно	закрива́є[ться]		
ми	закрива́ємо[ся]		
ви	закрива́єте[ся]		
вони	закрива́ють[ся]		
МИНУЛИЙ ЧАС — PAST TENSE			
він (я, ти)	закрива́в[ся]		закри́в[ся]
вона (я, ти)	закрива́ла[ся]		закри́ла[ся]
воно	закрива́ло[ся]		закри́ло[ся]
вони (ми, ви)	закрива́ли[ся]		закри́ли[ся]
МАЙБУТНІЙ ЧАС — FUTURE TENSE			
	ANALYTIC	SYNTHETIC	
я	бу́ду закрива́ти[ся]	закрива́тиму[ся]	закри́ю[ся]
ти	бу́деш закрива́ти[ся]	закрива́тимеш[ся]	закри́єш[ся]
він, вона, воно	бу́де закрива́ти[ся]	закрива́тиме[ться]	закри́є[ться]
ми	бу́демо закрива́ти[ся]	закрива́тимемо[ся]	закри́ємо[ся]
ви	бу́дете закрива́ти[ся]	закрива́тимете[ся]	закри́єте[ся]
вони	бу́дуть закрива́ти[ся]	закрива́тимуть[ся]	закри́ють[ся]
УМОВНИЙ СПОСІБ — CONDITIONAL MOOD			
він (я, ти)	закрива́в[ся] би [б]		закри́в[ся] би [б]
вона (я, ти)	закрива́ла[ся] б		закри́ла[ся] б
воно	закрива́ло[ся] б		закри́ло[ся] б
вони (ми, ви)	закрива́ли[ся] б		закри́ли[ся] б
НАКАЗОВИЙ СПОСІБ — IMPERATIVE MOOD			
ти	закрива́й[ся]		закри́й[ся]
ми	закрива́ймо[ся]		закри́ймо[ся]
ви	закрива́йте[ся]		закри́йте[ся]
він, вона, воно	(не)ха́й закрива́є[ться]		(не)ха́й закри́є[ться]
вони	(не)ха́й закрива́ють[ся]		(не)ха́й закри́ють[ся]
ДІЄПРИКМЕТНИКИ — VERBAL ADJECTIVES (PARTICIPLES)			
ACTIVE			
PASSIVE			закри́тий
ДІЄПРИСЛІВНИКИ — VERBAL ADVERBS			
	закрива́ючи[сь], закрива́вши[сь]		закри́вши[сь]
БЕЗОСОБОВІ ФОРМИ — IMPERSONAL FORMS			
			закри́то

+ accusative:
Вла́сниця **закрива́є** магази́н о п'ятій. — *The owner closes the shop at five o'clock.*

+ instrumental:
Від хо́лоду вона́ **закри́ла** обли́ччя ша́рфом. — *She covered her face with a scarf from the cold.*

Я **закри́ю** раху́нок у цьо́му ба́нку. — *I will close my account with this bank.*

-ся + на + accusative:
На жаль, наш улю́блений рестора́н **закрива́ється** на ремо́нт. — *Unfortunately, our favorite restaurant is closing for renovation.*

№ 156

залежати | —
to depend (on)

Present/Future Stems: **залеж- | —**
Conjugation: **2nd (-ать)**

ОСОБА / PERSON	НЕДОКОНАНИЙ ВИД / IMPERFECTIVE ASPECT		ДОКОНАНИЙ ВИД / PERFECTIVE ASPECT
ТЕПЕРІШНІЙ ЧАС — PRESENT TENSE			
я	залежу		
ти	залежиш		
він, вона, воно	залежить		
ми	залежимо		
ви	залежите		
вони	залежать		
МИНУЛИЙ ЧАС — PAST TENSE			
він (я, ти)	залежав		
вона (я, ти)	залежала		
воно	залежало		
вони (ми, ви)	залежали		
МАЙБУТНІЙ ЧАС — FUTURE TENSE			
	ANALYTIC	SYNTHETIC	
я	буду залежати	залежатиму	
ти	будеш залежати	залежатимеш	
він, вона, воно	буде залежати	залежатиме	
ми	будемо залежати	залежатимемо	
ви	будете залежати	залежатимете	
вони	будуть залежати	залежатимуть	
УМОВНИЙ СПОСІБ — CONDITIONAL MOOD			
він (я, ти)	залежав би		
вона (я, ти)	залежала б		
воно	залежало б		
вони (ми, ви)	залежали б		
НАКАЗОВИЙ СПОСІБ — IMPERATIVE MOOD			
ти	залеж		
ми	залежмо		
ви	залежте		
він, вона, воно	(не)хай залежить		
вони	(не)хай залежать		
ДІЄПРИКМЕТНИКИ — VERBAL ADJECTIVES (PARTICIPLES)			
ACTIVE			
PASSIVE			
ДІЄПРИСЛІВНИКИ — VERBAL ADVERBS			
	залежачи, залежавши		
БЕЗОСОБОВІ ФОРМИ — IMPERSONAL FORMS			

від + *genitive*:

Він досі фінансово **залежить** від батьків. — He is still financially dependent on his parents.

Майбутнє сім'ї **залежало** від його рішення. — The future of the family depended on his decision.

Це **залежатиме** (**буде залежати**) від багатьох чинників. — It will depend on many factors.

Вона хотіла б жити, ні від кого не **залежачи** (**залежавши**). — She would like to live without depending on anyone.

Present/Future Stems: залиша- | залиш-
Conjugation: 1st (-ють) | 2nd (-ать)

залиша́ти[ся] | залиши́ти[ся]
to leave [to stay; to remain, to be left]
Informal: лиша́ти[ся] | лиши́ти[ся]

ОСОБА / PERSON	НЕДОКОНАНИЙ ВИД / IMPERFECTIVE ASPECT		ДОКОНАНИЙ ВИД / PERFECTIVE ASPECT
ТЕПЕРІШНІЙ ЧАС — PRESENT TENSE			
я	залиша́ю[ся]		
ти	залиша́єш[ся]		
він, вона, воно	залиша́є[ться]		
ми	залиша́ємо[ся]		
ви	залиша́єте[ся]		
вони	залиша́ють[ся]		
МИНУЛИЙ ЧАС — PAST TENSE			
він (я, ти)	залиша́в[ся]		залиши́в[ся]
вона (я, ти)	залиша́ла[ся]		залиши́ла[ся]
воно	залиша́ло[ся]		залиши́ло[ся]
вони (ми, ви)	залиша́ли[ся]		залиши́ли[ся]
МАЙБУТНІЙ ЧАС — FUTURE TENSE			
	ANALYTIC	SYNTHETIC	
я	бу́ду залиша́ти[ся]	залиша́тиму[ся]	залишу́[ся]
ти	бу́деш залиша́ти[ся]	залиша́тимеш[ся]	залиши́ш[ся]
він, вона, воно	бу́де залиша́ти[ся]	залиша́тиме[ться]	залиши́ть[ся]
ми	бу́демо залиша́ти[ся]	залиша́тимемо[ся]	залиши́мо[ся]
ви	бу́дете залиша́ти[ся]	залиша́тимете[ся]	залиши́те[ся]
вони	бу́дуть залиша́ти[ся]	залиша́тимуть[ся]	залиша́ть[ся]
УМОВНИЙ СПОСІБ — CONDITIONAL MOOD			
він (я, ти)	залиша́в[ся] би [б]		залиши́в[ся] би [б]
вона (я, ти)	залиша́ла[ся] б		залиши́ла[ся] б
воно	залиша́ло[ся] б		залиши́ло[ся] б
вони (ми, ви)	залиша́ли[ся] б		залиши́ли[ся] б
НАКАЗОВИЙ СПОСІБ — IMPERATIVE MOOD			
ти	залиша́й[ся]		залиш[ся], залиши́[ся]
ми	залиша́ймо[ся]		залиши́мо[ся], залиші́мо[ся]
ви	залиша́йте[ся]		залиши́те[ся], залиші́ть[ся]
він, вона, воно	(не)ха́й залиша́є[ться]		(не)ха́й залиши́ть[ся]
вони	(не)ха́й залиша́ють[ся]		(не)ха́й залиша́ть[ся]
ДІЄПРИКМЕТНИКИ — VERBAL ADJECTIVES (PARTICIPLES)			
ACTIVE			
PASSIVE			зали́шений
ДІЄПРИСЛІВНИКИ — VERBAL ADVERBS			
	залиша́ючи[сь], залиша́вши[сь]		залиши́вши[сь]
БЕЗОСОБОВІ ФОРМИ — IMPERSONAL FORMS			
			зали́шено

+ accusative:
Я не **залиша́ю** свого́ соба́ку само́го. — *I do not leave my dog alone.*

у (в), на + locative (*places*):
Він **залиши́в** бага́ж у ка́мері схо́ву. — *He left the luggage in the storage room.*

у (в) + genitive (*people*):
Вони́ **залиша́ть** у нас свої́х діте́й. — *They will leave their children with us.*

-ся + у (в), на + locative:
Вони́ **залиши́лися** в селі́. — *They stayed in the village.*
Що нам **залиша́ється** роби́ти? — *What is left for us to do?*

№ 158

замерза́ти | заме́рзнути, заме́рзти
to freeze
See also: ме́рзнути, ме́рзти | зме́рзнути, зме́рзти (№ 246)

Present/Future Stems: замерза- | замерзн-
Conjugation: **1st (-ють)** | **1st (-уть)**

ОСОБА / PERSON	НЕДОКОНАНИЙ ВИД / IMPERFECTIVE ASPECT		ДОКОНАНИЙ ВИД / PERFECTIVE ASPECT
ТЕПЕРІШНІЙ ЧАС — PRESENT TENSE			
я	замерза́ю		
ти	замерза́єш		
він, вона, воно	замерза́є		
ми	замерза́ємо		
ви	замерза́єте		
вони	замерза́ють		
МИНУЛИЙ ЧАС — PAST TENSE			
він (я, ти)	замерза́в		заме́рз
вона (я, ти)	замерза́ла		заме́рзла
воно	замерза́ло		заме́рзло
вони (ми, ви)	замерза́ли		заме́рзли
МАЙБУТНІЙ ЧАС — FUTURE TENSE			
	ANALYTIC	SYNTHETIC	
я	бу́ду замерза́ти	замерза́тиму	заме́рзну
ти	бу́деш замерза́ти	замерза́тимеш	заме́рзнеш
він, вона, воно	бу́де замерза́ти	замерза́тиме	заме́рзне
ми	бу́демо замерза́ти	замерза́тимемо	заме́рзнемо
ви	бу́дете замерза́ти	замерза́тимете	заме́рзнете
вони	бу́дуть замерза́ти	замерза́тимуть	заме́рзнуть
УМОВНИЙ СПОСІБ — CONDITIONAL MOOD			
він (я, ти)	замерза́в би		заме́рз би
вона (я, ти)	замерза́ла б		заме́рзла б
воно	замерза́ло б		заме́рзло б
вони (ми, ви)	замерза́ли б		заме́рзли б
НАКАЗОВИЙ СПОСІБ — IMPERATIVE MOOD			
ти	замерза́й		заме́рзни
ми	замерза́ймо		заме́рзнімо
ви	замерза́йте		заме́рзніть
він, вона, воно	(не)ха́й замерза́є		(не)ха́й заме́рзне
вони	(не)ха́й замерза́ють		(не)ха́й заме́рзнуть
ДІЄПРИКМЕТНИКИ — VERBAL ADJECTIVES (PARTICIPLES)			
ACTIVE			заме́рзлий
PASSIVE			
ДІЄПРИСЛІВНИКИ — VERBAL ADVERBS			
	замерза́ючи, замерза́вши		заме́рзши
БЕЗОСОБОВІ ФОРМИ — IMPERSONAL FORMS			

Це озеро **замерза́є** взи́мку.
This lake freezes in winter.

Чолові́к **заме́рз** у лі́сі.
The man froze to death in the forest.

У морози́льці вода́ **заме́рзне** через кі́лька годи́н.
In the freezer, the water will freeze in a few hours.

Заме́рзлі дере́ва не ру́халися від ві́тру.
The frozen trees did not move in the wind.

Present/Future Stems: замі́ню-, заміня́- | замі́н-
Conjugation: **1st (-ють) | 2nd (-ять)**

замі́нювати, заміня́ти | заміни́ти
to replace, to substitute

ОСОБА / PERSON	НЕДОКОНАНИЙ ВИД / IMPERFECTIVE ASPECT		ДОКОНАНИЙ ВИД / PERFECTIVE ASPECT
ТЕПЕРІШНІЙ ЧАС — PRESENT TENSE			
я	замі́нюю, заміня́ю		
ти	замі́нюєш, заміня́єш		
він, вона, воно	замі́нює, заміня́є		
ми	замі́нюємо, заміня́ємо		
ви	замі́нюєте, заміня́єте		
вони	замі́нюють, заміня́ють		
МИНУЛИЙ ЧАС — PAST TENSE			
він (я, ти)	замі́нював, заміня́в		заміни́в
вона (я, ти)	замі́нювала, заміня́ла		заміни́ла
воно	замі́нювало, заміня́ло		заміни́ло
вони (ми, ви)	замі́нювали, заміня́ли		заміни́ли
МАЙБУТНІЙ ЧАС — FUTURE TENSE			
	ANALYTIC	SYNTHETIC	
я	бу́ду замі́нювати/заміня́ти	замі́нюватиму, заміня́тиму	заміню́
ти	бу́деш замі́нювати/заміня́ти	замі́нюватимеш, заміня́тимеш	замі́ниш
він, вона, воно	бу́де замі́нювати/заміня́ти	замі́нюватиме, заміня́тиме	замі́нить
ми	бу́демо замі́нювати/заміня́ти	замі́нюватимемо, заміня́тимемо	замі́нимо
ви	бу́дете замі́нювати/заміня́ти	замі́нюватимете, заміня́тимете	замі́ните
вони	бу́дуть замі́нювати/заміня́ти	замі́нюватимуть, заміня́тимуть	замі́нять
УМОВНИЙ СПОСІБ — CONDITIONAL MOOD			
він (я, ти)	замі́нював/заміня́в би		заміни́в би
вона (я, ти)	замі́нювала/заміня́ла б		заміни́ла б
воно	замі́нювало/заміня́ло б		заміни́ло б
вони (ми, ви)	замі́нювали/заміня́ли б		заміни́ли б
НАКАЗОВИЙ СПОСІБ — IMPERATIVE MOOD			
ти	замі́нюй, заміня́й		заміни́
ми	замі́нюймо, заміня́ймо		замі́німо
ви	замі́нюйте, заміня́йте		замі́ніть
він, вона, воно	(не)ха́й замі́нює/заміня́є		(не)ха́й замі́нить
вони	(не)ха́й замі́нюють/заміня́ють		(не)ха́й замі́нять
ДІЄПРИКМЕТНИКИ — VERBAL ADJECTIVES (PARTICIPLES)			
ACTIVE			
PASSIVE	замі́нюваний		замі́нений
ДІЄПРИСЛІВНИКИ — VERBAL ADVERBS			
	замі́нюючи, замі́нювавши, заміня́ючи, заміня́вши		заміни́вши
БЕЗОСОБОВІ ФОРМИ — IMPERSONAL FORMS			
	замі́нювано		замі́нено

+ accusative + instrumental (на + accusative):
Я ча́сто **замі́нюю** (**заміня́ю**) майоне́з смета́ною (на смета́ну). — *I often replace mayonnaise with sour cream.*

+ dative:
Сантéхнік **заміни́в** нам кран. — *The plumber replaced the faucet for us.*
Колéга **замі́нить** менé на робо́ті. — *A colleague will substitute me at work.*
Заміни́вши олі́ю ма́слом (на ма́сло), ви отри́маєте ніжні́ший смак. — *By replacing oil with butter, you will get a more delicate taste.*

замовля́ти | замо́вити

to order, to book

Present/Future Stems: замовля- | замов(л)-
Conjugation: **1st (-ють) | 2nd (-ять)**

ОСОБА / PERSON	НЕДОКОНАНИЙ ВИД / IMPERFECTIVE ASPECT		ДОКОНАНИЙ ВИД / PERFECTIVE ASPECT
ТЕПЕРІШНІЙ ЧАС — PRESENT TENSE			
я	замовля́ю		
ти	замовля́єш		
він, вона, воно	замовля́є		
ми	замовля́ємо		
ви	замовля́єте		
вони	замовля́ють		
МИНУЛИЙ ЧАС — PAST TENSE			
він (я, ти)	замовля́в		замо́вив
вона (я, ти)	замовля́ла		замо́вила
воно	замовля́ло		замо́вило
вони (ми, ви)	замовля́ли		замо́вили
МАЙБУТНІЙ ЧАС — FUTURE TENSE	ANALYTIC	SYNTHETIC	
я	бу́ду замовля́ти	замовля́тиму	замо́влю
ти	бу́деш замовля́ти	замовля́тимеш	замо́виш
він, вона, воно	бу́де замовля́ти	замовля́тиме	замо́вить
ми	бу́демо замовля́ти	замовля́тимемо	замо́вимо
ви	бу́дете замовля́ти	замовля́тимете	замо́вите
вони	бу́дуть замовля́ти	замовля́тимуть	замо́влять
УМОВНИЙ СПОСІБ — CONDITIONAL MOOD			
він (я, ти)	замовля́в би		замо́вив би
вона (я, ти)	замовля́ла б		замо́вила б
воно	замовля́ло б		замо́вило б
вони (ми, ви)	замовля́ли б		замо́вили б
НАКАЗОВИЙ СПОСІБ — IMPERATIVE MOOD			
ти	замовля́й		замо́в
ми	замовля́ймо		замо́вмо
ви	замовля́йте		замо́вте
він, вона, воно	(не)ха́й замовля́є		(не)ха́й замо́вить
вони	(не)ха́й замовля́ють		(не)ха́й замо́влять
ДІЄПРИКМЕТНИКИ — VERBAL ADJECTIVES (PARTICIPLES)			
ACTIVE			
PASSIVE			замо́влений
ДІЄПРИСЛІВНИКИ — VERBAL ADVERBS			
	замовля́ючи, замовля́вши		замо́вивши
БЕЗОСОБОВІ ФОРМИ — IMPERSONAL FORMS			
			замо́влено

+ *accusative*:
Ми часто **замовля́ємо** їжу додо́му.
We often order food home.

для + *genitive*:
Він **замо́вив** для нас сто́лик.
He booked us a table.

у (в) + *genitive (people)*:
Я **замо́влю** две́рі в цих хло́пців.
I will order doors from these guys.

Замо́влені ре́чі бу́де доста́влено впродо́вж 1-2 робо́чих днів.
The ordered items will be delivered within 1-2 business days.

Present/Future Stems: **заощаджу-** | **заощад(ж)-**　　　**заощáджувати** | **заощáдити**

Conjugation: **1st (-ють)** | **2nd (-ять)**　　　*to save (to keep for future), to save up*

ОСОБА / PERSON	НЕДОКОНАНИЙ ВИД / IMPERFECTIVE ASPECT		ДОКОНАНИЙ ВИД / PERFECTIVE ASPECT
ТЕПЕРІШНІЙ ЧАС — PRESENT TENSE			
я	заощáджую		
ти	заощáджуєш		
він, вона, воно	заощáджує		
ми	заощáджуємо		
ви	заощáджуєте		
вони	заощáджують		
МИНУЛИЙ ЧАС — PAST TENSE			
він (я, ти)	заощáджував		заощáдив
вона (я, ти)	заощáджувала		заощáдила
воно	заощáджувало		заощáдило
вони (ми, ви)	заощáджували		заощáдили
МАЙБУТНІЙ ЧАС — FUTURE TENSE			
	ANALYTIC	SYNTHETIC	
я	бýду заощáджувати	заощáджуватиму	заощáджу
ти	бýдеш заощáджувати	заощáджуватимеш	заощáдиш
він, вона, воно	бýде заощáджувати	заощáджуватиме	заощáдить
ми	бýдемо заощáджувати	заощáджуватимемо	заощáдимо
ви	бýдете заощáджувати	заощáджуватимете	заощáдите
вони	бýдуть заощáджувати	заощáджуватимуть	заощáдять
УМОВНИЙ СПОСІБ — CONDITIONAL MOOD			
він (я, ти)	заощáджував би		заощáдив би
вона (я, ти)	заощáджувала б		заощáдила б
воно	заощáджувало б		заощáдило б
вони (ми, ви)	заощáджували б		заощáдили б
НАКАЗОВИЙ СПОСІБ — IMPERATIVE MOOD			
ти	заощáджуй		заощáдь
ми	заощáджуймо		заощáдьмо
ви	заощáджуйте		заощáдьте
він, вона, воно	(не)хáй заощáджує		(не)хáй заощáдить
вони	(не)хáй заощáджують		(не)хáй заощáдять
ДІЄПРИКМЕТНИКИ — VERBAL ADJECTIVES (PARTICIPLES)			
ACTIVE			
PASSIVE	заощáджуваний		заощáджений
ДІЄПРИСЛІВНИКИ — VERBAL ADVERBS			
	заощáджуючи, заощáджувавши		заощáдивши
БЕЗОСОБОВІ ФОРМИ — IMPERSONAL FORMS			
	заощáджувано		заощáджено

+ accusative:
Ми **заощáджуємо** електроенéргію.　　*We are saving electricity.*

на + accusative:
Він **заощáдив** грóші на машúну.　　*He saved money for a car.*

на + locative:
Я не **заощáджуватиму** (**бýду заощáджувати**) на їжі.　　*I will not be saving on food.*

Заощáдивши свої кишенькóві грóші, моя сестрá купúла велосипéд.　　*Having saved her pocket money, my sister bought a bicycle.*

№ 162

запам'ято́вувати[ся] | запам'ята́ти[ся]
to remember, to memorize [to stay in memory]

Present/Future Stems:
запам'ятову- | **запам'ята-**
Conjugation: **1st (-ють)**

ОСОБА / PERSON	НЕДОКОНАНИЙ ВИД / IMPERFECTIVE ASPECT		ДОКОНАНИЙ ВИД / PERFECTIVE ASPECT
ТЕПЕРІШНІЙ ЧАС — PRESENT TENSE			
я	запам'ято́вую[ся]		
ти	запам'ято́вуєш[ся]		
він, вона, воно	запам'ято́вує[ться]		
ми	запам'ято́вуємо[ся]		
ви	запам'ято́вуєте[ся]		
вони	запам'ято́вують[ся]		
МИНУЛИЙ ЧАС — PAST TENSE			
він (я, ти)	запам'ято́вував[ся]		запам'ята́в[ся]
вона (я, ти)	запам'ято́вувала[ся]		запам'ята́ла[ся]
воно	запам'ято́вувало[ся]		запам'ята́ло[ся]
вони (ми, ви)	запам'ято́вували[ся]		запам'ята́ли[ся]
МАЙБУТНІЙ ЧАС — FUTURE TENSE	ANALYTIC	SYNTHETIC	
я	бу́ду запам'ято́вувати[ся]	запам'ято́вуватиму[ся]	запам'ята́ю[ся]
ти	бу́деш запам'ято́вувати[ся]	запам'ято́вуватимеш[ся]	запам'ята́єш[ся]
він, вона, воно	бу́де запам'ято́вувати[ся]	запам'ято́вуватиме[ться]	запам'ята́є[ться]
ми	бу́демо запам'ято́вувати[ся]	запам'ято́вуватимемо[ся]	запам'ята́ємо[ся]
ви	бу́дете запам'ято́вувати[ся]	запам'ято́вуватимете[ся]	запам'ята́єте[ся]
вони	бу́дуть запам'ято́вувати[ся]	запам'ято́вуватимуть[ся]	запам'ята́ють[ся]
УМОВНИЙ СПОСІБ — CONDITIONAL MOOD			
він (я, ти)	запам'ято́вував[ся] би [б]		запам'ята́в[ся] би [б]
вона (я, ти)	запам'ято́вувала[ся] б		запам'ята́ла[ся] б
воно	запам'ято́вувало[ся] б		запам'ята́ло[ся] б
вони (ми, ви)	запам'ято́вували[ся] б		запам'ята́ли[ся] б
НАКАЗОВИЙ СПОСІБ — IMPERATIVE MOOD			
ти	запам'ято́вуй[ся]		запам'ята́й[ся]
ми	запам'ято́вуймо[ся]		запам'ята́ймо[ся]
ви	запам'ято́вуйте[ся]		запам'ята́йте[ся]
він, вона, воно	(не)ха́й запам'ято́вує[ться]		(не)ха́й запам'ята́є[ться]
вони	(не)ха́й запам'ято́вують[ся]		(не)ха́й запам'ята́ють[ся]
ДІЄПРИКМЕТНИКИ — VERBAL ADJECTIVES (PARTICIPLES)			
ACTIVE			
PASSIVE	запам'ято́вуваний		запам'ято́ваний
ДІЄПРИСЛІВНИКИ — VERBAL ADVERBS			
	запам'ято́вуючи[сь], запам'ято́вувавши[сь]		запам'ята́вши[сь]
БЕЗОСОБОВІ ФОРМИ — IMPERSONAL FORMS			
	запам'ято́вувано		запам'ято́вано

+ accusative:
Я пога́но **запам'ято́вую** імена́. — *I am bad at remembering names.*
Він не **запам'ята́в** її но́мер телефо́ну. — *He did not memorize her phone number.*
Я наза́вжди **запам'ята́ю** цей день. — *I will remember this day forever.*
Запам'ята́й цю мить. — *Remember this moment.*

dative + -ся:
Мені́ **запам'ята́лася** ця істо́рія. — *This story remained in my memory.*

Present/Future Stems: заперечу- | запереч-
Conjugation: **1st (-ють)** | **2nd (-ать)**

заперéчувати | заперéчити
to object; to deny

ОСОБА / PERSON	НЕДОКОНАНИЙ ВИД / IMPERFECTIVE ASPECT		ДОКОНАНИЙ ВИД / PERFECTIVE ASPECT
ТЕПЕРІШНІЙ ЧАС — PRESENT TENSE			
я	заперéчую		
ти	заперéчуєш		
він, вона, воно	заперéчує		
ми	заперéчуємо		
ви	заперéчуєте		
вони	заперéчують		
МИНУЛИЙ ЧАС — PAST TENSE			
він (я, ти)	заперéчував		заперéчив
вона (я, ти)	заперéчувала		заперéчила
воно	заперéчувало		заперéчило
вони (ми, ви)	заперéчували		заперéчили
МАЙБУТНІЙ ЧАС — FUTURE TENSE			
	ANALYTIC	SYNTHETIC	
я	бýду заперéчувати	заперéчуватиму	заперéчу
ти	бýдеш заперéчувати	заперéчуватимеш	заперéчиш
він, вона, воно	бýде заперéчувати	заперéчуватиме	заперéчить
ми	бýдемо заперéчувати	заперéчуватимемо	заперéчимо
ви	бýдете заперéчувати	заперéчуватимете	заперéчите
вони	бýдуть заперéчувати	заперéчуватимуть	заперéчать
УМОВНИЙ СПОСІБ — CONDITIONAL MOOD			
він (я, ти)	заперéчував би		заперéчив би
вона (я, ти)	заперéчувала б		заперéчила б
воно	заперéчувало б		заперéчило б
вони (ми, ви)	заперéчували б		заперéчили б
НАКАЗОВИЙ СПОСІБ — IMPERATIVE MOOD			
ти	заперéчуй		заперéч
ми	заперéчуймо		заперéчмо
ви	заперéчуйте		заперéчте
він, вона, воно	(не)хáй заперéчує		(не)хáй заперéчить
вони	(не)хáй заперéчують		(не)хáй заперéчать
ДІЄПРИКМЕТНИКИ — VERBAL ADJECTIVES (PARTICIPLES)			
ACTIVE			
PASSIVE	заперéчуваний		заперéчений
ДІЄПРИСЛІВНИКИ — VERBAL ADVERBS			
	заперéчуючи, заперéчувавши		заперéчивши
БЕЗОСОБОВІ ФОРМИ — IMPERSONAL FORMS			
	заперéчувано		заперéчено

Почекáймо ще трóхи, якщó ви не **заперéчуєте**.
Let's wait a little longer, if you don't mind.
+ *accusative*:

Підсýдна **заперéчила** свою провúну.
The defendant denied her guilt.
+ *dative*:

Я вам не **заперéчуватиму** (не **бýду заперéчувати**).
I will not object to you.

Міністр прокоментувáв, **заперéчивши** всі звинувáчення.
The minister commented, denying all the allegations.

№ 164

записувати[ся] | записа́ти[ся]

to write down; to record [to enroll, to make an appointment]

Present/Future Stems: **запису- | запиш-**
Conjugation: **1st (-ють) | 1st (-уть)**

ОСОБА / PERSON	НЕДОКОНАНИЙ ВИД / IMPERFECTIVE ASPECT		ДОКОНАНИЙ ВИД / PERFECTIVE ASPECT
ТЕПЕРІШНІЙ ЧАС — PRESENT TENSE			
я	запису́ю[ся]		
ти	запису́єш[ся]		
він, вона, воно	запису́є[ться]		
ми	запису́ємо[ся]		
ви	запису́єте[ся]		
вони	запису́ють[ся]		
МИНУЛИЙ ЧАС — PAST TENSE			
він (я, ти)	запи́сував[ся]		записа́в[ся]
вона (я, ти)	запи́сувала[ся]		записа́ла[ся]
воно	запи́сувало[ся]		записа́ло[ся]
вони (ми, ви)	запи́сували[ся]		записа́ли[ся]
МАЙБУТНІЙ ЧАС — FUTURE TENSE			
	ANALYTIC	SYNTHETIC	
я	бу́ду запи́сувати[ся]	запи́суватиму[ся]	запишу́[ся]
ти	бу́деш запи́сувати[ся]	запи́суватимеш[ся]	запи́шеш[ся]
він, вона, воно	бу́де запи́сувати[ся]	запи́суватиме[ться]	запи́ше[ться]
ми	бу́демо запи́сувати[ся]	запи́суватимемо[ся]	запи́шемо[ся]
ви	бу́дете запи́сувати[ся]	запи́суватимете[ся]	запи́шете[ся]
вони	бу́дуть запи́сувати[ся]	запи́суватимуть[ся]	запи́шуть[ся]
УМОВНИЙ СПОСІБ — CONDITIONAL MOOD			
він (я, ти)	запи́сував[ся] би [б]		записа́в[ся] би [б]
вона (я, ти)	запи́сувала[ся] б		записа́ла[ся] б
воно	запи́сувало[ся] б		записа́ло[ся] б
вони (ми, ви)	запи́сували[ся] б		записа́ли[ся] б
НАКАЗОВИЙ СПОСІБ — IMPERATIVE MOOD			
ти	запи́суй[ся]		запиши́[ся]
ми	запи́суймо[ся]		запиші́мо[ся]
ви	запи́суйте[ся]		запиші́ть[ся]
він, вона, воно	(не)ха́й запи́суе[ться]		(не)ха́й запи́ше[ться]
вони	(не)ха́й запи́сують[ся]		(не)ха́й запи́шуть[ся]
ДІЄПРИКМЕТНИКИ — VERBAL ADJECTIVES (PARTICIPLES)			
ACTIVE			
PASSIVE	запи́суваний		запи́саний
ДІЄПРИСЛІВНИКИ — VERBAL ADVERBS			
	запи́суючи[сь], запи́сувавши[сь]		записа́вши[сь]
БЕЗОСОБОВІ ФОРМИ — IMPERSONAL FORMS			
	запи́сувано		запи́сано

+ *accusative* + у (в), на + *accusative*:
Я **записа́ла** його́ но́мер телефо́ну в блокно́т.
I wrote down his phone number in a notebook.
Журналі́ст **записа́в** інтерв'ю́ на диктофо́н.
The journalist recorded the interview on a recorder.

-ся + у (в), на + *accusative*:
Хло́пець **записа́вся** в а́рмію доброво́льцем.
The boy signed up for the army as a volunteer.

-ся + до + *genitive*:
Я хо́чу **записа́тися** до дермато́лога.
I want to make an appointment with a dermatologist.

№ 165

Present/Future Stems: **запиту-** | **запита-**
Conjugation: **1st (-ють)**

запи́тувати | запита́ти
to ask (a question); to request
See also: **пита́ти** | **спита́ти** (№ 314)

ОСОБА / PERSON	НЕДОКОНАНИЙ ВИД / IMPERFECTIVE ASPECT		ДОКОНАНИЙ ВИД / PERFECTIVE ASPECT
ТЕПЕРІШНІЙ ЧАС — PRESENT TENSE			
я	запи́тую		
ти	запи́туєш		
він, вона, воно	запи́тує		
ми	запи́туємо		
ви	запи́туєте		
вони	запи́тують		
МИНУЛИЙ ЧАС — PAST TENSE			
він (я, ти)	запи́тував		запита́в
вона (я, ти)	запи́тувала		запита́ла
воно	запи́тувало		запита́ло
вони (ми, ви)	запи́тували		запита́ли
МАЙБУТНІЙ ЧАС — FUTURE TENSE			
	ANALYTIC	SYNTHETIC	
я	бу́ду запи́тувати	запи́туватиму	запита́ю
ти	бу́деш запи́тувати	запи́туватимеш	запита́єш
він, вона, воно	бу́де запи́тувати	запи́туватиме	запита́є
ми	бу́демо запи́тувати	запи́туватимемо	запита́ємо
ви	бу́дете запи́тувати	запи́туватимете	запита́єте
вони	бу́дуть запи́тувати	запи́туватимуть	запита́ють
УМОВНИЙ СПОСІБ — CONDITIONAL MOOD			
він (я, ти)	запи́тував би		запита́в би
вона (я, ти)	запи́тувала б		запита́ла б
воно	запи́тувало б		запита́ло б
вони (ми, ви)	запи́тували б		запита́ли б
НАКАЗОВИЙ СПОСІБ — IMPERATIVE MOOD			
ти	запи́туй		запита́й
ми	запи́туймо		запита́ймо
ви	запи́туйте		запита́йте
він, вона, воно	(не)ха́й запи́тує		(не)ха́й запита́є
вони	(не)ха́й запи́тують		(не)ха́й запита́ють
ДІЄПРИКМЕТНИКИ — VERBAL ADJECTIVES (PARTICIPLES)			
ACTIVE			
PASSIVE	запи́туваний		запи́таний
ДІЄПРИСЛІВНИКИ — VERBAL ADVERBS			
	запи́туючи, запи́тувавши		запита́вши
БЕЗОСОБОВІ ФОРМИ — IMPERSONAL FORMS			
	запи́тувано		запи́тано

+ accusative = у (в) + genitive:
Пропоную́ **запита́ти** (**спита́ти**) вчи́теля (у вчи́теля).
I suggest we ask the teacher.

про + accusative:
Профе́сорка **запита́ла** (**спита́ла**) мене́ про тво́рчість Василя́ Сту́са.
The professor asked me about the work of Vasyl Stus.

Він зупини́вся, ні́би **запи́туючи** (**пита́ючи**) себе́, що роби́ти да́лі.
He stopped, as if asking himself what to do next.

Хай вона́ **запита́є** цю інформа́цію в дові́дці.
Let her request information at the help desk.

№ 166

запізнюватися | запізнитися

to be late

Present/Future Stems: **запізню-..-ся | запізн-..-ся**
Conjugation: **1st (-ють) | 2nd (-ять)**

ОСОБА PERSON	НЕДОКОНАНИЙ ВИД IMPERFECTIVE ASPECT		ДОКОНАНИЙ ВИД PERFECTIVE ASPECT
**ТЕПЕРІШНІЙ ЧАС — PRESENT TENSE**			
я	запізнююся		
ти	запізнюєшся		
він, вона, воно	запізнюється		
ми	запізнюємося		
ви	запізнюєтеся		
вони	запізнюються		
**МИНУЛИЙ ЧАС — PAST TENSE**			
він (я, ти)	запізнювався		запізнився
вона (я, ти)	запізнювалася		запізнилася
воно	запізнювалося		запізнилося
вони (ми, ви)	запізнювалися		запізнилися
**МАЙБУТНІЙ ЧАС — FUTURE TENSE**			
	ANALYTIC	SYNTHETIC	
я	буду запізнюватися	запізнюватимуся	запізнюся
ти	будеш запізнюватися	запізнюватимешся	запізнишся
він, вона, воно	буде запізнюватися	запізнюватиметься	запізниться
ми	будемо запізнюватися	запізнюватимемося	запізнимося
ви	будете запізнюватися	запізнюватиметеся	запізнитеся
вони	будуть запізнюватися	запізнюватимуться	запізняться
**УМОВНИЙ СПОСІБ — CONDITIONAL MOOD**			
він (я, ти)	запізнювався б		запізнився б
вона (я, ти)	запізнювалася б		запізнилася б
воно	запізнювалося б		запізнилося б
вони (ми, ви)	запізнювалися б		запізнилися б
**НАКАЗОВИЙ СПОСІБ — IMPERATIVE MOOD**			
ти	запізнюйся		запізнися
ми	запізнюймося		запізнімося
ви	запізнюйтеся		запізніться
він, вона, воно	(не)хай запізнюється		(не)хай запізниться
вони	(не)хай запізнюються		(не)хай запізняться

ДІЄПРИКМЕТНИКИ — VERBAL ADJECTIVES (PARTICIPLES)

ACTIVE

PASSIVE

ДІЄПРИСЛІВНИКИ — VERBAL ADVERBS

запізнюючись, запізнювавшись   запізнившись

БЕЗОСОБОВІ ФОРМИ — IMPERSONAL FORMS

у (в), на + *accusative* (*place*):
Мені треба йти, я **запізнююся** на поїзд.   *I have to go, I am late for the train.*

до + *genitive* (*people*):
Вона **запізнилася** до лікаря.   *She was late to the doctor.*

з (із, зі) + *instrumental*:
Компанія ніколи не **запізнювалася** з виплатою зарплати.   *The company was never late with salary payments.*

Не **запізнюйтесь**!   *Do not be late!*

№ 167

Present/Future Stems: **заплуту-** | **заплута-**

заплу́тувати[ся] | **заплу́тати[ся]**

Conjugation: **1st (-ють)**

to tangle; to confuse [to become entangled; to get confused]

ОСОБА / PERSON	НЕДОКОНАНИЙ ВИД / IMPERFECTIVE ASPECT		ДОКОНАНИЙ ВИД / PERFECTIVE ASPECT
ТЕПЕРІШНІЙ ЧАС — PRESENT TENSE			
я	заплу́тую[ся]		
ти	заплу́туєш[ся]		
він, вона, воно	заплу́тує[ться]		
ми	заплу́туємо[ся]		
ви	заплу́туєте[ся]		
вони	заплу́тують[ся]		
МИНУЛИЙ ЧАС — PAST TENSE			
він (я, ти)	заплу́тував[ся]		заплу́тав[ся]
вона (я, ти)	заплу́тувала[ся]		заплу́тала[ся]
воно	заплу́тувало[ся]		заплу́тало[ся]
вони (ми, ви)	заплу́тували[ся]		заплу́тали[ся]
МАЙБУТНІЙ ЧАС — FUTURE TENSE			
	ANALYTIC	SYNTHETIC	
я	бу́ду заплу́тувати[ся]	заплу́туватиму[ся]	заплу́таю[ся]
ти	бу́деш заплу́тувати[ся]	заплу́туватимеш[ся]	заплу́таєш[ся]
він, вона, воно	бу́де заплу́тувати[ся]	заплу́туватиме[ться]	заплу́тає[ться]
ми	бу́демо заплу́тувати[ся]	заплу́туватимемо[ся]	заплу́таємо[ся]
ви	бу́дете заплу́тувати[ся]	заплу́туватимете[ся]	заплу́таєте[ся]
вони	бу́дуть заплу́тувати[ся]	заплу́туватимуть[ся]	заплу́тають[ся]
УМОВНИЙ СПОСІБ — CONDITIONAL MOOD			
він (я, ти)	заплу́тував[ся] би [б]		заплу́тав[ся] би [б]
вона (я, ти)	заплу́тувала[ся] б		заплу́тала[ся] б
воно	заплу́тувало[ся] б		заплу́тало[ся] б
вони (ми, ви)	заплу́тували[ся] б		заплу́тали[ся] б
НАКАЗОВИЙ СПОСІБ — IMPERATIVE MOOD			
ти	заплу́туй[ся]		заплу́тай[ся]
ми	заплу́туймо[ся]		заплу́таймо[ся]
ви	заплу́туйте[ся]		заплу́тайте[ся]
він, вона, воно	(не)ха́й заплу́тує[ться]		(не)ха́й заплу́тає[ться]
вони	(не)ха́й заплу́тують[ся]		(не)ха́й заплу́тають[ся]
ДІЄПРИКМЕТНИКИ — VERBAL ADJECTIVES (PARTICIPLES)			
ACTIVE			
PASSIVE	заплу́туваний		заплу́таний
ДІЄПРИСЛІВНИКИ — VERBAL ADVERBS			
	заплу́туючи[сь], заплу́тувавши[сь]		заплу́тавши[сь]
БЕЗОСОБОВІ ФОРМИ — IMPERSONAL FORMS			
	заплу́тувано		заплу́тано

+ accusative:

Споча́тку а́втор навми́сно **заплу́тує** читачі́в. — At first, the author deliberately confuses the readers.

Кі́шка **заплу́тала** нитки́ для в'яза́ння. — The cat tangled the knitting threads.

Це лише́ **заплу́тає** ситуа́цію. — This will only confuse the situation.

Не **заплу́туй** мене́. — Do not confuse me.

Я нічо́го не розумі́ю, я **заплу́талась**… — I do not understand anything, I am confused…

№ 168

запобіга́ти | запобі́гти
to prevent

Present/Future Stems: **запобіга-** | **запобіж-**
Conjugation: **1st (-ють)** | **2nd (-ать)**

ОСОБА / PERSON	НЕДОКОНАНИЙ ВИД / IMPERFECTIVE ASPECT		ДОКОНАНИЙ ВИД / PERFECTIVE ASPECT
ТЕПЕРІШНІЙ ЧАС — PRESENT TENSE			
я	запобіга́ю		
ти	запобіга́єш		
він, вона, воно	запобіга́є		
ми	запобіга́ємо		
ви	запобіга́єте		
вони	запобіга́ють		
МИНУЛИЙ ЧАС — PAST TENSE			
він (я, ти)	запобіга́в		запобі́г
вона (я, ти)	запобіга́ла		запобі́гла
воно	запобіга́ло		запобі́гло
вони (ми, ви)	запобіга́ли		запобі́гли
МАЙБУТНІЙ ЧАС — FUTURE TENSE			
	ANALYTIC	SYNTHETIC	
я	бу́ду запобіга́ти	запобіга́тиму	запобіжу́
ти	бу́деш запобіга́ти	запобіга́тимеш	запобіжи́ш
він, вона, воно	бу́де запобіга́ти	запобіга́тиме	запобіжи́ть
ми	бу́демо запобіга́ти	запобіга́тимемо	запобіжимо́
ви	бу́дете запобіга́ти	запобіга́тимете	запобіжите́
вони	бу́дуть запобіга́ти	запобіга́тимуть	запобіжа́ть
УМОВНИЙ СПОСІБ — CONDITIONAL MOOD			
він (я, ти)	запобіга́в би		запобі́г би
вона (я, ти)	запобіга́ла б		запобі́гла б
воно	запобіга́ло б		запобі́гло б
вони (ми, ви)	запобіга́ли б		запобі́гли б
НАКАЗОВИЙ СПОСІБ — IMPERATIVE MOOD			
ти	запобіга́й		запобіжи́
ми	запобіга́ймо		запобіжі́мо
ви	запобіга́йте		запобіжі́ть
він, вона, воно	(не)ха́й запобіга́є		(не)ха́й запобіжи́ть
вони	(не)ха́й запобіга́ють		(не)ха́й запобіжа́ть
ДІЄПРИКМЕТНИКИ — VERBAL ADJECTIVES (PARTICIPLES)			
ACTIVE			
PASSIVE			
ДІЄПРИСЛІВНИКИ — VERBAL ADVERBS			
	запобіга́ючи, запобіга́вши		запобі́гши
БЕЗОСОБОВІ ФОРМИ — IMPERSONAL FORMS			

+ *dative*:

Вакци́на **запобіга́є** важко́му пере́бігу хворо́би. — The vaccine prevents the severe course of the disease.

Дру́гий піло́т **запобі́г** катастро́фі. — The co-pilot prevented the disaster.

Цей крем **запобіга́тиме** (**бу́де запобіга́ти**) поя́ві змо́рщок. — This cream will prevent the appearance of wrinkles.

Рятува́льник зміг шви́дко погаси́ти вого́нь, **запобі́гши** вели́кій поже́жі. — The rescuer was able to quickly extinguish the fire, preventing a large fire.

№ 169

Present/Future Stems: **заповню-** | **заповн-**   **заповнювати[ся] | заповнити[ся]**
Conjugation: **1st (-ють) | 2nd (-ять)**   *to fill, to fill out [to become filled with]*

ОСОБА / PERSON	НЕДОКОНАНИЙ ВИД / IMPERFECTIVE ASPECT		ДОКОНАНИЙ ВИД / PERFECTIVE ASPECT
ТЕПЕРІШНІЙ ЧАС — PRESENT TENSE			
я	заповнюю		
ти	заповнюєш		
він, вона, воно	заповнює[ться]		
ми	заповнюємо		
ви	заповнюєте		
вони	заповнюють[ся]		
МИНУЛИЙ ЧАС — PAST TENSE			
він (я, ти)	заповнював[ся]		заповнив[ся]
вона (я, ти)	заповнювала[ся]		заповнила[ся]
воно	заповнювало[ся]		заповнило[ся]
вони (ми, ви)	заповнювали[ся]		заповнили[ся]
МАЙБУТНІЙ ЧАС — FUTURE TENSE			
	ANALYTIC	SYNTHETIC	
я	буду заповнювати	заповнюватиму	заповню
ти	будеш заповнювати	заповнюватимеш	заповниш
він, вона, воно	буде заповнювати[ся]	заповнюватиме[ться]	заповнить[ся]
ми	будемо заповнювати	заповнюватимемо	заповнимо
ви	будете заповнювати	заповнюватимете	заповните
вони	будуть заповнювати[ся]	заповнюватимуть[ся]	заповнять[ся]
УМОВНИЙ СПОСІБ — CONDITIONAL MOOD			
він (я, ти)	заповнював[ся] би [б]		заповнив[ся] би [б]
вона (я, ти)	заповнювала[ся] б		заповнила[ся] б
воно	заповнювало[ся] б		заповнило[ся] б
вони (ми, ви)	заповнювали[ся] б		заповнили[ся] б
НАКАЗОВИЙ СПОСІБ — IMPERATIVE MOOD			
ти	заповнюй		заповни
ми	заповнюймо		заповнімо
ви	заповнюйте		заповніть
він, вона, воно	(не)хай заповнює[ться]		(не)хай заповнить[ся]
вони	(не)хай заповнюють[ся]		(не)хай заповнять[ся]
ДІЄПРИКМЕТНИКИ — VERBAL ADJECTIVES (PARTICIPLES)			
ACTIVE			
PASSIVE	заповнюваний		заповнений
ДІЄПРИСЛІВНИКИ — VERBAL ADVERBS			
	заповнюючи[сь], заповнювавши[сь]		заповнивши[сь]
БЕЗОСОБОВІ ФОРМИ — IMPERSONAL FORMS			
	заповнювано		заповнено

+ accusative:
Я **заповнюю** анкéту й мáю запитáння. — *I am filling out the form and I have a question.*

+ instrumental:
Ми **заповнювали** свій вільний час серіáлами. — *We filled our free time with TV series.*

Заповнені фóрми потрібно надіслáти електрóнною пóштою. — *Completed forms must be sent by email.*

-ся + instrumental:
Майдáн швидко **заповнився** протестувáльниками. — *The square quickly filled with protesters.*

№ 170

запро́шувати | запроси́ти
to invite

Present/Future Stems: **запрошу-** | **запрош-/запрос-**
Conjugation: **1st (-ють)** | **2nd (-ять)**

ОСОБА / PERSON	НЕДОКОНАНИЙ ВИД / IMPERFECTIVE ASPECT		ДОКОНАНИЙ ВИД / PERFECTIVE ASPECT
ТЕПЕРІШНІЙ ЧАС — PRESENT TENSE			
я	запро́шую		
ти	запро́шуєш		
він, вона, воно	запро́шує		
ми	запро́шуємо		
ви	запро́шуєте		
вони	запро́шують		
МИНУЛИЙ ЧАС — PAST TENSE			
він (я, ти)	запро́шував		запроси́в
вона (я, ти)	запро́шувала		запроси́ла
воно	запро́шувало		запроси́ло
вони (ми, ви)	запро́шували		запроси́ли
МАЙБУТНІЙ ЧАС — FUTURE TENSE			
	ANALYTIC	SYNTHETIC	
я	бу́ду запро́шувати	запро́шуватиму	запрошу́
ти	бу́деш запро́шувати	запро́шуватимеш	запро́сиш
він, вона, воно	бу́де запро́шувати	запро́шуватиме	запро́сить
ми	бу́демо запро́шувати	запро́шуватимемо	запро́симо
ви	бу́дете запро́шувати	запро́шуватимете	запро́сите
вони	бу́дуть запро́шувати	запро́шуватимуть	запро́сять
УМОВНИЙ СПОСІБ — CONDITIONAL MOOD			
він (я, ти)	запро́шував би		запроси́в би
вона (я, ти)	запро́шувала б		запроси́ла б
воно	запро́шувало б		запроси́ло б
вони (ми, ви)	запро́шували б		запроси́ли б
НАКАЗОВИЙ СПОСІБ — IMPERATIVE MOOD			
ти	запро́шуй		запроси́
ми	запро́шуймо		запросі́мо
ви	запро́шуйте		запросі́ть
він, вона, воно	(не)ха́й запро́шує		(не)ха́й запро́сить
вони	(не)ха́й запро́шують		(не)ха́й запро́сять
ДІЄПРИКМЕТНИКИ — VERBAL ADJECTIVES (PARTICIPLES)			
ACTIVE			
PASSIVE	запро́шуваний		запро́шений
ДІЄПРИСЛІВНИКИ — VERBAL ADVERBS			
	запро́шуючи, запро́шувавши		запроси́вши
БЕЗОСОБОВІ ФОРМИ — IMPERSONAL FORMS			
	запро́шувано		запро́шено

+ *accusative* **+ до +** *genitive* **= у (в)**, **на +** *accusative*:

Я ча́сто **запро́шую** її до теа́тру (в теа́тр), але́ вона́ за́вжди відмовля́ється.
I often invite her to the theater, but she always refuses.

Сусі́ди **запроси́ли** нас у го́сті на ка́ву.
The neighbors invited us to visit them for coffee.

Ну ж бо, **запроси́** його́ на побачення.
Come on, ask him out on a date.

У комі́сії працюва́тимуть **запро́шені** експе́рти.
Invited experts will work in the commission.

№ 171

Present/Future Stems: заробля- | зароб(л)-
Conjugation: 1st (-ють) | 2nd (-ять)

заробля́ти | зароби́ти
to earn, to make money

ОСОБА / PERSON	НЕДОКОНАНИЙ ВИД / IMPERFECTIVE ASPECT		ДОКОНАНИЙ ВИД / PERFECTIVE ASPECT
ТЕПЕРІШНІЙ ЧАС — PRESENT TENSE			
я	заробля́ю		
ти	заробля́єш		
він, вона, воно	заробля́є		
ми	заробля́ємо		
ви	заробля́єте		
вони	заробля́ють		
МИНУЛИЙ ЧАС — PAST TENSE			
він (я, ти)	заробля́в		зароби́в
вона (я, ти)	заробля́ла		зароби́ла
воно	заробля́ло		зароби́ло
вони (ми, ви)	заробля́ли		зароби́ли
МАЙБУТНІЙ ЧАС — FUTURE TENSE			
	ANALYTIC	SYNTHETIC	
я	бу́ду заробля́ти	заробля́тиму	зароблю́
ти	бу́деш заробля́ти	заробля́тимеш	заро́биш
він, вона, воно	бу́де заробля́ти	заробля́тиме	заро́бить
ми	бу́демо заробля́ти	заробля́тимемо	заро́бимо
ви	бу́дете заробля́ти	заробля́тимете	заро́бите
вони	бу́дуть заробля́ти	заробля́тимуть	заро́блять
УМОВНИЙ СПОСІБ — CONDITIONAL MOOD			
він (я, ти)	заробля́в би		зароби́в би
вона (я, ти)	заробля́ла б		зароби́ла б
воно	заробля́ло б		зароби́ло б
вони (ми, ви)	заробля́ли б		зароби́ли б
НАКАЗОВИЙ СПОСІБ — IMPERATIVE MOOD			
ти	заробля́й		зароби́
ми	заробля́ймо		зароби́мо
ви	заробля́йте		зароби́ть
він, вона, воно	(не)ха́й заробля́є		(не)ха́й заро́бить
вони	(не)ха́й заробля́ють		(не)ха́й заро́блять
ДІЄПРИКМЕТНИКИ — VERBAL ADJECTIVES (PARTICIPLES)			
ACTIVE			
PASSIVE			заро́блений
ДІЄПРИСЛІВНИКИ — VERBAL ADVERBS			
	заробля́ючи, заробля́вши		зароби́вши
БЕЗОСОБОВІ ФОРМИ — IMPERSONAL FORMS			
			заро́блено

+ accusative:
Вона́ **заробля́є** три́дцять ти́сяч гри́вень на мі́сяць. — *She earns thirty thousand hryvnias a month.*

на + accusative:
Студе́нт сам **зароби́в** на своє́ навча́ння. — *The student earned money for his education on his own.*

на + locative:
Ми розумі́ємо, що не **заро́бимо** на цьо́му. — *We understand that we will not make money on this.*

На **заро́блені** ко́шти я куплю́ ма́мі подару́нок. — *With the money I earn, I will buy a gift for my mother.*

№ 172

заряджа́ти[ся] | заряди́ти[ся]

to charge; to load (gun) [to get charged]

Present/Future Stems: **заряджа-** | **заряд(ж)-**
Conjugation: **1st (-ють)** | **2nd (-ять)**

ОСОБА / PERSON	НЕДОКОНАНИЙ ВИД / IMPERFECTIVE ASPECT		ДОКОНАНИЙ ВИД / PERFECTIVE ASPECT
ТЕПЕРІШНІЙ ЧАС — PRESENT TENSE			
я	заряджа́ю[ся]		
ти	заряджа́єш[ся]		
він, вона, воно	заряджа́є[ться]		
ми	заряджа́ємо[ся]		
ви	заряджа́єте[ся]		
вони	заряджа́ють[ся]		
МИНУЛИЙ ЧАС — PAST TENSE			
він (я, ти)	заряджа́в[ся]		заряди́в[ся]
вона (я, ти)	заряджа́ла[ся]		заряди́ла[ся]
воно	заряджа́ло[ся]		заряди́ло[ся]
вони (ми, ви)	заряджа́ли[ся]		заряди́ли[ся]
МАЙБУТНІЙ ЧАС — FUTURE TENSE			
	ANALYTIC	SYNTHETIC	
я	бу́ду заряджа́ти[ся]	заряджа́тиму[ся]	заряджу́[ся]
ти	бу́деш заряджа́ти[ся]	заряджа́тимеш[ся]	заря́диш[ся]
він, вона, воно	бу́де заряджа́ти[ся]	заряджа́тиме[ться]	заря́дить[ся]
ми	бу́демо заряджа́ти[ся]	заряджа́тимемо[ся]	заря́димо[ся]
ви	бу́дете заряджа́ти[ся]	заряджа́тимете[ся]	заря́дите[ся]
вони	бу́дуть заряджа́ти[ся]	заряджа́тимуть[ся]	заря́дять[ся]
УМОВНИЙ СПОСІБ — CONDITIONAL MOOD			
він (я, ти)	заряджа́в[ся] би [б]		заряди́в[ся] би [б]
вона (я, ти)	заряджа́ла[ся] б		заряди́ла[ся] б
воно	заряджа́ло[ся] б		заряди́ло[ся] б
вони (ми, ви)	заряджа́ли[ся] б		заряди́ли[ся] б
НАКАЗОВИЙ СПОСІБ — IMPERATIVE MOOD			
ти	заряджа́й[ся]		заряди́[ся]
ми	заряджа́ймо[ся]		заряді́мо[ся]
ви	заряджа́йте[ся]		заряді́ть[ся]
він, вона, воно	(не)ха́й заряджа́є[ться]		(не)ха́й заря́дить[ся]
вони	(не)ха́й заряджа́ють[ся]		(не)ха́й заря́дять[ся]
ДІЄПРИКМЕТНИКИ — VERBAL ADJECTIVES (PARTICIPLES)			
ACTIVE			
PASSIVE			заря́джений
ДІЄПРИСЛІВНИКИ — VERBAL ADVERBS			
	заряджа́ючи[сь], заряджа́вши[сь]		заряди́вши[сь]
БЕЗОСОБОВІ ФОРМИ — IMPERSONAL FORMS			
			заря́джено

+ accusative:

Я **заряджа́ю** свій телефо́н у маши́ні. — *I charge my phone in the car.*

Солда́т **заряди́в** автома́т і ви́біг надві́р. — *The soldier loaded the machine gun and ran outside.*

+ instrumental:

Таке́ сму́зі надо́вго **заря́дить** вас енергі́єю. — *Such a smoothie will energize you ("charge you with energy") for a long time.*

Наву́шники **заря́джені** на сто відсо́тків. — *The headphones are fully charged.*

Ноутбу́к за́раз **заряджа́ється**. — *The laptop is now charging.*

Present/Future Stems: засина- | засн-
Conjugation: 1st (-ють) | 1st (-уть)

засина́ти | засну́ти
to fall asleep

ОСОБА / PERSON	НЕДОКОНАНИЙ ВИД / IMPERFECTIVE ASPECT		ДОКОНАНИЙ ВИД / PERFECTIVE ASPECT
ТЕПЕРІШНІЙ ЧАС — PRESENT TENSE			
я	засина́ю		
ти	засина́єш		
він, вона, воно	засина́є		
ми	засина́ємо		
ви	засина́єте		
вони	засина́ють		
МИНУЛИЙ ЧАС — PAST TENSE			
він (я, ти)	засина́в		засну́в
вона (я, ти)	засина́ла		засну́ла
воно	засина́ло		засну́ло
вони (ми, ви)	засина́ли		засну́ли
МАЙБУТНІЙ ЧАС — FUTURE TENSE			
	ANALYTIC	SYNTHETIC	
я	бу́ду засина́ти	засина́тиму	засну́
ти	бу́деш засина́ти	засина́тимеш	засне́ш
він, вона, воно	бу́де засина́ти	засина́тиме	засне́
ми	бу́демо засина́ти	засина́тимемо	засне́мо́
ви	бу́дете засина́ти	засина́тимете	засне́те́
вони	бу́дуть засина́ти	засина́тимуть	засну́ть
УМОВНИЙ СПОСІБ — CONDITIONAL MOOD			
він (я, ти)	засина́в би		засну́в би
вона (я, ти)	засина́ла б		засну́ла б
воно	засина́ло б		засну́ло б
вони (ми, ви)	засина́ли б		засну́ли б
НАКАЗОВИЙ СПОСІБ — IMPERATIVE MOOD			
ти	засина́й		засни́
ми	засина́ймо		засні́мо
ви	засина́йте		засні́ть
він, вона, воно	(не)ха́й засина́є		(не)ха́й засне́
вони	(не)ха́й засина́ють		(не)ха́й засну́ть
ДІЄПРИКМЕТНИКИ — VERBAL ADJECTIVES (PARTICIPLES)			
ACTIVE			
PASSIVE			
ДІЄПРИСЛІВНИКИ — VERBAL ADVERBS			
	засина́ючи, засина́вши		засну́вши
БЕЗОСОБОВІ ФОРМИ — IMPERSONAL FORMS			

Я люблю́ **засина́ти** під зву́ки дощу́.
Тсс, вона́ що́йно **засну́ла**.
Ми не **засне́мо́**, якщо́ цей звук не припи́ниться.
Засина́й, на добра́ніч.
у (**в**), **на** + *locative*:
Засну́вши на дива́ні, він проспа́в там усю́ ніч.

I like to fall asleep to the sound of rain.
Shh, she just fell asleep.
We will not fall asleep if this sound doesn't stop.
Go to sleep, goodnight.

Having fallen asleep on the couch, he slept there all night.

заслуго́вувати | заслужи́ти

to deserve

Present/Future Stems: **заслугову-** | **заслуж-**
Conjugation: **1st (-ють)** | **2nd (-ать)**

ОСОБА / PERSON	НЕДОКОНАНИЙ ВИД / IMPERFECTIVE ASPECT	ДОКОНАНИЙ ВИД / PERFECTIVE ASPECT
ТЕПЕРІШНІЙ ЧАС — PRESENT TENSE		
я	заслуго́вую	
ти	заслуго́вуєш	
він, вона, воно	заслуго́вує	
ми	заслуго́вуємо	
ви	заслуго́вуєте	
вони	заслуго́вують	
МИНУЛИЙ ЧАС — PAST TENSE		
він (я, ти)	заслуго́вував	заслужи́в
вона (я, ти)	заслуго́вувала	заслужи́ла
воно	заслуго́вувало	заслужи́ло
вони (ми, ви)	заслуго́вували	заслужи́ли

МАЙБУТНІЙ ЧАС — FUTURE TENSE

ОСОБА	ANALYTIC	SYNTHETIC	ДОКОНАНИЙ ВИД
я	бу́ду заслуго́вувати	заслуго́вуватиму	заслужу́
ти	бу́деш заслуго́вувати	заслуго́вуватимеш	заслу́жиш
він, вона, воно	бу́де заслуго́вувати	заслуго́вуватиме	заслу́жить
ми	бу́демо заслуго́вувати	заслуго́вуватимемо	заслу́жимо
ви	бу́дете заслуго́вувати	заслуго́вуватимете	заслу́жите
вони	бу́дуть заслуго́вувати	заслуго́вуватимуть	заслу́жать

УМОВНИЙ СПОСІБ — CONDITIONAL MOOD

ОСОБА	НЕДОКОНАНИЙ ВИД	ДОКОНАНИЙ ВИД
він (я, ти)	заслуго́вував би	заслужи́в би
вона (я, ти)	заслуго́вувала б	заслужи́ла б
воно	заслуго́вувало б	заслужи́ло б
вони (ми, ви)	заслуго́вували б	заслужи́ли б

НАКАЗОВИЙ СПОСІБ — IMPERATIVE MOOD

ОСОБА	НЕДОКОНАНИЙ ВИД	ДОКОНАНИЙ ВИД
ти	заслуго́вуй	заслужи́
ми	заслуго́вуймо	заслужі́мо
ви	заслуго́вуйте	заслужі́ть
він, вона, воно	(не)ха́й заслуго́вує	(не)ха́й заслу́жить
вони	(не)ха́й заслуго́вують	(не)ха́й заслу́жать

ДІЄПРИКМЕТНИКИ — VERBAL ADJECTIVES (PARTICIPLES)

	НЕДОКОНАНИЙ ВИД	ДОКОНАНИЙ ВИД
ACTIVE		
PASSIVE		заслу́жений

ДІЄПРИСЛІВНИКИ — VERBAL ADVERBS

НЕДОКОНАНИЙ ВИД	ДОКОНАНИЙ ВИД
заслуго́вуючи, заслуго́вувавши	заслу́живши

БЕЗОСОБОВІ ФОРМИ — IMPERSONAL FORMS

	ДОКОНАНИЙ ВИД
	заслу́жено

на + *accusative*:
Це **заслуго́вує** на ва́шу ува́гу. — *It deserves your attention.*

Вони́ **заслуго́вували** на перемо́гу, але́ були́ дру́гими. — *They deserved to win, but they were second.*

+ *accusative (perfective only)*:
Ви до́бре попрацюва́ли й **заслужи́ли** цю винагоро́ду. — *You worked hard and deserved this reward.*

Заслужи́вши авторите́т се́ред коле́г, він став душе́ю колекти́ву. — *Having earned authority among his colleagues, he became the soul of the team.*

№ 175

Present/Future Stems: **засму́чу-** | **засму́ч-/засму́т-** **засму́чувати[ся]** | **засмути́ти[ся]**
Conjugation: **1st (-ють)** | **2nd (-ять)** *to upset [to get upset]*

ОСОБА / PERSON	НЕДОКОНАНИЙ ВИД / IMPERFECTIVE ASPECT		ДОКОНАНИЙ ВИД / PERFECTIVE ASPECT
ТЕПЕРІШНІЙ ЧАС — PRESENT TENSE			
я	засму́чую[ся]		
ти	засму́чуєш[ся]		
він, вона, воно	засму́чує[ться]		
ми	засму́чуємо[ся]		
ви	засму́чуєте[ся]		
вони	засму́чують[ся]		
МИНУЛИЙ ЧАС — PAST TENSE			
він (я, ти)	засму́чував[ся]		засмути́в[ся]
вона (я, ти)	засму́чувала[ся]		засмути́ла[ся]
воно	засму́чувало[ся]		засмути́ло[ся]
вони (ми, ви)	засму́чували[ся]		засмути́ли[ся]
МАЙБУТНІЙ ЧАС — FUTURE TENSE			
	ANALYTIC	SYNTHETIC	
я	бу́ду засму́чувати[ся]	засму́чуватиму[ся]	засмучу́[ся]
ти	бу́деш засму́чувати[ся]	засму́чуватимеш[ся]	засму́тиш[ся]
він, вона, воно	бу́де засму́чувати[ся]	засму́чуватиме[ться]	засму́тить[ся]
ми	бу́демо засму́чувати[ся]	засму́чуватимемо[ся]	засму́тимо[ся]
ви	бу́дете засму́чувати[ся]	засму́чуватимете[ся]	засму́тите[ся]
вони	бу́дуть засму́чувати[ся]	засму́чуватимуть[ся]	засму́тять[ся]
УМОВНИЙ СПОСІБ — CONDITIONAL MOOD			
він (я, ти)	засму́чував[ся] би [б]		засмути́в[ся] би [б]
вона (я, ти)	засму́чувала[ся] б		засмути́ла[ся] б
воно	засму́чувало[ся] б		засмути́ло[ся] б
вони (ми, ви)	засму́чували[ся] б		засмути́ли[ся] б
НАКАЗОВИЙ СПОСІБ — IMPERATIVE MOOD			
ти	засму́чуй[ся]		засмути́[ся]
ми	засму́чуймо[ся]		засмуті́мо[ся]
ви	засму́чуйте[ся]		засмуті́ть[ся]
він, вона, воно	(не)ха́й засму́чує[ться]		(не)ха́й засму́тить[ся]
вони	(не)ха́й засму́чують[ся]		(не)ха́й засму́тять[ся]
ДІЄПРИКМЕТНИКИ — VERBAL ADJECTIVES (PARTICIPLES)			
ACTIVE			
PASSIVE	засму́чуваний		засму́чений
ДІЄПРИСЛІВНИКИ — VERBAL ADVERBS			
	засму́чуючи[сь], засму́чувавши[сь]		засмути́вши[сь]
БЕЗОСОБОВІ ФОРМИ — IMPERSONAL FORMS			
	засму́чувано		

+ accusative:
Я не хо́чу **засму́чувати** тебе́.   *I do not want to upset you.*
Ця новина́ си́льно **засмути́ла** хло́пця.   *This news greatly upset the boy.*
 + instrumental:
Жі́нка була́ **засму́чена** його́ повідо́мленням.   *The woman was upset by his message.*
-ся + че́рез + accusative:
Ма́ма ча́сто **засму́чується** че́рез твою́ поведі́нку.   *Mom often gets upset because of your behavior.*
Чому́ ти **засмути́вся**?   *Why did you get upset?*

№ 176

заспоко́ювати[ся] | заспоко́їти[ся]

to calm, to soothe [to calm down]

Present/Future Stems: **заспокою-** | **заспоко-**
Conjugation: **1st (-ють)** | **2nd (-ять)**

ОСОБА / PERSON	НЕДОКОНАНИЙ ВИД / IMPERFECTIVE ASPECT		ДОКОНАНИЙ ВИД / PERFECTIVE ASPECT
ТЕПЕРІШНІЙ ЧАС — PRESENT TENSE			
я	заспоко́юю[ся]		
ти	заспоко́юєш[ся]		
він, вона, воно	заспоко́ює[ться]		
ми	заспоко́юємо[ся]		
ви	заспоко́юєте[ся]		
вони	заспоко́юють[ся]		
МИНУЛИЙ ЧАС — PAST TENSE			
він (я, ти)	заспоко́ював[ся]		заспоко́їв[ся]
вона (я, ти)	заспоко́ювала[ся]		заспоко́їла[ся]
воно	заспоко́ювало[ся]		заспоко́їло[ся]
вони (ми, ви)	заспоко́ювали[ся]		заспоко́їли[ся]
МАЙБУТНІЙ ЧАС — FUTURE TENSE			
	ANALYTIC	SYNTHETIC	
я	бу́ду заспоко́ювати[ся]	заспоко́юватиму[ся]	заспоко́ю[ся]
ти	бу́деш заспоко́ювати[ся]	заспоко́юватимеш[ся]	заспоко́їш[ся]
він, вона, воно	бу́де заспоко́ювати[ся]	заспоко́юватиме[ться]	заспоко́їть[ся]
ми	бу́демо заспоко́ювати[ся]	заспоко́юватимемо[ся]	заспоко́їмо[ся]
ви	бу́дете заспоко́ювати[ся]	заспоко́юватимете[ся]	заспоко́їте[ся]
вони	бу́дуть заспоко́ювати[ся]	заспоко́юватимуть[ся]	заспоко́ять[ся]
УМОВНИЙ СПОСІБ — CONDITIONAL MOOD			
він (я, ти)	заспоко́ював[ся] би [б]		заспоко́їв[ся] би [б]
вона (я, ти)	заспоко́ювала[ся] б		заспоко́їла[ся] б
воно	заспоко́ювало[ся] б		заспоко́їло[ся] б
вони (ми, ви)	заспоко́ювали[ся] б		заспоко́їли[ся] б
НАКАЗОВИЙ СПОСІБ — IMPERATIVE MOOD			
ти	заспоко́й[ся]		заспоко́й[ся]
ми	заспоко́юймо[ся]		заспоко́ймо[ся]
ви	заспоко́юйте[ся]		заспоко́йте[ся]
він, вона, воно	(не)ха́й заспоко́ює[ться]		(не)ха́й заспоко́їть[ся]
вони	(не)ха́й заспоко́юють[ся]		(не)ха́й заспоко́ять[ся]
ДІЄПРИКМЕТНИКИ — VERBAL ADJECTIVES (PARTICIPLES)			
ACTIVE			
PASSIVE	заспоко́юваний		заспоко́єний
ДІЄПРИСЛІВНИКИ — VERBAL ADVERBS			
	заспоко́юючи[сь], заспоко́ювавши[сь]		заспоко́їши[сь]
БЕЗОСОБОВІ ФОРМИ — IMPERSONAL FORMS			
	заспоко́ювано		заспоко́єно

+ accusative:

Твій го́лос за́вжди **заспоко́ює** мене́. — Your voice always soothes me.

Ба́тько **заспоко́їв** до́ньку і вклав її́ спа́ти. — The father calmed his daughter down and put her to sleep.

Хло́пчик **заспоко́ївся**, поба́чивши ма́му. — The boy calmed down when he saw his mother.

Я не **заспоко́юся**, по́ки не дізна́юся пра́вди. — I will not rest until I find out the truth.

Заспоко́йся, не паніку́й. — Calm down, do not panic.

№ 177

Present/Future Stems: **затриму-** | **затрима-** **затри́мувати[ся]** | **затри́мати[ся]**
Conjugation: **1st (-ють)** *to delay, to hold back; to detain [to be delayed; to linger]*

ОСОБА / PERSON	НЕДОКОНАНИЙ ВИД / IMPERFECTIVE ASPECT		ДОКОНАНИЙ ВИД / PERFECTIVE ASPECT
ТЕПЕРІШНІЙ ЧАС — PRESENT TENSE			
я	затри́мую[ся]		
ти	затри́муєш[ся]		
він, вона, воно	затри́мує[ться]		
ми	затри́муємо[ся]		
ви	затри́муєте[ся]		
вони	затри́мують[ся]		
МИНУЛИЙ ЧАС — PAST TENSE			
він (я, ти)	затри́мував[ся]		затри́мав[ся]
вона (я, ти)	затри́мувала[ся]		затри́мала[ся]
воно	затри́мувало[ся]		затри́мало[ся]
вони (ми, ви)	затри́мували[ся]		затри́мали[ся]
МАЙБУТНІЙ ЧАС — FUTURE TENSE			
	ANALYTIC	SYNTHETIC	
я	бу́ду затри́мувати[ся]	затри́муватиму[ся]	затри́маю[ся]
ти	бу́деш затри́мувати[ся]	затри́муватимеш[ся]	затри́маєш[ся]
він, вона, воно	бу́де затри́мувати[ся]	затри́муватиме[ться]	затри́має[ться]
ми	бу́демо затри́мувати[ся]	затри́муватимемо[ся]	затри́маємо[ся]
ви	бу́дете затри́мувати[ся]	затри́муватимете[ся]	затри́маєте[ся]
вони	бу́дуть затри́мувати[ся]	затри́муватимуть[ся]	затри́мають[ся]
УМОВНИЙ СПОСІБ — CONDITIONAL MOOD			
він (я, ти)	затри́мував[ся] би [б]		затри́мав[ся] би [б]
вона (я, ти)	затри́мувала[ся] б		затри́мала[ся] б
воно	затри́мувало[ся] б		затри́мало[ся] б
вони (ми, ви)	затри́мували[ся] б		затри́мали[ся] б
НАКАЗОВИЙ СПОСІБ — IMPERATIVE MOOD			
ти	затри́муй[ся]		затри́май[ся]
ми	затри́муймо[ся]		затри́маймо[ся]
ви	затри́муйте[ся]		затри́майте[ся]
він, вона, воно	(не)ха́й затри́мує[ться]		(не)ха́й затри́має[ться]
вони	(не)ха́й затри́мують[ся]		(не)ха́й затри́мають[ся]
ДІЄПРИКМЕТНИКИ — VERBAL ADJECTIVES (PARTICIPLES)			
ACTIVE			
PASSIVE	затри́муваний		затри́маний
ДІЄПРИСЛІВНИКИ — VERBAL ADVERBS			
	затри́муючи[сь], затри́мувавши[сь]		затри́мавши[сь]
БЕЗОСОБОВІ ФОРМИ — IMPERSONAL FORMS			
	затри́мувано		затри́мано

+ accusative:
Я не хо́чу тебе́ **затри́мувати**. *I do not want to hold you back.*

у (в), на + locative:
Ме́неджер ча́сто **затри́мує** мене́ на робо́ті. *The manager often delays me at work.*
Полі́ція **затри́мала** підо́зрюваного. *The police detained the suspect.*

-ся + на + accusative:
Наш літа́к **затри́мується** на три годи́ни. *Our plane is delayed for three hours.*

-ся + у (в), на + locative:
Він до́вго не **затри́мувався** на жо́дній робо́ті. *He did not linger long at any work.*

захища́ти[ся] | захисти́ти[ся]

to protect, to defend [to defend oneself]

Present/Future Stems: **захища-** | **захищ-/захист-**
Conjugation: **1st (-ють)** | **2nd (-ять)**

ОСО́БА / PERSON	НЕДОКО́НАНИЙ ВИД / IMPERFECTIVE ASPECT	ДОКО́НАНИЙ ВИД / PERFECTIVE ASPECT
ТЕПЕ́РІШНІЙ ЧАС — PRESENT TENSE		
я	захища́ю[ся]	
ти	захища́єш[ся]	
він, вона́, воно́	захища́є[ться]	
ми	захища́ємо[ся]	
ви	захища́єте[ся]	
вони́	захища́ють[ся]	
МИНУ́ЛИЙ ЧАС — PAST TENSE		
він (я, ти)	захища́в[ся]	захисти́в[ся]
вона́ (я, ти)	захища́ла[ся]	захисти́ла[ся]
воно́	захища́ло[ся]	захисти́ло[ся]
вони́ (ми, ви)	захища́ли[ся]	захисти́ли[ся]

МАЙБУ́ТНІЙ ЧАС — FUTURE TENSE

PERSON	ANALYTIC	SYNTHETIC	PERFECTIVE
я	бу́ду захища́ти[ся]	захища́тиму[ся]	захищу́[ся]
ти	бу́деш захища́ти[ся]	захища́тимеш[ся]	захисти́ш[ся]
він, вона́, воно́	бу́де захища́ти[ся]	захища́тиме[ться]	захисти́ть[ся]
ми	бу́демо захища́ти[ся]	захища́тимемо[ся]	захистимо́[ся]
ви	бу́дете захища́ти[ся]	захища́тимете[ся]	захистите́[ся]
вони́	бу́дуть захища́ти[ся]	захища́тимуть[ся]	захистя́ть[ся]

УМО́ВНИЙ СПО́СІБ — CONDITIONAL MOOD

	IMPERFECTIVE	PERFECTIVE
він (я, ти)	захища́в[ся] би [б]	захисти́в[ся] би [б]
вона́ (я, ти)	захища́ла[ся] б	захисти́ла[ся] б
воно́	захища́ло[ся] б	захисти́ло[ся] б
вони́ (ми, ви)	захища́ли[ся] б	захисти́ли[ся] б

НАКАЗО́ВИЙ СПО́СІБ — IMPERATIVE MOOD

	IMPERFECTIVE	PERFECTIVE
ти	захища́й[ся]	захисти́[ся]
ми	захища́ймо[ся]	захисті́мо[ся]
ви	захища́йте[ся]	захисті́ть[ся]
він, вона́, воно́	(не)ха́й захища́є[ться]	(не)ха́й захисти́ть[ся]
вони́	(не)ха́й захища́ють[ся]	(не)ха́й захистя́ть[ся]

ДІЄПРИКМЕ́ТНИКИ — VERBAL ADJECTIVES (PARTICIPLES)

	IMPERFECTIVE	PERFECTIVE
ACTIVE		
PASSIVE	захи́щуваний	захи́щений

ДІЄПРИСЛІ́ВНИКИ — VERBAL ADVERBS

IMPERFECTIVE	PERFECTIVE
захища́ючи[сь], захища́вши[сь]	захисти́вши[сь]

БЕЗОСОБО́ВІ ФО́РМИ — IMPERSONAL FORMS

IMPERFECTIVE	PERFECTIVE
	захи́щено

+ accusative:
Вони́ **захища́ють** свою́ зе́млю.
They are defending their land.

від + genitive:
Активі́сти **захисти́ли** парк від забудо́ви.
Activists protected the park from construction.

Аспіра́нтка **захища́тиме** (**бу́де захища́ти**) дисерта́цію че́рез мі́сяць.
The graduate student will defend her thesis in a month.

-ся + від + genitive:
Чолові́к стве́рджує, що **захища́вся** від напа́дника.
The man claims that he was defending himself from the attacker.

Present/Future Stems: захо́д(ж)- | зайд-
Conjugation: 2nd (-ять) | 1st (-уть)

заходи́ти | зайти́

to go in, to walk into; to visit; to set (sun)

ОСОБА PERSON	НЕДОКОНАНИЙ ВИД IMPERFECTIVE ASPECT		ДОКОНАНИЙ ВИД PERFECTIVE ASPECT
ТЕПЕРІШНІЙ ЧАС — PRESENT TENSE			
я	захо́джу		
ти	захо́диш		
він, вона, воно	захо́дить		
ми	захо́димо		
ви	захо́дите		
вони	захо́дять		
МИНУЛИЙ ЧАС — PAST TENSE			
він (я, ти)	захо́див		зайшо́в
вона (я, ти)	захо́дила		зайшла́
воно	захо́дило		зайшло́
вони (ми, ви)	захо́дили		зайшли́
МАЙБУТНІЙ ЧАС — FUTURE TENSE			
	ANALYTIC	SYNTHETIC	
я	бу́ду заходити	захо́дитиму	зайду́
ти	бу́деш заходити	захо́дитимеш	за́йдеш
він, вона, воно	бу́де заходити	захо́дитиме	за́йде
ми	бу́демо заходити	захо́дитимемо	за́йдемо
ви	бу́дете заходити	захо́дитимете	за́йдете
вони	бу́дуть заходити	захо́дитимуть	за́йдуть
УМОВНИЙ СПОСІБ — CONDITIONAL MOOD			
він (я, ти)	захо́див би		зайшо́в би
вона (я, ти)	захо́дила б		зайшла́ б
воно	захо́дило б		зайшло́ б
вони (ми, ви)	захо́дили б		зайшли́ б
НАКАЗОВИЙ СПОСІБ — IMPERATIVE MOOD			
ти	захо́дь		зайди́
ми	захо́дьмо		зайді́мо
ви	захо́дьте		зайді́ть
він, вона, воно	(не)ха́й захо́дить		(не)ха́й за́йде
вони	(не)ха́й захо́дять		(не)ха́й за́йдуть
ДІЄПРИКМЕТНИКИ — VERBAL ADJECTIVES (PARTICIPLES)			
ACTIVE			
PASSIVE			
ДІЄПРИСЛІВНИКИ — VERBAL ADVERBS			
	захо́дячи, захо́дивши		зайшо́вши
БЕЗОСОБОВІ ФОРМИ — IMPERSONAL FORMS			

Со́нце вже захо́дить. — *The sun is already setting.*

до + *genitive* = **у** (в), **на** + *accusative*:
Ді́вчина зайшла́ до пека́рні (в пека́рню) купи́ти хлі́ба. — *The girl walked into the bakery to buy bread.*

Вона́ ча́сто захо́дила на сайт UkrainianLessons.com, коли вивча́ла украї́нську мо́ву. — *She often visited UkrainianLessons.com when she was studying Ukrainian.*

за + *accusative*:
Він зайшо́в за де́рево, намага́ючись схова́тись. — *He went behind a tree, trying to hide.*

по + *accusative*:
Зайди́ по ме́не пі́сля обі́ду. — *Come and pick me up after lunch.*

№ 180

захо́плювати[ся] | захопи́ти[ся]

to capture, to seize [to admire; to be carried away]

Present/Future Stems: **захоплю-** | **захоп(л)-**
Conjugation: **1st (-ють)** | **2nd (-ять)**

ОСОБА PERSON	НЕДОКОНАНИЙ ВИД IMPERFECTIVE ASPECT		ДОКОНАНИЙ ВИД PERFECTIVE ASPECT
ТЕПЕРІШНІЙ ЧАС — PRESENT TENSE			
я	захо́плюю[ся]		
ти	захо́плюєш[ся]		
він, вона, воно	захо́плює[ться]		
ми	захо́плюємо[ся]		
ви	захо́плюєте[ся]		
вони	захо́плюють[ся]		
МИНУЛИЙ ЧАС — PAST TENSE			
він (я, ти)	захо́плював[ся]		захопи́в[ся]
вона (я, ти)	захо́плювала[ся]		захопи́ла[ся]
воно	захо́плювало[ся]		захопи́ло[ся]
вони (ми, ви)	захо́плювали[ся]		захопи́ли[ся]
МАЙБУТНІЙ ЧАС — FUTURE TENSE			
	ANALYTIC	SYNTHETIC	
я	бу́ду захо́плювати[ся]	захо́плюватиму[ся]	захоплю́[ся]
ти	бу́деш захо́плювати[ся]	захо́плюватимеш[ся]	захо́пиш[ся]
він, вона, воно	бу́де захо́плювати[ся]	захо́плюватиме[ться]	захо́пить[ся]
ми	бу́демо захо́плювати[ся]	захо́плюватимемо[ся]	захо́пимо[ся]
ви	бу́дете захо́плювати[ся]	захо́плюватимете[ся]	захо́пите[ся]
вони	бу́дуть захо́плювати[ся]	захо́плюватимуть[ся]	захо́плять[ся]
УМОВНИЙ СПОСІБ — CONDITIONAL MOOD			
він (я, ти)	захо́плював[ся] би [б]		захопи́в[ся] би [б]
вона (я, ти)	захо́плювала[ся] б		захопи́ла[ся] б
воно	захо́плювало[ся] б		захопи́ло[ся] б
вони (ми, ви)	захо́плювали[ся] б		захопи́ли[ся] б
НАКАЗОВИЙ СПОСІБ — IMPERATIVE MOOD			
ти	захо́плюй[ся]		захопи́[ся]
ми	захо́плюймо[ся]		захопі́мо[ся]
ви	захо́плюйте[ся]		захопі́ть[ся]
він, вона, воно	(не)ха́й захо́плює[ться]		(не)ха́й захо́пить[ся]
вони	(не)ха́й захо́плюють[ся]		(не)ха́й захо́плять[ся]
ДІЄПРИКМЕТНИКИ — VERBAL ADJECTIVES (PARTICIPLES)			
ACTIVE			
PASSIVE	захо́плюваний		захо́плений
ДІЄПРИСЛІВНИКИ — VERBAL ADVERBS			
	захо́плюючи[сь], захо́плювавши[сь]		захопи́вши[сь]
БЕЗОСОБОВІ ФОРМИ — IMPERSONAL FORMS			
	захо́плювано		захо́плено

+ accusative:
Піра́ти **захопи́ли** ванта́жне судно́. — *Pirates captured a cargo ship.*
Вони́ ду́мали, що шви́дко **захо́плять** мі́сто. — *They thought they would quickly capture the city.*

+ instrumental:
Я **захо́плена** бага́тством на́шої мо́ви. — *I am fascinated by the richness of our language.*

-ся + instrumental:
Я **захо́плююся** твої́м тала́нтом. — *I admire your talent.*
Він так **захопи́вся** гро́ю, що не почу́в дзвінка́ у две́рі. — *He was so carried away with the game that he did not hear the doorbell.*

Present/Future Stems: **зачиня-** | **зачин-**
Conjugation: **1st (-ють)** | **2nd (-ять)**

зачиня́ти[ся] | зачини́ти[ся]

to close (doors, windows, places) [to get closed; to lock oneself]
See also: **закрива́ти[ся]** | **закри́ти[ся]** (№ 155)

ОСОБА / PERSON	НЕДОКОНАНИЙ ВИД / IMPERFECTIVE ASPECT		ДОКОНАНИЙ ВИД / PERFECTIVE ASPECT
ТЕПЕРІШНІЙ ЧАС — PRESENT TENSE			
я	зачиня́ю[ся]		
ти	зачиня́єш[ся]		
він, вона, воно	зачиня́є[ться]		
ми	зачиня́ємо[ся]		
ви	зачиня́єте[ся]		
вони	зачиня́ють[ся]		
МИНУЛИЙ ЧАС — PAST TENSE			
він (я, ти)	зачиня́в[ся]		зачини́в[ся]
вона (я, ти)	зачиня́ла[ся]		зачини́ла[ся]
воно	зачиня́ло[ся]		зачини́ло[ся]
вони (ми, ви)	зачиня́ли[ся]		зачини́ли[ся]
МАЙБУТНІЙ ЧАС — FUTURE TENSE			
	ANALYTIC	SYNTHETIC	
я	бу́ду зачиня́ти[ся]	зачиня́тиму[ся]	зачиню́[ся]
ти	бу́деш зачиня́ти[ся]	зачиня́тимеш[ся]	зачи́ниш[ся]
він, вона, воно	бу́де зачиня́ти[ся]	зачиня́тиме[ться]	зачи́нить[ся]
ми	бу́демо зачиня́ти[ся]	зачиня́тимемо[ся]	зачи́нимо[ся]
ви	бу́дете зачиня́ти[ся]	зачиня́тимете[ся]	зачи́ните[ся]
вони	бу́дуть зачиня́ти[ся]	зачиня́тимуть[ся]	зачи́нять[ся]
УМОВНИЙ СПОСІБ — CONDITIONAL MOOD			
він (я, ти)	зачиня́в[ся] би [б]		зачини́в[ся] би [б]
вона (я, ти)	зачиня́ла[ся] б		зачини́ла[ся] б
воно	зачиня́ло[ся] б		зачини́ло[ся] б
вони (ми, ви)	зачиня́ли[ся] б		зачини́ли[ся] б
НАКАЗОВИЙ СПОСІБ — IMPERATIVE MOOD			
ти	зачиня́й[ся]		зачини́[ся]
ми	зачиня́ймо[ся]		зачині́мо[ся]
ви	зачиня́йте[ся]		зачині́ть[ся]
він, вона, воно	(не)ха́й зачиня́є[ться]		(не)ха́й зачи́нить[ся]
вони	(не)ха́й зачиня́ють[ся]		(не)ха́й зачи́нять[ся]
ДІЄПРИКМЕТНИКИ — VERBAL ADJECTIVES (PARTICIPLES)			
ACTIVE			
PASSIVE			зачи́нений
ДІЄПРИСЛІВНИКИ — VERBAL ADVERBS			
	зачиня́ючи[сь], зачиня́вши[сь]		зачини́вши[сь]
БЕЗОСОБОВІ ФОРМИ — IMPERSONAL FORMS			
			зачи́нено

+ accusative:
Я за́вжди **зачиня́ю** всі ві́кна пе́ред ви́ходом.
I always close all the windows before leaving.
Сього́дні вла́сниця ране́ше **зачи́нить** рестора́н.
Today, the owner will close the restaurant early.
Зачини́ две́рі, будь ла́ска!
Close the door, please!

o + locative:
Бар **зачиня́ється** о пе́ршій но́чі.
The bar closes at one in the morning.

-ся + у (в), на + locative:
Вона́ **зачини́лася** у свої́й кімна́ті й не хо́че розмовля́ти.
She locked herself in her room and does not want to talk.

№ 182

зберіга́ти[ся] | зберегти́[ся]

to keep; to preserve; to save [to be kept]

Present/Future Stems: **зберіга-** | **збереж-**
Conjugation: **1st (-ють)** | **1st (-уть)**

ОСОБА / PERSON	НЕДОКОНАНИЙ ВИД / IMPERFECTIVE ASPECT		ДОКОНАНИЙ ВИД / PERFECTIVE ASPECT
ТЕПЕРІШНІЙ ЧАС — PRESENT TENSE			
я	зберіга́ю[ся]		
ти	зберіга́єш[ся]		
він, вона, воно	зберіга́є[ться]		
ми	зберіга́ємо[ся]		
ви	зберіга́єте[ся]		
вони	зберіга́ють[ся]		
МИНУЛИЙ ЧАС — PAST TENSE			
він (я, ти)	зберіга́в[ся]		зберіг[ся]
вона (я, ти)	зберіга́ла[ся]		зберегла́[ся]
воно	зберіга́ло[ся]		зберегло́[ся]
вони (ми, ви)	зберіга́ли[ся]		зберегли́[ся]
МАЙБУТНІЙ ЧАС — FUTURE TENSE			
	ANALYTIC	SYNTHETIC	
я	бу́ду зберіга́ти[ся]	зберіга́тиму[ся]	збережу́[ся]
ти	бу́деш зберіга́ти[ся]	зберіга́тимеш[ся]	збереже́ш[ся]
він, вона, воно	бу́де зберіга́ти[ся]	зберіга́тиме[ться]	збереже́[ться]
ми	бу́демо зберіга́ти[ся]	зберіга́тимемо[ся]	збережемо́[ся]
ви	бу́дете зберіга́ти[ся]	зберіга́тимете[ся]	збережете́[ся]
вони	бу́дуть зберіга́ти[ся]	зберіга́тимуть[ся]	збережу́ть[ся]
УМОВНИЙ СПОСІБ — CONDITIONAL MOOD			
він (я, ти)	зберіга́в[ся] би (б)		зберіг[ся] би (б)
вона (я, ти)	зберіга́ла[ся] б		зберегла́[ся] б
воно	зберіга́ло[ся] б		зберегло́[ся] б
вони (ми, ви)	зберіга́ли[ся] б		зберегли́[ся] б
НАКАЗОВИЙ СПОСІБ — IMPERATIVE MOOD			
ти	зберіга́й[ся]		збережи́[ся]
ми	зберіга́ймо[ся]		збережі́мо[ся]
ви	зберіга́йте[ся]		збережі́ть[ся]
він, вона, воно	(не)ха́й зберіга́є[ться]		(не)ха́й збереже́[ться]
вони	(не)ха́й зберіга́ють[ся]		(не)ха́й збережу́ть[ся]
ДІЄПРИКМЕТНИКИ — VERBAL ADJECTIVES (PARTICIPLES)			
ACTIVE			
PASSIVE			збере́жений
ДІЄПРИСЛІВНИКИ — VERBAL ADVERBS			
	зберіга́ючи[сь], зберіга́вши[сь]		зберігши[сь]
БЕЗОСОБОВІ ФОРМИ — IMPERSONAL FORMS			
			збере́жено

+ accusative:

Я **зберіга́ю** всі твої́ листи́. — *I keep all your letters.*

Живучи́ за кордо́ном, вони́ **зберегли́** свою́ ві́ру та мо́ву. — *Living abroad, they preserved their faith and language.*

Ти **збереже́ш** мою́ таємни́цю? — *Will you keep my secret?*

На **збере́жені** гро́ші пої́демо у відпу́стку. — *We will go on vacation with the saved money.*

-ся + у (в), на + *locative*:

Мої́ старі́ зо́шити **зберіга́ються** на гори́щі. — *My old notebooks are stored in the attic.*

Старе́ пальто́ чудо́во **зберегло́ся**. — *The old coat is perfectly preserved.*

Present/Future Stems: **збира-** | **збер-**
Conjugation: **1st (-ють) | 1st (-уть)**

збира́ти[ся] | зібра́ти[ся]
to collect, to pick; to prepare
[to gather; to get ready; to intend; to be about to]

ОСОБА / PERSON	НЕДОКОНАНИЙ ВИД / IMPERFECTIVE ASPECT		ДОКОНАНИЙ ВИД / PERFECTIVE ASPECT
ТЕПЕРІШНІЙ ЧАС — PRESENT TENSE			
я	збира́ю[ся]		
ти	збира́єш[ся]		
він, вона, воно	збира́є[ться]		
ми	збира́ємо[ся]		
ви	збира́єте[ся]		
вони	збира́ють[ся]		
МИНУЛИЙ ЧАС — PAST TENSE			
він (я, ти)	збира́в[ся]		зібра́в[ся]
вона (я, ти)	збира́ла[ся]		зібра́ла[ся]
воно	збира́ло[ся]		зібра́ло[ся]
вони (ми, ви)	збира́ли[ся]		зібра́ли[ся]
МАЙБУТНІЙ ЧАС — FUTURE TENSE			
	ANALYTIC	SYNTHETIC	
я	бу́ду збира́ти[ся]	збира́тиму[ся]	зберу́[ся]
ти	бу́деш збира́ти[ся]	збира́тимеш[ся]	збере́ш[ся]
він, вона, воно	бу́де збира́ти[ся]	збира́тиме[ться]	збере́[ться]
ми	бу́демо збира́ти[ся]	збира́тимемо[ся]	зберемо́[ся]
ви	бу́дете збира́ти[ся]	збира́тимете[ся]	збересте́[ся]
вони	бу́дуть збира́ти[ся]	збира́тимуть[ся]	зберу́ть[ся]
УМОВНИЙ СПОСІБ — CONDITIONAL MOOD			
він (я, ти)	збира́в[ся] би [б]		зібра́в[ся] би [б]
вона (я, ти)	збира́ла[ся] б		зібра́ла[ся] б
воно	збира́ло[ся] б		зібра́ло[ся] б
вони (ми, ви)	збира́ли[ся] б		зібра́ли[ся] б
НАКАЗОВИЙ СПОСІБ — IMPERATIVE MOOD			
ти	збира́й[ся]		збери́[ся]
ми	збира́ймо[ся]		збері́мо[ся]
ви	збира́йте[ся]		збері́ть[ся]
він, вона, воно	(не)ха́й збира́є[ться]		(не)ха́й збере́[ться]
вони	(не)ха́й збира́ють[ся]		(не)ха́й зберу́ть[ся]
ДІЄПРИКМЕТНИКИ — VERBAL ADJECTIVES (PARTICIPLES)			
ACTIVE			
PASSIVE	збираний		зібраний
ДІЄПРИСЛІВНИКИ — VERBAL ADVERBS			
	збира́ючи[сь], збира́вши[сь]		зібра́вши[сь]
БЕЗОСОБОВІ ФОРМИ — IMPERSONAL FORMS			
	збирано		зібрано

+ accusative:
Та́то в лі́сі, **збира́є** гриби́. — *Dad is in the forest, he is picking mushrooms.*
Він уже́ **зібра́в** діте́й до шко́ли. — *He has already got the kids ready for school.*

-ся + у (в), на + locative:
Ме́шканці мі́ста **збира́ються** на майда́ні. — *Residents of the city are gathering on the square.*
Вона́ **збира́лася** дві годи́ни. — *She was getting ready for two hours.*

-ся + infinitive:
Я ще не **збира́юся** вихо́дити за́між. — *I do not intend to get married yet.*
Ми якра́з **збира́лися** вируша́ти. — *We were just about to leave.*

збі́льшувати[ся] | збі́льшити[ся]

to increase sth [to increase]

Present/Future Stems: збі́льшу- | збі́льш-
Conjugation: **1st** (-ють) | **2nd** (-ать)

ОСО́БА / PERSON	НЕДОКО́НАНИЙ ВИД / IMPERFECTIVE ASPECT	ДОКО́НАНИЙ ВИД / PERFECTIVE ASPECT
ТЕПЕ́РІШНІЙ ЧАС — PRESENT TENSE		
я	збі́льшую[ся]	
ти	збі́льшуєш[ся]	
він, вона, воно	збі́льшує[ться]	
ми	збі́льшуємо[ся]	
ви	збі́льшуєте[ся]	
вони	збі́льшують[ся]	
МИНУ́ЛИЙ ЧАС — PAST TENSE		
він (я, ти)	збі́льшував[ся]	збі́льшив[ся]
вона (я, ти)	збі́льшувала[ся]	збі́льшила[ся]
воно	збі́льшувало[ся]	збі́льшило[ся]
вони (ми, ви)	збі́льшували[ся]	збі́льшили[ся]

МАЙБУ́ТНІЙ ЧАС — FUTURE TENSE

ОСО́БА / PERSON	ANALYTIC	SYNTHETIC	PERFECTIVE
я	бу́ду збі́льшувати[ся]	збі́льшуватиму[ся]	збі́льшу[ся]
ти	бу́деш збі́льшувати[ся]	збі́льшуватимеш[ся]	збі́льшиш[ся]
він, вона, воно	бу́де збі́льшувати[ся]	збі́льшуватиме[ться]	збі́льшить[ся]
ми	бу́демо збі́льшувати[ся]	збі́льшуватимемо[ся]	збі́льшимо[ся]
ви	бу́дете збі́льшувати[ся]	збі́льшуватимете[ся]	збі́льшите[ся]
вони	бу́дуть збі́льшувати[ся]	збі́льшуватимуть[ся]	збі́льшать[ся]

ОСО́БА / PERSON	НЕДОКО́НАНИЙ ВИД	ДОКО́НАНИЙ ВИД
УМО́ВНИЙ СПО́СІБ — CONDITIONAL MOOD		
він (я, ти)	збі́льшував[ся] би (б)	збі́льшив[ся] би (б)
вона (я, ти)	збі́льшувала[ся] б	збі́льшила[ся] б
воно	збі́льшувало[ся] б	збі́льшило[ся] б
вони (ми, ви)	збі́льшували[ся] б	збі́льшили[ся] б
НАКАЗО́ВИЙ СПО́СІБ — IMPERATIVE MOOD		
ти	збі́льшуй[ся]	збі́льш[ся]
ми	збі́льшуймо[ся]	збі́льшмо[ся]
ви	збі́льшуйте[ся]	збі́льште[ся]
він, вона, воно	(не)ха́й збі́льшує[ться]	(не)ха́й збі́льшить[ся]
вони	(не)ха́й збі́льшують[ся]	(не)ха́й збі́льшать[ся]

ДІЄПРИКМЕ́ТНИКИ — VERBAL ADJECTIVES (PARTICIPLES)

	НЕДОКО́НАНИЙ ВИД	ДОКО́НАНИЙ ВИД
ACTIVE		
PASSIVE	збі́льшуваний	збі́льшений

ДІЄПРИСЛІ́ВНИКИ — VERBAL ADVERBS

збі́льшуючи[сь], збі́льшувавши[сь]	збі́льшивши[сь]

БЕЗОСОБО́ВІ ФО́РМИ — IMPERSONAL FORMS

збі́льшувано	збі́льшено

+ accusative:

Це **збі́льшує** на́ші ша́нси на перемо́гу. — *This increases our chances of winning.*

у (в), на + accusative:

За оста́нній рік фа́брика **збі́льшила** виробни́цтво в п'ять разі́в. — *Over the past year, the factory has increased production fivefold.*

Насту́пного мі́сяця бу́де **збі́льшено** кі́лькість поїзді́в із Ки́єва. — *Next month, the number of trains from Kyiv will be increased.*

Оста́ннім ча́сом **збі́льшилася** кі́лькість люде́й, які́ вивча́ють украї́нську мо́ву. — *Recently, the number of people learning the Ukrainian language has increased.*

Present/Future Stems: зв- | позв-
Conjugation: 1st (-уть)

звáти[ся] | позвáти
to call [to be called; to be named]

ОСОБА / PERSON	НЕДОКОНАНИЙ ВИД / IMPERFECTIVE ASPECT		ДОКОНАНИЙ ВИД / PERFECTIVE ASPECT
ТЕПЕРІШНІЙ ЧАС — PRESENT TENSE			
я	зву́[ся]		
ти	звеш́[ся]		
він, вона, воно	зве́[ться]		
ми	звемо́[ся]		
ви	звете́[ся]		
вони	зву́ть[ся]		
МИНУЛИЙ ЧАС — PAST TENSE			
він (я, ти)	звáв[ся]		позвáв
вона (я, ти)	звáла[ся]		позвáла
воно	звáло[ся]		позвáло
вони (ми, ви)	звáли[ся]		позвáли
МАЙБУТНІЙ ЧАС — FUTURE TENSE	ANALYTIC	SYNTHETIC	
я	бу́ду звáти[ся]	звáтиму[ся]	позву́
ти	бу́деш звáти[ся]	звáтимеш[ся]	позвеш́
він, вона, воно	бу́де звáти[ся]	звáтиме[ться]	позве́
ми	бу́демо звáти[ся]	звáтимемо[ся]	позвемо́
ви	бу́дете звáти[ся]	звáтимете[ся]	позвете́
вони	бу́дуть звáти[ся]	звáтимуть[ся]	позву́ть
УМОВНИЙ СПОСІБ — CONDITIONAL MOOD			
він (я, ти)	звáв[ся] би [б]		позвáв би
вона (я, ти)	звáла[ся] б		позвáла б
воно	звáло[ся] б		позвáло б
вони (ми, ви)	звáли[ся] б		позвáли б
НАКАЗОВИЙ СПОСІБ — IMPERATIVE MOOD			
ти	зви́[ся]		позви́
ми	зви́мо[ся]		позви́мо
ви	зві́ть[ся]		позві́ть
він, вона, воно	(не)хáй зве́[ться]		(не)хáй позве́
вони	(не)хáй зву́ть[ся]		(не)хáй позву́ть
ДІЄПРИКМЕТНИКИ — VERBAL ADJECTIVES (PARTICIPLES)			
ACTIVE			
PASSIVE	звáний		
ДІЄПРИСЛІВНИКИ — VERBAL ADVERBS			
	звучи́[сь], звáвши[сь]		позвáвши
БЕЗОСОБОВІ ФОРМИ — IMPERSONAL FORMS			
	звáно		

+ accusative:
Як його **звáти**? — *What is his name?*

+ instrumental:
І ви **звете́** себе́ журналі́стом? — *And you call yourself a journalist?*
Бабу́ся **позвáла** діте́й обі́дати. — *Grandma called the children to dinner.*
Це так **звáний** «пері́од ти́ші». — *This is the so-called "quiet period".*

-ся + instrumental:
Козáцькі човни́ **звáлися** чáйками. — *Cossack boats were called "chaika" (seagulls).*

№ 186

звертáти [ся] | звернýти [ся]

to turn aside; to pay (attention) [to address; to contact]

Present/Future Stems: зверта- | зверн-
Conjugation: **1st (-ють)** | **2nd (-уть)**

ОСОБА / PERSON	НЕДОКОНАНИЙ ВИД / IMPERFECTIVE ASPECT	ДОКОНАНИЙ ВИД / PERFECTIVE ASPECT
ТЕПЕРІШНІЙ ЧАС — PRESENT TENSE		
я	звертáю [ся]	
ти	звертáєш [ся]	
він, вона, воно	звертáє [ться]	
ми	звертáємо [ся]	
ви	звертáєте [ся]	
вони	звертáють [ся]	
МИНУЛИЙ ЧАС — PAST TENSE		
він (я, ти)	звертáв [ся]	звернýв [ся]
вона (я, ти)	звертáла [ся]	звернýла [ся]
воно	звертáло [ся]	звернýло [ся]
вони (ми, ви)	звертáли [ся]	звернýли [ся]

МАЙБУТНІЙ ЧАС — FUTURE TENSE

	ANALYTIC	SYNTHETIC	
я	бýду звертáти [ся]	звертáтиму [ся]	звернý [ся]
ти	бýдеш звертáти [ся]	звертáтимеш [ся]	звéрнеш [ся]
він, вона, воно	бýде звертáти [ся]	звертáтиме [ться]	звéрне [ться]
ми	бýдемо звертáти [ся]	звертáтимемо [ся]	звéрнемо [ся]
ви	бýдете звертáти [ся]	звертáтимете [ся]	звéрнете [ся]
вони	бýдуть звертáти [ся]	звертáтимуть [ся]	звéрнуть [ся]

УМОВНИЙ СПОСІБ — CONDITIONAL MOOD

він (я, ти)	звертáв [ся] би (б)	звернýв [ся] би (б)
вона (я, ти)	звертáла [ся] б	звернýла [ся] б
воно	звертáло [ся] б	звернýло [ся] б
вони (ми, ви)	звертáли [ся] б	звернýли [ся] б

НАКАЗОВИЙ СПОСІБ — IMPERATIVE MOOD

ти	звертáй [ся]	звернú [ся]
ми	звертáймо [ся]	звернíмо [ся]
ви	звертáйте [ся]	зверніть [ся]
він, вона, воно	(не)хáй звертáє [ться]	(не)хáй звéрне [ться]
вони	(не)хáй звертáють [ся]	(не)хáй звéрнуть [ся]

ДІЄПРИКМЕТНИКИ — VERBAL ADJECTIVES (PARTICIPLES)

ACTIVE		
PASSIVE		звéрнений, звéрнутий

ДІЄПРИСЛІВНИКИ — VERBAL ADVERBS

	звертáючи [сь], звертáвши [сь]	звернýвши [сь]

БЕЗОСОБОВІ ФОРМИ — IMPERSONAL FORMS

		звéрнено, звéрнуто

у (в), **на** + *accusative*:
Тут дорóга **звертáє** в бік Кúєва.
Here the road turns towards Kyiv.

+ *accusative*:
Він **звернýв** увáгу на її сýмочку.
He turned his attention to her handbag.

-ся + до + *genitive* + **з (із, зі)** + *instrumental*:
Президéнт **звернýвся** до нарóду з корóткою промóвою.
The President addressed the people with a short speech.

-ся + у (в), **на** + *accusative*:
Мóжете **звертáтися** на нáшу гарячу лíнію.
You can contact our hotline.

Present/Future Stems: звика- | звикн-
Conjugation: 1st (-ють) | 1st (-уть)

ЗВИКА́ТИ | ЗВИ́КНУТИ, ЗВИ́КТИ
to get used

ОСОБА PERSON	НЕДОКОНАНИЙ ВИД IMPERFECTIVE ASPECT		ДОКОНАНИЙ ВИД PERFECTIVE ASPECT
ТЕПЕРІШНІЙ ЧАС — PRESENT TENSE			
я	звика́ю		
ти	звика́єш		
він, вона, воно	звика́є		
ми	звика́ємо		
ви	звика́єте		
вони	звика́ють		
МИНУЛИЙ ЧАС — PAST TENSE			
він (я, ти)	звика́в		зви́кнув, звик
вона (я, ти)	звика́ла		зви́кнула, зви́кла
воно	звика́ло		зви́кнуло, зви́кло
вони (ми, ви)	звика́ли		зви́кнули, зви́кли
МАЙБУТНІЙ ЧАС — FUTURE TENSE			
	ANALYTIC	SYNTHETIC	
я	бу́ду звика́ти	звика́тиму	зви́кну
ти	бу́деш звика́ти	звика́тимеш	зви́кнеш
він, вона, воно	бу́де звика́ти	звика́тиме	зви́кне
ми	бу́демо звика́ти	звика́тимемо	зви́кнемо
ви	бу́дете звика́ти	звика́тимете	зви́кнете
вони	бу́дуть звика́ти	звика́тимуть	зви́кнуть
УМОВНИЙ СПОСІБ — CONDITIONAL MOOD			
він (я, ти)	звика́в би		зви́кнув/звик би
вона (я, ти)	звика́ла б		зви́кнула/зви́кла б
воно	звика́ло б		зви́кнуло/зви́кло б
вони (ми, ви)	звика́ли б		зви́кнули/зви́кли б
НАКАЗОВИЙ СПОСІБ — IMPERATIVE MOOD			
ти	звика́й		зви́кни
ми	звика́ймо		зви́кнімо
ви	звика́йте		зви́кніть
він, вона, воно	(не)ха́й звика́є		(не)ха́й зви́кне
вони	(не)ха́й звика́ють		(не)ха́й зви́кнуть
ДІЄПРИКМЕТНИКИ — VERBAL ADJECTIVES (PARTICIPLES)			
ACTIVE			зви́клий
PASSIVE			
ДІЄПРИСЛІВНИКИ — VERBAL ADVERBS			
	звика́ючи, звика́вши		зви́кнувши, зви́кши
БЕЗОСОБОВІ ФОРМИ — IMPERSONAL FORMS			

до + *genitive*:

Я до́вго **звика́ю** до ново́ї часово́ї зо́ни.
It takes me a long time to get used to the new time zone.

Він уже́ **зви́кнув** (**звик**) жи́ти сам.
He is already used to living alone.

Лю́ди шви́дко **зви́кнуть** до нови́х пра́вил.
People will quickly get used to the new rules.

Зви́клі до те́плої пого́ди, вони́ боя́лися зими́ в Украї́ні.
Accustomed to warm weather, they were afraid of winter in Ukraine.

№ 188

звинува́чувати | звинува́тити
to accuse, to blame

Present/Future Stems:
звинувачу- | **звинувач-/звинуват-**
Conjugation: **1st (-ють)** | **2nd (-ять)**

ОСОБА / PERSON	НЕДОКОНАНИЙ ВИД / IMPERFECTIVE ASPECT		ДОКОНАНИЙ ВИД / PERFECTIVE ASPECT
ТЕПЕРІШНІЙ ЧАС — PRESENT TENSE			
я	звинува́чую		
ти	звинува́чуєш		
він, вона, воно	звинува́чує		
ми	звинува́чуємо		
ви	звинува́чуєте		
вони	звинува́чують		
МИНУЛИЙ ЧАС — PAST TENSE			
він (я, ти)	звинува́чував		звинува́тив
вона (я, ти)	звинува́чувала		звинува́тила
воно	звинува́чувало		звинува́тило
вони (ми, ви)	звинува́чували		звинува́тили
МАЙБУТНІЙ ЧАС — FUTURE TENSE	ANALYTIC	SYNTHETIC	
я	бу́ду звинува́чувати	звинува́чуватиму	звинува́чу
ти	бу́деш звинува́чувати	звинува́чуватимеш	звинува́тиш
він, вона, воно	бу́де звинува́чувати	звинува́чуватиме	звинува́тить
ми	бу́демо звинува́чувати	звинува́чуватимемо	звинува́тимо
ви	бу́дете звинува́чувати	звинува́чуватимете	звинува́тите
вони	бу́дуть звинува́чувати	звинува́чуватимуть	звинува́тять
УМОВНИЙ СПОСІБ — CONDITIONAL MOOD			
він (я, ти)	звинува́чував би		звинува́тив би
вона (я, ти)	звинува́чувала б		звинува́тила б
воно	звинува́чувало б		звинува́тило б
вони (ми, ви)	звинува́чували б		звинува́тили б
НАКАЗОВИЙ СПОСІБ — IMPERATIVE MOOD			
ти	звинува́чуй		звинува́ть
ми	звинува́чуймо		звинува́тьмо
ви	звинува́чуйте		звинува́тьте
він, вона, воно	(не)ха́й звинува́чує		(не)ха́й звинува́тить
вони	(не)ха́й звинува́чують		(не)ха́й звинува́тять
ДІЄПРИКМЕТНИКИ — VERBAL ADJECTIVES (PARTICIPLES)			
ACTIVE			
PASSIVE	звинува́чуваний		звинува́чений
ДІЄПРИСЛІВНИКИ — VERBAL ADVERBS			
	звинува́чуючи, звинува́чувавши		звинува́тивши
БЕЗОСОБОВІ ФОРМИ — IMPERSONAL FORMS			
	звинува́чувано		звинува́чено

+ *accusative* + **у (в)** + *locative*:

Його́ **звинува́чують** у краді́жці. — He is accused of theft.

Вони́ безпідста́вно **звинува́тили** ді́вчину. — They accused the girl without any reason.

Не робі́ть цього́, бо по́тім вас **звинува́тять** у результа́ті. — Do not do this, because then you will be blamed for the outcome.

Звинува́чений посадо́вець дав сві́дчення в суді́. — The accused official testified in court.

Present/Future Stems: звільня- | звільн-
Conjugation: **1st (-ють) | 2nd (-ять)**

звільня́ти[ся] | звільни́ти[ся]

to free, to release; to fire [to become free; to quit (a job)]

ОСОБА / PERSON	НЕДОКОНАНИЙ ВИД / IMPERFECTIVE ASPECT		ДОКОНАНИЙ ВИД / PERFECTIVE ASPECT
ТЕПЕРІШНІЙ ЧАС — PRESENT TENSE			
я	звільняю[ся]		
ти	звільняєш[ся]		
він, вона, воно	звільняє[ться]		
ми	звільняємо[ся]		
ви	звільняєте[ся]		
вони	звільняють[ся]		
МИНУЛИЙ ЧАС — PAST TENSE			
він (я, ти)	звільня́в[ся]		звільни́в[ся]
вона (я, ти)	звільня́ла[ся]		звільни́ла[ся]
воно	звільня́ло[ся]		звільни́ло[ся]
вони (ми, ви)	звільня́ли[ся]		звільни́ли[ся]
МАЙБУТНІЙ ЧАС — FUTURE TENSE			
	ANALYTIC	SYNTHETIC	
я	бу́ду звільня́ти[ся]	звільня́тиму[ся]	звільню́[ся]
ти	бу́деш звільня́ти[ся]	звільня́тимеш[ся]	звільниш[ся]
він, вона, воно	бу́де звільня́ти[ся]	звільня́тиме[ться]	зві́льнить[ся]
ми	бу́демо звільня́ти[ся]	звільня́тимемо[ся]	зві́льнимо[ся]
ви	бу́дете звільня́ти[ся]	звільня́тимете[ся]	зві́льните[ся]
вони	бу́дуть звільня́ти[ся]	звільня́тимуть[ся]	зві́льнять[ся]
УМОВНИЙ СПОСІБ — CONDITIONAL MOOD			
він (я, ти)	звільня́в[ся] би [б]		звільни́в[ся] би [б]
вона (я, ти)	звільня́ла[ся] б		звільни́ла[ся] б
воно	звільня́ло[ся] б		звільни́ло[ся] б
вони (ми, ви)	звільня́ли[ся] б		звільни́ли[ся] б
НАКАЗОВИЙ СПОСІБ — IMPERATIVE MOOD			
ти	звільня́й[ся]		звільни́[ся]
ми	звільня́ймо[ся]		звільні́мо[ся]
ви	звільня́йте[ся]		звільні́ть[ся]
він, вона, воно	(не)ха́й звільня́є[ться]		(не)ха́й звільнить[ся]
вони	(не)ха́й звільня́ють[ся]		(не)ха́й звільнять[ся]
ДІЄПРИКМЕТНИКИ — VERBAL ADJECTIVES (PARTICIPLES)			
ACTIVE			
PASSIVE			зві́льнений
ДІЄПРИСЛІВНИКИ — VERBAL ADVERBS			
	звільня́ючи[сь], звільня́вши[сь]		звільни́вши[сь]
БЕЗОСОБОВІ ФОРМИ — IMPERSONAL FORMS			
			зві́льнено

+ accusative:
Чому́ вони́ не **звільня́ють** полоне́них? — *Why do not they release the prisoners?*

з (із, зі) + genitive:
Її **звільни́ли** з робо́ти. — *She was fired from work.*

Я **звільню́** час для зу́стрічі з ва́ми. — *I will free time to meet with you.*

До **звільнених** міст уже́ курсу́ють поїзди́. — *Trains are already running to the liberated cities.*

-ся + з (із, зі) + genitive:
Вона́ **звільни́лася** з робо́ти. — *She resigned from work.*

№ 190

звуча́ти | прозвуча́ти
to sound

Present/Future Stems: **звуч- | прозвуч-**
Conjugation: **2nd (-ать)**

ОСОБА / PERSON	НЕДОКОНАНИЙ ВИД / IMPERFECTIVE ASPECT		ДОКОНАНИЙ ВИД / PERFECTIVE ASPECT
ТЕПЕРІШНІЙ ЧАС — PRESENT TENSE			
я	звучу́		
ти	звучи́ш		
він, вона, воно	звучи́ть		
ми	звучимо́		
ви	звучите́		
вони	звуча́ть		
МИНУЛИЙ ЧАС — PAST TENSE			
він (я, ти)	звуча́в		прозвуча́в
вона (я, ти)	звуча́ла		прозвуча́ла
воно	звуча́ло		прозвуча́ло
вони (ми, ви)	звуча́ли		прозвуча́ли
МАЙБУТНІЙ ЧАС — FUTURE TENSE			
	ANALYTIC	SYNTHETIC	
я	бу́ду звуча́ти	звуча́тиму	прозвучу́
ти	бу́деш звуча́ти	звуча́тимеш	прозвучи́ш
він, вона, воно	бу́де звуча́ти	звуча́тиме	прозвучи́ть
ми	бу́демо звуча́ти	звуча́тимемо	прозвучимо́
ви	бу́дете звуча́ти	звуча́тимете	прозвучите́
вони	бу́дуть звуча́ти	звуча́тимуть	прозвуча́ть
УМОВНИЙ СПОСІБ — CONDITIONAL MOOD			
він (я, ти)	звуча́в би		прозвуча́в би
вона (я, ти)	звуча́ла б		прозвуча́ла б
воно	звуча́ло б		прозвуча́ло б
вони (ми, ви)	звуча́ли б		прозвуча́ли б
НАКАЗОВИЙ СПОСІБ — IMPERATIVE MOOD			
ти	звучи́		прозвучи́
ми	звучі́мо		прозвучі́мо
ви	звучі́ть		прозвучі́ть
він, вона, воно	(не)ха́й звучи́ть		(не)ха́й прозвучи́ть
вони	(не)ха́й звуча́ть		(не)ха́й прозвуча́ть
ДІЄПРИКМЕТНИКИ — VERBAL ADJECTIVES (PARTICIPLES)			
ACTIVE			
PASSIVE			
ДІЄПРИСЛІВНИКИ — VERBAL ADVERBS			
	звуча́вши		прозвуча́вши
БЕЗОСОБОВІ ФОРМИ — IMPERSONAL FORMS			

Як чудо́во **звучи́ть** ця му́зика! — *How wonderful this music sounds!*

Це **прозвуча́ло** загро́зливо. — *It sounded threatening.*

Можли́во, це **звуча́тиме** (**бу́де звуча́ти**) бана́льно… — *Maybe it will sound banal…*

Прозвуча́вши на Євроба́ченні, пісня шви́дко ста́ла хіто́м. — *Having been performed at Eurovision, the song quickly became a hit.*

Present/Future Stems: згаду- | згада-
Conjugation: 1st (-ють)

згадувати[ся] | згадати[ся]

to recall, to remember; to mention [to come back to mind]

ОСОБА / PERSON	НЕДОКОНАНИЙ ВИД / IMPERFECTIVE ASPECT		ДОКОНАНИЙ ВИД / PERFECTIVE ASPECT
ТЕПЕРІШНІЙ ЧАС — PRESENT TENSE			
я	згáдую[ся]		
ти	згáдуєш[ся]		
він, вона, воно	згáдує[ться]		
ми	згáдуємо[ся]		
ви	згáдуєте[ся]		
вони	згáдують[ся]		
МИНУЛИЙ ЧАС — PAST TENSE			
він (я, ти)	згáдував[ся]		згадáв[ся]
вона (я, ти)	згáдувала[ся]		згадáла[ся]
воно	згáдувало[ся]		згадáло[ся]
вони (ми, ви)	згáдували[ся]		згадáли[ся]
МАЙБУТНІЙ ЧАС — FUTURE TENSE			
	ANALYTIC	SYNTHETIC	
я	бýду згáдувати[ся]	згáдуватиму[ся]	згадáю[ся]
ти	бýдеш згáдувати[ся]	згáдуватимеш[ся]	згадáєш[ся]
він, вона, воно	бýде згáдувати[ся]	згáдуватиме[ться]	згадáє[ться]
ми	бýдемо згáдувати[ся]	згáдуватимемо[ся]	згадáємо[ся]
ви	бýдете згáдувати[ся]	згáдуватимете[ся]	згадáєте[ся]
вони	бýдуть згáдувати[ся]	згáдуватимуть[ся]	згадáють[ся]
УМОВНИЙ СПОСІБ — CONDITIONAL MOOD			
він (я, ти)	згáдував[ся] би [б]		згадáв[ся] би [б]
вона (я, ти)	згáдувала[ся] б		згадáла[ся] б
воно	згáдувало[ся] б		згадáло[ся] б
вони (ми, ви)	згáдували[ся] б		згадáли[ся] б
НАКАЗОВИЙ СПОСІБ — IMPERATIVE MOOD			
ти	згáдуй[ся]		згадáй[ся]
ми	згáдуймо[ся]		згадáймо[ся]
ви	згáдуйте[ся]		згадáйте[ся]
він, вона, воно	(не)хáй згáдує[ться]		(не)хáй згадáє[ться]
вони	(не)хáй згáдують[ся]		(не)хáй згадáють[ся]
ДІЄПРИКМЕТНИКИ — VERBAL ADJECTIVES (PARTICIPLES)			
ACTIVE			
PASSIVE	згáдуваний		згáданий
ДІЄПРИСЛІВНИКИ — VERBAL ADVERBS			
	згáдуючи[сь], згáдувавши[сь]		згадáвши[сь]
БЕЗОСОБОВІ ФОРМИ — IMPERSONAL FORMS			
	згáдувано		згáдано

+ accusative = про + accusative:
Я рідко **згáдую** ці подíї (про ці подíї).   *I rarely recall these events.*

у (в) + locative:
Він **згадáв** її у своємý новóму ромáні.   *He mentioned her in his new novel.*

Ви потíм менé **згадáєте**.   *You will remember me later.*

Згадáвши цю істóрію, вонá усміхнýлась.   *Having remembered this story, she smiled.*

dative + -ся:
Йомý **згадáлися** студéнтські рóки.   *His student years came back to his mind.*

№ 192

здава́ти[ся] | зда́ти[ся]

[to surrender; to seem (impersonal)]

Present/Future Stems: **зда-** | *special*
Conjugation: **1st (-ють)** | *special*

ОСОБА / PERSON	НЕДОКОНАНИЙ ВИД / IMPERFECTIVE ASPECT		ДОКОНАНИЙ ВИД / PERFECTIVE ASPECT
ТЕПЕРІШНІЙ ЧАС — PRESENT TENSE			
я	здаю́[ся]		
ти	здає́ш[ся]		
він, вона, воно	здає́[ться]		
ми	здаємо́[ся]		
ви	здаєте́[ся]		
вони	здаю́ть[ся]		
МИНУЛИЙ ЧАС — PAST TENSE			
він (я, ти)	здава́в[ся]		зда́в[ся]
вона (я, ти)	здава́ла[ся]		здала́[ся]
воно	здава́ло[ся]		здало́[ся]
вони (ми, ви)	здава́ли[ся]		здали́[ся]
МАЙБУТНІЙ ЧАС — FUTURE TENSE			
	ANALYTIC	SYNTHETIC	
я	бу́ду здава́ти[ся]	здава́тиму[ся]	зда́м[ся]
ти	бу́деш здава́ти[ся]	здава́тимеш[ся]	здаси́[ся]
він, вона, воно	бу́де здава́ти[ся]	здава́тиме[ться]	зда́сть[ся]
ми	бу́демо здава́ти[ся]	здава́тимемо[ся]	здамо́[ся]
ви	бу́дете здава́ти[ся]	здава́тимете[ся]	здасте́[ся]
вони	бу́дуть здава́ти[ся]	здава́тимуть[ся]	здаду́ть[ся]
УМОВНИЙ СПОСІБ — CONDITIONAL MOOD			
він (я, ти)	здава́в[ся] би [б]		зда́в[ся] би [б]
вона (я, ти)	здава́ла[ся] б		здала́[ся] б
воно	здава́ло[ся] б		здало́[ся] б
вони (ми, ви)	здава́ли[ся] б		здали́[ся] б
НАКАЗОВИЙ СПОСІБ — IMPERATIVE MOOD			
ти	здава́й[ся]		зда́й[ся]
ми	здава́ймо[ся]		зда́ймо[ся]
ви	здава́йте[ся]		зда́йте[ся]
він, вона, воно	(не)ха́й здає́[ться]		(не)ха́й зда́сть[ся]
вони	(не)ха́й здаю́ть[ся]		(не)ха́й здаду́ть[ся]
ДІЄПРИКМЕТНИКИ — VERBAL ADJECTIVES (PARTICIPLES)			
ACTIVE			
PASSIVE	зда́ваний		зда́ний
ДІЄПРИСЛІВНИКИ — VERBAL ADVERBS			
	здаючи́[сь], здава́вши[сь]		зда́вши[сь]
БЕЗОСОБОВІ ФОРМИ — IMPERSONAL FORMS			
	зда́вано		зда́но

+ accusative:
Він регуля́рно **здає́** кров. — He regularly gives (donates) blood.

+ dative:
Вони́ **здаю́ть** студе́нтам свою́ кварти́ру. — They rent out their apartment to students.

у (в) + accusative:
Я **здам** валі́зу в ка́меру схо́ву. — I will put the suitcase in the locker.

dative + -ся *(to seem)*:
Мені́ **здає́ться**, що він про́сто втоми́вся. — It seems to me that he is just tired.
Здаю́сь, ти перемогла́. — I surrender, you won.

Present/Future Stems: **здобува-** | **здобуд-**
Conjugation: **1st (-ють)** | **1st (-уть)**

здобува́ти | здобу́ти

to gain, to get (through hard work)

ОСОБА / PERSON	НЕДОКОНАНИЙ ВИД / IMPERFECTIVE ASPECT		ДОКОНАНИЙ ВИД / PERFECTIVE ASPECT
ТЕПЕРІШНІЙ ЧАС — PRESENT TENSE			
я	здобува́ю		
ти	здобува́єш		
він, вона, воно	здобува́є		
ми	здобува́ємо		
ви	здобува́єте		
вони	здобува́ють		
МИНУЛИЙ ЧАС — PAST TENSE			
він (я, ти)	здобува́в		здобу́в
вона (я, ти)	здобува́ла		здобула́
воно	здобува́ло		здобуло́
вони (ми, ви)	здобува́ли		здобули́
МАЙБУТНІЙ ЧАС — FUTURE TENSE			
	ANALYTIC	SYNTHETIC	
я	бу́ду здобува́ти	здобува́тиму	здобу́ду
ти	бу́деш здобува́ти	здобува́тимеш	здобу́деш
він, вона, воно	бу́де здобува́ти	здобува́тиме	здобу́де
ми	бу́демо здобува́ти	здобува́тимемо	здобу́демо
ви	бу́дете здобува́ти	здобува́тимете	здобу́дете
вони	бу́дуть здобува́ти	здобува́тимуть	здобу́дуть
УМОВНИЙ СПОСІБ — CONDITIONAL MOOD			
він (я, ти)	здобува́в би		здобу́в би
вона (я, ти)	здобува́ла б		здобула́ б
воно	здобува́ло б		здобуло́ б
вони (ми, ви)	здобува́ли б		здобули́ б
НАКАЗОВИЙ СПОСІБ — IMPERATIVE MOOD			
ти	здобува́й		здобу́дь
ми	здобува́ймо		здобу́дьмо
ви	здобува́йте		здобу́дьте
він, вона, воно	(не)ха́й здобува́є		(не)ха́й здобу́де
вони	(не)ха́й здобува́ють		(не)ха́й здобу́дуть
ДІЄПРИКМЕТНИКИ — VERBAL ADJECTIVES (PARTICIPLES)			
ACTIVE			
PASSIVE			здобу́тий
ДІЄПРИСЛІВНИКИ — VERBAL ADVERBS			
	здобува́ючи, здобува́вши		здобу́вши
БЕЗОСОБОВІ ФОРМИ — IMPERSONAL FORMS			
			здобу́то

+ accusative:

Вона́ **здобува́є** ці́нний до́свід на цій робо́ті. — *She gains valuable experience in this job.*

Украї́на **здобула́** ще одну́ важли́ву перемо́гу. — *Ukraine has gained another important victory.*

Че́рез мі́сяць мій син **здобу́де** сту́пінь магі́стра. — *In a month, my son will get his master's degree.*

Здобу́вши осві́ту, поба́чиш бі́льше сві́ту (прислі́в'я). — *Getting an education, you will see more of the world (proverb).*

№ 194

зізнава́тися | зізна́тися

to confess, to admit

Present/Future Stems: зізна-..-ся | зізна́-..-ся
Conjugation: **1st (-ють)**

ОСОБА / PERSON	НЕДОКОНАНИЙ ВИД / IMPERFECTIVE ASPECT		ДОКОНАНИЙ ВИД / PERFECTIVE ASPECT
ТЕПЕРІШНІЙ ЧАС — PRESENT TENSE			
я	зізнаю́ся		
ти	зізнає́шся		
він, вона, воно	зізнає́ться		
ми	зізнаємо́ся		
ви	зізнає́теся		
вони	зізнаю́ться		
МИНУЛИЙ ЧАС — PAST TENSE			
він (я, ти)	зізнава́вся		зізна́вся
вона (я, ти)	зізнава́лася		зізна́лася
воно	зізнава́лося		зізна́лося
вони (ми, ви)	зізнава́лися		зізна́лися
МАЙБУТНІЙ ЧАС — FUTURE TENSE			
	ANALYTIC	SYNTHETIC	
я	бу́ду зізнава́тися	зізнава́тимуся	зізна́юся
ти	бу́деш зізнава́тися	зізнава́тимешся	зізна́єшся
він, вона, воно	бу́де зізнава́тися	зізнава́тиметься	зізна́ється
ми	бу́демо зізнава́тися	зізнава́тимемося	зізна́ємося
ви	бу́дете зізнава́тися	зізнава́тиметеся	зізна́єтеся
вони	бу́дуть зізнава́тися	зізнава́тимуться	зізна́ються
УМОВНИЙ СПОСІБ — CONDITIONAL MOOD			
він (я, ти)	зізнава́вся б		зізна́вся б
вона (я, ти)	зізнава́лася б		зізна́лася б
воно	зізнава́лося б		зізна́лося б
вони (ми, ви)	зізнава́лися б		зізна́лися б
НАКАЗОВИЙ СПОСІБ — IMPERATIVE MOOD			
ти	зізнава́йся		зізна́йся
ми	зізнава́ймося		зізна́ймося
ви	зізнава́йтеся		зізна́йтеся
він, вона, воно	(не)ха́й зізнає́ться		(не)ха́й зізна́ється
вони	(не)ха́й зізнаю́ться		(не)ха́й зізна́ються
ДІЄПРИКМЕТНИКИ — VERBAL ADJECTIVES (PARTICIPLES)			
ACTIVE			
PASSIVE			
ДІЄПРИСЛІВНИКИ — VERBAL ADVERBS			
	зізнаючи́сь, зізнава́вшись		зізна́вшись
БЕЗОСОБОВІ ФОРМИ — IMPERSONAL FORMS			

Співа́к **зізнає́ться**, що хвилюва́вся пе́ред конце́ртом.
The singer admits that he was worried before the concert.

у (в) + *locative*:
Вони́ так і не **зізна́лися** у своїй прови́ні.
They never admitted their guilt.

+ *dative*:
Коли́ ти вже **зізна́єшся** їй у коха́нні?
When will you confess your love to her?

Зізнава́йся, ти кури́в?
Admit it, did you smoke?

№ 195

Present/Future Stems: змага-..-ся | позмага-..-ся
Conjugation: **1st (-ють)**

змага́тися | позмага́тися
to compete

ОСОБА PERSON	НЕДОКОНАНИЙ ВИД IMPERFECTIVE ASPECT		ДОКОНАНИЙ ВИД PERFECTIVE ASPECT
ТЕПЕРІШНІЙ ЧАС — PRESENT TENSE			
я	змага́юся		
ти	змага́єшся		
він, вона, воно	змага́ється		
ми	змага́ємося		
ви	змага́єтеся		
вони	змага́ються		
МИНУЛИЙ ЧАС — PAST TENSE			
він (я, ти)	змага́вся		позмага́вся
вона (я, ти)	змага́лася		позмага́лася
воно	змага́лося		позмага́лося
вони (ми, ви)	змага́лися		позмага́лися
МАЙБУТНІЙ ЧАС — FUTURE TENSE			
	ANALYTIC	SYNTHETIC	
я	бу́ду змага́тися	змага́тимуся	позмага́юся
ти	бу́деш змага́тися	змага́тимешся	позмага́єшся
він, вона, воно	бу́де змага́тися	змага́тиметься	позмага́ється
ми	бу́демо змага́тися	змага́тимемося	позмага́ємося
ви	бу́дете змага́тися	змага́тиметеся	позмага́єтеся
вони	бу́дуть змага́тися	змага́тимуться	позмага́ються
УМОВНИЙ СПОСІБ — CONDITIONAL MOOD			
він (я, ти)	змага́вся б		позмага́вся б
вона (я, ти)	змага́лася б		позмага́лася б
воно	змага́лося б		позмага́лося б
вони (ми, ви)	змага́лися б		позмага́лися б
НАКАЗОВИЙ СПОСІБ — IMPERATIVE MOOD			
ти	змага́йся		позмага́йся
ми	змага́ймося		позмага́ймося
ви	змага́йтеся		позмага́йтеся
він, вона, воно	(не)ха́й змага́ється		(не)ха́й позмага́ється
вони	(не)ха́й змага́ються		(не)ха́й позмага́ються
ДІЄПРИКМЕТНИКИ — VERBAL ADJECTIVES (PARTICIPLES)			
ACTIVE			
PASSIVE			
ДІЄПРИСЛІВНИКИ — VERBAL ADVERBS			
	змага́ючись, змага́вшись		позмага́вшись
БЕЗОСОБОВІ ФОРМИ — IMPERSONAL FORMS			

з (із, зі) + *instrumental*:
На́ша шко́ла ча́сто **змага́ється** з пе́ршою шко́лою. — Our school often competes with the school № 1.

за + *accusative*:
Двана́дцять кандида́тів **позмага́лися** за поса́ду ме́ра мі́ста. — Twelve candidates competed for the post of city mayor.

У цю субо́ту збі́рна Украї́ни **змага́тиметься (бу́де змага́тися)** зі збі́рною Іспа́нії. — This Saturday, the Ukrainian national team will compete with the Spanish team.

Не **змага́йтеся** за рейтинги. — Do not compete for ratings.

зме́ншувати[ся] | зме́ншити[ся]

to reduce, to decrease sth [to decrease]

Present/Future Stems: зменшу- | зменш-
Conjugation: **1st (-ють) | 2nd (-ать)**

ОСОБА / PERSON	НЕДОКОНАНИЙ ВИД / IMPERFECTIVE ASPECT		ДОКОНАНИЙ ВИД / PERFECTIVE ASPECT
ТЕПЕРІШНІЙ ЧАС — PRESENT TENSE			
я	зме́ншую[ся]		
ти	зме́ншуєш[ся]		
він, вона, воно	зме́ншує[ться]		
ми	зме́ншуємо[ся]		
ви	зме́ншуєте[ся]		
вони	зме́ншують[ся]		
МИНУЛИЙ ЧАС — PAST TENSE			
він (я, ти)	зме́ншував[ся]		зме́ншив[ся]
вона (я, ти)	зме́ншувала[ся]		зме́ншила[ся]
воно	зме́ншувало[ся]		зме́ншило[ся]
вони (ми, ви)	зме́ншували[ся]		зме́ншили[ся]
МАЙБУТНІЙ ЧАС — FUTURE TENSE			
	ANALYTIC	SYNTHETIC	
я	бу́ду зме́ншувати[ся]	зме́ншуватиму[ся]	зме́ншу[ся]
ти	бу́деш зме́ншувати[ся]	зме́ншуватимеш[ся]	зме́ншиш[ся]
він, вона, воно	бу́де зме́ншувати[ся]	зме́ншуватиме[ться]	зме́ншить[ся]
ми	бу́демо зме́ншувати[ся]	зме́ншуватимемо[ся]	зме́ншимо[ся]
ви	бу́дете зме́ншувати[ся]	зме́ншуватимете[ся]	зме́ншите[ся]
вони	бу́дуть зме́ншувати[ся]	зме́ншуватимуть[ся]	зме́ншать[ся]
УМОВНИЙ СПОСІБ — CONDITIONAL MOOD			
він (я, ти)	зме́ншував[ся] би (б)		зме́ншив[ся] би (б)
вона (я, ти)	зме́ншувала[ся] б		зме́ншила[ся] б
воно	зме́ншувало[ся] б		зме́ншило[ся] б
вони (ми, ви)	зме́ншували[ся] б		зме́ншили[ся] б
НАКАЗОВИЙ СПОСІБ — IMPERATIVE MOOD			
ти	зме́ншуй[ся]		зме́нш[ся]
ми	зме́ншуймо[ся]		зме́ншмо[ся]
ви	зме́ншуйте[ся]		зме́нште[ся]
він, вона, воно	(не)ха́й зме́ншує[ться]		(не)ха́й зме́ншить[ся]
вони	(не)ха́й зме́ншують[ся]		(не)ха́й зме́ншать[ся]
ДІЄПРИКМЕТНИКИ — VERBAL ADJECTIVES (PARTICIPLES)			
ACTIVE			
PASSIVE	зме́ншуваний		зме́ншений
ДІЄПРИСЛІВНИКИ — VERBAL ADVERBS			
	зме́ншуючи[сь], зме́ншувавши[сь]		зме́ншивши[сь]
БЕЗОСОБОВІ ФОРМИ — IMPERSONAL FORMS			
	зме́ншувано		зме́ншено

+ accusative:
Від сього́дні я **зме́ншую** спожива́ння ка́ви.
Starting today, I reduce my coffee consumption.

у (в), на + accusative:
Ми **зме́ншили** свої́ ви́трати на онла́йн-се́рвіси у два ра́зи.
We have reduced our costs for online services by two times.

Зме́ншивши кі́лькість покупо́к, ви **зме́ншите** кі́лькість сміття́.
By decreasing the number of purchases, you will reduce the amount of garbage.

На́ші дохо́ди не збі́льшуються, але́ й ви́трати не **зме́ншуються**.
Our incomes are not increasing, but our expenses are not decreasing either.

Present/Future Stems: змíню- | змíн-
Conjugation: **1st (-ють) | 2nd (-ять)**

змíнювати[ся] | змінúти[ся]

to change sth [to change]

ОСОБА / PERSON	НЕДОКОНАНИЙ ВИД / IMPERFECTIVE ASPECT		ДОКОНАНИЙ ВИД / PERFECTIVE ASPECT
ТЕПЕРІШНІЙ ЧАС — PRESENT TENSE			
я	змíнюю[ся]		
ти	змíнюєш[ся]		
він, вона, воно	змíнює[ться]		
ми	змíнюємо[ся]		
ви	змíнюєте[ся]		
вони	змíнюють[ся]		
МИНУЛИЙ ЧАС — PAST TENSE			
він (я, ти)	змíнював[ся]		змінúв[ся]
вона (я, ти)	змíнювала[ся]		змінúла[ся]
воно	змíнювало[ся]		змінúло[ся]
вони (ми, ви)	змíнювали[ся]		змінúли[ся]
МАЙБУТНІЙ ЧАС — FUTURE TENSE			
	ANALYTIC	SYNTHETIC	
я	бýду змíнювати[ся]	змíнюватиму[ся]	зміню́[ся]
ти	бýдеш змíнювати[ся]	змíнюватимеш[ся]	змíниш[ся]
він, вона, воно	бýде змíнювати[ся]	змíнюватиме[ться]	змíнить[ся]
ми	бýдемо змíнювати[ся]	змíнюватимемо[ся]	змíнимо[ся]
ви	бýдете змíнювати[ся]	змíнюватимете[ся]	змíните[ся]
вони	бýдуть змíнювати[ся]	змíнюватимуть[ся]	змíнять[ся]
УМОВНИЙ СПОСІБ — CONDITIONAL MOOD			
він (я, ти)	змíнював[ся] би [б]		змінúв[ся] би [б]
вона (я, ти)	змíнювала[ся] б		змінúла[ся] б
воно	змíнювало[ся] б		змінúло[ся] б
вони (ми, ви)	змíнювали[ся] б		змінúли[ся] б
НАКАЗОВИЙ СПОСІБ — IMPERATIVE MOOD			
ти	змíнюй[ся]		змінú[ся]
ми	змíнюймо[ся]		змінíмо[ся]
ви	змíнюйте[ся]		змінíть[ся]
він, вона, воно	(не)хáй змíнює[ться]		(не)хáй змíнить[ся]
вони	(не)хáй змíнюють[ся]		(не)хáй змíнять[ся]
ДІЄПРИКМЕТНИКИ — VERBAL ADJECTIVES (PARTICIPLES)			
ACTIVE			
PASSIVE	змíнюваний		змíнений
ДІЄПРИСЛІВНИКИ — VERBAL ADVERBS			
	змíнюючи[сь], змíнювавши[сь]		змінúвши[сь]
БЕЗОСОБОВІ ФОРМИ — IMPERSONAL FORMS			
	змíнювано		змíнено

+ accusative:
Ви чáсто **змíнюєте** свій стиль? — Do you often change your style?

на + accusative:
Депутáтка **змінúла** свою дýмку на протилéжну. — The deputy changed her opinion to the opposite.
Не **змíнюймо** тéми! — Let's not change the subject!

-ся + на + accusative:
Усé **змíнюється** на крáще. — Everything is changing for the better.
Вонá зóвсім не **змінúлась**. — She has not changed at all.

№ 198

зму́шувати | зму́сити

to force, to make

Present/Future Stems: змушу- | змуш-/змус-
Conjugation: **1st (-ють)** | **2nd (-ять)**

ОСОБА / PERSON	НЕДОКОНАНИЙ ВИД / IMPERFECTIVE ASPECT		ДОКОНАНИЙ ВИД / PERFECTIVE ASPECT
ТЕПЕРІШНІЙ ЧАС — PRESENT TENSE			
я	змушую		
ти	змушуєш		
він, вона, воно	змушує		
ми	змушуємо		
ви	змушуєте		
вони	змушують		
МИНУЛИЙ ЧАС — PAST TENSE			
він (я, ти)	змушував		змусив
вона (я, ти)	змушувала		змусила
воно	змушувало		змусило
вони (ми, ви)	змушували		змусили
МАЙБУТНІЙ ЧАС — FUTURE TENSE			
	ANALYTIC	SYNTHETIC	
я	буду змушувати	змушуватиму	змушу
ти	будеш змушувати	змушуватимеш	змусиш
він, вона, воно	буде змушувати	змушуватиме	змусить
ми	будемо змушувати	змушуватимемо	змусимо
ви	будете змушувати	змушуватимете	змусите
вони	будуть змушувати	змушуватимуть	змусять
УМОВНИЙ СПОСІБ — CONDITIONAL MOOD			
він (я, ти)	змушував би		змусив би
вона (я, ти)	змушувала б		змусила б
воно	змушувало б		змусило б
вони (ми, ви)	змушували б		змусили б
НАКАЗОВИЙ СПОСІБ — IMPERATIVE MOOD			
ти	змушуй		змусь
ми	змушуймо		змусьмо
ви	змушуйте		змусьте
він, вона, воно	(не)хай змушує		(не)хай змусить
вони	(не)хай змушують		(не)хай змусять
ДІЄПРИКМЕТНИКИ — VERBAL ADJECTIVES (PARTICIPLES)			
ACTIVE			
PASSIVE	змушуваний		змушений
ДІЄПРИСЛІВНИКИ — VERBAL ADVERBS			
	змушуючи, змушувавши		змусивши
БЕЗОСОБОВІ ФОРМИ — IMPERSONAL FORMS			
	змушувано		змушено

+ *accusative* + *infinitive*:

Вона́ не **зму́шує** свої́х діте́й ї́сти. *She does not force her children to eat.*

Ме́неджер **зму́сив** коле́г працюва́ти допізна́. *The manager made his colleagues work late.*

Ви не **зму́сите** мене́ це зроби́ти. *You will not make me do this.*

Ми були́ **зму́шені** прода́ти кварти́ру. *We were forced to sell the apartment.*

№ 199

Present/Future Stems: знайом(л)- | познайом(л)-
Conjugation: **2nd (-ять)**

знайо́мити[ся] | познайо́мити[ся]
to introduce sb/sth
[to meet (for the first time); to get to know]

ОСОБА / PERSON	НЕДОКОНАНИЙ ВИД / IMPERFECTIVE ASPECT		ДОКОНАНИЙ ВИД / PERFECTIVE ASPECT
ТЕПЕРІШНІЙ ЧАС — PRESENT TENSE			
я	знайо́млю[ся]		
ти	знайо́миш[ся]		
він, вона, воно	знайо́мить[ся]		
ми	знайо́мимо[ся]		
ви	знайо́мите[ся]		
вони	знайо́млять[ся]		
МИНУЛИЙ ЧАС — PAST TENSE			
він (я, ти)	знайо́мив[ся]		познайо́мив[ся]
вона (я, ти)	знайо́мила[ся]		познайо́мила[ся]
воно	знайо́мило[ся]		познайо́мило[ся]
вони (ми, ви)	знайо́мили[ся]		познайо́мили[ся]
МАЙБУТНІЙ ЧАС — FUTURE TENSE			
	ANALYTIC	SYNTHETIC	
я	бу́ду знайо́мити[ся]	знайо́митиму[ся]	познайо́млю[ся]
ти	бу́деш знайо́мити[ся]	знайо́митимеш[ся]	познайо́миш[ся]
він, вона, воно	бу́де знайо́мити[ся]	знайо́митиме[ться]	познайо́мить[ся]
ми	бу́демо знайо́мити[ся]	знайо́митимемо[ся]	познайо́мимо[ся]
ви	бу́дете знайо́мити[ся]	знайо́митимете[ся]	познайо́мите[ся]
вони	бу́дуть знайо́мити[ся]	знайо́митимуть[ся]	познайо́млять[ся]
УМОВНИЙ СПОСІБ — CONDITIONAL MOOD			
він (я, ти)	знайо́мив[ся] би [б]		познайо́мив[ся] би [б]
вона (я, ти)	знайо́мила[ся] б		познайо́мила[ся] б
воно	знайо́мило[ся] б		познайо́мило[ся] б
вони (ми, ви)	знайо́мили[ся] б		познайо́мили[ся] б
НАКАЗОВИЙ СПОСІБ — IMPERATIVE MOOD			
ти	знайо́м[ся]		познайо́м[ся]
ми	знайо́ммо[ся]		познайо́ммо[ся]
ви	знайо́мте[ся]		познайо́мте[ся]
він, вона, воно	(не)ха́й знайо́мить[ся]		(не)ха́й познайо́мить[ся]
вони	(не)ха́й знайо́млять[ся]		(не)ха́й познайо́млять[ся]
ДІЄПРИКМЕТНИКИ — VERBAL ADJECTIVES (PARTICIPLES)			
ACTIVE			
PASSIVE			познайо́млений
ДІЄПРИСЛІВНИКИ — VERBAL ADVERBS			
	знайо́млячи[сь], знайо́мивши[сь]		познайо́мивши[сь]
БЕЗОСОБОВІ ФОРМИ — IMPERSONAL FORMS			
			познайо́млено

+ accusative + з (із, зі) + instrumental:

На своїх уро́ках вона́ **знайо́мить** у́чнів із візуа́льним мисте́цтвом.
In her classes, she introduces students to visual art.

Якщо́ хо́чеш, я вас **познайо́млю**.
If you want, I will introduce you.

-ся + у (в), на + locative:

Вони́ **познайо́милися** на музи́чному фестива́лі.
They met at a music festival.

-ся + з (із, зі) + instrumental:

На цьо́му ку́рсі ви **познайо́митеся** з тво́рчістю украї́нських пое́тів XX столі́ття.
In this course, you will get to know the works of Ukrainian poets of the 20th century.

№ 200

зна́ти[ся] | —

to know [to be acquainted; to be knowledgeable]

Present/Future Stems: зна- | —
Conjugation: **1st (-ють)**

ОСОБА / PERSON	НЕДОКОНАНИЙ ВИД / IMPERFECTIVE ASPECT	ДОКОНАНИЙ ВИД / PERFECTIVE ASPECT
ТЕПЕРІШНІЙ ЧАС — PRESENT TENSE		
я	зна́ю[ся]	
ти	зна́єш[ся]	
він, вона, воно	зна́є[ться]	
ми	зна́ємо[ся]	
ви	зна́єте[ся]	
вони	зна́ють[ся]	
МИНУЛИЙ ЧАС — PAST TENSE		
він (я, ти)	знав[ся]	
вона (я, ти)	зна́ла[ся]	
воно	зна́ло[ся]	
вони (ми, ви)	зна́ли[ся]	

МАЙБУТНІЙ ЧАС — FUTURE TENSE

	ANALYTIC	SYNTHETIC
я	бу́ду зна́ти[ся]	зна́тиму[ся]
ти	бу́деш зна́ти[ся]	зна́тимеш[ся]
він, вона, воно	бу́де зна́ти[ся]	зна́тиме[ться]
ми	бу́демо зна́ти[ся]	зна́тимемо[ся]
ви	бу́дете зна́ти[ся]	зна́тимете[ся]
вони	бу́дуть зна́ти[ся]	зна́тимуть[ся]

УМОВНИЙ СПОСІБ — CONDITIONAL MOOD

він (я, ти)	знав[ся] би [б]
вона (я, ти)	зна́ла[ся] б
воно	зна́ло[ся] б
вони (ми, ви)	зна́ли[ся] б

НАКАЗОВИЙ СПОСІБ — IMPERATIVE MOOD

ти	знай[ся]
ми	зна́ймо[ся]
ви	зна́йте[ся]
він, вона, воно	(не)хай зна́є[ться]
вони	(не)хай зна́ють[ся]

ДІЄПРИКМЕТНИКИ — VERBAL ADJECTIVES (PARTICIPLES)

ACTIVE

PASSIVE — зна́ний

ДІЄПРИСЛІВНИКИ — VERBAL ADVERBS

зна́ючи[сь], зна́вши[сь]

БЕЗОСОБОВІ ФОРМИ — IMPERSONAL FORMS

зна́но

+ accusative:
Здає́ться, я **зна́ю** твого́ бра́та. — It seems that I know your brother.

про + accusative:
Тоді́ він ще не **знав** про її́ тала́нт. — At that time he did not know about her talent.
Не **зна́ючи** бро́ду, не лізь у во́ду (прислі́в'я). — Without knowing the ford, do not get into the water (proverb).

-ся + на + accusative:
Вона́ чудо́во **зна́ється** на архітекту́рі Льво́ва. — She is very knowledgeable about Lviv's architecture.

Present/Future Stems: **знахо́д(ж)- | знайд-**

Conjugation: **2nd (-ять) | 1st (-уть)**

знахо́дити[ся] | знайти́[ся]

to find [to be found]

ОСО́БА / PERSON	НЕДОКО́НАНИЙ ВИД / IMPERFECTIVE ASPECT		ДОКО́НАНИЙ ВИД / PERFECTIVE ASPECT
ТЕПЕ́РІШНІЙ ЧАС — PRESENT TENSE			
я	знахо́джу[ся]		
ти	знахо́диш[ся]		
він, вона́, воно́	знахо́дить[ся]		
ми	знахо́димо[ся]		
ви	знахо́дите[ся]		
вони́	знахо́дять[ся]		
МИНУ́ЛИЙ ЧАС — PAST TENSE			
він (я, ти)	знахо́див[ся]		знайшо́в[ся]
вона́ (я, ти)	знахо́дила[ся]		знайшла́[ся]
воно́	знахо́дило[ся]		знайшло́[ся]
вони́ (ми, ви)	знахо́дили[ся]		знайшли́[ся]
МАЙБУ́ТНІЙ ЧАС — FUTURE TENSE			
	ANALYTIC	SYNTHETIC	
я	бу́ду знахо́дити[ся]	знахо́дитиму[ся]	знайду́[ся]
ти	бу́деш знахо́дити[ся]	знахо́дитимеш[ся]	зна́йдеш[ся]
він, вона́, воно́	бу́де знахо́дити[ся]	знахо́дитиме[ться]	зна́йде[ться]
ми	бу́демо знахо́дити[ся]	знахо́дитимемо[ся]	зна́йдемо[ся]
ви	бу́дете знахо́дити[ся]	знахо́дитимете[ся]	зна́йдете[ся]
вони́	бу́дуть знахо́дити[ся]	знахо́дитимуть[ся]	зна́йдуть[ся]
УМО́ВНИЙ СПО́СІБ — CONDITIONAL MOOD			
він (я, ти)	знахо́див[ся] би [б]		знайшо́в[ся] би [б]
вона́ (я, ти)	знахо́дила[ся] б		знайшла́[ся] б
воно́	знахо́дило[ся] б		знайшло́[ся] б
вони́ (ми, ви)	знахо́дили[ся] б		знайшли́[ся] б
НАКАЗО́ВИЙ СПО́СІБ — IMPERATIVE MOOD			
ти	знахо́дь[ся]		знайди́[ся]
ми	знахо́дьмо[ся]		знайді́мо[ся]
ви	знахо́дьте[ся]		знайді́ть[ся]
він, вона́, воно́	(не)ха́й знахо́дить[ся]		(не)ха́й зна́йде[ться]
вони́	(не)ха́й знахо́дять[ся]		(не)ха́й зна́йдуть[ся]
ДІЄПРИКМЕ́ТНИКИ — VERBAL ADJECTIVES (PARTICIPLES)			
ACTIVE			
PASSIVE			зна́йдений
ДІЄПРИСЛІ́ВНИКИ — VERBAL ADVERBS			
	знахо́дячи[сь], знахо́дивши[сь]		знайшо́вши[сь]
БЕЗОСОБО́ВІ ФО́РМИ — IMPERSONAL FORMS			
			зна́йдено

+ accusative:

Чи спра́вді хтось **знахо́дить** скарби́ під водо́ю? *Does anyone really find treasures under the water?*

Він не **знайшо́в** тут нічо́го ціка́вого. *He did not find anything interesting here.*

Ду́маю, ми **зна́йдемо** спі́льну мо́ву. *I think we will find common ground.*

Наре́шті **знайшли́ся** мої́ ключі́ від маши́ни! *Finally I found my car keys!*

зника́ти | зни́кнути

to disappear, to vanish

Present/Future Stems: зника- | зникн-
Conjugation: 1st (-ють) | 1st (-уть)

ОСОБА / PERSON	НЕДОКОНАНИЙ ВИД / IMPERFECTIVE ASPECT	ДОКОНАНИЙ ВИД / PERFECTIVE ASPECT
ТЕПЕРІШНІЙ ЧАС — PRESENT TENSE		
я	зника́ю	
ти	зника́єш	
він, вона, воно	зника́є	
ми	зника́ємо	
ви	зника́єте	
вони	зника́ють	
МИНУЛИЙ ЧАС — PAST TENSE		
він (я, ти)	зника́в	зник, зни́кнув
вона (я, ти)	зника́ла	зни́кла, зни́кнула
воно	зника́ло	зни́кло, зни́кнуло
вони (ми, ви)	зника́ли	зни́кли, зни́кнули
МАЙБУТНІЙ ЧАС — FUTURE TENSE	ANALYTIC / SYNTHETIC	
я	бу́ду зника́ти / зника́тиму	зни́кну
ти	бу́деш зника́ти / зника́тимеш	зни́кнеш
він, вона, воно	бу́де зника́ти / зника́тиме	зни́кне
ми	бу́демо зника́ти / зника́тимемо	зни́кнемо
ви	бу́дете зника́ти / зника́тимете	зни́кнете
вони	бу́дуть зника́ти / зника́тимуть	зни́кнуть
УМОВНИЙ СПОСІБ — CONDITIONAL MOOD		
він (я, ти)	зника́в би	зник/зни́кнув би
вона (я, ти)	зника́ла б	зни́кла/зни́кнула б
воно	зника́ло б	зни́кло/зни́кнуло б
вони (ми, ви)	зника́ли б	зни́кли/зни́кнули б
НАКАЗОВИЙ СПОСІБ — IMPERATIVE MOOD		
ти	зника́й	зни́кни
ми	зника́ймо	зни́кнімо
ви	зника́йте	зни́кніть
він, вона, воно	(не)ха́й зника́є	(не)ха́й зни́кне
вони	(не)ха́й зника́ють	(не)ха́й зни́кнуть
ДІЄПРИКМЕТНИКИ — VERBAL ADJECTIVES (PARTICIPLES)		
ACTIVE		зни́клий
PASSIVE		
ДІЄПРИСЛІВНИКИ — VERBAL ADVERBS		
	зника́ючи, зника́вши	зни́кши, зни́кнувши
БЕЗОСОБОВІ ФОРМИ — IMPERSONAL FORMS		

Зазвича́й симпто́ми **зника́ють** че́рез ти́ждень.
Symptoms usually disappear after a week.

з (із, зі) + genitive:
Зловми́сник **зник** (**зни́кнув**) з мі́сця зло́чину.
The perpetrator disappeared from the scene of the crime.

на + accusative:
Я **зни́кну** на де́який час.
I will disappear for a while.

Трива́є по́шук **зни́клих** бе́звісти.
The search for the missing ("vanished without a trace") continues.

Present/Future Stems: знищу- | знищ-

Conjugation: **1st (-ють) | 2nd (-ать)**

знищувати | знищити

to destroy

ОСОБА / PERSON	НЕДОКОНАНИЙ ВИД / IMPERFECTIVE ASPECT		ДОКОНАНИЙ ВИД / PERFECTIVE ASPECT
ТЕПЕРІШНІЙ ЧАС — PRESENT TENSE			
я	знищую		
ти	знищуєш		
він, вона, воно	знищує		
ми	знищуємо		
ви	знищуєте		
вони	знищують		
МИНУЛИЙ ЧАС — PAST TENSE			
він (я, ти)	знищував		знищив
вона (я, ти)	знищувала		знищила
воно	знищувало		знищило
вони (ми, ви)	знищували		знищили
МАЙБУТНІЙ ЧАС — FUTURE TENSE			
	ANALYTIC	SYNTHETIC	
я	буду знищувати	знищуватиму	знищу
ти	будеш знищувати	знищуватимеш	знищиш
він, вона, воно	буде знищувати	знищуватиме	знищить
ми	будемо знищувати	знищуватимемо	знищимо
ви	будете знищувати	знищуватимете	знищите
вони	будуть знищувати	знищуватимуть	знищать
УМОВНИЙ СПОСІБ — CONDITIONAL MOOD			
він (я, ти)	знищував би		знищив би
вона (я, ти)	знищувала б		знищила б
воно	знищувало б		знищило б
вони (ми, ви)	знищували б		знищили б
НАКАЗОВИЙ СПОСІБ — IMPERATIVE MOOD			
ти	знищуй		знищ
ми	знищуймо		знищмо
ви	знищуйте		знищте
він, вона, воно	(не)хай знищує		(не)хай знищить
вони	(не)хай знищують		(не)хай знищать
ДІЄПРИКМЕТНИКИ — VERBAL ADJECTIVES (PARTICIPLES)			
ACTIVE			
PASSIVE	знищуваний		знищений
ДІЄПРИСЛІВНИКИ — VERBAL ADVERBS			
	знищуючи, знищувавши		знищивши
БЕЗОСОБОВІ ФОРМИ — IMPERSONAL FORMS			
	знищувано		знищено

+ accusative:

Такі дії уряду **знищують** економіку. — *Such government actions are destroying the economy.*

Військовослужбовці **знищили** ворожу ціль. — *Military personnel destroyed the enemy target.*

Що нас не **знищить**, зробить нас сильнішими. — *What will not destroy us will make us stronger.*

Будинок було майже повністю **знищено**. — *The house was almost completely destroyed.*

№ 204

зніма́ти [ся] | зня́ти [ся]
to take sth off; to shoot on camera; to rent [to be taken off; to be filmed]

Present/Future Stems: зніма- | зні́м-
Conjugation: **1st (-ють)** | **1st (-уть)**

ОСОБА / PERSON	НЕДОКОНАНИЙ ВИД / IMPERFECTIVE ASPECT		ДОКОНАНИЙ ВИД / PERFECTIVE ASPECT
ТЕПЕРІШНІЙ ЧАС — PRESENT TENSE			
я	зніма́ю [ся]		
ти	зніма́єш [ся]		
він, вона, воно	зніма́є [ться]		
ми	зніма́ємо [ся]		
ви	зніма́єте [ся]		
вони	зніма́ють [ся]		
МИНУЛИЙ ЧАС — PAST TENSE			
він (я, ти)	зніма́в [ся]		зня́в [ся]
вона (я, ти)	зніма́ла [ся]		зняла́ [ся]
воно	зніма́ло [ся]		зняло́ [ся]
вони (ми, ви)	зніма́ли [ся]		зняли́ [ся]
МАЙБУТНІЙ ЧАС — FUTURE TENSE			
	ANALYTIC	SYNTHETIC	
я	бу́ду зніма́ти [ся]	зніма́тиму [ся]	зніму́ [ся]
ти	бу́деш зніма́ти [ся]	зніма́тимеш [ся]	зні́меш [ся]
він, вона, воно	бу́де зніма́ти [ся]	зніма́тиме [ться]	зні́ме [ться]
ми	бу́демо зніма́ти [ся]	зніма́тимемо [ся]	зні́мемо [ся]
ви	бу́дете зніма́ти [ся]	зніма́тимете [ся]	зні́мете [ся]
вони	бу́дуть зніма́ти [ся]	зніма́тимуть [ся]	зні́муть [ся]
УМОВНИЙ СПОСІБ — CONDITIONAL MOOD			
він (я, ти)	зніма́в [ся] би [б]		зня́в [ся] би [б]
вона (я, ти)	зніма́ла [ся] б		зняла́ [ся] б
воно	зніма́ло [ся] б		зняло́ [ся] б
вони (ми, ви)	зніма́ли [ся] б		зняли́ [ся] б
НАКАЗОВИЙ СПОСІБ — IMPERATIVE MOOD			
ти	зніма́й [ся]		зніми́ [ся]
ми	зніма́ймо [ся]		зні́мімо [ся]
ви	зніма́йте [ся]		зні́міть [ся]
він, вона, воно	(не)ха́й зніма́є [ться]		(не)ха́й зні́ме [ться]
вони	(не)ха́й зніма́ють [ся]		(не)ха́й зні́муть [ся]
ДІЄПРИКМЕТНИКИ — VERBAL ADJECTIVES (PARTICIPLES)			
ACTIVE			
PASSIVE			зня́тий
ДІЄПРИСЛІВНИКИ — VERBAL ADVERBS			
	зніма́ючи [сь], зніма́вши [сь]		зня́вши [сь]
БЕЗОСОБОВІ ФОРМИ — IMPERSONAL FORMS			
			зня́то

+ accusative:
Режисе́р **зніма́є** фільм про Украї́ну. — The director is making a movie about Ukraine.

з (із, зі) + genitive *(to take off)*:
Жі́нка **зняла́** з дити́ни ку́ртку. — The woman took the jacket off the child.

у (в) + accusative *(to rent)*:
Ми **зні́мемо** у вас кварти́ру. — We will rent the apartment from you.

-ся + з (із, зі) + genitive:
Пода́ток автомати́чно **зніма́ється** з ва́шої зарпла́ти. — Tax is automatically taken off your paycheck.

№ 205

Present/Future Stems: **зосереджу-** | **зосеред(ж)-** **зосере́джувати[ся]** | **зосере́дити[ся]**
Conjugation: **1st (-ють)** | **2nd (-ять)** *to concentrate sth, to focus sth [to focus attention]*

ОСОБА / PERSON	НЕДОКОНАНИЙ ВИД / IMPERFECTIVE ASPECT		ДОКОНАНИЙ ВИД / PERFECTIVE ASPECT
ТЕПЕРІШНІЙ ЧАС — PRESENT TENSE			
я	зосере́джую[ся]		
ти	зосере́джуєш[ся]		
він, вона, воно	зосере́джує[ться]		
ми	зосере́джуємо[ся]		
ви	зосере́джуєте[ся]		
вони	зосере́джують[ся]		
МИНУЛИЙ ЧАС — PAST TENSE			
він (я, ти)	зосере́джував[ся]		зосере́див[ся]
вона (я, ти)	зосере́джувала[ся]		зосере́дила[ся]
воно	зосере́джувало[ся]		зосере́дило[ся]
вони (ми, ви)	зосере́джували[ся]		зосере́дили[ся]
МАЙБУТНІЙ ЧАС — FUTURE TENSE			
	ANALYTIC	SYNTHETIC	
я	бу́ду зосере́джувати[ся]	зосере́джуватиму[ся]	зосере́джу[ся]
ти	бу́деш зосере́джувати[ся]	зосере́джуватимеш[ся]	зосере́диш[ся]
він, вона, воно	бу́де зосере́джувати[ся]	зосере́джуватиме[ться]	зосере́дить[ся]
ми	бу́демо зосере́джувати[ся]	зосере́джуватимемо[ся]	зосере́димо[ся]
ви	бу́дете зосере́джувати[ся]	зосере́джуватимете[ся]	зосере́дите[ся]
вони	бу́дуть зосере́джувати[ся]	зосере́джуватимуть[ся]	зосере́дять[ся]
УМОВНИЙ СПОСІБ — CONDITIONAL MOOD			
він (я, ти)	зосере́джував[ся] би [б]		зосере́див[ся] би [б]
вона (я, ти)	зосере́джувала[ся] б		зосере́дила[ся] б
воно	зосере́джувало[ся] б		зосере́дило[ся] б
вони (ми, ви)	зосере́джували[ся] б		зосере́дили[ся] б
НАКАЗОВИЙ СПОСІБ — IMPERATIVE MOOD			
ти	зосере́джуй[ся]		зосере́дь[ся]
ми	зосере́джуймо[ся]		зосере́дьмо[ся]
ви	зосере́джуйте[ся]		зосере́дьте[ся]
він, вона, воно	(не)ха́й зосере́джує[ться]		(не)ха́й зосере́дить[ся]
вони	(не)ха́й зосере́джують[ся]		(не)ха́й зосере́дять[ся]
ДІЄПРИКМЕТНИКИ — VERBAL ADJECTIVES (PARTICIPLES)			
ACTIVE			
PASSIVE	зосере́джуваний		зосере́джений
ДІЄПРИСЛІВНИКИ — VERBAL ADVERBS			
	зосере́джуючи[сь], зосере́джувавши[сь]		зосере́дивши[сь]
БЕЗОСОБОВІ ФОРМИ — IMPERSONAL FORMS			
	зосере́джувано		зосере́джено

+ *accusative* + **на** + *locative*:
Ми **зосере́джуємо** всі свої зуси́лля на ново́му прое́кті.   *We are focusing all our efforts on the new project.*
Я **зосере́джу** свою ува́гу на цьо́му аспе́кті.   *I will focus my attention on this aspect.*
-ся + **на** + *locative*:
Дослі́дник **зосере́дився** на наночасти́нках.   *The researcher focused on nanoparticles.*
Зосере́дься на завда́нні.   *Focus on the task.*

зупиня́ти[ся] | зупини́ти[ся]

to stop sth/sb [to stop; to stay]

Present/Future Stems: **зупиня-** | **зупин-**

Conjugation: **1st (-ють)** | **2nd (-ять)**

ОСОБА / PERSON	НЕДОКОНАНИЙ ВИД / IMPERFECTIVE ASPECT		ДОКОНАНИЙ ВИД / PERFECTIVE ASPECT
ТЕПЕРІШНІЙ ЧАС — PRESENT TENSE			
я	зупиня́ю[ся]		
ти	зупиня́єш[ся]		
він, вона, воно	зупиня́є[ться]		
ми	зупиня́ємо[ся]		
ви	зупиня́єте[ся]		
вони	зупиня́ють[ся]		
МИНУЛИЙ ЧАС — PAST TENSE			
він (я, ти)	зупиня́в[ся]		зупини́в[ся]
вона (я, ти)	зупиня́ла[ся]		зупини́ла[ся]
воно	зупиня́ло[ся]		зупини́ло[ся]
вони (ми, ви)	зупиня́ли[ся]		зупини́ли[ся]
МАЙБУТНІЙ ЧАС — FUTURE TENSE			
	ANALYTIC	SYNTHETIC	
я	бу́ду зупиня́ти[ся]	зупиня́тиму[ся]	зупиню́[ся]
ти	бу́деш зупиня́ти[ся]	зупиня́тимеш[ся]	зупи́ниш[ся]
він, вона, воно	бу́де зупиня́ти[ся]	зупиня́тиме[ться]	зупи́нить[ся]
ми	бу́демо зупиня́ти[ся]	зупиня́тимемо[ся]	зупи́нимо[ся]
ви	бу́дете зупиня́ти[ся]	зупиня́тимете[ся]	зупи́ните[ся]
вони	бу́дуть зупиня́ти[ся]	зупиня́тимуть[ся]	зупи́нять[ся]
УМОВНИЙ СПОСІБ — CONDITIONAL MOOD			
він (я, ти)	зупиня́в[ся] би [б]		зупини́в[ся] би [б]
вона (я, ти)	зупиня́ла[ся] б		зупини́ла[ся] б
воно	зупиня́ло[ся] б		зупини́ло[ся] б
вони (ми, ви)	зупиня́ли[ся] б		зупини́ли[ся] б
НАКАЗОВИЙ СПОСІБ — IMPERATIVE MOOD			
ти	зупиня́й[ся]		зупини́[ся]
ми	зупиня́ймо[ся]		зупині́мо[ся]
ви	зупиня́йте[ся]		зупині́ть[ся]
він, вона, воно	(не)ха́й зупиня́є[ться]		(не)ха́й зупи́нить[ся]
вони	(не)ха́й зупиня́ють[ся]		(не)ха́й зупи́нять[ся]
ДІЄПРИКМЕТНИКИ — VERBAL ADJECTIVES (PARTICIPLES)			
ACTIVE			
PASSIVE			зупи́нений
ДІЄПРИСЛІВНИКИ — VERBAL ADVERBS			
	зупиня́ючи[сь], зупиня́вши[сь]		зупини́вши[сь]
БЕЗОСОБОВІ ФОРМИ — IMPERSONAL FORMS			
			зупи́нено

+ accusative:
Парамéдик **зупини́в** кровотéчу. — *The paramedic stopped the bleeding.*
Зупи́нено рух метрó. — *The metro (traffic) is stopped.*

-ся + у (в), на + locative:
Пóїзд не **зупиня́ється** на цій стáнції. — *The train does not stop at this station.*
Ми **зупини́лися** в чудóвому готéлі. — *We stayed in a wonderful hotel.*
Зупини́сь і подýмай. — *Stop and think.*

Present/Future Stems: **зустріча-** | **зустрін-**
Conjugation: **1st (-ють)** | **1st (-уть)**

зустріча́ти[ся] | зустрі́ти[ся]

to meet sb; to greet [to meet; to date (only imperfective)]

ОСОБА / PERSON	НЕДОКОНАНИЙ ВИД / IMPERFECTIVE ASPECT		ДОКОНАНИЙ ВИД / PERFECTIVE ASPECT
ТЕПЕРІШНІЙ ЧАС — PRESENT TENSE			
я	зустріча́ю[ся]		
ти	зустріча́єш[ся]		
він, вона, воно	зустріча́є[ться]		
ми	зустріча́ємо[ся]		
ви	зустріча́єте[ся]		
вони	зустріча́ють[ся]		
МИНУЛИЙ ЧАС — PAST TENSE			
він (я, ти)	зустріча́в[ся]		зустрі́в[ся]
вона (я, ти)	зустріча́ла[ся]		зустрі́ла[ся]
воно	зустріча́ло[ся]		зустрі́ло[ся]
вони (ми, ви)	зустріча́ли[ся]		зустрі́ли[ся]
МАЙБУТНІЙ ЧАС — FUTURE TENSE			
	ANALYTIC	SYNTHETIC	
я	бу́ду зустріча́ти[ся]	зустріча́тиму[ся]	зустрі́ну[ся]
ти	бу́деш зустріча́ти[ся]	зустріча́тимеш[ся]	зустрі́неш[ся]
він, вона, воно	бу́де зустріча́ти[ся]	зустріча́тиме[ться]	зустрі́не[ться]
ми	бу́демо зустріча́ти[ся]	зустріча́тимемо[ся]	зустрі́немо[ся]
ви	бу́дете зустріча́ти[ся]	зустріча́тимете[ся]	зустрі́нете[ся]
вони	бу́дуть зустріча́ти[ся]	зустріча́тимуть[ся]	зустрі́нуть[ся]
УМОВНИЙ СПОСІБ — CONDITIONAL MOOD			
він (я, ти)	зустріча́в[ся] би [б]		зустрі́в[ся] би [б]
вона (я, ти)	зустріча́ла[ся] б		зустрі́ла[ся] б
воно	зустріча́ло[ся] б		зустрі́ло[ся] б
вони (ми, ви)	зустріча́ли[ся] б		зустрі́ли[ся] б
НАКАЗОВИЙ СПОСІБ — IMPERATIVE MOOD			
ти	зустріча́й[ся]		зустрі́нь[ся]
ми	зустріча́ймо[ся]		зустрі́ньмо[ся]
ви	зустріча́йте[ся]		зустрі́ньте[ся]
він, вона, воно	(не)ха́й зустріча́є[ться]		(не)ха́й зустрі́не[ться]
вони	(не)ха́й зустріча́ють[ся]		(не)ха́й зустрі́нуть[ся]
ДІЄПРИКМЕТНИКИ — VERBAL ADJECTIVES (PARTICIPLES)			
ACTIVE			
PASSIVE			зустрі́тий
ДІЄПРИСЛІВНИКИ — VERBAL ADVERBS			
	зустріча́ючи[сь], зустріча́вши[сь]		зустрі́вши[сь]
БЕЗОСОБОВІ ФОРМИ — IMPERSONAL FORMS			
			зустрі́то

+ accusative:
Я ча́сто **зустріча́ю** там ціка́вих люде́й.
I often meet interesting people there.

+ instrumental:
Нови́й день **зустрі́в** нас со́нцем і тепло́м.
The new day greeted us with sun and warmth.

-ся + у (в), на + locative:
Вони́ **зустрі́лися** на вечі́рці спі́льного дру́га.
They met at a mutual friend's party.

-ся + з (із, зі) + instrumental:
Твій брат **зустріча́ється** з кимо́сь?
Is your brother dating someone?

з'являтися | з'явитися

to appear, to emerge, to show up

Present/Future Stems: з'явля-..-ся | з'яв(л)-..-ся
Conjugation: **1st (-ють)** | **2nd (-ять)**

ОСОБА / PERSON	НЕДОКОНАНИЙ ВИД / IMPERFECTIVE ASPECT		ДОКОНАНИЙ ВИД / PERFECTIVE ASPECT
ТЕПЕРІШНІЙ ЧАС — PRESENT TENSE			
я	з'являюся		
ти	з'являєшся		
він, вона, воно	з'являється		
ми	з'являємося		
ви	з'являєтеся		
вони	з'являються		
МИНУЛИЙ ЧАС — PAST TENSE			
він (я, ти)	з'являвся		з'явився
вона (я, ти)	з'являлася		з'явилася
воно	з'являлося		з'явилося
вони (ми, ви)	з'являлися		з'явилися
МАЙБУТНІЙ ЧАС — FUTURE TENSE			
	ANALYTIC	SYNTHETIC	
я	буду з'являтися	з'являтимуся	з'явлюся
ти	будеш з'являтися	з'являтимешся	з'явишся
він, вона, воно	буде з'являтися	з'являтиметься	з'явиться
ми	будемо з'являтися	з'являтимемося	з'явимося
ви	будете з'являтися	з'являтиметеся	з'явитеся
вони	будуть з'являтися	з'являтимуться	з'являться
УМОВНИЙ СПОСІБ — CONDITIONAL MOOD			
він (я, ти)	з'являвся б		з'явився б
вона (я, ти)	з'являлася б		з'явилася б
воно	з'являлося б		з'явилося б
вони (ми, ви)	з'являлися б		з'явилися б
НАКАЗОВИЙ СПОСІБ — IMPERATIVE MOOD			
ти	з'являйся		з'явися
ми	з'являймося		з'явімося
ви	з'являйтеся		з'явіться
він, вона, воно	(не)хай з'являється		(не)хай з'явиться
вони	(не)хай з'являються		(не)хай з'являться
ДІЄПРИКМЕТНИКИ — VERBAL ADJECTIVES (PARTICIPLES)			
ACTIVE			
PASSIVE			
ДІЄПРИСЛІВНИКИ — VERBAL ADVERBS			
	з'являючись, з'являвшись		з'явившись
БЕЗОСОБОВІ ФОРМИ — IMPERSONAL FORMS			

Натхнення **з'являється**, коли його не чекаєш.
Inspiration shows up when you are not expecting it.

у (в), на + *accusative* (*places*):
Вони **з'явилися** на вечірку без костюмів.
They showed up at the party without costumes.

у (в) + *genitive* (*people*):
У хлопчика **з'явилися** симптоми вітрянки.
Symptoms of chickenpox appeared in the boy.

Що відчуває дитина, **з'явившись** на світ?
What does a child feel after appearing in the world?

№ 209

Present/Future Stems: **з'ясову-** | **з'ясу-** **з'ясо́вувати[ся]** | **з'ясува́ти[ся]**
Conjugation: **1st (-ють)** *to find out; to investigate [to become revealed]*

ОСОБА / PERSON	НЕДОКОНАНИЙ ВИД / IMPERFECTIVE ASPECT		ДОКОНАНИЙ ВИД / PERFECTIVE ASPECT
ТЕПЕРІШНІЙ ЧАС — PRESENT TENSE			
я	з'ясо́вую		
ти	з'ясо́вуєш		
він, вона, воно	з'ясо́вує[ться]		
ми	з'ясо́вуємо		
ви	з'ясо́вуєте		
вони	з'ясо́вують[ся]		
МИНУЛИЙ ЧАС — PAST TENSE			
він (я, ти)	з'ясо́вував[ся]		з'ясува́в[ся]
вона (я, ти)	з'ясо́вувала[ся]		з'ясува́ла[ся]
воно	з'ясо́вувало[ся]		з'ясува́ло[ся]
вони (ми, ви)	з'ясо́вували[ся]		з'ясува́ли[ся]
МАЙБУТНІЙ ЧАС — FUTURE TENSE			
	ANALYTIC	SYNTHETIC	
я	бу́ду з'ясо́вувати	з'ясо́вуватиму	з'ясу́ю
ти	бу́деш з'ясо́вувати	з'ясо́вуватимеш	з'ясу́єш
він, вона, воно	бу́де з'ясо́вувати[ся]	з'ясо́вуватиме[ться]	з'ясу́є[ться]
ми	бу́демо з'ясо́вувати	з'ясо́вуватимемо	з'ясу́ємо
ви	бу́дете з'ясо́вувати	з'ясо́вуватимете	з'ясу́єте
вони	бу́дуть з'ясо́вувати[ся]	з'ясо́вуватимуть[ся]	з'ясу́ють[ся]
УМОВНИЙ СПОСІБ — CONDITIONAL MOOD			
він (я, ти)	з'ясо́вував[ся] би [б]		з'ясува́в[ся] би [б]
вона (я, ти)	з'ясо́вувала[ся] б		з'ясува́ла[ся] б
воно	з'ясо́вувало[ся] б		з'ясува́ло[ся] б
вони (ми, ви)	з'ясо́вували[ся] б		з'ясува́ли[ся] б
НАКАЗОВИЙ СПОСІБ — IMPERATIVE MOOD			
ти	з'ясо́вуй		з'ясу́й
ми	з'ясо́вуймо		з'ясу́ймо
ви	з'ясо́вуйте		з'ясу́йте
він, вона, воно	(не)ха́й з'ясо́вує[ться]		(не)ха́й з'ясу́є[ться]
вони	(не)ха́й з'ясо́вують[ся]		(не)ха́й з'ясу́ють[ся]
ДІЄПРИКМЕТНИКИ — VERBAL ADJECTIVES (PARTICIPLES)			
ACTIVE			
PASSIVE	з'ясо́вуваний		з'ясо́ваний
ДІЄПРИСЛІВНИКИ — VERBAL ADVERBS			
	з'ясо́вуючи[сь], з'ясо́вувавши[сь]		з'ясува́вши[сь]
БЕЗОСОБОВІ ФОРМИ — IMPERSONAL FORMS			
	з'ясо́вувано		з'ясо́вано

+ accusative:

Полі́ція **з'ясо́вує** причи́ни поже́жі. *Police are investigating the cause of the fire.*

Учені **з'ясува́ли**, що впливає на стать майбу́тньої дити́ни. *Scientists have found out what influences the gender of a future child.*

Ми **з'ясу́ємо** всі дета́лі й повернемо́ся з відпові́ддю. *We'll find out all the details and get back to you with an answer.*

З'ясува́лися нові обста́вини інциде́нту. *The new circumstances of the incident have been revealed.*

існува́ти | проіснува́ти

to exist, to be

Present/Future Stems: існу- | проіснý-
Conjugation: 1st (-ють)

ОСОБА / PERSON	НЕДОКОНАНИЙ ВИД / IMPERFECTIVE ASPECT		ДОКОНАНИЙ ВИД / PERFECTIVE ASPECT
ТЕПЕРІШНІЙ ЧАС — PRESENT TENSE			
я	існу́ю		
ти	існу́єш		
він, вона, воно	існу́є		
ми	існу́ємо		
ви	існу́єте		
вони	існу́ють		
МИНУЛИЙ ЧАС — PAST TENSE			
він (я, ти)	існува́в		проіснува́в
вона (я, ти)	існува́ла		проіснува́ла
воно	існува́ло		проіснува́ло
вони (ми, ви)	існува́ли		проіснува́ли
МАЙБУТНІЙ ЧАС — FUTURE TENSE			
	ANALYTIC	SYNTHETIC	
я	бу́ду існува́ти	існува́тиму	проісну́ю
ти	бу́деш існува́ти	існува́тимеш	проісну́єш
він, вона, воно	бу́де існува́ти	існува́тиме	проісну́є
ми	бу́демо існува́ти	існува́тимемо	проісну́ємо
ви	бу́дете існува́ти	існува́тимете	проісну́єте
вони	бу́дуть існува́ти	існува́тимуть	проісну́ють
УМОВНИЙ СПОСІБ — CONDITIONAL MOOD			
він (я, ти)	існува́в би		проіснува́в би
вона (я, ти)	існува́ла б		проіснува́ла б
воно	існува́ло б		проіснува́ло б
вони (ми, ви)	існува́ли б		проіснува́ли б
НАКАЗОВИЙ СПОСІБ — IMPERATIVE MOOD			
ти	існу́й		проісну́й
ми	існу́ймо		проісну́ймо
ви	існу́йте		проісну́йте
він, вона, воно	(не)ха́й існу́є		(не)ха́й проісну́є
вони	(не)ха́й існу́ють		(не)ха́й проісну́ють
ДІЄПРИКМЕТНИКИ — VERBAL ADJECTIVES (PARTICIPLES)			
ACTIVE			
PASSIVE			
ДІЄПРИСЛІВНИКИ — VERBAL ADVERBS			
	існу́ючи, існува́вши		проіснува́вши
БЕЗОСОБОВІ ФОРМИ — IMPERSONAL FORMS			

Ми́слю — зна́чить **існу́ю** (Р. Дека́рт).
I think, therefore I am (Descartes).

Компа́нія **проіснува́ла** лише́ два мі́сяці.
The company existed for only two months.

Чи **існува́тимуть** (**бу́дуть існува́ти**) в майбу́тньому газе́ти?
Will newspapers exist in the future?

Не **проіснува́вши** й ро́ку, коалі́ція розпа́лася.
After not even a year of existence, the coalition disintegrated.

Present/Future Stems: ід- | під-
Conjugation: **1st (-уть)**

іти́[ся], йти[ся] | піти́

to go, to walk (unidirectional) [to be about (impersonal)]
See also: **ходи́ти** | **похо́дити** (№ 490)

ОСОБА / PERSON	НЕДОКОНАНИЙ ВИД / IMPERFECTIVE ASPECT		ДОКОНАНИЙ ВИД / PERFECTIVE ASPECT
ТЕПЕРІШНІЙ ЧАС — PRESENT TENSE			
я	іду́		
ти	іде́ш		
він, вона, воно	іде́[ться]		
ми	ідемо́		
ви	ідете́		
вони	іду́ть		
МИНУЛИЙ ЧАС — PAST TENSE			
він (я, ти)	ішо́в		пішо́в
вона (я, ти)	ішла́		пішла́
воно	ішло́[ся]		пішло́
вони (ми, ви)	ішли́		пішли́
МАЙБУТНІЙ ЧАС — FUTURE TENSE			
	ANALYTIC	SYNTHETIC	
я	бу́ду йти	іти́му	піду́
ти	бу́деш іти́	іти́меш	піде́ш
він, вона, воно	бу́де йти́[ся]	іти́ме[ться]	піде́
ми	бу́демо йти	іти́мемо	піде́мо
ви	бу́дете йти	іти́мете	піде́те
вони	бу́дуть іти́	іти́муть	піду́ть
УМОВНИЙ СПОСІБ — CONDITIONAL MOOD			
він (я, ти)	ішо́в би		пішо́в би
вона (я, ти)	ішла́ б		пішла́ б
воно	ішло́[ся] б		пішло́ б
вони (ми, ви)	ішли́ б		пішли́ б
НАКАЗОВИЙ СПОСІБ — IMPERATIVE MOOD			
ти	іди́		піди́
ми	іді́мо		піді́мо
ви	іді́ть		піді́ть
він, вона, воно	(не)ха́й іде́[ться]		(не)ха́й піде́
вони	(не)ха́й іду́ть		(не)ха́й піду́ть
ДІЄПРИКМЕТНИКИ — VERBAL ADJECTIVES (PARTICIPLES)			
ACTIVE			
PASSIVE			
ДІЄПРИСЛІВНИКИ — VERBAL ADVERBS			
	ідучи́, ішо́вши		пішо́вши
БЕЗОСОБОВІ ФОРМИ — IMPERSONAL FORMS			

до + *genitive* = **у (в)**, **на** + *accusative*:
Сього́дні ді́ти не **йду́ть** до шко́ли (в шко́лу).   Today, the children are not going to school.

по + *accusative*:
Сестра́ **пішла́** по фру́кти на ри́нок.   The sister went to the market to get fruit.

Іди́ геть!   Go away!

у, в + *locative* + **-ся** + **про** + *accusative*:
У цьо́му рома́ні **йде́ться** про Дру́гу світову́ війну́.   This novel is about the Second World War.
Про весі́лля тепе́р і не **йшло́ся**.   The wedding was out of the question now.

№ 212

їздити | з'їздити, поїздити

to go by transport (multidirectional); to travel
See also: їхати | поїхати (№ 214)

Present/Future Stems: їждж-/їзд- | з'їждж-/з'їзд-

Conjugation: **2nd (-ять)**

ОСОБА / PERSON	НЕДОКОНАНИЙ ВИД / IMPERFECTIVE ASPECT		ДОКОНАНИЙ ВИД / PERFECTIVE ASPECT
ТЕПЕРІШНІЙ ЧАС — PRESENT TENSE			
я	їжджу		
ти	їздиш		
він, вона, воно	їздить		
ми	їздимо		
ви	їздите		
вони	їздять		
МИНУЛИЙ ЧАС — PAST TENSE			
він (я, ти)	їздив		з'їздив
вона (я, ти)	їздила		з'їздила
воно	їздило		з'їздило
вони (ми, ви)	їздили		з'їздили
МАЙБУТНІЙ ЧАС — FUTURE TENSE			
	ANALYTIC	SYNTHETIC	
я	буду їздити	їздитиму	з'їжджу
ти	будеш їздити	їздитимеш	з'їздиш
він, вона, воно	буде їздити	їздитиме	з'їздить
ми	будемо їздити	їздитимемо	з'їздимо
ви	будете їздити	їздитимете	з'їздите
вони	будуть їздити	їздитимуть	з'їздять
УМОВНИЙ СПОСІБ — CONDITIONAL MOOD			
він (я, ти)	їздив би		з'їздив би
вона (я, ти)	їздила б		з'їздила б
воно	їздило б		з'їздило б
вони (ми, ви)	їздили б		з'їздили б
НАКАЗОВИЙ СПОСІБ — IMPERATIVE MOOD			
ти	їздь		з'їздь
ми	їздьмо		з'їздьмо
ви	їздьте		з'їздьте
він, вона, воно	(не)хай їздить		(не)хай з'їздить
вони	(не)хай їздять		(не)хай з'їздять
ДІЄПРИКМЕТНИКИ — VERBAL ADJECTIVES (PARTICIPLES)			
ACTIVE			
PASSIVE			з'їжджений
ДІЄПРИСЛІВНИКИ — VERBAL ADVERBS			
	їздячи, їздивши		з'їздивши
БЕЗОСОБОВІ ФОРМИ — IMPERSONAL FORMS			
			з'їжджено

на + *accusative*:
Наша сім'я часто **їздить** на море.
Our family often goes to the sea.

до + *genitive* = **у (в)** + *accusative*:
Президент **з'їздив** до Брюсселя (у Брюссель).
The President has traveled to Brussels.

по + *locative*:
Він **поїздив** по різних містах України.
He traveled to different cities of Ukraine.

Тепер вони **їздитимуть** (**будуть їздити**) за кордон частіше.
Now they will go abroad more often.

Present/Future Stems: special
Conjugation: special

їсти | з'їсти, поїсти

to eat

ОСОБА / PERSON	НЕДОКОНАНИЙ ВИД / IMPERFECTIVE ASPECT		ДОКОНАНИЙ ВИД / PERFECTIVE ASPECT
ТЕПЕРІШНІЙ ЧАС — PRESENT TENSE			
я	їм		
ти	їси		
він, вона, воно	їсть		
ми	їмó		
ви	їстé		
вони	їдя́ть		
МИНУЛИЙ ЧАС — PAST TENSE			
він (я, ти)	їв		з'їв
вона (я, ти)	їла		з'їла
воно	їло		з'їло
вони (ми, ви)	їли		з'їли
МАЙБУТНІЙ ЧАС — FUTURE TENSE			
	ANALYTIC	SYNTHETIC	
я	бýду їсти	їстиму	з'їм
ти	бýдеш їсти	їстимеш	з'їси
він, вона, воно	бýде їсти	їстиме	з'їсть
ми	бýдемо їсти	їстимемо	з'їмó
ви	бýдете їсти	їстимете	з'їстé
вони	бýдуть їсти	їстимуть	з'їдя́ть
УМОВНИЙ СПОСІБ — CONDITIONAL MOOD			
він (я, ти)	їв би		з'їв би
вона (я, ти)	їла б		з'їла б
воно	їло б		з'їло б
вони (ми, ви)	їли б		з'їли б
НАКАЗОВИЙ СПОСІБ — IMPERATIVE MOOD			
ти	їж		з'їж
ми	їжмо		з'їжмо
ви	їжте		з'їжте
він, вона, воно	(не)хáй їсть		(не)хáй з'їсть
вони	(не)хáй їдя́ть		(не)хáй з'їдя́ть
ДІЄПРИКМЕТНИКИ — VERBAL ADJECTIVES (PARTICIPLES)			
ACTIVE			
PASSIVE			з'їдений
ДІЄПРИСЛІВНИКИ — VERBAL ADVERBS			
	їдячи́, ївши		з'ївши
БЕЗОСОБОВІ ФОРМИ — IMPERSONAL FORMS			
			з'їдено

+ accusative:

Я **їм** кáшу на снідáнок. — *I eat porridge for breakfast.*

Колéга **з'їла** бутербрóд й повернýлася до робóти. — *The colleague ate a sandwich and returned to work.*

Вонá вже **поїла** й повернýлася до робóти. — *She has already eaten and returned to work.*

Що ви **їстимете** (**бýдете їсти**) на вечéрю? — *What will you eat for dinner?*

Дóбре **поївши**, тáто задрімáв. — *Having eaten well, Dad dozed off.*

№ 214

їхати | поїхати

to go by transport (unidirectional)
See also: **їздити** | **з'їздити**, **поїздити** (№ 212)

Present/Future Stems: **їд-** | **поїд-**
Conjugation: **1st (-уть)**

ОСОБА / PERSON	НЕДОКОНАНИЙ ВИД / IMPERFECTIVE ASPECT		ДОКОНАНИЙ ВИД / PERFECTIVE ASPECT
ТЕПЕРІШНІЙ ЧАС — PRESENT TENSE			
я	їду		
ти	їдеш		
він, вона, воно	їде		
ми	їдемо		
ви	їдете		
вони	їдуть		
МИНУЛИЙ ЧАС — PAST TENSE			
він (я, ти)	їхав		поїхав
вона (я, ти)	їхала		поїхала
воно	їхало		поїхало
вони (ми, ви)	їхали		поїхали
МАЙБУТНІЙ ЧАС — FUTURE TENSE	ANALYTIC	SYNTHETIC	
я	буду їхати	їхатиму	поїду
ти	будеш їхати	їхатимеш	поїдеш
він, вона, воно	буде їхати	їхатиме	поїде
ми	будемо їхати	їхатимемо	поїдемо
ви	будете їхати	їхатимете	поїдете
вони	будуть їхати	їхатимуть	поїдуть
УМОВНИЙ СПОСІБ — CONDITIONAL MOOD			
він (я, ти)	їхав би		поїхав би
вона (я, ти)	їхала б		поїхала б
воно	їхало б		поїхало б
вони (ми, ви)	їхали б		поїхали б
НАКАЗОВИЙ СПОСІБ — IMPERATIVE MOOD			
ти	їдь		поїдь
ми	їдьмо		поїдьмо
ви	їдьте		поїдьте
він, вона, воно	(не)хай їде		(не)хай поїде
вони	(не)хай їдуть		(не)хай поїдуть
ДІЄПРИКМЕТНИКИ — VERBAL ADJECTIVES (PARTICIPLES)			
ACTIVE			
PASSIVE			
ДІЄПРИСЛІВНИКИ — VERBAL ADVERBS			
	їдучи, їхавши		поїхавши
БЕЗОСОБОВІ ФОРМИ — IMPERSONAL FORMS			

до + *genitive* = **у** (**в**), **на** + *accusative*:

Я зараз у поїзді, **їду** до Львова (у Львів) на конференцію.
I am now on the train, going to Lviv for a conference.

Гості вже **поїхали** додому.
The guests have already gone home (by transport).

Наступного року **поїдемо** на Крит.
Next year we will go to Crete.

Вона почула новину по радіо, **їхавши** на роботу.
She heard the news on the radio as she was going to work (by transport).

№ 215

Present/Future Stems: **каж- | скаж-**

Conjugation: **1st (-уть)**

каза́ти | сказа́ти
to say, to tell

ОСОБА / PERSON	НЕДОКОНАНИЙ ВИД / IMPERFECTIVE ASPECT		ДОКОНАНИЙ ВИД / PERFECTIVE ASPECT
ТЕПЕРІШНІЙ ЧАС — PRESENT TENSE			
я	кажу́		
ти	ка́жеш		
він, вона, воно	ка́же		
ми	ка́жемо		
ви	ка́жете		
вони	ка́жуть		
МИНУЛИЙ ЧАС — PAST TENSE			
він (я, ти)	каза́в		сказа́в
вона (я, ти)	каза́ла		сказа́ла
воно	каза́ло		сказа́ло
вони (ми, ви)	каза́ли		сказа́ли
МАЙБУТНІЙ ЧАС — FUTURE TENSE	ANALYTIC	SYNTHETIC	
я	бу́ду каза́ти	каза́тиму	скажу́
ти	бу́деш каза́ти	каза́тимеш	ска́жеш
він, вона, воно	бу́де каза́ти	каза́тиме	ска́же
ми	бу́демо каза́ти	каза́тимемо	ска́жемо
ви	бу́дете каза́ти	каза́тимете	ска́жете
вони	бу́дуть каза́ти	каза́тимуть	ска́жуть
УМОВНИЙ СПОСІБ — CONDITIONAL MOOD			
він (я, ти)	каза́в би		сказа́в би
вона (я, ти)	каза́ла б		сказа́ла б
воно	каза́ло б		сказа́ло б
вони (ми, ви)	каза́ли б		сказа́ли б
НАКАЗОВИЙ СПОСІБ — IMPERATIVE MOOD			
ти	кажи́		скажи́
ми	кажі́мо		скажі́мо
ви	кажі́ть		скажі́ть
він, вона, воно	(не)ха́й ка́же		(не)ха́й ска́же
вони	(не)ха́й ка́жуть		(не)ха́й ска́жуть
ДІЄПРИКМЕТНИКИ — VERBAL ADJECTIVES (PARTICIPLES)			
ACTIVE			
PASSIVE	ка́заний		ска́заний
ДІЄПРИСЛІВНИКИ — VERBAL ADVERBS			
	ка́жучи, каза́вши		сказа́вши
БЕЗОСОБОВІ ФОРМИ — IMPERSONAL FORMS			
	ка́зано		ска́зано

Ка́жуть, що тут живу́ть приви́ди. — *They say that ghosts live here.*
про + *accusative*:
Вона́ нічо́го не **сказа́ла** про ньо́го. — *She did not say anything about him.*
Ми **ска́жемо** за́втра, чи при́йдемо. — *We will tell you tomorrow if we will come.*
Кажі́ть, якщо́ щось не так. — *Tell me if something is not right.*
Ска́зано — зро́блено. — *It is said — it is done.*

№ 216

#ката́ти[ся] | поката́ти[ся]

to take for a drive [to ride (a vehicle)]

Present/Future Stems: **ката-** | **поката-**
Conjugation: **1st (-ють)**

ОСОБА / PERSON	НЕДОКОНАНИЙ ВИД / IMPERFECTIVE ASPECT		ДОКОНАНИЙ ВИД / PERFECTIVE ASPECT
ТЕПЕРІШНІЙ ЧАС — PRESENT TENSE			
я	ката́ю[ся]		
ти	ката́єш[ся]		
він, вона, воно	ката́є[ться]		
ми	ката́ємо[ся]		
ви	ката́єте[ся]		
вони	ката́ють[ся]		
МИНУЛИЙ ЧАС — PAST TENSE			
він (я, ти)	ката́в[ся]		поката́в[ся]
вона (я, ти)	ката́ла[ся]		поката́ла[ся]
воно	ката́ло[ся]		поката́ло[ся]
вони (ми, ви)	ката́ли[ся]		поката́ли[ся]
МАЙБУТНІЙ ЧАС — FUTURE TENSE			
	ANALYTIC	SYNTHETIC	
я	бу́ду ката́ти[ся]	ката́тиму[ся]	поката́ю[ся]
ти	бу́деш ката́ти[ся]	ката́тимеш[ся]	поката́єш[ся]
він, вона, воно	бу́де ката́ти[ся]	ката́тиме[ться]	поката́є[ться]
ми	бу́демо ката́ти[ся]	ката́тимемо[ся]	поката́ємо[ся]
ви	бу́дете ката́ти[ся]	ката́тимете[ся]	поката́єте[ся]
вони	бу́дуть ката́ти[ся]	ката́тимуть[ся]	поката́ють[ся]
УМОВНИЙ СПОСІБ — CONDITIONAL MOOD			
він (я, ти)	ката́в[ся] би (б)		поката́в[ся] би (б)
вона (я, ти)	ката́ла[ся] б		поката́ла[ся] б
воно	ката́ло[ся] б		поката́ло[ся] б
вони (ми, ви)	ката́ли[ся] б		поката́ли[ся] б
НАКАЗОВИЙ СПОСІБ — IMPERATIVE MOOD			
ти	ката́й[ся]		поката́й[ся]
ми	ката́ймо[ся]		поката́ймо[ся]
ви	ката́йте[ся]		поката́йте[ся]
він, вона, воно	(не)ха́й ката́є[ться]		(не)ха́й поката́є[ться]
вони	(не)ха́й ката́ють[ся]		(не)ха́й поката́ють[ся]

ДІЄПРИКМЕТНИКИ — VERBAL ADJECTIVES (PARTICIPLES)

ACTIVE

PASSIVE

ДІЄПРИСЛІВНИКИ — VERBAL ADVERBS

| ката́ючи[сь], ката́вши[сь] | поката́вши[сь] |

БЕЗОСОБОВІ ФОРМИ — IMPERSONAL FORMS

+ *accusative* + **на** + *locative*:
Він ча́сто **ката́є** си́на на санча́тах.   *He often drives his son on a sled.*

-ся + **на** + *locative*:
Мо́жна **поката́тися** на твої́й маши́ні?   *Can I take your car for a ride?*

Поката́ймось на ковзана́х!   *Let's go skating!*

Поката́вшись на ли́жах, він ви́рішив спробува́ти **поката́тися** ще на сноубо́рді.   *After skiing, he decided to try snowboarding as well.*

№ 217

Present/Future Stems: **керу-** | **покеру-**
Conjugation: **1st (-ють)**

керува́ти[ся] | покерува́ти

to operate, to drive; to manage [to follow, to be guided]

ОСОБА / PERSON	НЕДОКОНАНИЙ ВИД / IMPERFECTIVE ASPECT		ДОКОНАНИЙ ВИД / PERFECTIVE ASPECT
ТЕПЕРІШНІЙ ЧАС — PRESENT TENSE			
я	керу́ю[ся]		
ти	керу́єш[ся]		
він, вона, воно	керу́є[ться]		
ми	керу́ємо[ся]		
ви	керу́єте[ся]		
вони	керу́ють[ся]		
МИНУЛИЙ ЧАС — PAST TENSE			
він (я, ти)	керува́в[ся]		покерува́в
вона (я, ти)	керува́ла[ся]		покерува́ла
воно	керува́ло[ся]		покерува́ло
вони (ми, ви)	керува́ли[ся]		покерува́ли
МАЙБУТНІЙ ЧАС — FUTURE TENSE			
	ANALYTIC	SYNTHETIC	
я	бу́ду керува́ти[ся]	керува́тиму[ся]	покеру́ю
ти	бу́деш керува́ти[ся]	керува́тимеш[ся]	покеру́єш
він, вона, воно	бу́де керува́ти[ся]	керува́тиме[ться]	покеру́є
ми	бу́демо керува́ти[ся]	керува́тимемо[ся]	покеру́ємо
ви	бу́дете керува́ти[ся]	керува́тимете[ся]	покеру́єте
вони	бу́дуть керува́ти[ся]	керува́тимуть[ся]	покеру́ють
УМОВНИЙ СПОСІБ — CONDITIONAL MOOD			
він (я, ти)	керува́в[ся] би [б]		покерува́в би
вона (я, ти)	керува́ла[ся] б		покерува́ла б
воно	керува́ло[ся] б		покерува́ло б
вони (ми, ви)	керува́ли[ся] б		покерува́ли б
НАКАЗОВИЙ СПОСІБ — IMPERATIVE MOOD			
ти	керу́й[ся]		покеру́й
ми	керу́ймо[ся]		покеру́ймо
ви	керу́йте[ся]		покеру́йте
він, вона, воно	(не)ха́й керу́є[ться]		(не)ха́й покеру́є
вони	(не)ха́й керу́ють[ся]		(не)ха́й покеру́ють
ДІЄПРИКМЕТНИКИ — VERBAL ADJECTIVES (PARTICIPLES)			
ACTIVE			
PASSIVE	керо́ваний		
ДІЄПРИСЛІВНИКИ — VERBAL ADVERBS			
	керу́ючи[сь], керува́вши[сь]		покерува́вши
БЕЗОСОБОВІ ФОРМИ — IMPERSONAL FORMS			
	керо́вано		

+ instrumental:

Я **керу́ю** автомобі́лем з автомати́чною коро́бкою переда́ч.
I drive a car with an automatic transmission.

Рані́ше він **керува́в** ці́лою фа́брикою.
He used to manage an entire factory.

Покеру́й, будь ла́ска, маши́ною за́мість ме́не.
Please drive the car for me.

Покеру́йте тут, по́ки я бу́ду у відря́дженні.
Take charge here while I'm on a business trip.

-ся + instrumental:

Вони́ **керу́ються** почуття́ми, а не ро́зумом.
They are guided by feelings, not reason.

№ 218

кидати[ся] | кинути[ся]
to throw; to abandon [to rush]
Also in the meaning "to abandon": **покидати | покинути**

Present/Future Stems: **кида- | кин-**
Conjugation: **1st (-ють) | 1st (-уть)**

ОСОБА / PERSON	НЕДОКОНАНИЙ ВИД / IMPERFECTIVE ASPECT	ДОКОНАНИЙ ВИД / PERFECTIVE ASPECT
ТЕПЕРІШНІЙ ЧАС — PRESENT TENSE		
я	кидаю[ся]	
ти	кидаєш[ся]	
він, вона, воно	кидає[ться]	
ми	кидаємо[ся]	
ви	кидаєте[ся]	
вони	кидають[ся]	
МИНУЛИЙ ЧАС — PAST TENSE		
він (я, ти)	кидав[ся]	кинув[ся]
вона (я, ти)	кидала[ся]	кинула[ся]
воно	кидало[ся]	кинуло[ся]
вони (ми, ви)	кидали[ся]	кинули[ся]

МАЙБУТНІЙ ЧАС — FUTURE TENSE

	ANALYTIC	SYNTHETIC	
я	буду кидати[ся]	кидатиму[ся]	кину[ся]
ти	будеш кидати[ся]	кидатимеш[ся]	кинеш[ся]
він, вона, воно	буде кидати[ся]	кидатиме[ться]	кине[ться]
ми	будемо кидати[ся]	кидатимемо[ся]	кинемо[ся]
ви	будете кидати[ся]	кидатимете[ся]	кинете[ся]
вони	будуть кидати[ся]	кидатимуть[ся]	кинуть[ся]

ОСОБА	НЕДОКОНАНИЙ ВИД	ДОКОНАНИЙ ВИД
УМОВНИЙ СПОСІБ — CONDITIONAL MOOD		
він (я, ти)	кидав[ся] би [б]	кинув[ся] би [б]
вона (я, ти)	кидала[ся] б	кинула[ся] б
воно	кидало[ся] б	кинуло[ся] б
вони (ми, ви)	кидали[ся] б	кинули[ся] б
НАКАЗОВИЙ СПОСІБ — IMPERATIVE MOOD		
ти	кидай[ся]	кинь[ся]
ми	кидаймо[ся]	киньмо[ся]
ви	кидайте[ся]	киньте[ся]
він, вона, воно	(не)хай кидає[ться]	(не)хай кине[ться]
вони	(не)хай кидають[ся]	(не)хай кинуть[ся]
ДІЄПРИКМЕТНИКИ — VERBAL ADJECTIVES (PARTICIPLES)		
ACTIVE		
PASSIVE	киданий	кинений, кинутий
ДІЄПРИСЛІВНИКИ — VERBAL ADVERBS		
	кидаючи[сь], кидавши[сь]	кинувши
БЕЗОСОБОВІ ФОРМИ — IMPERSONAL FORMS		
	кидано	кинено, кинуто

+ dative + accusative:
Я **кидаю** тобі м'яч, а ти лови. — *I throw the ball to you, and you catch it.*
Він **кинув** собі виклик. — *He threw himself a challenge.*
Кинуті напризволяще тварини знаходять тут свій новий дім. — *Abandoned animals find their new home here.*

-ся + до + genitive:
Мати **кинулася** до сина. — *The mother rushed to her son.*

-ся + на + accusative:
Рятувальники **кинулися** на допомогу. — *Rescuers rushed to help.*

Present/Future Stems: **клад-** | **поклад-**

Conjugation: **1st (-уть)**

кла́сти | покла́сти

to put, to place, to lay

ОСОБА / PERSON	НЕДОКОНАНИЙ ВИД / IMPERFECTIVE ASPECT		ДОКОНАНИЙ ВИД / PERFECTIVE ASPECT
ТЕПЕРІШНІЙ ЧАС — PRESENT TENSE			
я	кладу́		
ти	кладе́ш		
він, вона, воно	кладе́		
ми	кладемо́		
ви	кладете́		
вони	кладу́ть		
МИНУЛИЙ ЧАС — PAST TENSE			
він (я, ти)	клав		покла́в
вона (я, ти)	кла́ла		покла́ла
воно	кла́ло		покла́ло
вони (ми, ви)	кла́ли		покла́ли
МАЙБУТНІЙ ЧАС — FUTURE TENSE			
	ANALYTIC	SYNTHETIC	
я	бу́ду кла́сти	кла́стиму	покладу́
ти	бу́деш кла́сти	кла́стимеш	покладе́ш
він, вона, воно	бу́де кла́сти	кла́стиме	покладе́
ми	бу́демо кла́сти	кла́стимемо	покладемо́
ви	бу́дете кла́сти	кла́стимете	покладете́
вони	бу́дуть кла́сти	кла́стимуть	покладу́ть
УМОВНИЙ СПОСІБ — CONDITIONAL MOOD			
він (я, ти)	клав би		покла́в би
вона (я, ти)	кла́ла б		покла́ла б
воно	кла́ло б		покла́ло б
вони (ми, ви)	кла́ли б		покла́ли б
НАКАЗОВИЙ СПОСІБ — IMPERATIVE MOOD			
ти	клади́		клади́
ми	кладі́мо		кладі́мо
ви	кладі́ть		кладі́ть
він, вона, воно	(не)ха́й кладе́		(не)ха́й покладе́
вони	(не)ха́й кладу́ть		(не)ха́й покладу́ть
ДІЄПРИКМЕТНИКИ — VERBAL ADJECTIVES (PARTICIPLES)			
ACTIVE			
PASSIVE	кла́дений		покла́дений
ДІЄПРИСЛІВНИКИ — VERBAL ADVERBS			
	кладучи́, кла́вши		покла́вши
БЕЗОСОБОВІ ФОРМИ — IMPERSONAL FORMS			
	кла́дено		покла́дено

+ *accusative* **+ у (в), на +** *accusative*:

Я **кладу́** ключі́ в ни́жню шухля́ду. — *I put the keys in the bottom drawer.*

Вона́ **покла́ла** го́лову на його́ плече́. — *She laid her head on his shoulder.*

Я **покладу́** ці гро́ші в банк. — *I will deposit this money in the bank.*

На ньо́го було́ **покла́дено** вели́кі наді́ї. — *High hopes were placed on him.*

коментува́ти | прокоментува́ти

to comment

Present/Future Stems: коменту- | прокоменту-
Conjugation: **1st (-ють)**

ОСОБА / PERSON	НЕДОКОНАНИЙ ВИД / IMPERFECTIVE ASPECT		ДОКОНАНИЙ ВИД / PERFECTIVE ASPECT
ТЕПЕРІШНІЙ ЧАС — PRESENT TENSE			
я	коменту́ю		
ти	коменту́єш		
він, вона, воно	коменту́є		
ми	коменту́ємо		
ви	коменту́єте		
вони	коменту́ють		
МИНУЛИЙ ЧАС — PAST TENSE			
він (я, ти)	коментува́в		прокоментува́в
вона (я, ти)	коментува́ла		прокоментува́ла
воно	коментува́ло		прокоментува́ло
вони (ми, ви)	коментува́ли		прокоментува́ли
МАЙБУТНІЙ ЧАС — FUTURE TENSE			
	ANALYTIC	SYNTHETIC	
я	бу́ду коментува́ти	коментува́тиму	прокоменту́ю
ти	бу́деш коментува́ти	коментува́тимеш	прокоменту́єш
він, вона, воно	бу́де коментува́ти	коментува́тиме	прокоменту́є
ми	бу́демо коментува́ти	коментува́тимемо	прокоменту́ємо
ви	бу́дете коментува́ти	коментува́тимете	прокоменту́єте
вони	бу́дуть коментува́ти	коментува́тимуть	прокоменту́ють
УМОВНИЙ СПОСІБ — CONDITIONAL MOOD			
він (я, ти)	коментува́в би		прокоментува́в би
вона (я, ти)	коментува́ла б		прокоментува́ла б
воно	коментува́ло б		прокоментува́ло б
вони (ми, ви)	коментува́ли б		прокоментува́ли б
НАКАЗОВИЙ СПОСІБ — IMPERATIVE MOOD			
ти	коменту́й		прокоменту́й
ми	коменту́ймо		прокоменту́ймо
ви	коменту́йте		прокоменту́йте
він, вона, воно	(не)ха́й коменту́є		(не)ха́й прокоменту́є
вони	(не)ха́й коменту́ють		(не)ха́й прокоменту́ють
ДІЄПРИКМЕТНИКИ — VERBAL ADJECTIVES (PARTICIPLES)			
ACTIVE			
PASSIVE	комент́ований		прокомент́ований
ДІЄПРИСЛІВНИКИ — VERBAL ADVERBS			
	коменту́ючи, коментува́вши		прокоментува́вши
БЕЗОСОБОВІ ФОРМИ — IMPERSONAL FORMS			
	коменто́вано		прокоменто́вано

+ *accusative*:

Моя́ сестра́ за́вжди **комент́ує** мої́ до́писи. — *My sister always comments on my posts.*

Президе́нт Украї́ни **прокоментува́в** зая́ву лі́дера Фра́нції. — *The President of Ukraine commented on the statement of the French leader.*

Коли́шній граве́ць «Дина́мо» (Ки́їв) **коментува́тиме** (**бу́де коментува́ти**) цей матч. — *The former player of "Dynamo" (Kyiv) will commentate on this match.*

Прокоменту́йте, будь ла́ска, ці чутки́. — *Please comment on these rumors.*

Present/Future Stems: користу-...-ся | користа-...-ся

Conjugation: 1st (-ють)

користува́тися, | скориста́тися
to use; to take advantage

ОСОБА / PERSON	НЕДОКОНАНИЙ ВИД / IMPERFECTIVE ASPECT		ДОКОНАНИЙ ВИД / PERFECTIVE ASPECT
ТЕПЕРІШНІЙ ЧАС — PRESENT TENSE			
я	користу́юся		
ти	користу́єшся		
він, вона, воно	користу́ється		
ми	користу́ємося		
ви	користу́єтеся		
вони	користу́ються		
МИНУЛИЙ ЧАС — PAST TENSE			
він (я, ти)	користува́вся		скориста́вся
вона (я, ти)	користува́лася		скориста́лася
воно	користува́лося		скориста́лося
вони (ми, ви)	користува́лися		скориста́лися
МАЙБУТНІЙ ЧАС — FUTURE TENSE	ANALYTIC	SYNTHETIC	
я	бу́ду користува́тися	користува́тимуся	скориста́юся
ти	бу́деш користува́тися	користува́тимешся	скориста́єшся
він, вона, воно	бу́де користува́тися	користува́тиметься	скориста́ється
ми	бу́демо користува́тися	користува́тимемося	скориста́ємося
ви	бу́дете користува́тися	користува́тиметеся	скориста́єтеся
вони	бу́дуть користува́тися	користува́тимуться	скориста́ються
УМОВНИЙ СПОСІБ — CONDITIONAL MOOD			
він (я, ти)	користува́вся б		скориста́вся б
вона (я, ти)	користува́лася б		скориста́лася б
воно	користува́лося б		скориста́лося б
вони (ми, ви)	користува́лися б		скориста́лися б
НАКАЗОВИЙ СПОСІБ — IMPERATIVE MOOD			
ти	користу́йся		скориста́йся
ми	користу́ймося		скориста́ймося
ви	користу́йтеся		скориста́йтеся
він, вона, воно	(не)ха́й користу́ється		(не)ха́й скориста́ється
вони	(не)ха́й користу́ються		(не)ха́й скориста́ються

ДІЄПРИКМЕТНИКИ — VERBAL ADJECTIVES (PARTICIPLES)

ACTIVE

PASSIVE

ДІЄПРИСЛІВНИКИ — VERBAL ADVERBS

користу́ючись, користува́вшись   скориста́вшись

БЕЗОСОБОВІ ФОРМИ — IMPERSONAL FORMS

+ instrumental:

Я **користу́юся** са́йтом UkrainianLessons.com ма́йже щодня́.
I use the UkrainianLessons.com website almost every day.

Він **скориста́вся** можли́вістю й запроси́в її на поба́чення.
He took advantage of the opportunity and asked her out.

Дя́кую, я **скориста́юся** ва́шою пора́дою.
Thank you, I will use your advice.

Користу́йтеся на здоро́в'я!
Enjoy it! (Use it for your health!)

коха́ти[ся] | покоха́ти[ся]

to love romantically [to make love; to be fond of]
See also: **люби́ти** | **полюби́ти** (№ 241)

Present/Future Stems: **коха-** | **покоха-**
Conjugation: **1st (-ють)**

ОСОБА / PERSON	НЕДОКОНАНИЙ ВИД / IMPERFECTIVE ASPECT		ДОКОНАНИЙ ВИД / PERFECTIVE ASPECT
ТЕПЕРІШНІЙ ЧАС — PRESENT TENSE			
я	коха́ю[ся]		
ти	коха́єш[ся]		
він, вона, воно	коха́є[ться]		
ми	коха́ємо[ся]		
ви	коха́єте[ся]		
вони	коха́ють[ся]		
МИНУЛИЙ ЧАС — PAST TENSE			
він (я, ти)	коха́в[ся]		покоха́в[ся]
вона (я, ти)	коха́ла[ся]		покоха́ла[ся]
воно	коха́ло[ся]		покоха́ло[ся]
вони (ми, ви)	коха́ли[ся]		покоха́ли[ся]
МАЙБУТНІЙ ЧАС — FUTURE TENSE			
	ANALYTIC	SYNTHETIC	
я	бу́ду коха́ти[ся]	коха́тиму[ся]	покоха́ю[ся]
ти	бу́деш коха́ти[ся]	коха́тимеш[ся]	покоха́єш[ся]
він, вона, воно	бу́де коха́ти[ся]	коха́тиме[ться]	покоха́є[ться]
ми	бу́демо коха́ти[ся]	коха́тимемо[ся]	покоха́ємо[ся]
ви	бу́дете коха́ти[ся]	коха́тимете[ся]	покоха́єте[ся]
вони	бу́дуть коха́ти[ся]	коха́тимуть[ся]	покоха́ють[ся]
УМОВНИЙ СПОСІБ — CONDITIONAL MOOD			
він (я, ти)	коха́в[ся] би [б]		покоха́в[ся] би [б]
вона (я, ти)	коха́ла[ся] б		покоха́ла[ся] б
воно	коха́ло[ся] б		покоха́ло[ся] б
вони (ми, ви)	коха́ли[ся] б		покоха́ли[ся] б
НАКАЗОВИЙ СПОСІБ — IMPERATIVE MOOD			
ти	коха́й[ся]		покоха́й[ся]
ми	коха́ймо[ся]		покоха́ймо[ся]
ви	коха́йте[ся]		покоха́йте[ся]
він, вона, воно	(не)ха́й коха́є[ться]		(не)ха́й покоха́є[ться]
вони	(не)ха́й коха́ють[ся]		(не)ха́й покоха́ють[ся]
ДІЄПРИКМЕТНИКИ — VERBAL ADJECTIVES (PARTICIPLES)			
ACTIVE			
PASSIVE	ко́ханий		
ДІЄПРИСЛІВНИКИ — VERBAL ADVERBS			
	коха́ючи[сь], коха́вши[сь]		покоха́вши[сь]
БЕЗОСОБОВІ ФОРМИ — IMPERSONAL FORMS			
	ко́хано		

+ accusative:

Я **коха́ю** тебе́. — *I love you.*
Він **покоха́в** її́ з пе́ршого по́гляду. — *He fell in love with her at first sight.*
Я за́вжди **коха́тиму** (**бу́ду коха́ти**) його́. — *I will always love him.*

-ся + у (в) + locative (*to be fond of*):

Вона́ змале́чку **коха́ється** в чита́нні. — *She is fond of reading from an early age.*
Вони́ пристра́сно **коха́лися**. — *They were making passionate love.*

Present/Future Stems: кошту- | —
Conjugation: **1st (-ють)**

ко́штува́ти | —
to cost, to be worth

ОСО́БА / PERSON	НЕДОКО́НАНИЙ ВИД / IMPERFECTIVE ASPECT	ДОКО́НАНИЙ ВИД / PERFECTIVE ASPECT

ТЕПЕ́РІШНІЙ ЧАС — PRESENT TENSE

я	ко́штую	
ти	ко́штуєш	
він, вона, воно	ко́штує	
ми	ко́штуємо	
ви	ко́штуєте	
вони	ко́штують	

МИНУЛИЙ ЧАС — PAST TENSE

він (я, ти)	ко́штува́в	
вона (я, ти)	ко́штува́ла	
воно	ко́штува́ло	
вони (ми, ви)	ко́штува́ли	

МАЙБУ́ТНІЙ ЧАС — FUTURE TENSE

	ANALYTIC	SYNTHETIC
я	бу́ду ко́штува́ти	ко́штува́тиму
ти	бу́деш ко́штува́ти	ко́штува́тимеш
він, вона, воно	бу́де ко́штува́ти	ко́штува́тиме
ми	бу́демо ко́штува́ти	ко́штува́тимемо
ви	бу́дете ко́штува́ти	ко́штува́тимете
вони	бу́дуть ко́штува́ти	ко́штува́тимуть

УМО́ВНИЙ СПО́СІБ — CONDITIONAL MOOD

він (я, ти)	ко́штува́в би	
вона (я, ти)	ко́штува́ла б	
воно	ко́штува́ло б	
вони (ми, ви)	ко́штува́ли б	

НАКАЗО́ВИЙ СПО́СІБ — IMPERATIVE MOOD

ти	ко́шту́й	
ми	ко́шту́ймо	
ви	ко́шту́йте	
він, вона, воно	(не)ха́й ко́шту́є	
вони	(не)ха́й ко́штують	

ДІЄПРИКМЕ́ТНИКИ — VERBAL ADJECTIVES (PARTICIPLES)

ACTIVE

PASSIVE

ДІЄПРИСЛІ́ВНИКИ — VERBAL ADVERBS

ко́штуючи, ко́штува́вши

БЕЗОСОБО́ВІ ФО́РМИ — IMPERSONAL FORMS

Скі́льки це **ко́шту́є**? — How much does it cost?

+ dative:

Ремо́нт **ко́штува́в** нам ти́сячу до́ларів. — The repairs cost us a thousand dollars.

Це авто́ **ко́штува́тиме** (**бу́де ко́штува́ти**) доро́жче насту́пного ро́ку. — This car will cost more next year.

Це **ко́штува́ло б** вам до ти́сячі гри́вень. — It would cost you up to a thousand hryvnias.

№ 224

кра́сти | вкра́сти, укра́сти
to steal

Present/Future Stems: **крад-** | **вкрад-**
Conjugation: **1st (-уть)**

ОСОБА / PERSON	НЕДОКОНАНИЙ ВИД / IMPERFECTIVE ASPECT		ДОКОНАНИЙ ВИД / PERFECTIVE ASPECT
ТЕПЕРІШНІЙ ЧАС — PRESENT TENSE			
я	кра́ду		
ти	кра́деш		
він, вона, воно	кра́де		
ми	кра́демо		
ви	кра́дете		
вони	кра́дуть		
МИНУЛИЙ ЧАС — PAST TENSE			
він (я, ти)	крав		вкрав
вона (я, ти)	кра́ла		вкра́ла
воно	кра́ло		вкра́ло
вони (ми, ви)	кра́ли		вкра́ли
МАЙБУТНІЙ ЧАС — FUTURE TENSE			
	ANALYTIC	SYNTHETIC	
я	бу́ду кра́сти	кра́стиму	вкра́ду
ти	бу́деш кра́сти	кра́стимеш	вкра́деш
він, вона, воно	бу́де кра́сти	кра́стиме	вкра́де
ми	бу́демо кра́сти	кра́стимемо	вкра́демо
ви	бу́дете кра́сти	кра́стимете	вкра́дете
вони	бу́дуть кра́сти	кра́стимуть	вкра́дуть
УМОВНИЙ СПОСІБ — CONDITIONAL MOOD			
він (я, ти)	крав би		вкрав би
вона (я, ти)	кра́ла б		вкра́ла б
воно	кра́ло б		вкра́ло б
вони (ми, ви)	кра́ли б		вкра́ли б
НАКАЗОВИЙ СПОСІБ — IMPERATIVE MOOD			
ти	кради́		вкради́
ми	краді́мо		вкраді́мо
ви	краді́ть		вкраді́ть
він, вона, воно	(не)ха́й кра́де		(не)ха́й вкра́де
вони	(не)ха́й кра́дуть		(не)ха́й вкра́дуть
ДІЄПРИКМЕТНИКИ — VERBAL ADJECTIVES (PARTICIPLES)			
ACTIVE			
PASSIVE	кра́дений		вкра́дений
ДІЄПРИСЛІВНИКИ — VERBAL ADVERBS			
	кра́дучи, кра́вши		вкра́вши
БЕЗОСОБОВІ ФОРМИ — IMPERSONAL FORMS			
	кра́дено		вкра́дено

+ accusative:
Вони́ ча́сто **кра́дуть** чужі́ іде́ї. — They often steal other people's ideas.

у (в) + genitive:
Цей чолові́к **укра́в** у ме́не телефо́н! — This man stole my phone!
Я сподіва́юся, що ніхто́ не **вкра́де** мій велосипе́д. — I hope that no one steals my bike.
Укра́дені карти́ни було́ зна́йдено в його́ гаражі́. — The stolen paintings were found in his garage.

Present/Future Stems:
критику- | розкритику-
Conjugation: 1st (-ють)

критикува́ти | розкритикува́ти, покритикува́ти

to criticize

ОСОБА / PERSON	НЕДОКОНАНИЙ ВИД / IMPERFECTIVE ASPECT		ДОКОНАНИЙ ВИД / PERFECTIVE ASPECT
ТЕПЕРІШНІЙ ЧАС — PRESENT TENSE			
я	критику́ю		
ти	критику́єш		
він, вона, воно	критику́є		
ми	критику́ємо		
ви	критику́єте		
вони	критику́ють		
МИНУЛИЙ ЧАС — PAST TENSE			
він (я, ти)	критикува́в		розкритикува́в
вона (я, ти)	критикува́ла		розкритикува́ла
воно	критикува́ло		розкритикува́ло
вони (ми, ви)	критикува́ли		розкритикува́ли
МАЙБУТНІЙ ЧАС — FUTURE TENSE			
	ANALYTIC	SYNTHETIC	
я	бу́ду критикува́ти	критикува́тиму	розкритику́ю
ти	бу́деш критикува́ти	критикува́тимеш	розкритику́єш
він, вона, воно	бу́де критикува́ти	критикува́тиме	розкритику́є
ми	бу́демо критикува́ти	критикува́тимемо	розкритику́ємо
ви	бу́дете критикува́ти	критикува́тимете	розкритику́єте
вони	бу́дуть критикува́ти	критикува́тимуть	розкритику́ють
УМОВНИЙ СПОСІБ — CONDITIONAL MOOD			
він (я, ти)	критикува́в би		розкритикува́в би
вона (я, ти)	критикува́ла б		розкритикува́ла б
воно	критикува́ло б		розкритикува́ло б
вони (ми, ви)	критикува́ли б		розкритикува́ли б
НАКАЗОВИЙ СПОСІБ — IMPERATIVE MOOD			
ти	критику́й		розкритику́й
ми	критику́ймо		розкритику́ймо
ви	критику́йте		розкритику́йте
він, вона, воно	(не)ха́й критику́є		(не)ха́й розкритику́є
вони	(не)ха́й критику́ють		(не)ха́й розкритику́ють
ДІЄПРИКМЕТНИКИ — VERBAL ADJECTIVES (PARTICIPLES)			
ACTIVE			
PASSIVE	критико́ваний		розкритико́ваний
ДІЄПРИСЛІВНИКИ — VERBAL ADVERBS			
	критику́ючи, критикува́вши		розкритикува́вши
БЕЗОСОБОВІ ФОРМИ — IMPERSONAL FORMS			
	критико́вано		розкритико́вано

+ accusative:

Якщо хтось **критику́є** вас, намага́йтеся не піддава́тися емо́ціям.

If someone criticizes you, try not to give in to your emotions.

за + accusative:

Його́ **розкритикува́ли** за це рі́шення.

He was criticized for this decision.

За́вжди бу́де хтось, хто тебе́ **критикува́тиме** (**бу́де критикува́ти**).

There will always be someone who will criticize you.

Не **критику́й** мене́!

Do not criticize me!

кричати | крикнути

to shout, to scream

Present/Future Stems: крич- | крикн-
Conjugation: **2nd (-ать) | 1st (-уть)**

ОСОБА / PERSON	НЕДОКОНАНИЙ ВИД / IMPERFECTIVE ASPECT		ДОКОНАНИЙ ВИД / PERFECTIVE ASPECT
ТЕПЕРІШНІЙ ЧАС — PRESENT TENSE			
я	кричу́		
ти	кричи́ш		
він, вона, воно	кричи́ть		
ми	кричимо́		
ви	кричите́		
вони	крича́ть		
МИНУЛИЙ ЧАС — PAST TENSE			
він (я, ти)	крича́в		кри́кнув
вона (я, ти)	крича́ла		кри́кнула
воно	крича́ло		кри́кнуло
вони (ми, ви)	крича́ли		кри́кнули
МАЙБУТНІЙ ЧАС — FUTURE TENSE			
	ANALYTIC	SYNTHETIC	
я	бу́ду крича́ти	крича́тиму	кри́кну
ти	бу́деш крича́ти	крича́тимеш	кри́кнеш
він, вона, воно	бу́де крича́ти	крича́тиме	кри́кне
ми	бу́демо крича́ти	крича́тимемо	кри́кнемо
ви	бу́дете крича́ти	крича́тимете	кри́кнете
вони	бу́дуть крича́ти	крича́тимуть	кри́кнуть
УМОВНИЙ СПОСІБ — CONDITIONAL MOOD			
він (я, ти)	крича́в би		кри́кнув би
вона (я, ти)	крича́ла б		кри́кнула б
воно	крича́ло б		кри́кнуло б
вони (ми, ви)	крича́ли б		кри́кнули б
НАКАЗОВИЙ СПОСІБ — IMPERATIVE MOOD			
ти	кричи́		кри́кни
ми	кричі́мо		кри́кнімо
ви	кричі́ть		кри́кніть
він, вона, воно	(не)ха́й кричи́ть		(не)ха́й кри́кне
вони	(не)ха́й крича́ть		(не)ха́й кри́кнуть
ДІЄПРИКМЕТНИКИ — VERBAL ADJECTIVES (PARTICIPLES)			
ACTIVE			
PASSIVE			
ДІЄПРИСЛІВНИКИ — VERBAL ADVERBS			
	кричучи́, крича́вши		кри́кнувши
БЕЗОСОБОВІ ФОРМИ — IMPERSONAL FORMS			

Хто це так го́лосно **кричи́ть**?

Who is shouting so loudly?

від + *genitive*:
Жінка **крича́ла** від бо́лю пере́ймів.

The woman was screaming from the pain of contractions.

+ *dative* = **до** + *genitive*:
Вона́ **кри́кнула** щось дити́ні (до дити́ни).

She shouted something to the child.

на + *accusative*:
Не **кричі́ть** на ме́не.

Do not yell at me.

№ 227

Present/Future Stems: **купа-** | **покупа-**
Conjugation: **1st (-ють)**

купа́ти[ся] | покупа́ти[ся]

to bathe sb [to bathe (oneself)]

ОСОБА / PERSON	НЕДОКОНАНИЙ ВИД / IMPERFECTIVE ASPECT		ДОКОНАНИЙ ВИД / PERFECTIVE ASPECT
ТЕПЕРІШНІЙ ЧАС — PRESENT TENSE			
я	купа́ю[ся]		
ти	купа́єш[ся]		
він, вона, воно	купа́є[ться]		
ми	купа́ємо[ся]		
ви	купа́єте[ся]		
вони	купа́ють[ся]		
МИНУЛИЙ ЧАС — PAST TENSE			
він (я, ти)	купа́в[ся]		покупа́в[ся]
вона (я, ти)	купа́ла[ся]		покупа́ла[ся]
воно	купа́ло[ся]		покупа́ло[ся]
вони (ми, ви)	купа́ли[ся]		покупа́ли[ся]
МАЙБУТНІЙ ЧАС — FUTURE TENSE			
	ANALYTIC	SYNTHETIC	
я	бу́ду купа́ти[ся]	купа́тиму[ся]	покупа́ю[ся]
ти	бу́деш купа́ти[ся]	купа́тимеш[ся]	покупа́єш[ся]
він, вона, воно	бу́де купа́ти[ся]	купа́тиме[ться]	покупа́є[ться]
ми	бу́демо купа́ти[ся]	купа́тимемо[ся]	покупа́ємо[ся]
ви	бу́дете купа́ти[ся]	купа́тимете[ся]	покупа́єте[ся]
вони	бу́дуть купа́ти[ся]	купа́тимуть[ся]	покупа́ють[ся]
УМОВНИЙ СПОСІБ — CONDITIONAL MOOD			
він (я, ти)	купа́в[ся] би [б]		покупа́в[ся] би [б]
вона (я, ти)	купа́ла[ся] б		покупа́ла[ся] б
воно	купа́ло[ся] б		покупа́ло[ся] б
вони (ми, ви)	купа́ли[ся] б		покупа́ли[ся] б
НАКАЗОВИЙ СПОСІБ — IMPERATIVE MOOD			
ти	купа́й[ся]		покупа́й[ся]
ми	купа́ймо[ся]		покупа́ймо[ся]
ви	купа́йте[ся]		покупа́йте[ся]
він, вона, воно	(не)ха́й купа́є[ться]		(не)ха́й покупа́є[ться]
вони	(не)ха́й купа́ють[ся]		(не)ха́й покупа́ють[ся]
ДІЄПРИКМЕТНИКИ — VERBAL ADJECTIVES (PARTICIPLES)			
ACTIVE			
PASSIVE	ку́паний		поку́паний
ДІЄПРИСЛІВНИКИ — VERBAL ADVERBS			
	купа́ючи[сь], купа́вши[сь]		покупа́вши[сь]
БЕЗОСОБОВІ ФОРМИ — IMPERSONAL FORMS			
	ку́пано		поку́пано

+ accusative:
Ми вже **покупа́ли** діте́й. — *We already bathed the children.*

-ся + у (в) + locative:
Я рі́дко **купа́юся** у ва́нні. — *I rarely take a bath.*

Покупа́вшись у мо́рі, ми засмага́ли. — *After swimming in the sea, we were sunbathing.*

Не **купа́йтеся** тут. — *Do not swim here.*

№ 228

купува́ти | купи́ти
to buy
Informal: **купля́ти** *(imperfective)*

Present/Future Stems: **купу-** | **куп(л)-**
Conjugation: **1st (-ють)** | **2nd (-ять)**

ОСО́БА / PERSON	НЕДОКОНАНИЙ ВИД / IMPERFECTIVE ASPECT		ДОКОНАНИЙ ВИД / PERFECTIVE ASPECT
ТЕПЕРІШНІЙ ЧАС — PRESENT TENSE			
я	купу́ю		
ти	купу́єш		
він, вона, воно	купу́є		
ми	купу́ємо		
ви	купу́єте		
вони	купу́ють		
МИНУЛИЙ ЧАС — PAST TENSE			
він (я, ти)	купува́в		купи́в
вона (я, ти)	купува́ла		купи́ла
воно	купува́ло		купи́ло
вони (ми, ви)	купува́ли		купи́ли
МАЙБУТНІЙ ЧАС — FUTURE TENSE			
	ANALYTIC	SYNTHETIC	
я	бу́ду купува́ти	купува́тиму	куплю́
ти	бу́деш купува́ти	купува́тимеш	ку́пиш
він, вона, воно	бу́де купува́ти	купува́тиме	ку́пить
ми	бу́демо купува́ти	купува́тимемо	ку́пимо
ви	бу́дете купува́ти	купува́тимете	ку́пите
вони	бу́дуть купува́ти	купува́тимуть	ку́плять
УМОВНИЙ СПОСІБ — CONDITIONAL MOOD			
він (я, ти)	купува́в би		купи́в би
вона (я, ти)	купува́ла б		купи́ла б
воно	купува́ло б		купи́ло б
вони (ми, ви)	купува́ли б		купи́ли б
НАКАЗОВИЙ СПОСІБ — IMPERATIVE MOOD			
ти	купу́й		купи́
ми	купу́ймо		купі́мо
ви	купу́йте		купі́ть
він, вона, воно	(не)ха́й купу́є		(не)ха́й ку́пить
вони	(не)ха́й купу́ють		(не)ха́й ку́плять
ДІЄПРИКМЕТНИКИ — VERBAL ADJECTIVES (PARTICIPLES)			
ACTIVE			
PASSIVE	купо́ваний		ку́плений
ДІЄПРИСЛІВНИКИ — VERBAL ADVERBS			
	купу́ючи, купува́вши		купи́вши
БЕЗОСОБОВІ ФОРМИ — IMPERSONAL FORMS			
	купо́вано		ку́плено

+ *accusative* + **у (в)**, **на** + *locative* (*places*):
Я **купу́ю (купля́ю)** о́вочі ті́льки на ри́нку. — *I buy vegetables only at the market.*

у (в) + *genitive* (*people*):
Він **купи́в** маши́ну в коле́ги. — *He bought a car from a colleague.*

+ *dative*:
Компа́нія **ку́пить** мені́ квитки́. — *The company will buy me tickets.*

Усе́ потрі́бне вже **ку́плено**. — *Everything needed is already bought.*

№ 229

Present/Future Stems: **куса-** | **вкуш-/вкус-**　　　**куса́ти[ся]** | **вкуси́ти[ся], укуси́ти[ся]**
Conjugation: **1st (-ють)** | **2nd (-ять)**　　　*to bite sth/sb [to bite (imperfective); to bite oneself (perfective)]*

ОСОБА / PERSON	НЕДОКОНАНИЙ ВИД / IMPERFECTIVE ASPECT		ДОКОНАНИЙ ВИД / PERFECTIVE ASPECT
ТЕПЕРІШНІЙ ЧАС — PRESENT TENSE			
я	куса́ю[ся]		
ти	куса́єш[ся]		
він, вона, воно	куса́є[ться]		
ми	куса́ємо[ся]		
ви	куса́єте[ся]		
вони	куса́ють[ся]		
МИНУЛИЙ ЧАС — PAST TENSE			
він (я, ти)	куса́в[ся]		вкуси́в[ся]
вона (я, ти)	куса́ла[ся]		вкуси́ла[ся]
воно	куса́ло[ся]		вкуси́ло[ся]
вони (ми, ви)	куса́ли[ся]		вкуси́ли[ся]
МАЙБУТНІЙ ЧАС — FUTURE TENSE			
	ANALYTIC	SYNTHETIC	
я	бу́ду куса́ти[ся]	куса́тиму[ся]	вкушу́[ся]
ти	бу́деш куса́ти[ся]	куса́тимеш[ся]	вку́сиш[ся]
він, вона, воно	бу́де куса́ти[ся]	куса́тиме[ться]	вку́сить[ся]
ми	бу́демо куса́ти[ся]	куса́тимемо[ся]	вку́симо[ся]
ви	бу́дете куса́ти[ся]	куса́тимете[ся]	вку́сите[ся]
вони	бу́дуть куса́ти[ся]	куса́тимуть[ся]	вку́сять[ся]
УМОВНИЙ СПОСІБ — CONDITIONAL MOOD			
він (я, ти)	куса́в[ся] би [б]		вкуси́в[ся] би [б]
вона (я, ти)	куса́ла[ся] б		вкуси́ла[ся] б
воно	куса́ло[ся] б		вкуси́ло[ся] б
вони (ми, ви)	куса́ли[ся] б		вкуси́ли[ся] б
НАКАЗОВИЙ СПОСІБ — IMPERATIVE MOOD			
ти	куса́й[ся]		вкуси́[ся]
ми	куса́ймо[ся]		вкусі́мо[ся]
ви	куса́йте[ся]		вкусі́ть[ся]
він, вона, воно	(не)ха́й куса́є[ться]		(не)ха́й вку́сить[ся]
вони	(не)ха́й куса́ють[ся]		(не)ха́й вку́сять[ся]
ДІЄПРИКМЕТНИКИ — VERBAL ADJECTIVES (PARTICIPLES)			
ACTIVE			
PASSIVE			вку́шений
ДІЄПРИСЛІВНИКИ — VERBAL ADVERBS			
	куса́ючи[сь], куса́вши[сь]		вкуси́вши[сь]
БЕЗОСОБОВІ ФОРМИ — IMPERSONAL FORMS			
			вку́шено

+ *accusative*:

Комарі́ не **куса́ють** мене́.	*Mosquitos do not bite me.*
Ваш кіт мене́ **вкуси́в**.	*Your cat bit me.*
Що роби́ти, якщо́ **вку́сить** гадю́ка?	*What to do if a viper bites you?*
Куса́й обере́жно.	*Bite carefully.*
Цей соба́ка не **куса́ється**.	*This dog does not bite.*

№ 230

кури́ти | покури́ти

to smoke (cigarettes, etc.)

Present/Future Stems: **кур-** | **покур-**
Conjugation: **2nd (-ять)**

ОСОБА / PERSON	НЕДОКОНАНИЙ ВИД / IMPERFECTIVE ASPECT		ДОКОНАНИЙ ВИД / PERFECTIVE ASPECT
ТЕПЕРІШНІЙ ЧАС — PRESENT TENSE			
я	курю́		
ти	ку́риш		
він, вона, воно	ку́рить		
ми	ку́римо		
ви	ку́рите		
вони	ку́рять		
МИНУЛИЙ ЧАС — PAST TENSE			
він (я, ти)	кури́в		покури́в
вона (я, ти)	кури́ла		покури́ла
воно	кури́ло		покури́ло
вони (ми, ви)	кури́ли		покури́ли
МАЙБУТНІЙ ЧАС — FUTURE TENSE			
	ANALYTIC	SYNTHETIC	
я	бу́ду кури́ти	кури́тиму	покурю́
ти	бу́деш кури́ти	кури́тимеш	поку́риш
він, вона, воно	бу́де кури́ти	кури́тиме	поку́рить
ми	бу́демо кури́ти	кури́тимемо	поку́римо
ви	бу́дете кури́ти	кури́тимете	поку́рите
вони	бу́дуть кури́ти	кури́тимуть	поку́рять
УМОВНИЙ СПОСІБ — CONDITIONAL MOOD			
він (я, ти)	кури́в би		покури́в би
вона (я, ти)	кури́ла б		покури́ла б
воно	кури́ло б		покури́ло б
вони (ми, ви)	кури́ли б		покури́ли б
НАКАЗОВИЙ СПОСІБ — IMPERATIVE MOOD			
ти	кури́		покури́
ми	курі́мо		покурі́мо
ви	курі́ть		покурі́ть
він, вона, воно	(не)ха́й ку́рить		(не)ха́й поку́рить
вони	(не)ха́й ку́рять		(не)ха́й поку́рять
ДІЄПРИКМЕТНИКИ — VERBAL ADJECTIVES (PARTICIPLES)			
ACTIVE			
PASSIVE			
ДІЄПРИСЛІВНИКИ — VERBAL ADVERBS			
	ку́рячи, кури́вши		покури́вши
БЕЗОСОБОВІ ФОРМИ — IMPERSONAL FORMS			

+ *accusative*:

Він **ку́рить** ті́льки ці сигаре́ти. — *He smokes only these cigarettes.*
Пе́ред тим, як заходи́ти в метро́, вона́ **покури́ла**. — *Before entering the subway, she smoked.*
Я ніко́ли бі́льше не **кури́тиму** (**бу́ду кури́ти**). — *I will never smoke again.*
Покури́вши, вони́ поверну́лися до робо́ти. — *After smoking, they returned to work.*

ла́зити | пола́зити

to crawl; to climb; to wander (multidirectional)

Present/Future Stems: лаж-/лаз- | полаж-/полаз-
Conjugation: **2nd (-ять)**

See also: **лі́зти** | **полі́зти** (№ 236)

ОСОБА / PERSON	НЕДОКОНАНИЙ ВИД / IMPERFECTIVE ASPECT		ДОКОНАНИЙ ВИД / PERFECTIVE ASPECT
ТЕПЕРІШНІЙ ЧАС — PRESENT TENSE			
я	ла́жу		
ти	ла́зиш		
він, вона, воно	ла́зить		
ми	ла́зимо		
ви	ла́зите		
вони	ла́зять		
МИНУЛИЙ ЧАС — PAST TENSE			
він (я, ти)	ла́зив		пола́зив
вона (я, ти)	ла́зила		пола́зила
воно	ла́зило		пола́зило
вони (ми, ви)	ла́зили		пола́зили
МАЙБУТНІЙ ЧАС — FUTURE TENSE			
	ANALYTIC	SYNTHETIC	
я	бу́ду ла́зити	ла́зитиму	пола́жу
ти	бу́деш ла́зити	ла́зитимеш	пола́зиш
він, вона, воно	бу́де ла́зити	ла́зитиме	пола́зить
ми	бу́демо ла́зити	ла́зитимемо	пола́зимо
ви	бу́дете ла́зити	ла́зитимете	пола́зите
вони	бу́дуть ла́зити	ла́зитимуть	пола́зять
УМОВНИЙ СПОСІБ — CONDITIONAL MOOD			
він (я, ти)	ла́зив би		пола́зив би
вона (я, ти)	ла́зила б		пола́зила б
воно	ла́зило б		пола́зило б
вони (ми, ви)	ла́зили б		пола́зили б
НАКАЗОВИЙ СПОСІБ — IMPERATIVE MOOD			
ти	лазь		пола́зь
ми	ла́зьмо		пола́зьмо
ви	ла́зьте		пола́зьте
він, вона, воно	(не)ха́й ла́зить		(не)ха́й пола́зить
вони	(не)ха́й ла́зять		(не)ха́й пола́зять
ДІЄПРИКМЕТНИКИ — VERBAL ADJECTIVES (PARTICIPLES)			
ACTIVE			
PASSIVE			
ДІЄПРИСЛІВНИКИ — VERBAL ADVERBS			
	ла́зячи, ла́зивши		пола́зивши
БЕЗОСОБОВІ ФОРМИ — IMPERSONAL FORMS			

по, **у (в)**, **на** + *locative*:

Ці жа́би чудо́во **ла́зять** по дере́вах. — These frogs are great at climbing trees.

Він **пола́зив** *(informal)* в інтерне́ті, щоб знайти́ інформа́цію. — He surfed the Internet to find information.

Ско́ро ва́ша дити́на **ла́зитиме** (**бу́де ла́зити**) всю́ди. — Soon your child will be crawling everywhere.

Не **лазь** *(informal)* тут, ти заважа́єш. — Do not wander here, you are in the way.

№ 232

ламáти[ся] | зламáти[ся], поламáти[ся]

to break sth [to break (down)]

Present/Future Stems: **лама-** | **злама-**
Conjugation: **1st (-ють)**

ОСОБА / PERSON	НЕДОКОНАНИЙ ВИД / IMPERFECTIVE ASPECT		ДОКОНАНИЙ ВИД / PERFECTIVE ASPECT
ТЕПЕРІШНІЙ ЧАС — PRESENT TENSE			
я	ламáю[ся]		
ти	ламáєш[ся]		
він, вона, воно	ламáє[ться]		
ми	ламáємо[ся]		
ви	ламáєте[ся]		
вони	ламáють[ся]		
МИНУЛИЙ ЧАС — PAST TENSE			
він (я, ти)	ламáв[ся]		зламáв[ся]
вона (я, ти)	ламáла[ся]		зламáла[ся]
воно	ламáло[ся]		зламáло[ся]
вони (ми, ви)	ламáли[ся]		зламáли[ся]
МАЙБУТНІЙ ЧАС — FUTURE TENSE			
	ANALYTIC	SYNTHETIC	
я	бýду ламáти[ся]	ламáтиму[ся]	зламáю[ся]
ти	бýдеш ламáти[ся]	ламáтимеш[ся]	зламáєш[ся]
він, вона, воно	бýде ламáти[ся]	ламáтиме[ться]	зламáє[ться]
ми	бýдемо ламáти[ся]	ламáтимемо[ся]	зламáємо[ся]
ви	бýдете ламáти[ся]	ламáтимете[ся]	зламáєте[ся]
вони	бýдуть ламáти[ся]	ламáтимуть[ся]	зламáють[ся]
УМОВНИЙ СПОСІБ — CONDITIONAL MOOD			
він (я, ти)	ламáв[ся] би [б]		зламáв[ся] би [б]
вона (я, ти)	ламáла[ся] б		зламáла[ся] б
воно	ламáло[ся] б		зламáло[ся] б
вони (ми, ви)	ламáли[ся] б		зламáли[ся] б
НАКАЗОВИЙ СПОСІБ — IMPERATIVE MOOD			
ти	ламáй[ся]		зламáй[ся]
ми	ламáймо[ся]		зламáймо[ся]
ви	ламáйте[ся]		зламáйте[ся]
він, вона, воно	(не)хáй ламáє[ться]		(не)хáй зламáє[ться]
вони	(не)хáй ламáють[ся]		(не)хáй зламáють[ся]
ДІЄПРИКМЕТНИКИ — VERBAL ADJECTIVES (PARTICIPLES)			
ACTIVE			
PASSIVE	лáманий		злáманий
ДІЄПРИСЛІВНИКИ — VERBAL ADVERBS			
	ламáючи[сь], ламáвши[сь]		зламáвши[сь]
БЕЗОСОБОВІ ФОРМИ — IMPERSONAL FORMS			
	лáмано		злáмано

+ accusative:

Мій брат **зламáв** нóгу. — *My brother broke his leg.*

Будь-який хáкер **зламáє** ваш код. — *Any hacker will crack your code.*

на + accusative:

Поламáйте хліб на невелúкі шматóчки. — *Break the bread into small pieces.*

-ся + від + genitive:

Цей годúнник **ламáється** від контáкту з водóю. — *This watch breaks in contact with water.*

На жаль, моя́ машúна **зламáлася** (**поламáлася**). — *Unfortunately, my car broke down.*

Present/Future Stems: **леж-** | **полеж-**
Conjugation: **2nd (-ать)**

лежа́ти | поле́жати

to lie (be in lying position); to be placed (horizontally)
See also: **ляга́ти** | **лягти́** (№ 242)

ОСО́БА / PERSON	НЕДОКОНАНИЙ ВИД / IMPERFECTIVE ASPECT		ДОКОНАНИЙ ВИД / PERFECTIVE ASPECT
\multicolumn{4}{c}{ТЕПЕ́РІШНІЙ ЧАС — PRESENT TENSE}			

ТЕПЕ́РІШНІЙ ЧАС — PRESENT TENSE

я	лежу́
ти	лежи́ш
він, вона, воно	лежи́ть
ми	лежимо́
ви	лежите́
вони	лежа́ть

МИНУ́ЛИЙ ЧАС — PAST TENSE

	IMPERFECTIVE	PERFECTIVE
він (я, ти)	лежа́в	поле́жав
вона (я, ти)	лежа́ла	поле́жала
воно	лежа́ло	поле́жало
вони (ми, ви)	лежа́ли	поле́жали

МАЙБУ́ТНІЙ ЧАС — FUTURE TENSE

	ANALYTIC	SYNTHETIC	PERFECTIVE
я	бу́ду лежа́ти	лежа́тиму	поле́жу
ти	бу́деш лежа́ти	лежа́тимеш	поле́жиш
він, вона, воно	бу́де лежа́ти	лежа́тиме	поле́жить
ми	бу́демо лежа́ти	лежа́тимемо	поле́жимо
ви	бу́дете лежа́ти	лежа́тимете	поле́жите
вони	бу́дуть лежа́ти	лежа́тимуть	поле́жать

УМО́ВНИЙ СПО́СІБ — CONDITIONAL MOOD

	IMPERFECTIVE	PERFECTIVE
він (я, ти)	лежа́в би	поле́жав би
вона (я, ти)	лежа́ла б	поле́жала б
воно	лежа́ло б	поле́жало б
вони (ми, ви)	лежа́ли б	поле́жали б

НАКАЗО́ВИЙ СПО́СІБ — IMPERATIVE MOOD

	IMPERFECTIVE	PERFECTIVE
ти	лежи́	поле́ж
ми	лежі́мо	поле́жмо
ви	лежі́ть	поле́жте
він, вона, воно	(не)ха́й лежи́ть	(не)ха́й поле́жить
вони	(не)ха́й лежа́ть	(не)ха́й поле́жать

ДІЄПРИКМЕ́ТНИКИ — VERBAL ADJECTIVES (PARTICIPLES)

ACTIVE

PASSIVE

ДІЄПРИСЛІ́ВНИКИ — VERBAL ADVERBS

лежачи́, лежа́вши	поле́жавши

БЕЗОСОБО́ВІ ФО́РМИ — IMPERSONAL FORMS

у (в), **на** + *locative*:

Вона́ **лежи́ть** на дива́ні у віта́льні. — *She is lying on the couch in the living room.*

На столі́ **лежа́ли** нові́ книжки́. — *There were new books on the table.*

Відповіда́льність **лежа́тиме** (**бу́де лежа́ти**) на дире́кторові шко́ли. — *The responsibility will lie with the school principal.*

Поле́ж тро́хи, відпочи́нь. — *Lie down for a while, have some rest.*

№ 234

летíти | полетíти
to fly (unidirectional)
See also: **літáти** | **політáти** (№ 239)

Present/Future Stems: **леч-/лет-** | **полеч-/полет-**
Conjugation: **2nd (-ять)**

ОСОБА / PERSON	НЕДОКОНАНИЙ ВИД / IMPERFECTIVE ASPECT		ДОКОНАНИЙ ВИД / PERFECTIVE ASPECT
ТЕПЕРІШНІЙ ЧАС — PRESENT TENSE			
я	лечý		
ти	летúш		
він, вона, воно	летúть		
ми	летимó		
ви	летитé		
вони	летя́ть		
МИНУЛИЙ ЧАС — PAST TENSE			
він (я, ти)	летíв		полетíв
вона (я, ти)	летíла		полетíла
воно	летíло		полетíло
вони (ми, ви)	летíли		полетíли
МАЙБУТНІЙ ЧАС — FUTURE TENSE	ANALYTIC	SYNTHETIC	
я	бýду летíти	летíтиму	полечý
ти	бýдеш летíти	летíтимеш	полетúш
він, вона, воно	бýде летíти	летíтиме	полетúть
ми	бýдемо летíти	летíтимемо	полетимó
ви	бýдете летíти	летíтимете	полетитé
вони	бýдуть летíти	летíтимуть	полетя́ть
УМОВНИЙ СПОСІБ — CONDITIONAL MOOD			
він (я, ти)	летíв би		полетíв би
вона (я, ти)	летíла б		полетíла б
воно	летíло б		полетíло б
вони (ми, ви)	летíли б		полетíли б
НАКАЗОВИЙ СПОСІБ — IMPERATIVE MOOD			
ти	летú		полетú
ми	летíмо		полетíмо
ви	летíть		полетíть
він, вона, воно	(не)хáй летúть		(не)хáй полетúть
вони	(не)хáй летя́ть		(не)хáй полетя́ть

ДІЄПРИКМЕТНИКИ — VERBAL ADJECTIVES (PARTICIPLES)

ACTIVE

PASSIVE

ДІЄПРИСЛІВНИКИ — VERBAL ADVERBS

летячú, летíвши	полетíвши

БЕЗОСОБОВІ ФОРМИ — IMPERSONAL FORMS

до + *genitive* = **у** (**в**), **на** + *accusative*:

Він зáраз **летúть** до Лóндона (в Лóндон).   *He is now flying to London.*

Лелéки вже **полетíли** у ви́рій.   *Storks have already flown to warm countries.*

Коли ви **полетитé** на Марс?   *When will you fly to Mars?*

Летú, птáшечко!   *Fly, little bird!*

Present/Future Stems: **лл- | —**
Conjugation: **1st (-ють)**

ЛИ́ТИ [СЯ] | —
to pour [to flow, to pour]
See also: **налива́ти[ся] | нали́ти[ся]** (№ 264)

ОСОБА / PERSON	НЕДОКОНАНИЙ ВИД / IMPERFECTIVE ASPECT		ДОКОНАНИЙ ВИД / PERFECTIVE ASPECT
ТЕПЕРІШНІЙ ЧАС — PRESENT TENSE			
я	ллю		
ти	ллєш		
він, вона, воно	ллє́[ться]		
ми	ллємо́		
ви	ллєте́		
вони	ллють[ся]		
МИНУЛИЙ ЧАС — PAST TENSE			
він (я, ти)	ли́в[ся]		
вона (я, ти)	лила́[ся]		
воно	лило́[ся]		
вони (ми, ви)	лили́[ся]		
МАЙБУТНІЙ ЧАС — FUTURE TENSE			
	ANALYTIC	SYNTHETIC	
я	бу́ду ли́ти	ли́тиму	
ти	бу́деш ли́ти	ли́тимеш	
він, вона, воно	бу́де ли́ти[ся]	ли́тиме[ться]	
ми	бу́демо ли́ти	ли́тимемо	
ви	бу́дете ли́ти	ли́тимете	
вони	бу́дуть ли́ти[ся]	ли́тимуть[ся]	
УМОВНИЙ СПОСІБ — CONDITIONAL MOOD			
він (я, ти)	ли́в[ся] би [б]		
вона (я, ти)	лила́[ся] б		
воно	лило́[ся] б		
вони (ми, ви)	лили́[ся] б		
НАКАЗОВИЙ СПОСІБ — IMPERATIVE MOOD			
ти	лий		
ми	ли́ймо		
ви	ли́йте		
він, вона, воно	(не)ха́й ллє́[ться]		
вони	(не)ха́й ллють[ся]		
ДІЄПРИКМЕТНИКИ — VERBAL ADJECTIVES (PARTICIPLES)			
ACTIVE			
PASSIVE	ли́тий		
ДІЄПРИСЛІВНИКИ — VERBAL ADVERBS			
	ллючи́[сь], ли́вши[сь]		
БЕЗОСОБОВІ ФОРМИ — IMPERSONAL FORMS			
	ли́то		

Надво́рі **ллє** холо́дний дощ. — *Cold rain is pouring outside.*

Усю ніч **лило́** як із відра́. — *It was raining buckets all night long.*

+ *accusative* + **у** (**в**), **на** + *accusative*:

Ли́йте окрі́п у ба́нку помале́ньку, щоб не трі́снуло скло́. — *Pour the boiling water into the jar little by little so that the glass does not crack.*

На війні́ **ллє́ться** бага́то кро́ві. — *A lot of blood is being shed in war.*

№ 236

лі́зти | полі́зти

to crawl; to climb; to meddle (unidirectional)
See also: ла́зити | пола́зити (№ 231)

Present/Future Stems: **ліз- | поліз-**
Conjugation: **1st (-уть)**

ОСО́БА / PERSON	НЕДОКО́НАНИЙ ВИД / IMPERFECTIVE ASPECT		ДОКО́НАНИЙ ВИД / PERFECTIVE ASPECT
ТЕПЕ́РІШНІЙ ЧАС — PRESENT TENSE			
я	лі́зу		
ти	лі́зеш		
він, вона, воно	лі́зе		
ми	лі́земо		
ви	лі́зете		
вони	лі́зуть		
МИНУ́ЛИЙ ЧАС — PAST TENSE			
він (я, ти)	ліз		полі́з
вона (я, ти)	лі́зла		полі́зла
воно	лі́зло		полі́зло
вони (ми, ви)	лі́зли		полі́зли
МАЙБУ́ТНІЙ ЧАС — FUTURE TENSE			
	ANALYTIC	SYNTHETIC	
я	бу́ду лі́зти	лі́зтиму	полі́зу
ти	бу́деш лі́зти	лі́зтимеш	полі́зеш
він, вона, воно	бу́де лі́зти	лі́зтиме	полі́зе
ми	бу́демо лі́зти	лі́зтимемо	полі́земо
ви	бу́дете лі́зти	лі́зтимете	полі́зете
вони	бу́дуть лі́зти	лі́зтимуть	полі́зуть
УМО́ВНИЙ СПО́СІБ — CONDITIONAL MOOD			
він (я, ти)	ліз би		полі́з би
вона (я, ти)	лі́зла б		полі́зла б
воно	лі́зло б		полі́зло б
вони (ми, ви)	лі́зли б		полі́зли б
НАКАЗО́ВИЙ СПО́СІБ — IMPERATIVE MOOD			
ти	лізь		полі́зь
ми	лі́зьмо		полі́зьмо
ви	лі́зьте		полі́зьте
він, вона, воно	(не)ха́й лі́зе		(не)ха́й полі́зе
вони	(не)ха́й лі́зуть		(не)ха́й полі́зуть
ДІЄПРИКМЕ́ТНИКИ — VERBAL ADJECTIVES (PARTICIPLES)			
ACTIVE			
PASSIVE			
ДІЄПРИСЛІ́ВНИКИ — VERBAL ADVERBS			
	лі́зучи, лі́зши		полі́зши
БЕЗОСОБО́ВІ ФО́РМИ — IMPERSONAL FORMS			

по, у (в), на + *locative*:
Ва́ша дити́на лі́зе по драби́ні. — Your child is climbing the ladder.

у (в), на + *accusative*:
Вони́ полі́зли на дах, щоб подиви́тися на мі́сто. — They climbed on the roof to see the city.
Я не лі́зтиму (бу́ду лі́зти) у твої́ спра́ви. — I will not meddle in your affairs.
Не лізь на парка́н! — Don't climb on the fence!

№ 237

Present/Future Stems: ліку- | поліку-
Conjugation: **1st (-ють)**

лікува́ти[ся] | полікува́ти[ся]

to treat, to cure sth/sb [to be treated, to receive treatment]

ОСОБА PERSON	НЕДОКОНАНИЙ ВИД IMPERFECTIVE ASPECT		ДОКОНАНИЙ ВИД PERFECTIVE ASPECT
ТЕПЕРІШНІЙ ЧАС — PRESENT TENSE			
я	ліку́ю[ся]		
ти	ліку́єш[ся]		
він, вона, воно	ліку́є[ться]		
ми	ліку́ємо[ся]		
ви	ліку́єте[ся]		
вони	ліку́ють[ся]		
МИНУЛИЙ ЧАС — PAST TENSE			
він (я, ти)	лікува́в[ся]		полікува́в[ся]
вона (я, ти)	лікува́ла[ся]		полікува́ла[ся]
воно	лікува́ло[ся]		полікува́ло[ся]
вони (ми, ви)	лікува́ли[ся]		полікува́ли[ся]
МАЙБУТНІЙ ЧАС — FUTURE TENSE			
	ANALYTIC	SYNTHETIC	
я	бу́ду лікува́ти[ся]	лікува́тиму[ся]	полікую́[ся]
ти	бу́деш лікува́ти[ся]	лікува́тимеш[ся]	поліку́єш[ся]
він, вона, воно	бу́де лікува́ти[ся]	лікува́тиме[ться]	поліку́є[ться]
ми	бу́демо лікува́ти[ся]	лікува́тимемо[ся]	поліку́ємо[ся]
ви	бу́дете лікува́ти[ся]	лікува́тимете[ся]	поліку́єте[ся]
вони	бу́дуть лікува́ти[ся]	лікува́тимуть[ся]	поліку́ють[ся]
УМОВНИЙ СПОСІБ — CONDITIONAL MOOD			
він (я, ти)	лікува́в[ся] би [б]		полікува́в[ся] би [б]
вона (я, ти)	лікува́ла[ся] б		полікува́ла[ся] б
воно	лікува́ло[ся] б		полікува́ло[ся] б
вони (ми, ви)	лікува́ли[ся] б		полікува́ли[ся] б
НАКАЗОВИЙ СПОСІБ — IMPERATIVE MOOD			
ти	ліку́й[ся]		поліку́й[ся]
ми	ліку́ймо[ся]		поліку́ймо[ся]
ви	ліку́йте[ся]		поліку́йте[ся]
він, вона, воно	(не)ха́й ліку́є[ться]		(не)ха́й поліку́є[ться]
вони	(не)ха́й ліку́ють[ся]		(не)ха́й поліку́ють[ся]
ДІЄПРИКМЕТНИКИ — VERBAL ADJECTIVES (PARTICIPLES)			
ACTIVE			
PASSIVE	лiко́ваний		поліко́ваний
ДІЄПРИСЛІВНИКИ — VERBAL ADVERBS			
	ліку́ючи[сь], лікува́вши[сь]		полікува́вши[сь]
БЕЗОСОБОВІ ФОРМИ — IMPERSONAL FORMS			
	лiко́вано		полiко́вано

Ка́жуть, що час **ліку́є**. — *They say that time heals.*

+ accusative:
Він **полікува́в** зу́би в прива́тній клі́ніці. — *He had his teeth treated in a private clinic.*

Вас **лікува́тиме** (**бу́де лікува́ти**) наш провідни́й кардіо́лог. — *You will be treated by our leading cardiologist.*

-ся + від + genitive:
Вона́ **лікува́лася** там від діабе́ту. — *She was treated there for diabetes.*

лінува́тися | полінува́тися

to be (too) lazy

Present/Future Stems: ліну-..-ся | поліну-..-ся
Conjugation: **1st (-ють)**

ОСОБА / PERSON	НЕДОКОНАНИЙ ВИД / IMPERFECTIVE ASPECT		ДОКОНАНИЙ ВИД / PERFECTIVE ASPECT
ТЕПЕРІШНІЙ ЧАС — PRESENT TENSE			
я	ліну́юся		
ти	ліну́єшся		
він, вона, воно	ліну́ється		
ми	ліну́ємося		
ви	ліну́єтеся		
вони	ліну́ються		
МИНУЛИЙ ЧАС — PAST TENSE			
він (я, ти)	лінува́вся		полінува́вся
вона (я, ти)	лінува́лася		полінува́лася
воно	лінува́лося		полінува́лося
вони (ми, ви)	лінува́лися		полінува́лися
МАЙБУТНІЙ ЧАС — FUTURE TENSE			
	ANALYTIC	SYNTHETIC	
я	бу́ду лінува́тися	лінува́тимуся	полінýюся
ти	бу́деш лінува́тися	лінува́тимешся	полінýєшся
він, вона, воно	бу́де лінува́тися	лінува́тиметься	полінýється
ми	бу́демо лінува́тися	лінува́тимемося	полінýємося
ви	бу́дете лінува́тися	лінува́тиметеся	полінýєтеся
вони	бу́дуть лінува́тися	лінува́тимуться	полінýються
УМОВНИЙ СПОСІБ — CONDITIONAL MOOD			
він (я, ти)	лінува́вся б		полінува́вся б
вона (я, ти)	лінува́лася б		полінува́лася б
воно	лінува́лося б		полінува́лося б
вони (ми, ви)	лінува́лися б		полінува́лися б
НАКАЗОВИЙ СПОСІБ — IMPERATIVE MOOD			
ти	ліну́йся		полінýйся
ми	ліну́ймося		полінýймося
ви	ліну́йтеся		полінýйтеся
він, вона, воно	(не)ха́й ліну́ється		(не)ха́й полінýється
вони	(не)ха́й ліну́ються		(не)ха́й полінýються
ДІЄПРИКМЕТНИКИ — VERBAL ADJECTIVES (PARTICIPLES)			
ACTIVE			
PASSIVE			
ДІЄПРИСЛІВНИКИ — VERBAL ADVERBS			
	ліну́ючись, лінува́вшись		полінува́вшись
БЕЗОСОБОВІ ФОРМИ — IMPERSONAL FORMS			

+ infinitive:

Я **ліну́юся** займа́тися спо́ртом щодня́.
I am too lazy to exercise every day.

Ми **полінува́лися** готува́ти й замо́вили пі́цу.
We were too lazy to cook and ordered a pizza.

Я не **полінýюся** і напишу́ їм пога́ний ві́дгук.
I will not be lazy, and I will write them a bad review.

Не **ліну́йся**, ході́мо бі́гати.
Don't be lazy, let's go for a run.

№ 239

Present/Future Stems: **літа- | політа-**

Conjugation: **1st (-ють)**

літа́ти | політа́ти

to fly (multidirectional)
See also: **летіти | полетіти** (№ 234)

ОСОБА / PERSON	НЕДОКОНАНИЙ ВИД / IMPERFECTIVE ASPECT		ДОКОНАНИЙ ВИД / PERFECTIVE ASPECT
ТЕПЕРІШНІЙ ЧАС — PRESENT TENSE			
я	літа́ю		
ти	літа́єш		
він, вона, воно	літа́є		
ми	літа́ємо		
ви	літа́єте		
вони	літа́ють		
МИНУЛИЙ ЧАС — PAST TENSE			
він (я, ти)	літа́в		політа́в
вона (я, ти)	літа́ла		політа́ла
воно	літа́ло		політа́ло
вони (ми, ви)	літа́ли		політа́ли
МАЙБУТНІЙ ЧАС — FUTURE TENSE			
	ANALYTIC	SYNTHETIC	
я	бу́ду літа́ти	літа́тиму	політа́ю
ти	бу́деш літа́ти	літа́тимеш	політа́єш
він, вона, воно	бу́де літа́ти	літа́тиме	політа́є
ми	бу́демо літа́ти	літа́тимемо	політа́ємо
ви	бу́дете літа́ти	літа́тимете	політа́єте
вони	бу́дуть літа́ти	літа́тимуть	політа́ють
УМОВНИЙ СПОСІБ — CONDITIONAL MOOD			
він (я, ти)	літа́в би		політа́в би
вона (я, ти)	літа́ла б		політа́ла б
воно	літа́ло б		політа́ло б
вони (ми, ви)	літа́ли б		політа́ли б
НАКАЗОВИЙ СПОСІБ — IMPERATIVE MOOD			
ти	літа́й		політа́й
ми	літа́ймо		політа́ймо
ви	літа́йте		політа́йте
він, вона, воно	(не)ха́й літа́є		(не)ха́й політа́є
вони	(не)ха́й літа́ють		(не)ха́й політа́ють
ДІЄПРИКМЕТНИКИ — VERBAL ADJECTIVES (PARTICIPLES)			
ACTIVE			
PASSIVE			
ДІЄПРИСЛІВНИКИ — VERBAL ADVERBS			
	літа́ючи, літа́вши		політа́вши
БЕЗОСОБОВІ ФОРМИ — IMPERSONAL FORMS			

у (в), на + *accusative*:

Ласті́вки **літа́ють** на зи́му у ви́рій. — Swallows fly to warm countries for the winter.

Рані́ше вони́ ча́сто **літа́ли** в Украї́ну. — They used to fly to Ukraine often.

на + *locative*:

Він запропонува́в **політа́ти** на повітря́ній ку́лі. — He suggested that we fly in a hot-air balloon.

У кві́дич гра́ють, **літа́ючи** на мітлі́. — Quidditch is played by flying on a broomstick.

№ 240

ЛОВИ́ТИ | ЗЛОВИ́ТИ
to catch

Present/Future Stems: лов(л)- | злов(л)-
Conjugation: **2nd (-ять)**

ОСОБА / PERSON	НЕДОКОНАНИЙ ВИД / IMPERFECTIVE ASPECT		ДОКОНАНИЙ ВИД / PERFECTIVE ASPECT
ТЕПЕРІШНІЙ ЧАС — PRESENT TENSE			
я	ловлю́		
ти	ло́виш		
він, вона, воно	ло́вить		
ми	ло́вимо		
ви	ло́вите		
вони	ло́влять		
МИНУЛИЙ ЧАС — PAST TENSE			
він (я, ти)	лови́в		злови́в
вона (я, ти)	лови́ла		злови́ла
воно	лови́ло		злови́ло
вони (ми, ви)	лови́ли		злови́ли
МАЙБУТНІЙ ЧАС — FUTURE TENSE			
	ANALYTIC	SYNTHETIC	
я	бу́ду лови́ти	лови́тиму	зловлю́
ти	бу́деш лови́ти	лови́тимеш	зло́виш
він, вона, воно	бу́де лови́ти	лови́тиме	зло́вить
ми	бу́демо лови́ти	лови́тимемо	зло́вимо
ви	бу́дете лови́ти	лови́тимете	зло́вите
вони	бу́дуть лови́ти	лови́тимуть	зло́влять
УМОВНИЙ СПОСІБ — CONDITIONAL MOOD			
він (я, ти)	лови́в би		злови́в би
вона (я, ти)	лови́ла б		злови́ла б
воно	лови́ло б		злови́ло б
вони (ми, ви)	лови́ли б		злови́ли б
НАКАЗОВИЙ СПОСІБ — IMPERATIVE MOOD			
ти	лови́		злови́
ми	лові́мо		зломі́мо
ви	лові́ть		зло́віть
він, вона, воно	(не)ха́й ло́вить		(не)ха́й зло́вить
вони	(не)ха́й ло́влять		(не)ха́й зло́влять
ДІЄПРИКМЕТНИКИ — VERBAL ADJECTIVES (PARTICIPLES)			
ACTIVE			
PASSIVE			зло́влений
ДІЄПРИСЛІВНИКИ — VERBAL ADVERBS			
	ло́влячи, лови́вши		злови́вши
БЕЗОСОБОВІ ФОРМИ — IMPERSONAL FORMS			
			зло́влено

+ *accusative*:

Наш кіт чудо́во **ло́вить** мише́й. — Our cat catches mice well.
Він **злови́в** бага́то ри́би. — He caught a lot of fish.
Якщо́ тебе́ **зло́влять**, ма́тимеш пробле́ми. — If you get caught, you will have problems.
Лови́ м'яч! — Catch the ball!

Present/Future Stems: люб(л)- | полюб(л)-
Conjugation: 2nd (-ять)

люби́ти | полюби́ти
to love, to like
See also: **коха́ти** | **покоха́ти** (№ 222)

ОСОБА / PERSON	НЕДОКОНАНИЙ ВИД / IMPERFECTIVE ASPECT		ДОКОНАНИЙ ВИД / PERFECTIVE ASPECT
ТЕПЕРІШНІЙ ЧАС — PRESENT TENSE			
я	люблю́		
ти	лю́биш		
він, вона, воно	лю́бить		
ми	лю́бимо		
ви	лю́бите		
вони	лю́блять		
МИНУЛИЙ ЧАС — PAST TENSE			
він (я, ти)	люби́в		полюби́в
вона (я, ти)	люби́ла		полюби́ла
воно	люби́ло		полюби́ло
вони (ми, ви)	люби́ли		полюби́ли
МАЙБУТНІЙ ЧАС — FUTURE TENSE			
	ANALYTIC	SYNTHETIC	
я	бу́ду люби́ти	люби́тиму	полюблю́
ти	бу́деш люби́ти	люби́тимеш	полю́биш
він, вона, воно	бу́де люби́ти	люби́тиме	полю́бить
ми	бу́демо люби́ти	люби́тимемо	полю́бимо
ви	бу́дете люби́ти	люби́тимете	полю́бите
вони	бу́дуть люби́ти	люби́тимуть	полю́блять
УМОВНИЙ СПОСІБ — CONDITIONAL MOOD			
він (я, ти)	люби́в би		полюби́в би
вона (я, ти)	люби́ла б		полюби́ла б
воно	люби́ло б		полюби́ло б
вони (ми, ви)	люби́ли б		полюби́ли б
НАКАЗОВИЙ СПОСІБ — IMPERATIVE MOOD			
ти	люби́		полюби́
ми	любі́мо		полюбі́мо
ви	любі́ть		полюбі́ть
він, вона, воно	(не)ха́й лю́бить		(не)ха́й полю́бить
вони	(не)ха́й лю́блять		(не)ха́й полю́блять
ДІЄПРИКМЕТНИКИ — VERBAL ADJECTIVES (PARTICIPLES)			
ACTIVE			
PASSIVE	лю́блений		полю́блений
ДІЄПРИСЛІВНИКИ — VERBAL ADVERBS			
	лю́блячи, люби́вши		полюби́вши
БЕЗОСОБОВІ ФОРМИ — IMPERSONAL FORMS			
	лю́блено		полю́блено

+ *accusative*:
Я **люблю́** тебе́! — *I love you!*

+ *infinitive*:
Ра́ніше ми **люби́ли** ката́тися на ли́жах, але́ тепе́р ми бі́льше **лю́бимо** сноубо́рд. — *We used to like skiing, but now we like snowboarding more.*

Я за́вжди **люби́тиму** (**бу́ду люби́ти**) цей спорт. — *I will always love this sport.*

Полюби́вши себе́, ви **полю́бите** й і́нших. — *Having loved yourself, you will love others as well.*

№ 242

ляга́ти | лягти́
to lie down; to fall
See also: **лежа́ти** | **полежа́ти** (№ 233)

Present/Future Stems: **ляга-** | **ляж-**
Conjugation: **1st (-ють) | 1st (-уть)**

ОСО́БА / PERSON	НЕДОКО́НАНИЙ ВИД / IMPERFECTIVE ASPECT		ДОКО́НАНИЙ ВИД / PERFECTIVE ASPECT
ТЕПЕ́РІШНІЙ ЧАС — PRESENT TENSE			
я	ляга́ю		
ти	ляга́єш		
він, вона, воно	ляга́є		
ми	ляга́ємо		
ви	ляга́єте		
вони	ляга́ють		
МИНУ́ЛИЙ ЧАС — PAST TENSE			
він (я, ти)	ляга́в		ліг
вона (я, ти)	ляга́ла		лягла́
воно	ляга́ло		лягло́
вони (ми, ви)	ляга́ли		лягли́
МАЙБУ́ТНІЙ ЧАС — FUTURE TENSE			
	ANALYTIC	SYNTHETIC	
я	бу́ду ляга́ти	ляга́тиму	ля́жу
ти	бу́деш ляга́ти	ляга́тимеш	ля́жеш
він, вона, воно	бу́де ляга́ти	ляга́тиме	ля́же
ми	бу́демо ляга́ти	ляга́тимемо	ля́жемо
ви	бу́дете ляга́ти	ляга́тимете	ля́жете
вони	бу́дуть ляга́ти	ляга́тимуть	ля́жуть
УМО́ВНИЙ СПО́СІБ — CONDITIONAL MOOD			
він (я, ти)	ляга́в би		ліг би
вона (я, ти)	ляга́ла б		лягла́ б
воно	ляга́ло б		лягло́ б
вони (ми, ви)	ляга́ли б		лягли́ б
НАКАЗО́ВИЙ СПО́СІБ — IMPERATIVE MOOD			
ти	ляга́й		ляж
ми	ляга́ймо		ля́жмо
ви	ляга́йте		ля́жте
він, вона, воно	(не)ха́й ляга́є		(не)ха́й ля́же
вони	(не)ха́й ляга́ють		(не)ха́й ля́жуть
ДІЄПРИКМЕ́ТНИКИ — VERBAL ADJECTIVES (PARTICIPLES)			
ACTIVE			
PASSIVE			
ДІЄПРИСЛІ́ВНИКИ — VERBAL ADVERBS			
	ляга́ючи, ляга́вши		лі́гши
БЕЗОСОБО́ВІ ФО́РМИ — IMPERSONAL FORMS			

+ infinitive:
Я **ляга́ю** спа́ти о деся́тій ве́чора. — *I go to bed at ten in the evening.*

у (в), на + *accusative*:
Він **ліг** на дива́н і задріма́в. — *He lay down on the couch and dozed off.*
Моя́ сестра́ **лягла́** в ліка́рню. — *My sister was hospitalized.*
Уся́ відповіда́льність **ля́же** на ва́ші пле́чі. — *All responsibility will fall on your shoulders.*
Неха́й ді́ти **ля́жуть** сього́дні ране́ше. — *Let the children go to bed earlier tonight.*

Present/Future Stems: ляка- | зляка-

Conjugation: **1st** (-ють)

ляка́ти[ся] | зляка́ти[ся]

to scare, to frighten [to get scared]

ОСОБА / PERSON	НЕДОКОНАНИЙ ВИД / IMPERFECTIVE ASPECT		ДОКОНАНИЙ ВИД / PERFECTIVE ASPECT
ТЕПЕРІШНІЙ ЧАС — PRESENT TENSE			
я	ляка́ю[ся]		
ти	ляка́єш[ся]		
він, вона, воно	ляка́є[ться]		
ми	ляка́ємо[ся]		
ви	ляка́єте[ся]		
вони	ляка́ють[ся]		
МИНУЛИЙ ЧАС — PAST TENSE			
він (я, ти)	ляка́в[ся]		зляка́в[ся]
вона (я, ти)	ляка́ла[ся]		зляка́ла[ся]
воно	ляка́ло[ся]		зляка́ло[ся]
вони (ми, ви)	ляка́ли[ся]		зляка́ли[ся]
МАЙБУТНІЙ ЧАС — FUTURE TENSE			
	ANALYTIC	SYNTHETIC	
я	бу́ду ляка́ти[ся]	ляка́тиму[ся]	зляка́ю[ся]
ти	бу́деш ляка́ти[ся]	ляка́тимеш[ся]	зляка́єш[ся]
він, вона, воно	бу́де ляка́ти[ся]	ляка́тиме[ться]	зляка́є[ться]
ми	бу́демо ляка́ти[ся]	ляка́тимемо[ся]	зляка́ємо[ся]
ви	бу́дете ляка́ти[ся]	ляка́тимете[ся]	зляка́єте[ся]
вони	бу́дуть ляка́ти[ся]	ляка́тимуть[ся]	зляка́ють[ся]
УМОВНИЙ СПОСІБ — CONDITIONAL MOOD			
він (я, ти)	ляка́в[ся] би [б]		зляка́в[ся] би [б]
вона (я, ти)	ляка́ла[ся] б		зляка́ла[ся] б
воно	ляка́ло[ся] б		зляка́ло[ся] б
вони (ми, ви)	ляка́ли[ся] б		зляка́ли[ся] б
НАКАЗОВИЙ СПОСІБ — IMPERATIVE MOOD			
ти	ляка́й[ся]		зляка́й[ся]
ми	ляка́ймо[ся]		зляка́ймо[ся]
ви	ляка́йте[ся]		зляка́йте[ся]
він, вона, воно	(не)ха́й ляка́є[ться]		(не)ха́й зляка́є[ться]
вони	(не)ха́й ляка́ють[ся]		(не)ха́й зляка́ють[ся]
ДІЄПРИКМЕТНИКИ — VERBAL ADJECTIVES (PARTICIPLES)			
ACTIVE			
PASSIVE			зля́каний
ДІЄПРИСЛІВНИКИ — VERBAL ADVERBS			
	ляка́ючи[сь], ляка́вши[сь]		зляка́вши[сь]
БЕЗОСОБОВІ ФОРМИ — IMPERSONAL FORMS			
			зля́кано

+ accusative:
Ти мене́ **ляка́єш**.   *You are scaring me.*
Нас уже́ нічо́го не **зляка́є**.   *Nothing will scare us anymore.*

+ instrumental:
Не **ляка́й** бра́та страшни́ми істо́ріями.   *Do not frighten your brother with scary stories.*

-ся + genitive:
Хло́пчик **зляка́вся** незнайо́мця.   *The boy got scared of the stranger.*

№ 244

малюва́ти[ся] | намалюва́ти[ся]
to draw, to paint [to apply makeup]

Present/Future Stems: малю- | намалю-
Conjugation: **1st (-ють)**

ОСОБА / PERSON	НЕДОКОНАНИЙ ВИД / IMPERFECTIVE ASPECT		ДОКОНАНИЙ ВИД / PERFECTIVE ASPECT
ТЕПЕРІШНІЙ ЧАС — PRESENT TENSE			
я	малю́ю[ся]		
ти	малю́єш[ся]		
він, вона, воно	малю́є[ться]		
ми	малю́ємо[ся]		
ви	малю́єте[ся]		
вони	малю́ють[ся]		
МИНУЛИЙ ЧАС — PAST TENSE			
він (я, ти)	малюва́в[ся]		намалюва́в[ся]
вона (я, ти)	малюва́ла[ся]		намалюва́ла[ся]
воно	малюва́ло[ся]		намалюва́ло[ся]
вони (ми, ви)	малюва́ли[ся]		намалюва́ли[ся]
МАЙБУТНІЙ ЧАС — FUTURE TENSE	ANALYTIC	SYNTHETIC	
я	бу́ду малюва́ти[ся]	малюва́тиму[ся]	намалю́ю[ся]
ти	бу́деш малюва́ти[ся]	малюва́тимеш[ся]	намалю́єш[ся]
він, вона, воно	бу́де малюва́ти[ся]	малюва́тиме[ться]	намалю́є[ться]
ми	бу́демо малюва́ти[ся]	малюва́тимемо[ся]	намалю́ємо[ся]
ви	бу́дете малюва́ти[ся]	малюва́тимете[ся]	намалю́єте[ся]
вони	бу́дуть малюва́ти[ся]	малюва́тимуть[ся]	намалю́ють[ся]
УМОВНИЙ СПОСІБ — CONDITIONAL MOOD			
він (я, ти)	малюва́в[ся] би [б]		намалюва́в[ся] би [б]
вона (я, ти)	малюва́ла[ся] б		намалюва́ла[ся] б
воно	малюва́ло[ся] б		намалюва́ло[ся] б
вони (ми, ви)	малюва́ли[ся] б		намалюва́ли[ся] б
НАКАЗОВИЙ СПОСІБ — IMPERATIVE MOOD			
ти	малю́й[ся]		намалю́й[ся]
ми	малю́ймо[ся]		намалю́ймо[ся]
ви	малю́йте[ся]		намалю́йте[ся]
він, вона, воно	(не)ха́й малю́є[ться]		(не)ха́й намалю́є[ться]
вони	(не)ха́й малю́ють[ся]		(не)ха́й намалю́ють[ся]
ДІЄПРИКМЕТНИКИ — VERBAL ADJECTIVES (PARTICIPLES)			
ACTIVE			
PASSIVE	мальо́ваний		намальо́ваний
ДІЄПРИСЛІВНИКИ — VERBAL ADVERBS			
	малю́ючи[сь], малюва́вши[сь]		намалюва́вши[сь]
БЕЗОСОБОВІ ФОРМИ — IMPERSONAL FORMS			
	мальо́вано		намальо́вано

Моя́ вну́чка га́рно **малю́є**.
My granddaughter draws (or paints) well.

+ accusative:
Украї́нська худо́жниця **намалюва́ла** ці ілюстра́ції.
A Ukrainian artist drew these illustrations.

Хо́чеш, я **намалю́ю** твій портре́т?
Would you like me to paint your portrait?

+ instrumental:
Ця карти́на **намальо́вана** акваре́ллю.
This picture is painted with watercolor.

Вона́ **намалюва́лася** пе́ред ви́ходом.
She applied makeup before going out.

№ 245

Present/Future Stems: **ма-** | —
Conjugation: **1st (-ють)** | —

МА́ТИ | —
to have; to have to

ОСО́БА / PERSON	НЕДОКО́НАНИЙ ВИД / IMPERFECTIVE ASPECT	ДОКО́НАНИЙ ВИД / PERFECTIVE ASPECT

ТЕПЕ́РІШНІЙ ЧАС — PRESENT TENSE

я	ма́ю	
ти	ма́єш	
він, вона́, воно́	ма́є	
ми	ма́ємо	
ви	ма́єте	
вони́	ма́ють	

МИНУ́ЛИЙ ЧАС — PAST TENSE

він (я, ти)	мав	
вона́ (я, ти)	ма́ла	
воно́	ма́ло	
вони́ (ми, ви)	ма́ли	

МАЙБУ́ТНІЙ ЧАС — FUTURE TENSE

	ANALYTIC	SYNTHETIC
я	бу́ду ма́ти	ма́тиму
ти	бу́деш ма́ти	ма́тимеш
він, вона́, воно́	бу́де ма́ти	ма́тиме
ми	бу́демо ма́ти	ма́тимемо
ви	бу́дете ма́ти	ма́тимете
вони́	бу́дуть ма́ти	ма́тимуть

УМО́ВНИЙ СПО́СІБ — CONDITIONAL MOOD

він (я, ти)	мав би	
вона́ (я, ти)	ма́ла б	
воно́	ма́ло б	
вони́ (ми, ви)	ма́ли б	

НАКАЗО́ВИЙ СПО́СІБ — IMPERATIVE MOOD

ти	май	
ми	ма́ймо	
ви	ма́йте	
він, вона́, воно́	(не)ха́й ма́є	
вони́	(не)ха́й ма́ють	

ДІЄПРИКМЕ́ТНИКИ — VERBAL ADJECTIVES (PARTICIPLES)

ACTIVE

PASSIVE

ДІЄПРИСЛІ́ВНИКИ — VERBAL ADVERBS

ма́ючи, ма́вши

БЕЗОСОБО́ВІ ФО́РМИ — IMPERSONAL FORMS

+ accusative:
Ми **ма́ємо** всі докуме́нти.   *We have all the documents.*

не + […] **+ genitive:**
Ми не **ма́ємо** всіх докуме́нтів.   *We do not have all the documents.*

за + accusative:
Я **мав** за честь бу́ти його́ дру́гом.   *I had the honor of being his friend.*

+ infinitive:
Ви **ма́єте** розумі́ти, з ким **ма́тимете** спра́ву.   *You have to understand who you will be dealing with.*
Люде́й пита́й, а свій ро́зум **май** (прислі́в'я).   *Ask people, but have your own mind (proverb).*

мéрзнути, мéрзти | змéрзнути, змéрзти

to be cold, to get cold
See also: замерзáти | замéрзнути (№ 158)

Present/Future Stems: мерзн- | змерзн-
Conjugation: 1st (-уть)

ОСОБА / PERSON	НЕДОКОНАНИЙ ВИД / IMPERFECTIVE ASPECT		ДОКОНАНИЙ ВИД / PERFECTIVE ASPECT
ТЕПЕРІШНІЙ ЧАС — PRESENT TENSE			
я	мéрзну		
ти	мéрзнеш		
він, вона, воно	мéрзне		
ми	мéрзнемо		
ви	мéрзнете		
вони	мéрзнуть		
МИНУЛИЙ ЧАС — PAST TENSE			
він (я, ти)	мéрзнув, мерз		змерз
вона (я, ти)	мéрзнула, мéрзла		змéрзла
воно	мéрзнуло, мéрзло		змéрзло
вони (ми, ви)	мéрзнули, мéрзли		змéрзли
МАЙБУТНІЙ ЧАС — FUTURE TENSE	ANALYTIC	SYNTHETIC	
я	бýду мéрзнути/мéрзти	мéрзнутиму	змéрзну
ти	бýдеш мéрзнути/мéрзти	мéрзнутимеш	змéрзнеш
він, вона, воно	бýде мéрзнути/мéрзти	мéрзнутиме	змéрзне
ми	бýдемо мéрзнути/мéрзти	мéрзнутимемо	змéрзнемо
ви	бýдете мéрзнути/мéрзти	мéрзнутимете	змéрзнете
вони	бýдуть мéрзнути/мéрзти	мéрзнутимуть	змéрзнуть
УМОВНИЙ СПОСІБ — CONDITIONAL MOOD			
він (я, ти)	мéрзнув/мерз би		змерз би
вона (я, ти)	мéрзнула/мéрзла б		змéрзла б
воно	мéрзнуло/мéрзло б		змéрзло б
вони (ми, ви)	мéрзнули/мéрзли б		змéрзли б
НАКАЗОВИЙ СПОСІБ — IMPERATIVE MOOD			
ти	мéрзни		змéрзни
ми	мéрзнімо		змéрзнімо
ви	мéрзніть		змéрзніть
він, вона, воно	(не)хáй мéрзне		(не)хáй змéрзне
вони	(не)хáй мéрзнуть		(не)хáй змéрзнуть
ДІЄПРИКМЕТНИКИ — VERBAL ADJECTIVES (PARTICIPLES)			
ACTIVE			змéрзлий
PASSIVE			
ДІЄПРИСЛІВНИКИ — VERBAL ADVERBS			
	мéрзнучи, мéрзнувши, мéрзши		змéрзнувши, змéрзши
БЕЗОСОБОВІ ФОРМИ — IMPERSONAL FORMS			

+ *locative*:

Я зáвжди **мéрзну** в цій кýртці.	*I am always cold in this jacket.*
У мéне страшéнно **змéрзли** нóги.	*My feet got terribly cold.*
У цих рукавúцях вáші рýки ніколи не **мéрзнутимуть** (**бýдуть мéрзнути**).	*In these mittens, your hands will never get cold.*
Змéрзлі та голóдні, ми вирішили повернýтися додóму.	*Cold and hungry, we decided to return home.*

№ 247

Present/Future Stems: **ми-** | **поми-**
Conjugation: **1st (-ють)**

ми́ти[ся] | поми́ти[ся]

to wash, to clean with water [to wash oneself]

ОСОБА / PERSON	НЕДОКОНАНИЙ ВИД / IMPERFECTIVE ASPECT		ДОКОНАНИЙ ВИД / PERFECTIVE ASPECT
ТЕПЕРІШНІЙ ЧАС — PRESENT TENSE			
я	мию[ся]		
ти	миєш[ся]		
він, вона, воно	миє[ться]		
ми	миємо[ся]		
ви	миєте[ся]		
вони	миють[ся]		
МИНУЛИЙ ЧАС — PAST TENSE			
він (я, ти)	мив[ся]		помив[ся]
вона (я, ти)	мила[ся]		помила[ся]
воно	мило[ся]		помило[ся]
вони (ми, ви)	мили[ся]		помили[ся]
МАЙБУТНІЙ ЧАС — FUTURE TENSE			
	ANALYTIC	SYNTHETIC	
я	буду мити[ся]	митиму[ся]	помию[ся]
ти	будеш мити[ся]	митимеш[ся]	помиєш[ся]
він, вона, воно	буде мити[ся]	митиме[ться]	помиє[ться]
ми	будемо мити[ся]	митимемо[ся]	помиємо[ся]
ви	будете мити[ся]	митимете[ся]	помиєте[ся]
вони	будуть мити[ся]	митимуть[ся]	помиють[ся]
УМОВНИЙ СПОСІБ — CONDITIONAL MOOD			
він (я, ти)	мив[ся] би [б]		помив[ся] би [б]
вона (я, ти)	мила[ся] б		помила[ся] б
воно	мило[ся] б		помило[ся] б
вони (ми, ви)	мили[ся] б		помили[ся] б
НАКАЗОВИЙ СПОСІБ — IMPERATIVE MOOD			
ти	мий[ся]		помий[ся]
ми	миймо[ся]		поммо[ся]
ви	мийте[ся]		помийте[ся]
він, вона, воно	(не)хай миє[ться]		(не)хай помиє[ться]
вони	(не)хай миють[ся]		(не)хай помиють[ся]
ДІЄПРИКМЕТНИКИ — VERBAL ADJECTIVES (PARTICIPLES)			
ACTIVE			
PASSIVE	митий		помитий
ДІЄПРИСЛІВНИКИ — VERBAL ADVERBS			
	миючи[сь], мивши[сь]		помивши[сь]
БЕЗОСОБОВІ ФОРМИ — IMPERSONAL FORMS			
	мито		помито

+ *accusative*:
Я **мию** го́лову раз на два дні. — *I wash my hair once every two days.*
Він позаміта́в і **поми́в** підло́гу. — *He swept and washed the floor.*
Ча́сто і рете́льно **ми́йте** ру́ки. — *Wash your hands often and thoroughly.*

-ся + у (в) + *locative*:
Ви **ми́єтеся** в ду́ші чи у ва́нні? — *Do you wash in the shower or in the bath?*
Наре́шті він поголи́вся й **поми́вся**. — *Finally, he shaved and washed.*

№ 248

мі́стити[ся] | —
to contain [to be contained]

Present/Future Stems: мі́щ-/мі́ст- | —
Conjugation: 2nd (-ять) | —

ОСОБА / PERSON	НЕДОКОНАНИЙ ВИД / IMPERFECTIVE ASPECT	ДОКОНАНИЙ ВИД / PERFECTIVE ASPECT
ТЕПЕРІШНІЙ ЧАС — PRESENT TENSE		
я	мі́щу́	
ти	мі́стиш	
він, вона, воно	мі́стить[ся]	
ми	мі́стимо	
ви	мі́стите	
вони	мі́стять[ся]	
МИНУЛИЙ ЧАС — PAST TENSE		
він (я, ти)	мі́стив[ся]	
вона (я, ти)	мі́стила[ся]	
воно	мі́стило[ся]	
вони (ми, ви)	мі́стили[ся]	

МАЙБУТНІЙ ЧАС — FUTURE TENSE

	ANALYTIC	SYNTHETIC	
я	бу́ду мі́стити	мі́ститиму	
ти	бу́деш мі́стити	мі́ститимеш	
він, вона, воно	бу́де мі́стити[ся]	мі́ститиме[ться]	
ми	бу́демо мі́стити	мі́ститимемо	
ви	бу́дете мі́стити	мі́ститимете	
вони	бу́дуть мі́стити[ся]	мі́ститимуть[ся]	

УМОВНИЙ СПОСІБ — CONDITIONAL MOOD

він (я, ти)	мі́стив[ся] би [б]	
вона (я, ти)	мі́стила[ся] б	
воно	мі́стило[ся] б	
вони (ми, ви)	мі́стили[ся] б	

НАКАЗОВИЙ СПОСІБ — IMPERATIVE MOOD

ти	мі́сти́	
ми	мі́стімо	
ви	мі́сті́ть	
він, вона, воно	(не)ха́й мі́стить	
вони	(не)ха́й мі́стять	

ДІЄПРИКМЕТНИКИ — VERBAL ADJECTIVES (PARTICIPLES)

ACTIVE

PASSIVE

ДІЄПРИСЛІВНИКИ — VERBAL ADVERBS

мі́стячи[сь], мі́стивши[сь]

БЕЗОСОБОВІ ФОРМИ — IMPERSONAL FORMS

+ *accusative*:
Ця па́пка **мі́стить** важли́ві докуме́нти.
Ле́кція **мі́стила** бага́то ціка́вої інформа́ції.

This folder contains important documents.
The lecture contained a lot of interesting information.

Безкошто́вна ве́рсія **мі́ститиме** (**бу́де мі́стити**) рекла́му.

The free version will contain ads.

-ся + **у** (**в**) + *locative*:
У моло́чних проду́ктах **мі́ститься** бага́то ка́льцію.

Dairy products contain a lot of calcium.

Present/Future Stems: **міша-** | **поміша-**
Conjugation: **1st (-ють)**

мішáти | помішáти
to stir, to mix

ОСОБА / PERSON	НЕДОКОНАНИЙ ВИД / IMPERFECTIVE ASPECT	ДОКОНАНИЙ ВИД / PERFECTIVE ASPECT
ТЕПЕРІШНІЙ ЧАС — PRESENT TENSE		
я	мішáю	
ти	мішáєш	
він, вона, воно	мішáє	
ми	мішáємо	
ви	мішáєте	
вони	мішáють	
МИНУЛИЙ ЧАС — PAST TENSE		
він (я, ти)	мішáв	помішáв
вона (я, ти)	мішáла	помішáла
воно	мішáло	помішáло
вони (ми, ви)	мішáли	помішáли

МАЙБУТНІЙ ЧАС — FUTURE TENSE

ОСОБА / PERSON	ANALYTIC	SYNTHETIC	ДОКОНАНИЙ ВИД
я	бýду мішáти	мішáтиму	помішáю
ти	бýдеш мішáти	мішáтимеш	помішáєш
він, вона, воно	бýде мішáти	мішáтиме	помішáє
ми	бýдемо мішáти	мішáтимемо	помішáємо
ви	бýдете мішáти	мішáтимете	помішáєте
вони	бýдуть мішáти	мішáтимуть	помішáють

УМОВНИЙ СПОСІБ — CONDITIONAL MOOD

	IMPERFECTIVE	PERFECTIVE
він (я, ти)	мішáв би	помішáв би
вона (я, ти)	мішáла б	помішáла б
воно	мішáло б	помішáло б
вони (ми, ви)	мішáли б	помішáли б

НАКАЗОВИЙ СПОСІБ — IMPERATIVE MOOD

	IMPERFECTIVE	PERFECTIVE
ти	мішáй	помішáй
ми	мішáймо	помішáймо
ви	мішáйте	помішáйте
він, вона, воно	(не)хáй мішáє	(не)хáй помішáє
вони	(не)хáй мішáють	(не)хáй помішáють

ДІЄПРИКМЕТНИКИ — VERBAL ADJECTIVES (PARTICIPLES)

	IMPERFECTIVE	PERFECTIVE
ACTIVE		
PASSIVE	мíшаний	помíшаний

ДІЄПРИСЛІВНИКИ — VERBAL ADVERBS

IMPERFECTIVE	PERFECTIVE
мішáючи, мішáвши	помішáвши

БЕЗОСОБОВІ ФОРМИ — IMPERSONAL FORMS

IMPERFECTIVE	PERFECTIVE
мíшано	помíшано

+ accusative:
Бетонозмíшувач **мішáє** бетóн. — A concrete mixer mixes concrete.

+ instrumental:
Він **помішáв** борщ черпакóм і налив у миску. — He stirred the borscht with a ladle and poured it into a bowl.

Вонá дóвго **мішáла** бáнош, щоб він вийшов такий ніжний. — She stirred the banosh for a long time to make it so tender.

Мішáйте компóт, поки цýкор не розчиниться. — Stir the fruit drink until the sugar dissolves.

№ 250

мовча́ти | помо́вчати

to be silent, to shut up

Present/Future Stems: мовч- | помовч-
Conjugation: **2nd (-ать)**

ОСО́БА PERSON	НЕДОКО́НАНИЙ ВИД IMPERFECTIVE ASPECT		ДОКО́НАНИЙ ВИД PERFECTIVE ASPECT
ТЕПЕ́РІШНІЙ ЧАС — PRESENT TENSE			
я	мовчу́		
ти	мовчи́ш		
він, вона, воно	мовчи́ть		
ми	мовчимо́		
ви	мовчите́		
вони	мовча́ть		
МИНУ́ЛИЙ ЧАС — PAST TENSE			
він (я, ти)	мовча́в		помо́вчав
вона (я, ти)	мовча́ла		помо́вчала
воно	мовча́ло		помо́вчало
вони (ми, ви)	мовча́ли		помо́вчали
МАЙБУ́ТНІЙ ЧАС — FUTURE TENSE			
	ANALYTIC	SYNTHETIC	
я	бу́ду мовча́ти	мовча́тиму	помо́вчу
ти	бу́деш мовча́ти	мовча́тимеш	помо́вчиш
він, вона, воно	бу́де мовча́ти	мовча́тиме	помо́вчить
ми	бу́демо мовча́ти	мовча́тимемо	помо́вчимо
ви	бу́дете мовча́ти	мовча́тимете	помо́вчите
вони	бу́дуть мовча́ти	мовча́тимуть	помо́вчать
УМО́ВНИЙ СПО́СІБ — CONDITIONAL MOOD			
він (я, ти)	мовча́в би		помо́вчав би
вона (я, ти)	мовча́ла б		помо́вчала б
воно	мовча́ло б		помо́вчало б
вони (ми, ви)	мовча́ли б		помо́вчали б
НАКАЗО́ВИЙ СПО́СІБ — IMPERATIVE MOOD			
ти	мовчи́		помо́вч
ми	мовчі́мо		помо́вчмо
ви	мовчі́ть		помо́вчте
він, вона, воно	(не)ха́й мовчи́ть		(не)ха́й помо́вчить
вони	(не)ха́й мовча́ть		(не)ха́й помо́вчать
ДІЄПРИКМЕ́ТНИКИ — VERBAL ADJECTIVES (PARTICIPLES)			
ACTIVE			
PASSIVE			
ДІЄПРИСЛІ́ВНИКИ — VERBAL ADVERBS			
	мовча́вши		помо́вчавши
БЕЗОСОБО́ВІ ФО́РМИ — IMPERSONAL FORMS			

Вони́ сидя́ть і **мовча́ть**.
They are sitting in silence.

про + *accusative*:
Він до́вго **мовча́в** про своє́ зві́льнення.
He was silent for a long time about his dismissal.

Не **мовчі́ть**, скажі́ть щось!
Do not be silent, say something!

+ *accusative*:
Помо́вчавши хвили́нку, чолові́к зно́ву заговори́в.
After being silent for a moment, the man spoke again.

МОГТИ́ | ЗМОГТИ́

Present/Future Stems: **мож-** | **змож-**
Conjugation: **1st (-уть)**

can, may, to be able

ОСОБА / PERSON	НЕДОКОНАНИЙ ВИД / IMPERFECTIVE ASPECT		ДОКОНАНИЙ ВИД / PERFECTIVE ASPECT
ТЕПЕРІШНІЙ ЧАС — PRESENT TENSE			
я	мо́жу		
ти	мо́жеш		
він, вона, воно	мо́же		
ми	мо́жемо		
ви	мо́жете		
вони	мо́жуть		
МИНУЛИЙ ЧАС — PAST TENSE			
він (я, ти)	міг		зміг
вона (я, ти)	могла́		змогла́
воно	могло́		змогло́
вони (ми, ви)	могли́		змогли́
МАЙБУТНІЙ ЧАС — FUTURE TENSE			
	ANALYTIC	SYNTHETIC	
я	бу́ду могти́	могти́му	змо́жу
ти	бу́деш могти́	могти́меш	змо́жеш
він, вона, воно	бу́де могти́	могти́ме	змо́же
ми	бу́демо могти́	могти́мемо	змо́жемо
ви	бу́дете могти́	могти́мете	змо́жете
вони	бу́дуть могти́	могти́муть	змо́жуть
УМОВНИЙ СПОСІБ — CONDITIONAL MOOD			
він (я, ти)	міг би		зміг би
вона (я, ти)	могла́ б		змогла́ б
воно	могло́ б		змогло́ б
вони (ми, ви)	могли́ б		змогли́ б
НАКАЗОВИЙ СПОСІБ — IMPERATIVE MOOD			
ти			
ми			
ви			
він, вона, воно	(не)ха́й мо́же		(не)ха́й змо́же
вони	(не)ха́й мо́жуть		(не)ха́й змо́жуть
ДІЄПРИКМЕТНИКИ — VERBAL ADJECTIVES (PARTICIPLES)			
ACTIVE			
PASSIVE			
ДІЄПРИСЛІВНИКИ — VERBAL ADVERBS			
	мо́жучи, мі́гши		змі́гши
БЕЗОСОБОВІ ФОРМИ — IMPERSONAL FORMS			

+ infinitive:

Ти **мо́жеш** зустрі́тися зі мно́ю за́втра? — *Can you meet me tomorrow?*
Ми **мо́жемо** запізни́тися на зу́стріч. — *We may be late for the meeting.*
Хло́пець не **міг** бі́льше чека́ти. — *The guy could not wait any longer.*
Я **змо́жу** вам допомогти́ в п'я́тницю. — *I will be able to help you on Friday.*
Чи **могли́ б** ви перефразува́ти пита́ння? — *Could you rephrase the question?*

№ 252

моли́ти[ся] | помоли́тися

to beg (only imperfective) [to pray]

Present/Future Stems: **мол-** | **помол-**...**-ся**
Conjugation: **2nd (-ять)**

ОСОБА / PERSON	НЕДОКОНАНИЙ ВИД / IMPERFECTIVE ASPECT		ДОКОНАНИЙ ВИД / PERFECTIVE ASPECT
ТЕПЕРІШНІЙ ЧАС — PRESENT TENSE			
я	молю́[ся]		
ти	мо́лиш[ся]		
він, вона, воно	мо́лить[ся]		
ми	мо́лимо[ся]		
ви	мо́лите[ся]		
вони	мо́лять[ся]		
МИНУЛИЙ ЧАС — PAST TENSE			
він (я, ти)	моли́в[ся]		помоли́вся
вона (я, ти)	моли́ла[ся]		помоли́лася
воно	моли́ло[ся]		помоли́лося
вони (ми, ви)	моли́ли[ся]		помоли́лися
МАЙБУТНІЙ ЧАС — FUTURE TENSE			
	ANALYTIC	SYNTHETIC	
я	бу́ду моли́ти[ся]	моли́тиму[ся]	помолю́ся
ти	бу́деш моли́ти[ся]	моли́тимеш[ся]	помо́лишся
він, вона, воно	бу́де моли́ти[ся]	моли́тиме[ться]	помо́литься
ми	бу́демо моли́ти[ся]	моли́тимемо[ся]	помо́лимося
ви	бу́дете моли́ти[ся]	моли́тимете[ся]	помо́литеся
вони	бу́дуть моли́ти[ся]	моли́тимуть[ся]	помо́ляться
УМОВНИЙ СПОСІБ — CONDITIONAL MOOD			
він (я, ти)	моли́в[ся] би [б]		помоли́вся б
вона (я, ти)	моли́ла[ся] б		помоли́лася б
воно	моли́ло[ся] б		помоли́лося б
вони (ми, ви)	моли́ли[ся] б		помоли́лися б
НАКАЗОВИЙ СПОСІБ — IMPERATIVE MOOD			
ти	моли́[ся]		помоли́ся
ми	молі́мо[ся]		помолі́мося
ви	молі́ть[ся]		помолі́ться
він, вона, воно	(не)ха́й мо́лить[ся]		(не)ха́й помо́литься
вони	(не)ха́й мо́лять[ся]		(не)ха́й помо́ляться
ДІЄПРИКМЕТНИКИ — VERBAL ADJECTIVES (PARTICIPLES)			
ACTIVE			
PASSIVE			
ДІЄПРИСЛІВНИКИ — VERBAL ADVERBS			
	мо́лячи[сь], моли́вши[сь]		помоли́вшись
БЕЗОСОБОВІ ФОРМИ — IMPERSONAL FORMS			

+ *accusative* + **про** + *accusative*:
Свяще́нник **мо́лить** Бо́га про мир.   *The priest is begging God for peace.*

-**ся** + **про** + *accusative*:
Лю́ди **мо́ляться** про кра́ще життя́.   *People pray for a better life.*

-**ся** + **за** + *accusative*:
Вона́ **помоли́лася** за здоро́в'я ба́тька.   *She prayed for her father's health.*
Я **моли́тимусь (бу́ду моли́тися)** за вас.   *I will be praying for you.*
Молі́ться за Украї́ну.   *Pray for Ukraine.*

Present/Future Stems: мрі- | помрі-

Conjugation: **1st (-ють)**

мрі́яти | помрі́яти

to dream, to fantasize

ОСОБА PERSON	НЕДОКОНАНИЙ ВИД IMPERFECTIVE ASPECT		ДОКОНАНИЙ ВИД PERFECTIVE ASPECT
ТЕПЕРІШНІЙ ЧАС — PRESENT TENSE			
я	мрі́ю		
ти	мрі́єш		
він, вона, воно	мрі́є		
ми	мрі́ємо		
ви	мрі́єте		
вони	мрі́ють		
МИНУЛИЙ ЧАС — PAST TENSE			
він (я, ти)	мрі́яв		помрі́яв
вона (я, ти)	мрі́яла		помрі́яла
воно	мрі́яло		помрі́яло
вони (ми, ви)	мрі́яли		помрі́яли
МАЙБУТНІЙ ЧАС — FUTURE TENSE			
	ANALYTIC	SYNTHETIC	
я	бу́ду мрі́яти	мрі́ятиму	помрі́ю
ти	бу́деш мрі́яти	мрі́ятимеш	помрі́єш
він, вона, воно	бу́де мрі́яти	мрі́ятиме	помрі́є
ми	бу́демо мрі́яти	мрі́ятимемо	помрі́ємо
ви	бу́дете мрі́яти	мрі́ятимете	помрі́єте
вони	бу́дуть мрі́яти	мрі́ятимуть	помрі́ють
УМОВНИЙ СПОСІБ — CONDITIONAL MOOD			
він (я, ти)	мрі́яв би		помрі́яв би
вона (я, ти)	мрі́яла б		помрі́яла б
воно	мрі́яло б		помрі́яло б
вони (ми, ви)	мрі́яли б		помрі́яли б
НАКАЗОВИЙ СПОСІБ — IMPERATIVE MOOD			
ти	мрій		помрі́й
ми	мрі́ймо		помрі́ймо
ви	мрі́йте		помрі́йте
він, вона, воно	(не)ха́й мрі́є		(не)ха́й помрі́є
вони	(не)ха́й мрі́ють		(не)ха́й помрі́ють
ДІЄПРИКМЕТНИКИ — VERBAL ADJECTIVES (PARTICIPLES)			
ACTIVE			
PASSIVE	мрі́яний		
ДІЄПРИСЛІВНИКИ — VERBAL ADVERBS			
	мрі́ючи, мрі́явши		помрі́явши
БЕЗОСОБОВІ ФОРМИ — IMPERSONAL FORMS			
	мрі́яно		

про + *accusative*:

Він **мрі́є** про вла́сний бі́знес.	*He dreams of his own business.*
Коли́сь ми **мрі́яли** про по́дорожі, а тепе́р **мрі́ємо** про мир.	*Once we dreamed of travel, and now we dream of peace.*
Я б про таке́ і не **мрі́яла**.	*I wouldn't even dream of such a thing.*
На́віть не **мрі́йте**!	*Do not even dream about it!*
Помрі́явши тро́хи, вони́ поверну́лися до реа́льності.	*After daydreaming for a bit, they returned to reality.*

№ 254

мýсити | —
to have to, must

Present/Future Stems: муш-/мус- | —
Conjugation: 2nd (-ять) | —

ОСОБА / PERSON	НЕДОКОНАНИЙ ВИД / IMPERFECTIVE ASPECT		ДОКОНАНИЙ ВИД / PERFECTIVE ASPECT
ТЕПЕРІШНІЙ ЧАС — PRESENT TENSE			
я	мýшу		
ти	мýсиш		
він, вона, воно	мýсить		
ми	мýсимо		
ви	мýсите		
вони	мýсять		
МИНУЛИЙ ЧАС — PAST TENSE			
він (я, ти)	мýсив		
вона (я, ти)	мýсила		
воно	мýсило		
вони (ми, ви)	мýсили		
МАЙБУТНІЙ ЧАС — FUTURE TENSE			
	ANALYTIC	SYNTHETIC	
я	бýду мýсити	мýситиму	
ти	бýдеш мýсити	мýситимеш	
він, вона, воно	бýде мýсити	мýситиме	
ми	бýдемо мýсити	мýситимемо	
ви	бýдете мýсити	мýситимете	
вони	бýдуть мýсити	мýситимуть	
УМОВНИЙ СПОСІБ — CONDITIONAL MOOD			
він (я, ти)	мýсив би		
вона (я, ти)	мýсила б		
воно	мýсило б		
вони (ми, ви)	мýсили б		
НАКАЗОВИЙ СПОСІБ — IMPERATIVE MOOD			
ти			
ми			
ви			
він, вона, воно			
вони			
ДІЄПРИКМЕТНИКИ — VERBAL ADJECTIVES (PARTICIPLES)			
ACTIVE			
PASSIVE			
ДІЄПРИСЛІВНИКИ — VERBAL ADVERBS			
	мýсячи, мýсивши		
БЕЗОСОБОВІ ФОРМИ — IMPERSONAL FORMS			

+ infinitive:

Я **мýшу** заверши́ти це завдáння сьогóдні.
I must finish this task today.

Він **мýсив** продáти маши́ну, щоб ви́платити креди́т.
He had to sell the car to pay off the loan.

Цьогó рóку моя́ сестрá **мýситиме** (**бýде мýсити**) зроби́ти ви́бір, де навчáтися.
This year, my sister will have to choose where to study.

У такóму ви́падку прем'єр-міні́стр **мýсив би** подáти у відстáвку.
In such a case, the prime minister would have to resign.

Present/Future Stems: **наближа-** | **наближ-/наблиз-** **наближа́ти[ся]** | **набли́зити[ся]**
Conjugation: **1st (-ють)** | **2nd (-ять)** *to bring closer [to approach]*

ОСОБА / PERSON	НЕДОКОНАНИЙ ВИД / IMPERFECTIVE ASPECT		ДОКОНАНИЙ ВИД / PERFECTIVE ASPECT
ТЕПЕРІШНІЙ ЧАС — PRESENT TENSE			
я	наближа́ю[ся]		
ти	наближа́єш[ся]		
він, вона, воно	наближа́є[ться]		
ми	наближа́ємо[ся]		
ви	наближа́єте[ся]		
вони	наближа́ють[ся]		
МИНУЛИЙ ЧАС — PAST TENSE			
він (я, ти)	наближа́в[ся]		набли́зив[ся]
вона (я, ти)	наближа́ла[ся]		набли́зила[ся]
воно	наближа́ло[ся]		набли́зило[ся]
вони (ми, ви)	наближа́ли[ся]		набли́зили[ся]
МАЙБУТНІЙ ЧАС — FUTURE TENSE			
	ANALYTIC	SYNTHETIC	
я	бу́ду наближа́ти[ся]	наближа́тиму[ся]	набли́жу[ся]
ти	бу́деш наближа́ти[ся]	наближа́тимеш[ся]	набли́зиш[ся]
він, вона, воно	бу́де наближа́ти[ся]	наближа́тиме[ться]	набли́зить[ся]
ми	бу́демо наближа́ти[ся]	наближа́тимемо[ся]	набли́зимо[ся]
ви	бу́дете наближа́ти[ся]	наближа́тимете[ся]	набли́зите[ся]
вони	бу́дуть наближа́ти[ся]	наближа́тимуть[ся]	набли́зять[ся]
УМОВНИЙ СПОСІБ — CONDITIONAL MOOD			
він (я, ти)	наближа́в[ся] би [б]		набли́зив[ся] би [б]
вона (я, ти)	наближа́ла[ся] б		набли́зила[ся] б
воно	наближа́ло[ся] б		набли́зило[ся] б
вони (ми, ви)	наближа́ли[ся] б		набли́зили[ся] б
НАКАЗОВИЙ СПОСІБ — IMPERATIVE MOOD			
ти	наближа́й[ся]		набли́зь[ся]
ми	наближа́ймо[ся]		набли́зьмо[ся]
ви	наближа́йте[ся]		набли́зьте[ся]
він, вона, воно	(не)ха́й наближа́є[ться]		(не)ха́й набли́зить[ся]
вони	(не)ха́й наближа́ють[ся]		(не)ха́й набли́зять[ся]
ДІЄПРИКМЕТНИКИ — VERBAL ADJECTIVES (PARTICIPLES)			
ACTIVE			
PASSIVE			набли́жений
ДІЄПРИСЛІВНИКИ — VERBAL ADVERBS			
	наближа́ючи[сь], наближа́вши[сь]		набли́зивши[сь]
БЕЗОСОБОВІ ФОРМИ — IMPERSONAL FORMS			
			набли́жено

+ accusative + до + genitive:
Рефо́рма **наближа́є** Украї́ну до всту́пу в ЄС. *The reform brings Ukraine closer to joining the EU.*
Успі́х у пе́ршому та́ймі **набли́зив** нас до перемо́ги. *Success in the first half brought us closer to victory.*
Симуля́ція **набли́жена** до реа́льних умо́в. *The simulation is close to real conditions.*
Наближа́ється весна́. *Spring is approaching.*

-ся + до + genitive:
Навча́ння в лі́тній шко́лі **наближа́лося** до заве́ршення. *Studying at summer school was coming to the end.*

№ 256

набува́ти | набу́ти
to acquire, to obtain, to gain; to become

Present/Future Stems: **набува-** | **набуд-**
Conjugation: **1st (-ють)** | **1st (-уть)**

ОСОБА / PERSON	НЕДОКОНАНИЙ ВИД / IMPERFECTIVE ASPECT		ДОКОНАНИЙ ВИД / PERFECTIVE ASPECT
ТЕПЕРІШНІЙ ЧАС — PRESENT TENSE			
я	набува́ю		
ти	набува́єш		
він, вона, воно	набува́є		
ми	набува́ємо		
ви	набува́єте		
вони	набува́ють		
МИНУЛИЙ ЧАС — PAST TENSE			
він (я, ти)	набува́в		набу́в
вона (я, ти)	набува́ла		набула́
воно	набува́ло		набуло́
вони (ми, ви)	набува́ли		набули́
МАЙБУТНІЙ ЧАС — FUTURE TENSE			
	ANALYTIC	SYNTHETIC	
я	бу́ду набува́ти	набува́тиму	набу́ду
ти	бу́деш набува́ти	набува́тимеш	набу́деш
він, вона, воно	бу́де набува́ти	набува́тиме	набу́де
ми	бу́демо набува́ти	набува́тимемо	набу́демо
ви	бу́дете набува́ти	набува́тимете	набу́дете
вони	бу́дуть набува́ти	набува́тимуть	набу́дуть
УМОВНИЙ СПОСІБ — CONDITIONAL MOOD			
він (я, ти)	набува́в би		набу́в би
вона (я, ти)	набува́ла б		набула́ б
воно	набува́ло б		набуло́ б
вони (ми, ви)	набува́ли б		набули́ б
НАКАЗОВИЙ СПОСІБ — IMPERATIVE MOOD			
ти	набува́й		набу́дь
ми	набува́ймо		набу́дьмо
ви	набува́йте		набу́дьте
він, вона, воно	(не)ха́й набува́є		(не)ха́й набу́де
вони	(не)ха́й набува́ють		(не)ха́й набу́дуть
ДІЄПРИКМЕТНИКИ — VERBAL ADJECTIVES (PARTICIPLES)			
ACTIVE			
PASSIVE			набу́тий
ДІЄПРИСЛІВНИКИ — VERBAL ADVERBS			
	набува́ючи, набува́вши		набу́вши
БЕЗОСОБОВІ ФОРМИ — IMPERSONAL FORMS			
			набу́то

+ *genitive*:

Зако́н **набува́є** чи́нності 1 сі́чня 2025 ро́ку.
The law becomes effective on January 1, 2025.

Нови́й кліп співа́чки шви́дко **набу́в** популя́рності на ютубі.
The singer's new music video quickly became popular on YouTube.

На стажува́нні ви **набу́дете** необхі́дного до́свіду для майбу́тньої робо́ти.
During the internship, you will gain the necessary experience for future work.

Набу́ті під час на́шої співпра́ці на́вички ду́же цінні для ме́не.
The skills acquired during our collaboration are very valuable to me.

№ 257

Present/Future Stems: **наважу-...-ся | наваж-...-ся**

Conjugation: **1st (-ють) | 2nd (-ать)**

нава́жуватися | нава́житися

to dare

ОСОБА PERSON	НЕДОКОНАНИЙ ВИД IMPERFECTIVE ASPECT		ДОКОНАНИЙ ВИД PERFECTIVE ASPECT
ТЕПЕРІШНІЙ ЧАС — PRESENT TENSE			
я	нава́жуюся		
ти	нава́жуєшся		
він, вона, воно	нава́жується		
ми	нава́жуємося		
ви	нава́жуєтеся		
вони	нава́жуються		
МИНУЛИЙ ЧАС — PAST TENSE			
він (я, ти)	нава́жувався		нава́жився
вона (я, ти)	нава́жувалася		нава́жилася
воно	нава́жувалося		нава́жилося
вони (ми, ви)	нава́жувалися		нава́жилися
МАЙБУТНІЙ ЧАС — FUTURE TENSE			
	ANALYTIC	SYNTHETIC	
я	бу́ду нава́жуватися	нава́жуватимуся	нава́жуся
ти	бу́деш нава́жуватися	нава́жуватимешся	нава́жишся
він, вона, воно	бу́де нава́жуватися	нава́жуватиметься	нава́житься
ми	бу́демо нава́жуватися	нава́жуватимемося	нава́жимося
ви	бу́дете нава́жуватися	нава́жуватиметеся	нава́житеся
вони	бу́дуть нава́жуватися	нава́жуватимуться	нава́жаться
УМОВНИЙ СПОСІБ — CONDITIONAL MOOD			
він (я, ти)	нава́жувався б		нава́жився б
вона (я, ти)	нава́жувалася б		нава́жилася б
воно	нава́жувалося б		нава́жилося б
вони (ми, ви)	нава́жувалися б		нава́жилися б
НАКАЗОВИЙ СПОСІБ — IMPERATIVE MOOD			
ти	нава́жуйся		нава́жся
ми	нава́жуймося		нава́жмося
ви	нава́жуйтеся		нава́жтеся
він, вона, воно	(не)ха́й нава́жується		(не)ха́й нава́житься
вони	(не)ха́й нава́жуються		(не)ха́й нава́жаться
ДІЄПРИКМЕТНИКИ — VERBAL ADJECTIVES (PARTICIPLES)			
ACTIVE			
PASSIVE			
ДІЄПРИСЛІВНИКИ — VERBAL ADVERBS			
	нава́жуючись, нава́жувавшись		нава́жившись
БЕЗОСОБОВІ ФОРМИ — IMPERSONAL FORMS			

+ *infinitive*:

Я не **нава́жуюся** познайо́митися з ним. — *I do not dare to get acquainted with him.*

Він **нава́жився** стрибну́ти з парашу́том. — *He dared to jump with a parachute.*

на + *accusative*:

Можли́во, че́рез кі́лька ро́ків ми **нава́жимося** на дити́ну. — *Maybe in a few years we will dare to have a child.*

Про́сто **нава́жтеся** на пе́рший крок. — *Just dare to take the first step.*

навча́ти[ся] | навчи́ти[ся]
to teach [to study]
See also: вчи́ти[ся] | повчи́ти[ся] (№ 100)

Present/Future Stems: навча- | навч-
Conjugation: **1st (-ють)** | **2nd (-ать)**

ОСО́БА / PERSON	НЕДОКО́НАНИЙ ВИД / IMPERFECTIVE ASPECT		ДОКО́НАНИЙ ВИД / PERFECTIVE ASPECT
ТЕПЕ́РІШНІЙ ЧАС — PRESENT TENSE			
я	навча́ю[ся]		
ти	навча́єш[ся]		
він, вона́, воно́	навча́є[ться]		
ми	навча́ємо[ся]		
ви	навча́єте[ся]		
вони́	навча́ють[ся]		
МИНУ́ЛИЙ ЧАС — PAST TENSE			
він (я, ти)	навча́в[ся]		навчи́в[ся]
вона́ (я, ти)	навча́ла[ся]		навчи́ла[ся]
воно́	навча́ло[ся]		навчи́ло[ся]
вони́ (ми, ви)	навча́ли[ся]		навчи́ли[ся]
МАЙБУ́ТНІЙ ЧАС — FUTURE TENSE			
	ANALYTIC	SYNTHETIC	
я	бу́ду навча́ти[ся]	навча́тиму[ся]	навчу́[ся]
ти	бу́деш навча́ти[ся]	навча́тимеш[ся]	навчи́ш[ся]
він, вона́, воно́	бу́де навча́ти[ся]	навча́тиме[ться]	навчи́ть[ся]
ми	бу́демо навча́ти[ся]	навча́тимемо[ся]	навчимо́[ся]
ви	бу́дете навча́ти[ся]	навча́тимете[ся]	навчите́[ся]
вони́	бу́дуть навча́ти[ся]	навча́тимуть[ся]	навча́ть[ся]
УМО́ВНИЙ СПО́СІБ — CONDITIONAL MOOD			
він (я, ти)	навча́в[ся] би [б]		навчи́в[ся] би [б]
вона́ (я, ти)	навча́ла[ся] б		навчи́ла[ся] б
воно́	навча́ло[ся] б		навчи́ло[ся] б
вони́ (ми, ви)	навча́ли[ся] б		навчи́ли[ся] б
НАКАЗО́ВИЙ СПО́СІБ — IMPERATIVE MOOD			
ти	навча́й[ся]		навчи́[ся]
ми	навча́ймо[ся]		навчі́мо[ся]
ви	навча́йте[ся]		навчі́ть[ся]
він, вона́, воно́	(не)ха́й навча́є[ться]		(не)ха́й навчи́ть[ся]
вони́	(не)ха́й навча́ють[ся]		(не)ха́й навча́ть[ся]
ДІЄПРИКМЕ́ТНИКИ — VERBAL ADJECTIVES (PARTICIPLES)			
ACTIVE			
PASSIVE			на́вчений
ДІЄПРИСЛІ́ВНИКИ — VERBAL ADVERBS			
	навча́ючи[сь], навча́вши[сь]		навчи́вши[сь]
БЕЗОСОБО́ВІ ФО́РМИ — IMPERSONAL FORMS			
			на́вчено

+ *accusative* + *genitive*:
Вона́ **навча́є** мене́ украї́нської мо́ви.
Вона́ **навчи́ла** мене́ вжива́ти відмі́нки.

-ся + *genitive*:
Моя́ дочка́ **навча́ється** вока́лу.

-ся + у (в), на + *locative*:
Я **навча́юсь** у бі́знес-шко́лі.

-ся + на + *accusative*:
Він **навча́вся** на перекладача́.

She teaches me the Ukrainian language.
She taught me (successfully) to use cases.

My daughter is learning vocals.

I study at a business school.

He studied to be a translator.

Present/Future Stems: нагаду- | нагада-
Conjugation: **1st (-ють)**

нага́дувати | нагада́ти
to remind, to resemble

ОСОБА / PERSON	НЕДОКОНАНИЙ ВИД / IMPERFECTIVE ASPECT		ДОКОНАНИЙ ВИД / PERFECTIVE ASPECT
ТЕПЕРІШНІЙ ЧАС — PRESENT TENSE			
я	нага́дую		
ти	нага́дуєш		
він, вона, воно	нага́дує		
ми	нага́дуємо		
ви	нага́дуєте		
вони	нага́дують		
МИНУЛИЙ ЧАС — PAST TENSE			
він (я, ти)	нага́дував		нагада́в
вона (я, ти)	нага́дувала		нагада́ла
воно	нага́дувало		нагада́ло
вони (ми, ви)	нага́дували		нагада́ли
МАЙБУТНІЙ ЧАС — FUTURE TENSE	ANALYTIC	SYNTHETIC	
я	бу́ду нага́дувати	нага́дуватиму	нагада́ю
ти	бу́деш нага́дувати	нага́дуватимеш	нагада́єш
він, вона, воно	бу́де нага́дувати	нага́дуватиме	нагада́є
ми	бу́демо нага́дувати	нага́дуватимемо	нагада́ємо
ви	бу́дете нага́дувати	нага́дуватимете	нагада́єте
вони	бу́дуть нага́дувати	нага́дуватимуть	нагада́ють
УМОВНИЙ СПОСІБ — CONDITIONAL MOOD			
він (я, ти)	нага́дував би		нагада́в би
вона (я, ти)	нага́дувала б		нагада́ла б
воно	нага́дувало б		нагада́ло б
вони (ми, ви)	нага́дували б		нагада́ли б
НАКАЗОВИЙ СПОСІБ — IMPERATIVE MOOD			
ти	нага́дуй		нагада́й
ми	нага́дуймо		нагада́ймо
ви	нага́дуйте		нагада́йте
він, вона, воно	(не)ха́й нага́дує		(не)ха́й нагада́є
вони	(не)ха́й нага́дують		(не)ха́й нагада́ють
ДІЄПРИКМЕТНИКИ — VERBAL ADJECTIVES (PARTICIPLES)			
ACTIVE			
PASSIVE			нага́даний
ДІЄПРИСЛІВНИКИ — VERBAL ADVERBS			
	нага́дуючи, нага́дувавши		нагада́вши
БЕЗОСОБОВІ ФОРМИ — IMPERSONAL FORMS			
			нага́дано

+ dative + accusative:
Це місце **нага́дує** мені́ на́ше пе́рше поба́чення. — *This place reminds me of our first date.*
Дівчинка **нага́дує** ва́шу ма́тір. — *The girl resembles your mother.*

про + accusative:
Дя́кую, що **нагада́ли** мені́ про це. — *Thank you for reminding me of that.*
Я зателефону́ю і **нагада́ю** йому́ ще раз. — *I will call and remind him again.*
Нагада́йте мені́, будь ла́ска, на іме́йл. — *Please remind me by email.*

№ 260

наголо́шувати[ся] | наголоси́ти   *Present/Future Stems:* **наголошу- | наголош-/наголос-**
to emphasize, to stress [to be emphasized]   *Conjugation:* **1st (-ють) | 2nd (-ять)**

ОСОБА / PERSON	НЕДОКОНАНИЙ ВИД / IMPERFECTIVE ASPECT		ДОКОНАНИЙ ВИД / PERFECTIVE ASPECT
	ТЕПЕРІШНІЙ ЧАС — PRESENT TENSE		
я	наголо́шую		
ти	наголо́шуєш		
він, вона, воно	наголо́шує[ться]		
ми	наголо́шуємо		
ви	наголо́шуєте		
вони	наголо́шують[ся]		
	МИНУЛИЙ ЧАС — PAST TENSE		
він (я, ти)	наголо́шував[ся]		наголоси́в
вона (я, ти)	наголо́шувала[ся]		наголоси́ла
воно	наголо́шувало[ся]		наголоси́ло
вони (ми, ви)	наголо́шували[ся]		наголоси́ли
	МАЙБУТНІЙ ЧАС — FUTURE TENSE		
	ANALYTIC	SYNTHETIC	
я	бу́ду наголо́шувати	наголо́шуватиму	наголошу́
ти	бу́деш наголо́шувати	наголо́шуватимеш	наголо́сиш
він, вона, воно	бу́де наголо́шувати[ся]	наголо́шуватиме[ться]	наголо́сить
ми	бу́демо наголо́шувати	наголо́шуватимемо	наголо́симо
ви	бу́дете наголо́шувати	наголо́шуватимете	наголо́сите
вони	бу́дуть наголо́шувати[ся]	наголо́шуватимуть[ся]	наголо́сять
	УМОВНИЙ СПОСІБ — CONDITIONAL MOOD		
він (я, ти)	наголо́шував[ся] би (б)		наголоси́в би
вона (я, ти)	наголо́шувала[ся] б		наголоси́ла б
воно	наголо́шувало[ся] б		наголоси́ло б
вони (ми, ви)	наголо́шували[ся] б		наголоси́ли б
	НАКАЗОВИЙ СПОСІБ — IMPERATIVE MOOD		
ти	наголо́шуй		наголоси́
ми	наголо́шуймо		наголосі́мо
ви	наголо́шуйте		наголосі́ть
він, вона, воно	(не)ха́й наголо́шує[ться]		(не)ха́й наголо́сить
вони	(не)ха́й наголо́шують[ся]		(не)ха́й наголо́сять
	ДІЄПРИКМЕТНИКИ — VERBAL ADJECTIVES (PARTICIPLES)		
ACTIVE			
PASSIVE			наголо́шений
	ДІЄПРИСЛІВНИКИ — VERBAL ADVERBS		
	наголо́шуючи[сь], наголо́шувавши[сь]		наголоси́вши
	БЕЗОСОБОВІ ФОРМИ — IMPERSONAL FORMS		
			наголо́шено

на + *locative*:
Президе́нт постійно **наголо́шує** на важли́вості цього́ пита́ння.
The President constantly emphasizes the importance of this issue.

+ *accusative*:
Ви пра́вильно **наголоси́ли** всі слова́.
You stressed all the words correctly.

Наголо́шений склад вимовля́ється гучні́ше й чітні́ше.
The stressed syllable is pronounced louder and more clearly.

-ся + **на** + *locative*:
Коро́ткі прикме́тники ча́сто **наголо́шуються** на закі́нченні.
Short adjectives are often stressed at the ending.

Present/Future Stems: надсила- | надішл-

надсилáти[ся] | надіслáти[ся]

Conjugation: **1st (-ють)**

to send, to mail [to be sent]

ОСОБА / PERSON	НЕДОКОНАНИЙ ВИД / IMPERFECTIVE ASPECT		ДОКОНАНИЙ ВИД / PERFECTIVE ASPECT
ТЕПЕРІШНІЙ ЧАС — PRESENT TENSE			
я	надсилáю		
ти	надсилáєш		
він, вона, воно	надсилáє[ться]		
ми	надсилáємо		
ви	надсилáєте		
вони	надсилáють[ся]		
МИНУЛИЙ ЧАС — PAST TENSE			
він (я, ти)	надсилáв[ся]		надіслáв[ся]
вона (я, ти)	надсилáла[ся]		надіслáла[ся]
воно	надсилáло[ся]		надіслáло[ся]
вони (ми, ви)	надсилáли[ся]		надіслáли[ся]
МАЙБУТНІЙ ЧАС — FUTURE TENSE	ANALYTIC	SYNTHETIC	
я	бýду надсилáти	надсилáтиму	надішлю́
ти	бýдеш надсилáти	надсилáтимеш	надішлéш
він, вона, воно	бýде надсилáти[ся]	надсилáтиме[ться]	надішлé[ться]
ми	бýдемо надсилáти	надсилáтимемо	надішлемó
ви	бýдете надсилáти	надсилáтимете	надíшлетé
вони	бýдуть надсилáти[ся]	надсилáтимуть[ся]	надішлють[ся]
УМОВНИЙ СПОСІБ — CONDITIONAL MOOD			
він (я, ти)	надсилáв[ся] би		надіслáв[ся] би
вона (я, ти)	надсилáла[ся] б		надіслáла[ся] б
воно	надсилáло[ся] б		надіслáло[ся] б
вони (ми, ви)	надсилáли[ся] б		надіслáли[ся]б
НАКАЗОВИЙ СПОСІБ — IMPERATIVE MOOD			
ти	надсилáй		надішли́
ми	надсилáймо		надішлíмо
ви	надсилáйте		надішлíть
він, вона, воно	(не)хáй надсилáє[ться]		(не)хáй надішлé[ться]
вони	(не)хáй надсилáють[ся]		(не)хáй надішлють[ся]
ДІЄПРИКМЕТНИКИ — VERBAL ADJECTIVES (PARTICIPLES)			
ACTIVE			
PASSIVE			надíсланий
ДІЄПРИСЛІВНИКИ — VERBAL ADVERBS			
	надсилáючи[сь], надсилáвши[сь]		надіслáвши[сь]
БЕЗОСОБОВІ ФОРМИ — IMPERSONAL FORMS			
			надíслано

+ accusative + instrumental:
Зазвичáй я **надсилáю** посилки Новóю пóштою. — *Usually I send parcels by Nova Poshta.*

у (в), на + accusative = до + genitive:
Він **надіслáв** у віддíл кáдрів (до віддíлу кáдрів) заяву на відпýстку. — *He sent a vacation leave application to the HR department.*

+ dative:
Я **надішлю́** внýкам подарýнки на Різдвó. — *I will send my grandchildren presents for Christmas.*

Вáше повідóмлення не **надіслáлось**. — *Your message has not been sent.*

№ 262

назива́ти [ся] | назва́ти [ся]
to call, to name
[to be called; to introduce oneself (perfective)]

Present/Future Stems: **назива-** | **назв-**
Conjugation: **1st (-ють)** | **1st (-уть)**

ОСОБА / PERSON	НЕДОКОНАНИЙ ВИД / IMPERFECTIVE ASPECT		ДОКОНАНИЙ ВИД / PERFECTIVE ASPECT
ТЕПЕРІШНІЙ ЧАС — PRESENT TENSE			
я	назива́ю [ся]		
ти	назива́єш [ся]		
він, вона, воно	назива́є [ться]		
ми	назива́ємо [ся]		
ви	назива́єте [ся]		
вони	назива́ють [ся]		
МИНУЛИЙ ЧАС — PAST TENSE			
він (я, ти)	назива́в [ся]		назва́в [ся]
вона (я, ти)	назива́ла [ся]		назва́ла [ся]
воно	назива́ло [ся]		назва́ло [ся]
вони (ми, ви)	назива́ли [ся]		назва́ли [ся]
МАЙБУТНІЙ ЧАС — FUTURE TENSE	ANALYTIC	SYNTHETIC	
я	бу́ду назива́ти [ся]	назива́тиму [ся]	назву́ [ся]
ти	бу́деш назива́ти [ся]	назива́тимеш [ся]	назве́ш [ся]
він, вона, воно	бу́де назива́ти [ся]	назива́тиме [ться]	назве́ [ться]
ми	бу́демо назива́ти [ся]	назива́тимемо [ся]	назве́мо́ [ся]
ви	бу́дете назива́ти [ся]	назива́тимете [ся]	назвете́ [ся]
вони	бу́дуть назива́ти [ся]	назива́тимуть [ся]	назву́ть [ся]
УМОВНИЙ СПОСІБ — CONDITIONAL MOOD			
він (я, ти)	назива́в [ся] би [б]		назва́в [ся] би [б]
вона (я, ти)	назива́ла [ся] б		назва́ла [ся] б
воно	назива́ло [ся] б		назва́ло [ся] б
вони (ми, ви)	назива́ли [ся] б		назва́ли [ся] б
НАКАЗОВИЙ СПОСІБ — IMPERATIVE MOOD			
ти	назива́й [ся]		назви́ [ся]
ми	назива́ймо [ся]		назві́мо [ся]
ви	назива́йте [ся]		назві́ть [ся]
він, вона, воно	(не)ха́й назива́є [ться]		(не)ха́й назве́ [ться]
вони	(не)ха́й назива́ють [ся]		(не)ха́й назву́ть [ся]
ДІЄПРИКМЕТНИКИ — VERBAL ADJECTIVES (PARTICIPLES)			
ACTIVE			
PASSIVE	нази́ваний		на́званий
ДІЄПРИСЛІВНИКИ — VERBAL ADVERBS			
	назива́ючи [сь], назива́вши [сь]		назва́вши [сь]
БЕЗОСОБОВІ ФОРМИ — IMPERSONAL FORMS			
	нази́вано		на́звано

+ accusative + instrumental:
Та́то **назива́є** її́ со́нечком. — Dad calls her sunshine.
Міні́стр **назва́в** причи́ни інфля́ції. — The minister named the causes of inflation.
Як ви **назве́те** свою́ до́нечку? — What will you name your daughter?
Назива́йте ре́чі свої́ми імена́ми. — Call things by their names.
Як це **назива́ється**? — What is it called?

-ся + instrumental:
Він **назва́вся** не свої́м ім'я́м, а ім'я́м свого́ бра́та. — He introduced himself not by his name, but by his brother's name.

Present/Future Stems: належ- | —
Conjugation: 2nd (-ать) | —

нале́жати | —

to belong; should (impersonal)

ОСОБА / PERSON	НЕДОКОНАНИЙ ВИД / IMPERFECTIVE ASPECT	ДОКОНАНИЙ ВИД / PERFECTIVE ASPECT
ТЕПЕРІШНІЙ ЧАС — PRESENT TENSE		
я	нале́жу	
ти	нале́жиш	
він, вона, воно	нале́жить	
ми	нале́жимо	
ви	нале́жите	
вони	нале́жать	
МИНУЛИЙ ЧАС — PAST TENSE		
він (я, ти)	нале́жав	
вона (я, ти)	нале́жала	
воно	нале́жало	
вони (ми, ви)	нале́жали	

МАЙБУТНІЙ ЧАС — FUTURE TENSE

	ANALYTIC	SYNTHETIC
я	бу́ду нале́жати	нале́жатиму
ти	бу́деш нале́жати	нале́жатимеш
він, вона, воно	бу́де нале́жати	нале́жатиме
ми	бу́демо нале́жати	нале́жатимемо
ви	бу́дете нале́жати	нале́жатимете
вони	бу́дуть нале́жати	нале́жатимуть

УМОВНИЙ СПОСІБ — CONDITIONAL MOOD

він (я, ти)	нале́жав би
вона (я, ти)	нале́жала б
воно	нале́жало б
вони (ми, ви)	нале́жали б

НАКАЗОВИЙ СПОСІБ — IMPERATIVE MOOD

ти	нале́ж
ми	нале́жмо
ви	нале́жте
він, вона, воно	(не)ха́й нале́жить
вони	(не)ха́й нале́жать

ДІЄПРИКМЕТНИКИ — VERBAL ADJECTIVES (PARTICIPLES)

ACTIVE

PASSIVE

ДІЄПРИСЛІВНИКИ — VERBAL ADVERBS

нале́жачи, нале́жавши

БЕЗОСОБОВІ ФОРМИ — IMPERSONAL FORMS

+ *dative*:

Кварти́ра **нале́жить** не мені́, а мої́й ма́тері.	The apartment does not belong to me, but to my mother.
Вам **нале́жало** повідо́мити нас про ці змі́ни.	You should have notified us of these changes.
Нале́жачи до па́ртії соціалі́стів, він висло́влював і́нші переко́на́ння.	Belonging to the Socialist Party, he expressed different beliefs.
Єди́не, що від нас іще́ зале́жить, — прина́ймні вік прожи́ти як **нале́жить** (Лі́на Досте́нко).	The only thing that still depends on us is at least to live our age as we should (Lina Kostenko).

№ 264

наливáти[ся] | налúти[ся]
to pour in(to) [to pour in (by itself)]
See also: **лúти[ся]** (№ 235)

Present/Future Stems: налива- | налл-
Conjugation: 1st (-ють)

ОСОБА / PERSON	НЕДОКОНАНИЙ ВИД / IMPERFECTIVE ASPECT	ДОКОНАНИЙ ВИД / PERFECTIVE ASPECT
ТЕПЕРІШНІЙ ЧАС — PRESENT TENSE		
я	наливáю[ся]	
ти	наливáєш[ся]	
він, вона, воно	наливáє[ться]	
ми	наливáємо[ся]	
ви	наливáєте[ся]	
вони	наливáють[ся]	
МИНУЛИЙ ЧАС — PAST TENSE		
він (я, ти)	наливáв[ся]	налúв[ся]
вона (я, ти)	наливáла[ся]	налилá[ся]
воно	наливáло[ся]	налилó[ся]
вони (ми, ви)	наливáли[ся]	налилú[ся]

МАЙБУТНІЙ ЧАС — FUTURE TENSE

ОСОБА	ANALYTIC	SYNTHETIC	ДОКОНАНИЙ ВИД
я	бýду наливáти[ся]	наливáтиму[ся]	наллю́[ся]
ти	бýдеш наливáти[ся]	наливáтимеш[ся]	наллéш[ся]
він, вона, воно	бýде наливáти[ся]	наливáтиме[ться]	наллé[ться]
ми	бýдемо наливáти[ся]	наливáтимемо[ся]	наллемó[ся]
ви	бýдете наливáти[ся]	наливáтимете[ся]	наллетé[ся]
вони	бýдуть наливáти[ся]	наливáтимуть[ся]	наллю́ть[ся]

ОСОБА	НЕДОКОНАНИЙ ВИД	ДОКОНАНИЙ ВИД
УМОВНИЙ СПОСІБ — CONDITIONAL MOOD		
він (я, ти)	наливáв[ся] би [б]	налúв[ся] би [б]
вона (я, ти)	наливáла[ся] б	налилá[ся] б
воно	наливáло[ся] б	налилó[ся] б
вони (ми, ви)	наливáли[ся] б	налилú[ся] б
НАКАЗОВИЙ СПОСІБ — IMPERATIVE MOOD		
ти	наливáй[ся]	налúй[ся]
ми	наливáймо[ся]	налúймо[ся]
ви	наливáйте[ся]	налúйте[ся]
він, вона, воно	(не)хáй наливáє[ться]	(не)хáй наллé[ться]
вони	(не)хáй наливáють[ся]	(не)хáй наллю́ть[ся]
ДІЄПРИКМЕТНИКИ — VERBAL ADJECTIVES (PARTICIPLES)		
ACTIVE		
PASSIVE	налúваний	налúтий
ДІЄПРИСЛІВНИКИ — VERBAL ADVERBS		
	наливáючи[сь], наливáвши[сь]	налúвши[сь]
БЕЗОСОБОВІ ФОРМИ — IMPERSONAL FORMS		
	налúвано	налúто

у (в) + accusative + accusative:
Дáлі **наливáємо** в тíсто молокó. — Then we pour milk into the dough.
Він **налúв** у пля́шку вóду з-під крáна. — He poured tap water into the bottle.
Чоловíк простягнýв менí склянку й сказáв: «**Наливáй!**» — The man handed me a glass and said, "Pour!"

-ся + у (в) + accusative:
Багáто водú **налилóсь** у хáту. — A lot of water poured into the house.

Present/Future Stems: намага-...-ся | —

Conjugation: **1st (-ють)** | —

намага́тися | —

to endeavor, to try, to attempt

ОСОБА / PERSON	НЕДОКОНАНИЙ ВИД / IMPERFECTIVE ASPECT	ДОКОНАНИЙ ВИД / PERFECTIVE ASPECT
\multicolumn{3}{c}{ТЕПЕРІШНІЙ ЧАС — PRESENT TENSE}		
я	намага́юся	
ти	намага́єшся	
він, вона, воно	намага́ється	
ми	намага́ємося	
ви	намага́єтеся	
вони	намага́ються	

МИНУЛИЙ ЧАС — PAST TENSE

він (я, ти)	намага́вся	
вона (я, ти)	намага́лася	
воно	намага́лося	
вони (ми, ви)	намага́лися	

МАЙБУТНІЙ ЧАС — FUTURE TENSE

	ANALYTIC	SYNTHETIC
я	бу́ду намага́тися	намага́тимуся
ти	бу́деш намага́тися	намага́тимешся
він, вона, воно	бу́де намага́тися	намага́тиметься
ми	бу́демо намага́тися	намага́тимемося
ви	бу́дете намага́тися	намага́тиметеся
вони	бу́дуть намага́тися	намага́тимуться

УМОВНИЙ СПОСІБ — CONDITIONAL MOOD

він (я, ти)	намага́вся б	
вона (я, ти)	намага́лася б	
воно	намага́лося б	
вони (ми, ви)	намага́лися б	

НАКАЗОВИЙ СПОСІБ — IMPERATIVE MOOD

ти	намага́йся	
ми	намага́ймося	
ви	намага́йтеся	
він, вона, воно	(не)ха́й намага́ється	
вони	(не)ха́й намага́ються	

ДІЄПРИКМЕТНИКИ — VERBAL ADJECTIVES (PARTICIPLES)

ACTIVE

PASSIVE

ДІЄПРИСЛІВНИКИ — VERBAL ADVERBS

намага́ючись, намага́вшись

БЕЗОСОБОВІ ФОРМИ — IMPERSONAL FORMS

+ infinitive:

Вона́ **намага́ється** щодня́ дізнава́тися щось нове́.
She endeavors to learn something new every day.

Кома́нда з усі́х сил **намага́лася** перемогти́.
The team tried their best to win.

Я на́віть не **намага́тимуся** (**бу́ду намага́тися**) тебе́ перекона́ти.
I will not even attempt to convince you.

Намага́йтеся часті́ше спілкува́тися зі свої́ми ді́тьми.
Try to communicate with your children more often.

№ 266

напа́дати | напа́сти
to attack, to assault

Present/Future Stems: **напада-** | **напад-**
Conjugation: **1st (-ють) | 1st (-уть)**

ОСОБА / PERSON	НЕДОКОНАНИЙ ВИД / IMPERFECTIVE ASPECT		ДОКОНАНИЙ ВИД / PERFECTIVE ASPECT
ТЕПЕРІШНІЙ ЧАС — PRESENT TENSE			
я	напада́ю		
ти	напада́єш		
він, вона, воно	напада́є		
ми	напада́ємо		
ви	напада́єте		
вони	напада́ють		
МИНУЛИЙ ЧАС — PAST TENSE			
він (я, ти)	напада́в		напа́в
вона (я, ти)	напада́ла		напа́ла
воно	напада́ло		напа́ло
вони (ми, ви)	напада́ли		напа́ли
МАЙБУТНІЙ ЧАС — FUTURE TENSE			
	ANALYTIC	SYNTHETIC	
я	бу́ду напада́ти	напада́тиму	нападу́
ти	бу́деш напада́ти	напада́тимеш	нападе́ш
він, вона, воно	бу́де напада́ти	напада́тиме	нападе́
ми	бу́демо напада́ти	напада́тимемо	нападемо́
ви	бу́дете напада́ти	напада́тимете	нападете́
вони	бу́дуть напада́ти	напада́тимуть	нападу́ть
УМОВНИЙ СПОСІБ — CONDITIONAL MOOD			
він (я, ти)	напада́в би		напа́в би
вона (я, ти)	напада́ла б		напа́ла б
воно	напада́ло б		напа́ло б
вони (ми, ви)	напада́ли б		напа́ли б
НАКАЗОВИЙ СПОСІБ — IMPERATIVE MOOD			
ти	напада́й		напади́
ми	напада́ймо		нападі́мо
ви	напада́йте		нападі́ть
він, вона, воно	(не)ха́й напада́є		(не)ха́й нападе́
вони	(не)ха́й напада́ють		(не)ха́й нападу́ть
ДІЄПРИКМЕТНИКИ — VERBAL ADJECTIVES (PARTICIPLES)			
ACTIVE			
PASSIVE			
ДІЄПРИСЛІВНИКИ — VERBAL ADVERBS			
	напада́ючи, напада́вши		напа́вши
БЕЗОСОБОВІ ФОРМИ — IMPERSONAL FORMS			

+ instrumental:
Змія́ не **напада́є** пе́ршою.   The snake does not attack first.

на *+ accusative*:
Росі́я **напа́ла** на Украї́ну у 2014 ро́ці.   Russia attacked Ukraine in 2014.
Чи ві́рили ви, що вони́ **нападу́ть**?   Did you believe that they would attack?
Зловми́сник увірва́вся в банк, **напа́вши** на охоро́нця.   The attacker broke into the bank, assaulting the security guard.

Present/Future Stems: **наполяга- | наполяж-**
Conjugation: **1st (-ють) | 1st (-уть)**

наполяга́ти | наполягти́
to insist

ОСОБА / PERSON	НЕДОКОНАНИЙ ВИД / IMPERFECTIVE ASPECT		ДОКОНАНИЙ ВИД / PERFECTIVE ASPECT
ТЕПЕРІШНІЙ ЧАС — PRESENT TENSE			
я	наполяга́ю		
ти	наполяга́єш		
він, вона, воно	наполяга́є		
ми	наполяга́ємо		
ви	наполяга́єте		
вони	наполяга́ють		
МИНУЛИЙ ЧАС — PAST TENSE			
він (я, ти)	наполяга́в		наполі́г
вона (я, ти)	наполяга́ла		наполягла́
воно	наполяга́ло		наполягло́
вони (ми, ви)	наполяга́ли		наполягли́
МАЙБУТНІЙ ЧАС — FUTURE TENSE			
	ANALYTIC	SYNTHETIC	
я	бу́ду наполяга́ти	наполяга́тиму	наполя́жу
ти	бу́деш наполяга́ти	наполяга́тимеш	наполя́жеш
він, вона, воно	бу́де наполяга́ти	наполяга́тиме	наполя́же
ми	бу́демо наполяга́ти	наполяга́тимемо	наполя́жемо
ви	бу́дете наполяга́ти	наполяга́тимете	наполя́жете
вони	бу́дуть наполяга́ти	наполяга́тимуть	наполя́жуть
УМОВНИЙ СПОСІБ — CONDITIONAL MOOD			
він (я, ти)	наполяга́в би		наполі́г би
вона (я, ти)	наполяга́ла б		наполягла́ б
воно	наполяга́ло б		наполягло́ б
вони (ми, ви)	наполяга́ли б		наполягли́ б
НАКАЗОВИЙ СПОСІБ — IMPERATIVE MOOD			
ти	наполяга́й		наполя́ж
ми	наполяга́ймо		наполя́жмо
ви	наполяга́йте		наполя́жте
він, вона, воно	(не)ха́й наполяга́є		(не)ха́й наполя́же
вони	(не)ха́й наполяга́ють		(не)ха́й наполя́жуть
ДІЄПРИКМЕТНИКИ — VERBAL ADJECTIVES (PARTICIPLES)			
ACTIVE			
PASSIVE			
ДІЄПРИСЛІВНИКИ — VERBAL ADVERBS			
	наполяга́ючи, наполяга́вши		наполі́гши
БЕЗОСОБОВІ ФОРМИ — IMPERSONAL FORMS			

на + *locative*:

Нача́льник **наполяга́є** на звільненні ме́неджера. — The boss insists on firing the manager.

Вона́ **наполягла́**, щоб дити́ну перевели́ в і́нший клас. — She insisted that the child be transferred to another class.

Я ду́маю, він **наполяга́тиме** (**бу́де наполяга́ти**) на своє́му. — I think he will insist on his point.

На ва́шому мі́сці я **б наполягла́** на змі́ні меню́. — If I were you, I would insist on changing the menu.

№ 268

народжувати[ся] | народити[ся]

to give birth [to be born]

Present/Future Stems: **народжу-** | **народ(ж)-**
Conjugation: **1st (-ють)** | **2nd (-ять)**

ОСОБА / PERSON	НЕДОКОНАНИЙ ВИД / IMPERFECTIVE ASPECT		ДОКОНАНИЙ ВИД / PERFECTIVE ASPECT
ТЕПЕРІШНІЙ ЧАС — PRESENT TENSE			
я	народжую[ся]		
ти	народжуєш[ся]		
він, вона, воно	народжує[ться]		
ми	народжуємо[ся]		
ви	народжуєте[ся]		
вони	народжують[ся]		
МИНУЛИЙ ЧАС — PAST TENSE			
він (я, ти)	народжував[ся]		народив[ся]
вона (я, ти)	народжувала[ся]		народила[ся]
воно	народжувало[ся]		народило[ся]
вони (ми, ви)	народжували[ся]		народили[ся]
МАЙБУТНІЙ ЧАС — FUTURE TENSE			
	ANALYTIC	SYNTHETIC	
я	буду народжувати[ся]	народжуватиму[ся]	народжу[ся]
ти	будеш народжувати[ся]	народжуватимеш[ся]	народиш[ся]
він, вона, воно	буде народжувати[ся]	народжуватиме[ться]	народить[ся]
ми	будемо народжувати[ся]	народжуватимемо[ся]	народимо[ся]
ви	будете народжувати[ся]	народжуватимете[ся]	народите[ся]
вони	будуть народжувати[ся]	народжуватимуть[ся]	народять[ся]
УМОВНИЙ СПОСІБ — CONDITIONAL MOOD			
він (я, ти)	народжував[ся] би [б]		народив[ся] би [б]
вона (я, ти)	народжувала[ся] б		народила[ся] б
воно	народжувало[ся] б		народило[ся] б
вони (ми, ви)	народжували[ся] б		народили[ся] б
НАКАЗОВИЙ СПОСІБ — IMPERATIVE MOOD			
ти	народжуй[ся]		народи[ся]
ми	народжуймо[ся]		народімо[ся]
ви	народжуйте[ся]		народіть[ся]
він, вона, воно	(не)хай народжує[ться]		(не)хай народить[ся]
вони	(не)хай народжують[ся]		(не)хай народять[ся]
ДІЄПРИКМЕТНИКИ — VERBAL ADJECTIVES (PARTICIPLES)			
ACTIVE			
PASSIVE	народжуваний		народжений
ДІЄПРИСЛІВНИКИ — VERBAL ADVERBS			
	народжуючи[сь], народжувавши[сь]		народивши[сь]
БЕЗОСОБОВІ ФОРМИ — IMPERSONAL FORMS			
	народжувано		народжено

+ accusative:
Вона **народила** двійнят: хлопчика та дівчинку.
She gave birth to twins: a boy and a girl.

Народжені нещодавно кошенята вже починають бачити.
Recently born kittens are already beginning to see.

-ся + instrumental:
Героями не **народжуються**, ними стають (прислів'я).
Heroes are not born, they become them (proverb).

-ся + genitive (*dates*) + у (в), на + locative (*places*):
Тарас Шевченко **народився** дев'ятого березня 1814 року в селі Моринці на Черкащині.
Taras Shevchenko was born on March 9, 1814, in the village of Moryntsi in the Cherkasy region.

Present/Future Stems:
насолоджу-..-ся | насолод(ж)-..-ся
Conjugation: 1st (-ють) | 2nd (-ять)

насолóджуватися | насолодúтися
to enjoy, to take pleasure in

ОСОБА / PERSON	НЕДОКОНАНИЙ ВИД / IMPERFECTIVE ASPECT		ДОКОНАНИЙ ВИД / PERFECTIVE ASPECT
ТЕПЕРІШНІЙ ЧАС — PRESENT TENSE			
я	насолóджуюся		
ти	насолóджуєшся		
він, вона, воно	насолóджується		
ми	насолóджуємося		
ви	насолóджуєтеся		
вони	насолóджуються		
МИНУЛИЙ ЧАС — PAST TENSE			
він (я, ти)	насолóджувався		насолодúвся
вона (я, ти)	насолóджувалася		насолодúлася
воно	насолóджувалося		насолодúлося
вони (ми, ви)	насолóджувалися		насолодúлися
МАЙБУТНІЙ ЧАС — FUTURE TENSE			
	ANALYTIC	SYNTHETIC	
я	бу́ду насолóджуватися	насолóджуватимуся	насолоджу́ся
ти	бу́деш насолóджуватися	насолóджуватимешся	насолодúшся
він, вона, воно	бу́де насолóджуватися	насолóджуватиметься	насолодúться
ми	бу́демо насолóджуватися	насолóджуватимемося	насолодимóся
ви	бу́дете насолóджуватися	насолóджуватиметеся	насолодитéся
вони	бу́дуть насолóджуватися	насолóджуватимуться	насолодя́ться
УМОВНИЙ СПОСІБ — CONDITIONAL MOOD			
він (я, ти)	насолóджувався б		насолодúвся б
вона (я, ти)	насолóджувалася б		насолодúлася б
воно	насолóджувалося б		насолодúлося б
вони (ми, ви)	насолóджувалися б		насолодúлися б
НАКАЗОВИЙ СПОСІБ — IMPERATIVE MOOD			
ти	насолóджуйся		насолодúся
ми	насолóджуймося		насолодíмося
ви	насолóджуйтеся		насолодíться
він, вона, воно	(не)хáй насолóджується		(не)хáй насолодúться
вони	(не)хáй насолóджуються		(не)хáй насолодя́ться
ДІЄПРИКМЕТНИКИ — VERBAL ADJECTIVES (PARTICIPLES)			
ACTIVE			
PASSIVE			
ДІЄПРИСЛІВНИКИ — VERBAL ADVERBS			
	насолóджуючись, насолóджувавшись		насолодúвшись
БЕЗОСОБОВІ ФОРМИ — IMPERSONAL FORMS			

+ instrumental:

Літніми вечорáми ми **насолóджуємося** чудóвою погóдою.
In the summer evenings we enjoy wonderful weather.

Вонá **насолодúлась** п'ятьмá хвилúнами тúші та чáшкою кáви.
She enjoyed five minutes of silence and a cup of coffee.

У відпу́стці я **насолóджуватимуся** (**бу́ду насолóджуватися**) читáнням.
On vacation, I will take pleasure in reading.

Насолóджуйтесь життя́м!
Enjoy life!

№ 270

натиска́ти | нати́снути
to press, to click

Present/Future Stems: натиска- | натисн-
Conjugation: 1st (-ють) | 1st (-уть)

ОСОБА / PERSON	НЕДОКОНАНИЙ ВИД / IMPERFECTIVE ASPECT	ДОКОНАНИЙ ВИД / PERFECTIVE ASPECT
ТЕПЕРІШНІЙ ЧАС — PRESENT TENSE		
я	натиска́ю	
ти	натиска́єш	
він, вона, воно	натиска́є	
ми	натиска́ємо	
ви	натиска́єте	
вони	натиска́ють	
МИНУЛИЙ ЧАС — PAST TENSE		
він (я, ти)	натиска́в	нати́снув, нати́с
вона (я, ти)	натиска́ла	нати́снула, нати́сла
воно	натиска́ло	нати́снуло, нати́сло
вони (ми, ви)	натиска́ли	нати́снули, нати́сли
МАЙБУТНІЙ ЧАС — FUTURE TENSE	ANALYTIC / SYNTHETIC	
я	бу́ду натиска́ти / натиска́тиму	нати́сну
ти	бу́деш натиска́ти / натиска́тимеш	нати́снеш
він, вона, воно	бу́де натиска́ти / натиска́тиме	нати́сне
ми	бу́демо натиска́ти / натиска́тимемо	нати́снемо
ви	бу́дете натиска́ти / натиска́тимете	нати́снете
вони	бу́дуть натиска́ти / натиска́тимуть	нати́снуть
УМОВНИЙ СПОСІБ — CONDITIONAL MOOD		
він (я, ти)	натиска́в би	нати́снув/нати́с би
вона (я, ти)	натиска́ла б	нати́снула/нати́сла б
воно	натиска́ло б	нати́снуло/нати́сло б
вони (ми, ви)	натиска́ли б	нати́снули/нати́сли б
НАКАЗОВИЙ СПОСІБ — IMPERATIVE MOOD		
ти	натиска́й	нати́сни
ми	натиска́ймо	нати́снімо
ви	натиска́йте	нати́сніть
він, вона, воно	(не)ха́й натиска́є	(не)ха́й нати́сне
вони	(не)ха́й натиска́ють	(не)ха́й нати́снуть
ДІЄПРИКМЕТНИКИ — VERBAL ADJECTIVES (PARTICIPLES)		
ACTIVE		
PASSIVE		нати́снений, нати́снутий
ДІЄПРИСЛІВНИКИ — VERBAL ADVERBS		
	натиска́ючи, натиска́вши	нати́снувши, нати́сши
БЕЗОСОБОВІ ФОРМИ — IMPERSONAL FORMS		
		нати́снено, нати́снуто

+ accusative = на + accusative:

Вона́ випадко́во **нати́снула** (**нати́сла**) кно́пку (на кно́пку) «Ви́далити». — *She accidentally clicked on the Delete button.*

Чи **нати́сне** він на куро́к? — *Will he pull the trigger?*

+ instrumental:

Натиска́йте кно́пки (на кно́пки) у лі́фтах зі́гнутим па́льцем. — *Press buttons in elevators with a bent finger.*

Щоб перейти́ да́лі, **нати́сніть** пробі́л (на пробі́л). — *Press the space bar to continue.*

Present/Future Stems: **ненавид(ж)- | зненавид(ж)-**
Conjugation: **2nd (-ять)**

ненáвидіти | зненáвидіти
to hate, to detest

ОСОБА / PERSON	НЕДОКОНАНИЙ ВИД / IMPERFECTIVE ASPECT		ДОКОНАНИЙ ВИД / PERFECTIVE ASPECT
ТЕПЕРІШНІЙ ЧАС — PRESENT TENSE			
я	ненáвиджу		
ти	ненáвидиш		
він, вона, воно	ненáвидить		
ми	ненáвидимо		
ви	ненáвидите		
вони	ненáвидять		
МИНУЛИЙ ЧАС — PAST TENSE			
він (я, ти)	ненáвидів		зненáвидів
вона (я, ти)	ненáвиділа		зненáвиділа
воно	ненáвиділо		зненáвиділо
вони (ми, ви)	ненáвиділи		зненáвиділи
МАЙБУТНІЙ ЧАС — FUTURE TENSE			
	ANALYTIC	SYNTHETIC	
я	бýду ненáвидіти	ненáвидітиму	зненáвиджу
ти	бýдеш ненáвидіти	ненáвидітимеш	зненáвидиш
він, вона, воно	бýде ненáвидіти	ненáвидітиме	зненáвидить
ми	бýдемо ненáвидіти	ненáвидітимемо	зненáвидимо
ви	бýдете ненáвидіти	ненáвидітимете	зненáвидите
вони	бýдуть ненáвидіти	ненáвидітимуть	зненáвидять
УМОВНИЙ СПОСІБ — CONDITIONAL MOOD			
він (я, ти)	ненáвидів би		зненáвидів би
вона (я, ти)	ненáвиділа б		зненáвиділа б
воно	ненáвиділо б		зненáвиділо б
вони (ми, ви)	ненáвиділи б		зненáвиділи б
НАКАЗОВИЙ СПОСІБ — IMPERATIVE MOOD			
ти	ненáвидь		зненáвидь
ми	ненáвидьмо		зненáвидьмо
ви	ненáвидьте		зненáвидьте
він, вона, воно	(не)хáй ненáвидить		(не)хáй зненáвидить
вони	(не)хáй ненáвидять		(не)хáй зненáвидять
ДІЄПРИКМЕТНИКИ — VERBAL ADJECTIVES (PARTICIPLES)			
ACTIVE			
PASSIVE			зненáвиджений
ДІЄПРИСЛІВНИКИ — VERBAL ADVERBS			
	ненáвидячи, ненáвидівши		зненáвидівши
БЕЗОСОБОВІ ФОРМИ — IMPERSONAL FORMS			
			зненáвиджено

+ *accusative*:
Я **ненáвиджу** такý погóду. *I hate this weather.*

***за* + *accusative*:**
Люди **зненáвиділи** його за це рішення. *People detested him for this decision.*

Він зáвжди **ненáвидітиме** (**бýде ненáвидіти**) її за це. *He will always hate her for this.*

Якбú він покúнув сім'ю́, то **ненáвидів би** себе. *If he left his family, he would hate himself.*

№ 272

нести́[ся] | понести́[ся]

to carry (unidirectional); to speak nonsense [to rush]
See also: **носи́ти[ся]** | **поноси́ти[ся]** (№ 273)

Present/Future Stems: **нес-** | **понес-**
Conjugation: **1st (-уть)**

ОСОБА / PERSON	НЕДОКОНАНИЙ ВИД / IMPERFECTIVE ASPECT		ДОКОНАНИЙ ВИД / PERFECTIVE ASPECT
ТЕПЕРІШНІЙ ЧАС — PRESENT TENSE			
я	несу́[ся]		
ти	несе́ш[ся]		
він, вона, воно	несе́[ться]		
ми	несемо́[ся]		
ви	несете́[ся]		
вони	несу́ть[ся]		
МИНУЛИЙ ЧАС — PAST TENSE			
він (я, ти)	ніс[ся]		поні́с[ся]
вона (я, ти)	несла́[ся]		понесла́[ся]
воно	несло́[ся]		понесло́[ся]
вони (ми, ви)	несли́[ся]		понесли́[ся]
МАЙБУТНІЙ ЧАС — FUTURE TENSE			
	ANALYTIC	SYNTHETIC	
я	бу́ду нести́[ся]	нести́му[ся]	понесу́[ся]
ти	бу́деш нести́[ся]	нести́меш[ся]	понесе́ш[ся]
він, вона, воно	бу́де нести́[ся]	нести́ме[ться]	понесе́[ться]
ми	бу́демо нести́[ся]	нести́мемо[ся]	понесемо́[ся]
ви	бу́дете нести́[ся]	нести́мете[ся]	понесете́[ся]
вони	бу́дуть нести́[ся]	нести́муть[ся]	понесу́ть[ся]
УМОВНИЙ СПОСІБ — CONDITIONAL MOOD			
він (я, ти)	ніс[ся] би [б]		поні́с[ся] би [б]
вона (я, ти)	несла́[ся] б		понесла́[ся] б
воно	несло́[ся] б		понесло́[ся] б
вони (ми, ви)	несли́[ся] б		понесли́[ся] б
НАКАЗОВИЙ СПОСІБ — IMPERATIVE MOOD			
ти	неси́[ся]		понеси́[ся]
ми	несі́мо[ся]		понесі́мо[ся]
ви	несі́ть[ся]		понесі́ть[ся]
він, вона, воно	(не)ха́й несе́[ться]		(не)ха́й понесе́[ться]
вони	(не)ха́й несу́ть[ся]		(не)ха́й понесу́ть[ся]
ДІЄПРИКМЕТНИКИ — VERBAL ADJECTIVES (PARTICIPLES)			
ACTIVE			
PASSIVE	не́сений		поне́сений
ДІЄПРИСЛІВНИКИ — VERBAL ADVERBS			
	несучи́, ні́сши		поні́сши
БЕЗОСОБОВІ ФОРМИ — IMPERSONAL FORMS			
	не́сено		поне́сено

+ accusative:
Я **несу́** по́вну су́мку проду́ктів. — *I am carrying a bag full of groceries.*

у (в), на + accusative:
Він **поні́с** докуме́нти на дру́гий по́верх. — *He took the documents up to the second floor.*
Що ти **несе́ш** *(informal)*?! Це непра́вда! — *What are you talking about?! It is not true!*
Неси́ це сюди́. — *Bring it over here.*

-ся + у (в), на + accusative:
Світ стрі́мко **несе́ться** в майбу́тнє. — *The world is rushing into the future.*

№ 273

Present/Future Stems: **нош-/нос- | понош-/понос-**

Conjugation: **1st (-ять)**

носи́ти[ся] | поноси́ти[ся]

to carry (multidirectional); to wear [to run around; to cosset]

See also: **нести́[ся]** | **понести́[ся]** (№ 272)

ОСОБА / PERSON	НЕДОКОНАНИЙ ВИД / IMPERFECTIVE ASPECT		ДОКОНАНИЙ ВИД / PERFECTIVE ASPECT
ТЕПЕРІШНІЙ ЧАС — PRESENT TENSE			
я	ношу́[ся]		
ти	но́сиш[ся]		
він, вона, воно	но́сить[ся]		
ми	но́симо[ся]		
ви	но́сите[ся]		
вони	но́сять[ся]		
МИНУЛИЙ ЧАС — PAST TENSE			
він (я, ти)	носи́в[ся]		поноси́в[ся]
вона (я, ти)	носи́ла[ся]		поноси́ла[ся]
воно	носи́ло[ся]		поноси́ло[ся]
вони (ми, ви)	носи́ли[ся]		поноси́ли[ся]
МАЙБУТНІЙ ЧАС — FUTURE TENSE			
	ANALYTIC	SYNTHETIC	
я	бу́ду носи́ти[ся]	носи́тиму[ся]	поношу́[ся]
ти	бу́деш носи́ти[ся]	носи́тимеш[ся]	поно́сиш[ся]
він, вона, воно	бу́де носи́ти[ся]	носи́тиме[ться]	поно́сить[ся]
ми	бу́демо носи́ти[ся]	носи́тимемо[ся]	поно́симо[ся]
ви	бу́дете носи́ти[ся]	носи́тимете[ся]	поно́сите[ся]
вони	бу́дуть носи́ти[ся]	носи́тимуть[ся]	поно́сять[ся]
УМОВНИЙ СПОСІБ — CONDITIONAL MOOD			
він (я, ти)	носи́в[ся] би [б]		поноси́в[ся] би [б]
вона (я, ти)	носи́ла[ся] б		поноси́ла[ся] б
воно	носи́ло[ся] б		поноси́ло[ся] б
вони (ми, ви)	носи́ли[ся] б		поноси́ли[ся] б
НАКАЗОВИЙ СПОСІБ — IMPERATIVE MOOD			
ти	носи́[ся]		поноси́[ся]
ми	носі́мо[ся]		поносі́мо[ся]
ви	носі́ть[ся]		поносі́ть[ся]
він, вона, воно	(не)ха́й но́сить[ся]		(не)ха́й поно́сить[ся]
вони	(не)ха́й но́сять[ся]		(не)ха́й поно́сять[ся]
ДІЄПРИКМЕТНИКИ — VERBAL ADJECTIVES (PARTICIPLES)			
ACTIVE			
PASSIVE	но́шений		поно́шений
ДІЄПРИСЛІВНИКИ — VERBAL ADVERBS			
	но́сячи[сь], носи́вши[сь]		поноси́вши[сь]
БЕЗОСОБОВІ ФОРМИ — IMPERSONAL FORMS			
	но́шено		поно́шено

+ accusative + з (із, зі) + instrumental:
Я за́вжди **ношу́** блокно́т і ру́чку з собо́ю. — *I always carry a notebook and a pen with me.*
Рані́ше вона́ **носи́ла** окуля́ри. — *She used to wear glasses.*
Сестра́ дала́ мені́ **поноси́ти** її́ пальто́. — *My sister let me wear her coat.*

-ся + по + locative:
Соба́ка, як скажени́й, **носи́вся** по ха́ті. — *The dog ran around the house like mad.*

-ся + з (із, зі) + instrumental:
Переста́нь **носи́тися** з ним, як із дити́ною. — *Stop cosseting him like a child.*

№ 274

нýдити[ся] | знýдити[ся]

to bore; to feel nauseous (impersonal);
to throw up (impersonal, perfective) [to be bored]

Present/Future Stems: **нуд(ж)- | знуд(ж)-**

Conjugation: **2nd (-ять)**

ОСОБА / PERSON	НЕДОКОНАНИЙ ВИД / IMPERFECTIVE ASPECT		ДОКОНАНИЙ ВИД / PERFECTIVE ASPECT
ТЕПЕРІШНІЙ ЧАС — PRESENT TENSE			
я	нýджу[ся]		
ти	нýдиш[ся]		
він, вона, воно	нýдить[ся]		
ми	нýдимо[ся]		
ви	нýдите[ся]		
вони	нýдять[ся]		
МИНУЛИЙ ЧАС — PAST TENSE			
він (я, ти)	нýдив[ся]		знýдив[ся]
вона (я, ти)	нýдила[ся]		знýдила[ся]
воно	нýдило[ся]		знýдило[ся]
вони (ми, ви)	нýдили[ся]		знýдили[ся]
МАЙБУТНІЙ ЧАС — FUTURE TENSE			
	ANALYTIC	SYNTHETIC	
я	бýду нýдити[ся]	нýдитиму[ся]	знýджу[ся]
ти	бýдеш нýдити[ся]	нýдитимеш[ся]	знýдиш[ся]
він, вона, воно	бýде нýдити[ся]	нýдитиме[ться]	знýдить[ся]
ми	бýдемо нýдити[ся]	нýдитимемо[ся]	знýдимо[ся]
ви	бýдете нýдити[ся]	нýдитимете[ся]	знýдите[ся]
вони	бýдуть нýдити[ся]	нýдитимуть[ся]	знýдять[ся]
УМОВНИЙ СПОСІБ — CONDITIONAL MOOD			
він (я, ти)	нýдив[ся] би [б]		знýдив[ся] би [б]
вона (я, ти)	нýдила[ся] б		знýдила[ся] б
воно	нýдило[ся] б		знýдило[ся] б
вони (ми, ви)	нýдили[ся] б		знýдили[ся] б
НАКАЗОВИЙ СПОСІБ — IMPERATIVE MOOD			
ти	нýдь[ся], нудú[ся]		знýдь[ся], знудú[ся]
ми	нýдьмо[ся], нудімо[ся]		знýдьмо[ся], знудімо[ся]
ви	нýдьте[ся], нудіть[ся]		знýдьте[ся], знудіть[ся]
він, вона, воно	(не)хáй нýдить[ся]		(не)хáй знýдить[ся]
вони	(не)хáй нýдять[ся]		(не)хáй знýдять[ся]
ДІЄПРИКМЕТНИКИ — VERBAL ADJECTIVES (PARTICIPLES)			
ACTIVE			
PASSIVE			знýджений
ДІЄПРИСЛІВНИКИ — VERBAL ADVERBS			
	нýдячи[сь], нýдивши[сь]		знýдивши[сь]
БЕЗОСОБОВІ ФОРМИ — IMPERSONAL FORMS			
			знýджено

accusative + [...]:
Менé **нýдить**.   *I feel sick.*
Дитúну **знýдило** в літакý.   *The child threw up on the plane.*
Нас **знýдили** його дóвгі промóви.   *We have grown bored with his long speeches.*
Ми нічóго не рóбимо, **нýдимося** вдóма.   *We are not doing anything; we are bored at home.*

-ся + **у (в)**, **на** + *locative*:
Усі **знýдилися** на карантúні.   *Everyone has become bored in quarantine.*

Present/Future Stems: **нюха-** | **понюха-**
Conjugation: **1st (-ють)**

нюхати | понюхати

to smell, to sniff

ОСОБА / PERSON	НЕДОКОНАНИЙ ВИД / IMPERFECTIVE ASPECT		ДОКОНАНИЙ ВИД / PERFECTIVE ASPECT
ТЕПЕРІШНІЙ ЧАС — PRESENT TENSE			
я	нюхаю		
ти	нюхаєш		
він, вона, воно	нюхає		
ми	нюхаємо		
ви	нюхаєте		
вони	нюхають		
МИНУЛИЙ ЧАС — PAST TENSE			
він (я, ти)	нюхав		понюхав
вона (я, ти)	нюхала		понюхала
воно	нюхало		понюхало
вони (ми, ви)	нюхали		понюхали
МАЙБУТНІЙ ЧАС — FUTURE TENSE			
	ANALYTIC	SYNTHETIC	
я	буду нюхати	нюхатиму	понюхаю
ти	будеш нюхати	нюхатимеш	понюхаєш
він, вона, воно	буде нюхати	нюхатиме	понюхає
ми	будемо нюхати	нюхатимемо	понюхаємо
ви	будете нюхати	нюхатимете	понюхаєте
вони	будуть нюхати	нюхатимуть	понюхають
УМОВНИЙ СПОСІБ — CONDITIONAL MOOD			
він (я, ти)	нюхав би		понюхав би
вона (я, ти)	нюхала б		понюхала б
воно	нюхало б		понюхало б
вони (ми, ви)	нюхали б		понюхали б
НАКАЗОВИЙ СПОСІБ — IMPERATIVE MOOD			
ти	нюхай		понюхай
ми	нюхаймо		понюхаймо
ви	нюхайте		понюхайте
він, вона, воно	(не)хай нюхає		(не)хай понюхає
вони	(не)хай нюхають		(не)хай понюхають
ДІЄПРИКМЕТНИКИ — VERBAL ADJECTIVES (PARTICIPLES)			
ACTIVE			
PASSIVE			
ДІЄПРИСЛІВНИКИ — VERBAL ADVERBS			
	нюхаючи, нюхавши		понюхавши
БЕЗОСОБОВІ ФОРМИ — IMPERSONAL FORMS			

+ accusative:

Розгортаючи нову книжку, я **нюхаю** її сторінки.	*Opening a new book, I smell its pages.*
Вона **понюхала** вино й зробила маленький ковток.	*She sniffed the wine and took a small sip.*
Зараз вас **понюхає** наш патрульний пес.	*Now our patrol dog will sniff you.*
Понюхай ці квіти, вони чудово пахнуть!	*Smell these flowers, they smell great!*

№ 276

обгово́рювати | обговори́ти
to discuss

Present/Future Stems: обговорю- | обговор-
Conjugation: **1st (-ють) | 2nd (-ять)**

ОСОБА / PERSON	НЕДОКОНАНИЙ ВИД / IMPERFECTIVE ASPECT		ДОКОНАНИЙ ВИД / PERFECTIVE ASPECT
ТЕПЕРІШНІЙ ЧАС — PRESENT TENSE			
я	обгово́рюю		
ти	обгово́рюєш		
він, вона, воно	обгово́рює		
ми	обгово́рюємо		
ви	обгово́рюєте		
вони	обгово́рюють		
МИНУЛИЙ ЧАС — PAST TENSE			
він (я, ти)	обгово́рював		обговори́в
вона (я, ти)	обгово́рювала		обговори́ла
воно	обгово́рювало		обговори́ло
вони (ми, ви)	обгово́рювали		обговори́ли
МАЙБУТНІЙ ЧАС — FUTURE TENSE			
	ANALYTIC	SYNTHETIC	
я	бу́ду обгово́рювати	обгово́рюватиму	обговорю́
ти	бу́деш обгово́рювати	обгово́рюватимеш	обгово́риш
він, вона, воно	бу́де обгово́рювати	обгово́рюватиме	обгово́рить
ми	бу́демо обгово́рювати	обгово́рюватимемо	обгово́римо
ви	бу́дете обгово́рювати	обгово́рюватимете	обгово́рите
вони	бу́дуть обгово́рювати	обгово́рюватимуть	обгово́рять
УМОВНИЙ СПОСІБ — CONDITIONAL MOOD			
він (я, ти)	обгово́рював би		обговори́в би
вона (я, ти)	обгово́рювала б		обговори́ла б
воно	обгово́рювало б		обговори́ло б
вони (ми, ви)	обгово́рювали б		обговори́ли б
НАКАЗОВИЙ СПОСІБ — IMPERATIVE MOOD			
ти	обгово́рюй		обговори́
ми	обгово́рюймо		обговорі́мо
ви	обгово́рюйте		обговорі́ть
він, вона, воно	(не)ха́й обгово́рює		(не)ха́й обгово́рить
вони	(не)ха́й обгово́рюють		(не)ха́й обгово́рять
ДІЄПРИКМЕТНИКИ — VERBAL ADJECTIVES (PARTICIPLES)			
ACTIVE			
PASSIVE	обгово́рюваний		обгово́рений
ДІЄПРИСЛІВНИКИ — VERBAL ADVERBS			
	обгово́рюючи, обгово́рювавши		обговори́вши
БЕЗОСОБОВІ ФОРМИ — IMPERSONAL FORMS			
	обгово́рювано		обгово́рено

+ accusative:
Ми за́раз **обгово́рюємо** всі дета́лі.
We are currently discussing all the details.

з (із, зі) + instrumental:
Міні́стр уже́ **обговори́в** із президе́нтом можли́ву рефо́рму.
The minister has already discussed a possible reform with the president.

Це один із його́ найбі́льш **обгово́рюваних** до́писів.
This is one of his most discussed posts.

між + instrumental:
Обговорі́ть це пита́ння між собо́ю і да́йте зна́ти своє́ рі́шення.
Discuss this question among yourselves and let us know your decision.

Present/Future Stems: **об'є́дну-** | **об'є́дна-**

об'є́днувати[ся] | об'є́днати[ся]

Conjugation: **1st (-ють)**

to unite sth/sb [to come together, to unite]

ОСОБА PERSON	НЕДОКОНАНИЙ ВИД IMPERFECTIVE ASPECT		ДОКОНАНИЙ ВИД PERFECTIVE ASPECT
ТЕПЕРІШНІЙ ЧАС — PRESENT TENSE			
я	об'є́дную[ся]		
ти	об'є́днуєш[ся]		
він, вона, воно	об'є́днує[ться]		
ми	об'є́днуємо[ся]		
ви	об'є́днуєте[ся]		
вони	об'є́днують[ся]		
МИНУЛИЙ ЧАС — PAST TENSE			
він (я, ти)	об'є́днував[ся]		об'єдна́в[ся]
вона (я, ти)	об'є́днувала[ся]		об'єдна́ла[ся]
воно	об'є́днувало[ся]		об'єдна́ло[ся]
вони (ми, ви)	об'є́днували[ся]		об'єдна́ли[ся]
МАЙБУТНІЙ ЧАС — FUTURE TENSE			
	ANALYTIC	SYNTHETIC	
я	бу́ду об'є́днувати[ся]	об'є́днуватиму[ся]	об'єдна́ю[ся]
ти	бу́деш об'є́днувати[ся]	об'є́днуватимеш[ся]	об'єдна́єш[ся]
він, вона, воно	бу́де об'є́днувати[ся]	об'є́днуватиме[ться]	об'єдна́є[ться]
ми	бу́демо об'є́днувати[ся]	об'є́днуватимемо[ся]	об'єдна́ємо[ся]
ви	бу́дете об'є́днувати[ся]	об'є́днуватимете[ся]	об'єдна́єте[ся]
вони	бу́дуть об'є́днувати[ся]	об'є́днуватимуть[ся]	об'єдна́ють[ся]
УМОВНИЙ СПОСІБ — CONDITIONAL MOOD			
він (я, ти)	об'є́днував[ся] би (б)		об'єдна́в[ся] би (б)
вона (я, ти)	об'є́днувала[ся] б		об'єдна́ла[ся] б
воно	об'є́днувало[ся] б		об'єдна́ло[ся] б
вони (ми, ви)	об'є́днували[ся] б		об'єдна́ли[ся] б
НАКАЗОВИЙ СПОСІБ — IMPERATIVE MOOD			
ти	об'є́днуй[ся]		об'єдна́й[ся]
ми	об'є́днуймо[ся]		об'єдна́ймо[ся]
ви	об'є́днуйте[ся]		об'єдна́йте[ся]
він, вона, воно	(не)ха́й об'є́днує[ться]		(не)ха́й об'єдна́є[ться]
вони	(не)ха́й об'є́днують[ся]		(не)ха́й об'єдна́ють[ся]
ДІЄПРИКМЕТНИКИ — VERBAL ADJECTIVES (PARTICIPLES)			
ACTIVE			
PASSIVE	об'є́днуваний		об'є́днаний
ДІЄПРИСЛІВНИКИ — VERBAL ADVERBS			
	об'є́днуючи[сь], об'є́днувавши[сь]		об'єдна́вши[сь]
БЕЗОСОБОВІ ФОРМИ — IMPERSONAL FORMS			
	об'є́днувано		об'є́днано

+ accusative:
Спорт **об'є́днує** люде́й. — Sports unite people.

з (із, зі) + instrumental:
Ми **об'єдна́ли** з ни́ми зуси́лля. — We joined forces with them.

-ся + для, за́для, зара́ди + genitive:
Украї́нці **об'є́днуються** зара́ди спі́льної мети́. — Ukrainians unite for a common goal.

-ся + з (із, зі) + instrumental:
Па́ртія **об'єдна́лася** з опозиці́йними си́лами. — The party united with opposition forces.

обира́ти | обра́ти

to choose; to elect

Present/Future Stems: **обира- | обер-**
Conjugation: **1st (-ють) | 1st (-уть)**

ОСОБА / PERSON	НЕДОКОНАНИЙ ВИД / IMPERFECTIVE ASPECT		ДОКОНАНИЙ ВИД / PERFECTIVE ASPECT
ТЕПЕРІШНІЙ ЧАС — PRESENT TENSE			
я	обира́ю		
ти	обира́єш		
він, вона, воно	обира́є		
ми	обира́ємо		
ви	обира́єте		
вони	обира́ють		
МИНУЛИЙ ЧАС — PAST TENSE			
він (я, ти)	обира́в		обра́в
вона (я, ти)	обира́ла		обра́ла
воно	обира́ло		обра́ло
вони (ми, ви)	обира́ли		обра́ли
МАЙБУТНІЙ ЧАС — FUTURE TENSE			
	ANALYTIC	SYNTHETIC	
я	бу́ду обира́ти	обира́тиму	оберу́
ти	бу́деш обира́ти	обира́тимеш	обере́ш
він, вона, воно	бу́де обира́ти	обира́тиме	обере́
ми	бу́демо обира́ти	обира́тимемо	обере́мо́
ви	бу́дете обира́ти	обира́тимете	обере́те́
вони	бу́дуть обира́ти	обира́тимуть	оберу́ть
УМОВНИЙ СПОСІБ — CONDITIONAL MOOD			
він (я, ти)	обира́в би		обра́в би
вона (я, ти)	обира́ла б		обра́ла б
воно	обира́ло б		обра́ло б
вони (ми, ви)	обира́ли б		обра́ли б
НАКАЗОВИЙ СПОСІБ — IMPERATIVE MOOD			
ти	обира́й		обери́
ми	обира́ймо		обері́мо
ви	обира́йте		обері́ть
він, вона, воно	(не)ха́й обира́є		(не)ха́й обере́
вони	(не)ха́й обира́ють		(не)ха́й оберу́ть
ДІЄПРИКМЕТНИКИ — VERBAL ADJECTIVES (PARTICIPLES)			
ACTIVE			
PASSIVE	оби́раний		о́браний
ДІЄПРИСЛІВНИКИ — VERBAL ADVERBS			
	обира́ючи, обира́вши		обра́вши
БЕЗОСОБОВІ ФОРМИ — IMPERSONAL FORMS			
	оби́рано		о́брано

+ accusative:

Я **обира́ю** дру́гий варіа́нт. — *I choose the second option.*

accusative + [...] + instrumental:

Її **обра́ли** голово́ю відді́лу прода́жів. — *She was elected head of the sales department.*

За́втра ми **обира́тимемо (бу́демо обира́ти)** нового ме́ра мі́ста. — *Tomorrow we will elect a new mayor of the city.*

Обери́ собі́ подару́нок! — *Choose a gift for yourself!*

Present/Future Stems: обіда- | пообіда-
Conjugation: **1st (-ють)**

обідати | пообідати
to have lunch

№ 279

ОСОБА / PERSON	НЕДОКОНАНИЙ ВИД / IMPERFECTIVE ASPECT		ДОКОНАНИЙ ВИД / PERFECTIVE ASPECT
\multicolumn{4}{c}{**ТЕПЕРІШНІЙ ЧАС — PRESENT TENSE**}		
я	обідаю		
ти	обідаєш		
він, вона, воно	обідає		
ми	обідаємо		
ви	обідаєте		
вони	обідають		
\multicolumn{4}{c}{**МИНУЛИЙ ЧАС — PAST TENSE**}		
він (я, ти)	обідав		пообідав
вона (я, ти)	обідала		пообідала
воно	обідало		пообідало
вони (ми, ви)	обідали		пообідали
\multicolumn{4}{c}{**МАЙБУТНІЙ ЧАС — FUTURE TENSE**}		
	ANALYTIC	SYNTHETIC	
я	буду обідати	обідатиму	пообідаю
ти	будеш обідати	обідатимеш	пообідаєш
він, вона, воно	буде обідати	обідатиме	пообідає
ми	будемо обідати	обідатимемо	пообідаємо
ви	будете обідати	обідатимете	пообідаєте
вони	будуть обідати	обідатимуть	пообідають
\multicolumn{4}{c}{**УМОВНИЙ СПОСІБ — CONDITIONAL MOOD**}		
він (я, ти)	обідав би		пообідав би
вона (я, ти)	обідала б		пообідала б
воно	обідало б		пообідало б
вони (ми, ви)	обідали б		пообідали б
\multicolumn{4}{c}{**НАКАЗОВИЙ СПОСІБ — IMPERATIVE MOOD**}		
ти	обідай		пообідай
ми	обідаймо		пообідаймо
ви	обідайте		пообідайте
він, вона, воно	(не)хай обідає		(не)хай пообідає
вони	(не)хай обідають		(не)хай пообідають

ДІЄПРИКМЕТНИКИ — VERBAL ADJECTIVES (PARTICIPLES)

ACTIVE

PASSIVE

ДІЄПРИСЛІВНИКИ — VERBAL ADVERBS

обідаючи, обідавши   пообідавши

БЕЗОСОБОВІ ФОРМИ — IMPERSONAL FORMS

Зазвичай я **обідаю** на роботі. — *I usually have lunch at work.*

Ви вже **пообідали**? — *Have you already had lunch?*

Пообідаємо, а тоді підемо в наступний музей. — *We will have lunch, and then we will go to the next museum.*

Пообідавши, вони повернулися до навчання з новими силами. — *After having lunch, they returned to their studies with renewed energy.*

№ 280

обійма́ти [ся] | обійня́ти [ся]

to hug sb; to hold (a position) [to hug]
Also in the meaning "to hug": обніма́ти [ся] | обня́ти [ся]

Present/Future Stems: обійма- | обійм-
Conjugation: 1st (-ють)

ОСОБА / PERSON	НЕДОКОНАНИЙ ВИД / IMPERFECTIVE ASPECT		ДОКОНАНИЙ ВИД / PERFECTIVE ASPECT
ТЕПЕРІШНІЙ ЧАС — PRESENT TENSE			
я	обійма́ю [ся]		
ти	обійма́єш [ся]		
він, вона, воно	обійма́є [ться]		
ми	обійма́ємо [ся]		
ви	обійма́єте [ся]		
вони	обійма́ють [ся]		
МИНУЛИЙ ЧАС — PAST TENSE			
він (я, ти)	обійма́в [ся]		обійня́в [ся]
вона (я, ти)	обійма́ла [ся]		обійняла́ [ся]
воно	обійма́ло [ся]		обійняло́ [ся]
вони (ми, ви)	обійма́ли [ся]		обійняли́ [ся]
МАЙБУТНІЙ ЧАС — FUTURE TENSE			
	ANALYTIC	SYNTHETIC	
я	бу́ду обійма́ти [ся]	обійма́тиму [ся]	обійму́ [ся]
ти	бу́деш обійма́ти [ся]	обійма́тимеш [ся]	обі́ймеш [ся]
він, вона, воно	бу́де обійма́ти [ся]	обійма́тиме [ться]	обі́йме [ться]
ми	бу́демо обійма́ти [ся]	обійма́тимемо [ся]	обі́ймемо [ся]
ви	бу́дете обійма́ти [ся]	обійма́тимете [ся]	обі́ймете [ся]
вони	бу́дуть обійма́ти [ся]	обійма́тимуть [ся]	обі́ймуть [ся]
УМОВНИЙ СПОСІБ — CONDITIONAL MOOD			
він (я, ти)	обійма́в [ся] би [б]		обійня́в [ся] би [б]
вона (я, ти)	обійма́ла [ся] б		обійняла́ [ся] б
воно	обійма́ло [ся] б		обійняло́ [ся] б
вони (ми, ви)	обійма́ли [ся] б		обійняли́ [ся] б
НАКАЗОВИЙ СПОСІБ — IMPERATIVE MOOD			
ти	обійма́й [ся]		обійми́ [ся]
ми	обійма́ймо [ся]		обіймі́мо [ся]
ви	обійма́йте [ся]		обіймі́ть [ся]
він, вона, воно	(не)ха́й обійма́є [ться]		(не)ха́й обі́йме [ться]
вони	(не)ха́й обійма́ють [ся]		(не)ха́й обі́ймуть [ся]
ДІЄПРИКМЕТНИКИ — VERBAL ADJECTIVES (PARTICIPLES)			
ACTIVE			
PASSIVE			обі́йнятий
ДІЄПРИСЛІВНИКИ — VERBAL ADVERBS			
	обійма́ючи [сь], обійма́вши [сь]		обійня́вши [сь]
БЕЗОСОБОВІ ФОРМИ — IMPERSONAL FORMS			
			обі́йнято

+ accusative:

Ді́вчинка **обійняла́** (**обняла́**) та́та.	The girl hugged her Dad.
Він **обійма́є** поса́ду генера́льного дире́ктора компа́нії.	He holds the position of general director of the company.
Хло́пчик засну́в, **обійма́ючи** (**обніма́ючи**) ведме́дика.	The boy fell asleep, hugging his teddy bear.
Як ча́сто ви **обійма́єтеся** (**обніма́єтеся**)?	How often do you hug?
Вони́ **обійняли́ся** (**обняли́ся**) і поцілува́лись.	They hugged and kissed.

Present/Future Stems: обіця- | пообіця-

Conjugation: **1st (-ють)**

обіця́ти | пообіця́ти

to promise

ОСОБА PERSON	НЕДОКОНАНИЙ ВИД IMPERFECTIVE ASPECT		ДОКОНАНИЙ ВИД PERFECTIVE ASPECT
ТЕПЕРІШНІЙ ЧАС — PRESENT TENSE			
я	обіця́ю		
ти	обіця́єш		
він, вона, воно	обіця́є		
ми	обіця́ємо		
ви	обіця́єте		
вони	обіця́ють		
МИНУЛИЙ ЧАС — PAST TENSE			
він (я, ти)	обіця́в		пообіця́в
вона (я, ти)	обіця́ла		пообіця́ла
воно	обіця́ло		пообіця́ло
вони (ми, ви)	обіця́ли		пообіця́ли
МАЙБУТНІЙ ЧАС — FUTURE TENSE			
	ANALYTIC	SYNTHETIC	
я	бу́ду обіця́ти	обіця́тиму	пообіця́ю
ти	бу́деш обіця́ти	обіця́тимеш	пообіця́єш
він, вона, воно	бу́де обіця́ти	обіця́тиме	пообіця́є
ми	бу́демо обіця́ти	обіця́тимемо	пообіця́ємо
ви	бу́дете обіця́ти	обіця́тимете	пообіця́єте
вони	бу́дуть обіця́ти	обіця́тимуть	пообіця́ють
УМОВНИЙ СПОСІБ — CONDITIONAL MOOD			
він (я, ти)	обіця́в би		пообіця́в би
вона (я, ти)	обіця́ла б		пообіця́ла б
воно	обіця́ло б		пообіця́ло б
вони (ми, ви)	обіця́ли б		пообіця́ли б
НАКАЗОВИЙ СПОСІБ — IMPERATIVE MOOD			
ти	обіця́й		пообіця́й
ми	обіця́ймо		пообіця́ймо
ви	обіця́йте		пообіця́йте
він, вона, воно	(не)ха́й обіця́є		(не)ха́й пообіця́є
вони	(не)ха́й обіця́ють		(не)ха́й пообіця́ють
ДІЄПРИКМЕТНИКИ — VERBAL ADJECTIVES (PARTICIPLES)			
ACTIVE			
PASSIVE	обі́цяний		пообі́цяний
ДІЄПРИСЛІВНИКИ — VERBAL ADVERBS			
	обіця́ючи, обіця́вши		пообіця́вши
БЕЗОСОБОВІ ФОРМИ — IMPERSONAL FORMS			
	обі́цяно		пообі́цяно

+ *dative*:
Я **обіця́ю** вам, що не підведу́. — *I promise that I will not let you down.*

+ *accusative*:
Депута́т **пообіця́в** те, що не змо́же ви́конати. — *The deputy promised something that he cannot fulfill.*

Пообіця́йте приїжджа́ти до нас части́ше. — *Promise to come to visit us more often.*

Ніхто́ не зга́дував бі́льше про **обі́цяне** підви́щення зарпла́т. — *No one mentioned the promised salary increase anymore.*

№ 282

обме́жувати[ся] | обме́жити[ся]
to restrict, to limit [to limit oneself]

Present/Future Stems: **обмежу- | обмеж-**
Conjugation: **1st (-ють) | 2nd (-ать)**

ОСОБА / PERSON	НЕДОКОНАНИЙ ВИД / IMPERFECTIVE ASPECT		ДОКОНАНИЙ ВИД / PERFECTIVE ASPECT
ТЕПЕРІШНІЙ ЧАС — PRESENT TENSE			
я	обме́жую[ся]		
ти	обме́жуєш[ся]		
він, вона, воно	обме́жує[ться]		
ми	обме́жуємо[ся]		
ви	обме́жуєте[ся]		
вони	обме́жують[ся]		
МИНУЛИЙ ЧАС — PAST TENSE			
він (я, ти)	обме́жував[ся]		обме́жив[ся]
вона (я, ти)	обме́жувала[ся]		обме́жила[ся]
воно	обме́жувало[ся]		обме́жило[ся]
вони (ми, ви)	обме́жували[ся]		обме́жили[ся]
МАЙБУТНІЙ ЧАС — FUTURE TENSE			
	ANALYTIC	SYNTHETIC	
я	бу́ду обме́жувати[ся]	обме́жуватиму[ся]	обме́жу[ся]
ти	бу́деш обме́жувати[ся]	обме́жуватимеш[ся]	обме́жиш[ся]
він, вона, воно	бу́де обме́жувати[ся]	обме́жуватиме[ться]	обме́жить[ся]
ми	бу́демо обме́жувати[ся]	обме́жуватимемо[ся]	обме́жимо[ся]
ви	бу́дете обме́жувати[ся]	обме́жуватимете[ся]	обме́жите[ся]
вони	бу́дуть обме́жувати[ся]	обме́жуватимуть[ся]	обме́жать[ся]
УМОВНИЙ СПОСІБ — CONDITIONAL MOOD			
він (я, ти)	обме́жував[ся] би (б)		обме́жив[ся] би (б)
вона (я, ти)	обме́жувала[ся] б		обме́жила[ся] б
воно	обме́жувало[ся] б		обме́жило[ся] б
вони (ми, ви)	обме́жували[ся] б		обме́жили[ся] б
НАКАЗОВИЙ СПОСІБ — IMPERATIVE MOOD			
ти	обме́жуй[ся]		обме́ж[ся]
ми	обме́жуймо[ся]		обме́жмо[ся]
ви	обме́жуйте[ся]		обме́жте[ся]
він, вона, воно	(не)ха́й обме́жує[ться]		(не)ха́й обме́жить[ся]
вони	(не)ха́й обме́жують[ся]		(не)ха́й обме́жать[ся]
ДІЄПРИКМЕТНИКИ — VERBAL ADJECTIVES (PARTICIPLES)			
ACTIVE			
PASSIVE	обме́жуваний		обме́жений
ДІЄПРИСЛІВНИКИ — VERBAL ADVERBS			
	обме́жуючи[сь], обме́жувавши[сь]		обме́живши[сь]
БЕЗОСОБОВІ ФОРМИ — IMPERSONAL FORMS			
	обме́жувано		обме́жено

+ accusative:

Цей законопроє́кт **обме́жує** на́ше пра́во на свобо́ду сло́ва.
This bill restricts our right to free speech.

Вона́ **обме́жила** спожива́ння кофеї́ну і тепе́р почува́ється кра́ще.
She has limited her caffeine intake and now feels better.

На жаль, на́ші ресу́рси **обме́жені**.
Unfortunately, our resources are limited.

-ся + instrumental:

Студе́нт не **обме́жувався** матеріа́лами ле́кцій, а чита́в та́кож додатко́ву літерату́ру.
The student did not limit himself to lecture materials, but also read additional literature.

Present/Future Stems: обмі́ню- | обміня́-
Conjugation: **1st (-ють)**

обмі́нювати[ся] | обміня́ти[ся]

to exchange sth [to exchange]

ОСОБА / PERSON	НЕДОКОНАНИЙ ВИД / IMPERFECTIVE ASPECT		ДОКОНАНИЙ ВИД / PERFECTIVE ASPECT
ТЕПЕРІШНІЙ ЧАС — PRESENT TENSE			
я	обмі́нюю[ся]		
ти	обмі́нюєш[ся]		
він, вона, воно	обмі́нює[ться]		
ми	обмі́нюємо[ся]		
ви	обмі́нюєте[ся]		
вони	обмі́нюють[ся]		
МИНУЛИЙ ЧАС — PAST TENSE			
він (я, ти)	обмі́нював[ся]		обміня́в[ся]
вона (я, ти)	обмі́нювала[ся]		обміня́ла[ся]
воно	обмі́нювало[ся]		обміня́ло[ся]
вони (ми, ви)	обмі́нювали[ся]		обміня́ли[ся]
МАЙБУТНІЙ ЧАС — FUTURE TENSE			
	ANALYTIC	SYNTHETIC	
я	бу́ду обмі́нювати[ся]	обмі́нюватиму[ся]	обміня́ю[ся]
ти	бу́деш обмі́нювати[ся]	обмі́нюватимеш[ся]	обміня́єш[ся]
він, вона, воно	бу́де обмі́нювати[ся]	обмі́нюватиме[ться]	обміня́є[ться]
ми	бу́демо обмі́нювати[ся]	обмі́нюватимемо[ся]	обміня́ємо[ся]
ви	бу́дете обмі́нювати[ся]	обмі́нюватимете[ся]	обміня́єте[ся]
вони	бу́дуть обмі́нювати[ся]	обмі́нюватимуть[ся]	обміня́ють[ся]
УМОВНИЙ СПОСІБ — CONDITIONAL MOOD			
він (я, ти)	обмі́нював[ся] би [б]		обміня́в[ся] би [б]
вона (я, ти)	обмі́нювала[ся] б		обміня́ла[ся] б
воно	обмі́нювало[ся] б		обміня́ло[ся] б
вони (ми, ви)	обмі́нювали[ся] б		обміня́ли[ся] б
НАКАЗОВИЙ СПОСІБ — IMPERATIVE MOOD			
ти	обмі́нюй[ся]		обміня́й[ся]
ми	обмі́нюймо[ся]		обміня́ймо[ся]
ви	обмі́нюйте[ся]		обміня́йте[ся]
він, вона, воно	(не)ха́й обмі́нює[ться]		(не)ха́й обміня́є[ться]
вони	(не)ха́й обмі́нюють[ся]		(не)ха́й обміня́ють[ся]
ДІЄПРИКМЕТНИКИ — VERBAL ADJECTIVES (PARTICIPLES)			
ACTIVE			
PASSIVE	обмі́нюваний		обмі́няний
ДІЄПРИСЛІВНИКИ — VERBAL ADVERBS			
	обмі́нюючи[сь], обмі́нювавши[сь]		обміня́вши[сь]
БЕЗОСОБОВІ ФОРМИ — IMPERSONAL FORMS			
	обмі́нювано		обмі́няно

+ accusative:
Украї́нці ча́сто **обмі́нюють** валю́ту. — *Ukrainians often exchange currencies.*

+ accusative + на + accusative:
На вокза́лі він **обміня́в** до́лари на гри́вні. — *At the station, he exchanged dollars for hryvnias.*

-ся + instrumental:
Вони́ **обміня́лися** компліме́нтами. — *They exchanged compliments.*

з (із, зі) + instrumental:
Якщо́ хо́чеш, я **обміня́юся** з тобо́ю. — *If you want, I will exchange it with you.*

обража́ти[ся] | обра́зити[ся]

to insult, to offend [to take offense, to be angry]

Present/Future Stems: обража- | ображ-/образ-
Conjugation: **1st (-ють)** | **2nd (-ять)**

ОСОБА PERSON	НЕДОКОНАНИЙ ВИД IMPERFECTIVE ASPECT		ДОКОНАНИЙ ВИД PERFECTIVE ASPECT
ТЕПЕРІШНІЙ ЧАС — PRESENT TENSE			
я	обража́ю[ся]		
ти	обража́єш[ся]		
він, вона, воно	обража́є[ться]		
ми	обража́ємо[ся]		
ви	обража́єте[ся]		
вони	обража́ють[ся]		
МИНУЛИЙ ЧАС — PAST TENSE			
він (я, ти)	обража́в[ся]		обра́зив[ся]
вона (я, ти)	обража́ла[ся]		обра́зила[ся]
воно	обража́ло[ся]		обра́зило[ся]
вони (ми, ви)	обража́ли[ся]		обра́зили[ся]
МАЙБУТНІЙ ЧАС — FUTURE TENSE			
	ANALYTIC	SYNTHETIC	
я	бу́ду обража́ти[ся]	обража́тиму[ся]	обра́жу[ся]
ти	бу́деш обража́ти[ся]	обража́тимеш[ся]	обра́зиш[ся]
він, вона, воно	бу́де обража́ти[ся]	обража́тиме[ться]	обра́зить[ся]
ми	бу́демо обража́ти[ся]	обража́тимемо[ся]	обра́зимо[ся]
ви	бу́дете обража́ти[ся]	обража́тимете[ся]	обра́зите[ся]
вони	бу́дуть обража́ти[ся]	обража́тимуть[ся]	обра́зять[ся]
УМОВНИЙ СПОСІБ — CONDITIONAL MOOD			
він (я, ти)	обража́в[ся] би [б]		обра́зив[ся] би [б]
вона (я, ти)	обража́ла[ся] б		обра́зила[ся] б
воно	обража́ло[ся] б		обра́зило[ся] б
вони (ми, ви)	обража́ли[ся] б		обра́зили[ся] б
НАКАЗОВИЙ СПОСІБ — IMPERATIVE MOOD			
ти	обража́й[ся]		обра́зь[ся]
ми	обража́ймо[ся]		обра́зьмо[ся]
ви	обража́йте[ся]		обра́зьте[ся]
він, вона, воно	(не)ха́й обража́є[ться]		(не)ха́й обра́зить[ся]
вони	(не)ха́й обража́ють[ся]		(не)ха́й обра́зять[ся]
ДІЄПРИКМЕТНИКИ — VERBAL ADJECTIVES (PARTICIPLES)			
ACTIVE			
PASSIVE			обра́жений
ДІЄПРИСЛІВНИКИ — VERBAL ADVERBS			
	обража́ючи[сь], обража́вши[сь]		обра́зивши[сь]
БЕЗОСОБОВІ ФОРМИ — IMPERSONAL FORMS			
			обра́жено

+ accusative:

Ді́ти ча́сто **обража́ють** його́ в шко́лі. — *Children often insult him at school.*

Ви́бачте, якщо́ я когось **обра́зив**. — *Sorry if I offended anyone.*

Бага́то люде́й **обра́жені** ва́шою зая́вою. — *Many people are offended by your statement.*

-ся + на + accusative:

Він ча́сто **обража́ється** на ме́не без причи́ни. — *He often takes offense at me for no reason.*

Не **обража́йся**! Я ненаро́ком. — *Do not take offense! I didn't do it on purpose.*

Present/Future Stems: оголошу- | оголош-/оголос-
Conjugation: **1st (-ють) | 2nd (-ять)**

оголо́шувати | оголоси́ти

to announce, to declare

ОСОБА / PERSON	НЕДОКОНАНИЙ ВИД / IMPERFECTIVE ASPECT		ДОКОНАНИЙ ВИД / PERFECTIVE ASPECT
ТЕПЕРІШНІЙ ЧАС — PRESENT TENSE			
я	оголо́шую		
ти	оголо́шуєш		
він, вона, воно	оголо́шує		
ми	оголо́шуємо		
ви	оголо́шуєте		
вони	оголо́шують		
МИНУЛИЙ ЧАС — PAST TENSE			
він (я, ти)	оголо́шував		оголоси́в
вона (я, ти)	оголо́шувала		оголоси́ла
воно	оголо́шувало		оголоси́ло
вони (ми, ви)	оголо́шували		оголоси́ли
МАЙБУТНІЙ ЧАС — FUTURE TENSE			
	ANALYTIC	SYNTHETIC	
я	бу́ду оголо́шувати	оголо́шуватиму	оголошу́
ти	бу́деш оголо́шувати	оголо́шуватимеш	оголо́сиш
він, вона, воно	бу́де оголо́шувати	оголо́шуватиме	оголо́сить
ми	бу́демо оголо́шувати	оголо́шуватимемо	оголо́симо
ви	бу́дете оголо́шувати	оголо́шуватимете	оголо́сите
вони	бу́дуть оголо́шувати	оголо́шуватимуть	оголо́сять
УМОВНИЙ СПОСІБ — CONDITIONAL MOOD			
він (я, ти)	оголо́шував би		оголоси́в би
вона (я, ти)	оголо́шувала б		оголоси́ла б
воно	оголо́шувало б		оголоси́ло б
вони (ми, ви)	оголо́шували б		оголоси́ли б
НАКАЗОВИЙ СПОСІБ — IMPERATIVE MOOD			
ти	оголо́шуй		оголоси́
ми	оголо́шуймо		оголосі́мо
ви	оголо́шуйте		оголосі́ть
він, вона, воно	(не)ха́й оголо́шує		(не)ха́й оголо́сить
вони	(не)ха́й оголо́шують		(не)ха́й оголо́сять
ДІЄПРИКМЕТНИКИ — VERBAL ADJECTIVES (PARTICIPLES)			
ACTIVE			
PASSIVE	оголо́шуваний		оголо́шений
ДІЄПРИСЛІВНИКИ — VERBAL ADVERBS			
	оголо́шуючи, оголо́шувавши		оголоси́вши
БЕЗОСОБОВІ ФОРМИ — IMPERSONAL FORMS			
	оголо́шувано		оголо́шено

+ accusative:
Оголо́шую поча́ток голосува́ння. — *I announce the start of voting.*

+ dative:
Наци́стська Німе́ччина **оголоси́ла** По́льщі війну́. — *Nazi Germany declared war on Poland.*

про + accusative:
Коли **оголо́сять** про прибуття́ по́тяга? — *When will they announce the train's arrival?*
Результа́ти ви́борів бу́де **оголо́шено** в понеді́лок. — *The election results will be announced on Monday.*

№ 286

оде́ржувати | оде́ржати
to get, to receive (usually something physical)
See also: отри́мувати | отри́мати (№ 292)

Present/Future Stems: **одержу-** | **одерж-**
Conjugation: **1st (-ють)** | **2nd (-ать)**

ОСОБА / PERSON	НЕДОКОНАНИЙ ВИД / IMPERFECTIVE ASPECT		ДОКОНАНИЙ ВИД / PERFECTIVE ASPECT
ТЕПЕРІШНІЙ ЧАС — PRESENT TENSE			
я	оде́ржую		
ти	оде́ржуєш		
він, вона, воно	оде́ржує		
ми	оде́ржуємо		
ви	оде́ржуєте		
вони	оде́ржують		
МИНУЛИЙ ЧАС — PAST TENSE			
він (я, ти)	оде́ржував		оде́ржав
вона (я, ти)	оде́ржувала		оде́ржала
воно	оде́ржувало		оде́ржало
вони (ми, ви)	оде́ржували		оде́ржали
МАЙБУТНІЙ ЧАС — FUTURE TENSE	ANALYTIC	SYNTHETIC	
я	бу́ду оде́ржувати	оде́ржуватиму	оде́ржу
ти	бу́деш оде́ржувати	оде́ржуватимеш	оде́ржиш
він, вона, воно	бу́де оде́ржувати	оде́ржуватиме	оде́ржить
ми	бу́демо оде́ржувати	оде́ржуватимемо	оде́ржимо
ви	бу́дете оде́ржувати	оде́ржуватимете	оде́ржите
вони	бу́дуть оде́ржувати	оде́ржуватимуть	оде́ржать
УМОВНИЙ СПОСІБ — CONDITIONAL MOOD			
він (я, ти)	оде́ржував би		оде́ржав би
вона (я, ти)	оде́ржувала б		оде́ржала б
воно	оде́ржувало б		оде́ржало б
вони (ми, ви)	оде́ржували б		оде́ржали б
НАКАЗОВИЙ СПОСІБ — IMPERATIVE MOOD			
ти	оде́ржуй		оде́рж
ми	оде́ржуймо		оде́ржмо
ви	оде́ржуйте		оде́ржте
він, вона, воно	(не)ха́й оде́ржує		(не)ха́й оде́ржить
вони	(не)ха́й оде́ржують		(не)ха́й оде́ржать
ДІЄПРИКМЕТНИКИ — VERBAL ADJECTIVES (PARTICIPLES)			
ACTIVE			
PASSIVE	оде́ржуваний		оде́ржаний
ДІЄПРИСЛІВНИКИ — VERBAL ADVERBS			
	оде́ржуючи, оде́ржувавши		оде́ржавши
БЕЗОСОБОВІ ФОРМИ — IMPERSONAL FORMS			
	оде́ржувано		оде́ржано

+ accusative:
Інколи я **оде́ржую** паперо́ві листи́.   *Sometimes I get paper letters.*

від + genitive:
Вона́ **оде́ржала** від батькі́в поси́лку.   *She received a parcel from her parents.*
Постражда́лі під час поже́жі **оде́ржать** нові́ кварти́ри.   *Victims of the fire will receive new apartments.*
Що ви придба́єте за **оде́ржані** ко́шти?   *What will you purchase with the received funds?*

№ 287

Present/Future Stems: одружу- | одруж-
Conjugation: **1st (-ють)** | **2nd (-ать)**

одру́жувати[ся] | одружи́ти[ся]

to marry sb to sb [to marry sb, to get married]

ОСОБА / PERSON	НЕДОКОНАНИЙ ВИД / IMPERFECTIVE ASPECT		ДОКОНАНИЙ ВИД / PERFECTIVE ASPECT
ТЕПЕРІШНІЙ ЧАС — PRESENT TENSE			
я	одру́жую[ся]		
ти	одру́жуєш[ся]		
він, вона, воно	одру́жує[ться]		
ми	одру́жуємо[ся]		
ви	одру́жуєте[ся]		
вони	одру́жують[ся]		
МИНУЛИЙ ЧАС — PAST TENSE			
він (я, ти)	одру́жував[ся]		одружи́в[ся]
вона (я, ти)	одру́жувала[ся]		одружи́ла[ся]
воно	одру́жувало[ся]		одружи́ло[ся]
вони (ми, ви)	одру́жували[ся]		одружи́ли[ся]
МАЙБУТНІЙ ЧАС — FUTURE TENSE			
	ANALYTIC	SYNTHETIC	
я	бу́ду одру́жувати[ся]	одру́жуватиму[ся]	одружу́[ся]
ти	бу́деш одру́жувати[ся]	одру́жуватимеш[ся]	одру́жиш[ся]
він, вона, воно	бу́де одру́жувати[ся]	одру́жуватиме[ться]	одру́жить[ся]
ми	бу́демо одру́жувати[ся]	одру́жуватимемо[ся]	одру́жимо[ся]
ви	бу́дете одру́жувати[ся]	одру́жуватимете[ся]	одру́жите[ся]
вони	бу́дуть одру́жувати[ся]	одру́жуватимуть[ся]	одру́жать[ся]
УМОВНИЙ СПОСІБ — CONDITIONAL MOOD			
він (я, ти)	одру́жував[ся] би (б)		одружи́в[ся] би (б)
вона (я, ти)	одру́жувала[ся] б		одружи́ла[ся] б
воно	одру́жувало[ся] б		одружи́ло[ся] б
вони (ми, ви)	одру́жували[ся] б		одружи́ли[ся] б
НАКАЗОВИЙ СПОСІБ — IMPERATIVE MOOD			
ти	одру́жуй[ся]		одружи́[ся]
ми	одру́жуймо[ся]		одружі́мо[ся]
ви	одру́жуйте[ся]		одружі́ть[ся]
він, вона, воно	(не)ха́й одру́жує[ться]		(не)ха́й одру́жить[ся]
вони	(не)ха́й одру́жують[ся]		(не)ха́й одру́жать[ся]
ДІЄПРИКМЕТНИКИ — VERBAL ADJECTIVES (PARTICIPLES)			
ACTIVE			
PASSIVE			одру́жений
ДІЄПРИСЛІВНИКИ — VERBAL ADVERBS			
	одру́жуючи[сь], одру́жувавши[сь]		одружи́вши[сь]
БЕЗОСОБОВІ ФОРМИ — IMPERSONAL FORMS			
			одру́жено

+ accusative + з (із, зі) + instrumental:

Коро́ль **одружи́в** свого́ си́на з принце́сою із сусі́днього королі́вства.
The king married his son to a princess from a neighboring kingdom.

Мої́ батьки́ **одру́жені** вже со́рок ро́ків.
My parents have been married for forty years.

Вони́ **одружи́лися** мину́лого лі́та.
They got married last summer.

-ся + з (із, зі) + instrumental:

Коли́сь я **одружу́ся** із ціє́ю дівчи́ною!
Someday I will marry this girl!

№ 288

одяга́ти [ся] | одягну́ти [ся], одягти́ [ся]

to wear sth; to dress sb [to get dressed]
Also: вдяга́ти [ся] | вдягну́ти [ся], вдягти́ [ся]

Present/Future Stems: одяга- | одягн-
Conjugation: **1st (-ють)** | **1st (-уть)**

ОСОБА / PERSON	НЕДОКОНАНИЙ ВИД / IMPERFECTIVE ASPECT		ДОКОНАНИЙ ВИД / PERFECTIVE ASPECT
ТЕПЕРІШНІЙ ЧАС — PRESENT TENSE			
я	одяга́ю [ся]		
ти	одяга́єш [ся]		
він, вона, воно	одяга́є [ться]		
ми	одяга́ємо [ся]		
ви	одяга́єте [ся]		
вони	одяга́ють [ся]		
МИНУЛИЙ ЧАС — PAST TENSE			
він (я, ти)	одяга́в [ся]		одягну́в [ся], одя́г [ся]
вона (я, ти)	одяга́ла [ся]		одягну́ла [ся], одягла́ [ся]
воно	одяга́ло [ся]		одягну́ло [ся], одягло́ [ся]
вони (ми, ви)	одяга́ли [ся]		одягну́ли [ся], одягли́ [ся]
МАЙБУТНІЙ ЧАС — FUTURE TENSE			
	ANALYTIC	SYNTHETIC	
я	бу́ду одяга́ти [ся]	одяга́тиму [ся]	одягну́ [ся]
ти	бу́деш одяга́ти [ся]	одяга́тимеш [ся]	одя́гнеш [ся]
він, вона, воно	бу́де одяга́ти [ся]	одяга́тиме [ться]	одя́гне [ться]
ми	бу́демо одяга́ти [ся]	одяга́тимемо [ся]	одя́гнемо [ся]
ви	бу́дете одяга́ти [ся]	одяга́тимете [ся]	одя́гнете [ся]
вони	бу́дуть одяга́ти [ся]	одяга́тимуть [ся]	одя́гнуть [ся]
УМОВНИЙ СПОСІБ — CONDITIONAL MOOD			
він (я, ти)	одяга́в [ся] би [б]		одягну́в [ся]/одя́г [ся] би [б]
вона (я, ти)	одяга́ла [ся] б		одягну́ла [ся]/одягла́ [ся] б
воно	одяга́ло [ся] б		одягну́ло [ся]/одягло́ [ся] б
вони (ми, ви)	одяга́ли [ся] б		одягну́ли [ся]/одягли́ [ся] б
НАКАЗОВИЙ СПОСІБ — IMPERATIVE MOOD			
ти	одяга́й [ся]		одягни́ [ся]
ми	одяга́ймо [ся]		одягні́мо [ся]
ви	одяга́йте [ся]		одягні́ть [ся]
він, вона, воно	(не)ха́й одяга́є [ться]		(не)ха́й одя́гне [ться]
вони	(не)ха́й одяга́ють [ся]		(не)ха́й одя́гнуть [ся]
ДІЄПРИКМЕТНИКИ — VERBAL ADJECTIVES (PARTICIPLES)			
ACTIVE			
PASSIVE			одя́гнений, одя́гнутий
ДІЄПРИСЛІВНИКИ — VERBAL ADVERBS			
	одяга́ючи [сь], одяга́вши [сь]		одягну́вши [сь], одя́гши [сь]
БЕЗОСОБОВІ ФОРМИ — IMPERSONAL FORMS			
			одя́гнено, одя́гнуто

+ accusative:
Вона́ **одяга́є** (**вдяга́є**) цю су́кню для особли́вих поді́й.
She wears this dress for special events.

у (в) + accusative:
Ма́ти **одягну́ла** (**одягла́, вдягну́ла, вдягла́**) дити́ну в те́плий о́дяг.
The mother dressed the child in warm clothes.

Усі́, крім ньо́го, були́ **одя́гнені** (**вдя́гнені**) в смо́кінги.
Everyone except him was dressed in tuxedos.

Одяга́йтеся (**Вдяга́йтеся**), пора́ вихо́дити!
Get dressed, it's time to go out!

Present/Future Stems: означа-, знач- | —
Conjugation: **1st (-ють), 2nd (-ать)** | —

означа́ти, зна́чити | —
to mean, to signify

ОСОБА / PERSON	НЕДОКОНАНИЙ ВИД / IMPERFECTIVE ASPECT	ДОКОНАНИЙ ВИД / PERFECTIVE ASPECT
	**ТЕПЕРІШНІЙ ЧАС — PRESENT TENSE**	
я	означа́ю, зна́чу	
ти	означа́єш, зна́чиш	
він, вона, воно	означа́є, зна́чить	
ми	означа́ємо, зна́чимо	
ви	означа́єте, зна́чите	
вони	означа́ють, зна́чать	
	МИНУЛИЙ ЧАС — PAST TENSE	
він (я, ти)	означа́в, зна́чив	
вона (я, ти)	означа́ла, зна́чила	
воно	означа́ло, зна́чило	
вони (ми, ви)	означа́ли, зна́чили	

МАЙБУТНІЙ ЧАС — FUTURE TENSE

	ANALYTIC	SYNTHETIC
я	бу́ду означа́ти/зна́чити	означа́тиму, зна́читиму
ти	бу́деш означа́ти/зна́чити	означа́тимеш, зна́читимеш
він, вона, воно	бу́де означа́ти/зна́чити	означа́тиме, зна́читиме
ми	бу́демо означа́ти/зна́чити	означа́тимемо, зна́читимемо
ви	бу́дете означа́ти/зна́чити	означа́тимете, зна́читимете
вони	бу́дуть означа́ти/зна́чити	означа́тимуть, зна́читимуть

УМОВНИЙ СПОСІБ — CONDITIONAL MOOD

він (я, ти)	означа́в/зна́чив би	
вона (я, ти)	означа́ла/зна́чила б	
воно	означа́ло/зна́чило б	
вони (ми, ви)	означа́ли/зна́чили б	

НАКАЗОВИЙ СПОСІБ — IMPERATIVE MOOD

ти	означа́й, знач	
ми	означа́ймо, зна́чмо	
ви	означа́йте, зна́чте	
він, вона, воно	(не)ха́й означа́є/зна́чить	
вони	(не)ха́й означа́ють/зна́чать	

ДІЄПРИКМЕТНИКИ — VERBAL ADJECTIVES (PARTICIPLES)

ACTIVE

PASSIVE

ДІЄПРИСЛІВНИКИ — VERBAL ADVERBS

означа́ючи, означа́вши, зна́чачи, зна́чивши

БЕЗОСОБОВІ ФОРМИ — IMPERSONAL FORMS

Що **означа́є** (**зна́чить**) це сло́во? *What does this word mean?*

Черво́не сві́тло **означа́є** (**зна́чить**) припи́нення ру́ху. *A red light signifies the stop of traffic.*

Це **означа́ло** (**зна́чило**), що нам пора́ йти. *That meant it was time for us to go.*

для + *genitive*:
Пора́зка в цій грі **означа́тиме** (**бу́де означа́ти**) для нас ви́хід із турні́ру. *A loss in this game will mean an exit from the tournament for us.*

№ 290

опи́сувати | описа́ти
to describe

Present/Future Stems: **опису-** | **опиш-**
Conjugation: **1st (-ють)** | **1st (-уть)**

ОСОБА / PERSON	НЕДОКОНАНИЙ ВИД / IMPERFECTIVE ASPECT		ДОКОНАНИЙ ВИД / PERFECTIVE ASPECT
ТЕПЕРІШНІЙ ЧАС — PRESENT TENSE			
я	опи́сую		
ти	опи́суєш		
він, вона, воно	опи́сує		
ми	опи́суємо		
ви	опи́суєте		
вони	опи́сують		
МИНУЛИЙ ЧАС — PAST TENSE			
він (я, ти)	опи́сував		описа́в
вона (я, ти)	опи́сувала		описа́ла
воно	опи́сувало		описа́ло
вони (ми, ви)	опи́сували		описа́ли
МАЙБУТНІЙ ЧАС — FUTURE TENSE			
	ANALYTIC	SYNTHETIC	
я	бу́ду опи́сувати	опи́суватиму	опишу́
ти	бу́деш опи́сувати	опи́суватимеш	опи́шеш
він, вона, воно	бу́де опи́сувати	опи́суватиме	опи́ше
ми	бу́демо опи́сувати	опи́суватимемо	опи́шемо
ви	бу́дете опи́сувати	опи́суватимете	опи́шете
вони	бу́дуть опи́сувати	опи́суватимуть	опи́шуть
УМОВНИЙ СПОСІБ — CONDITIONAL MOOD			
він (я, ти)	опи́сував би		описа́в би
вона (я, ти)	опи́сувала б		описа́ла б
воно	опи́сувало б		описа́ло б
вони (ми, ви)	опи́сували б		описа́ли б
НАКАЗОВИЙ СПОСІБ — IMPERATIVE MOOD			
ти	опи́суй		опиши́
ми	опи́суймо		опиши́мо
ви	опи́суйте		опиши́ть
він, вона, воно	(не)ха́й опи́сує		(не)ха́й опи́ше
вони	(не)ха́й опи́сують		(не)ха́й опи́шуть
ДІЄПРИКМЕТНИКИ — VERBAL ADJECTIVES (PARTICIPLES)			
ACTIVE			
PASSIVE	опи́суваний		опи́саний
ДІЄПРИСЛІВНИКИ — VERBAL ADVERBS			
	опи́суючи, опи́сувавши		описа́вши
БЕЗОСОБОВІ ФОРМИ — IMPERSONAL FORMS			
	опи́сувано		опи́сано

+ accusative:

Законода́вство дета́льно **опи́сує** цю процеду́ру.	*The legislation describes this procedure in detail.*
Сві́док **описа́в** зо́внішність підо́зрюваного.	*The witness described the suspect's appearance.*
Опиші́ть, будь ла́ска, свої́ симпто́ми.	*Please describe your symptoms.*
Відкриття́ було́ впе́рше **опи́сано** в журна́лі "Science".	*The discovery was first described in the journal "Science".*

Present/Future Stems: **організову-** | **організу-** **організо́вувати[ся]** | **організува́ти[ся]**

Conjugation: **1st (-ють)** *to organize [to get organized]*

ОСОБА / PERSON	НЕДОКОНАНИЙ ВИД / IMPERFECTIVE ASPECT		ДОКОНАНИЙ ВИД / PERFECTIVE ASPECT
ТЕПЕРІШНІЙ ЧАС — PRESENT TENSE			
я	організо́вую[ся]		
ти	організо́вуєш[ся]		
він, вона, воно	організо́вує[ться]		
ми	організо́вуємо[ся]		
ви	організо́вуєте[ся]		
вони	організо́вують[ся]		
МИНУЛИЙ ЧАС — PAST TENSE			
він (я, ти)	організо́вував[ся]		організува́в[ся]
вона (я, ти)	організо́вувала[ся]		організува́ла[ся]
воно	організо́вувало[ся]		організува́ло[ся]
вони (ми, ви)	організо́вували[ся]		організува́ли[ся]
МАЙБУТНІЙ ЧАС — FUTURE TENSE			
	ANALYTIC	SYNTHETIC	
я	бу́ду організо́вувати[ся]	організо́вуватиму[ся]	організу́ю[ся]
ти	бу́деш організо́вувати[ся]	організо́вуватимеш[ся]	організу́єш[ся]
він, вона, воно	бу́де організо́вувати[ся]	організо́вуватиме[ться]	організу́є[ться]
ми	бу́демо організо́вувати[ся]	організо́вуватимемо[ся]	організу́ємо[ся]
ви	бу́дете організо́вувати[ся]	організо́вуватимете[ся]	організу́єте[ся]
вони	бу́дуть організо́вувати[ся]	організо́вуватимуть[ся]	організу́ють[ся]
УМОВНИЙ СПОСІБ — CONDITIONAL MOOD			
він (я, ти)	організо́вував[ся] би (б)		організува́в[ся] би (б)
вона (я, ти)	організо́вувала[ся] б		організува́ла[ся] б
воно	організо́вувало[ся] б		організува́ло[ся] б
вони (ми, ви)	організо́вували[ся] б		організува́ли[ся] б
НАКАЗОВИЙ СПОСІБ — IMPERATIVE MOOD			
ти	організо́вуй[ся]		організу́й[ся]
ми	організо́вуймо[ся]		організу́ймо[ся]
ви	організо́вуйте[ся]		організу́йте[ся]
він, вона, воно	(не)ха́й організо́вує[ться]		(не)ха́й організу́є[ться]
вони	(не)ха́й організо́вують[ся]		(не)ха́й організу́ють[ся]
ДІЄПРИКМЕТНИКИ — VERBAL ADJECTIVES (PARTICIPLES)			
ACTIVE			
PASSIVE	організо́вуваний		організо́ваний
ДІЄПРИСЛІВНИКИ — VERBAL ADVERBS			
	організо́вуючи[сь], організо́вувавши[сь]		організува́вши[сь]
БЕЗОСОБОВІ ФОРМИ — IMPERSONAL FORMS			
	організо́вувано		організо́вано

+ accusative:

Вона́ **організо́вує** збір ко́штів для ЗСУ. — *She organizes fundraising for the Armed Forces of Ukraine.*

Ді́ти самі́ **організува́ли** це свя́то. — *The children themselves organized this holiday.*

Насту́пного ти́жня **організу́ємо** нара́ду. — *We will organize a staff meeting next week.*

Організу́йте, будь ла́ска, фа́йли в цій па́пці. — *Please organize the files in this folder.*

Вони́ шви́дко **організува́лись** і зібра́ли потрі́бну су́му. — *They quickly organized and collected the necessary sum.*

отри́мувати | отри́мати
to get, to receive
See also: оде́ржувати | оде́ржати (№ 286)

Present/Future Stems: **отриму-** | **отрима-**
Conjugation: **1st (-ють)**

ОСОБА / PERSON	НЕДОКОНАНИЙ ВИД / IMPERFECTIVE ASPECT		ДОКОНАНИЙ ВИД / PERFECTIVE ASPECT
ТЕПЕРІШНІЙ ЧАС — PRESENT TENSE			
я	отри́мую		
ти	отри́муєш		
він, вона, воно	отри́мує		
ми	отри́муємо		
ви	отри́муєте		
вони	отри́мують		
МИНУЛИЙ ЧАС — PAST TENSE			
він (я, ти)	отри́мував		отри́мав
вона (я, ти)	отри́мувала		отри́мала
воно	отри́мувало		отри́мало
вони (ми, ви)	отри́мували		отри́мали
МАЙБУТНІЙ ЧАС — FUTURE TENSE			
	ANALYTIC	SYNTHETIC	
я	бу́ду отри́мувати	отри́муватиму	отри́маю
ти	бу́деш отри́мувати	отри́муватимеш	отри́маєш
він, вона, воно	бу́де отри́мувати	отри́муватиме	отри́має
ми	бу́демо отри́мувати	отри́муватимемо	отри́маємо
ви	бу́дете отри́мувати	отри́муватимете	отри́маєте
вони	бу́дуть отри́мувати	отри́муватимуть	отри́мають
УМОВНИЙ СПОСІБ — CONDITIONAL MOOD			
він (я, ти)	отри́мував би		отри́мав би
вона (я, ти)	отри́мувала б		отри́мала б
воно	отри́мувало б		отри́мало б
вони (ми, ви)	отри́мували б		отри́мали б
НАКАЗОВИЙ СПОСІБ — IMPERATIVE MOOD			
ти	отри́муй		отри́май
ми	отри́муймо		отри́маймо
ви	отри́муйте		отри́майте
він, вона, воно	(не)ха́й отри́мує		(не)ха́й отри́має
вони	(не)ха́й отри́мують		(не)ха́й отри́мають
ДІЄПРИКМЕТНИКИ — VERBAL ADJECTIVES (PARTICIPLES)			
ACTIVE			
PASSIVE	отри́муваний		отри́маний
ДІЄПРИСЛІВНИКИ — VERBAL ADVERBS			
	отри́муючи, отри́мувавши		отри́мавши
БЕЗОСОБОВІ ФОРМИ — IMPERSONAL FORMS			
	отри́мувано		отри́мано

+ accusative:
Я **отри́мую** зарпла́ту раз на мі́сяць. — I receive my salary once a month.

від + genitive:
Вона́ ще не **отри́мала** від них ві́дповіді. — She has not yet received an answer from them.
Коли́ ви **отри́маєте** до́звіл на прожива́ння? — When will you receive your residence permit?
Надсила́ю вам **отри́ману** інформа́цію. — I am sending you the received information.

Present/Future Stems: охороня- | охорон-
Conjugation: **1st (-ють) | 2nd (-ять)**

охороня́ти | охоро́нити
to guard, to protect

ОСОБА / PERSON	НЕДОКОНАНИЙ ВИД / IMPERFECTIVE ASPECT		ДОКОНАНИЙ ВИД / PERFECTIVE ASPECT

ТЕПЕРІШНІЙ ЧАС — PRESENT TENSE

я	охороня́ю	
ти	охороня́єш	
він, вона, воно	охороня́є	
ми	охороня́ємо	
ви	охороня́єте	
вони	охороня́ють	

МИНУЛИЙ ЧАС — PAST TENSE

він (я, ти)	охороня́в	охоро́нив
вона (я, ти)	охороня́ла	охоро́нила
воно	охороня́ло	охоро́нило
вони (ми, ви)	охороня́ли	охоро́нили

МАЙБУТНІЙ ЧАС — FUTURE TENSE

	ANALYTIC	SYNTHETIC	
я	бу́ду охороня́ти	охороня́тиму	охоро́ню
ти	бу́деш охороня́ти	охороня́тимеш	охоро́ниш
він, вона, воно	бу́де охороня́ти	охороня́тиме	охоро́нить
ми	бу́демо охороня́ти	охороня́тимемо	охоро́нимо
ви	бу́дете охороня́ти	охороня́тимете	охоро́ните
вони	бу́дуть охороня́ти	охороня́тимуть	охоро́нять

УМОВНИЙ СПОСІБ — CONDITIONAL MOOD

він (я, ти)	охороня́в би	охоро́нив би
вона (я, ти)	охороня́ла б	охоро́нила б
воно	охороня́ло б	охоро́нило б
вони (ми, ви)	охороня́ли б	охоро́нили б

НАКАЗОВИЙ СПОСІБ — IMPERATIVE MOOD

ти	охороня́й	охорони́
ми	охороня́ймо	охороні́мо
ви	охороня́йте	охороні́ть
він, вона, воно	(не)ха́й охороня́є	(не)ха́й охоро́нить
вони	(не)ха́й охороня́ють	(не)ха́й охоро́нять

ДІЄПРИКМЕТНИКИ — VERBAL ADJECTIVES (PARTICIPLES)

ACTIVE

PASSIVE

ДІЄПРИСЛІВНИКИ — VERBAL ADVERBS

охороня́ючи, охороня́вши	охоро́нивши

БЕЗОСОБОВІ ФОРМИ — IMPERSONAL FORMS

+ accusative:

Полі́ція **охороня́є** навко́лишні буди́нки. — *The police are guarding the surrounding houses.*

від + genitive:

Систе́ма **охороня́ла** да́ні від несанкціоно́ваного до́ступу. — *The system was guarding the data from unauthorized access.*

Цей соба́ка чудо́во **охороня́тиме (бу́де охороня́ти)** буди́нок. — *This dog will perfectly guard the house.*

Охороня́йте довкі́лля! — *Protect the environment!*

оці́нювати | оці́ни́ти

to assess; to grade; to appreciate

Present/Future Stems: оціню- | оцін-
Conjugation: 1st (-ють) | 2nd (-ять)

ОСОБА / PERSON	НЕДОКОНАНИЙ ВИД / IMPERFECTIVE ASPECT		ДОКОНАНИЙ ВИД / PERFECTIVE ASPECT
ТЕПЕРІШНІЙ ЧАС — PRESENT TENSE			
я	оці́нюю		
ти	оці́нюєш		
він, вона, воно	оці́нює		
ми	оці́нюємо		
ви	оці́нюєте		
вони	оці́нюють		
МИНУЛИЙ ЧАС — PAST TENSE			
він (я, ти)	оці́нював		оціни́в
вона (я, ти)	оці́нювала		оціни́ла
воно	оці́нювало		оціни́ло
вони (ми, ви)	оці́нювали		оціни́ли
МАЙБУТНІЙ ЧАС — FUTURE TENSE	ANALYTIC	SYNTHETIC	
я	бу́ду оці́нювати	оці́нюватиму	оціню́
ти	бу́деш оці́нювати	оці́нюватимеш	оці́ниш
він, вона, воно	бу́де оці́нювати	оці́нюватиме	оці́нить
ми	бу́демо оці́нювати	оці́нюватимемо	оці́нимо
ви	бу́дете оці́нювати	оці́нюватимете	оці́ните
вони	бу́дуть оці́нювати	оці́нюватимуть	оці́нять
УМОВНИЙ СПОСІБ — CONDITIONAL MOOD			
він (я, ти)	оці́нював би		оціни́в би
вона (я, ти)	оці́нювала б		оціни́ла б
воно	оці́нювало б		оціни́ло б
вони (ми, ви)	оці́нювали б		оціни́ли б
НАКАЗОВИЙ СПОСІБ — IMPERATIVE MOOD			
ти	оці́нюй		оціни́
ми	оці́нюймо		оціні́мо
ви	оці́нюйте		оціні́ть
він, вона, воно	(не)ха́й оці́нює		(не)ха́й оці́нить
вони	(не)ха́й оці́нюють		(не)ха́й оці́нять
ДІЄПРИКМЕТНИКИ — VERBAL ADJECTIVES (PARTICIPLES)			
ACTIVE			
PASSIVE	оці́нюваний		оці́нений
ДІЄПРИСЛІВНИКИ — VERBAL ADVERBS			
	оці́нюючи, оці́нювавши		оціни́вши
БЕЗОСОБОВІ ФОРМИ — IMPERSONAL FORMS			
	оці́нювано		оці́нено

+ accusative:

Фахівці́ ви́соко **оці́нюють** його́ робо́ту. — *Specialists highly appreciate his work.*

Він **оціни́в** ситуа́цію як вкрай складну́. — *He assessed the situation as extremely difficult.*

Профе́сор **оці́нить** ва́ші робо́ти до насту́пної ле́кції. — *The professor will grade your papers before the next lecture.*

Оціни́вши ситуа́цію, вони́ ви́рішили відступи́ти. — *After assessing the situation, they decided to retreat.*

Present/Future Stems: очіку- | —
Conjugation: 1st (-ють) | —

очікувати | —
to expect, to wait for, to anticipate

ОСОБА / PERSON	НЕДОКОНАНИЙ ВИД / IMPERFECTIVE ASPECT		ДОКОНАНИЙ ВИД / PERFECTIVE ASPECT
ТЕПЕРІШНІЙ ЧАС — PRESENT TENSE			
я	очікую		
ти	очікуєш		
він, вона, воно	очікує		
ми	очікуємо		
ви	очікуєте		
вони	очікують		
МИНУЛИЙ ЧАС — PAST TENSE			
він (я, ти)	очікував		
вона (я, ти)	очікувала		
воно	очікувало		
вони (ми, ви)	очікували		
МАЙБУТНІЙ ЧАС — FUTURE TENSE			
	ANALYTIC	SYNTHETIC	
я	буду очікувати	очікуватиму	
ти	будеш очікувати	очікуватимеш	
він, вона, воно	буде очікувати	очікуватиме	
ми	будемо очікувати	очікуватимемо	
ви	будете очікувати	очікуватимете	
вони	будуть очікувати	очікуватимуть	
УМОВНИЙ СПОСІБ — CONDITIONAL MOOD			
він (я, ти)	очікував би		
вона (я, ти)	очікувала б		
воно	очікувало б		
вони (ми, ви)	очікували б		
НАКАЗОВИЙ СПОСІБ — IMPERATIVE MOOD			
ти	очікуй		
ми	очікуймо		
ви	очікуйте		
він, вона, воно	(не)хай очікує		
вони	(не)хай очікують		
ДІЄПРИКМЕТНИКИ — VERBAL ADJECTIVES (PARTICIPLES)			
ACTIVE			
PASSIVE	очікуваний		
ДІЄПРИСЛІВНИКИ — VERBAL ADVERBS			
	очікуючи, очікувавши		
БЕЗОСОБОВІ ФОРМИ — IMPERSONAL FORMS			
	очікувано		

+ genitive = на + accusative:

На вихідних **очікуємо** кращої погоди (на кращу погоду). — *On the weekend we expect better weather.*

Ми не **очікували** такого попиту (на такий попит). — *We did not anticipate such a demand.*

від + genitive:

Президент **очікуватиме** (**буде очікувати**) від уряду швидких дій. — *The President will expect swift action from the government.*

Очікуйте, будь ласка, на лінії. — *Please wait on the line.*

па́дати | впа́сти, упа́сти

to fall, to drop, to decrease

Present/Future Stems: **пада-** | **впад-**
Conjugation: **1st (-ють)** | **1st (-уть)**

ОСОБА / PERSON	НЕДОКОНАНИЙ ВИД / IMPERFECTIVE ASPECT		ДОКОНАНИЙ ВИД / PERFECTIVE ASPECT
ТЕПЕРІШНІЙ ЧАС — PRESENT TENSE			
я	па́даю		
ти	па́даєш		
він, вона, воно	па́дає		
ми	па́даємо		
ви	па́даєте		
вони	па́дають		
МИНУЛИЙ ЧАС — PAST TENSE			
він (я, ти)	па́дав		впав
вона (я, ти)	па́дала		впа́ла
воно	па́дало		впа́ло
вони (ми, ви)	па́дали		впа́ли
МАЙБУТНІЙ ЧАС — FUTURE TENSE			
	ANALYTIC	SYNTHETIC	
я	бу́ду па́дати	па́датиму	впаду́
ти	бу́деш па́дати	па́датимеш	впаде́ш
він, вона, воно	бу́де па́дати	па́датиме	впаде́
ми	бу́демо па́дати	па́датимемо	впадемо́
ви	бу́дете па́дати	па́датимете	впадете́
вони	бу́дуть па́дати	па́датимуть	впаду́ть
УМОВНИЙ СПОСІБ — CONDITIONAL MOOD			
він (я, ти)	па́дав би		впав би
вона (я, ти)	па́дала б		впа́ла б
воно	па́дало б		впа́ло б
вони (ми, ви)	па́дали б		впа́ли б
НАКАЗОВИЙ СПОСІБ — IMPERATIVE MOOD			
ти	па́дай		впади́
ми	па́даймо		впаді́мо
ви	па́дайте		впаді́ть
він, вона, воно	(не)ха́й па́дає		(не)ха́й впаде́
вони	(не)ха́й па́дають		(не)ха́й впаду́ть
ДІЄПРИКМЕТНИКИ — VERBAL ADJECTIVES (PARTICIPLES)			
ACTIVE			впа́лий
PASSIVE			
ДІЄПРИСЛІВНИКИ — VERBAL ADVERBS			
	па́даючи, па́давши		впа́вши
БЕЗОСОБОВІ ФОРМИ — IMPERSONAL FORMS			

з (із, зі) + *genitive*:
Жо́вте ли́стя **па́дає** з дере́в. *Yellow leaves are falling from the trees.*

у (в), на, під + *accusative*:
Телефо́н **упа́в** під лі́жко. *The phone fell under the bed.*

Можли́во, їхні а́кції **впаду́ть** через мі́сяць. *Maybe their stocks will drop in a month.*

Обере́жно, не **впади́**! *Be careful, don't fall!*

№ 297

Present/Future Stems: **пал- | спал-**
Conjugation: **2nd (-ять)**

палити | спалити, попалити
to burn; to smoke
See also: **курити | покурити** (№ 230)

ОСОБА / PERSON	НЕДОКОНАНИЙ ВИД / IMPERFECTIVE ASPECT		ДОКОНАНИЙ ВИД / PERFECTIVE ASPECT
ТЕПЕРІШНІЙ ЧАС — PRESENT TENSE			
я	палю́		
ти	па́лиш		
він, вона, воно	па́лить		
ми	па́лимо		
ви	па́лите		
вони	па́лять		
МИНУЛИЙ ЧАС — PAST TENSE			
він (я, ти)	палив		спали́в
вона (я, ти)	пали́ла		спали́ла
воно	пали́ло		спали́ло
вони (ми, ви)	пали́ли		спали́ли
МАЙБУТНІЙ ЧАС — FUTURE TENSE			
	ANALYTIC	SYNTHETIC	
я	бу́ду палити	пали́тиму	спалю́
ти	бу́деш палити	пали́тимеш	спа́лиш
він, вона, воно	бу́де палити	пали́тиме	спа́лить
ми	бу́демо палити	пали́тимемо	спа́лимо
ви	бу́дете палити	пали́тимете	спа́лите
вони	бу́дуть палити	пали́тимуть	спа́лять
УМОВНИЙ СПОСІБ — CONDITIONAL MOOD			
він (я, ти)	пали́в би		спали́в би
вона (я, ти)	пали́ла б		спали́ла б
воно	пали́ло б		спали́ло б
вони (ми, ви)	пали́ли б		спали́ли б
НАКАЗОВИЙ СПОСІБ — IMPERATIVE MOOD			
ти	пали́		спали́
ми	палі́мо		спалі́мо
ви	палі́ть		спалі́ть
він, вона, воно	(не)ха́й па́лить		(не)ха́й спа́лить
вони	(не)ха́й па́лять		(не)ха́й спа́лять
ДІЄПРИКМЕТНИКИ — VERBAL ADJECTIVES (PARTICIPLES)			
ACTIVE			
PASSIVE	па́лений		спа́лений
ДІЄПРИСЛІВНИКИ — VERBAL ADVERBS			
	па́лячи, пали́вши		спали́вши
БЕЗОСОБОВІ ФОРМИ — IMPERSONAL FORMS			
	па́лено		спа́лено

Надво́рі **па́лить** спе́ка. — *The heat is burning outside.*
Мій дід бі́льше не **па́лить**. — *My grandfather doesn't smoke anymore.*

+ accusative:
Вона́ **спали́ла** його́ листи́. — *She burned his letters.*
Чолові́к пообіця́в, що **спа́лить** усі́ мости́. — *The man promised that he would burn all the bridges.*
Залиши́вся ті́льки по́піл від **спа́лених** докуме́нтів. — *Only the ashes from the burned documents remained.*

№ 298

пам'ята́ти[ся] | запам'ята́ти[ся]
to remember, to keep in mind
[to be remembered, to stay in mind]

Present/Future Stems: пам'ята- | запам'ята-
Conjugation: **1st (-ють)**

ОСОБА / PERSON	НЕДОКОНАНИЙ ВИД / IMPERFECTIVE ASPECT		ДОКОНАНИЙ ВИД / PERFECTIVE ASPECT
ТЕПЕРІШНІЙ ЧАС — PRESENT TENSE			
я	пам'ята́ю		
ти	пам'ята́єш		
він, вона, воно	пам'ята́є[ться]		
ми	пам'ята́ємо		
ви	пам'ята́єте		
вони	пам'ята́ють[ся]		
МИНУЛИЙ ЧАС — PAST TENSE			
він (я, ти)	пам'ята́в[ся]		запам'ята́в[ся]
вона (я, ти)	пам'ята́ла[ся]		запам'ята́ла[ся]
воно	пам'ята́ло[ся]		запам'ята́ло[ся]
вони (ми, ви)	пам'ята́ли[ся]		запам'ята́ли[ся]
МАЙБУТНІЙ ЧАС — FUTURE TENSE			
	ANALYTIC	SYNTHETIC	
я	бу́ду пам'ята́ти	пам'ята́тиму	запам'ята́ю[ся]
ти	бу́деш пам'ята́ти	пам'ята́тимеш	запам'ята́єш[ся]
він, вона, воно	бу́де пам'ята́ти[ся]	пам'ята́тиме[ться]	запам'ята́є[ться]
ми	бу́демо пам'ята́ти	пам'ята́тимемо	запам'ята́ємо[ся]
ви	бу́дете пам'ята́ти	пам'ята́тимете	запам'ята́єте[ся]
вони	бу́дуть пам'ята́ти[ся]	пам'ята́тимуть[ся]	запам'ята́ють[ся]
УМОВНИЙ СПОСІБ — CONDITIONAL MOOD			
він (я, ти)	пам'ята́в[ся] би [б]		запам'ята́в[ся] би [б]
вона (я, ти)	пам'ята́ла[ся] б		запам'ята́ла[ся] б
воно	пам'ята́ло[ся] б		запам'ята́ло[ся] б
вони (ми, ви)	пам'ята́ли[ся] б		запам'ята́ли[ся] б
НАКАЗОВИЙ СПОСІБ — IMPERATIVE MOOD			
ти	пам'ята́й		запам'ята́й[ся]
ми	пам'ята́ймо		запам'ята́ймо[ся]
ви	пам'ята́йте		запам'ята́йте[ся]
він, вона, воно	(не)ха́й пам'ята́є[ться]		(не)ха́й запам'ята́є[ться]
вони	(не)ха́й пам'ята́ють[ся]		(не)ха́й запам'ята́ють[ся]
ДІЄПРИКМЕТНИКИ — VERBAL ADJECTIVES (PARTICIPLES)			
ACTIVE			
PASSIVE			запам'ято́ваний
ДІЄПРИСЛІВНИКИ — VERBAL ADVERBS			
	пам'ята́ючи[сь], пам'ята́вши[сь]		запам'ята́вши[сь]
БЕЗОСОБОВІ ФОРМИ — IMPERSONAL FORMS			
			запам'ято́вано

+ *accusative*:
Я **пам'ята́ю** той день, як сього́дні. — *I remember that day like today.*
Вона́ **запам'ята́ла** його́ обли́ччя. — *She remembered his face.*
Я за́вжди **пам'ята́тиму** (**бу́ду пам'ята́ти**) цю подо́рож. — *I will always remember this trip.*

про + *accusative*:
Пам'ята́йте про можли́ві усклад́нення пі́сля хворо́би. — *Be aware of possible complications after the disease.*

dative + **-ся** + *nominative*:
Мені́ **запам'ята́лися** його́ слова́. — *I remembered his words.*

№ 299

Present/Future Stems: **печ-** | **спеч-** **пекти́[ся] | спекти́[ся]**
Conjugation: **1st (-уть)**   *to bake; to burn (about sun or pain) [to be baked; to be sunburned]*

ОСОБА / PERSON	НЕДОКОНАНИЙ ВИД / IMPERFECTIVE ASPECT		ДОКОНАНИЙ ВИД / PERFECTIVE ASPECT
ТЕПЕРІШНІЙ ЧАС — PRESENT TENSE			
я	печу́[ся]		
ти	пече́ш[ся]		
він, вона, воно	пече́[ться]		
ми	пече́мо́[ся]		
ви	пече́те́[ся]		
вони	печу́ть[ся]		
МИНУЛИЙ ЧАС — PAST TENSE			
він (я, ти)	пік[ся]		спік[ся]
вона (я, ти)	пекла́[ся]		спекла́[ся]
воно	пекло́[ся]		спекло́[ся]
вони (ми, ви)	пекли́[ся]		спекли́[ся]
МАЙБУТНІЙ ЧАС — FUTURE TENSE			
	ANALYTIC	SYNTHETIC	
я	бу́ду пекти́[ся]	пекти́му[ся]	спечу́[ся]
ти	бу́деш пекти́[ся]	пекти́меш[ся]	спече́ш[ся]
він, вона, воно	бу́де пекти́[ся]	пекти́ме[ться]	спече́[ться]
ми	бу́демо пекти́[ся]	пекти́мемо[ся]	спече́мо́[ся]
ви	бу́дете пекти́[ся]	пекти́мете[ся]	спече́те́[ся]
вони	бу́дуть пекти́[ся]	пекти́муть[ся]	спечу́ть[ся]
УМОВНИЙ СПОСІБ — CONDITIONAL MOOD			
він (я, ти)	пік[ся] би [б]		спік[ся] би [б]
вона (я, ти)	пекла́[ся] б		спекла́[ся] б
воно	пекло́[ся] б		спекло́[ся] б
вони (ми, ви)	пекли́[ся] б		спекли́[ся] б
НАКАЗОВИЙ СПОСІБ — IMPERATIVE MOOD			
ти	печи́[ся]		спечи́[ся]
ми	печі́мо[ся]		спечі́мо[ся]
ви	печі́ть[ся]		спечі́ть[ся]
він, вона, воно	(не)ха́й пече́[ться]		(не)ха́й спече́[ться]
вони	(не)ха́й печу́ть[ся]		(не)ха́й спечу́ть[ся]
ДІЄПРИКМЕТНИКИ — VERBAL ADJECTIVES (PARTICIPLES)			
ACTIVE			
PASSIVE	пе́чений		спе́чений
ДІЄПРИСЛІВНИКИ — VERBAL ADVERBS			
	печучи́[сь], пі́кши[сь]		спі́кши[сь]
БЕЗОСОБОВІ ФОРМИ — IMPERSONAL FORMS			
	пе́чено		спе́чено

+ accusative:

Моя́ ма́ма **пече́** смачни́й хліб. *My mother bakes delicious bread.*
Бабу́ся **спекла́** пиріжки́ з ви́шнями. *Grandma baked buns with cherries.*
Надво́рі си́льно **пекло́** со́нце. *The sun was scorching outside.*

-ся + у (в), на + *locative:*

У духо́вці **пече́ться** я́блучний пирі́г. *An apple pie is baking in the oven.*
Він **спі́кся** на со́нці. *He got sunburned.*

№ 300

перебива́ти [ся] | переби́ти [ся]

to interrupt [to break; to get by]

Present/Future Stems: **перебива-** | **переб'-**

Conjugation: **1st (-ють)**

ОСОБА / PERSON	НЕДОКОНАНИЙ ВИД / IMPERFECTIVE ASPECT		ДОКОНАНИЙ ВИД / PERFECTIVE ASPECT
ТЕПЕРІШНІЙ ЧАС — PRESENT TENSE			
я	перебива́ю [ся]		
ти	перебива́єш [ся]		
він, вона, воно	перебива́є [ться]		
ми	перебива́ємо [ся]		
ви	перебива́єте [ся]		
вони	перебива́ють [ся]		
МИНУЛИЙ ЧАС — PAST TENSE			
він (я, ти)	перебива́в [ся]		переби́в [ся]
вона (я, ти)	перебива́ла [ся]		переби́ла [ся]
воно	перебива́ло [ся]		переби́ло [ся]
вони (ми, ви)	перебива́ли [ся]		переби́ли [ся]
МАЙБУТНІЙ ЧАС — FUTURE TENSE			
	ANALYTIC	SYNTHETIC	
я	бу́ду перебива́ти [ся]	перебива́тиму [ся]	переб'ю́ [ся]
ти	бу́деш перебива́ти [ся]	перебива́тимеш [ся]	переб'є́ш [ся]
він, вона, воно	бу́де перебива́ти [ся]	перебива́тиме [ться]	переб'є́ [ться]
ми	бу́демо перебива́ти [ся]	перебива́тимемо [ся]	переб'ємо́ [ся]
ви	бу́дете перебива́ти [ся]	перебива́тимете [ся]	переб'єте́ [ся]
вони	бу́дуть перебива́ти [ся]	перебива́тимуть [ся]	переб'ю́ть [ся]
УМОВНИЙ СПОСІБ — CONDITIONAL MOOD			
він (я, ти)	перебива́в [ся] би [б]		переби́в [ся] би [б]
вона (я, ти)	перебива́ла [ся] б		переби́ла [ся] б
воно	перебива́ло [ся] б		переби́ло [ся] б
вони (ми, ви)	перебива́ли [ся] б		переби́ли [ся] б
НАКАЗОВИЙ СПОСІБ — IMPERATIVE MOOD			
ти	перебива́й [ся]		переби́й [ся]
ми	перебива́ймо [ся]		переби́ймо [ся]
ви	перебива́йте [ся]		переби́йте [ся]
він, вона, воно	(не)ха́й перебива́є [ться]		(не)ха́й переб'є́ [ться]
вони	(не)ха́й перебива́ють [ся]		(не)ха́й переб'ю́ть [ся]
ДІЄПРИКМЕТНИКИ — VERBAL ADJECTIVES (PARTICIPLES)			
ACTIVE			
PASSIVE			переби́тий
ДІЄПРИСЛІВНИКИ — VERBAL ADVERBS			
	перебива́ючи [сь], перебива́вши [сь]		переби́вши [сь]
БЕЗОСОБОВІ ФОРМИ — IMPERSONAL FORMS			
			переби́то

+ accusative:

Цей профе́сор ча́сто **перебива́є** студе́нтів. — *This professor often interrupts students.*

+ instrumental:

Ти **переб'є́ш** апети́т цим моро́зивом. — *You will spoil your appetite with this ice cream.*

Не **перебива́й**, будь ла́ска. — *Do not interrupt, please.*

-ся + instrumental:

Її брат **перебива́вся** підробі́тками, по́ки не влаштува́вся на пості́йну робо́ту. — *Her brother got by with odd jobs until he found a permanent job.*

Present/Future Stems: **перебува-** | **перебуд-**
Conjugation: **1st (-ють)** | **1st (-уть)**

перебува́ти | перебу́ти

to be, to stay, to remain (for a certain time)

ОСОБА / PERSON	НЕДОКОНАНИЙ ВИД / IMPERFECTIVE ASPECT		ДОКОНАНИЙ ВИД / PERFECTIVE ASPECT
ТЕПЕРІШНІЙ ЧАС — PRESENT TENSE			
я	перебува́ю		
ти	перебува́єш		
він, вона, воно	перебува́є		
ми	перебува́ємо		
ви	перебува́єте		
вони	перебува́ють		
МИНУЛИЙ ЧАС — PAST TENSE			
він (я, ти)	перебува́в		перебу́в
вона (я, ти)	перебува́ла		перебула́
воно	перебува́ло		перебуло́
вони (ми, ви)	перебува́ли		перебули́
МАЙБУТНІЙ ЧАС — FUTURE TENSE			
	ANALYTIC	SYNTHETIC	
я	бу́ду перебува́ти	перебува́тиму	перебу́ду
ти	бу́деш перебува́ти	перебува́тимеш	перебу́деш
він, вона, воно	бу́де перебува́ти	перебува́тиме	перебу́де
ми	бу́демо перебува́ти	перебува́тимемо	перебу́демо
ви	бу́дете перебува́ти	перебува́тимете	перебу́дете
вони	бу́дуть перебува́ти	перебува́тимуть	перебу́дуть
УМОВНИЙ СПОСІБ — CONDITIONAL MOOD			
він (я, ти)	перебува́в би		перебу́в би
вона (я, ти)	перебува́ла б		перебула́ б
воно	перебува́ло б		перебуло́ б
вони (ми, ви)	перебува́ли б		перебули́ б
НАКАЗОВИЙ СПОСІБ — IMPERATIVE MOOD			
ти	перебува́й		перебу́дь
ми	перебува́ймо		перебу́дьмо
ви	перебува́йте		перебу́дьте
він, вона, воно	(не)ха́й перебува́є		(не)ха́й перебу́де
вони	(не)ха́й перебува́ють		(не)ха́й перебу́дуть
ДІЄПРИКМЕТНИКИ — VERBAL ADJECTIVES (PARTICIPLES)			
ACTIVE			
PASSIVE			перебу́тий
ДІЄПРИСЛІВНИКИ — VERBAL ADVERBS			
	перебува́ючи, перебува́вши		перебу́вши
БЕЗОСОБОВІ ФОРМИ — IMPERSONAL FORMS			
			перебу́то

у (в), **на** + *locative*:
Ді́ти **перебува́ють** у безпе́чному мі́сці.
The children are in a safe place.

Де ви **перебува́ли** в ніч із п'я́тниці на субо́ту?
Where were you on the night from Friday to Saturday?

+ *accusative*:
Вони́ **перебули́** ніч в аеропорту́ й наре́шті ви́летіли ра́но-вра́нці.
They spent the night at the airport and finally flew out early in the morning.

Перебува́ючи (**перебува́вши**) вдо́ма на каранти́ні, він прочита́в деся́тки книжо́к.
While in quarantine at home, he read dozens of books.

№ 302

переважа́ти | переváжити
to prevail, to predominate, to outnumber

Present/Future Stems: **переважа- | переваж-**
Conjugation: **1st (-ють) | 2nd (-ать)**

ОСОБА / PERSON	НЕДОКОНАНИЙ ВИД / IMPERFECTIVE ASPECT		ДОКОНАНИЙ ВИД / PERFECTIVE ASPECT
ТЕПЕРІШНІЙ ЧАС — PRESENT TENSE			
я	переважа́ю		
ти	переважа́єш		
він, вона, воно	переважа́є		
ми	переважа́ємо		
ви	переважа́єте		
вони	переважа́ють		
МИНУЛИЙ ЧАС — PAST TENSE			
він (я, ти)	переважа́в		переважив
вона (я, ти)	переважа́ла		переважила
воно	переважа́ло		переважило
вони (ми, ви)	переважа́ли		переважили
МАЙБУТНІЙ ЧАС — FUTURE TENSE			
	ANALYTIC	SYNTHETIC	
я	бу́ду переважа́ти	переважа́тиму	переважу
ти	бу́деш переважа́ти	переважа́тимеш	переважиш
він, вона, воно	бу́де переважа́ти	переважа́тиме	переважить
ми	бу́демо переважа́ти	переважа́тимемо	переважимо
ви	бу́дете переважа́ти	переважа́тимете	переважите
вони	бу́дуть переважа́ти	переважа́тимуть	переважать
УМОВНИЙ СПОСІБ — CONDITIONAL MOOD			
він (я, ти)	переважа́в би		переважив би
вона (я, ти)	переважа́ла б		переважила б
воно	переважа́ло б		переважило б
вони (ми, ви)	переважа́ли б		переважили б
НАКАЗОВИЙ СПОСІБ — IMPERATIVE MOOD			
ти	переважа́й		переваж
ми	переважа́ймо		переважмо
ви	переважа́йте		переважте
він, вона, воно	(не)ха́й переважа́є		(не)ха́й переважить
вони	(не)ха́й переважа́ють		(не)ха́й переважать
ДІЄПРИКМЕТНИКИ — VERBAL ADJECTIVES (PARTICIPLES)			
ACTIVE			
PASSIVE			
ДІЄПРИСЛІВНИКИ — VERBAL ADVERBS			
	переважа́ючи, переважа́вши		переваживши
БЕЗОСОБОВІ ФОРМИ — IMPERSONAL FORMS			

у (в) + *locative*:
У його робо́тах **переважа́ли** портре́ти жіно́к. — *Portraits of women predominated in his works.*

над + *instrumental*:
Інсти́нкт самозбере́ження **перева́жив** над стра́хом. — *The instinct of self-preservation prevailed over fear.*
Сподіва́юсь, що **перева́жить** здоро́вий глузд. — *I hope that common sense will prevail.*

+ *accusative*:
Неха́й добро́ **перева́жить** зло. — *May the good prevail over the evil.*

№ 303

Present/Future Stems: **перевищу-** | **перевищ-**　　　　**перевищувати** | **перевищити**
Conjugation: **1st (-ють)** | **2nd (-ать)**　　　　　　　　　　　　　　　　*to exceed*

ОСОБА PERSON	НЕДОКОНАНИЙ ВИД IMPERFECTIVE ASPECT		ДОКОНАНИЙ ВИД PERFECTIVE ASPECT
ТЕПЕРІШНІЙ ЧАС — PRESENT TENSE			
я	перевищую		
ти	перевищуєш		
він, вона, воно	перевищує		
ми	перевищуємо		
ви	перевищуєте		
вони	перевищують		
МИНУЛИЙ ЧАС — PAST TENSE			
він (я, ти)	перевищував		перевищив
вона (я, ти)	перевищувала		перевищила
воно	перевищувало		перевищило
вони (ми, ви)	перевищували		перевищили
МАЙБУТНІЙ ЧАС — FUTURE TENSE			
	ANALYTIC	SYNTHETIC	
я	буду перевищувати	перевищуватиму	перевищу
ти	будеш перевищувати	перевищуватимеш	перевищиш
він, вона, воно	буде перевищувати	перевищуватиме	перевищить
ми	будемо перевищувати	перевищуватимемо	перевищимо
ви	будете перевищувати	перевищуватимете	перевищите
вони	будуть перевищувати	перевищуватимуть	перевищать
УМОВНИЙ СПОСІБ — CONDITIONAL MOOD			
він (я, ти)	перевищував би		перевищив би
вона (я, ти)	перевищувала б		перевищила б
воно	перевищувало б		перевищило б
вони (ми, ви)	перевищували б		перевищили б
НАКАЗОВИЙ СПОСІБ — IMPERATIVE MOOD			
ти	перевищуй		перевищ
ми	перевищуймо		перевищмо
ви	перевищуйте		перевищте
він, вона, воно	(не)хай перевищує		(не)хай перевищить
вони	(не)хай перевищують		(не)хай перевищать
ДІЄПРИКМЕТНИКИ — VERBAL ADJECTIVES (PARTICIPLES)			
ACTIVE			
PASSIVE	перевищуваний		перевищений
ДІЄПРИСЛІВНИКИ — VERBAL ADVERBS			
	перевищуючи, перевищувавши		перевищивши
БЕЗОСОБОВІ ФОРМИ — IMPERSONAL FORMS			
	перевищувано		перевищено

+ accusative:

Витрати вже **перевищують** бюджет.　　　*Expenses are already exceeding the budget.*

Результат **перевищив** наші очікування.　　*The result exceeded our expectations.*

Цього року інфляція не **перевищить** п'яти відсотків.　　*Inflation will not exceed five percent this year.*

Епідеміологічний поріг **перевищено** у вісімнадцяти областях.　　*The epidemiological threshold has been exceeded in eighteen regions.*

№ 304

перевіря́ти[ся] | переві́рити[ся]

to check, to inspect, to verify [to get checked/tested]

Present/Future Stems: **перевіря-** | **переві́р-**
Conjugation: **1st (-ють)** | **2nd (-ять)**

ОСОБА / PERSON	НЕДОКОНАНИЙ ВИД / IMPERFECTIVE ASPECT		ДОКОНАНИЙ ВИД / PERFECTIVE ASPECT
ТЕПЕРІШНІЙ ЧАС — PRESENT TENSE			
я	перевіря́ю[ся]		
ти	перевіря́єш[ся]		
він, вона, воно	перевіря́є[ться]		
ми	перевіря́ємо[ся]		
ви	перевіря́єте[ся]		
вони	перевіря́ють[ся]		
МИНУЛИЙ ЧАС — PAST TENSE			
він (я, ти)	перевіря́в[ся]		переві́рив[ся]
вона (я, ти)	перевіря́ла[ся]		переві́рила[ся]
воно	перевіря́ло[ся]		переві́рило[ся]
вони (ми, ви)	перевіря́ли[ся]		переві́рили[ся]
МАЙБУТНІЙ ЧАС — FUTURE TENSE			
	ANALYTIC	SYNTHETIC	
я	бу́ду перевіря́ти[ся]	перевіря́тиму[ся]	переві́рю[ся]
ти	бу́деш перевіря́ти[ся]	перевіря́тимеш[ся]	переві́риш[ся]
він, вона, воно	бу́де перевіря́ти[ся]	перевіря́тиме[ться]	переві́рить[ся]
ми	бу́демо перевіря́ти[ся]	перевіря́тимемо[ся]	переві́римо[ся]
ви	бу́дете перевіря́ти[ся]	перевіря́тимете[ся]	переві́рите[ся]
вони	бу́дуть перевіря́ти[ся]	перевіря́тимуть[ся]	переві́рять[ся]
УМОВНИЙ СПОСІБ — CONDITIONAL MOOD			
він (я, ти)	перевіря́в[ся] би [б]		переві́рив[ся] би [б]
вона (я, ти)	перевіря́ла[ся] б		переві́рила[ся] б
воно	перевіря́ло[ся] б		переві́рило[ся] б
вони (ми, ви)	перевіря́ли[ся] б		переві́рили[ся] б
НАКАЗОВИЙ СПОСІБ — IMPERATIVE MOOD			
ти	перевіря́й[ся]		переві́р[ся]
ми	перевіря́ймо[ся]		переві́рмо[ся]
ви	перевіря́йте[ся]		переві́рте[ся]
він, вона, воно	(не)ха́й перевіря́є[ться]		(не)ха́й переві́рить[ся]
вони	(не)ха́й перевіря́ють[ся]		(не)ха́й переві́рять[ся]
ДІЄПРИКМЕТНИКИ — VERBAL ADJECTIVES (PARTICIPLES)			
ACTIVE			
PASSIVE			переві́рений
ДІЄПРИСЛІВНИКИ — VERBAL ADVERBS			
	перевіря́ючи[сь], перевіря́вши[сь]		переві́ривши[сь]
БЕЗОСОБОВІ ФОРМИ — IMPERSONAL FORMS			
			переві́рено

+ accusative:

Ми за́раз **перевіря́ємо** цю інформа́цію. — *We are currently verifying this information.*

Учи́телька вже **переві́рила** ва́ші контро́льні. — *The teacher has already checked your tests.*

Довіря́й, але́ **перевіря́й**. — *Trust, but verify.*

Переві́р ще раз, будь ла́ска. — *Please check again.*

-ся + на + accusative:

Ті́тка **переві́рилася** на коронаві́рус — результа́т був негати́вним. — *My aunt was tested for coronavirus — the result was negative.*

Present/Future Stems: **переглядá-** | **переглянý-**
Conjugation: **1st (-ють)** | **1st (-уть)**

переглядáти[ся] | переглянýти[ся]
to review; to look over, to look through; to watch
[to exchange glances]

ОСОБА / PERSON	НЕДОКОНАНИЙ ВИД / IMPERFECTIVE ASPECT		ДОКОНАНИЙ ВИД / PERFECTIVE ASPECT
ТЕПЕРІШНІЙ ЧАС — PRESENT TENSE			
я	переглядáю[ся]		
ти	переглядáєш[ся]		
він, вона, воно	переглядáє[ться]		
ми	переглядáємо[ся]		
ви	переглядáєте[ся]		
вони	переглядáють[ся]		
МИНУЛИЙ ЧАС — PAST TENSE			
він (я, ти)	переглядáв[ся]		переглянýв[ся]
вона (я, ти)	переглядáла[ся]		переглянýла[ся]
воно	переглядáло[ся]		переглянýло[ся]
вони (ми, ви)	переглядáли[ся]		переглянýли[ся]
МАЙБУТНІЙ ЧАС — FUTURE TENSE			
	ANALYTIC	SYNTHETIC	
я	бýду переглядáти[ся]	переглядáтиму[ся]	переглянý[ся]
ти	бýдеш переглядáти[ся]	переглядáтимеш[ся]	переглянéш[ся]
він, вона, воно	бýде переглядáти[ся]	переглядáтиме[ться]	переглянé[ться]
ми	бýдемо переглядáти[ся]	переглядáтимемо[ся]	переглянéмо[ся]
ви	бýдете переглядáти[ся]	переглядáтимете[ся]	переглянéте[ся]
вони	бýдуть переглядáти[ся]	переглядáтимуть[ся]	переглянýть[ся]
УМОВНИЙ СПОСІБ — CONDITIONAL MOOD			
він (я, ти)	переглядáв[ся] би [б]		переглянýв[ся] би [б]
вона (я, ти)	переглядáла[ся] б		переглянýла[ся] б
воно	переглядáло[ся] б		переглянýло[ся] б
вони (ми, ви)	переглядáли[ся] б		переглянýли[ся] б
НАКАЗОВИЙ СПОСІБ — IMPERATIVE MOOD			
ти	переглядáй[ся]		переглянь[ся]
ми	переглядáймо[ся]		перегляньмо[ся]
ви	переглядáйте[ся]		перегляньте[ся]
він, вона, воно	(не)хáй переглядáє[ться]		(не)хáй переглянé[ться]
вони	(не)хáй переглядáють[ся]		(не)хáй переглянýть[ся]
ДІЄПРИКМЕТНИКИ — VERBAL ADJECTIVES (PARTICIPLES)			
ACTIVE			
PASSIVE			переглянýтий, переглянéний
ДІЄПРИСЛІВНИКИ — VERBAL ADVERBS			
	переглядáючи[сь], переглядáвши[сь]		переглянýвши[сь]
БЕЗОСОБОВІ ФОРМИ — IMPERSONAL FORMS			
			переглянýто, переглянéно

+ accusative:

Ми **переглядáємо** нáшу стратéгію. — *We are reviewing our strategy.*

Він швúдко **переглянýв** докумéнт і постáвив пíдпис. — *He quickly looked through the document and signed it.*

Я **переглянý** цей фільм зáвтра. — *I will watch this movie tomorrow.*

Перегляньте, будь лáска, мою статтю. — *Look through my article, please.*

Дíти **переглянýлися**, нíби щось прихóвуючи. — *The children exchanged glances as if hiding something.*

передава́ти [ся] | переда́ти [ся]

to hand over, to pass [to be transmitted; to be passed]

Present/Future Stems: **переда-** | *special*
Conjugation: **1st (-ють)** | *special*

ОСОБА / PERSON	НЕДОКОНАНИЙ ВИД / IMPERFECTIVE ASPECT		ДОКОНАНИЙ ВИД / PERFECTIVE ASPECT
ТЕПЕРІШНІЙ ЧАС — PRESENT TENSE			
я	передаю́		
ти	передає́ш		
він, вона, воно	передає́ [ться]		
ми	передаємо́		
ви	передасте́		
вони	передаю́ть [ся]		
МИНУЛИЙ ЧАС — PAST TENSE			
він (я, ти)	передава́в [ся]		переда́в [ся]
вона (я, ти)	передава́ла [ся]		переда́ла [ся]
воно	передава́ло [ся]		переда́ло [ся]
вони (ми, ви)	передава́ли [ся]		переда́ли [ся]
МАЙБУТНІЙ ЧАС — FUTURE TENSE			
	ANALYTIC	SYNTHETIC	
я	бу́ду передава́ти	передава́тиму	переда́м
ти	бу́деш передава́ти	передава́тимеш	передаси́
він, вона, воно	бу́де передава́ти [ся]	передава́тиме [ться]	переда́сть [ся]
ми	бу́демо передава́ти	передава́тимемо	передамо́
ви	бу́дете передава́ти	передава́тимете	передасте́
вони	бу́дуть передава́ти [ся]	передава́тимуть [ся]	передаду́ть [ся]
УМОВНИЙ СПОСІБ — CONDITIONAL MOOD			
він (я, ти)	передава́в [ся] би [б]		переда́в [ся] би [б]
вона (я, ти)	передава́ла [ся] б		переда́ла [ся] б
воно	передава́ло [ся] б		переда́ло [ся] б
вони (ми, ви)	передава́ли [ся] б		переда́ли [ся] б
НАКАЗОВИЙ СПОСІБ — IMPERATIVE MOOD			
ти	передава́й		переда́й
ми	передава́ймо		переда́ймо
ви	передава́йте		переда́йте
він, вона, воно	(не)ха́й передає́ [ться]		(не)ха́й переда́сть [ся]
вони	(не)ха́й передаю́ть [ся]		(не)ха́й передаду́ть [ся]
ДІЄПРИКМЕТНИКИ — VERBAL ADJECTIVES (PARTICIPLES)			
ACTIVE			
PASSIVE	передава́ний		пере́даний
ДІЄПРИСЛІВНИКИ — VERBAL ADVERBS			
	передаючи́ [сь], передава́вши [сь]		переда́вши [сь]
БЕЗОСОБОВІ ФОРМИ — IMPERSONAL FORMS			
	переда́вано		пере́дано

+ accusative + dative:
Сього́дні я **передаю́** ключі́ ново́му вла́снику кварти́ри.
Today I am handing over the keys to the new owner of the apartment.

Передава́й приві́т батька́м.
Say hi to your parents.

-ся + instrumental:
Ві́рус **передає́ться** повітряно-кра́пельним шляхо́м.
The virus is transmitted by airborne droplets.

-ся + з + genitive + у (в), на + accusative:
Ця тради́ція **передає́ться** з поколі́ння в поколі́ння.
This tradition is passed down from generation to generation.

Present/Future Stems: **переїжджа-** | **переїд-**
Conjugation: **1st (-ють)** | **1st (-уть)**

переїжджа́ти | переї́хати

to drive over, to cross; to relocate, to move

ОСОБА / PERSON	НЕДОКОНАНИЙ ВИД / IMPERFECTIVE ASPECT		ДОКОНАНИЙ ВИД / PERFECTIVE ASPECT
ТЕПЕРІШНІЙ ЧАС — PRESENT TENSE			
я	переїжджа́ю		
ти	переїжджа́єш		
він, вона, воно	переїжджа́є		
ми	переїжджа́ємо		
ви	переїжджа́єте		
вони	переїжджа́ють		
МИНУЛИЙ ЧАС — PAST TENSE			
він (я, ти)	переїжджа́в		переї́хав
вона (я, ти)	переїжджа́ла		переї́хала
воно	переїжджа́ло		переї́хало
вони (ми, ви)	переїжджа́ли		переї́хали
МАЙБУТНІЙ ЧАС — FUTURE TENSE	ANALYTIC	SYNTHETIC	
я	бу́ду переїжджа́ти	переїжджа́тиму	переї́ду
ти	бу́деш переїжджа́ти	переїжджа́тимеш	переї́деш
він, вона, воно	бу́де переїжджа́ти	переїжджа́тиме	переї́де
ми	бу́демо переїжджа́ти	переїжджа́тимемо	переї́демо
ви	бу́дете переїжджа́ти	переїжджа́тимете	переї́дете
вони	бу́дуть переїжджа́ти	переїжджа́тимуть	переї́дуть
УМОВНИЙ СПОСІБ — CONDITIONAL MOOD			
він (я, ти)	переїжджа́в би		переї́хав би
вона (я, ти)	переїжджа́ла б		переї́хала б
воно	переїжджа́ло б		переї́хало б
вони (ми, ви)	переїжджа́ли б		переї́хали б
НАКАЗОВИЙ СПОСІБ — IMPERATIVE MOOD			
ти	переїжджа́й		переї́дь
ми	переїжджа́ймо		переї́дьмо
ви	переїжджа́йте		переї́дьте
він, вона, воно	(не)ха́й переїжджа́є		(не)ха́й переї́де
вони	(не)ха́й переїжджа́ють		(не)ха́й переї́дуть
ДІЄПРИКМЕТНИКИ — VERBAL ADJECTIVES (PARTICIPLES)			
ACTIVE			
PASSIVE			переї́ханий
ДІЄПРИСЛІВНИКИ — VERBAL ADVERBS			
	переїжджа́ючи, переїжджа́вши		переї́хавши
БЕЗОСОБОВІ ФОРМИ — IMPERSONAL FORMS			
			переї́хано

+ *accusative* = **че́рез** + *accusative*:
Ми за́раз **переїжджа́ємо** міст (че́рез міст). — *We are crossing the bridge now.*

у (в), **на** + *accusative*:
Він **переї́хав** на нову́ кварти́ру. — *He moved to a new apartment.*
Ми **пере́їдемо** в Украї́ну насту́пного ро́ку. — *We will relocate to Ukraine next year.*

за + *accusative*:
Переї́хавши за кордо́н, вона́ розпочала́ нове́ життя́. — *Having moved abroad, she started a new life.*

№ 308

перекóнувати[ся] | переконáти[ся]

to convince, to persuade [to become convinced, to make sure]

Present/Future Stems: перекону- | перекона-
Conjugation: **1st (-ють)**

ОСОБА / PERSON	НЕДОКОНАНИЙ ВИД / IMPERFECTIVE ASPECT		ДОКОНАНИЙ ВИД / PERFECTIVE ASPECT
ТЕПЕРІШНІЙ ЧАС — PRESENT TENSE			
я	перекóную[ся]		
ти	перекóнуєш[ся]		
він, вона, воно	перекóнує[ться]		
ми	перекóнуємо[ся]		
ви	перекóнуєте[ся]		
вони	перекóнують[ся]		
МИНУЛИЙ ЧАС — PAST TENSE			
він (я, ти)	перекóнував[ся]		переконáв[ся]
вона (я, ти)	перекóнувала[ся]		переконáла[ся]
воно	перекóнувало[ся]		переконáло[ся]
вони (ми, ви)	перекóнували[ся]		переконáли[ся]
МАЙБУТНІЙ ЧАС — FUTURE TENSE			
	ANALYTIC	SYNTHETIC	
я	бýду перекóнувати[ся]	перекóнуватиму[ся]	переконáю[ся]
ти	бýдеш перекóнувати[ся]	перекóнуватимеш[ся]	переконáєш[ся]
він, вона, воно	бýде перекóнувати[ся]	перекóнуватиме[ться]	переконáє[ться]
ми	бýдемо перекóнувати[ся]	перекóнуватимемо[ся]	переконáємо[ся]
ви	бýдете перекóнувати[ся]	перекóнуватимете[ся]	переконáєте[ся]
вони	бýдуть перекóнувати[ся]	перекóнуватимуть[ся]	переконáють[ся]
УМОВНИЙ СПОСІБ — CONDITIONAL MOOD			
він (я, ти)	перекóнував[ся] би [б]		переконáв[ся] би [б]
вона (я, ти)	перекóнувала[ся] б		переконáла[ся] б
воно	перекóнувало[ся] б		переконáло[ся] б
вони (ми, ви)	перекóнували[ся] б		переконáли[ся] б
НАКАЗОВИЙ СПОСІБ — IMPERATIVE MOOD			
ти	перекóнуй[ся]		переконáй[ся]
ми	перекóнуймо[ся]		переконáймо[ся]
ви	перекóнуйте[ся]		переконáйте[ся]
він, вона, воно	(не)хáй перекóнує[ться]		(не)хáй переконáє[ться]
вони	(не)хáй перекóнують[ся]		(не)хáй переконáють[ся]
ДІЄПРИКМЕТНИКИ — VERBAL ADJECTIVES (PARTICIPLES)			
ACTIVE			
PASSIVE			перекóнаний
ДІЄПРИСЛІВНИКИ — VERBAL ADVERBS			
	перекóнуючи[сь], перекóнувавши[сь]		переконáвши[сь]
БЕЗОСОБОВІ ФОРМИ — IMPERSONAL FORMS			
			перекóнано

Ти вмієш **перекóнувати**. — *You know how to convince.*

+ accusative + infinitive:
Він **переконáв** свою дівчину переїхати. — *He persuaded his girlfriend to move.*

у (в) + locative:
Я **переконáю** вас у протилéжному. — *I will convince you of the opposite.*

-ся + у (в) + locative:
Я дедáлі більше **перекóнуюсь** у тóму, що це шахрáйство. — *I am becoming more and more convinced that this is a scam.*

Переконáйтеся, що ви зачинили двéрі. — *Make sure that you lock the door.*

Present/Future Stems: **перемага-** | **переможе-**
Conjugation: **1st (-ють)** | **1st (-уть)**

перемага́ти | перемогти́

to win, to defeat; to overcome

ОСОБА / PERSON	НЕДОКОНАНИЙ ВИД / IMPERFECTIVE ASPECT		ДОКОНАНИЙ ВИД / PERFECTIVE ASPECT
ТЕПЕРІШНІЙ ЧАС — PRESENT TENSE			
я	перемага́ю		
ти	перемага́єш		
він, вона, воно	перемага́є		
ми	перемага́ємо		
ви	перемага́єте		
вони	перемага́ють		
МИНУЛИЙ ЧАС — PAST TENSE			
він (я, ти)	перемага́в		переміѓ
вона (я, ти)	перемага́ла		перемогла́
воно	перемага́ло		перемогло́
вони (ми, ви)	перемага́ли		перемогли́
МАЙБУТНІЙ ЧАС — FUTURE TENSE			
	ANALYTIC	SYNTHETIC	
я	бу́ду перемага́ти	перемага́тиму	перемо́жу
ти	бу́деш перемага́ти	перемага́тимеш	перемо́жеш
він, вона, воно	бу́де перемага́ти	перемага́тиме	перемо́же
ми	бу́демо перемага́ти	перемага́тимемо	перемо́жемо
ви	бу́дете перемага́ти	перемага́тимете	перемо́жете
вони	бу́дуть перемага́ти	перемага́тимуть	перемо́жуть
УМОВНИЙ СПОСІБ — CONDITIONAL MOOD			
він (я, ти)	перемага́в би		переміѓ би
вона (я, ти)	перемага́ла б		перемогла́ б
воно	перемага́ло б		перемогло́ б
вони (ми, ви)	перемага́ли б		перемогли́ б
НАКАЗОВИЙ СПОСІБ — IMPERATIVE MOOD			
ти	перемага́й		переможи́
ми	перемага́ймо		переможі́мо
ви	перемага́йте		переможі́ть
він, вона, воно	(не)ха́й перемага́є		(не)ха́й перемо́же
вони	(не)ха́й перемага́ють		(не)ха́й перемо́жуть
ДІЄПРИКМЕТНИКИ — VERBAL ADJECTIVES (PARTICIPLES)			
ACTIVE			
PASSIVE			перемо́жений
ДІЄПРИСЛІВНИКИ — VERBAL ADVERBS			
	перемага́ючи, перемага́вши		переміѓши
БЕЗОСОБОВІ ФОРМИ — IMPERSONAL FORMS			
			перемо́жено

у (в), на + *locative*:
Вона́ ча́сто **перемага́є** в літерату́рних ко́нкурсах.
She often wins literary contests.

+ *accusative*:
Він **переміѓ** свій страх і стрибну́в із парашу́том.
He overcame his fear and jumped with a parachute.

Життя́ **перемо́же** смерть, а сві́тло **перемо́же** те́мряву (Володи́мир Зеле́нський).
Life will win over death, and light will win over darkness (Volodymyr Zelenskyi).

Ві́рус ще не **перемо́жений** до кінця́.
The virus has not yet been completely defeated.

№ 310

переставáти | перестáти

to stop (doing sth)

Present/Future Stems: **переста-** | **перестан-**
Conjugation: **1st (-ють)** | **1st (-уть)**

ОСОБА / PERSON	НЕДОКОНАНИЙ ВИД / IMPERFECTIVE ASPECT		ДОКОНАНИЙ ВИД / PERFECTIVE ASPECT
ТЕПЕРІШНІЙ ЧАС — PRESENT TENSE			
я	перестаю́		
ти	перестає́ш		
він, вона, воно	перестає́		
ми	перестаємо́		
ви	перестаєте́		
вони	перестаю́ть		
МИНУЛИЙ ЧАС — PAST TENSE			
він (я, ти)	перестава́в		переста́в
вона (я, ти)	перестава́ла		переста́ла
воно	перестава́ло		переста́ло
вони (ми, ви)	перестава́ли		переста́ли
МАЙБУТНІЙ ЧАС — FUTURE TENSE			
	ANALYTIC	SYNTHETIC	
я	бу́ду переставáти	переставáтиму	перестáну
ти	бу́деш переставáти	переставáтимеш	перестáнеш
він, вона, воно	бу́де переставáти	переставáтиме	перестáне
ми	бу́демо переставáти	переставáтимемо	перестáнемо
ви	бу́дете переставáти	переставáтимете	перестáнете
вони	бу́дуть переставáти	переставáтимуть	перестáнуть
УМОВНИЙ СПОСІБ — CONDITIONAL MOOD			
він (я, ти)	перестава́в би		переста́в би
вона (я, ти)	перестава́ла б		переста́ла б
воно	перестава́ло б		переста́ло б
вони (ми, ви)	перестава́ли б		переста́ли б
НАКАЗОВИЙ СПОСІБ — IMPERATIVE MOOD			
ти	переставáй		перестáнь
ми	переставáймо		перестáньмо
ви	переставáйте		перестáньте
він, вона, воно	(не)хáй перестає́		(не)хáй перестáне
вони	(не)хáй перестаю́ть		(не)хáй перестáнуть
ДІЄПРИКМЕТНИКИ — VERBAL ADJECTIVES (PARTICIPLES)			
ACTIVE			
PASSIVE			
ДІЄПРИСЛІВНИКИ — VERBAL ADVERBS			
	перестаю́чи, перестáвши		перестáвши
БЕЗОСОБОВІ ФОРМИ — IMPERSONAL FORMS			

+ *infinitive*:

Укрзалізни́ця не **перестає́** дивувáти.
Ukrainian Railways do not stop surprising.

Він **перестáв** бíгати в пáрку, коли́ ви́пав пéрший снíг.
He stopped running in the park when the first snow fell.

Я не **перестáну** наголóшувати на цьóму.
I will not stop emphasizing this.

Якбú в мéне булá сім'я́, я **перестáв би** курúти.
If I had a family, I would stop smoking.

Перестáнь кричáти!
Stop yelling!

Present/Future Stems:
перетворю- | перетвор-
Conjugation: **1st (-ють) | 2nd (-ять)**

перетво́рювати[ся] | перетвори́ти[ся]

to turn (sth into sth), to transform [to turn into]

ОСОБА / PERSON	НЕДОКОНАНИЙ ВИД / IMPERFECTIVE ASPECT		ДОКОНАНИЙ ВИД / PERFECTIVE ASPECT
ТЕПЕРІШНІЙ ЧАС — PRESENT TENSE			
я	перетво́рюю[ся]		
ти	перетво́рюєш[ся]		
він, вона, воно	перетво́рює[ться]		
ми	перетво́рюємо[ся]		
ви	перетво́рюєте[ся]		
вони	перетво́рюють[ся]		
МИНУЛИЙ ЧАС — PAST TENSE			
він (я, ти)	перетво́рював[ся]		перетвори́в[ся]
вона (я, ти)	перетво́рювала[ся]		перетвори́ла[ся]
воно	перетво́рювало[ся]		перетвори́ло[ся]
вони (ми, ви)	перетво́рювали[ся]		перетвори́ли[ся]
МАЙБУТНІЙ ЧАС — FUTURE TENSE			
	ANALYTIC	SYNTHETIC	
я	бу́ду перетво́рювати[ся]	перетво́рюватиму[ся]	перетворю́[ся]
ти	бу́деш перетво́рювати[ся]	перетво́рюватимеш[ся]	перетво́риш[ся]
він, вона, воно	бу́де перетво́рювати[ся]	перетво́рюватиме[ться]	перетво́рить[ся]
ми	бу́демо перетво́рювати[ся]	перетво́рюватимемо[ся]	перетво́римо[ся]
ви	бу́дете перетво́рювати[ся]	перетво́рюватимете[ся]	перетво́рите[ся]
вони	бу́дуть перетво́рювати[ся]	перетво́рюватимуть[ся]	перетво́рять[ся]
УМОВНИЙ СПОСІБ — CONDITIONAL MOOD			
він (я, ти)	перетво́рював[ся] би [б]		перетвори́в[ся] би [б]
вона (я, ти)	перетво́рювала[ся] б		перетвори́ла[ся] б
воно	перетво́рювало[ся] б		перетвори́ло[ся] б
вони (ми, ви)	перетво́рювали[ся] б		перетвори́ли[ся] б
НАКАЗОВИЙ СПОСІБ — IMPERATIVE MOOD			
ти	перетво́рюй[ся]		перетвори́[ся]
ми	перетво́рюймо[ся]		перетвори́мо[ся]
ви	перетво́рюйте[ся]		перетвори́ть[ся]
він, вона, воно	(не)ха́й перетво́рює[ться]		(не)ха́й перетво́рить[ся]
вони	(не)ха́й перетво́рюють[ся]		(не)ха́й перетво́рять[ся]
ДІЄПРИКМЕТНИКИ — VERBAL ADJECTIVES (PARTICIPLES)			
ACTIVE			
PASSIVE	перетво́рюваний		перетво́рений
ДІЄПРИСЛІВНИКИ — VERBAL ADVERBS			
	перетво́рюючи[сь], перетво́рювавши[сь]		перетвори́вши[сь]
БЕЗОСОБОВІ ФОРМИ — IMPERSONAL FORMS			
	перетво́рювано		перетво́рено

+ accusative + у (в), на + accusative:
Дівчина **перетвори́ла** своє захо́плення в (на) бі́знес.
The girl turned her hobby into a business.
Коли́шній заво́д **перетво́рено** на виставко́вий центр.
The former factory has been transformed into an exhibition center.

-ся + на + accusative:
Ра́птом жа́ба **перетвори́лася** на прекра́сного при́нца.
Suddenly the frog turned into a handsome prince.

-ся + з (із, зі) + genitive + у (в), на + accusative:
Тоді́ ва́ша іде́я **перетво́риться** з мрі́ї в реа́льність.
Then your idea will turn from a dream into a reality.

№ 312

переходи́ти | перейти́
to cross (by walking); to switch to; to pass to

Present/Future Stems: переход(ж)- | перейд-
Conjugation: **2nd (-ять)** | **1st (-уть)**

ОСОБА / PERSON	НЕДОКОНАНИЙ ВИД / IMPERFECTIVE ASPECT		ДОКОНАНИЙ ВИД / PERFECTIVE ASPECT
ТЕПЕРІШНІЙ ЧАС — PRESENT TENSE			
я	перехо́джу		
ти	перехо́диш		
він, вона, воно	перехо́дить		
ми	перехо́димо		
ви	перехо́дите		
вони	перехо́дять		
МИНУЛИЙ ЧАС — PAST TENSE			
він (я, ти)	перехо́див		перейшо́в
вона (я, ти)	перехо́дила		перейшла́
воно	перехо́дило		перейшло́
вони (ми, ви)	перехо́дили		перейшли́
МАЙБУТНІЙ ЧАС — FUTURE TENSE			
	ANALYTIC	SYNTHETIC	
я	бу́ду перехо́дити	перехо́дитиму	перейду́
ти	бу́деш перехо́дити	перехо́дитимеш	пере́йдеш
він, вона, воно	бу́де перехо́дити	перехо́дитиме	пере́йде
ми	бу́демо перехо́дити	перехо́дитимемо	пере́йдемо
ви	бу́дете перехо́дити	перехо́дитимете	пере́йдете
вони	бу́дуть перехо́дити	перехо́дитимуть	пере́йдуть
УМОВНИЙ СПОСІБ — CONDITIONAL MOOD			
він (я, ти)	перехо́див би		перейшо́в би
вона (я, ти)	перехо́дила б		перейшла́ б
воно	перехо́дило б		перейшло́ б
вони (ми, ви)	перехо́дили б		перейшли́ б
НАКАЗОВИЙ СПОСІБ — IMPERATIVE MOOD			
ти	перехо́дь		перейди́
ми	перехо́дьмо		перейді́мо
ви	перехо́дьте		перейді́ть
він, вона, воно	(не)ха́й перехо́дить		(не)ха́й пере́йде
вони	(не)ха́й перехо́дять		(не)ха́й пере́йдуть
ДІЄПРИКМЕТНИКИ — VERBAL ADJECTIVES (PARTICIPLES)			
ACTIVE			
PASSIVE			пере́йдений
ДІЄПРИСЛІВНИКИ — VERBAL ADVERBS			
	перехо́дячи, перехо́дивши		перейшо́вши
БЕЗОСОБОВІ ФОРМИ — IMPERSONAL FORMS			
			пере́йдено

+ *accusative*:
Я **перехо́джу** доро́гу. — *I am crossing the road.*

у (в), **на** + *accusative*:
Цього́ ро́ку мій син **пере́йде** в п'я́тий клас. — *My son will pass to fifth grade this year.*

Перехо́дь на украї́нську! — *Switch to Ukrainian! (a common call to start speaking Ukrainian in everyday life)*

Перейшо́вши в на́ступ, батальйо́н шви́дко просува́вся вперед. — *Having shifted to an offensive, the battalion was quickly advancing.*

№ 313

Present/Future Stems: **пиш-** | **напиш-**

Conjugation: **1st (-уть)**

писа́ти | написа́ти

to write, to text

ОСОБА / PERSON	НЕДОКОНАНИЙ ВИД / IMPERFECTIVE ASPECT		ДОКОНАНИЙ ВИД / PERFECTIVE ASPECT
ТЕПЕРІШНІЙ ЧАС — PRESENT TENSE			
я	пишу́		
ти	пи́шеш		
він, вона, воно	пи́ше		
ми	пи́шемо		
ви	пи́шете		
вони	пи́шуть		
МИНУЛИЙ ЧАС — PAST TENSE			
він (я, ти)	писа́в		написа́в
вона (я, ти)	писа́ла		написа́ла
воно	писа́ло		написа́ло
вони (ми, ви)	писа́ли		написа́ли
МАЙБУТНІЙ ЧАС — FUTURE TENSE			
	ANALYTIC	SYNTHETIC	
я	бу́ду писа́ти	писа́тиму	напишу́
ти	бу́деш писа́ти	писа́тимеш	напи́шеш
він, вона, воно	бу́де писа́ти	писа́тиме	напи́ше
ми	бу́демо писа́ти	писа́тимемо	напи́шемо
ви	бу́дете писа́ти	писа́тимете	напи́шете
вони	бу́дуть писа́ти	писа́тимуть	напи́шуть
УМОВНИЙ СПОСІБ — CONDITIONAL MOOD			
він (я, ти)	писа́в би		написа́в би
вона (я, ти)	писа́ла б		написа́ла б
воно	писа́ло б		написа́ло б
вони (ми, ви)	писа́ли б		написа́ли б
НАКАЗОВИЙ СПОСІБ — IMPERATIVE MOOD			
ти	пиши́		напиши́
ми	пиші́мо		напиші́мо
ви	пиші́ть		напиші́ть
він, вона, воно	(не)ха́й пи́ше		(не)ха́й напи́ше
вони	(не)ха́й пи́шуть		(не)ха́й напи́шуть
ДІЄПРИКМЕТНИКИ — VERBAL ADJECTIVES (PARTICIPLES)			
ACTIVE			
PASSIVE	пи́саний		напи́саний
ДІЄПРИСЛІВНИКИ — VERBAL ADVERBS			
	пи́шучи, писа́вши		написа́вши
БЕЗОСОБОВІ ФОРМИ — IMPERSONAL FORMS			
	пи́сано		напи́сано

+ accusative:
Він **пи́ше** нови́й рома́н. — *He is writing a new novel.*

+ dative:
Вона́ **написа́ла** мені́, що за́раз у мі́сті. — *She texted me that she is now in town.*

у (в), на + accusative:
Я **напишу́** йому́ на електро́нну адре́су. — *I will write to him at his email address.*

Прочита́й, будь ла́ска, що тут **напи́сано**. — *Please read what is written here.*

Пиші́ть листи́ і надсила́йте вча́сно (Лі́на Костенко). — *Write letters and send them on time (Lina Kostenko).*

№ 314

пита́ти | спита́ти

to ask (a question)
See also: запи́тувати | запита́ти (№ 165)

Present/Future Stems: **пита- | спита-**
Conjugation: **1st (-ють)**

ОСОБА / PERSON	НЕДОКОНАНИЙ ВИД / IMPERFECTIVE ASPECT	ДОКОНАНИЙ ВИД / PERFECTIVE ASPECT
ТЕПЕРІШНІЙ ЧАС — PRESENT TENSE		
я	пита́ю	
ти	пита́єш	
він, вона, воно	пита́є	
ми	пита́ємо	
ви	пита́єте	
вони	пита́ють	
МИНУЛИЙ ЧАС — PAST TENSE		
він (я, ти)	пита́в	спита́в
вона (я, ти)	пита́ла	спита́ла
воно	пита́ло	спита́ло
вони (ми, ви)	пита́ли	спита́ли

МАЙБУТНІЙ ЧАС — FUTURE TENSE

PERSON	ANALYTIC	SYNTHETIC	PERFECTIVE
я	бу́ду пита́ти	пита́тиму	спита́ю
ти	бу́деш пита́ти	пита́тимеш	спита́єш
він, вона, воно	бу́де пита́ти	пита́тиме	спита́є
ми	бу́демо пита́ти	пита́тимемо	спита́ємо
ви	бу́дете пита́ти	пита́тимете	спита́єте
вони	бу́дуть пита́ти	пита́тимуть	спита́ють

УМОВНИЙ СПОСІБ — CONDITIONAL MOOD

PERSON	IMPERFECTIVE	PERFECTIVE
він (я, ти)	пита́в би	спита́в би
вона (я, ти)	пита́ла б	спита́ла б
воно	пита́ло б	спита́ло б
вони (ми, ви)	пита́ли б	спита́ли б

НАКАЗОВИЙ СПОСІБ — IMPERATIVE MOOD

PERSON	IMPERFECTIVE	PERFECTIVE
ти	пита́й	спита́й
ми	пита́ймо	спита́ймо
ви	пита́йте	спита́йте
він, вона, воно	(не)ха́й пита́є	(не)ха́й спита́є
вони	(не)ха́й пита́ють	(не)ха́й спита́ють

ДІЄПРИКМЕТНИКИ — VERBAL ADJECTIVES (PARTICIPLES)

ACTIVE

PASSIVE

ДІЄПРИСЛІВНИКИ — VERBAL ADVERBS

	IMPERFECTIVE	PERFECTIVE
	пита́ючи, пита́вши	спита́вши

БЕЗОСОБОВІ ФОРМИ — IMPERSONAL FORMS

+ *accusative* = **у** (**в**) + *genitive*:

Він часто **пита́є** мене́ (у ме́не), як спра́ви. — *He often asks me how I am doing.*

про + *accusative*:

Ніхто́ не **пита́в** про ме́не? — *Did no one ask about me?*

Вона́ сказа́ла, що **спита́є** та́та (в та́та). — *She said that she will ask Dad.*

Я не зна́ю, **спита́й** ма́му (у ма́ми). — *I don't know, ask Mom.*

№ 315

Present/Future Stems: **п'- | вип'-, поп'-**

Conjugation: **1st (-ють)**

пи́ти | ви́пити, попи́ти
to drink

ОСОБА / PERSON	НЕДОКОНАНИЙ ВИД / IMPERFECTIVE ASPECT		ДОКОНАНИЙ ВИД / PERFECTIVE ASPECT
ТЕПЕРІШНІЙ ЧАС — PRESENT TENSE			
я	п'ю		
ти	п'єш		
він, вона, воно	п'є		
ми	п'ємо́		
ви	п'єте́		
вони	п'ють		
МИНУЛИЙ ЧАС — PAST TENSE			
він (я, ти)	пив		ви́пив, попи́в
вона (я, ти)	пила́		ви́пила, попила́
воно	пило́		ви́пило, попило́
вони (ми, ви)	пили́		ви́пили, попили́
МАЙБУТНІЙ ЧАС — FUTURE TENSE			
	ANALYTIC	SYNTHETIC	
я	бу́ду пи́ти	пи́тиму	ви́п'ю, поп'ю́
ти	бу́деш пи́ти	пи́тимеш	ви́п'єш, поп'є́ш
він, вона, воно	бу́де пи́ти	пи́тиме	ви́п'є, поп'є́
ми	бу́демо пи́ти	пи́тимемо	ви́п'ємо, поп'є́мо́
ви	бу́дете пи́ти	пи́тимете	ви́п'єте, поп'є́те́
вони	бу́дуть пи́ти	пи́тимуть	ви́п'ють, поп'ю́ть
УМОВНИЙ СПОСІБ — CONDITIONAL MOOD			
він (я, ти)	пив би		ви́пив/попи́в би
вона (я, ти)	пила́ б		ви́пила/попила́ б
воно	пило́ б		ви́пило/попило́ б
вони (ми, ви)	пили́ б		ви́пили/попили́ б
НАКАЗОВИЙ СПОСІБ — IMPERATIVE MOOD			
ти	пий		ви́пий, попи́й
ми	пиймо		ви́пиймо, попи́ймо
ви	пийте		ви́пийте, попи́йте
він, вона, воно	(не)ха́й п'є		(не)ха́й ви́п'є/поп'є́
вони	(не)ха́й п'ють		(не)ха́й ви́п'ють/поп'ю́ть
ДІЄПРИКМЕТНИКИ — VERBAL ADJECTIVES (PARTICIPLES)			
ACTIVE			
PASSIVE	пи́тий		ви́питий
ДІЄПРИСЛІВНИКИ — VERBAL ADVERBS			
	п'ючи́, пи́вши		ви́пивши, попи́вши
БЕЗОСОБОВІ ФОРМИ — IMPERSONAL FORMS			
	пи́то		ви́пито

+ accusative:
Зазвича́й ура́нці я **п'ю** зеле́ний чай. — *I usually drink green tea in the morning.*

ви́пити, попи́ти + genitive *(to have some drink)*:
Ми **ви́пили** (**попили́**) ка́ви, зігрі́лися й пішли́ да́лі. — *We drank some tea, warmed up, and went on.*
Ви́пий знебо́лювальне, тобі́ ста́не кра́ще. — *Take a painkiller, you will feel better.*
Ви́пивши (**попи́вши**) води́, вона́ тро́хи заспоко́їлась. — *After drinking some water, she calmed down a little.*

№ 316

підви́щувати[ся] | підви́щити[ся]

to raise; to promote (at work) [to rise, to increase]

Present/Future Stems: підвищу- | підвищ-
Conjugation: **1st (-ють)** | **2nd (-ать)**

ОСОБА / PERSON	НЕДОКОНАНИЙ ВИД / IMPERFECTIVE ASPECT		ДОКОНАНИЙ ВИД / PERFECTIVE ASPECT
ТЕПЕРІШНІЙ ЧАС — PRESENT TENSE			
я	підви́щую		
ти	підви́щуєш		
він, вона, воно	підви́щує[ться]		
ми	підви́щуємо		
ви	підви́щуєте		
вони	підви́щують[ся]		
МИНУЛИЙ ЧАС — PAST TENSE			
він (я, ти)	підви́щував[ся]		підви́щив[ся]
вона (я, ти)	підви́щувала[ся]		підви́щила[ся]
воно	підви́щувало[ся]		підви́щило[ся]
вони (ми, ви)	підви́щували[ся]		підви́щили[ся]
МАЙБУТНІЙ ЧАС — FUTURE TENSE			
	ANALYTIC	SYNTHETIC	
я	бу́ду підви́щувати	підви́щуватиму	підви́щу
ти	бу́деш підви́щувати	підви́щуватимеш	підви́щиш
він, вона, воно	бу́де підви́щувати[ся]	підви́щуватиме[ться]	підви́щить[ся]
ми	бу́демо підви́щувати	підви́щуватимемо	підви́щимо
ви	бу́дете підви́щувати	підви́щуватимете	підви́щите
вони	бу́дуть підви́щувати[ся]	підви́щуватимуть[ся]	підви́щать[ся]
УМОВНИЙ СПОСІБ — CONDITIONAL MOOD			
він (я, ти)	підви́щував[ся] би [б]		підви́щив[ся] би [б]
вона (я, ти)	підви́щувала[ся] б		підви́щила[ся] б
воно	підви́щувало[ся] б		підви́щило[ся] б
вони (ми, ви)	підви́щували[ся] б		підви́щили[ся] б
НАКАЗОВИЙ СПОСІБ — IMPERATIVE MOOD			
ти	підви́щуй		підви́щ
ми	підви́щуймо		підви́щмо
ви	підви́щуйте		підви́щте
він, вона, воно	(не)ха́й підви́щує[ться]		(не)ха́й підви́щить[ся]
вони	(не)ха́й підви́щують[ся]		(не)ха́й підви́щать[ся]
ДІЄПРИКМЕТНИКИ — VERBAL ADJECTIVES (PARTICIPLES)			
ACTIVE			
PASSIVE	підви́щуваний		підви́щений
ДІЄПРИСЛІВНИКИ — VERBAL ADVERBS			
	підви́щуючи[сь], підви́щувавши[сь]		підви́щивши[сь]
БЕЗОСОБОВІ ФОРМИ — IMPERSONAL FORMS			
	підви́щувано		підви́щено

+ *accusative*:

Він рі́дко **підви́щує** го́лос на си́на.	*He rarely raises his voice at his son.*
Вла́сник **підви́щив** мою́ оре́ндну пла́ту.	*The landlord raised my rent.*
Можли́во, її́ **підви́щать** уже́ цього́ ро́ку.	*Perhaps she will already be promoted this year.*
У не́ї знов́у **підви́щилася** температу́ра.	*Her temperature rose again.*

№ 317

Present/Future Stems: **підкреслю-** | **підкресл-**   **підкре́слювати[ся]** | **підкре́слити[ся]**

Conjugation: **1st (-ють)** | **2nd (-ять)**   *to underline; to emphasize [to be underlined]*

ОСОБА / PERSON	НЕДОКОНАНИЙ ВИД / IMPERFECTIVE ASPECT		ДОКОНАНИЙ ВИД / PERFECTIVE ASPECT
ТЕПЕРІШНІЙ ЧАС — PRESENT TENSE			
я	підкре́слюю		
ти	підкре́слюєш		
він, вона, воно	підкре́слює[ться]		
ми	підкре́слюємо		
ви	підкре́слюєте		
вони	підкре́слюють[ся]		
МИНУЛИЙ ЧАС — PAST TENSE			
він (я, ти)	підкре́слював[ся]		підкре́слив[ся]
вона (я, ти)	підкре́слювала[ся]		підкре́слила[ся]
воно	підкре́слювало[ся]		підкре́слило[ся]
вони (ми, ви)	підкре́слювали[ся]		підкре́слили[ся]
МАЙБУТНІЙ ЧАС — FUTURE TENSE			
	ANALYTIC	SYNTHETIC	
я	бу́ду підкре́слювати	підкре́слюватиму	підкре́слю
ти	бу́деш підкре́слювати	підкре́слюватимеш	підкре́слиш
він, вона, воно	бу́де підкре́слювати[ся]	підкре́слюватиме[ться]	підкре́слить[ся]
ми	бу́демо підкре́слювати	підкре́слюватимемо	підкре́слимо
ви	бу́дете підкре́слювати	підкре́слюватимете	підкре́слите
вони	бу́дуть підкре́слювати[ся]	підкре́слюватимуть[ся]	підкре́слять[ся]
УМОВНИЙ СПОСІБ — CONDITIONAL MOOD			
він (я, ти)	підкре́слював[ся] би [б]		підкре́слив[ся] би [б]
вона (я, ти)	підкре́слювала[ся] б		підкре́слила[ся] б
воно	підкре́слювало[ся] б		підкре́слило[ся] б
вони (ми, ви)	підкре́слювали[ся] б		підкре́слили[ся] б
НАКАЗОВИЙ СПОСІБ — IMPERATIVE MOOD			
ти	підкре́слюй		підкре́сли
ми	підкре́слюймо		підкре́слімо
ви	підкре́слюйте		підкре́сліть
він, вона, воно	(не)ха́й підкре́слює[ться]		(не)ха́й підкре́слить[ся]
вони	(не)ха́й підкре́слюють[ся]		(не)ха́й підкре́слять[ся]
ДІЄПРИКМЕТНИКИ — VERBAL ADJECTIVES (PARTICIPLES)			
ACTIVE			
PASSIVE	підкре́слюваний		підкре́слений
ДІЄПРИСЛІВНИКИ — VERBAL ADVERBS			
	підкре́слюючи[сь], підкре́слювавши[сь]		підкре́сливши[сь]
БЕЗОСОБОВІ ФОРМИ — IMPERSONAL FORMS			
	підкре́слювано		підкре́слено

+ accusative:

Чита́ючи украї́нські те́ксти, я **підкре́слюю** нові́ слова́.   *When reading Ukrainian texts, I underline new words.*

Міні́стр **підкре́слив**, що це тимчасо́ве рі́шення.   *The minister emphasized that this is a temporary solution.*

Ця су́кня чудо́во **підкре́слить** ва́шу фігу́ру.   *This dress will perfectly accentuate your figure.*

-ся + instrumental:

При́судок у ре́ченні **підкре́слюється** двома́ лі́ніями.   *The predicate in the sentence is underlined with two lines.*

№ 318

підніма́ти[ся] | підня́ти[ся]
to lift, to raise, to pick up [to go up, to increase; to stand up]
Also: підійма́ти[ся] | підійня́ти[ся]

Present/Future Stems: підніма- | підійм-
Conjugation: **1st (-ють)** | **1st (-уть)**

ОСОБА / PERSON	НЕДОКОНАНИЙ ВИД / IMPERFECTIVE ASPECT		ДОКОНАНИЙ ВИД / PERFECTIVE ASPECT
ТЕПЕРІШНІЙ ЧАС — PRESENT TENSE			
я	підніма́ю[ся]		
ти	підніма́єш[ся]		
він, вона, воно	підніма́є[ться]		
ми	підніма́ємо[ся]		
ви	підніма́єте[ся]		
вони	підніма́ють[ся]		
МИНУЛИЙ ЧАС — PAST TENSE			
він (я, ти)	підніма́в[ся]		підня́в[ся]
вона (я, ти)	підніма́ла[ся]		підняла́[ся]
воно	підніма́ло[ся]		підняло́[ся]
вони (ми, ви)	підніма́ли[ся]		підняли́[ся]
МАЙБУТНІЙ ЧАС — FUTURE TENSE			
	ANALYTIC	SYNTHETIC	
я	бу́ду підніма́ти[ся]	підніма́тиму[ся]	підніму́[ся]
ти	бу́деш підніма́ти[ся]	підніма́тимеш[ся]	підні́меш[ся]
він, вона, воно	бу́де підніма́ти[ся]	підніма́тиме[ться]	підні́ме[ться]
ми	бу́демо підніма́ти[ся]	підніма́тимемо[ся]	підні́мемо[ся]
ви	бу́дете підніма́ти[ся]	підніма́тимете[ся]	підні́мете[ся]
вони	бу́дуть підніма́ти[ся]	підніма́тимуть[ся]	підні́муть[ся]
УМОВНИЙ СПОСІБ — CONDITIONAL MOOD			
він (я, ти)	підніма́в[ся] би [б]		підня́в[ся] би [б]
вона (я, ти)	підніма́ла[ся] б		підняла́[ся] б
воно	підніма́ло[ся] б		підняло́[ся] б
вони (ми, ви)	підніма́ли[ся] б		підняли́[ся] б
НАКАЗОВИЙ СПОСІБ — IMPERATIVE MOOD			
ти	підніма́й[ся]		підніми́[ся]
ми	підніма́ймо[ся]		підні́мо[ся]
ви	підніма́йте[ся]		підні́міть[ся]
він, вона, воно	(не)ха́й підніма́є[ться]		(не)ха́й підні́ме[ться]
вони	(не)ха́й підніма́ють[ся]		(не)ха́й підні́муть[ся]
ДІЄПРИКМЕТНИКИ — VERBAL ADJECTIVES (PARTICIPLES)			
ACTIVE			
PASSIVE			підня́тий
ДІЄПРИСЛІВНИКИ — VERBAL ADVERBS			
	підніма́ючи[сь], підніма́вши[сь]		підня́вши[сь]
БЕЗОСОБОВІ ФОРМИ — IMPERSONAL FORMS			
			підня́то

+ accusative + з (із, зі) + genitive:
Він **підня́в (підійня́в)** моне́ту із землі́. — *He picked up a coin from the ground.*
Я не **підніму́ (підійму́)** цю валі́зу, вона́ важка́. — *I will not be able to lift this suitcase, it is heavy.*
Підніміть (підійміть) ру́ку, якщо́ у вас є пита́ння. — *Please raise your hand if you have questions.*

-ся + у (в), на + accusative:
Ми **підніма́ємося (підійма́ємося)** на тре́тій по́верх. — *We are going up to the third floor.*
Насту́пного мі́сяця на́ші ці́ни **підні́муться** на де́сять відсо́тків. — *Next month our prices will increase by ten percent.*

Present/Future Stems: підозрю- | запідозр-

Conjugation: **1st (-ють) | 2nd (-ять)**

підо́зрювати | запідо́зрити

to suspect

ОСОБА / PERSON	НЕДОКОНАНИЙ ВИД / IMPERFECTIVE ASPECT		ДОКОНАНИЙ ВИД / PERFECTIVE ASPECT
ТЕПЕРІШНІЙ ЧАС — PRESENT TENSE			
я	підо́зрюю		
ти	підо́зрюєш		
він, вона, воно	підо́зрює		
ми	підо́зрюємо		
ви	підо́зрюєте		
вони	підо́зрюють		
МИНУЛИЙ ЧАС — PAST TENSE			
він (я, ти)	підо́зрював		запідо́зрив
вона (я, ти)	підо́зрювала		запідо́зрила
воно	підо́зрювало		запідо́зрило
вони (ми, ви)	підо́зрювали		запідо́зрили
МАЙБУТНІЙ ЧАС — FUTURE TENSE			
	ANALYTIC	SYNTHETIC	
я	бу́ду підо́зрювати	підо́зрюватиму	запідо́зрю
ти	бу́деш підо́зрювати	підо́зрюватимеш	запідо́зриш
він, вона, воно	бу́де підо́зрювати	підо́зрюватиме	запідо́зрить
ми	бу́демо підо́зрювати	підо́зрюватимемо	запідо́зримо
ви	бу́дете підо́зрювати	підо́зрюватимете	запідо́зрите
вони	бу́дуть підо́зрювати	підо́зрюватимуть	запідо́зрять
УМОВНИЙ СПОСІБ — CONDITIONAL MOOD			
він (я, ти)	підо́зрював би		запідо́зрив би
вона (я, ти)	підо́зрювала б		запідо́зрила б
воно	підо́зрювало б		запідо́зрило б
вони (ми, ви)	підо́зрювали б		запідо́зрили б
НАКАЗОВИЙ СПОСІБ — IMPERATIVE MOOD			
ти	підо́зрюй		запідо́зри
ми	підо́зрюймо		запідо́зрімо
ви	підо́зрюйте		запідо́зріть
він, вона, воно	(не)ха́й підо́зрює		(не)ха́й запідо́зрить
вони	(не)ха́й підо́зрюють		(не)ха́й запідо́зрять
ДІЄПРИКМЕТНИКИ — VERBAL ADJECTIVES (PARTICIPLES)			
ACTIVE			
PASSIVE	підо́зрюваний		запідо́зрений
ДІЄПРИСЛІВНИКИ — VERBAL ADVERBS			
	підо́зрюючи, підо́зрювавши		запідо́зривши
БЕЗОСОБОВІ ФОРМИ — IMPERSONAL FORMS			
	підо́зрювано		запідо́зрено

Я **підо́зрюю**, що ви ще не обі́дали. — *I suspect you have not had lunch yet.*

+ accusative + у (в) + locative:
Його́ **підо́зрювали** в кору́пції. — *He was suspected of corruption.*

+ accusative:
Вона́ **запідо́зрила** афе́ру. — *She suspected a scam.*

Підо́зрюваний хло́пець утік з мі́сця зло́чину. — *The suspected young man fled from the scene of the crime.*

№ 320

підпи́сувати[ся] | підписа́ти[ся]

to sign sth [to sign; to subscribe]

Present/Future Stems: **підпису-** | **підпиш-**
Conjugation: **1st (-ють)** | **1st (-уть)**

ОСОБА / PERSON	НЕДОКОНАНИЙ ВИД / IMPERFECTIVE ASPECT	ДОКОНАНИЙ ВИД / PERFECTIVE ASPECT
ТЕПЕРІШНІЙ ЧАС — PRESENT TENSE		
я	підпи́сую[ся]	
ти	підпи́суєш[ся]	
він, вона, воно	підпи́сує[ться]	
ми	підпи́суємо[ся]	
ви	підпи́суєте[ся]	
вони	підпи́сують[ся]	
МИНУЛИЙ ЧАС — PAST TENSE		
він (я, ти)	підпи́сував[ся]	підписа́в[ся]
вона (я, ти)	підпи́сувала[ся]	підписа́ла[ся]
воно	підпи́сувало[ся]	підписа́ло[ся]
вони (ми, ви)	підпи́сували[ся]	підписа́ли[ся]
МАЙБУТНІЙ ЧАС — FUTURE TENSE	ANALYTIC / SYNTHETIC	
я	бу́ду підпи́сувати[ся] / підпи́суватиму[ся]	підпишу́[ся]
ти	бу́деш підпи́сувати[ся] / підпи́суватимеш[ся]	підпи́шеш[ся]
він, вона, воно	бу́де підпи́сувати[ся] / підпи́суватиме[ться]	підпи́ше[ться]
ми	бу́демо підпи́сувати[ся] / підпи́суватимемо[ся]	підпи́шемо[ся]
ви	бу́дете підпи́сувати[ся] / підпи́суватимете[ся]	підпи́шете[ся]
вони	бу́дуть підпи́сувати[ся] / підпи́суватимуть[ся]	підпи́шуть[ся]
УМОВНИЙ СПОСІБ — CONDITIONAL MOOD		
він (я, ти)	підпи́сував[ся] би [б]	підписа́в[ся] би [б]
вона (я, ти)	підпи́сувала[ся] б	підписа́ла[ся] б
воно	підпи́сувало[ся] б	підписа́ло[ся] б
вони (ми, ви)	підпи́сували[ся] б	підписа́ли[ся] б
НАКАЗОВИЙ СПОСІБ — IMPERATIVE MOOD		
ти	підпи́суй[ся]	підпиши́[ся]
ми	підпи́суймо[ся]	підпиши́мо[ся]
ви	підпи́суйте[ся]	підпиши́ть[ся]
він, вона, воно	(не)ха́й підпи́сує[ться]	(не)ха́й підпи́ше[ться]
вони	(не)ха́й підпи́сують[ся]	(не)ха́й підпи́шуть[ся]
ДІЄПРИКМЕТНИКИ — VERBAL ADJECTIVES (PARTICIPLES)		
ACTIVE		
PASSIVE	підпи́суваний	підпи́саний
ДІЄПРИСЛІВНИКИ — VERBAL ADVERBS		
	підпи́суючи[сь], підпи́сувавши[сь]	підписа́вши[сь]
БЕЗОСОБОВІ ФОРМИ — IMPERSONAL FORMS		
	підпи́сувано	підпи́сано

+ accusative:

Дире́ктор за́раз **підпи́сує** ва́ші докуме́нти. — *The principal is now signing your documents.*

Ба́тько **підписа́в** до́звіл на ви́їзд дити́ни за кордо́н. — *The father signed the consent for the child to go abroad.*

Підпиші́ть зая́ву, будь ла́ска. — *Please sign the application.*

Підпиші́ться, будь ла́ска, тут. — *Please sign here.*

-ся + на + accusative (to subscribe):

Ви вже **підписа́лися** на на́шу розси́лку? — *Have you already subscribed to our newsletter?*

Present/Future Stems:
підтверджу- | підтверд(ж)-
Conjugation: **1st (-ють) | 2nd (-ять)**

підтве́рджувати[ся] | підтве́рдити[ся]
to confirm [to be confirmed]

ОСОБА / PERSON	НЕДОКОНАНИЙ ВИД / IMPERFECTIVE ASPECT		ДОКОНАНИЙ ВИД / PERFECTIVE ASPECT
ТЕПЕРІШНІЙ ЧАС — PRESENT TENSE			
я	підтве́рджую		
ти	підтве́рджуєш		
він, вона, воно	підтве́рджує[ться]		
ми	підтве́рджуємо		
ви	підтве́рджуєте		
вони	підтве́рджують[ся]		
МИНУЛИЙ ЧАС — PAST TENSE			
він (я, ти)	підтве́рджував[ся]		підтве́рдив[ся]
вона (я, ти)	підтве́рджувала[ся]		підтве́рдила[ся]
воно	підтве́рджувало[ся]		підтве́рдило[ся]
вони (ми, ви)	підтве́рджували[ся]		підтве́рдили[ся]
МАЙБУТНІЙ ЧАС — FUTURE TENSE			
	ANALYTIC	SYNTHETIC	
я	бу́ду підтве́рджувати	підтве́рджуватиму	підтве́рджу
ти	бу́деш підтве́рджувати	підтве́рджуватимеш	підтве́рдиш
він, вона, воно	бу́де підтве́рджувати[ся]	підтве́рджуватиме[ться]	підтве́рдить[ся]
ми	бу́демо підтве́рджувати	підтве́рджуватимемо	підтве́рдимо
ви	бу́дете підтве́рджувати	підтве́рджуватимете	підтве́рдите
вони	бу́дуть підтве́рджувати[ся]	підтве́рджуватимуть[ся]	підтве́рдять[ся]
УМОВНИЙ СПОСІБ — CONDITIONAL MOOD			
він (я, ти)	підтве́рджував[ся] би [б]		підтве́рдив[ся] би [б]
вона (я, ти)	підтве́рджувала[ся] б		підтве́рдила[ся] б
воно	підтве́рджувало[ся] б		підтве́рдило[ся] б
вони (ми, ви)	підтве́рджували[ся] б		підтве́рдили[ся] б
НАКАЗОВИЙ СПОСІБ — IMPERATIVE MOOD			
ти	підтве́рджуй		підтве́рдь
ми	підтве́рджуймо		підтве́рдьмо
ви	підтве́рджуйте		підтве́рдьте
він, вона, воно	(не)ха́й підтве́рджує[ться]		(не)ха́й підтве́рдить[ся]
вони	(не)ха́й підтве́рджують[ся]		(не)ха́й підтве́рдять[ся]
ДІЄПРИКМЕТНИКИ — VERBAL ADJECTIVES (PARTICIPLES)			
ACTIVE			
PASSIVE	підтве́рджуваний		підтве́рджений
ДІЄПРИСЛІВНИКИ — VERBAL ADVERBS			
	підтве́рджуючи[сь], підтве́рджувавши[сь]		підтве́рдивши[сь]
БЕЗОСОБОВІ ФОРМИ — IMPERSONAL FORMS			
	підтве́рджувано		підтве́рджено

+ accusative:

Я **підтве́рджую** свою́ у́часть у конфере́нції. — *I confirm my participation in the conference.*

Вони́ **підтве́рдили** своє́ а́лібі. — *They confirmed their alibi.*

За́втра лікарі́ **підтве́рдять** або́ не **підтве́рдять** діа́гноз. — *Tomorrow the doctors will confirm or not confirm the diagnosis.*

Будь ла́ска, **підтве́рдьте** свій паро́ль. — *Please confirm your password.*

Інформа́ція до́сі не **підтве́рдилася**. — *The information has not yet been confirmed.*

підтри́мувати | підтри́мати

to support; to maintain

Present/Future Stems: підтриму- | підтрима-
Conjugation: 1st (-ють)

ОСОБА / PERSON	НЕДОКОНАНИЙ ВИД / IMPERFECTIVE ASPECT	ДОКОНАНИЙ ВИД / PERFECTIVE ASPECT
ТЕПЕРІШНІЙ ЧАС — PRESENT TENSE		
я	підтри́мую	
ти	підтри́муєш	
він, вона, воно	підтри́мує	
ми	підтри́муємо	
ви	підтри́муєте	
вони	підтри́мують	
МИНУЛИЙ ЧАС — PAST TENSE		
він (я, ти)	підтри́мував	підтри́мав
вона (я, ти)	підтри́мувала	підтри́мала
воно	підтри́мувало	підтри́мало
вони (ми, ви)	підтри́мували	підтри́мали

МАЙБУТНІЙ ЧАС — FUTURE TENSE

PERSON	ANALYTIC	SYNTHETIC	PERFECTIVE
я	бу́ду підтри́мувати	підтри́муватиму	підтри́маю
ти	бу́деш підтри́мувати	підтри́муватимеш	підтри́маєш
він, вона, воно	бу́де підтри́мувати	підтри́муватиме	підтри́має
ми	бу́демо підтри́мувати	підтри́муватимемо	підтри́маємо
ви	бу́дете підтри́мувати	підтри́муватимете	підтри́маєте
вони	бу́дуть підтри́мувати	підтри́муватимуть	підтри́мають

УМОВНИЙ СПОСІБ — CONDITIONAL MOOD

PERSON	IMPERFECTIVE	PERFECTIVE
він (я, ти)	підтри́мував би	підтри́мав би
вона (я, ти)	підтри́мувала б	підтри́мала б
воно	підтри́мувало б	підтри́мало б
вони (ми, ви)	підтри́мували б	підтри́мали б

НАКАЗОВИЙ СПОСІБ — IMPERATIVE MOOD

PERSON	IMPERFECTIVE	PERFECTIVE
ти	підтри́муй	підтри́май
ми	підтри́муймо	підтри́маймо
ви	підтри́муйте	підтри́майте
він, вона, воно	(не)ха́й підтри́мує	(не)ха́й підтри́має
вони	(не)ха́й підтри́мують	(не)ха́й підтри́мають

ДІЄПРИКМЕТНИКИ — VERBAL ADJECTIVES (PARTICIPLES)

	IMPERFECTIVE	PERFECTIVE
ACTIVE		
PASSIVE	підтри́муваний	підтри́маний

ДІЄПРИСЛІВНИКИ — VERBAL ADVERBS

IMPERFECTIVE	PERFECTIVE
підтри́муючи, підтри́мувавши	підтри́мавши

БЕЗОСОБОВІ ФОРМИ — IMPERSONAL FORMS

IMPERFECTIVE	PERFECTIVE
підтри́мувано	підтри́мано

+ accusative:

Я **підтри́мую** нову́ ініціати́ву ме́ра. — *I support the mayor's new initiative.*

Оренда́рі за́вжди **підтри́мували** поря́док у кварти́рі. — *The tenants always maintained order in the apartment.*

Нова́ ве́рсія програ́ми **підтри́муватиме** (**бу́де підтри́мувати**) емо́дзі. — *The new version of the app will support emoji.*

+ instrumental:

Підтри́майте на́шу спра́ву дона́том. — *Support our cause with a donation.*

Present/Future Stems: підход(ж)- | підійд-

Conjugation: **2nd (-ять)** | **1st (-уть)**

підхо́дити | підійти́

to come near, to approach (by walking); to suit, to work (for)

ОСОБА / PERSON	НЕДОКОНАНИЙ ВИД / IMPERFECTIVE ASPECT		ДОКОНАНИЙ ВИД / PERFECTIVE ASPECT

ТЕПЕРІШНІЙ ЧАС — PRESENT TENSE

я	підхо́джу	
ти	підхо́диш	
він, вона, воно	підхо́дить	
ми	підхо́димо	
ви	підхо́дите	
вони	підхо́дять	

МИНУЛИЙ ЧАС — PAST TENSE

він (я, ти)	підхо́див	підійшо́в
вона (я, ти)	підхо́дила	підійшла́
воно	підхо́дило	підійшло́
вони (ми, ви)	підхо́дили	підійшли́

МАЙБУТНІЙ ЧАС — FUTURE TENSE

	ANALYTIC	SYNTHETIC	
я	бу́ду підхо́дити	підхо́дитиму	підійду́
ти	бу́деш підхо́дити	підхо́дитимеш	піді́йдеш
він, вона, воно	бу́де підхо́дити	підхо́дитиме	піді́йде
ми	бу́демо підхо́дити	підхо́дитимемо	піді́йдемо
ви	бу́дете підхо́дити	підхо́дитимете	піді́йдете
вони	бу́дуть підхо́дити	підхо́дитимуть	піді́йдуть

УМОВНИЙ СПОСІБ — CONDITIONAL MOOD

він (я, ти)	підхо́див би	підійшо́в би
вона (я, ти)	підхо́дила б	підійшла́ б
воно	підхо́дило б	підійшло́ б
вони (ми, ви)	підхо́дили б	підійшли́ б

НАКАЗОВИЙ СПОСІБ — IMPERATIVE MOOD

ти	підхо́дь	підійди́
ми	підхо́дьмо	підійді́мо
ви	підхо́дьте	підійді́ть
він, вона, воно	(не)ха́й підхо́дить	(не)ха́й піді́йде
вони	(не)ха́й підхо́дять	(не)ха́й піді́йдуть

ДІЄПРИКМЕТНИКИ — VERBAL ADJECTIVES (PARTICIPLES)

ACTIVE

PASSIVE

ДІЄПРИСЛІВНИКИ — VERBAL ADVERBS

підхо́дячи, підхо́дивши	підійшо́вши

БЕЗОСОБОВІ ФОРМИ — IMPERSONAL FORMS

Я вже **підхо́джу**, чека́й там. — *I am coming (closer), wait there.*

+ dative (<u>to suit</u>):
Мені́ це **підхо́дить**, але́ їм не **підхо́дить**. — *This suits me, but it doesn't work for them.*

до + genitive:
Поліція́нт **підійшо́в** до маши́ни. — *The policeman approached the car.*

Цього́ ра́зу ми серйо́зно **піді́йдемо** до ремо́нту кварти́ри. — *This time we will seriously approach the repair of the apartment.*

Підійди́ бли́жче, будь ла́ска. — *Come closer, please.*

№ 324

пла́вати | попла́вати

to swim; to sail (multidirectional)
See also: **пливти́, плисти́ | поплlivти́, поплисти́** (№ 328)

Present/Future Stems: **плава-** | **поплава-**
Conjugation: **1st (-ють)**

ОСОБА / PERSON	НЕДОКОНАНИЙ ВИД / IMPERFECTIVE ASPECT		ДОКОНАНИЙ ВИД / PERFECTIVE ASPECT
ТЕПЕРІШНІЙ ЧАС — PRESENT TENSE			
я	пла́ваю		
ти	пла́ваєш		
він, вона, воно	пла́ває		
ми	пла́ваємо		
ви	пла́ваєте		
вони	пла́вають		
МИНУЛИЙ ЧАС — PAST TENSE			
він (я, ти)	пла́вав		попла́вав
вона (я, ти)	пла́вала		попла́вала
воно	пла́вало		попла́вало
вони (ми, ви)	пла́вали		попла́вали
МАЙБУТНІЙ ЧАС — FUTURE TENSE			
	ANALYTIC	SYNTHETIC	
я	бу́ду пла́вати	пла́ватиму	попла́ваю
ти	бу́деш пла́вати	пла́ватимеш	попла́ваєш
він, вона, воно	бу́де пла́вати	пла́ватиме	попла́ває
ми	бу́демо пла́вати	пла́ватимемо	попла́ваємо
ви	бу́дете пла́вати	пла́ватимете	попла́ваєте
вони	бу́дуть пла́вати	пла́ватимуть	попла́вають
УМОВНИЙ СПОСІБ — CONDITIONAL MOOD			
він (я, ти)	пла́вав би		попла́вав би
вона (я, ти)	пла́вала б		попла́вала б
воно	пла́вало б		попла́вало б
вони (ми, ви)	пла́вали б		попла́вали б
НАКАЗОВИЙ СПОСІБ — IMPERATIVE MOOD			
ти	пла́вай		попла́вай
ми	пла́ваймо		попла́ваймо
ви	пла́вайте		попла́вайте
він, вона, воно	(не)ха́й пла́ває		(не)ха́й попла́ває
вони	(не)ха́й пла́вають		(не)ха́й попла́вають
ДІЄПРИКМЕТНИКИ — VERBAL ADJECTIVES (PARTICIPLES)			
ACTIVE			
PASSIVE			
ДІЄПРИСЛІВНИКИ — VERBAL ADVERBS			
	пла́ваючи, пла́вавши		попла́вавши
БЕЗОСОБОВІ ФОРМИ — IMPERSONAL FORMS			

у (в), **на**, **по** + *locative*:

Він регуля́рно **пла́ває** в басе́йні. — *He regularly swims in the pool.*

Ми ніко́ли раніше не **пла́вали** на кораблі́. — *We have never sailed on a ship before.*

На вихідни́х ми **пла́ватимемо** (**бу́демо пла́вати**) на я́хті по Дніпру́. — *On the weekend, we will sail on a yacht on the Dnipro.*

Попла́вавши тро́хи, вона́ лягла́ засмага́ти. — *After swimming a little, she lay down to sunbathe.*

Present/Future Stems: плач- | поплач-
Conjugation: **1st (-уть)**

пла́кати | попла́кати
to cry, to weep

ОСОБА / PERSON	НЕДОКОНАНИЙ ВИД / IMPERFECTIVE ASPECT		ДОКОНАНИЙ ВИД / PERFECTIVE ASPECT
ТЕПЕРІШНІЙ ЧАС — PRESENT TENSE			
я	пла́чу		
ти	пла́чеш		
він, вона, воно	пла́че		
ми	пла́чемо		
ви	пла́чете		
вони	пла́чуть		
МИНУЛИЙ ЧАС — PAST TENSE			
він (я, ти)	пла́кав		попла́кав
вона (я, ти)	пла́кала		попла́кала
воно	пла́кало		попла́кало
вони (ми, ви)	пла́кали		попла́кали
МАЙБУТНІЙ ЧАС — FUTURE TENSE			
	ANALYTIC	SYNTHETIC	
я	бу́ду пла́кати	пла́катиму	попла́чу
ти	бу́деш пла́кати	пла́катимеш	попла́чеш
він, вона, воно	бу́де пла́кати	пла́катиме	попла́че
ми	бу́демо пла́кати	пла́катимемо	попла́чемо
ви	бу́дете пла́кати	пла́катимете	попла́чете
вони	бу́дуть пла́кати	пла́катимуть	попла́чуть
УМОВНИЙ СПОСІБ — CONDITIONAL MOOD			
він (я, ти)	пла́кав би		попла́кав би
вона (я, ти)	пла́кала б		попла́кала б
воно	пла́кало б		попла́кало б
вони (ми, ви)	пла́кали б		попла́кали б
НАКАЗОВИЙ СПОСІБ — IMPERATIVE MOOD			
ти	плач		попла́ч
ми	пла́чмо		попла́чмо
ви	пла́чте		попла́чте
він, вона, воно	(не)ха́й пла́че		(не)ха́й попла́че
вони	(не)ха́й пла́чуть		(не)ха́й попла́чуть
ДІЄПРИКМЕТНИКИ — VERBAL ADJECTIVES (PARTICIPLES)			
ACTIVE			
PASSIVE			
ДІЄПРИСЛІВНИКИ — VERBAL ADVERBS			
	пла́чучи, пла́кавши		попла́кавши
БЕЗОСОБОВІ ФОРМИ — IMPERSONAL FORMS			

Дити́на зно́ву **пла́че**.
The child is crying again.

від + *genitive*:
Жі́нка обійма́ла си́на й **пла́кала** від ща́стя.
The woman was hugging her son and crying with happiness.

Малю́к **попла́кав** кі́лька хвили́н і засну́в.
The baby cried for a few minutes and fell asleep.

Не **плач**, усе́ бу́де до́бре.
Don't cry, everything will be fine.

№ 326

планува́ти | спланува́ти
to plan, to intend

Present/Future Stems: плану- | сплану-
Conjugation: **1st (-ють)**

ОСОБА PERSON	НЕДОКОНАНИЙ ВИД IMPERFECTIVE ASPECT		ДОКОНАНИЙ ВИД PERFECTIVE ASPECT
ТЕПЕРІШНІЙ ЧАС — PRESENT TENSE			
я	плану́ю		
ти	плану́єш		
він, вона, воно	плану́є		
ми	плану́ємо		
ви	плану́єте		
вони	плану́ють		
МИНУЛИЙ ЧАС — PAST TENSE			
він (я, ти)	планува́в		спланува́в
вона (я, ти)	планува́ла		спланува́ла
воно	планува́ло		спланува́ло
вони (ми, ви)	планува́ли		спланува́ли
МАЙБУТНІЙ ЧАС — FUTURE TENSE			
	ANALYTIC	SYNTHETIC	
я	бу́ду планува́ти	планува́тиму	сплану́ю
ти	бу́деш планува́ти	планува́тимеш	сплану́єш
він, вона, воно	бу́де планува́ти	планува́тиме	сплану́є
ми	бу́демо планува́ти	планува́тимемо	сплану́ємо
ви	бу́дете планува́ти	планува́тимете	сплану́єте
вони	бу́дуть планува́ти	планува́тимуть	сплану́ють
УМОВНИЙ СПОСІБ — CONDITIONAL MOOD			
він (я, ти)	планува́в би		спланува́в би
вона (я, ти)	планува́ла б		спланува́ла б
воно	планува́ло б		спланува́ло б
вони (ми, ви)	планува́ли б		спланува́ли б
НАКАЗОВИЙ СПОСІБ — IMPERATIVE MOOD			
ти	плану́й		сплану́й
ми	плану́ймо		сплану́ймо
ви	плану́йте		сплану́йте
він, вона, воно	(не)ха́й плану́є		(не)ха́й сплану́є
вони	(не)ха́й плану́ють		(не)ха́й сплану́ють
ДІЄПРИКМЕТНИКИ — VERBAL ADJECTIVES (PARTICIPLES)			
ACTIVE			
PASSIVE	пла́нований		спла́нований
ДІЄПРИСЛІВНИКИ — VERBAL ADVERBS			
	плану́ючи, планува́вши		спланува́вши
БЕЗОСОБОВІ ФОРМИ — IMPERSONAL FORMS			
	пла́новано		спла́новано

+ infinitive:
Ми **плану́ємо** приї́хати в Украї́ну влі́тку.
We intend to come to Ukraine in the summer.

+ accusative:
Вони́ рете́льно **спланува́ли** маршру́т, перш ніж ви́рушити в доро́гу.
They carefully planned their route before setting off.

Уве́чері я **планува́тиму** (**бу́ду планува́ти**) робо́ту на ти́ждень.
In the evening, I will be planning the work for the week.

Зло́чин було́ рете́льно **спла́новано**.
The crime was carefully planned.

Present/Future Stems: плач-/плат- | заплач-/заплат-   **плати́ти | заплати́ти**
Conjugation: **2nd (-ять)**   *to pay*

ОСОБА / PERSON	НЕДОКОНАНИЙ ВИД / IMPERFECTIVE ASPECT	ДОКОНАНИЙ ВИД / PERFECTIVE ASPECT
ТЕПЕРІШНІЙ ЧАС — PRESENT TENSE		
я	плачу́	
ти	пла́тиш	
він, вона, воно	пла́тить	
ми	пла́тимо	
ви	пла́тите	
вони	пла́тять	
МИНУЛИЙ ЧАС — PAST TENSE		
він (я, ти)	плати́в	заплати́в
вона (я, ти)	плати́ла	заплати́ла
воно	плати́ло	заплати́ло
вони (ми, ви)	плати́ли	заплати́ли

МАЙБУТНІЙ ЧАС — FUTURE TENSE

PERSON	ANALYTIC (Imperfective)	SYNTHETIC (Imperfective)	Perfective
я	бу́ду плати́ти	плати́му	заплачу́
ти	бу́деш плати́ти	плати́меш	запла́тиш
він, вона, воно	бу́де плати́ти	плати́ме	запла́тить
ми	бу́демо плати́ти	плати́мемо	запла́тимо
ви	бу́дете плати́ти	плати́мете	запла́тите
вони	бу́дуть плати́ти	плати́муть	запла́тять

УМОВНИЙ СПОСІБ — CONDITIONAL MOOD

	Imperfective	Perfective
він (я, ти)	плати́в би	заплати́в би
вона (я, ти)	плати́ла б	заплати́ла б
воно	плати́ло б	заплати́ло б
вони (ми, ви)	плати́ли б	заплати́ли б

НАКАЗОВИЙ СПОСІБ — IMPERATIVE MOOD

	Imperfective	Perfective
ти	плати́	заплати́
ми	плати́мо	заплати́мо
ви	плати́ть	заплати́ть
він, вона, воно	(не)ха́й пла́тить	(не)ха́й запла́тить
вони	(не)ха́й пла́тять	(не)ха́й запла́тять

ДІЄПРИКМЕТНИКИ — VERBAL ADJECTIVES (PARTICIPLES)

	Imperfective	Perfective
ACTIVE		
PASSIVE	пла́чений	запла́чений

ДІЄПРИСЛІВНИКИ — VERBAL ADVERBS

Imperfective	Perfective
пла́тячи, плати́вши	заплати́вши

БЕЗОСОБОВІ ФОРМИ — IMPERSONAL FORMS

Imperfective	Perfective
пла́чено	запла́чено

+ accusative + dative:
Лю́ди **пла́тять** вели́кі гро́ші цій компа́нії.   *People pay a lot of money to this company.*

за + accusative:
Ма́ма вже **заплати́ла** за інтерне́т.   *Mom has already paid for the internet.*

+ instrumental:
Я **плати́му** (**бу́ду плати́ти**) готі́вкою.   *I will pay in cash.*
За вас уже́ **запла́чено**.   *You have already been paid for.*

№ 328

пливти́, плисти́ | попливти́, поплисти́

to swim; to sail (unidirectional)
See also: пла́вати | попла́вати (№ 324)

Present/Future Stems: плив- | поплив-
Conjugation: **1st (-уть)**

ОСОБА / PERSON	НЕДОКОНАНИЙ ВИД / IMPERFECTIVE ASPECT		ДОКОНАНИЙ ВИД / PERFECTIVE ASPECT
ТЕПЕРІШНІЙ ЧАС — PRESENT TENSE			
я	пливу́		
ти	пливе́ш		
він, вона, воно	пливе́		
ми	пливемо́		
ви	пливете́		
вони	пливу́ть		
МИНУЛИЙ ЧАС — PAST TENSE			
він (я, ти)	плив		попли́в
вона (я, ти)	пливла́, плила́		попливла́, поплила́
воно	пливло́, плило́		попливло́, поплило́
вони (ми, ви)	пливли́, плили́		попливли́, поплили́
МАЙБУТНІЙ ЧАС — FUTURE TENSE			
	ANALYTIC	SYNTHETIC	
я	бу́ду пливти́/плисти́	пливти́му, плисти́му	попливу́
ти	бу́деш пливти́/плисти́	пливти́меш, плисти́меш	попливе́ш
він, вона, воно	бу́де пливти́/плисти́	пливти́ме, плисти́ме	попливе́
ми	бу́демо пливти́/плисти́	пливти́мемо, плисти́мемо	попливемо́
ви	бу́дете пливти́/плисти́	пливти́мете, плисти́мете	попливете́
вони	бу́дуть пливти́/плисти́	пливти́муть, плисти́муть	попливу́ть
УМОВНИЙ СПОСІБ — CONDITIONAL MOOD			
він (я, ти)	плив би		попли́в би
вона (я, ти)	пливла́/плила́ б		попливла́/поплила́ б
воно	пливло́/плило́ б		попливло́/поплило́ б
вони (ми, ви)	пливли́/плили́ б		попливли́/поплили́ б
НАКАЗОВИЙ СПОСІБ — IMPERATIVE MOOD			
ти	пливи́		попливи́
ми	пливі́мо		попливі́мо
ви	пливі́ть		попливі́ть
він, вона, воно	(не)ха́й пливе́		(не)ха́й попливе́
вони	(не)ха́й пливу́ть		(не)ха́й попливу́ть
ДІЄПРИКМЕТНИКИ — VERBAL ADJECTIVES (PARTICIPLES)			
ACTIVE			
PASSIVE			
ДІЄПРИСЛІВНИКИ — VERBAL ADVERBS			
	пливучи́, пли́вши		попли́вши
БЕЗОСОБОВІ ФОРМИ — IMPERSONAL FORMS			

у (в), на + *accusative*:
Він **пливе́** на протиле́жний бе́рег о́зера.
He is swimming to the opposite shore of the lake.

у (в), на, по + *locative*:
Ми **попливемо́** туди́ на човні́.
We will go there by rowing boat.

+ *instrumental*:
Я́хта пові́льно **пливла́** (**плила́**) мо́рем (по мо́рю).
The yacht was sailing slowly through the sea.

за + *instrumental*:
Не **пливі́ть** за течі́єю.
Do not go with the flow (do not do as everyone else does).

Present/Future Stems: **поважа-** | —

Conjugation: **1st (-ють)** | —

поважа́ти | —

to respect

ОСОБА PERSON	НЕДОКОНАНИЙ ВИД IMPERFECTIVE ASPECT		ДОКОНАНИЙ ВИД PERFECTIVE ASPECT
ТЕПЕРІШНІЙ ЧАС — PRESENT TENSE			
я	поважа́ю		
ти	поважа́єш		
він, вона, воно	поважа́є		
ми	поважа́ємо		
ви	поважа́єте		
вони	поважа́ють		
МИНУЛИЙ ЧАС — PAST TENSE			
він (я, ти)	поважа́в		
вона (я, ти)	поважа́ла		
воно	поважа́ло		
вони (ми, ви)	поважа́ли		
МАЙБУТНІЙ ЧАС — FUTURE TENSE			
	ANALYTIC	SYNTHETIC	
я	бу́ду поважа́ти	поважа́тиму	
ти	бу́деш поважа́ти	поважа́тимеш	
він, вона, воно	бу́де поважа́ти	поважа́тиме	
ми	бу́демо поважа́ти	поважа́тимемо	
ви	бу́дете поважа́ти	поважа́тимете	
вони	бу́дуть поважа́ти	поважа́тимуть	
УМОВНИЙ СПОСІБ — CONDITIONAL MOOD			
він (я, ти)	поважа́в би		
вона (я, ти)	поважа́ла б		
воно	поважа́ло б		
вони (ми, ви)	поважа́ли б		
НАКАЗОВИЙ СПОСІБ — IMPERATIVE MOOD			
ти	поважа́й		
ми	поважа́ймо		
ви	поважа́йте		
він, вона, воно	(не)ха́й поважа́є		
вони	(не)ха́й поважа́ють		
ДІЄПРИКМЕТНИКИ — VERBAL ADJECTIVES (PARTICIPLES)			
ACTIVE			
PASSIVE	пова́жа́ний		
ДІЄПРИСЛІВНИКИ — VERBAL ADVERBS			
	поважа́ючи, поважа́вши		
БЕЗОСОБОВІ ФОРМИ — IMPERSONAL FORMS			
	пова́жа́но		

+ accusative:
Я **поважа́ю** ва́ше рі́шення. — *I respect your decision.*

за + accusative:
Лю́ди **поважа́ли** його́ за професіоналі́зм. — *People respected him for his professionalism.*

У́ряд **поважа́тиме** (**бу́де поважа́ти**) результа́т рефере́ндуму. — *The government will respect the result of the referendum.*

Поважа́йте і́нших і **поважа́йте** себе́. — *Respect others and respect yourself.*

повертáти[ся] | повернýти[ся]

to turn; to return sth [to turn; to return, to be back]

Present/Future Stems: **поверта-** | **поверн-**
Conjugation: **1st (-ють)** | **1st (-уть)**

ОСОБА / PERSON	НЕДОКОНАНИЙ ВИД / IMPERFECTIVE ASPECT		ДОКОНАНИЙ ВИД / PERFECTIVE ASPECT
ТЕПЕРІШНІЙ ЧАС — PRESENT TENSE			
я	повертáю[ся]		
ти	повертáєш[ся]		
він, вона, воно	повертáє[ться]		
ми	повертáємо[ся]		
ви	повертáєте[ся]		
вони	повертáють[ся]		
МИНУЛИЙ ЧАС — PAST TENSE			
він (я, ти)	повертáв[ся]		повернýв[ся]
вона (я, ти)	повертáла[ся]		повернýла[ся]
воно	повертáло[ся]		повернýло[ся]
вони (ми, ви)	повертáли[ся]		повернýли[ся]
МАЙБУТНІЙ ЧАС — FUTURE TENSE			
	ANALYTIC	SYNTHETIC	
я	бýду повертáти[ся]	повертáтиму[ся]	повернý[ся]
ти	бýдеш повертáти[ся]	повертáтимеш[ся]	повéрнеш[ся]
він, вона, воно	бýде повертáти[ся]	повертáтиме[ться]	повéрне[ться]
ми	бýдемо повертáти[ся]	повертáтимемо[ся]	повéрнемо[ся]
ви	бýдете повертáти[ся]	повертáтимете[ся]	повéрнете[ся]
вони	бýдуть повертáти[ся]	повертáтимуть[ся]	повéрнуть[ся]
УМОВНИЙ СПОСІБ — CONDITIONAL MOOD			
він (я, ти)	повертáв[ся] би [б]		повернýв[ся] би [б]
вона (я, ти)	повертáла[ся] б		повернýла[ся] б
воно	повертáло[ся] б		повернýло[ся] б
вони (ми, ви)	повертáли[ся] б		повернýли[ся] б
НАКАЗОВИЙ СПОСІБ — IMPERATIVE MOOD			
ти	повертáй[ся]		поверни́[ся]
ми	повертáймо[ся]		поверні́мо[ся]
ви	повертáйте[ся]		поверні́ть[ся]
він, вона, воно	(не)хáй повертáє[ться]		(не)хáй повéрне[ться]
вони	(не)хáй повертáють[ся]		(не)хáй повéрнуть[ся]
ДІЄПРИКМЕТНИКИ — VERBAL ADJECTIVES (PARTICIPLES)			
ACTIVE			
PASSIVE			повéрнений, повéрнутий
ДІЄПРИСЛІВНИКИ — VERBAL ADVERBS			
	повертáючи[сь], повертáвши[сь]		повернýвши[сь]
БЕЗОСОБОВІ ФОРМИ — IMPERSONAL FORMS			
			повéрнено, повéрнуто

+ *accusative*:
Я чáсто **повертáю** кýплений óдяг. — *I often return purchased clothes.*

у (в), на + *accusative*:
Маши́на **повернýла** на вýлицю Франкá. — *The car turned onto Franko Street.*

-ся + до + *genitive* = у (в), на + *accusative*:
Я **повернýся** до робóти (на робóту) пíсля обíду. — *I will be back to work after lunch.*

-ся + з + *genitive*:
Ви вже **повернýлися** з відпýстки? — *Have you returned from vacation yet?*

Present/Future Stems: повза- | поповза-
Conjugation: 1st (-ють)

по́взати | попо́взати
to crawl, to creep, to grovel (multidirectional)
See also: по́взти | попо́взти (№ 332)

ОСОБА / PERSON	НЕДОКОНАНИЙ ВИД / IMPERFECTIVE ASPECT		ДОКОНАНИЙ ВИД / PERFECTIVE ASPECT
ТЕПЕРІШНІЙ ЧАС — PRESENT TENSE			
я	по́взаю		
ти	по́взаєш		
він, вона, воно	по́взає		
ми	по́взаємо		
ви	по́взаєте		
вони	по́взають		
МИНУЛИЙ ЧАС — PAST TENSE			
він (я, ти)	по́взав		попо́взав
вона (я, ти)	по́взала		попо́взала
воно	по́взало		попо́взало
вони (ми, ви)	по́взали		попо́взали
МАЙБУТНІЙ ЧАС — FUTURE TENSE			
	ANALYTIC	SYNTHETIC	
я	бу́ду по́взати	по́взатиму	попо́взаю
ти	бу́деш по́взати	по́взатимеш	попо́взаєш
він, вона, воно	бу́де по́взати	по́взатиме	попо́взає
ми	бу́демо по́взати	по́взатимемо	попо́взаємо
ви	бу́дете по́взати	по́взатимете	попо́взаєте
вони	бу́дуть по́взати	по́взатимуть	попо́взають
УМОВНИЙ СПОСІБ — CONDITIONAL MOOD			
він (я, ти)	по́взав би		попо́взав би
вона (я, ти)	по́взала б		попо́взала б
воно	по́взало б		попо́взало б
вони (ми, ви)	по́взали б		попо́взали б
НАКАЗОВИЙ СПОСІБ — IMPERATIVE MOOD			
ти	по́взай		попо́взай
ми	по́взаймо		попо́взаймо
ви	по́взайте		попо́взайте
він, вона, воно	(не)ха́й по́взає		(не)ха́й попо́взає
вони	(не)ха́й по́взають		(не)ха́й попо́взають
ДІЄПРИКМЕТНИКИ — VERBAL ADJECTIVES (PARTICIPLES)			
ACTIVE			
PASSIVE			
ДІЄПРИСЛІВНИКИ — VERBAL ADVERBS			
	по́взаючи, по́взавши		попо́взавши
БЕЗОСОБОВІ ФОРМИ — IMPERSONAL FORMS			

Наш сино́чок уже́ **по́взає**. — *Our son is already crawling.*

по + *locative*:
По підло́зі **по́взали** мура́шки. — *Ants were crawling on the floor.*

пе́ред + *instrumental (to grovel)*:
Я не **бу́ду по́взати** (**по́взатиму**) пе́ред ним. — *I am not going to grovel in front of him.*

По́взаючи по піску́, краб ніби шука́в компа́нію. — *Crawling along the sand, the crab seemed to be looking for company.*

№ 332

повзти́ | поповзти́
to crawl, to creep (unidirectional)
See also: по́взати | попо́взати (№ 331)

Present/Future Stems: **повз-** | **поповз-**
Conjugation: **1st (-уть)**

ОСОБА / PERSON	НЕДОКОНАНИЙ ВИД / IMPERFECTIVE ASPECT		ДОКОНАНИЙ ВИД / PERFECTIVE ASPECT
ТЕПЕРІШНІЙ ЧАС — PRESENT TENSE			
я	повзу́		
ти	повзе́ш		
він, вона, воно	повзе́		
ми	повземо́		
ви	повзете́		
вони	повзу́ть		
МИНУЛИЙ ЧАС — PAST TENSE			
він (я, ти)	повз		попо́вз
вона (я, ти)	повзла́		поповзла́
воно	повзло́		поповзло́
вони (ми, ви)	повзли́		поповзли́
МАЙБУТНІЙ ЧАС — FUTURE TENSE			
	ANALYTIC	SYNTHETIC	
я	бу́ду повзти́	повзти́му	поповзу́
ти	бу́деш повзти́	повзти́меш	поповзе́ш
він, вона, воно	бу́де повзти́	повзти́ме	поповзе́
ми	бу́демо повзти́	повзти́мемо	поповземо́
ви	бу́дете повзти́	повзти́мете	поповзете́
вони	бу́дуть повзти́	повзти́муть	поповзу́ть
УМОВНИЙ СПОСІБ — CONDITIONAL MOOD			
він (я, ти)	повз би		попо́вз би
вона (я, ти)	повзла́ б		поповзла́ б
воно	повзло́ б		поповзло́ б
вони (ми, ви)	повзли́ б		поповзли́ б
НАКАЗОВИЙ СПОСІБ — IMPERATIVE MOOD			
ти	повзи́		поповзи́
ми	повзі́мо		поповзі́мо
ви	повзі́ть		поповзі́ть
він, вона, воно	(не)ха́й повзе́		(не)ха́й поповзе́
вони	(не)ха́й повзу́ть		(не)ха́й поповзу́ть
ДІЄПРИКМЕТНИКИ — VERBAL ADJECTIVES (PARTICIPLES)			
ACTIVE			
PASSIVE			
ДІЄПРИСЛІВНИКИ — VERBAL ADVERBS			
	повзучи́, по́взши		попо́взши

БЕЗОСОБОВІ ФОРМИ — IMPERSONAL FORMS

по + *locative*:
По тобі́ **повзе́** паву́к. — A spider is crawling on you.
Вона́ так втоми́лася, що ле́две **повзла́** по схо́дах. — She was so tired that she was barely crawling up the stairs.

у (**в**), **на** + *accusative*:
Я́щірка швиде́нько **поповзла́** в траву́. — The lizard quickly crawled into the grass.
Незаба́ром температу́ра пові́тря **поповзе́** вниз. — Soon the air temperature will creep down.

Present/Future Stems: повідомля- | повідом(л)-
Conjugation: **1st (-ють)** | **2nd (-ять)**

повідомля́ти | повідо́мити

to inform, to let know, to notify

ОСОБА / PERSON	НЕДОКОНАНИЙ ВИД / IMPERFECTIVE ASPECT		ДОКОНАНИЙ ВИД / PERFECTIVE ASPECT
ТЕПЕРІШНІЙ ЧАС — PRESENT TENSE			
я	повідомляю		
ти	повідомляєш		
він, вона, воно	повідомляє		
ми	повідомляємо		
ви	повідомляєте		
вони	повідомляють		
МИНУЛИЙ ЧАС — PAST TENSE			
він (я, ти)	повідомля́в		повідо́мив
вона (я, ти)	повідомля́ла		повідо́мила
воно	повідомля́ло		повідо́мило
вони (ми, ви)	повідомля́ли		повідо́мили
МАЙБУТНІЙ ЧАС — FUTURE TENSE			
	ANALYTIC	SYNTHETIC	
я	бу́ду повідомля́ти	повідомля́тиму	повідо́млю
ти	бу́деш повідомля́ти	повідомля́тимеш	повідо́миш
він, вона, воно	бу́де повідомля́ти	повідомля́тиме	повідо́мить
ми	бу́демо повідомля́ти	повідомля́тимемо	повідо́мимо
ви	бу́дете повідомля́ти	повідомля́тимете	повідо́мите
вони	бу́дуть повідомля́ти	повідомля́тимуть	повідо́млять
УМОВНИЙ СПОСІБ — CONDITIONAL MOOD			
він (я, ти)	повідомля́в би		повідо́мив би
вона (я, ти)	повідомля́ла б		повідо́мила б
воно	повідомля́ло б		повідо́мило б
вони (ми, ви)	повідомля́ли б		повідо́мили б
НАКАЗОВИЙ СПОСІБ — IMPERATIVE MOOD			
ти	повідомля́й		повідо́м
ми	повідомля́ймо		повідо́ммо
ви	повідомля́йте		повідо́мте
він, вона, воно	(не)ха́й повідомля́є		(не)ха́й повідо́мить
вони	(не)ха́й повідомля́ють		(не)ха́й повідо́млять
ДІЄПРИКМЕТНИКИ — VERBAL ADJECTIVES (PARTICIPLES)			
ACTIVE			
PASSIVE			повідо́млений
ДІЄПРИСЛІВНИКИ — VERBAL ADVERBS			
	повідомля́ючи, повідомля́вши		повідо́мивши
БЕЗОСОБОВІ ФОРМИ — IMPERSONAL FORMS			
			повідо́млено

+ accusative + про + accusative:
Вас **повідо́мили** про результа́ти співбе́сіди? — *Have you been informed about the results of the interview?*

+ dative:
Він **повідо́мив** мені́, що не прийде на весілля. — *He told me that he would not come to the wedding.*

Я **повідо́млю** вас про будь-які́ зміни заздалегі́дь. — *I will notify you of any changes in advance.*

Повідо́мте мені́, будь ла́ска, коли́ надішлете́ посилку. — *Please let me know when you have sent the package.*

№ 334

пово́дитися | повести́ся
to behave; to treat sb

Present/Future Stems: **повод(ж)-..-ся | повед-..-ся**
Conjugation: **2nd (-ять) | 1st (-уть)**

ОСОБА / PERSON	НЕДОКОНАНИЙ ВИД / IMPERFECTIVE ASPECT		ДОКОНАНИЙ ВИД / PERFECTIVE ASPECT
ТЕПЕРІШНІЙ ЧАС — PRESENT TENSE			
я	пово́джуся		
ти	пово́дишся		
він, вона, воно	пово́диться		
ми	пово́димося		
ви	пово́дитеся		
вони	пово́дяться		
МИНУЛИЙ ЧАС — PAST TENSE			
він (я, ти)	пово́дився		пові́вся
вона (я, ти)	пово́дилася		повела́ся
воно	пово́дилося		повело́ся
вони (ми, ви)	пово́дилися		повели́ся
МАЙБУТНІЙ ЧАС — FUTURE TENSE			
	ANALYTIC	SYNTHETIC	
я	бу́ду пово́дитися	пово́дитимуся	поведу́ся
ти	бу́деш пово́дитися	пово́дитимешся	поведе́шся
він, вона, воно	бу́де пово́дитися	пово́дитиметься	поведе́ться
ми	бу́демо пово́дитися	пово́дитимемося	поведемо́ся
ви	бу́дете пово́дитися	пово́дитиметеся	поведете́ся
вони	бу́дуть пово́дитися	пово́дитимуться	поведу́ться
УМОВНИЙ СПОСІБ — CONDITIONAL MOOD			
він (я, ти)	пово́дився б		пові́вся б
вона (я, ти)	пово́дилася б		повела́ся б
воно	пово́дилося б		повело́ся б
вони (ми, ви)	пово́дилися б		повели́ся б
НАКАЗОВИЙ СПОСІБ — IMPERATIVE MOOD			
ти	пово́дься		поведи́ся
ми	пово́дьмося		поведі́мося
ви	пово́дьтеся		поведі́ться
він, вона, воно	(не)ха́й пово́диться		(не)ха́й поведе́ться
вони	(не)ха́й пово́дяться		(не)ха́й поведу́ться
ДІЄПРИКМЕТНИКИ — VERBAL ADJECTIVES (PARTICIPLES)			
ACTIVE			
PASSIVE			
ДІЄПРИСЛІВНИКИ — VERBAL ADVERBS			
	пово́дячись, пово́дившись		пові́вшись
БЕЗОСОБОВІ ФОРМИ — IMPERSONAL FORMS			

Цей чоловік якось ди́вно **пово́диться**. — *This man is behaving strangely.*

з (із, зі) + *instrumental*:
Хлопчик за́вжди добре **пово́дився** з іншими діть́ми. — *The boy always behaved well with other children.*
Він несправедли́во **пові́вся** з не́ю. — *He treated her unfairly.*

Пово́дьтеся впе́внено й гі́дно. — *Behave confidently and with dignity.*

Present/Future Stems: повторю- | повтор- **повто́рювати[ся] | повтори́ти[ся]**
Conjugation: **1st (-ють) | 2nd (-ять)** *to repeat; to review [to happen again; to repeat oneself]*

ОСОБА / PERSON	НЕДОКОНАНИЙ ВИД / IMPERFECTIVE ASPECT		ДОКОНАНИЙ ВИД / PERFECTIVE ASPECT
ТЕПЕРІШНІЙ ЧАС — PRESENT TENSE			
я	повто́рюю[ся]		
ти	повто́рюєш[ся]		
він, вона, воно	повто́рює[ться]		
ми	повто́рюємо[ся]		
ви	повто́рюєте[ся]		
вони	повто́рюють[ся]		
МИНУЛИЙ ЧАС — PAST TENSE			
він (я, ти)	повто́рював[ся]		повтори́в[ся]
вона (я, ти)	повто́рювала[ся]		повтори́ла[ся]
воно	повто́рювало[ся]		повтори́ло[ся]
вони (ми, ви)	повто́рювали[ся]		повтори́ли[ся]
МАЙБУТНІЙ ЧАС — FUTURE TENSE			
	ANALYTIC	SYNTHETIC	
я	бу́ду повто́рювати[ся]	повто́рюватиму[ся]	повторю́[ся]
ти	бу́деш повто́рювати[ся]	повто́рюватимеш[ся]	повто́риш[ся]
він, вона, воно	бу́де повто́рювати[ся]	повто́рюватиме[ться]	повто́рить[ся]
ми	бу́демо повто́рювати[ся]	повто́рюватимемо[ся]	повто́римо[ся]
ви	бу́дете повто́рювати[ся]	повто́рюватимете[ся]	повто́рите[ся]
вони	бу́дуть повто́рювати[ся]	повто́рюватимуть[ся]	повто́рять[ся]
УМОВНИЙ СПОСІБ — CONDITIONAL MOOD			
він (я, ти)	повто́рював[ся] би [б]		повтори́в[ся] би [б]
вона (я, ти)	повто́рювала[ся] б		повтори́ла[ся] б
воно	повто́рювало[ся] б		повтори́ло[ся] б
вони (ми, ви)	повто́рювали[ся] б		повтори́ли[ся] б
НАКАЗОВИЙ СПОСІБ — IMPERATIVE MOOD			
ти	повто́рюй[ся]		повтори́[ся]
ми	повто́рюймо[ся]		повтори́мо[ся]
ви	повто́рюйте[ся]		повтори́ть[ся]
він, вона, воно	(не)ха́й повто́рює[ться]		(не)ха́й повто́рить[ся]
вони	(не)ха́й повто́рюють[ся]		(не)ха́й повто́рять[ся]
ДІЄПРИКМЕТНИКИ — VERBAL ADJECTIVES (PARTICIPLES)			
ACTIVE			
PASSIVE	повто́рюваний		повто́рений
ДІЄПРИСЛІВНИКИ — VERBAL ADVERBS			
	повто́рюючи[сь], повто́рювавши[сь]		повтори́вши[сь]
БЕЗОСОБОВІ ФОРМИ — IMPERSONAL FORMS			
	повто́рювано		повто́рено

+ accusative:

Він **повто́рює** це зно́ву і зно́ву. — He repeats it over and over.
Студе́нтка **повтори́ла** матеріа́л пе́ред і́спитом. — The student reviewed the material before the exam.
Повтори́, будь ла́ска, ще раз. — Please repeat one more time.
Повторі́ть це пра́вило. — Review this rule.
Істо́рія **повто́рюється**. — History repeats itself.
Повторю́сь: мені́ нічо́го не відо́мо про це. — I'll repeat: I know nothing about this.

№ 336

погіршувати[ся] | погіршити[ся]
to worsen [to become worse, to deteriorate]

Present/Future Stems: **погіршу-** | **погірш-**
Conjugation: **1st (-ють)** | **2nd (-ать)**

ОСОБА / PERSON	НЕДОКОНАНИЙ ВИД / IMPERFECTIVE ASPECT		ДОКОНАНИЙ ВИД / PERFECTIVE ASPECT
ТЕПЕРІШНІЙ ЧАС — PRESENT TENSE			
я	погіршую		
ти	погіршуєш		
він, вона, воно	погіршує[ться]		
ми	погіршуємо		
ви	погіршуєте		
вони	погіршують[ся]		
МИНУЛИЙ ЧАС — PAST TENSE			
він (я, ти)	погіршував[ся]		погіршив[ся]
вона (я, ти)	погіршувала[ся]		погіршила[ся]
воно	погіршувало[ся]		погіршило[ся]
вони (ми, ви)	погіршували[ся]		погіршили[ся]
МАЙБУТНІЙ ЧАС — FUTURE TENSE			
	ANALYTIC	SYNTHETIC	
я	буду погіршувати	погіршуватиму	погіршу
ти	будеш погіршувати	погіршуватимеш	погіршиш
він, вона, воно	буде погіршувати[ся]	погіршуватиме[ться]	погіршить[ся]
ми	будемо погіршувати	погіршуватимемо	погіршимо
ви	будете погіршувати	погіршуватимете	погіршите
вони	будуть погіршувати[ся]	погіршуватимуть[ся]	погіршать[ся]
УМОВНИЙ СПОСІБ — CONDITIONAL MOOD			
він (я, ти)	погіршував[ся] би [б]		погіршив[ся] би [б]
вона (я, ти)	погіршувала[ся] б		погіршила[ся] б
воно	погіршувало[ся] б		погіршило[ся] б
вони (ми, ви)	погіршували[ся] б		погіршили[ся] б
НАКАЗОВИЙ СПОСІБ — IMPERATIVE MOOD			
ти	погіршуй		погірш
ми	погіршуймо		погіршмо
ви	погіршуйте		погірште
він, вона, воно	(не)хай погіршує[ться]		(не)хай погіршить[ся]
вони	(не)хай погіршують[ся]		(не)хай погіршать[ся]
ДІЄПРИКМЕТНИКИ — VERBAL ADJECTIVES (PARTICIPLES)			
ACTIVE			
PASSIVE	погіршуваний		погіршений
ДІЄПРИСЛІВНИКИ — VERBAL ADVERBS			
	погіршуючи[сь], погіршувавши[сь]		погіршивши[сь]
БЕЗОСОБОВІ ФОРМИ — IMPERSONAL FORMS			
	погіршувано		погіршено

+ accusative:

Це значно **погіршує** ситуацію.	This makes the situation much worse.
Пандемія **погіршила** економіку країни.	The pandemic has worsened the country's economy.
Працівники скаржаться на **погіршені** умови праці.	Workers complain about deteriorated working conditions.
На жаль, його стан суттєво **погіршився**.	Unfortunately, his condition has significantly deteriorated.
Завтра погодні умови **погіршаться**.	Weather conditions will worsen tomorrow.

№ 337

Present/Future Stems: **погоджу-** | **погод(ж)-**   **пого́джувати[ся] | пого́дити[ся]**

Conjugation: **1st (-ють)** | **2nd (-ять)**   *to coordinate with, to approve [to agree]*

ОСОБА / PERSON	НЕДОКОНАНИЙ ВИД / IMPERFECTIVE ASPECT		ДОКОНАНИЙ ВИД / PERFECTIVE ASPECT
ТЕПЕРІШНІЙ ЧАС — PRESENT TENSE			
я	пого́джую[ся]		
ти	пого́джуєш[ся]		
він, вона, воно	пого́джує[ться]		
ми	пого́джуємо[ся]		
ви	пого́джуєте[ся]		
вони	пого́джують[ся]		
МИНУЛИЙ ЧАС — PAST TENSE			
він (я, ти)	пого́джував[ся]		пого́див[ся]
вона (я, ти)	пого́джувала[ся]		пого́дила[ся]
воно	пого́джувало[ся]		пого́дило[ся]
вони (ми, ви)	пого́джували[ся]		пого́дили[ся]
МАЙБУТНІЙ ЧАС — FUTURE TENSE			
	ANALYTIC	SYNTHETIC	
я	бу́ду пого́джувати[ся]	пого́джуватиму[ся]	пого́джу[ся]
ти	бу́деш пого́джувати[ся]	пого́джуватимеш[ся]	пого́диш[ся]
він, вона, воно	бу́де пого́джувати[ся]	пого́джуватиме[ться]	пого́дить[ся]
ми	бу́демо пого́джувати[ся]	пого́джуватимемо[ся]	пого́димо[ся]
ви	бу́дете пого́джувати[ся]	пого́джуватимете[ся]	пого́дите[ся]
вони	бу́дуть пого́джувати[ся]	пого́джуватимуть[ся]	пого́дять[ся]
УМОВНИЙ СПОСІБ — CONDITIONAL MOOD			
він (я, ти)	пого́джував[ся] би [б]		пого́див[ся] би [б]
вона (я, ти)	пого́джувала[ся] б		пого́дила[ся] б
воно	пого́джувало[ся] б		пого́дило[ся] б
вони (ми, ви)	пого́джували[ся] б		пого́дили[ся] б
НАКАЗОВИЙ СПОСІБ — IMPERATIVE MOOD			
ти	пого́джуй[ся]		пого́дь[ся]
ми	пого́джуймо[ся]		пого́дьмо[ся]
ви	пого́джуйте[ся]		пого́дьте[ся]
він, вона, воно	(не)ха́й пого́джує[ться]		(не)ха́й пого́дить[ся]
вони	(не)ха́й пого́джують[ся]		(не)ха́й пого́дять[ся]
ДІЄПРИКМЕТНИКИ — VERBAL ADJECTIVES (PARTICIPLES)			
ACTIVE			
PASSIVE	пого́джуваний		пого́джений
ДІЄПРИСЛІВНИКИ — VERBAL ADVERBS			
	пого́джуючи[сь], пого́джувавши[сь]		пого́дивши[сь]
БЕЗОСОБОВІ ФОРМИ — IMPERSONAL FORMS			
	пого́джувано		пого́джено

+ accusative + з (із, зі) + instrumental:
Я **пого́джую** всі прое́кти з ме́неджером. — *I coordinate all projects with the manager.*

Верхо́вна Ра́да Украї́ни **пого́дила** нови́й склад уря́ду. — *The Verkhovna Rada of Ukraine has approved the new government composition.*

Усе́ **пого́джено** з полі́цією. — *Everything is coordinated with the police.*

-ся + на + accusative:
Вона́ **погоди́лася** на на́шу пропози́цію. — *She agreed to our offer.*

-ся + з (із, зі) + instrumental:
Ду́маю, ви **пого́дитеся** зі мно́ю. — *I think you will agree with me.*

№ 338

погро́жувати | погрози́ти
to threaten
See also: загро́жувати | загрози́ти (№ 148)

Present/Future Stems: **погрожу-** | **погрож-/погроз-**
Conjugation: **1st (-ють)** | **2nd (-ять)**

ОСОБА / PERSON	НЕДОКОНАНИЙ ВИД / IMPERFECTIVE ASPECT		ДОКОНАНИЙ ВИД / PERFECTIVE ASPECT
ТЕПЕРІШНІЙ ЧАС — PRESENT TENSE			
я	погро́жую		
ти	погро́жуєш		
він, вона, воно	погро́жує		
ми	погро́жуємо		
ви	погро́жуєте		
вони	погро́жують		
МИНУЛИЙ ЧАС — PAST TENSE			
він (я, ти)	погро́жував		погрози́в
вона (я, ти)	погро́жувала		погрози́ла
воно	погро́жувало		погрози́ло
вони (ми, ви)	погро́жували		погрози́ли
МАЙБУТНІЙ ЧАС — FUTURE TENSE			
	ANALYTIC	SYNTHETIC	
я	бу́ду погро́жувати	погро́жуватиму	погрожу́
ти	бу́деш погро́жувати	погро́жуватимеш	погрози́ш
він, вона, воно	бу́де погро́жувати	погро́жуватиме	погрози́ть
ми	бу́демо погро́жувати	погро́жуватимемо	погрозимо́
ви	бу́дете погро́жувати	погро́жуватимете	погрозите́
вони	бу́дуть погро́жувати	погро́жуватимуть	погрозя́ть
УМОВНИЙ СПОСІБ — CONDITIONAL MOOD			
він (я, ти)	погро́жував би		погрози́в би
вона (я, ти)	погро́жувала б		погрози́ла б
воно	погро́жувало б		погрози́ло б
вони (ми, ви)	погро́жували б		погрози́ли б
НАКАЗОВИЙ СПОСІБ — IMPERATIVE MOOD			
ти	погро́жуй		погрози́
ми	погро́жуймо		погрозі́мо
ви	погро́жуйте		погрозі́ть
він, вона, воно	(не)ха́й погро́жує		(не)ха́й погрози́ть
вони	(не)ха́й погро́жують		(не)ха́й погрозя́ть
ДІЄПРИКМЕТНИКИ — VERBAL ADJECTIVES (PARTICIPLES)			
ACTIVE			
PASSIVE			
ДІЄПРИСЛІВНИКИ — VERBAL ADVERBS			
	погро́жуючи, погро́жувавши		погрози́вши
БЕЗОСОБОВІ ФОРМИ — IMPERSONAL FORMS			

+ *dative*:
Чолові́к **погро́жує** їй, що забере́ діте́й.
The man is threatening her that he will take the children away.

+ *instrumental*:
Нача́льник **погрози́в** йому́ зві́льненням.
The boss threatened him with dismissal.

Я вам не **погро́жую**.
I am not threatening you.

Погро́жуючи збро́єю, злочи́нці вимага́ли зібра́ти гро́ші в паке́ти.
Threatening with weapons, criminals demanded to collect money in bags.

Present/Future Stems: подоба-..-ся | сподоба-..-ся

Conjugation: 1st (-ють)

подо́батися | сподо́батися

to like

ОСОБА / PERSON	НЕДОКОНАНИЙ ВИД / IMPERFECTIVE ASPECT		ДОКОНАНИЙ ВИД / PERFECTIVE ASPECT
ТЕПЕРІШНІЙ ЧАС — PRESENT TENSE			
я	подо́баюся		
ти	подо́баєшся		
він, вона, воно	подо́бається		
ми	подо́баємося		
ви	подо́баєтеся		
вони	подо́баються		
МИНУЛИЙ ЧАС — PAST TENSE			
він (я, ти)	подо́бався		сподо́бався
вона (я, ти)	подо́балася		сподо́балася
воно	подо́балося		сподо́балося
вони (ми, ви)	подо́балися		сподо́балися
МАЙБУТНІЙ ЧАС — FUTURE TENSE	ANALYTIC	SYNTHETIC	
я	бу́ду подо́батися	подо́батимуся	сподо́баюся
ти	бу́деш подо́батися	подо́батимешся	сподо́баєшся
він, вона, воно	бу́де подо́батися	подо́батиметься	сподо́бається
ми	бу́демо подо́батися	подо́батимемося	сподо́баємося
ви	бу́дете подо́батися	подо́батиметеся	сподо́баєтеся
вони	бу́дуть подо́батися	подо́батимуться	сподо́баються
УМОВНИЙ СПОСІБ — CONDITIONAL MOOD			
він (я, ти)	подо́бався б		сподо́бався б
вона (я, ти)	подо́балася б		сподо́балася б
воно	подо́балося б		сподо́балося б
вони (ми, ви)	подо́балися б		сподо́балися б
НАКАЗОВИЙ СПОСІБ — IMPERATIVE MOOD			
ти	подо́байся		сподо́байся
ми	подо́баймося		сподо́баймося
ви	подо́байтеся		сподо́байтеся
він, вона, воно	(не)ха́й подо́бається		(не)ха́й сподо́бається
вони	(не)ха́й подо́баються		(не)ха́й сподо́баються

ДІЄПРИКМЕТНИКИ — VERBAL ADJECTIVES (PARTICIPLES)

ACTIVE

PASSIVE

ДІЄПРИСЛІВНИКИ — VERBAL ADVERBS

	подо́баючись, подо́бавшись	сподо́бавшись

БЕЗОСОБОВІ ФОРМИ — IMPERSONAL FORMS

+ *dative* + [...] + *nominative*:
Мені **подо́бається** твоя́ за́чіска.   *I like your hairstyle.*

+ *infinitive*:
Тобі́ **подо́балося** жи́ти в Украї́ні?   *Did you enjoy living in Ukraine?*

у (**в**), **на** + *locative*:
Вам **сподо́балося** в Ки́єві?   *Did you like it in Kyiv?*

Я ду́маю, вам **сподо́бається**.   *I think you will like it.*

Мені́ не **сподо́балося б**, якби́ так повели́ся зі мно́ю.   *I would not like it if they treated me like that.*

№ 340

подорожува́ти | поподорожува́ти
to travel

Present/Future Stems: **подорожу-** | **поподорожу-**
Conjugation: **1st (-ють)**

ОСОБА / PERSON	НЕДОКОНАНИЙ ВИД / IMPERFECTIVE ASPECT		ДОКОНАНИЙ ВИД / PERFECTIVE ASPECT
ТЕПЕРІШНІЙ ЧАС — PRESENT TENSE			
я	подорожу́ю		
ти	подорожу́єш		
він, вона, воно	подорожу́є		
ми	подорожу́ємо		
ви	подорожу́єте		
вони	подорожу́ють		
МИНУЛИЙ ЧАС — PAST TENSE			
він (я, ти)	подорожува́в		поподорожува́в
вона (я, ти)	подорожува́ла		поподорожува́ла
воно	подорожува́ло		поподорожува́ло
вони (ми, ви)	подорожува́ли		поподорожува́ли
МАЙБУТНІЙ ЧАС — FUTURE TENSE			
	ANALYTIC	SYNTHETIC	
я	бу́ду подорожува́ти	подорожува́тиму	поподорожу́ю
ти	бу́деш подорожува́ти	подорожува́тимеш	поподорожу́єш
він, вона, воно	бу́де подорожува́ти	подорожува́тиме	поподорожу́є
ми	бу́демо подорожува́ти	подорожува́тимемо	поподорожу́ємо
ви	бу́дете подорожува́ти	подорожува́тимете	поподорожу́єте
вони	бу́дуть подорожува́ти	подорожува́тимуть	поподорожу́ють
УМОВНИЙ СПОСІБ — CONDITIONAL MOOD			
він (я, ти)	подорожува́в би		поподорожува́в би
вона (я, ти)	подорожува́ла б		поподорожува́ла б
воно	подорожува́ло б		поподорожува́ло б
вони (ми, ви)	подорожува́ли б		поподорожува́ли б
НАКАЗОВИЙ СПОСІБ — IMPERATIVE MOOD			
ти	подорожу́й		поподорожу́й
ми	подорожу́ймо		поподорожу́ймо
ви	подорожу́йте		поподорожу́йте
він, вона, воно	(не)ха́й подорожу́є		(не)ха́й поподорожу́є
вони	(не)ха́й подорожу́ють		(не)ха́й поподорожу́ють
ДІЄПРИКМЕТНИКИ — VERBAL ADJECTIVES (PARTICIPLES)			
ACTIVE			
PASSIVE			
ДІЄПРИСЛІВНИКИ — VERBAL ADVERBS			
	подорожу́ючи, подорожува́вши		поподорожува́вши
БЕЗОСОБОВІ ФОРМИ — IMPERSONAL FORMS			

у (в), на, по + *locative*:
Ми бага́то **подорожу́ємо** в Украї́ні.
We travel a lot in Ukraine.

до + *genitive*:
Рані́ше він ча́сто **подорожува́в** до А́зії.
He used to travel frequently to Asia.
Вони́ **поподорожува́ли** по всьо́му сві́ту.
They traveled all over the world.

+ *instrumental*:
Я бі́льше ніко́ли не **подорожува́тиму** (**бу́ду подорожува́ти**) ва́шою авіакомпа́нією.
I will never travel with your airline again.

Подорожу́йте до Євро́пи Укрзалізни́цею.
Travel to Europe with Ukrainian Railways.

Present/Future Stems: поєдну- | поєдна-
Conjugation: **1st (-ють)**

поє́днувати[ся] | поєдна́ти[ся]

to combine sth [to combine]

ОСОБА / PERSON	НЕДОКОНАНИЙ ВИД / IMPERFECTIVE ASPECT		ДОКОНАНИЙ ВИД / PERFECTIVE ASPECT
ТЕПЕРІШНІЙ ЧАС — PRESENT TENSE			
я	поє́дную[ся]		
ти	поє́днуєш[ся]		
він, вона, воно	поє́днує[ться]		
ми	поє́днуємо[ся]		
ви	поє́днуєте[ся]		
вони	поє́днують[ся]		
МИНУЛИЙ ЧАС — PAST TENSE			
він (я, ти)	поє́днував[ся]		поєдна́в[ся]
вона (я, ти)	поє́днувала[ся]		поєдна́ла[ся]
воно	поє́днувало[ся]		поєдна́ло[ся]
вони (ми, ви)	поє́днували[ся]		поєдна́ли[ся]
МАЙБУТНІЙ ЧАС — FUTURE TENSE			
	ANALYTIC	SYNTHETIC	
я	бу́ду поє́днувати[ся]	поє́днуватиму[ся]	поєдна́ю[ся]
ти	бу́деш поє́днувати[ся]	поє́днуватимеш[ся]	поєдна́єш[ся]
він, вона, воно	бу́де поє́днувати[ся]	поє́днуватиме[ться]	поєдна́є[ться]
ми	бу́демо поє́днувати[ся]	поє́днуватимемо[ся]	поєдна́ємо[ся]
ви	бу́дете поє́днувати[ся]	поє́днуватимете[ся]	поєдна́єте[ся]
вони	бу́дуть поє́днувати[ся]	поє́днуватимуть[ся]	поєдна́ють[ся]
УМОВНИЙ СПОСІБ — CONDITIONAL MOOD			
він (я, ти)	поє́днував[ся] би [б]		поєдна́в[ся] би [б]
вона (я, ти)	поє́днувала[ся] б		поєдна́ла[ся] б
воно	поє́днувало[ся] б		поєдна́ло[ся] б
вони (ми, ви)	поє́днували[ся] б		поєдна́ли[ся] б
НАКАЗОВИЙ СПОСІБ — IMPERATIVE MOOD			
ти	поє́днуй[ся]		поєдна́й[ся]
ми	поє́днуймо[ся]		поєдна́ймо[ся]
ви	поє́днуйте[ся]		поєдна́йте[ся]
він, вона, воно	(не)ха́й поє́днує[ться]		(не)ха́й поєдна́є[ться]
вони	(не)ха́й поє́днують[ся]		(не)ха́й поєдна́ють[ся]
ДІЄПРИКМЕТНИКИ — VERBAL ADJECTIVES (PARTICIPLES)			
ACTIVE			
PASSIVE	поє́днуваний		поє́днаний
ДІЄПРИСЛІВНИКИ — VERBAL ADVERBS			
	поє́днуючи[сь], поє́днувавши[сь]		поєдна́вши[сь]
БЕЗОСОБОВІ ФОРМИ — IMPERSONAL FORMS			
	поє́днувано		поє́днано

+ accusative:
Це тренува́ння **поє́днує** ка́рдіо та силові́ впра́ви.
This workout combines cardio and strength training.

у (в) + locative:
Нови́й при́стрій **поєдна́в** у собі́ найнові́ші технології́ та простоту́ користува́ння.
The new device combined the latest technologies and ease of use.

з (із, зі) + instrumental:
Ми **поєдна́ємо** приє́мне з кори́сним.
We will combine the pleasant with the useful.

-ся + у (в) + locative:
Соло́дкий і кисли́й смаки́ чудо́во **поє́днуються** в цій стра́ві.
Sweet and sour flavors combine perfectly in this dish.

№ 342

позича́ти | пози́чити
to borrow; to lend

Present/Future Stems: **позича-** | **позич-**
Conjugation: **1st (-ють)** | **2nd (-ать)**

ОСОБА / PERSON	НЕДОКОНАНИЙ ВИД / IMPERFECTIVE ASPECT		ДОКОНАНИЙ ВИД / PERFECTIVE ASPECT
ТЕПЕРІШНІЙ ЧАС — PRESENT TENSE			
я	позича́ю		
ти	позича́єш		
він, вона, воно	позича́є		
ми	позича́ємо		
ви	позича́єте		
вони	позича́ють		
МИНУЛИЙ ЧАС — PAST TENSE			
він (я, ти)	позича́в		пози́чив
вона (я, ти)	позича́ла		пози́чила
воно	позича́ло		пози́чило
вони (ми, ви)	позича́ли		пози́чили
МАЙБУТНІЙ ЧАС — FUTURE TENSE			
	ANALYTIC	SYNTHETIC	
я	бу́ду позича́ти	позича́тиму	пози́чу
ти	бу́деш позича́ти	позича́тимеш	пози́чиш
він, вона, воно	бу́де позича́ти	позича́тиме	пози́чить
ми	бу́демо позича́ти	позича́тимемо	пози́чимо
ви	бу́дете позича́ти	позича́тимете	пози́чите
вони	бу́дуть позича́ти	позича́тимуть	пози́чать
УМОВНИЙ СПОСІБ — CONDITIONAL MOOD			
він (я, ти)	позича́в би		пози́чив би
вона (я, ти)	позича́ла б		пози́чила б
воно	позича́ло б		пози́чило б
вони (ми, ви)	позича́ли б		пози́чили б
НАКАЗОВИЙ СПОСІБ — IMPERATIVE MOOD			
ти	позича́й		пози́ч
ми	позича́ймо		пози́чмо
ви	позича́йте		пози́чте
він, вона, воно	(не)ха́й позича́є		(не)ха́й пози́чить
вони	(не)ха́й позича́ють		(не)ха́й пози́чать
ДІЄПРИКМЕТНИКИ — VERBAL ADJECTIVES (PARTICIPLES)			
ACTIVE			
PASSIVE			пози́чений
ДІЄПРИСЛІВНИКИ — VERBAL ADVERBS			
	позича́ючи, позича́вши		пози́чивши
БЕЗОСОБОВІ ФОРМИ — IMPERSONAL FORMS			
			пози́чено

+ *accusative* + **у (в)** + *genitive (to borrow)*:
Він ча́сто **позича́є** гро́ші в мого́ бра́та.
He often borrows money from my brother.

+ *accusative* + *dative (to lend)*:
Вона́ **пози́чила** свою́ маши́ну по́друзі.
She lent her car to a friend.

на + *accusative*:
Я **пози́чу** цю кни́гу на ти́ждень.
I will borrow this book for a week.

Пози́ч мені́, будь ла́ска, сто гри́вень.
Please lend me one hundred hryvnias.

Present/Future Stems: **показу-** | **покаж-**   **пока́зувати | показа́ти**
Conjugation: **1st (-ють)** | **1st (-уть)**   *to show; to point (at, to)*

ОСОБА / PERSON	НЕДОКОНАНИЙ ВИД / IMPERFECTIVE ASPECT		ДОКОНАНИЙ ВИД / PERFECTIVE ASPECT
ТЕПЕРІШНІЙ ЧАС — PRESENT TENSE			
я	пока́зую		
ти	пока́зуєш		
він, вона, воно	пока́зує		
ми	пока́зуємо		
ви	пока́зуєте		
вони	пока́зують		
МИНУЛИЙ ЧАС — PAST TENSE			
він (я, ти)	пока́зував		показа́в
вона (я, ти)	пока́зувала		показа́ла
воно	пока́зувало		показа́ло
вони (ми, ви)	пока́зували		показа́ли
МАЙБУТНІЙ ЧАС — FUTURE TENSE			
	ANALYTIC	SYNTHETIC	
я	бу́ду пока́зувати	пока́зуватиму	покажу́
ти	бу́деш пока́зувати	пока́зуватимеш	пока́жеш
він, вона, воно	бу́де пока́зувати	пока́зуватиме	пока́же
ми	бу́демо пока́зувати	пока́зуватимемо	пока́жемо
ви	бу́дете пока́зувати	пока́зуватимете	пока́жете
вони	бу́дуть пока́зувати	пока́зуватимуть	пока́жуть
УМОВНИЙ СПОСІБ — CONDITIONAL MOOD			
він (я, ти)	пока́зував би		показа́в би
вона (я, ти)	пока́зувала б		показа́ла б
воно	пока́зувало б		показа́ло б
вони (ми, ви)	пока́зували б		показа́ли б
НАКАЗОВИЙ СПОСІБ — IMPERATIVE MOOD			
ти	пока́зуй		покажи́
ми	пока́зуймо		пакажі́мо
ви	пока́зуйте		покажі́ть
він, вона, воно	(не)ха́й пока́зує		(не)ха́й пока́же
вони	(не)ха́й пока́зують		(не)ха́й пока́жуть
ДІЄПРИКМЕТНИКИ — VERBAL ADJECTIVES (PARTICIPLES)			
ACTIVE			
PASSIVE			пока́заний
ДІЄПРИСЛІВНИКИ — VERBAL ADVERBS			
	пока́зуючи, пока́зувавши		показа́вши
БЕЗОСОБОВІ ФОРМИ — IMPERSONAL FORMS			
			пока́зано

+ accusative:
Термо́метр **пока́зує** два гра́дуси ви́ще нуля́.   *The thermometer shows two degrees above zero.*

+ dative:
Мої́ льві́вські коле́ги **показа́ли** мені́ мі́сто.   *My colleagues from Lviv showed me the city.*

на + accusative:
Дити́на **показа́ла** на і́грашку.   *The child pointed at the toy.*

Час **пока́же**.   *Time will tell.*

Покажи́ мені́, будь ла́ска, як написа́ти це сло́во.   *Please show me how to write this word.*

покра́щувати[ся] | покра́щити[ся]

to improve sth [to become better]

Present/Future Stems: **покращу-** | **покращ-**
Conjugation: **1st (-ють) | 2nd (-ать)**

ОСОБА / PERSON	НЕДОКОНАНИЙ ВИД / IMPERFECTIVE ASPECT	ДОКОНАНИЙ ВИД / PERFECTIVE ASPECT
ТЕПЕРІШНІЙ ЧАС — PRESENT TENSE		
я	покра́щую[ся]	
ти	покра́щуєш[ся]	
він, вона, воно	покра́щує[ться]	
ми	покра́щуємо[ся]	
ви	покра́щуєте[ся]	
вони	покра́щують[ся]	
МИНУЛИЙ ЧАС — PAST TENSE		
він (я, ти)	покра́щував[ся]	покра́щив[ся]
вона (я, ти)	покра́щувала[ся]	покра́щила[ся]
воно	покра́щувало[ся]	покра́щило[ся]
вони (ми, ви)	покра́щували[ся]	покра́щили[ся]

МАЙБУТНІЙ ЧАС — FUTURE TENSE

	ANALYTIC	SYNTHETIC	
я	бу́ду покра́щувати[ся]	покра́щуватиму[ся]	покра́щу[ся]
ти	бу́деш покра́щувати[ся]	покра́щуватимеш[ся]	покра́щиш[ся]
він, вона, воно	бу́де покра́щувати[ся]	покра́щуватиме[ться]	покра́щить[ся]
ми	бу́демо покра́щувати[ся]	покра́щуватимемо[ся]	покра́щимо[ся]
ви	бу́дете покра́щувати[ся]	покра́щуватимете[ся]	покра́щите[ся]
вони	бу́дуть покра́щувати[ся]	покра́щуватимуть[ся]	покра́щать[ся]

	УМОВНИЙ СПОСІБ — CONDITIONAL MOOD	
він (я, ти)	покра́щував[ся] би [б]	покра́щив[ся] би [б]
вона (я, ти)	покра́щувала[ся] б	покра́щила[ся] б
воно	покра́щувало[ся] б	покра́щило[ся] б
вони (ми, ви)	покра́щували[ся] б	покра́щили[ся] б

	НАКАЗОВИЙ СПОСІБ — IMPERATIVE MOOD	
ти	покра́щуй[ся]	покра́щ[ся]
ми	покра́щуймо[ся]	покра́щмо[ся]
ви	покра́щуйте[ся]	покра́щте[ся]
він, вона, воно	(не)ха́й покра́щує[ться]	(не)ха́й покра́щить[ся]
вони	(не)ха́й покра́щують[ся]	(не)ха́й покра́щать[ся]

ДІЄПРИКМЕТНИКИ — VERBAL ADJECTIVES (PARTICIPLES)		
ACTIVE		
PASSIVE		покра́щений

ДІЄПРИСЛІВНИКИ — VERBAL ADVERBS	
покра́щуючи[сь], покра́щувавши[сь]	покра́щивши[сь]

БЕЗОСОБОВІ ФОРМИ — IMPERSONAL FORMS	
	покра́щено

+ accusative:

Я **покра́щую** знання́ з украї́нської грама́тики завдяки́ цій кни́зі.
I am improving my Ukrainian grammar thanks to this book.

Це не **покра́щило** ситуа́цію.
It did not improve the situation.

Покра́щені поїзди́ вже курсу́ють Украї́ною.
Improved trains are already running in Ukraine.

-ся + з (із, зі) + instrumental:

Мій рі́вень украї́нської **покра́щується** з ко́жним днем.
My level of Ukrainian improves every day.

Його́ стан здоро́в'я значно́ **покра́щився**.
His health has significantly improved.

Present/Future Stems: **полива-** | **полл-**

Conjugation: **1st (-ють)**

ПОЛИВА́ТИ | ПОЛИ́ТИ

to water; to pour on

ОСОБА / PERSON	НЕДОКОНАНИЙ ВИД / IMPERFECTIVE ASPECT		ДОКОНАНИЙ ВИД / PERFECTIVE ASPECT
ТЕПЕРІШНІЙ ЧАС — PRESENT TENSE			
я	полива́ю		
ти	полива́єш		
він, вона, воно	полива́є		
ми	полива́ємо		
ви	полива́єте		
вони	полива́ють		
МИНУЛИЙ ЧАС — PAST TENSE			
він (я, ти)	полива́в		поли́в
вона (я, ти)	полива́ла		полила́
воно	полива́ло		полило́
вони (ми, ви)	полива́ли		полили́
МАЙБУТНІЙ ЧАС — FUTURE TENSE			
	ANALYTIC	SYNTHETIC	
я	бу́ду полива́ти	полива́тиму	поллю́
ти	бу́деш полива́ти	полива́тимеш	поллє́ш
він, вона, воно	бу́де полива́ти	полива́тиме	поллє́
ми	бу́демо полива́ти	полива́тимемо	поллємо́
ви	бу́дете полива́ти	полива́тимете	поллєте́
вони	бу́дуть полива́ти	полива́тимуть	поллю́ть
УМОВНИЙ СПОСІБ — CONDITIONAL MOOD			
він (я, ти)	полива́в би		поли́в би
вона (я, ти)	полива́ла б		полила́ б
воно	полива́ло б		полило́ б
вони (ми, ви)	полива́ли б		полили́ б
НАКАЗОВИЙ СПОСІБ — IMPERATIVE MOOD			
ти	полива́й		поли́й
ми	полива́ймо		поли́ймо
ви	полива́йте		поли́йте
він, вона, воно	(не)ха́й полива́є		(не)ха́й поллє́
вони	(не)ха́й полива́ють		(не)ха́й поллю́ть
ДІЄПРИКМЕТНИКИ — VERBAL ADJECTIVES (PARTICIPLES)			
ACTIVE			
PASSIVE	поли́ваний		поли́тий
ДІЄПРИСЛІВНИКИ — VERBAL ADVERBS			
	полива́ючи, полива́вши		поли́вши
БЕЗОСОБОВІ ФОРМИ — IMPERSONAL FORMS			
	поли́вано		поли́то

+ *accusative*:

Вона́ ча́сто **полива́є** газо́н, тому́ він таки́й зеле́ний. — *She often waters the lawn, which is why it is so green.*

Дощ **поли́в**, як із відра́. — *The rain started pouring buckets.*

Сусі́д **поллє́** на́ші кві́ти, по́ки ми бу́демо у відпу́стці. — *The neighbor will water our flowers while we are on vacation.*

+ *instrumental*:

Поли́йте сала́т улю́бленою олі́єю. — *Pour your favorite oil over the salad.*

№ 346

ПОМИЛЯ́ТИСЯ | ПОМИЛИ́ТИСЯ
to be wrong, to make a mistake

Present/Future Stems: помиля-..-ся | помил-..-ся
Conjugation: **1st (-ють)** | **2nd (-ять)**

ОСО́БА / PERSON	НЕДОКОНАНИЙ ВИД / IMPERFECTIVE ASPECT		ДОКОНАНИЙ ВИД / PERFECTIVE ASPECT
ТЕПЕРІШНІЙ ЧАС — PRESENT TENSE			
я	помиля́юся		
ти	помиля́єшся		
він, вона, воно	помиля́ється		
ми	помиля́ємося		
ви	помиля́єтеся		
вони	помиля́ються		
МИНУЛИЙ ЧАС — PAST TENSE			
він (я, ти)	помиля́вся		помили́вся
вона (я, ти)	помиля́лася		помили́лася
воно	помиля́лося		помили́лося
вони (ми, ви)	помиля́лися		помили́лися
МАЙБУТНІЙ ЧАС — FUTURE TENSE			
	ANALYTIC	SYNTHETIC	
я	бу́ду помиля́тися	помиля́тимуся	помилю́ся
ти	бу́деш помиля́тися	помиля́тимешся	поми́лишся
він, вона, воно	бу́де помиля́тися	помиля́тиметься	поми́литься
ми	бу́демо помиля́тися	помиля́тимемося	поми́лимося
ви	бу́дете помиля́тися	помиля́тиметеся	поми́литеся
вони	бу́дуть помиля́тися	помиля́тимуться	поми́ляться
УМОВНИЙ СПОСІБ — CONDITIONAL MOOD			
він (я, ти)	помиля́вся б		помили́вся б
вона (я, ти)	помиля́лася б		помили́лася б
воно	помиля́лося б		помили́лося б
вони (ми, ви)	помиля́лися б		помили́лися б
НАКАЗОВИЙ СПОСІБ — IMPERATIVE MOOD			
ти	помиля́йся		помили́ся
ми	помиля́ймося		помили́мося
ви	помиля́йтеся		помилі́ться
він, вона, воно	(не)ха́й помиля́ється		(не)ха́й поми́литься
вони	(не)ха́й помиля́ються		(не)ха́й поми́ляться
ДІЄПРИКМЕТНИКИ — VERBAL ADJECTIVES (PARTICIPLES)			
ACTIVE			
PASSIVE			
ДІЄПРИСЛІВНИКИ — VERBAL ADVERBS			
	помиля́ючись, помиля́вшись		помили́вшись
БЕЗОСОБОВІ ФОРМИ — IMPERSONAL FORMS			

Він рі́дко **помиля́ється**. — *He rarely makes mistakes.*

Я не люблю́ **помиля́тися**, але́ я визнаю́, що цього́ ра́зу **помили́вся**. — *I do not like being wrong, but I admit I made a mistake this time.*

Бері́ть цю кни́гу на подару́нок, не **поми́литесь**. — *Buy this book as a gift, and you will not go wrong.*

у (в) + *locative*:
Помили́вшись у чо́мусь, ви́знайте свою́ прови́ну. — *If you are wrong about something, admit your guilt.*

№ 347

Present/Future Stems: **поміча-** | **поміч-/поміт-**

Conjugation: **1st (-ють)** | **2nd (-ять)**

помічáти | помíтити

to notice, to spot; to mark

ОСОБА / PERSON	НЕДОКОНАНИЙ ВИД / IMPERFECTIVE ASPECT		ДОКОНАНИЙ ВИД / PERFECTIVE ASPECT
ТЕПЕРІШНІЙ ЧАС — PRESENT TENSE			
я	помічáю		
ти	помічáєш		
він, вона, воно	помічáє		
ми	помічáємо		
ви	помічáєте		
вони	помічáють		
МИНУЛИЙ ЧАС — PAST TENSE			
він (я, ти)	помічáв		помíтив
вона (я, ти)	помічáла		помíтила
воно	помічáло		помíтило
вони (ми, ви)	помічáли		помíтили
МАЙБУТНІЙ ЧАС — FUTURE TENSE			
	ANALYTIC	SYNTHETIC	
я	бýду помічáти	помічáтиму	помíчу
ти	бýдеш помічáти	помічáтимеш	помíтиш
він, вона, воно	бýде помічáти	помічáтиме	помíтить
ми	бýдемо помічáти	помічáтимемо	помíтимо
ви	бýдете помічáти	помічáтимете	помíтите
вони	бýдуть помічáти	помічáтимуть	помíтять
УМОВНИЙ СПОСІБ — CONDITIONAL MOOD			
він (я, ти)	помічáв би		помíтив би
вона (я, ти)	помічáла б		помíтила б
воно	помічáло б		помíтило б
вони (ми, ви)	помічáли б		помíтили б
НАКАЗОВИЙ СПОСІБ — IMPERATIVE MOOD			
ти	помічáй		помíть
ми	помічáймо		помíтьмо
ви	помічáйте		помíтьте
він, вона, воно	(не)хáй помічáє		(не)хáй помíтить
вони	(не)хáй помічáють		(не)хáй помíтять
ДІЄПРИКМЕТНИКИ — VERBAL ADJECTIVES (PARTICIPLES)			
ACTIVE			
PASSIVE			помíчений
ДІЄПРИСЛІВНИКИ — VERBAL ADVERBS			
	помічáючи, помічáвши		помíтивши
БЕЗОСОБОВІ ФОРМИ — IMPERSONAL FORMS			
			помíчено

+ accusative + у (в), на + locative:
Вонá зáвжди **помічáє** помилки́ на білбóрдах. — *She always notices mistakes on billboards.*
Він **помíтив**, що колéга не в нáстрої. — *He noticed that his colleague was not in a good mood.*

+ instrumental:
Помічáйте прáвильні відповіді хрéстиками. — *Mark the correct answers with crosses.*
Підóзрюваних булó **помíчено** в місцéвому пáрку. — *The suspects were spotted in the local park.*

поміща́ти[ся] | помісти́ти[ся]

to fit sth, to place sb or sth [to fit]

Present/Future Stems: поміща- | поміщ-/поміст-
Conjugation: 1st (-ють) | 2nd (-ять)

ОСОБА / PERSON	НЕДОКОНАНИЙ ВИД / IMPERFECTIVE ASPECT		ДОКОНАНИЙ ВИД / PERFECTIVE ASPECT
ТЕПЕРІШНІЙ ЧАС — PRESENT TENSE			
я	поміща́ю[ся]		
ти	поміща́єш[ся]		
він, вона, воно	поміща́є[ться]		
ми	поміща́ємо[ся]		
ви	поміща́єте[ся]		
вони	поміща́ють[ся]		
МИНУЛИЙ ЧАС — PAST TENSE			
він (я, ти)	поміща́в[ся]		помісти́в[ся]
вона (я, ти)	поміща́ла[ся]		помісти́ла[ся]
воно	поміща́ло[ся]		помісти́ло[ся]
вони (ми, ви)	поміща́ли[ся]		помісти́ли[ся]
МАЙБУТНІЙ ЧАС — FUTURE TENSE			
	ANALYTIC	SYNTHETIC	
я	бу́ду поміща́ти[ся]	поміща́тиму[ся]	поміщу́[ся]
ти	бу́деш поміща́ти[ся]	поміща́тимеш[ся]	помі́стиш[ся]
він, вона, воно	бу́де поміща́ти[ся]	поміща́тиме[ться]	помі́стить[ся]
ми	бу́демо поміща́ти[ся]	поміща́тимемо[ся]	помі́стимо[ся]
ви	бу́дете поміща́ти[ся]	поміща́тимете[ся]	помі́стите[ся]
вони	бу́дуть поміща́ти[ся]	поміща́тимуть[ся]	помі́стять[ся]
УМОВНИЙ СПОСІБ — CONDITIONAL MOOD			
він (я, ти)	поміща́в[ся] би [б]		помісти́в[ся] би [б]
вона (я, ти)	поміща́ла[ся] б		помісти́ла[ся] б
воно	поміща́ло[ся] б		помісти́ло[ся] б
вони (ми, ви)	поміща́ли[ся] б		помісти́ли[ся] б
НАКАЗОВИЙ СПОСІБ — IMPERATIVE MOOD			
ти	поміща́й[ся]		помісти́[ся]
ми	поміща́ймо[ся]		помісті́мо[ся]
ви	поміща́йте[ся]		помісті́ть[ся]
він, вона, воно	(не)ха́й поміща́є[ться]		(не)ха́й помі́стить[ся]
вони	(не)ха́й поміща́ють[ся]		(не)ха́й помі́стять[ся]
ДІЄПРИКМЕТНИКИ — VERBAL ADJECTIVES (PARTICIPLES)			
ACTIVE			
PASSIVE			помі́щений
ДІЄПРИСЛІВНИКИ — VERBAL ADVERBS			
	поміща́ючи[сь], поміща́вши[сь]		помісти́вши[сь]
БЕЗОСОБОВІ ФОРМИ — IMPERSONAL FORMS			
			помі́щено

+ accusative + у (в), на + accusative:
Він **помісти́в** усі валізи в бага́жник. — *He fit all the suitcases in the trunk.*
Наймові́рніше, її **помі́стять** у стаціона́р. — *Most likely, she will be admitted to a hospital.*

-ся + у (в), на + accusative:
Пристрій **поміща́ється** в кише́ню. — *The device fits in a pocket.*
Усі ре́чі не **помі́стяться** в маши́ну. — *All the things won't fit in the car.*
Не **помісти́вшись** в автобус, ми пішли́ пі́шки. — *Not fitting on the bus, we walked.*

Present/Future Stems: **попереджа-** | **поперед(ж)-**
Conjugation: **1st (-ють)** | **2nd (-ять)**

попереджа́ти | попере́дити

to inform beforehand, to warn, to notify

ОСОБА / PERSON	НЕДОКОНАНИЙ ВИД / IMPERFECTIVE ASPECT		ДОКОНАНИЙ ВИД / PERFECTIVE ASPECT
ТЕПЕРІШНІЙ ЧАС — PRESENT TENSE			
я	попереджа́ю		
ти	попереджа́єш		
він, вона, воно	попереджа́є		
ми	попереджа́ємо		
ви	попереджа́єте		
вони	попереджа́ють		
МИНУЛИЙ ЧАС — PAST TENSE			
він (я, ти)	попереджа́в		попере́див
вона (я, ти)	попереджа́ла		попере́дила
воно	попереджа́ло		попере́дило
вони (ми, ви)	попереджа́ли		попере́дили
МАЙБУТНІЙ ЧАС — FUTURE TENSE			
	ANALYTIC	SYNTHETIC	
я	бу́ду попереджа́ти	попереджа́тиму	попере́джу
ти	бу́деш попереджа́ти	попереджа́тимеш	попере́диш
він, вона, воно	бу́де попереджа́ти	попереджа́тиме	попере́дить
ми	бу́демо попереджа́ти	попереджа́тимемо	попере́димо
ви	бу́дете попереджа́ти	попереджа́тимете	попере́дите
вони	бу́дуть попереджа́ти	попереджа́тимуть	попере́дять
УМОВНИЙ СПОСІБ — CONDITIONAL MOOD			
він (я, ти)	попереджа́в би		попере́див би
вона (я, ти)	попереджа́ла б		попере́дила б
воно	попереджа́ло б		попере́дило б
вони (ми, ви)	попереджа́ли б		попере́дили б
НАКАЗОВИЙ СПОСІБ — IMPERATIVE MOOD			
ти	попереджа́й		попере́дь
ми	попереджа́ймо		попере́дьмо
ви	попереджа́йте		попере́дьте
він, вона, воно	(не)ха́й попереджа́є		(не)ха́й попере́дить
вони	(не)ха́й попереджа́ють		(не)ха́й попере́дять
ДІЄПРИКМЕТНИКИ — VERBAL ADJECTIVES (PARTICIPLES)			
ACTIVE			
PASSIVE			попере́джений
ДІЄПРИСЛІВНИКИ — VERBAL ADVERBS			
	попереджа́ючи, попереджа́вши		попере́дивши
БЕЗОСОБОВІ ФОРМИ — IMPERSONAL FORMS			
			попере́джено

Попереджа́ю, що я запишу́ на́шу розмо́ву.
I am informing you that I am recording our conversation.

+ accusative:
Ми **попере́джали** вас, що так ста́неться.
We warned you this would happen.

про + accusative:
Ме́дики **попере́дили** мене́ про можли́ві ускла́днення.
The doctors warned me about possible complications.

Ді́вчинка пішла́ з до́му, ніко́го не **попере́дивши**.
The girl left home without telling anyone.

№ 350

порі́внювати[ся] | порівня́ти[ся]

to compare [to become equal]

Present/Future Stems: порівню- | порівня-
Conjugation: **1st (-ють)**

ОСО́БА / PERSON	НЕДОКОНАНИЙ ВИД / IMPERFECTIVE ASPECT		ДОКОНАНИЙ ВИД / PERFECTIVE ASPECT
ТЕПЕРІШНІЙ ЧАС — PRESENT TENSE			
я	порі́вняю[ся]		
ти	порі́внюєш[ся]		
він, вона, воно	порі́внює[ться]		
ми	порі́внюємо[ся]		
ви	порі́внюєте[ся]		
вони	порі́внюють[ся]		
МИНУЛИЙ ЧАС — PAST TENSE			
він (я, ти)	порі́внював[ся]		порівня́в[ся]
вона (я, ти)	порі́внювала[ся]		порівня́ла[ся]
воно	порі́внювало[ся]		порівня́ло[ся]
вони (ми, ви)	порі́внювали[ся]		порівня́ли[ся]
МАЙБУТНІЙ ЧАС — FUTURE TENSE			
	ANALYTIC	SYNTHETIC	
я	бу́ду порі́внювати[ся]	порі́внюватиму[ся]	порівня́ю[ся]
ти	бу́деш порі́внювати[ся]	порі́внюватимеш[ся]	порівня́єш[ся]
він, вона, воно	бу́де порі́внювати[ся]	порі́внюватиме[ться]	порівня́є[ться]
ми	бу́демо порі́внювати[ся]	порі́внюватимемо[ся]	порівня́ємо[ся]
ви	бу́дете порі́внювати[ся]	порі́внюватимете[ся]	порівня́єте[ся]
вони	бу́дуть порі́внювати[ся]	порі́внюватимуть[ся]	порівня́ють[ся]
УМОВНИЙ СПОСІБ — CONDITIONAL MOOD			
він (я, ти)	порі́внював[ся] би [б]		порівня́в[ся] би [б]
вона (я, ти)	порі́внювала[ся] б		порівня́ла[ся] б
воно	порі́внювало[ся] б		порівня́ло[ся] б
вони (ми, ви)	порі́внювали[ся] б		порівня́ли[ся] б
НАКАЗОВИЙ СПОСІБ — IMPERATIVE MOOD			
ти	порі́внюй[ся]		порівня́й[ся]
ми	порі́внюймо[ся]		порівня́ймо[ся]
ви	порі́внюйте[ся]		порівня́йте[ся]
він, вона, воно	(не)ха́й порі́внює[ться]		(не)ха́й порівня́є[ться]
вони	(не)ха́й порі́внюють[ся]		(не)ха́й порівня́ють[ся]
ДІЄПРИКМЕТНИКИ — VERBAL ADJECTIVES (PARTICIPLES)			
ACTIVE			
PASSIVE	порі́внюваний		порі́вняний
ДІЄПРИСЛІВНИКИ — VERBAL ADVERBS			
	порі́внюючи[сь], порі́внювавши[сь]		порівня́вши[сь]
БЕЗОСОБОВІ ФОРМИ — IMPERSONAL FORMS			
	порі́внювано		порі́вняно

+ *accusative* + **з** (**із**, **зі**) + *instrumental*:

Кри́тики **порі́внюють** його́ стрі́чку з фі́льмами Таранті́но.
Critics compare his film to Tarantino's movies.

Вона́ **порівня́ла** ці́ни в усі́х магази́нах й обра́ла найдеше́вший варіа́нт.
She compared prices in all the stores and chose the cheapest option.

Тепе́р **порівня́йте** ва́ші відповіді з відповідями свого́ партне́ра.
Now compare your answers with your partner's answers.

Наре́шті на́ша кома́нда **порівня́лася** з лі́дером у турні́рній табли́ці.
Finally, our team became equal to the leader in the tournament table.

Present/Future Stems: **поруш́у- | пор́уш-**　　　　　**пор́ушувати[ся] | пор́ушити[ся]**
Conjugation: **1st (-ють) | 2nd (-ать)**　　　　　*to violate; to raise (a question) [to be disrupted]*

ОСОБА / PERSON	НЕДОКОНАНИЙ ВИД / IMPERFECTIVE ASPECT		ДОКОНАНИЙ ВИД / PERFECTIVE ASPECT
ТЕПЕРІШНІЙ ЧАС — PRESENT TENSE			
я	пор́ушую		
ти	пор́ушуєш		
він, вона, воно	пор́ушує[ться]		
ми	пор́ушуємо		
ви	пор́ушуєте		
вони	пор́ушують[ся]		
МИНУЛИЙ ЧАС — PAST TENSE			
він (я, ти)	пор́ушував[ся]		пор́ушив[ся]
вона (я, ти)	пор́ушувала[ся]		пор́ушила[ся]
воно	пор́ушувало[ся]		пор́ушило[ся]
вони (ми, ви)	пор́ушували[ся]		пор́ушили[ся]
МАЙБУТНІЙ ЧАС — FUTURE TENSE			
	ANALYTIC	SYNTHETIC	
я	б́уду пор́ушувати	пор́ушуватиму	пор́ушу
ти	б́удеш пор́ушувати	пор́ушуватимеш	пор́ушиш
він, вона, воно	б́уде пор́ушувати[ся]	пор́ушуватиме[ться]	пор́ушить[ся]
ми	б́удемо пор́ушувати	пор́ушуватимемо	пор́ушимо
ви	б́удете пор́ушувати	пор́ушуватимете	пор́ушите
вони	б́удуть пор́ушувати[ся]	пор́ушуватимуть[ся]	пор́ушать[ся]
УМОВНИЙ СПОСІБ — CONDITIONAL MOOD			
він (я, ти)	пор́ушував[ся] би [б]		пор́ушив[ся] би [б]
вона (я, ти)	пор́ушувала[ся] б		пор́ушила[ся] б
воно	пор́ушувало[ся] б		пор́ушило[ся] б
вони (ми, ви)	пор́ушували[ся] б		пор́ушили[ся] б
НАКАЗОВИЙ СПОСІБ — IMPERATIVE MOOD			
ти	пор́ушуй		пор́уш
ми	пор́ушуймо		пор́ушмо
ви	пор́ушуйте		пор́уште
він, вона, воно	(не)х́ай пор́ушує[ться]		(не)х́ай пор́ушить[ся]
вони	(не)х́ай пор́ушують[ся]		(не)х́ай пор́ушать[ся]
ДІЄПРИКМЕТНИКИ — VERBAL ADJECTIVES (PARTICIPLES)			
ACTIVE			
PASSIVE	пор́ушуваний		пор́ушений
ДІЄПРИСЛІВНИКИ — VERBAL ADVERBS			
	пор́ушуючи[сь], пор́ушувавши[сь]		пор́ушивши[сь]
БЕЗОСОБОВІ ФОРМИ — IMPERSONAL FORMS			
	пор́ушувано		пор́ушено

+ *accusative*:

Він ч́асто **пор́ушує** пр́авила дор́ожнього р́уху.　　*He often violates traffic rules.*
Я х́очу **пор́ушити** важл́иве пит́ання.　　*I want to raise an important issue.*
Комп́анія регул́ярно **пор́ушувала** заќон.　　*The company regularly broke the law.*
Ви **пор́ушили** н́ашу пол́ітику конфіденц́ійності.　　*You have violated our privacy policy.*
Ч́ерез переї́зд **пор́ушився** реж́им діт́ей.　　*Due to the relocation, the children's routine was disrupted.*

№ 352

поспіша́ти | поспіши́ти
to hurry (up), to rush
Also: **спіши́ти** (*imperfective*)

Present/Future Stems: поспіша- | поспіш-
Conjugation: **1st (-ють) | 2nd (-ать)**

ОСОБА / PERSON	НЕДОКОНАНИЙ ВИД / IMPERFECTIVE ASPECT		ДОКОНАНИЙ ВИД / PERFECTIVE ASPECT
ТЕПЕРІШНІЙ ЧАС — PRESENT TENSE			
я	поспіша́ю		
ти	поспіша́єш		
він, вона, воно	поспіша́є		
ми	поспіша́ємо		
ви	поспіша́єте		
вони	поспіша́ють		
МИНУЛИЙ ЧАС — PAST TENSE			
він (я, ти)	поспіша́в		поспіши́в
вона (я, ти)	поспіша́ла		поспіши́ла
воно	поспіша́ло		поспіши́ло
вони (ми, ви)	поспіша́ли		поспіши́ли
МАЙБУТНІЙ ЧАС — FUTURE TENSE	ANALYTIC	SYNTHETIC	
я	бу́ду поспіша́ти	поспіша́тиму	поспішу́
ти	бу́деш поспіша́ти	поспіша́тимеш	поспіши́ш
він, вона, воно	бу́де поспіша́ти	поспіша́тиме	поспіши́ть
ми	бу́демо поспіша́ти	поспіша́тимемо	поспішимо́
ви	бу́дете поспіша́ти	поспіша́тимете	поспішите́
вони	бу́дуть поспіша́ти	поспіша́тимуть	поспіша́ть
УМОВНИЙ СПОСІБ — CONDITIONAL MOOD			
він (я, ти)	поспіша́в		поспіши́в би
вона (я, ти)	поспіша́ла		поспіши́ла б
воно	поспіша́ло		поспіши́ло б
вони (ми, ви)	поспіша́ли		поспіши́ли б
НАКАЗОВИЙ СПОСІБ — IMPERATIVE MOOD			
ти	поспіша́й		поспіши́
ми	поспіша́ймо		поспіші́мо
ви	поспіша́йте		поспіші́ть
він, вона, воно	(не)ха́й поспіша́є		(не)ха́й поспіши́ть
вони	(не)ха́й поспіша́ють		(не)ха́й поспіша́ть
ДІЄПРИКМЕТНИКИ — VERBAL ADJECTIVES (PARTICIPLES)			
ACTIVE			
PASSIVE			
ДІЄПРИСЛІВНИКИ — VERBAL ADVERBS			
	поспіша́ючи, поспіша́вши		поспіши́вши
БЕЗОСОБОВІ ФОРМИ — IMPERSONAL FORMS			

Уве́чері він **поспіша́є** (**спіши́ть**) додо́му, щоб погра́тися з ді́тьми.
In the evening, he rushes home to play with the children.

у (в), **на** + *accusative*:
Ми зустрі́лися на ву́лиці, коли́ він **поспіша́в** (**спіши́в**) на робо́ту.
We met on the street when he was hurrying to work.

з (із, зі) + *instrumental*:
Вона́ **поспіши́ла** з дома́шнім завда́нням і припусти́лась кількох помилок.
She rushed through her homework and made several mistakes.

Поспіші́ть, бо запізнитесь на автобус.
Hurry up, you will be late for the bus.

Present/Future Stems: **потребу-** | —

Conjugation: **1st (-ють)**

потребува́ти | —

to need, to require

ОСОБА / PERSON	НЕДОКОНАНИЙ ВИД / IMPERFECTIVE ASPECT		ДОКОНАНИЙ ВИД / PERFECTIVE ASPECT
ТЕПЕРІШНІЙ ЧАС — PRESENT TENSE			
я	потребу́ю		
ти	потребу́єш		
він, вона, воно	потребу́є		
ми	потребу́ємо		
ви	потребу́єте		
вони	потребу́ють		
МИНУЛИЙ ЧАС — PAST TENSE			
він (я, ти)	потребува́в		
вона (я, ти)	потребува́ла		
воно	потребува́ло		
вони (ми, ви)	потребува́ли		
МАЙБУТНІЙ ЧАС — FUTURE TENSE			
	ANALYTIC	SYNTHETIC	
я	бу́ду потребува́ти	потребува́тиму	
ти	бу́деш потребува́ти	потребува́тимеш	
він, вона, воно	бу́де потребува́ти	потребува́тиме	
ми	бу́демо потребува́ти	потребува́тимемо	
ви	бу́дете потребува́ти	потребува́тимете	
вони	бу́дуть потребува́ти	потребува́тимуть	
УМОВНИЙ СПОСІБ — CONDITIONAL MOOD			
він (я, ти)	потребува́в би		
вона (я, ти)	потребува́ла б		
воно	потребува́ло б		
вони (ми, ви)	потребува́ли б		
НАКАЗОВИЙ СПОСІБ — IMPERATIVE MOOD			
ти	потребу́й		
ми	потребу́ймо		
ви	потребу́йте		
він, вона, воно	(не)ха́й потребу́є		
вони	(не)ха́й потребу́ють		
ДІЄПРИКМЕТНИКИ — VERBAL ADJECTIVES (PARTICIPLES)			
ACTIVE			
PASSIVE			
ДІЄПРИСЛІВНИКИ — VERBAL ADVERBS			
	потребу́ючи, потребува́вши		
БЕЗОСОБОВІ ФОРМИ — IMPERSONAL FORMS			

+ genitive:

Ця кімна́та **потребу́є** ремо́нту.   This room needs renovation.

Він **потребува́в** моє́ї допомо́ги.   He needed my help.

Це завда́ння **потребува́тиме** (**бу́де потребува́ти**) по́вної ува́ги.   This task will require your full attention.

Потребува́вши ти́ші, вона́ пішла́ в бібліоте́ку.   In need of silence, she went to the library.

№ 354

почина́ти[ся] | поча́ти[ся]
to begin sth, to start sth [to begin, to start (off)]
Also: **розпочина́ти[ся]** | **розпоча́ти[ся]**

Present/Future Stems: **почина-** | **почн-**
Conjugation: **1st (-ють)** | **1st (-уть)**

ОСОБА / PERSON	НЕДОКОНАНИЙ ВИД / IMPERFECTIVE ASPECT		ДОКОНАНИЙ ВИД / PERFECTIVE ASPECT
ТЕПЕРІШНІЙ ЧАС — PRESENT TENSE			
я	почина́ю		
ти	почина́єш		
він, вона, воно	почина́є[ться]		
ми	почина́ємо		
ви	почина́єте		
вони	почина́ють[ся]		
МИНУЛИЙ ЧАС — PAST TENSE			
він (я, ти)	почина́в[ся]		поча́в[ся]
вона (я, ти)	почина́ла[ся]		почала́[ся]
воно	почина́ло[ся]		почало́[ся]
вони (ми, ви)	почина́ли[ся]		почали́[ся]
МАЙБУТНІЙ ЧАС — FUTURE TENSE			
	ANALYTIC	SYNTHETIC	
я	бу́ду почина́ти	почина́тиму	почну́
ти	бу́деш почина́ти	почина́тимеш	почне́ш
він, вона, воно	бу́де почина́ти[ся]	почина́тиме[ться]	почне́[ться]
ми	бу́демо почина́ти	почина́тимемо	почнемо́
ви	бу́дете почина́ти	почина́тимете	почне́те
вони	бу́дуть почина́ти[ся]	почина́тимуть[ся]	почну́ть[ся]
УМОВНИЙ СПОСІБ — CONDITIONAL MOOD			
він (я, ти)	почина́в[ся] би [б]		поча́в[ся] би [б]
вона (я, ти)	почина́ла[ся] б		почала́[ся] б
воно	почина́ло[ся] б		почало́[ся] б
вони (ми, ви)	почина́ли[ся] б		почали́[ся] б
НАКАЗОВИЙ СПОСІБ — IMPERATIVE MOOD			
ти	почина́й		почни́
ми	почина́ймо		почні́мо
ви	почина́йте		почні́ть
він, вона, воно	(не)ха́й почина́є[ться]		(не)ха́й почне́[ться]
вони	(не)ха́й почина́ють[ся]		(не)ха́й почну́ть[ся]
ДІЄПРИКМЕТНИКИ — VERBAL ADJECTIVES (PARTICIPLES)			
ACTIVE			
PASSIVE			поча́тий
ДІЄПРИСЛІВНИКИ — VERBAL ADVERBS			
	почина́ючи[сь], почина́вши[сь]		поча́вши[сь]
БЕЗОСОБОВІ ФОРМИ — IMPERSONAL FORMS			
			поча́то

+ accusative:
Я **почина́ю** (**розпочина́ю**) нови́й ета́п у житті́. — *I am beginning a new phase in life.*
Ви вже **почали́** (**розпоча́ли**) ремо́нт? — *Have you already started the renovation?*

з (із, зі) + genitive:
Почні́мо (**Розпочні́мо**) з га́рних нови́н. — *Let's start with the good news.*
Нови́й рік **поча́вся** (**розпоча́вся**) ве́село. — *The new year started off in a fun way.*

-ся + о + locative:
Конце́рт **почне́ться** (**розпочне́ться**) о во́сьмій годи́ні. — *The concert will begin at eight o'clock.*

Present/Future Stems: почува-..-ся

Conjugation: 1st (-ють)

почува́тися | —

to feel (somehow)

ОСОБА / PERSON	НЕДОКОНАНИЙ ВИД / IMPERFECTIVE ASPECT		ДОКОНАНИЙ ВИД / PERFECTIVE ASPECT
ТЕПЕРІШНІЙ ЧАС — PRESENT TENSE			
я	почува́юся		
ти	почува́єшся		
він, вона, воно	почува́ється		
ми	почува́ємося		
ви	почува́єтеся		
вони	почува́ються		
МИНУЛИЙ ЧАС — PAST TENSE			
він (я, ти)	почува́вся		
вона (я, ти)	почува́лася		
воно	почува́лося		
вони (ми, ви)	почува́лися		
МАЙБУТНІЙ ЧАС — FUTURE TENSE			
	ANALYTIC	SYNTHETIC	
я	бу́ду почува́тися	почува́тимуся	
ти	бу́деш почува́тися	почува́тимешся	
він, вона, воно	бу́де почува́тися	почува́тиметься	
ми	бу́демо почува́тися	почува́тимемося	
ви	бу́дете почува́тися	почува́тиметеся	
вони	бу́дуть почува́тися	почува́тимуться	
УМОВНИЙ СПОСІБ — CONDITIONAL MOOD			
він (я, ти)	почува́вся б		
вона (я, ти)	почува́лася б		
воно	почува́лося б		
вони (ми, ви)	почува́лися б		
НАКАЗОВИЙ СПОСІБ — IMPERATIVE MOOD			
ти	почува́йся		
ми	почува́ймося		
ви	почува́йтеся		
він, вона, воно	(не)ха́й почува́ється		
вони	(не)ха́й почува́ються		
ДІЄПРИКМЕТНИКИ — VERBAL ADJECTIVES (PARTICIPLES)			
ACTIVE			
PASSIVE			
ДІЄПРИСЛІВНИКИ — VERBAL ADVERBS			
	почува́ючись, почува́вшись		
БЕЗОСОБОВІ ФОРМИ — IMPERSONAL FORMS			

Я **почува́юся** кра́ще, дя́кую. — I feel better, thank you.

+ instrumental:

Вона́ **почува́лася** чужо́ю в нові́й краї́ні. — She felt like a stranger in a new country.

Я **почува́тимуся** (**бу́ду почува́тися**) незру́чно се́ред цих люде́й. — I will feel uncomfortable around these people.

Почу́вайтеся, як вдо́ма! — Make yourself at home!

поши́рювати[ся] | поши́рити[ся]

to spread sth, to share sth [to spread]

Present/Future Stems: **поширю-** | **пошир-**
Conjugation: **1st (-ють)** | **2nd (-ять)**

ОСОБА / PERSON	НЕДОКОНАНИЙ ВИД / IMPERFECTIVE ASPECT		ДОКОНАНИЙ ВИД / PERFECTIVE ASPECT
ТЕПЕРІШНІЙ ЧАС — PRESENT TENSE			
я	поши́рюю		
ти	поши́рюєш		
він, вона, воно	поши́рює[ться]		
ми	поши́рюємо		
ви	поши́рюєте		
вони	поши́рюють[ся]		
МИНУЛИЙ ЧАС — PAST TENSE			
він (я, ти)	поши́рював[ся]		поши́рив[ся]
вона (я, ти)	поши́рювала[ся]		поши́рила[ся]
воно	поши́рювало[ся]		поши́рило[ся]
вони (ми, ви)	поши́рювали[ся]		поши́рили[ся]
МАЙБУТНІЙ ЧАС — FUTURE TENSE			
	ANALYTIC	SYNTHETIC	
я	бу́ду поши́рювати	поши́рюватиму	поши́рю
ти	бу́деш поши́рювати	поши́рюватимеш	поши́риш
він, вона, воно	бу́де поши́рювати[ся]	поши́рюватиме[ться]	поши́рить[ся]
ми	бу́демо поши́рювати	поши́рюватимемо	поши́римо
ви	бу́дете поши́рювати	поши́рюватимете	поши́рите
вони	бу́дуть поши́рювати[ся]	поши́рюватимуть[ся]	поши́рять[ся]
УМОВНИЙ СПОСІБ — CONDITIONAL MOOD			
він (я, ти)	поши́рював[ся] би [б]		поши́рив[ся] би [б]
вона (я, ти)	поши́рювала[ся] б		поши́рила[ся] б
воно	поши́рювало[ся] б		поши́рило[ся] б
вони (ми, ви)	поши́рювали[ся] б		поши́рили[ся] б
НАКАЗОВИЙ СПОСІБ — IMPERATIVE MOOD			
ти	поши́рюй		поши́р
ми	поши́рюймо		поши́рмо
ви	поши́рюйте		поши́рте
він, вона, воно	(не)ха́й поши́рює[ться]		(не)ха́й поши́рить[ся]
вони	(не)ха́й поши́рюють[ся]		(не)ха́й поши́рять[ся]
ДІЄПРИКМЕТНИКИ — VERBAL ADJECTIVES (PARTICIPLES)			
ACTIVE			
PASSIVE	поши́рюваний		поши́рений
ДІЄПРИСЛІВНИКИ — VERBAL ADVERBS			
	поши́рюючи[сь], поши́рювавши[сь]		поши́ривши[сь]
БЕЗОСОБОВІ ФОРМИ — IMPERSONAL FORMS			
	поши́рювано		поши́рено

+ accusative:
Вона́ **поши́рює** цю інформа́цію, де ті́льки мо́жна. — *She spreads this information wherever she can.*

у (в), на + locative:
Я **поши́рю** твій до́пис у своє́му про́філі. — *I will share your post on my profile.*

Жо́вта лихома́нка **поши́рена** в де́яких краї́нах сві́ту. — *Yellow fever is common in some countries of the world.*

-ся + instrumental:
Чутки́ шви́дко **поши́рилися** мі́стом. — *Rumors quickly spread through the town.*

№ 357

Present/Future Stems: **поясню-** | **поясн-**
Conjugation: **1st (-ють)** | **2nd (-ять)**

пояснювати | пояснити

to explain, to give an explanation

ОСОБА / PERSON	НЕДОКОНАНИЙ ВИД / IMPERFECTIVE ASPECT		ДОКОНАНИЙ ВИД / PERFECTIVE ASPECT
ТЕПЕРІШНІЙ ЧАС — PRESENT TENSE			
я	пояснюю		
ти	пояснюєш		
він, вона, воно	пояснює		
ми	пояснюємо		
ви	пояснюєте		
вони	пояснюють		
МИНУЛИЙ ЧАС — PAST TENSE			
він (я, ти)	пояснював		пояснив
вона (я, ти)	пояснювала		пояснила
воно	пояснювало		пояснило
вони (ми, ви)	пояснювали		пояснили
МАЙБУТНІЙ ЧАС — FUTURE TENSE			
	ANALYTIC	SYNTHETIC	
я	буду пояснювати	пояснюватиму	поясню
ти	будеш пояснювати	пояснюватимеш	поясниш
він, вона, воно	буде пояснювати	пояснюватиме	пояснить
ми	будемо пояснювати	пояснюватимемо	пояснимо
ви	будете пояснювати	пояснюватимете	поясните
вони	будуть пояснювати	пояснюватимуть	пояснять
УМОВНИЙ СПОСІБ — CONDITIONAL MOOD			
він (я, ти)	пояснював би		пояснив би
вона (я, ти)	пояснювала б		пояснила б
воно	пояснювало б		пояснило б
вони (ми, ви)	пояснювали б		пояснили б
НАКАЗОВИЙ СПОСІБ — IMPERATIVE MOOD			
ти	пояснюй		поясни
ми	пояснюймо		пояснімо
ви	пояснюйте		поясніть
він, вона, воно	(не)хай пояснює		(не)хай пояснить
вони	(не)хай пояснюють		(не)хай пояснять
ДІЄПРИКМЕТНИКИ — VERBAL ADJECTIVES (PARTICIPLES)			
ACTIVE			
PASSIVE	пояснюваний		пояснений
ДІЄПРИСЛІВНИКИ — VERBAL ADVERBS			
	пояснюючи, пояснювавши		пояснивши
БЕЗОСОБОВІ ФОРМИ — IMPERSONAL FORMS			
	пояснювано		пояснено

+ accusative:
Ця вчителька чудово **пояснює** граматику. — *This teacher explains grammar very well.*
Професор детально **пояснив** цю тему на лекції. — *The professor explained this topic in detail at the lecture.*

+ dative:
Спочатку я **поясню** новачкам правила гри. — *First, I will explain the rules of the game to beginners.*

Поясніть мені, будь ласка, як робити цю вправу. — *Please explain to me how to do this exercise.*

прасува́ти | попрасува́ти

to iron

Present/Future Stems: **прасу- | попрасу-**
Conjugation: **1st (-ють)**

ОСОБА / PERSON	НЕДОКОНАНИЙ ВИД / IMPERFECTIVE ASPECT		ДОКОНАНИЙ ВИД / PERFECTIVE ASPECT
ТЕПЕРІШНІЙ ЧАС — PRESENT TENSE			
я	прасу́ю		
ти	прасу́єш		
він, вона, воно	прасу́є		
ми	прасу́ємо		
ви	прасу́єте		
вони	прасу́ють		
МИНУЛИЙ ЧАС — PAST TENSE			
він (я, ти)	прасува́в		попрасува́в
вона (я, ти)	прасува́ла		попрасува́ла
воно	прасува́ло		попрасува́ло
вони (ми, ви)	прасува́ли		попрасува́ли
МАЙБУТНІЙ ЧАС — FUTURE TENSE			
	ANALYTIC	SYNTHETIC	
я	бу́ду прасува́ти	прасува́тиму	попрасу́ю
ти	бу́деш прасува́ти	прасува́тимеш	попрасу́єш
він, вона, воно	бу́де прасува́ти	прасува́тиме	попрасу́є
ми	бу́демо прасува́ти	прасува́тимемо	попрасу́ємо
ви	бу́дете прасува́ти	прасува́тимете	попрасу́єте
вони	бу́дуть прасува́ти	прасува́тимуть	попрасу́ють
УМОВНИЙ СПОСІБ — CONDITIONAL MOOD			
він (я, ти)	прасува́в би		попрасува́в би
вона (я, ти)	прасува́ла б		попрасува́ла б
воно	прасува́ло б		попрасува́ло б
вони (ми, ви)	прасува́ли б		попрасува́ли б
НАКАЗОВИЙ СПОСІБ — IMPERATIVE MOOD			
ти	прасу́й		попрасу́й
ми	прасу́ймо		попрасу́ймо
ви	прасу́йте		попрасу́йте
він, вона, воно	(не)ха́й прасу́є		(не)ха́й попрасу́є
вони	(не)ха́й прасу́ють		(не)ха́й попрасу́ють
ДІЄПРИКМЕТНИКИ — VERBAL ADJECTIVES (PARTICIPLES)			
ACTIVE			
PASSIVE	прасо́ваний		попрасо́ваний
ДІЄПРИСЛІВНИКИ — VERBAL ADVERBS			
	прасу́ючи, прасува́вши		попрасува́вши
БЕЗОСОБОВІ ФОРМИ — IMPERSONAL FORMS			
	прасо́вано		попрасо́вано

+ accusative:

Я **прасу́ю** о́дяг, тільки якщо́ це ду́же потрі́бно. — *I iron clothes only if it is absolutely necessary.*

Він нашвидкуру́ч **попрасува́в** соро́чку. — *He hastily ironed the shirt.*

Почека́й, по́ки ма́ма **попрасу́є** твою́ су́кню. — *Wait until Mom irons your dress.*

Прасу́ючи о́дяг, обира́йте пра́вильну температу́ру пра́ски. — *When ironing clothes, choose the appropriate temperature of the iron.*

Present/Future Stems: пер- | попер-

Conjugation: **1st (-уть)**

пра́ти | попра́ти

to do laundry, to wash clothes

ОСОБА PERSON	НЕДОКОНАНИЙ ВИД IMPERFECTIVE ASPECT	ДОКОНАНИЙ ВИД PERFECTIVE ASPECT
ТЕПЕРІШНІЙ ЧАС — PRESENT TENSE		
я	перу́	
ти	пере́ш	
він, вона, воно	пере́	
ми	перемо́	
ви	перете́	
вони	перу́ть	
МИНУЛИЙ ЧАС — PAST TENSE		
він (я, ти)	прав	попра́в
вона (я, ти)	пра́ла	попра́ла
воно	пра́ло	попра́ло
вони (ми, ви)	пра́ли	попра́ли
МАЙБУТНІЙ ЧАС — FUTURE TENSE		
	ANALYTIC / SYNTHETIC	
я	бу́ду пра́ти / пра́тиму	поперу́
ти	бу́деш пра́ти / пра́тимеш	попере́ш
він, вона, воно	бу́де пра́ти / пра́тиме	попере́
ми	бу́демо пра́ти / пра́тимемо	поперемо́
ви	бу́дете пра́ти / пра́тимете	поперете́
вони	бу́дуть пра́ти / пра́тимуть	поперу́ть
УМОВНИЙ СПОСІБ — CONDITIONAL MOOD		
він (я, ти)	прав би	попра́в би
вона (я, ти)	пра́ла б	попра́ла б
воно	пра́ло б	попра́ло б
вони (ми, ви)	пра́ли б	попра́ли б
НАКАЗОВИЙ СПОСІБ — IMPERATIVE MOOD		
ти	пери́	попери́
ми	пері́мо	попері́мо
ви	пері́ть	попері́ть
він, вона, воно	(не)ха́й пере́	(не)ха́й попере́
вони	(не)ха́й перу́ть	(не)ха́й поперу́ть
ДІЄПРИКМЕТНИКИ — VERBAL ADJECTIVES (PARTICIPLES)		
ACTIVE		
PASSIVE	пра́ний	по́пра́ний, попра́тий
ДІЄПРИСЛІВНИКИ — VERBAL ADVERBS		
	перучи́, пра́вши	попра́вши
БЕЗОСОБОВІ ФОРМИ — IMPERSONAL FORMS		
	пра́но	по́пра́но, попра́то

+ accusative:

Зазвича́й я **перу́** о́дяг у вихідні́. — *I usually do my laundry on the weekend.*

Він **попра́в** і поприбира́в. — *He did his laundry and tidied up.*

Я **пра́тиму** (**бу́ду пра́ти**) бі́лий о́дяг окре́мо. — *I will wash the white clothes separately.*

Попра́вши, маши́нка видає́ звукови́й сигна́л. — *When finished washing, the machine beeps.*

№ 360

працюва́ти | попрацюва́ти
to work, to operate

Present/Future Stems: працю- | попрацю-
Conjugation: **1st (-ють)**

ОСОБА / PERSON	НЕДОКОНАНИЙ ВИД / IMPERFECTIVE ASPECT		ДОКОНАНИЙ ВИД / PERFECTIVE ASPECT
ТЕПЕРІШНІЙ ЧАС — PRESENT TENSE			
я	працю́ю		
ти	працю́єш		
він, вона, воно	працю́є		
ми	працю́ємо		
ви	працю́єте		
вони	працю́ють		
МИНУЛИЙ ЧАС — PAST TENSE			
він (я, ти)	працюва́в		попрацюва́в
вона (я, ти)	працюва́ла		попрацюва́ла
воно	працюва́ло		попрацюва́ло
вони (ми, ви)	працюва́ли		попрацюва́ли
МАЙБУТНІЙ ЧАС — FUTURE TENSE			
	ANALYTIC	SYNTHETIC	
я	бу́ду працюва́ти	працюва́тиму	попрацю́ю
ти	бу́деш працюва́ти	працюва́тимеш	попрацю́єш
він, вона, воно	бу́де працюва́ти	працюва́тиме	попрацю́є
ми	бу́демо працюва́ти	працюва́тимемо	попрацю́ємо
ви	бу́дете працюва́ти	працюва́тимете	попрацю́єте
вони	бу́дуть працюва́ти	працюва́тимуть	попрацю́ють
УМОВНИЙ СПОСІБ — CONDITIONAL MOOD			
він (я, ти)	працюва́в би		попрацюва́в би
вона (я, ти)	працюва́ла б		попрацюва́ла б
воно	працюва́ло б		попрацюва́ло б
вони (ми, ви)	працюва́ли б		попрацюва́ли б
НАКАЗОВИЙ СПОСІБ — IMPERATIVE MOOD			
ти	працю́й		попрацю́й
ми	працю́ймо		попрацю́ймо
ви	працю́йте		попрацю́йте
він, вона, воно	(не)ха́й працю́є		(не)ха́й попрацю́є
вони	(не)ха́й працю́ють		(не)ха́й попрацю́ють
ДІЄПРИКМЕТНИКИ — VERBAL ADJECTIVES (PARTICIPLES)			
ACTIVE			
PASSIVE			
ДІЄПРИСЛІВНИКИ — VERBAL ADVERBS			
	працю́ючи, працюва́вши		попрацюва́вши

БЕЗОСОБОВІ ФОРМИ — IMPERSONAL FORMS

у (в), **на** + *locative*:
У моє́му но́мері не **працю́є** кондиціоне́р.
The air conditioning does not work in my room.

з (із, зі) + *genitive*, **до** + *genitive*:
Цей магази́н **працю́є** з дев'я́тої до шо́стої.
This store is open from nine to six.

над + *instrumental*:
Ми до́вго **працюва́ли** над цим прое́ктом.
We worked on this project for a long time.
Ви чудо́во **попрацюва́ли**!
You did a great job!

+ *instrumental*:
Він **працюва́тиме** (**бу́де працюва́ти**) лі́карем.
He will work as a doctor.

Present/Future Stems: **прибира-** | **прибер-**
Conjugation: **1st (-ють)** | **1st (-уть)**

прибира́ти | прибра́ти
to clean, to tidy; to put away
Also: **поприбира́ти** *(perfective)*

ОСОБА / PERSON	НЕДОКОНАНИЙ ВИД / IMPERFECTIVE ASPECT		ДОКОНАНИЙ ВИД / PERFECTIVE ASPECT
ТЕПЕРІШНІЙ ЧАС — PRESENT TENSE			
я	прибира́ю		
ти	прибира́єш		
він, вона, воно	прибира́є		
ми	прибира́ємо		
ви	прибира́єте		
вони	прибира́ють		
МИНУЛИЙ ЧАС — PAST TENSE			
він (я, ти)	прибира́в		прибра́в
вона (я, ти)	прибира́ла		прибра́ла
воно	прибира́ло		прибра́ло
вони (ми, ви)	прибира́ли		прибра́ли
МАЙБУТНІЙ ЧАС — FUTURE TENSE			
	ANALYTIC	SYNTHETIC	
я	бу́ду прибира́ти	прибира́тиму	прибере́у
ти	бу́деш прибира́ти	прибира́тимеш	прибере́ш
він, вона, воно	бу́де прибира́ти	прибира́тиме	прибере́
ми	бу́демо прибира́ти	прибира́тимемо	прибере́мо́
ви	бу́дете прибира́ти	прибира́тимете	прибере́те́
вони	бу́дуть прибира́ти	прибира́тимуть	прибере́у́ть
УМОВНИЙ СПОСІБ — CONDITIONAL MOOD			
він (я, ти)	прибира́в би		прибра́в би
вона (я, ти)	прибира́ла б		прибра́ла б
воно	прибира́ло б		прибра́ло б
вони (ми, ви)	прибира́ли б		прибра́ли б
НАКАЗОВИЙ СПОСІБ — IMPERATIVE MOOD			
ти	прибира́й		прибери́
ми	прибира́ймо		прибері́мо
ви	прибира́йте		прибері́ть
він, вона, воно	(не)ха́й прибира́є		(не)ха́й прибере́
вони	(не)ха́й прибира́ють		(не)ха́й прибере́у́ть
ДІЄПРИКМЕТНИКИ — VERBAL ADJECTIVES (PARTICIPLES)			
ACTIVE			
PASSIVE			при́браний
ДІЄПРИСЛІВНИКИ — VERBAL ADVERBS			
	прибира́ючи, прибира́вши		прибра́вши
БЕЗОСОБОВІ ФОРМИ — IMPERSONAL FORMS			
			при́брано

у (в), на + *locative*:
Я **прибира́ю** у кварти́рі раз на ти́ждень. — *I clean the apartment once a week.*
Сусі́ди **прибра́ли** (**поприбира́ли**) на подві́р'ї. — *Neighbors cleaned the yard.*

+ *accusative* + **від** + *genitive*:
Школярі́ **прибра́ли** парк від сміття́. — *Schoolchildren cleaned the park of garbage.*

+ *accusative*:
Будь ла́ска, **прибери́** (**поприбира́й**) свої́ іграшки. — *Please put your toys away.*
Тут ще не **при́брано**. — *It has not been cleaned here yet.*

прибува́ти | прибу́ти

to arrive, to come

Present/Future Stems: прибува- | прибуд-
Conjugation: **1st (-ють)** | **1st (-уть)**

ОСОБА / PERSON	НЕДОКОНАНИЙ ВИД / IMPERFECTIVE ASPECT		ДОКОНАНИЙ ВИД / PERFECTIVE ASPECT
ТЕПЕРІШНІЙ ЧАС — PRESENT TENSE			
я	прибува́ю		
ти	прибува́єш		
він, вона, воно	прибува́є		
ми	прибува́ємо		
ви	прибува́єте		
вони	прибува́ють		
МИНУЛИЙ ЧАС — PAST TENSE			
він (я, ти)	прибува́в		прибу́в
вона (я, ти)	прибува́ла		прибула́
воно	прибува́ло		прибуло́
вони (ми, ви)	прибува́ли		прибули́
МАЙБУТНІЙ ЧАС — FUTURE TENSE			
	ANALYTIC	SYNTHETIC	
я	бу́ду прибува́ти	прибува́тиму	прибу́ду
ти	бу́деш прибува́ти	прибува́тимеш	прибу́деш
він, вона, воно	бу́де прибува́ти	прибува́тиме	прибу́де
ми	бу́демо прибува́ти	прибува́тимемо	прибу́демо
ви	бу́дете прибува́ти	прибува́тимете	прибу́дете
вони	бу́дуть прибува́ти	прибува́тимуть	прибу́дуть
УМОВНИЙ СПОСІБ — CONDITIONAL MOOD			
він (я, ти)	прибува́в би		прибу́в би
вона (я, ти)	прибува́ла б		прибула́ б
воно	прибува́ло б		прибуло́ б
вони (ми, ви)	прибува́ли б		прибули́ б
НАКАЗОВИЙ СПОСІБ — IMPERATIVE MOOD			
ти	прибува́й		прибу́дь
ми	прибува́ймо		прибу́дьмо
ви	прибува́йте		прибу́дьте
він, вона, воно	(не)ха́й прибува́є		(не)ха́й прибу́де
вони	(не)ха́й прибува́ють		(не)ха́й прибу́дуть
ДІЄПРИКМЕТНИКИ — VERBAL ADJECTIVES (PARTICIPLES)			
ACTIVE			прибу́лий
PASSIVE			
ДІЄПРИСЛІВНИКИ — VERBAL ADVERBS			
	прибува́ючи, прибува́вши		прибу́вши
БЕЗОСОБОВІ ФОРМИ — IMPERSONAL FORMS			

Ува́га! **Прибува́є** по́їзд.
Attention! The train is arriving.

у (в), **на** + *accusative* = **до** + *genitive*:
Ми вже **прибули́** в теа́тр (до теа́тру). Де ви?
We have already arrived at the theater. Where are you?

Я **прибу́ду** в аеропо́рт (до аеропо́рту) заздалегі́дь і бу́ду там на те́бе чека́ти.
I will come to the airport in advance and will be waiting for you there.

Прибу́вши на мі́сце і́спиту, вона́ зрозумі́ла, що забу́ла па́спорт.
When she arrived at the place of the exam, she realized that she had forgotten her passport.

Present/Future Stems: **привод(ж)-** | **привед-**
Conjugation: **2nd (-ять)** | **1st (-уть)**

приво́дити | привести́

to bring sb (to, along) (by walking)

ОСОБА / PERSON	НЕДОКОНАНИЙ ВИД / IMPERFECTIVE ASPECT		ДОКОНАНИЙ ВИД / PERFECTIVE ASPECT
ТЕПЕРІШНІЙ ЧАС — PRESENT TENSE			
я	приво́джу		
ти	приво́диш		
він, вона, воно	приво́дить		
ми	приво́димо		
ви	приво́дите		
вони	приво́дять		
МИНУЛИЙ ЧАС — PAST TENSE			
він (я, ти)	приво́див		приві́в
вона (я, ти)	приво́дила		привела́
воно	приво́дило		привело́
вони (ми, ви)	приво́дили		привели́
МАЙБУТНІЙ ЧАС — FUTURE TENSE			
	ANALYTIC	SYNTHETIC	
я	бу́ду приво́дити	приво́дитиму	приведу́
ти	бу́деш приво́дити	приво́дитимеш	приведе́ш
він, вона, воно	бу́де приво́дити	приво́дитиме	приведе́
ми	бу́демо приво́дити	приво́дитимемо	приведемо́
ви	бу́дете приво́дити	приво́дитимете	приведете́
вони	бу́дуть приво́дити	приво́дитимуть	приведу́ть
УМОВНИЙ СПОСІБ — CONDITIONAL MOOD			
він (я, ти)	приво́див би		приві́в би
вона (я, ти)	приво́дила б		привела́ б
воно	приво́дило б		привело́ б
вони (ми, ви)	приво́дили б		привели́ б
НАКАЗОВИЙ СПОСІБ — IMPERATIVE MOOD			
ти	приво́дь		приведи́
ми	приво́дьмо		приведі́мо
ви	приво́дьте		приведі́ть
він, вона, воно	(не)ха́й приво́дить		(не)ха́й приведе́
вони	(не)ха́й приво́дять		(не)ха́й приведу́ть
ДІЄПРИКМЕТНИКИ — VERBAL ADJECTIVES (PARTICIPLES)			
ACTIVE			
PASSIVE			приве́дений
ДІЄПРИСЛІВНИКИ — VERBAL ADVERBS			
	приво́дячи, приво́дивши		приві́вши
БЕЗОСОБОВІ ФОРМИ — IMPERSONAL FORMS			
			приве́дено

+ accusative:
Ба́тько **приво́дить** дочку́, а ма́ма забира́є.
The father brings the daughter, and the mother picks her up.

з (із, зі) + instrumental:
Він **приведе́** із собо́ю свою́ нову́ ді́вчину.
He will bring his new girlfriend with him.

до + genitive = у (в), на + accusative:
Коли́ ви зно́ву **приведете́** си́на до шко́ли (в шко́лу)?
When will you bring your son to school again?

Військо́ві вже **приве́дені** до бойово́ї гото́вності.
The military is already brought to combat readiness.

№ 364

приво́зити | привезти́

to bring sth/sb (by transport)

Present/Future Stems: **привож-/привоз-** | **привез-**

Conjugation: **2nd (-ять)** | **1st (-уть)**

ОСОБА / PERSON	НЕДОКОНАНИЙ ВИД / IMPERFECTIVE ASPECT		ДОКОНАНИЙ ВИД / PERFECTIVE ASPECT
ТЕПЕРІШНІЙ ЧАС — PRESENT TENSE			
я	приво́жу		
ти	приво́зиш		
він, вона, воно	приво́зить		
ми	приво́зимо		
ви	приво́зите		
вони	приво́зять		
МИНУЛИЙ ЧАС — PAST TENSE			
він (я, ти)	приво́зив		приві́з
вона (я, ти)	приво́зила		привезла́
воно	приво́зило		привезло́
вони (ми, ви)	приво́зили		привезли́
МАЙБУТНІЙ ЧАС — FUTURE TENSE			
	ANALYTIC	SYNTHETIC	
я	бу́ду приво́зити	приво́зитиму	привезу́
ти	бу́деш приво́зити	приво́зитимеш	привезе́ш
він, вона, воно	бу́де приво́зити	приво́зитиме	привезе́
ми	бу́демо приво́зити	приво́зитимемо	привеземо́
ви	бу́дете приво́зити	приво́зитимете	привезете́
вони	бу́дуть приво́зити	приво́зитимуть	привезу́ть
УМОВНИЙ СПОСІБ — CONDITIONAL MOOD			
він (я, ти)	приво́зив би		приві́з би
вона (я, ти)	приво́зила б		привезла́ б
воно	приво́зило б		привезло́ б
вони (ми, ви)	приво́зили б		привезли́ б
НАКАЗОВИЙ СПОСІБ — IMPERATIVE MOOD			
ти	приво́зь		привези́
ми	приво́зьмо		привезі́мо
ви	приво́зьте		привезі́ть
він, вона, воно	(не)ха́й приво́зить		(не)ха́й привезе́
вони	(не)ха́й приво́зять		(не)ха́й привезу́ть
ДІЄПРИКМЕТНИКИ — VERBAL ADJECTIVES (PARTICIPLES)			
ACTIVE			
PASSIVE			приве́зений
ДІЄПРИСЛІВНИКИ — VERBAL ADVERBS			
	приво́зячи, приво́зивши		приві́зши
БЕЗОСОБОВІ ФОРМИ — IMPERSONAL FORMS			
			приве́зено

+ accusative:
Вони́ **приво́зять** матеріа́ли для виробни́цтва з-за кордо́ну.
They bring production materials from abroad.

у (в), на + accusative = до + genitive:
Сусі́дка **привезла́** мене́ в ліка́рню (до ліка́рні).
The neighbor brought me to the hospital.

+ dative:
Ти **привезе́ш** мені́ сувені́ри?
Will you bring me souvenirs?

з (із, зі) + genitive:
Привези́ мені́ щось з Украї́ни.
Bring me something from Ukraine.

№ 365

Present/Future Stems: **приєдну-** | **приєдна-**
Conjugation: **1st (-ють)**

приє́днувати[ся] | приєдна́ти[ся]

to add, to attach, to join sth [to join]

ОСОБА / PERSON	НЕДОКОНАНИЙ ВИД / IMPERFECTIVE ASPECT		ДОКОНАНИЙ ВИД / PERFECTIVE ASPECT
ТЕПЕРІШНІЙ ЧАС — PRESENT TENSE			
я	приєдную[ся]		
ти	приєднуєш[ся]		
він, вона, воно	приєднує[ться]		
ми	приєднуємо[ся]		
ви	приєднуєте[ся]		
вони	приєднують[ся]		
МИНУЛИЙ ЧАС — PAST TENSE			
він (я, ти)	приєднував[ся]		приєднав[ся]
вона (я, ти)	приєднувала[ся]		приєднала[ся]
воно	приєднувало[ся]		приєднало[ся]
вони (ми, ви)	приєднували[ся]		приєднали[ся]
МАЙБУТНІЙ ЧАС — FUTURE TENSE			
	ANALYTIC	SYNTHETIC	
я	буду приєднувати[ся]	приєднуватиму[ся]	приєднаю[ся]
ти	будеш приєднувати[ся]	приєднуватимеш[ся]	приєднаєш[ся]
він, вона, воно	буде приєднувати[ся]	приєднуватиме[ться]	приєднає[ться]
ми	будемо приєднувати[ся]	приєднуватимемо[ся]	приєднаємо[ся]
ви	будете приєднувати[ся]	приєднуватимете[ся]	приєднаєте[ся]
вони	будуть приєднувати[ся]	приєднуватимуть[ся]	приєднають[ся]
УМОВНИЙ СПОСІБ — CONDITIONAL MOOD			
він (я, ти)	приєднував[ся] би [б]		приєднав[ся] би [б]
вона (я, ти)	приєднувала[ся] б		приєднала[ся] б
воно	приєднувало[ся] б		приєднало[ся] б
вони (ми, ви)	приєднували[ся] б		приєднали[ся] б
НАКАЗОВИЙ СПОСІБ — IMPERATIVE MOOD			
ти	приєднуй[ся]		приєднай[ся]
ми	приєднуймо[ся]		приєднаймо[ся]
ви	приєднуйте[ся]		приєднайте[ся]
він, вона, воно	(не)хай приєднує[ться]		(не)хай приєднає[ться]
вони	(не)хай приєднують[ся]		(не)хай приєднають[ся]
ДІЄПРИКМЕТНИКИ — VERBAL ADJECTIVES (PARTICIPLES)			
ACTIVE			
PASSIVE	приєднуваний		приєднаний
ДІЄПРИСЛІВНИКИ — VERBAL ADVERBS			
	приєднуючи[сь], приєднувавши[сь]		приєднавши[сь]
БЕЗОСОБОВІ ФОРМИ — IMPERSONAL FORMS			
	приєднувано		приєднано

+ accusative + до + genitive:

Працівники́ залізни́ці **приєдна́ли** додатко́ві ваго́ни до по́їзда.
Railway workers attached additional cars to the train.

Украї́нські етні́чні зе́млі було́ **приєднано** до двох імпе́рій.
Ukrainian ethnic lands were annexed to two empires.

-ся + до + genitive:

Я **приєднуюся** до привіта́нь.
I join in the greetings.

Мій коле́га **приєдна́ється** до нас на обі́д.
My colleague will join us for lunch.

Приєднуйтеся до вебіна́ру за посила́нням.
Join the webinar using the link.

№ 366

призво́дити | призвести́
to cause, to lead to (negative effects)

Present/Future Stems: **призвод(ж)- | призвед-**
Conjugation: **2nd (-ять) | 1st (-уть)**

ОСОБА / PERSON	НЕДОКОНАНИЙ ВИД / IMPERFECTIVE ASPECT		ДОКОНАНИЙ ВИД / PERFECTIVE ASPECT
ТЕПЕРІШНІЙ ЧАС — PRESENT TENSE			
я	призво́джу		
ти	призво́диш		
він, вона, воно	призво́дить		
ми	призво́димо		
ви	призво́дите		
вони	призво́дять		
МИНУЛИЙ ЧАС — PAST TENSE			
він (я, ти)	призво́див		призві́в
вона (я, ти)	призво́дила		призвела́
воно	призво́дило		призвело́
вони (ми, ви)	призво́дили		призвели́
МАЙБУТНІЙ ЧАС — FUTURE TENSE			
	ANALYTIC	SYNTHETIC	
я	бу́ду призво́дити	призво́дитиму	призведу́
ти	бу́деш призво́дити	призво́дитимеш	призведе́ш
він, вона, воно	бу́де призво́дити	призво́дитиме	призведе́
ми	бу́демо призво́дити	призво́дитимемо	призведемо́
ви	бу́дете призво́дити	призво́дитимете	призведете́
вони	бу́дуть призво́дити	призво́дитимуть	призведу́ть
УМОВНИЙ СПОСІБ — CONDITIONAL MOOD			
він (я, ти)	призво́див би		призві́в би
вона (я, ти)	призво́дила б		призвела́ б
воно	призво́дило б		призвело́ б
вони (ми, ви)	призво́дили б		призвели́ б
НАКАЗОВИЙ СПОСІБ — IMPERATIVE MOOD			
ти	призво́дь		призведи́
ми	призво́дьмо		призведі́мо
ви	призво́дьте		призведі́ть
він, вона, воно	(не)ха́й призво́дить		(не)ха́й призведе́
вони	(не)ха́й призво́дять		(не)ха́й призведу́ть
ДІЄПРИКМЕТНИКИ — VERBAL ADJECTIVES (PARTICIPLES)			
ACTIVE			
PASSIVE			призве́дений
ДІЄПРИСЛІВНИКИ — VERBAL ADVERBS			
	призво́дячи, призво́дивши		призві́вши
БЕЗОСОБОВІ ФОРМИ — IMPERSONAL FORMS			
			призве́дено

до + *genitive*:

Курі́ння **призво́дить** до серйо́зних захво́рювань. — *Smoking causes serious illnesses.*

Него́да **призвела́** до перебо́їв зв'язку́. — *Bad weather caused communication interruptions.*

Це **призведе́** до ще бі́льших пробле́м. — *This will lead to even bigger problems.*

Вла́да прояви́ла агре́сію до студе́нтів, **призві́вши** до револю́ції. — *The authorities showed aggression towards the students, leading to a revolution.*

Present/Future Stems: **приїжджа-** | **приїд-**
Conjugation: **1st (-ють)** | **1st (-уть)**

приїжджа́ти | приї́хати

to come, to arrive (by transport)

ОСОБА / PERSON	НЕДОКОНАНИЙ ВИД / IMPERFECTIVE ASPECT		ДОКОНАНИЙ ВИД / PERFECTIVE ASPECT
ТЕПЕРІШНІЙ ЧАС — PRESENT TENSE			
я	приїжджа́ю		
ти	приїжджа́єш		
він, вона, воно	приїжджа́є		
ми	приїжджа́ємо		
ви	приїжджа́єте		
вони	приїжджа́ють		
МИНУЛИЙ ЧАС — PAST TENSE			
він (я, ти)	приїжджа́в		приї́хав
вона (я, ти)	приїжджа́ла		приї́хала
воно	приїжджа́ло		приї́хало
вони (ми, ви)	приїжджа́ли		приї́хали
МАЙБУТНІЙ ЧАС — FUTURE TENSE			
	ANALYTIC	SYNTHETIC	
я	бу́ду приїжджа́ти	приїжджа́тиму	приї́ду
ти	бу́деш приїжджа́ти	приїжджа́тимеш	приї́деш
він, вона, воно	бу́де приїжджа́ти	приїжджа́тиме	приї́де
ми	бу́демо приїжджа́ти	приїжджа́тимемо	приї́демо
ви	бу́дете приїжджа́ти	приїжджа́тимете	приї́дете
вони	бу́дуть приїжджа́ти	приїжджа́тимуть	приї́дуть
УМОВНИЙ СПОСІБ — CONDITIONAL MOOD			
він (я, ти)	приїжджа́в би		приї́хав би
вона (я, ти)	приїжджа́ла б		приї́хала б
воно	приїжджа́ло б		приї́хало б
вони (ми, ви)	приїжджа́ли б		приї́хали б
НАКАЗОВИЙ СПОСІБ — IMPERATIVE MOOD			
ти	приїжджа́й		приї́дь
ми	приїжджа́ймо		приї́дьмо
ви	приїжджа́йте		приї́дьте
він, вона, воно	(не)ха́й приїжджа́є		(не)ха́й приї́де
вони	(не)ха́й приїжджа́ють		(не)ха́й приї́дуть
ДІЄПРИКМЕТНИКИ — VERBAL ADJECTIVES (PARTICIPLES)			
ACTIVE			
PASSIVE			
ДІЄПРИСЛІВНИКИ — VERBAL ADVERBS			
	приїжджа́ючи, приїжджа́вши		приї́хавши
БЕЗОСОБОВІ ФОРМИ — IMPERSONAL FORMS			

Мій син ча́сто **приїжджа́є**.
My son often visits.

Ми вже **приї́хали**?
Have we already arrived?

до + *genitive* = **у** (**в**), **на** + *accusative*:
Насту́пного ра́зу ми **приї́демо** до Ки́єва (в Ки́їв) усіє́ю сім'є́ю.
Next time we will come to Kyiv with the whole family.

до + *genitive (people)*:
Приїжджа́йте до нас в го́сті!
Come over to our place!

приймáти | прийня́ти

to accept; to adopt (a law); to take as

Present/Future Stems: **приймá- | прийм-**
Conjugation: **1st (-ють) | 1st (-уть)**

ОСОБА / PERSON	НЕДОКОНАНИЙ ВИД / IMPERFECTIVE ASPECT		ДОКОНАНИЙ ВИД / PERFECTIVE ASPECT
ТЕПЕРІШНІЙ ЧАС — PRESENT TENSE			
я	приймáю		
ти	приймáєш		
він, вона, воно	приймáє		
ми	приймáємо		
ви	приймáєте		
вони	приймáють		
МИНУЛИЙ ЧАС — PAST TENSE			
він (я, ти)	приймáв		прийня́в
вона (я, ти)	приймáла		прийняла́
воно	приймáло		прийняло́
вони (ми, ви)	приймáли		прийняли́
МАЙБУТНІЙ ЧАС — FUTURE TENSE			
	ANALYTIC	SYNTHETIC	
я	бýду приймáти	приймáтиму	приймý
ти	бýдеш приймáти	приймáтимеш	при́ймеш
він, вона, воно	бýде приймáти	приймáтиме	при́йме
ми	бýдемо приймáти	приймáтимемо	при́ймемо
ви	бýдете приймáти	приймáтимете	при́ймете
вони	бýдуть приймáти	приймáтимуть	при́ймуть
УМОВНИЙ СПОСІБ — CONDITIONAL MOOD			
він (я, ти)	приймáв би		прийня́в би
вона (я, ти)	приймáла б		прийняла́ б
воно	приймáло б		прийняло́ б
вони (ми, ви)	приймáли б		прийняли́ б
НАКАЗОВИЙ СПОСІБ — IMPERATIVE MOOD			
ти	приймáй		прийми́
ми	приймáймо		прийми́мо
ви	приймáйте		прийми́ть
він, вона, воно	(не)хáй приймáє		(не)хáй при́йме
вони	(не)хáй приймáють		(не)хáй при́ймуть
ДІЄПРИКМЕТНИКИ — VERBAL ADJECTIVES (PARTICIPLES)			
ACTIVE			
PASSIVE			прийня́тий
ДІЄПРИСЛІВНИКИ — VERBAL ADVERBS			
	приймáючи, приймáвши		прийня́вши
БЕЗОСОБОВІ ФОРМИ — IMPERSONAL FORMS			
			прийня́то

+ accusative:
Він охóче **прийня́в** їхню пропози́цію робо́ти. — *He willingly accepted their job offer.*
У се́реду депутáти офіці́йно **при́ймуть** цей закóн. — *On Wednesday, deputies will officially adopt this law.*

як + accusative:
Прийми́ це як дрýжню порáду. — *Take this as friendly advice.*
Рі́шення **при́йнято**. — *The decision has been made.*

Present/Future Stems: принош-/принос- | принес-
Conjugation: **2nd (-ять)** | **1st (-уть)**

приносити | принести

to bring, to carry (somewhere)

ОСОБА PERSON	НЕДОКОНАНИЙ ВИД IMPERFECTIVE ASPECT		ДОКОНАНИЙ ВИД PERFECTIVE ASPECT
ТЕПЕРІШНІЙ ЧАС — PRESENT TENSE			
я	приношу		
ти	приносиш		
він, вона, воно	приносить		
ми	приносимо		
ви	приносите		
вони	приносять		
МИНУЛИЙ ЧАС — PAST TENSE			
він (я, ти)	приносив		приніс
вона (я, ти)	приносила		принесла
воно	приносило		принесло
вони (ми, ви)	приносили		принесли
МАЙБУТНІЙ ЧАС — FUTURE TENSE			
	ANALYTIC	SYNTHETIC	
я	буду приносити	приноситиму	принесу
ти	будеш приносити	приноситимеш	принесеш
він, вона, воно	буде приносити	приноситиме	принесе
ми	будемо приносити	приноситимемо	принесемо
ви	будете приносити	приноситимете	принесете
вони	будуть приносити	приноситимуть	принесуть
УМОВНИЙ СПОСІБ — CONDITIONAL MOOD			
він (я, ти)	приносив би		приніс би
вона (я, ти)	приносила б		принесла б
воно	приносило б		принесло б
вони (ми, ви)	приносили б		принесли б
НАКАЗОВИЙ СПОСІБ — IMPERATIVE MOOD			
ти	принось		принеси
ми	приносьмо		принесімо
ви	приносьте		принесіть
він, вона, воно	(не)хай приносить		(не)хай принесе
вони	(не)хай приносять		(не)хай принесуть
ДІЄПРИКМЕТНИКИ — VERBAL ADJECTIVES (PARTICIPLES)			
ACTIVE			
PASSIVE			принесений
ДІЄПРИСЛІВНИКИ — VERBAL ADVERBS			
	приносячи, приносивши		принісши
БЕЗОСОБОВІ ФОРМИ — IMPERSONAL FORMS			
			принесено

+ *accusative* + **у** (**в**), **на** + *accusative*:
Вона завжди **приносить** щось смачне на роботу.   *She always brings something tasty to work.*
Ця інвестиція **принесла** значні прибутки.   *This investment brought significant returns.*
Я **принесу** закуски на вечірку.   *I will bring snacks to the party.*
+ *dative*:
Принеси мені, будь ласка, склянку води.   *Bring me a glass of water, please.*

№ 370

припиня́ти [ся] | припини́ти [ся]

to stop sth, to discontinue [to stop]

Present/Future Stems: припиня- | припин-
Conjugation: **1st (-ють)** | **2nd (-ять)**

ОСОБА / PERSON	НЕДОКОНАНИЙ ВИД / IMPERFECTIVE ASPECT		ДОКОНАНИЙ ВИД / PERFECTIVE ASPECT
ТЕПЕРІШНІЙ ЧАС — PRESENT TENSE			
я	припиня́ю		
ти	припиня́єш		
він, вона, воно	припиня́є [ться]		
ми	припиня́ємо		
ви	припиня́єте		
вони	припиня́ють [ся]		
МИНУЛИЙ ЧАС — PAST TENSE			
він (я, ти)	припиня́в [ся]		припини́в [ся]
вона (я, ти)	припиня́ла [ся]		припини́ла [ся]
воно	припиня́ло [ся]		припини́ло [ся]
вони (ми, ви)	припиня́ли [ся]		припини́ли [ся]
МАЙБУТНІЙ ЧАС — FUTURE TENSE			
	ANALYTIC	SYNTHETIC	
я	бу́ду припиня́ти	припиня́тиму	припиню́
ти	бу́деш припиня́ти	припиня́тимеш	припи́ниш
він, вона, воно	бу́де припиня́ти [ся]	припиня́тиме [ться]	припи́нить [ся]
ми	бу́демо припиня́ти	припиня́тимемо	припи́нимо
ви	бу́дете припиня́ти	припиня́тимете	припи́ните
вони	бу́дуть припиня́ти [ся]	припиня́тимуть [ся]	припи́нять [ся]
УМОВНИЙ СПОСІБ — CONDITIONAL MOOD			
він (я, ти)	припиня́в [ся] би [б]		припини́в [ся] би [б]
вона (я, ти)	припиня́ла [ся] б		припини́ла [ся] б
воно	припиня́ло [ся] б		припини́ло [ся] б
вони (ми, ви)	припиня́ли [ся] б		припини́ли [ся] б
НАКАЗОВИЙ СПОСІБ — IMPERATIVE MOOD			
ти	припиня́й		припини́
ми	припиня́ймо		припині́мо
ви	припиня́йте		припині́ть
він, вона, воно	(не)ха́й припиня́є [ться]		(не)ха́й припи́нить [ся]
вони	(не)ха́й припиня́ють [ся]		(не)ха́й припи́нять [ся]
ДІЄПРИКМЕТНИКИ — VERBAL ADJECTIVES (PARTICIPLES)			
ACTIVE			
PASSIVE			припи́нений
ДІЄПРИСЛІВНИКИ — VERBAL ADVERBS			
	припиня́ючи [сь], припиня́вши [сь]		припини́вши [сь]
БЕЗОСОБОВІ ФОРМИ — IMPERSONAL FORMS			
			припи́нено

+ *accusative*:
Компа́нія **припини́ла** виробни́цтво цього́ това́ру.
The company has discontinued the production of this product.

+ *infinitive*:
Вона́ **припини́ла** працюва́ти з цим замо́вником.
She stopped working with this customer.
Негайно **припині́ть**!
Stop this immediately!

-ся + на + *locative*:
Робо́та на цьо́му не **припиня́ється**.
The work does not stop on this.
Дощ **припини́вся**, і ми пішли́ гуля́ти.
The rain stopped, and we went for a walk.

Present/Future Stems: припуска- | припущ-/припуст-
Conjugation: **1st (-ють)** | **2nd (-ять)**

припуска́ти | припусти́ти
to assume, to suppose

ОСОБА / PERSON	НЕДОКОНАНИЙ ВИД / IMPERFECTIVE ASPECT		ДОКОНАНИЙ ВИД / PERFECTIVE ASPECT
ТЕПЕРІШНІЙ ЧАС — PRESENT TENSE			
я	припуска́ю		
ти	припуска́єш		
він, вона, воно	припуска́є		
ми	припуска́ємо		
ви	припуска́єте		
вони	припуска́ють		
МИНУЛИЙ ЧАС — PAST TENSE			
він (я, ти)	припуска́в		припусти́в
вона (я, ти)	припуска́ла		припусти́ла
воно	припуска́ло		припусти́ло
вони (ми, ви)	припуска́ли		припусти́ли
МАЙБУТНІЙ ЧАС — FUTURE TENSE	ANALYTIC	SYNTHETIC	
я	бу́ду припуска́ти	припуска́тиму	припущу́
ти	бу́деш припуска́ти	припуска́тимеш	припу́стиш
він, вона, воно	бу́де припуска́ти	припуска́тиме	припу́стить
ми	бу́демо припуска́ти	припуска́тимемо	припу́стимо
ви	бу́дете припуска́ти	припуска́тимете	припу́стите
вони	бу́дуть припуска́ти	припуска́тимуть	припу́стять
УМОВНИЙ СПОСІБ — CONDITIONAL MOOD			
він (я, ти)	припуска́в би		припусти́в би
вона (я, ти)	припуска́ла б		припусти́ла б
воно	припуска́ло б		припусти́ло б
вони (ми, ви)	припуска́ли б		припусти́ли б
НАКАЗОВИЙ СПОСІБ — IMPERATIVE MOOD			
ти	припуска́й		припусти́
ми	припуска́ймо		припусті́мо
ви	припуска́йте		припусті́ть
він, вона, воно	(не)ха́й припуска́є		(не)ха́й припу́стить
вони	(не)ха́й припуска́ють		(не)ха́й припу́стять
ДІЄПРИКМЕТНИКИ — VERBAL ADJECTIVES (PARTICIPLES)			
ACTIVE			
PASSIVE			припу́щений
ДІЄПРИСЛІВНИКИ — VERBAL ADVERBS			
	припуска́ючи, припуска́вши		припусти́вши
БЕЗОСОБОВІ ФОРМИ — IMPERSONAL FORMS			
			припу́щено

+ accusative:

Експе́рти **припуска́ють** зроста́ння цін. — *Experts assume an increase in prices.*

Він **припуска́в**, що таке́ можли́во, але́ не міг у це повірити. — *He supposed that this was possible, but he could not believe it.*

Лі́кар **припусти́в**, що це грип. — *The doctor assumed it was the flu.*

Припусті́мо, що у вас є необме́жені ресу́рси. — *Let's us assume you have unlimited resources.*

№ 372

прихо́дити | прийти́
to come, to arrive (by walking)

Present/Future Stems: **прихо́д(ж)- | прийд-**
Conjugation: **2nd (-ять) | 1st (-уть)**

ОСО́БА / PERSON	НЕДОКО́НАНИЙ ВИД / IMPERFECTIVE ASPECT		ДОКО́НАНИЙ ВИД / PERFECTIVE ASPECT
ТЕПЕ́РІШНІЙ ЧАС — PRESENT TENSE			
я	прихо́джу		
ти	прихо́диш		
він, вона, воно	прихо́дить		
ми	прихо́димо		
ви	прихо́дите		
вони	прихо́дять		
МИНУ́ЛИЙ ЧАС — PAST TENSE			
він (я, ти)	прихо́див		прийшо́в
вона (я, ти)	прихо́дила		прийшла́
воно	прихо́дило		прийшло́
вони (ми, ви)	прихо́дили		прийшли́
МАЙБУ́ТНІЙ ЧАС — FUTURE TENSE			
	ANALYTIC	SYNTHETIC	
я	бу́ду прихо́дити	прихо́дитиму	прийду́
ти	бу́деш прихо́дити	прихо́дитимеш	прийдеш
він, вона, воно	бу́де прихо́дити	прихо́дитиме	прийде
ми	бу́демо прихо́дити	прихо́дитимемо	прийдемо
ви	бу́дете прихо́дити	прихо́дитимете	прийдете
вони	бу́дуть прихо́дити	прихо́дитимуть	прийдуть
УМО́ВНИЙ СПО́СІБ — CONDITIONAL MOOD			
він (я, ти)	прихо́див би		прийшо́в би
вона (я, ти)	прихо́дила б		прийшла́ б
воно	прихо́дило б		прийшло́ б
вони (ми, ви)	прихо́дили б		прийшли́ б
НАКАЗО́ВИЙ СПО́СІБ — IMPERATIVE MOOD			
ти	прихо́дь		прийди́
ми	прихо́дьмо		прийді́мо
ви	прихо́дьте		прийді́ть
він, вона, воно	(не)ха́й прихо́дить		(не)ха́й прийде́
вони	(не)ха́й прихо́дять		(не)ха́й прийду́ть
ДІЄПРИКМЕ́ТНИКИ — VERBAL ADJECTIVES (PARTICIPLES)			
ACTIVE			
PASSIVE			
ДІЄПРИСЛІ́ВНИКИ — VERBAL ADVERBS			
	прихо́дячи, прихо́дивши		прийшо́вши
БЕЗОСОБО́ВІ ФО́РМИ — IMPERSONAL FORMS			

до + *genitive* = **у** (**в**), **на** + *accusative*:

Вона́ за́вжди́ **прихо́дить** до шко́ли (у шко́лу) вча́сно. — She always comes to school on time.

Ми вже **прийшли́**, ми внизу́. — We have already arrived; we are downstairs.

до + *genitive* (*people*):

Сподіва́юсь, що ви **при́йдете** до нас на весі́лля. — I hope you will come to our wedding.

Він **прийшо́в би** на зу́стріч, якби́ не був хво́рий. — He would come to the meeting if he were not sick.

№ 373

Present/Future Stems: **пробача- | пробач-**
Conjugation: **1st (-ють) | 2nd (-ать)**

пробачáти | пробáчити
to forgive
See also: **вибачáти | вúбачити** (№ 28)

ОСОБА PERSON	НЕДОКОНАНИЙ ВИД IMPERFECTIVE ASPECT		ДОКОНАНИЙ ВИД PERFECTIVE ASPECT
ТЕПЕРІШНІЙ ЧАС — PRESENT TENSE			
я	пробачáю		
ти	пробачáєш		
він, вона, воно	пробачáє		
ми	пробачáємо		
ви	пробачáєте		
вони	пробачáють		
МИНУЛИЙ ЧАС — PAST TENSE			
він (я, ти)	пробачáв		пробáчив
вона (я, ти)	пробачáла		пробáчила
воно	пробачáло		пробáчило
вони (ми, ви)	пробачáли		пробáчили
МАЙБУТНІЙ ЧАС — FUTURE TENSE			
	ANALYTIC	SYNTHETIC	
я	бýду пробачáти	пробачáтиму	пробáчу
ти	бýдеш пробачáти	пробачáтимеш	пробáчиш
він, вона, воно	бýде пробачáти	пробачáтиме	пробáчить
ми	бýдемо пробачáти	пробачáтимемо	пробáчимо
ви	бýдете пробачáти	пробачáтимете	пробáчите
вони	бýдуть пробачáти	пробачáтимуть	пробáчать
УМОВНИЙ СПОСІБ — CONDITIONAL MOOD			
він (я, ти)	пробачáв би		пробáчив би
вона (я, ти)	пробачáла б		пробáчила б
воно	пробачáло б		пробáчило б
вони (ми, ви)	пробачáли б		пробáчили б
НАКАЗОВИЙ СПОСІБ — IMPERATIVE MOOD			
ти	пробачáй		пробáч
ми	пробачáймо		пробáчмо
ви	пробачáйте		пробáчте
він, вона, воно	(не)хáй пробачáє		(не)хáй пробáчить
вони	(не)хáй пробачáють		(не)хáй пробáчать
ДІЄПРИКМЕТНИКИ — VERBAL ADJECTIVES (PARTICIPLES)			
ACTIVE			
PASSIVE			пробáчений
ДІЄПРИСЛІВНИКИ — VERBAL ADVERBS			
	пробачáючи, пробачáвши		пробáчивши
БЕЗОСОБОВІ ФОРМИ — IMPERSONAL FORMS			
			пробáчено

+ *dative*:
Я **пробачáю** тобí. — I forgive you.
Ми нікóли не забýдемо й нікóли не **пробáчимо**. — We will never forget and never forgive.

за + *accusative*:
Пробáчте за нескрóмність, хóчу вас про щось запитáти. — Sorry for my indiscretion, I want to ask you something.

Хай бýде все **пробáчене пробáчено** (Ліна Костéнко). — Let all that is forgiven be forgiven (Lina Kostenko).

№ 374

про́бувати | спро́бувати
to try, to attempt; to taste
Informal: **попро́бувати** *(perfective)*

Present/Future Stems: **пробу- | спробу-**
Conjugation: **1st (-ють)**

ОСОБА / PERSON	НЕДОКОНАНИЙ ВИД / IMPERFECTIVE ASPECT		ДОКОНАНИЙ ВИД / PERFECTIVE ASPECT
ТЕПЕРІШНІЙ ЧАС — PRESENT TENSE			
я	про́бую		
ти	про́буєш		
він, вона, воно	про́бує		
ми	про́буємо		
ви	про́буєте		
вони	про́бують		
МИНУЛИЙ ЧАС — PAST TENSE			
він (я, ти)	про́бував		спро́бував
вона (я, ти)	про́бувала		спро́бувала
воно	про́бувало		спро́бувало
вони (ми, ви)	про́бували		спро́бували
МАЙБУТНІЙ ЧАС — FUTURE TENSE			
	ANALYTIC	SYNTHETIC	
я	бу́ду про́бувати	про́буватиму	спро́бую
ти	бу́деш про́бувати	про́буватимеш	спро́буєш
він, вона, воно	бу́де про́бувати	про́буватиме	спро́бує
ми	бу́демо про́бувати	про́буватимемо	спро́буємо
ви	бу́дете про́бувати	про́буватимете	спро́буєте
вони	бу́дуть про́бувати	про́буватимуть	спро́бують
УМОВНИЙ СПОСІБ — CONDITIONAL MOOD			
він (я, ти)	про́бував би		спро́бував би
вона (я, ти)	про́бувала б		спро́бувала б
воно	про́бувало б		спро́бувало б
вони (ми, ви)	про́бували б		спро́бували б
НАКАЗОВИЙ СПОСІБ — IMPERATIVE MOOD			
ти	про́буй		спро́буй
ми	про́буймо		спро́буймо
ви	про́буйте		спро́буйте
він, вона, воно	(не)ха́й про́бує		(не)ха́й спро́бує
вони	(не)ха́й про́бують		(не)ха́й спро́бують
ДІЄПРИКМЕТНИКИ — VERBAL ADJECTIVES (PARTICIPLES)			
ACTIVE			
PASSIVE	про́буваний		спро́буваний
ДІЄПРИСЛІВНИКИ — VERBAL ADVERBS			
	про́буючи, про́бувавши		спро́бувавши
БЕЗОСОБОВІ ФОРМИ — IMPERSONAL FORMS			
	про́бувано		спро́бувано

+ infinitive:
За́раз він **про́бує** вивча́ти украї́нську мо́ву. — *Now he is trying to learn the Ukrainian language.*
Усі **про́бували** розгада́ти його́ за́гадку, але́ ма́рно. — *Everyone tried to solve his riddle but in vain.*
Я **спро́бую** прийти́ вча́сно. — *I will try to be on time.*

+ accusative:
Спро́буй суп, у ньо́му доста́тньо со́лі? — *Taste the soup; does it have enough salt?*

Present/Future Stems: провод(ж)- | провед-
Conjugation: **2nd (-ять)** | **1st (-уть)**

прово́дити | провести́
to accompany; to send off; to conduct;
to spend (time); to install; to draw (a line)

ОСОБА / PERSON	НЕДОКОНАНИЙ ВИД / IMPERFECTIVE ASPECT		ДОКОНАНИЙ ВИД / PERFECTIVE ASPECT
ТЕПЕРІШНІЙ ЧАС — PRESENT TENSE			
я	прово́джу		
ти	прово́диш		
він, вона, воно	прово́дить		
ми	прово́димо		
ви	прово́дите		
вони	прово́дять		
МИНУЛИЙ ЧАС — PAST TENSE			
він (я, ти)	прово́див		прові́в
вона (я, ти)	прово́дила		провела́
воно	прово́дило		провело́
вони (ми, ви)	прово́дили		провели́
МАЙБУТНІЙ ЧАС — FUTURE TENSE			
	ANALYTIC	SYNTHETIC	
я	бу́ду прово́дити	прово́дитиму	проведу́
ти	бу́деш прово́дити	прово́дитимеш	проведе́ш
він, вона, воно	бу́де прово́дити	прово́дитиме	проведе́
ми	бу́демо прово́дити	прово́дитимемо	проведемо́
ви	бу́дете прово́дити	прово́дитимете	проведете́
вони	бу́дуть прово́дити	прово́дитимуть	проведу́ть
УМОВНИЙ СПОСІБ — CONDITIONAL MOOD			
він (я, ти)	прово́див би		прові́в би
вона (я, ти)	прово́дила б		провела́ б
воно	прово́дило б		провело́ б
вони (ми, ви)	прово́дили б		провели́ б
НАКАЗОВИЙ СПОСІБ — IMPERATIVE MOOD			
ти	прово́дь		проведи́
ми	прово́дьмо		проведі́мо
ви	прово́дьте		проведі́ть
він, вона, воно	(не)ха́й прово́дить		(не)ха́й проведе́
вони	(не)ха́й прово́дять		(не)ха́й проведу́ть
ДІЄПРИКМЕТНИКИ — VERBAL ADJECTIVES (PARTICIPLES)			
ACTIVE			
PASSIVE	прово́джений		прове́дений
ДІЄПРИСЛІВНИКИ — VERBAL ADVERBS			
	прово́дячи, прово́дивши		прові́вши
БЕЗОСОБОВІ ФОРМИ — IMPERSONAL FORMS			
	прово́джено		прове́дено

+ accusative + до + genitive:

Він ча́сто **прово́дить** її́ до університе́ту. — *He often accompanies her to university.*

Рані́ше вона́ **прово́дила** бага́то ча́су в спортза́лі. — *She used to spend a lot of time in the gym.*

Науко́виця **провела́** експериме́нт, щоб підтве́рдити свою́ гіпо́тезу. — *The scientist conducted an experiment to validate her hypothesis.*

Насту́пного мі́сяця в буди́нку **проведу́ть** еле́ктрику та газ. — *Electricity and gas will be installed in the house next month.*

Проведі́ть вертика́льну лі́нію посере́дині а́ркуша. — *Draw a vertical line in the middle of the sheet.*

програва́ти | програ́ти

to lose (a game or in a game)

Present/Future Stems: **програ-** | **програ́-**

Conjugation: **1st (-ють)**

ОСОБА / PERSON	НЕДОКОНАНИЙ ВИД / IMPERFECTIVE ASPECT		ДОКОНАНИЙ ВИД / PERFECTIVE ASPECT
ТЕПЕРІШНІЙ ЧАС — PRESENT TENSE			
я	програ́ю		
ти	програ́єш		
він, вона, воно	програ́є		
ми	програє́мо́		
ви	програє́те́		
вони	програ́ють		
МИНУЛИЙ ЧАС — PAST TENSE			
він (я, ти)	програва́в		програ́в
вона (я, ти)	програва́ла		програ́ла
воно	програва́ло		програ́ло
вони (ми, ви)	програва́ли		програ́ли
МАЙБУТНІЙ ЧАС — FUTURE TENSE			
	ANALYTIC	SYNTHETIC	
я	бу́ду програва́ти	програва́тиму	програ́ю
ти	бу́деш програва́ти	програва́тимеш	програ́єш
він, вона, воно	бу́де програва́ти	програва́тиме	програ́є
ми	бу́демо програва́ти	програва́тимемо	програ́ємо
ви	бу́дете програва́ти	програва́тимете	програ́єте
вони	бу́дуть програва́ти	програва́тимуть	програ́ють
УМОВНИЙ СПОСІБ — CONDITIONAL MOOD			
він (я, ти)	програва́в би		програ́в би
вона (я, ти)	програва́ла б		програ́ла б
воно	програва́ло б		програ́ло б
вони (ми, ви)	програва́ли б		програ́ли б
НАКАЗОВИЙ СПОСІБ — IMPERATIVE MOOD			
ти	програва́й		програ́й
ми	програва́ймо		програ́ймо
ви	програва́йте		програ́йте
він, вона, воно	(не)ха́й програ́є		(не)ха́й програ́є
вони	(не)ха́й програ́ють		(не)ха́й програ́ють
ДІЄПРИКМЕТНИКИ — VERBAL ADJECTIVES (PARTICIPLES)			
ACTIVE			
PASSIVE			про́граний
ДІЄПРИСЛІВНИКИ — VERBAL ADVERBS			
	програ́ючи, програва́вши		програ́вши
БЕЗОСОБОВІ ФОРМИ — IMPERSONAL FORMS			
			про́грано

+ *dative* + **у (в)** + *accusative*:
Я ча́сто **програ́ю** йому́ в ша́хи. — *I often lose to him at chess.*

+ *accusative*:
На жаль, на́ша збі́рна **програ́ла** оста́нню гру. — *Unfortunately, our national team lost the last game.*
Він **програ́в** у казино́ все, що в ньо́го було́. — *He lost everything he had in the casino.*
На раху́нку кома́нди вже три **про́грані** ма́тчі. — *The team already has three lost matches on their record.*

Present/Future Stems: **прода-** | *special*
Conjugation: **1st (-ють)** | *special*

продава́ти[ся] | прода́ти[ся]

to sell [to be for sale, to be sold]

ОСОБА / PERSON	НЕДОКОНАНИЙ ВИД / IMPERFECTIVE ASPECT		ДОКОНАНИЙ ВИД / PERFECTIVE ASPECT
ТЕПЕРІШНІЙ ЧАС — PRESENT TENSE			
я	продаю́[ся]		
ти	продає́ш[ся]		
він, вона, воно	продає́[ться]		
ми	продаємо́[ся]		
ви	продаєте́[ся]		
вони	продаю́ть[ся]		
МИНУЛИЙ ЧАС — PAST TENSE			
він (я, ти)	продава́в[ся]		прода́в[ся]
вона (я, ти)	продава́ла[ся]		продала́[ся]
воно	продава́ло[ся]		продало́[ся]
вони (ми, ви)	продава́ли[ся]		продали́[ся]
МАЙБУТНІЙ ЧАС — FUTURE TENSE			
	ANALYTIC	SYNTHETIC	
я	бу́ду продава́ти[ся]	продава́тиму[ся]	прода́м[ся]
ти	бу́деш продава́ти[ся]	продава́тимеш[ся]	продаси́[ся]
він, вона, воно	бу́де продава́ти[ся]	продава́тиме[ться]	прода́сть[ся]
ми	бу́демо продава́ти[ся]	продава́тимемо[ся]	продамо́[ся]
ви	бу́дете продава́ти[ся]	продава́тимете[ся]	продасте́[ся]
вони	бу́дуть продава́ти[ся]	продава́тимуть[ся]	продаду́ть[ся]
УМОВНИЙ СПОСІБ — CONDITIONAL MOOD			
він (я, ти)	продава́в[ся] би [б]		прода́в[ся] би [б]
вона (я, ти)	продава́ла[ся] б		продала́[ся] б
воно	продава́ло[ся] б		продало́[ся] б
вони (ми, ви)	продава́ли[ся] б		продали́[ся] б
НАКАЗОВИЙ СПОСІБ — IMPERATIVE MOOD			
ти	продава́й[ся]		прода́й[ся]
ми	продава́ймо[ся]		прода́ймо[ся]
ви	продава́йте[ся]		прода́йте[ся]
він, вона, воно	(не)ха́й продає́[ться]		(не)ха́й прода́сть[ся]
вони	(не)ха́й продаю́ть[ся]		(не)ха́й продаду́ть[ся]
ДІЄПРИКМЕТНИКИ — VERBAL ADJECTIVES (PARTICIPLES)			
ACTIVE			
PASSIVE	прода́ваний		про́даний
ДІЄПРИСЛІВНИКИ — VERBAL ADVERBS			
	продаю́чи[сь], продава́вши[сь]		прода́вши[сь]
БЕЗОСОБОВІ ФОРМИ — IMPERSONAL FORMS			
	прода́вано		про́дано

+ accusative:
Жі́нка **продає́** свої́ о́вочі на база́рі. — *The woman sells her vegetables at the market.*

+ dative:
Коле́га **прода́в** мені́ свою́ маши́ну. — *A colleague sold me his car.*

за + accusative:
Я **прода́м** вам цю карти́ну за ти́сячу до́ларів. — *I will sell you this painting for a thousand dollars.*

Продає́ться земе́льна діля́нка. — *A plot of land is for sale.*

Ця кварти́ра шви́дко **прода́сться**. — *This apartment will sell quickly.*

№ 378

продо́вжувати[ся] | продо́вжити[ся]

to continue to; to extend [to continue]

Present/Future Stems: **продовжу-** | **продовж-**
Conjugation: **1st (-ють)** | **2nd (-ать)**

ОСОБА / PERSON	НЕДОКОНАНИЙ ВИД / IMPERFECTIVE ASPECT		ДОКОНАНИЙ ВИД / PERFECTIVE ASPECT
ТЕПЕРІШНІЙ ЧАС — PRESENT TENSE			
я	продо́вжую		
ти	продо́вжуєш		
він, вона, воно	продо́вжує[ться]		
ми	продо́вжуємо		
ви	продо́вжуєте		
вони	продо́вжують[ся]		
МИНУЛИЙ ЧАС — PAST TENSE			
він (я, ти)	продо́вжував[ся]		продо́вжив[ся]
вона (я, ти)	продо́вжувала[ся]		продо́вжила[ся]
воно	продо́вжувало[ся]		продо́вжило[ся]
вони (ми, ви)	продо́вжували[ся]		продо́вжили[ся]
МАЙБУТНІЙ ЧАС — FUTURE TENSE			
	ANALYTIC	SYNTHETIC	
я	бу́ду продо́вжувати	продо́вжуватиму	продо́вжу
ти	бу́деш продо́вжувати	продо́вжуватимеш	продо́вжиш
він, вона, воно	бу́де продо́вжувати[ся]	продо́вжуватиме[ться]	продо́вжить[ся]
ми	бу́демо продо́вжувати	продо́вжуватимемо	продо́вжимо
ви	бу́дете продо́вжувати	продо́вжуватимете	продо́вжите
вони	бу́дуть продо́вжувати[ся]	продо́вжуватимуть[ся]	продо́вжать[ся]
УМОВНИЙ СПОСІБ — CONDITIONAL MOOD			
він (я, ти)	продо́вжував[ся] би [б]		продо́вжив[ся] би [б]
вона (я, ти)	продо́вжувала[ся] б		продо́вжила[ся] б
воно	продо́вжувало[ся] б		продо́вжило[ся] б
вони (ми, ви)	продо́вжували[ся] б		продо́вжили[ся] б
НАКАЗОВИЙ СПОСІБ — IMPERATIVE MOOD			
ти	продо́вжуй		продо́вж
ми	продо́вжуймо		продо́вжмо
ви	продо́вжуй		продо́вжте
він, вона, воно	(не)ха́й продо́вжує[ться]		(не)ха́й продо́вжить[ся]
вони	(не)ха́й продо́вжують[ся]		(не)ха́й продо́вжать[ся]
ДІЄПРИКМЕТНИКИ — VERBAL ADJECTIVES (PARTICIPLES)			
ACTIVE			
PASSIVE	продо́вжуваний		продо́вжений
ДІЄПРИСЛІВНИКИ — VERBAL ADVERBS			
	продо́вжуючи[сь], продо́вжувавши[сь]		продо́вживши[сь]
БЕЗОСОБОВІ ФОРМИ — IMPERSONAL FORMS			
	продо́вжувано		продо́вжено

+ *imperfective infinitive*:
Він **продо́вжує** працюва́ти, вчи́тися і розвива́тися. — He continues to work, learn and develop.

+ *accusative*:
Хло́пець **продо́вжив** ро́зповідь ба́тька. — The boy continued his father's story.

на + *accusative*:
Ми **продо́вжимо** перебува́ння в готе́лі на три дні. — We will extend our stay at the hotel for 3 days.

Продо́вжуймо підтри́мувати ЗСУ! — Let's continue to support the Armed Forces of Ukraine!

Ле́кція **продо́вжиться** пі́сля пере́рви. — The lecture will continue after the break.

№ 379

Present/Future Stems: проїжджа- | проїд-
Conjugation: **1st (-ють)** | **1st (-уть)**

проїжджа́ти[ся] | проїхати[ся]
to pass (by transport), to drive by;
to miss (a stop) [to take a ride]

ОСОБА / PERSON	НЕДОКОНАНИЙ ВИД / IMPERFECTIVE ASPECT		ДОКОНАНИЙ ВИД / PERFECTIVE ASPECT
ТЕПЕРІШНІЙ ЧАС — PRESENT TENSE			
я	проїжджа́ю[ся]		
ти	проїжджа́єш[ся]		
він, вона, воно	проїжджа́є[ться]		
ми	проїжджа́ємо[ся]		
ви	проїжджа́єте[ся]		
вони	проїжджа́ють[ся]		
МИНУЛИЙ ЧАС — PAST TENSE			
він (я, ти)	проїжджа́в[ся]		проїхав[ся]
вона (я, ти)	проїжджа́ла[ся]		проїхала[ся]
воно	проїжджа́ло[ся]		проїхало[ся]
вони (ми, ви)	проїжджа́ли[ся]		проїхали[ся]
МАЙБУТНІЙ ЧАС — FUTURE TENSE			
	ANALYTIC	SYNTHETIC	
я	бу́ду проїжджа́ти[ся]	проїжджа́тиму[ся]	проїду[ся]
ти	бу́деш проїжджа́ти[ся]	проїжджа́тимеш[ся]	проїдеш[ся]
він, вона, воно	бу́де проїжджа́ти[ся]	проїжджа́тиме[ться]	проїде[ться]
ми	бу́демо проїжджа́ти[ся]	проїжджа́тимемо[ся]	проїдемо[ся]
ви	бу́дете проїжджа́ти[ся]	проїжджа́тимете[ся]	проїдете[ся]
вони	бу́дуть проїжджа́ти[ся]	проїжджа́тимуть[ся]	проїдуть[ся]
УМОВНИЙ СПОСІБ — CONDITIONAL MOOD			
він (я, ти)	проїжджа́в[ся] би [б]		проїхав[ся] би [б]
вона (я, ти)	проїжджа́ла[ся] б		проїхала[ся] б
воно	проїжджа́ло[ся] б		проїхало[ся] б
вони (ми, ви)	проїжджа́ли[ся] б		проїхали[ся] б
НАКАЗОВИЙ СПОСІБ — IMPERATIVE MOOD			
ти	проїжджа́й[ся]		проїдь[ся]
ми	проїжджа́ймо[ся]		проїдьмо[ся]
ви	проїжджа́йте[ся]		проїдьте[ся]
він, вона, воно	(не)ха́й проїжджа́є[ться]		(не)ха́й проїде[ться]
вони	(не)ха́й проїжджа́ють[ся]		(не)ха́й проїдуть[ся]

ДІЄПРИКМЕТНИКИ — VERBAL ADJECTIVES (PARTICIPLES)

ACTIVE

PASSIVE

ДІЄПРИСЛІВНИКИ — VERBAL ADVERBS

проїжджа́ючи[сь], проїжджа́вши[сь]	проїхавши[сь]

БЕЗОСОБОВІ ФОРМИ — IMPERSONAL FORMS

+ accusative = повз + accusative:
Цей автобус **проїжджа́є** мій буди́нок (повз мій буди́нок). — *This bus goes by my house.*

бі́ля + genitive:
Ми **проїжджа́ли** бі́ля па́рку Шевче́нка. — *We drove by Shevchenko Park.*

+ accusative:
На жаль, ви **проїхали** свою зупи́нку. — *Unfortunately, you have missed your stop.*

-ся + instrumental:
Ми **проїхалися** вечі́рнім мі́стом. — *We took a ride through the evening city.*

прокидатися | прокинутися

to wake up
Also: просинатися | проснутися

Present/Future Stems: прокида-..-ся | прокин-..-ся
Conjugation: **1st (-ють)** | **1st (-уть)**

ОСОБА / PERSON	НЕДОКОНАНИЙ ВИД / IMPERFECTIVE ASPECT		ДОКОНАНИЙ ВИД / PERFECTIVE ASPECT
ТЕПЕРІШНІЙ ЧАС — PRESENT TENSE			
я	прокидаюся		
ти	прокидаєшся		
він, вона, воно	прокидається		
ми	прокидаємося		
ви	прокидаєтеся		
вони	прокидаються		
МИНУЛИЙ ЧАС — PAST TENSE			
він (я, ти)	прокидався		прокинувся
вона (я, ти)	прокидалася		прокинулася
воно	прокидалося		прокинулося
вони (ми, ви)	прокидалися		прокинулися
МАЙБУТНІЙ ЧАС — FUTURE TENSE			
	ANALYTIC	SYNTHETIC	
я	буду прокидатися	прокидатимуся	прокинуся
ти	будеш прокидатися	прокидатимешся	прокинешся
він, вона, воно	буде прокидатися	прокидатиметься	прокинеться
ми	будемо прокидатися	прокидатимемося	прокинемося
ви	будете прокидатися	прокидатиметеся	прокинетеся
вони	будуть прокидатися	прокидатимуться	прокинуться
УМОВНИЙ СПОСІБ — CONDITIONAL MOOD			
він (я, ти)	прокидався б		прокинувся б
вона (я, ти)	прокидалася б		прокинулася б
воно	прокидалося б		прокинулося б
вони (ми, ви)	прокидалися б		прокинулися б
НАКАЗОВИЙ СПОСІБ — IMPERATIVE MOOD			
ти	прокидайся		прокинься
ми	прокидаймося		прокиньмося
ви	прокидайтеся		прокиньтеся
він, вона, воно	(не)хай прокидається		(не)хай прокинеться
вони	(не)хай прокидаються		(не)хай прокинуться
ДІЄПРИКМЕТНИКИ — VERBAL ADJECTIVES (PARTICIPLES)			
ACTIVE			
PASSIVE			
ДІЄПРИСЛІВНИКИ — VERBAL ADVERBS			
	прокидаючись, прокидавшись		прокинувшись
БЕЗОСОБОВІ ФОРМИ — IMPERSONAL FORMS			

о + *locative*:
Він **прокидається** (**просинається**) о шостій ранку. — *He wakes up at six in the morning.*

від + *genitive*:
Вона **прокинулась** (**проснулась**) від дивного звуку в будинку. — *She woke up from a strange sound in the house.*

Прокинувшись (**проснувшись**), вона відразу виходить на прогулянку. — *After waking up, she immediately goes out for a walk.*

Прокидайся (**просинайся**), пора до школи! — *Wake up, it is time to go to school!*

Present/Future Stems: **пропону- | запропону-**   **пропонува́ти | запропонува́ти**

Conjugation: **1st (-ють)**   *to offer, to propose, to suggest*

ОСОБА / PERSON	НЕДОКОНАНИЙ ВИД / IMPERFECTIVE ASPECT		ДОКОНАНИЙ ВИД / PERFECTIVE ASPECT
ТЕПЕРІШНІЙ ЧАС — PRESENT TENSE			
я	пропону́ю		
ти	пропону́єш		
він, вона, воно	пропону́є		
ми	пропону́ємо		
ви	пропону́єте		
вони	пропону́ють		
МИНУЛИЙ ЧАС — PAST TENSE			
він (я, ти)	пропонува́в		запропонува́в
вона (я, ти)	пропонува́ла		запропонува́ла
воно	пропонува́ло		запропонува́ло
вони (ми, ви)	пропонува́ли		запропонува́ли
МАЙБУТНІЙ ЧАС — FUTURE TENSE			
	ANALYTIC	SYNTHETIC	
я	бу́ду пропонува́ти	пропонува́тиму	запропону́ю
ти	бу́деш пропонува́ти	пропонува́тимеш	запропону́єш
він, вона, воно	бу́де пропонува́ти	пропонува́тиме	запропону́є
ми	бу́демо пропонува́ти	пропонува́тимемо	запропону́ємо
ви	бу́дете пропонува́ти	пропонува́тимете	запропону́єте
вони	бу́дуть пропонува́ти	пропонува́тимуть	запропону́ють
УМОВНИЙ СПОСІБ — CONDITIONAL MOOD			
він (я, ти)	пропонува́в би		запропонува́в би
вона (я, ти)	пропонува́ла б		запропонува́ла б
воно	пропонува́ло б		запропонува́ло б
вони (ми, ви)	пропонува́ли б		запропонува́ли б
НАКАЗОВИЙ СПОСІБ — IMPERATIVE MOOD			
ти	пропону́й		запропону́й
ми	пропону́ймо		запропону́ймо
ви	пропону́йте		запропону́йте
він, вона, воно	(не)ха́й пропону́є		(не)ха́й запропону́є
вони	(не)ха́й пропону́ють		(не)ха́й запропону́ють
ДІЄПРИКМЕТНИКИ — VERBAL ADJECTIVES (PARTICIPLES)			
ACTIVE			
PASSIVE	пропоно́ваний		запропоно́ваний
ДІЄПРИСЛІВНИКИ — VERBAL ADVERBS			
	пропону́ючи, пропонува́вши		запропонува́вши
БЕЗОСОБОВІ ФОРМИ — IMPERSONAL FORMS			
	пропоно́вано		запропоно́вано

+ infinitive:
Я **пропону́ю** відкла́сти це пита́ння до насту́пної зу́стрічі.
I propose to postpone this matter until the next meeting.

+ dative:
Офіціа́нт **запропонува́в** нам пересі́сти за і́нший сто́лик.
The waiter offered us to move to another table.

+ accusative:
Ми **запропону́ємо** цю іде́ю керівни́цтву.
We will propose this idea to management.

Запропону́йте, будь ла́ска, кі́лька варіа́нтів.
Please suggest several options.

пропуска́ти | пропусти́ти

to miss, to skip; to let (pass)

Present/Future Stems: пропуска- | пропущ-/пропуст-

Conjugation: 1st (-ють) | 2nd (-ять)

ОСОБА / PERSON	НЕДОКОНАНИЙ ВИД / IMPERFECTIVE ASPECT		ДОКОНАНИЙ ВИД / PERFECTIVE ASPECT
ТЕПЕРІШНІЙ ЧАС — PRESENT TENSE			
я	пропуска́ю		
ти	пропуска́єш		
він, вона, воно	пропуска́є		
ми	пропуска́ємо		
ви	пропуска́єте		
вони	пропуска́ють		
МИНУЛИЙ ЧАС — PAST TENSE			
він (я, ти)	пропуска́в		пропусти́в
вона (я, ти)	пропуска́ла		пропусти́ла
воно	пропуска́ло		пропусти́ло
вони (ми, ви)	пропуска́ли		пропусти́ли
МАЙБУТНІЙ ЧАС — FUTURE TENSE			
	ANALYTIC	SYNTHETIC	
я	бу́ду пропуска́ти	пропуска́тиму	пропущу́
ти	бу́деш пропуска́ти	пропуска́тимеш	пропу́стиш
він, вона, воно	бу́де пропуска́ти	пропуска́тиме	пропу́стить
ми	бу́демо пропуска́ти	пропуска́тимемо	пропу́стимо
ви	бу́дете пропуска́ти	пропуска́тимете	пропу́стите
вони	бу́дуть пропуска́ти	пропуска́тимуть	пропу́стять
УМОВНИЙ СПОСІБ — CONDITIONAL MOOD			
він (я, ти)	пропуска́в би		пропусти́в би
вона (я, ти)	пропуска́ла б		пропусти́ла б
воно	пропуска́ло б		пропусти́ло б
вони (ми, ви)	пропуска́ли б		пропусти́ли б
НАКАЗОВИЙ СПОСІБ — IMPERATIVE MOOD			
ти	пропуска́й		пропусти́
ми	пропуска́ймо		пропусті́мо
ви	пропуска́йте		пропусті́ть
він, вона, воно	(не)ха́й пропуска́є		(не)ха́й пропу́стить
вони	(не)ха́й пропуска́ють		(не)ха́й пропу́стять
ДІЄПРИКМЕТНИКИ — VERBAL ADJECTIVES (PARTICIPLES)			
ACTIVE			
PASSIVE			пропу́щений
ДІЄПРИСЛІВНИКИ — VERBAL ADVERBS			
	пропуска́ючи, пропуска́вши		пропусти́вши
БЕЗОСОБОВІ ФОРМИ — IMPERSONAL FORMS			
			пропу́щено

+ accusative:

Він ніко́ли не **пропуска́є** цей серіа́л. — He never misses this series.

Вона́ так запрацюва́лася, що **пропусти́ла** обі́д. — She was so busy with work that she skipped lunch.

до + *genitive* = **у (в)**, **на** + *accusative*:

Я не **пропущу́** вас до за́лу (у зал) без квитка́. — I will not let you into the hall without a ticket.

За́вжди **пропуска́йте** пішохо́дів на перехо́дах. — Always let pedestrians pass at crosswalks.

Пропу́щені заня́ття потрі́бно відпрацюва́ти. — Missed classes must be made up.

№ 383

Present/Future Stems: **прош-/прос-** | **попрош-/попрос-** **проси́ти | попроси́ти**
Conjugation: **2nd (-ять)** *to ask (for); to request*

ОСОБА / PERSON	НЕДОКОНАНИЙ ВИД / IMPERFECTIVE ASPECT		ДОКОНАНИЙ ВИД / PERFECTIVE ASPECT
ТЕПЕРІШНІЙ ЧАС — PRESENT TENSE			
я	прошу́		
ти	про́сиш		
він, вона, воно	про́сить		
ми	про́симо		
ви	про́сите		
вони	про́сять		
МИНУЛИЙ ЧАС — PAST TENSE			
він (я, ти)	проси́в		попроси́в
вона (я, ти)	проси́ла		попроси́ла
воно	проси́ло		попроси́ло
вони (ми, ви)	проси́ли		попроси́ли
МАЙБУТНІЙ ЧАС — FUTURE TENSE			
	ANALYTIC	SYNTHETIC	
я	бу́ду проси́ти	проси́тиму	попрошу́
ти	бу́деш проси́ти	проси́тимеш	попро́сиш
він, вона, воно	бу́де проси́ти	проси́тиме	попро́сить
ми	бу́демо проси́ти	проси́тимемо	попро́симо
ви	бу́дете проси́ти	проси́тимете	попро́сите
вони	бу́дуть проси́ти	проси́тимуть	попро́сять
УМОВНИЙ СПОСІБ — CONDITIONAL MOOD			
він (я, ти)	проси́в би		попроси́в би
вона (я, ти)	проси́ла б		попроси́ла б
воно	проси́ло б		попроси́ло б
вони (ми, ви)	проси́ли б		попроси́ли б
НАКАЗОВИЙ СПОСІБ — IMPERATIVE MOOD			
ти	проси́		попроси́
ми	просі́мо		попросі́мо
ви	просі́ть		попросі́ть
він, вона, воно	(не)ха́й про́сить		(не)ха́й попро́сить
вони	(не)ха́й про́сять		(не)ха́й попро́сять
ДІЄПРИКМЕТНИКИ — VERBAL ADJECTIVES (PARTICIPLES)			
ACTIVE			
PASSIVE	про́шений		
ДІЄПРИСЛІВНИКИ — VERBAL ADVERBS			
	про́сячи, проси́вши		попроси́вши
БЕЗОСОБОВІ ФОРМИ — IMPERSONAL FORMS			
	про́шено		

+ *accusative* + *infinitive*:
Він ча́сто **про́сить** дружи́ну допомогти́. He often asks his wife to help.
+ *genitive* + **у** (**в**) + *genitive*:
Він ча́сто **про́сить** допомо́ги в дружи́ни. He often asks his wife to help.
про + *accusative*:
Вони́ **попроси́ли** про приту́лок у Шве́ції. They requested asylum in Sweden.
Попроси́ ви́бачення в ма́ми. Apologize to Mom.

№ 384

проходити[ся] | пройти[ся]
to pass (by walking), to walk (by) [to take a walk]

Present/Future Stems: **проход(ж)- | пройд-**
Conjugation: **2nd (-ять) | 1st (-уть)**

ОСОБА PERSON	НЕДОКОНАНИЙ ВИД IMPERFECTIVE ASPECT		ДОКОНАНИЙ ВИД PERFECTIVE ASPECT
ТЕПЕРІШНІЙ ЧАС — PRESENT TENSE			
я	проходжу[ся]		
ти	проходиш[ся]		
він, вона, воно	проходить[ся]		
ми	проходимо[ся]		
ви	проходите[ся]		
вони	проходять[ся]		
МИНУЛИЙ ЧАС — PAST TENSE			
він (я, ти)	проходив[ся]		пройшов[ся]
вона (я, ти)	проходила[ся]		пройшла[ся]
воно	проходило[ся]		пройшло[ся]
вони (ми, ви)	проходили[ся]		пройшли[ся]
МАЙБУТНІЙ ЧАС — FUTURE TENSE			
	ANALYTIC	SYNTHETIC	
я	буду проходити[ся]	проходитиму[ся]	пройду[ся]
ти	будеш проходити[ся]	проходитимеш[ся]	пройдеш[ся]
він, вона, воно	буде проходити[ся]	проходитиме[ться]	пройде[ться]
ми	будемо проходити[ся]	проходитимемо[ся]	пройдемо[ся]
ви	будете проходити[ся]	проходитимете[ся]	пройдете[ся]
вони	будуть проходити[ся]	проходитимуть[ся]	пройдуть[ся]
УМОВНИЙ СПОСІБ — CONDITIONAL MOOD			
він (я, ти)	проходив[ся] би [б]		пройшов[ся] би [б]
вона (я, ти)	проходила[ся] б		пройшла[ся] б
воно	проходило[ся] б		пройшло[ся] б
вони (ми, ви)	проходили[ся] б		пройшли[ся] б
НАКАЗОВИЙ СПОСІБ — IMPERATIVE MOOD			
ти	проходь[ся]		пройди[ся]
ми	проходьмо[ся]		пройдімо[ся]
ви	проходьте[ся]		пройдіть[ся]
він, вона, воно	(не)хай проходить[ся]		(не)хай пройде[ться]
вони	(не)хай проходять[ся]		(не)хай пройдуть[ся]
ДІЄПРИКМЕТНИКИ — VERBAL ADJECTIVES (PARTICIPLES)			
ACTIVE			
PASSIVE			пройдений
ДІЄПРИСЛІВНИКИ — VERBAL ADVERBS			
	проходячи[сь], проходивши[сь]		пройшовши[сь]
БЕЗОСОБОВІ ФОРМИ — IMPERSONAL FORMS			
			пройдено

+ accusative = повз + accusative:

Я **проходжу** це кафе (повз це кафе) дорогою на роботу.
I pass this café on my way to work.

Вона **проходить** десять тисяч кроків щодня.
She walks ten thousand steps every day.

Він **пройшов** повз, не помітивши мене.
He passed by without noticing me.

Найважчу частину шляху **пройдено**.
The most difficult part of the journey has been completed.

-ся + instrumental:
Хочеш **пройтися** набережною?
Would you like to take a walk along the promenade?

Present/Future Stems: проща- | прощ-/прост-
Conjugation: **1st (-ють)** | **2nd (-ять)**

проща́ти | прости́ти
to forgive (stronger than **вибача́ти***)*
See also: вибача́ти | ви́бачити (№ 28)

ОСОБА / PERSON	НЕДОКОНАНИЙ ВИД / IMPERFECTIVE ASPECT		ДОКОНАНИЙ ВИД / PERFECTIVE ASPECT
ТЕПЕРІШНІЙ ЧАС — PRESENT TENSE			
я	проща́ю		
ти	проща́єш		
він, вона, воно	проща́є		
ми	проща́ємо		
ви	проща́єте		
вони	проща́ють		
МИНУЛИЙ ЧАС — PAST TENSE			
він (я, ти)	проща́в		прости́в
вона (я, ти)	проща́ла		прости́ла
воно	проща́ло		прости́ло
вони (ми, ви)	проща́ли		прости́ли
МАЙБУТНІЙ ЧАС — FUTURE TENSE			
	ANALYTIC	SYNTHETIC	
я	бу́ду проща́ти	проща́тиму	прощу́
ти	бу́деш проща́ти	проща́тимеш	прости́ш
він, вона, воно	бу́де проща́ти	проща́тиме	прости́ть
ми	бу́демо проща́ти	проща́тимемо	простимо́
ви	бу́дете проща́ти	проща́тимете	простите́
вони	бу́дуть проща́ти	проща́тимуть	простя́ть
УМОВНИЙ СПОСІБ — CONDITIONAL MOOD			
він (я, ти)	проща́в би		прости́в би
вона (я, ти)	проща́ла б		прости́ла б
воно	проща́ло б		прости́ло б
вони (ми, ви)	проща́ли б		прости́ли б
НАКАЗОВИЙ СПОСІБ — IMPERATIVE MOOD			
ти	проща́й		прости́
ми	проща́ймо		прости́мо
ви	проща́йте		прости́ть
він, вона, воно	(не)ха́й проща́є		(не)ха́й прости́ть
вони	(не)ха́й проща́ють		(не)ха́й простя́ть
ДІЄПРИКМЕТНИКИ — VERBAL ADJECTIVES (PARTICIPLES)			
ACTIVE			
PASSIVE			про́щений
ДІЄПРИСЛІВНИКИ — VERBAL ADVERBS			
	проща́ючи, проща́вши		прости́вши
БЕЗОСОБОВІ ФОРМИ — IMPERSONAL FORMS			
			про́щено

+ *dative*:
Я **проща́ю** тобі́. — I forgive you.

+ *accusative*:
Ма́ма за́вжди **проща́ла** його́ ви́тівки. — Mom always forgave his shenanigans.

за + *accusative*:
Сподіва́юсь, що одного́ дня ви мені́ **простите́** за все. — I hope that one day you will forgive me for everything.

Проща́йте! (*also*: **Прощава́йте**!) Усього́ вам найкра́щого! — Farewell! (*a way to say good-bye for a longer time*) All the best to you!

№ 386

проща́тися | попроща́тися
to say goodbye

Present/Future Stems: проща-..-ся | попроща-..-ся
Conjugation: **1st (-ють)**

ОСОБА / PERSON	НЕДОКОНАНИЙ ВИД / IMPERFECTIVE ASPECT		ДОКОНАНИЙ ВИД / PERFECTIVE ASPECT
ТЕПЕРІШНІЙ ЧАС — PRESENT TENSE			
я	проща́юся		
ти	проща́єшся		
він, вона, воно	проща́ється		
ми	проща́ємося		
ви	проща́єтеся		
вони	проща́ються		
МИНУЛИЙ ЧАС — PAST TENSE			
він (я, ти)	проща́вся		попроща́вся
вона (я, ти)	проща́лася		попроща́лася
воно	проща́лося		попроща́лося
вони (ми, ви)	проща́лися		попроща́лися
МАЙБУТНІЙ ЧАС — FUTURE TENSE	ANALYTIC	SYNTHETIC	
я	бу́ду проща́тися	проща́тимуся	попроща́юся
ти	бу́деш проща́тися	проща́тимешся	попроща́єшся
він, вона, воно	бу́де проща́тися	проща́тиметься	попроща́ється
ми	бу́демо проща́тися	проща́тимемося	попроща́ємося
ви	бу́дете проща́тися	проща́тиметеся	попроща́єтеся
вони	бу́дуть проща́тися	проща́тимуться	попроща́ються
УМОВНИЙ СПОСІБ — CONDITIONAL MOOD			
він (я, ти)	проща́вся б		попроща́вся б
вона (я, ти)	проща́лася б		попроща́лася б
воно	проща́лося б		попроща́лося б
вони (ми, ви)	проща́лися б		попроща́лися б
НАКАЗОВИЙ СПОСІБ — IMPERATIVE MOOD			
ти	проща́йся		попроща́йся
ми	проща́ймося		попроща́ймося
ви	проща́йтеся		попроща́йтеся
він, вона, воно	(не)ха́й проща́ється		(не)ха́й попроща́ється
вони	(не)ха́й проща́ються		(не)ха́й попроща́ються
ДІЄПРИКМЕТНИКИ — VERBAL ADJECTIVES (PARTICIPLES)			
ACTIVE			
PASSIVE			
ДІЄПРИСЛІВНИКИ — VERBAL ADVERBS			
	проща́ючись, проща́вшись		попроща́вшись
БЕЗОСОБОВІ ФОРМИ — IMPERSONAL FORMS			

Я не **проща́юсь**, я кажу́: до нови́х зу́стрічей! — *I am not saying goodbye, I am saying: see you soon!*

Вони́ **попроща́лись** і розійшли́сь. — *They said goodbye and parted ways.*

з (із, зі) + *instrumental*:
Попроща́йся з бабу́сею пе́ред від'ї́здом. — *Say goodbye to Grandma before you leave.*

Проща́ючись, ми не могли́ стри́мати сліз. — *Saying goodbye, we could not hold back tears.*

Present/Future Stems: псу- | зіпсу-
Conjugation: 1st (-ють)

псува́ти[ся] | зіпсува́ти[ся]
to spoil sth/sb; to corrupt sth/sb
[to deteriorate, to go bad, to get spoiled]

ОСОБА / PERSON	НЕДОКОНАНИЙ ВИД / IMPERFECTIVE ASPECT		ДОКОНАНИЙ ВИД / PERFECTIVE ASPECT
ТЕПЕРІШНІЙ ЧАС — PRESENT TENSE			
я	псую́[ся]		
ти	псує́ш[ся]		
він, вона, воно	псує́[ться]		
ми	псує́мо́[ся]		
ви	псує́те́[ся]		
вони	псую́ть[ся]		
МИНУЛИЙ ЧАС — PAST TENSE			
він (я, ти)	псува́в[ся]		зіпсува́в[ся]
вона (я, ти)	псува́ла[ся]		зіпсува́ла[ся]
воно	псува́ло[ся]		зіпсува́ло[ся]
вони (ми, ви)	псува́ли[ся]		зіпсува́ли[ся]
МАЙБУТНІЙ ЧАС — FUTURE TENSE			
	ANALYTIC	SYNTHETIC	
я	бу́ду псува́ти[ся]	псува́тиму[ся]	зіпсую́[ся]
ти	бу́деш псува́ти[ся]	псува́тимеш[ся]	зіпсує́ш[ся]
він, вона, воно	бу́де псува́ти[ся]	псува́тиме[ться]	зіпсує́[ться]
ми	бу́демо псува́ти[ся]	псува́тимемо[ся]	зіпсує́мо́[ся]
ви	бу́дете псува́ти[ся]	псува́тимете[ся]	зіпсує́те́[ся]
вони	бу́дуть псува́ти[ся]	псува́тимуть[ся]	зіпсую́ть[ся]
УМОВНИЙ СПОСІБ — CONDITIONAL MOOD			
він (я, ти)	псува́в[ся] би [б]		зіпсува́в[ся] би [б]
вона (я, ти)	псува́ла[ся] б		зіпсува́ла[ся] б
воно	псува́ло[ся] б		зіпсува́ло[ся] б
вони (ми, ви)	псува́ли[ся] б		зіпсува́ли[ся] б
НАКАЗОВИЙ СПОСІБ — IMPERATIVE MOOD			
ти	псу́й[ся]		зіпсу́й[ся]
ми	псу́ймо[ся]		зіпсу́ймо[ся]
ви	псу́йте[ся]		зіпсу́йте[ся]
він, вона, воно	(не)ха́й псує́[ться]		(не)ха́й зіпсує́[ться]
вони	(не)ха́й псую́ть[ся]		(не)ха́й зіпсую́ть[ся]
ДІЄПРИКМЕТНИКИ — VERBAL ADJECTIVES (PARTICIPLES)			
ACTIVE			
PASSIVE			зіпсо́ваний
ДІЄПРИСЛІВНИКИ — VERBAL ADVERBS			
	псую́чи[сь], псува́вши[сь]		зіпсува́вши[сь]
БЕЗОСОБОВІ ФОРМИ — IMPERSONAL FORMS			
			зіпсо́вано

+ accusative:
Вона́ ча́сто **псує́** апети́т цуке́рками пе́ред обі́дом. — *She often spoils her appetite with sweets before lunch.*

Вла́да **зіпсува́ла** його́. — *The power has corrupted him.*

+ instrumental:
Смета́ною варе́ників не **зіпсує́ш** (прислі́в'я). — *You cannot spoil varenyky with sour cream (proverb).*

Ці я́блука швидко **псую́ться**. — *These apples spoil quickly.*

Суп **зіпсува́вся**, бо не стоя́в у холоди́льнику. — *The soup went bad because it was not in the fridge.*

№ 388

пуска́ти[ся] | пусти́ти[ся]

to let go, to let in; to put in action [to set out]

Present/Future Stems: пуска- | пущ-/пуст-
Conjugation: **1st (-ють)** | **2nd (-ять)**

ОСОБА / PERSON	НЕДОКОНАНИЙ ВИД / IMPERFECTIVE ASPECT		ДОКОНАНИЙ ВИД / PERFECTIVE ASPECT
ТЕПЕРІШНІЙ ЧАС — PRESENT TENSE			
я	пуска́ю[ся]		
ти	пуска́єш[ся]		
він, вона, воно	пуска́є[ться]		
ми	пуска́ємо[ся]		
ви	пуска́єте[ся]		
вони	пуска́ють[ся]		
МИНУЛИЙ ЧАС — PAST TENSE			
він (я, ти)	пуска́в[ся]		пусти́в[ся]
вона (я, ти)	пуска́ла[ся]		пусти́ла[ся]
воно	пуска́ло[ся]		пусти́ло[ся]
вони (ми, ви)	пуска́ли[ся]		пусти́ли[ся]
МАЙБУТНІЙ ЧАС — FUTURE TENSE			
	ANALYTIC	SYNTHETIC	
я	бу́ду пуска́ти[ся]	пуска́тиму[ся]	пущу́[ся]
ти	бу́деш пуска́ти[ся]	пуска́тимеш[ся]	пу́стиш[ся]
він, вона, воно	бу́де пуска́ти[ся]	пуска́тиме[ться]	пу́стить[ся]
ми	бу́демо пуска́ти[ся]	пуска́тимемо[ся]	пу́стимо[ся]
ви	бу́дете пуска́ти[ся]	пуска́тимете[ся]	пу́стите[ся]
вони	бу́дуть пуска́ти[ся]	пуска́тимуть[ся]	пу́стять[ся]
УМОВНИЙ СПОСІБ — CONDITIONAL MOOD			
він (я, ти)	пуска́в[ся] би [б]		пусти́в[ся] би [б]
вона (я, ти)	пуска́ла[ся] б		пусти́ла[ся] б
воно	пуска́ло[ся] б		пусти́ло[ся] б
вони (ми, ви)	пуска́ли[ся] б		пусти́ли[ся] б
НАКАЗОВИЙ СПОСІБ — IMPERATIVE MOOD			
ти	пуска́й[ся]		пусти́[ся]
ми	пуска́ймо[ся]		пусті́мо[ся]
ви	пуска́йте[ся]		пусті́ть[ся]
він, вона, воно	(не)ха́й пуска́є[ться]		(не)ха́й пу́стить[ся]
вони	(не)ха́й пуска́ють[ся]		(не)ха́й пу́стять[ся]

ДІЄПРИКМЕТНИКИ — VERBAL ADJECTIVES (PARTICIPLES)

ACTIVE

PASSIVE — пу́щений

ДІЄПРИСЛІВНИКИ — VERBAL ADVERBS

пуска́ючи[сь], пуска́вши[сь] — пусти́вши[сь]

БЕЗОСОБОВІ ФОРМИ — IMPERSONAL FORMS

пу́щено

+ *accusative* + **у** (**в**), **на** + *accusative*:
Батьки́ не **пуска́ють** мене́ на вечі́рку.
Дівчинка **пуска́ла** ми́льні бу́льбашки.
до + *genitive*:
Вас не **пу́стять** до ме́не в пала́ту.
Пусти́ ко́тика в ха́ту (до ха́ти) переночува́ти.
-ся + **у** (**в**) + *accusative*:
Поліція́нти **пусти́лися** в гони́тву.

My parents do not let me go to the party.
The girl was blowing soap bubbles.

They won't let you into my ward.
Let the cat spend the night in the house.

The police officers set out in pursuit.

№ 389

Present/Future Stems: **рад(ж)- | порад(ж)-**

Conjugation: **2nd (-ять)**

ра́дити[ся] | пора́дити[ся]

to advise, to recommend [to consult with]

ОСОБА / PERSON	НЕДОКОНАНИЙ ВИД / IMPERFECTIVE ASPECT		ДОКОНАНИЙ ВИД / PERFECTIVE ASPECT
ТЕПЕРІШНІЙ ЧАС — PRESENT TENSE			
я	ра́джу[ся]		
ти	ра́диш[ся]		
він, вона, воно	ра́дить[ся]		
ми	ра́димо[ся]		
ви	ра́дите[ся]		
вони	ра́дять[ся]		
МИНУЛИЙ ЧАС — PAST TENSE			
він (я, ти)	ра́див[ся]		пора́див[ся]
вона (я, ти)	ра́дила[ся]		пора́дила[ся]
воно	ра́дило[ся]		пора́дило[ся]
вони (ми, ви)	ра́дили[ся]		пора́дили[ся]
МАЙБУТНІЙ ЧАС — FUTURE TENSE			
	ANALYTIC	SYNTHETIC	
я	бу́ду ра́дити[ся]	ра́дитиму[ся]	пора́джу[ся]
ти	бу́деш ра́дити[ся]	ра́дитимеш[ся]	пора́диш[ся]
він, вона, воно	бу́де ра́дити[ся]	ра́дитиме[ться]	пора́дить[ся]
ми	бу́демо ра́дити[ся]	ра́дитимемо[ся]	пора́димо[ся]
ви	бу́дете ра́дити[ся]	ра́дитимете[ся]	пора́дите[ся]
вони	бу́дуть ра́дити[ся]	ра́дитимуть[ся]	пора́дять[ся]
УМОВНИЙ СПОСІБ — CONDITIONAL MOOD			
він (я, ти)	ра́див[ся] би [б]		пора́див[ся] би [б]
вона (я, ти)	ра́дила[ся] б		пора́дила[ся] б
воно	ра́дило[ся] б		пора́дило[ся] б
вони (ми, ви)	ра́дили[ся] б		пора́дили[ся] б
НАКАЗОВИЙ СПОСІБ — IMPERATIVE MOOD			
ти	ра́дь[ся]		пора́дь[ся]
ми	ра́дьмо[ся]		пора́дьмо[ся]
ви	ра́дьте[ся]		пора́дьте[ся]
він, вона, воно	(не)ха́й ра́дить[ся]		(не)ха́й пора́дить[ся]
вони	(не)ха́й ра́дять[ся]		(не)ха́й пора́дять[ся]
ДІЄПРИКМЕТНИКИ — VERBAL ADJECTIVES (PARTICIPLES)			
ACTIVE			
PASSIVE			
ДІЄПРИСЛІВНИКИ — VERBAL ADVERBS			
	ра́дячи[сь], ра́дивши[сь]		пора́дивши[сь]
БЕЗОСОБОВІ ФОРМИ — IMPERSONAL FORMS			

+ *dative* + *infinitive*:
Ра́джу вам повтори́ти цю те́му.   *I advise you to review this topic.*

+ *accusative*:
По́друга **пора́дила** цей украї́нський фільм.   *A friend recommended this Ukrainian film.*
Ми за́вжди **ра́димося**, перш ніж ухвали́ти рі́шення.   *We always consult before making a decision.*

-**ся** + **з** (**із, зі**) + *instrumental*:
Пора́дьтеся з юри́стами.   *Consult with lawyers.*

№ 390

ра́діти | зра́діти, пора́діти

to be glad, to be happy, to rejoice

Present/Future Stems: **раді-** | **зраді-**

Conjugation: **1st (-ють)**

ОСОБА / PERSON	НЕДОКОНАНИЙ ВИД / IMPERFECTIVE ASPECT		ДОКОНАНИЙ ВИД / PERFECTIVE ASPECT
ТЕПЕРІШНІЙ ЧАС — PRESENT TENSE			
я	раді́ю		
ти	раді́єш		
він, вона, воно	раді́є		
ми	раді́ємо		
ви	раді́єте		
вони	раді́ють		
МИНУЛИЙ ЧАС — PAST TENSE			
він (я, ти)	раді́в		зраді́в
вона (я, ти)	раді́ла		зраді́ла
воно	раді́ло		зраді́ло
вони (ми, ви)	раді́ли		зраді́ли
МАЙБУТНІЙ ЧАС — FUTURE TENSE			
	ANALYTIC	SYNTHETIC	
я	бу́ду раді́ти	раді́тиму	зраді́ю
ти	бу́деш раді́ти	раді́тимеш	зраді́єш
він, вона, воно	бу́де раді́ти	раді́тиме	зраді́є
ми	бу́демо раді́ти	раді́тимемо	зраді́ємо
ви	бу́дете раді́ти	раді́тимете	зраді́єте
вони	бу́дуть раді́ти	раді́тимуть	зраді́ють
УМОВНИЙ СПОСІБ — CONDITIONAL MOOD			
він (я, ти)	раді́в би		зраді́в би
вона (я, ти)	раді́ла б		зраді́ла б
воно	раді́ло б		зраді́ло б
вони (ми, ви)	раді́ли б		зраді́ли б
НАКАЗОВИЙ СПОСІБ — IMPERATIVE MOOD			
ти	раді́й		зраді́й
ми	раді́ймо		зраді́ймо
ви	раді́йте		зраді́йте
він, вона, воно	(не)ха́й раді́є		(не)ха́й зраді́є
вони	(не)ха́й раді́ють		(не)ха́й зраді́ють
ДІЄПРИКМЕТНИКИ — VERBAL ADJECTIVES (PARTICIPLES)			
ACTIVE			зраді́лий
PASSIVE			
ДІЄПРИСЛІВНИКИ — VERBAL ADVERBS			
	раді́ючи, раді́вши		зраді́вши
БЕЗОСОБОВІ ФОРМИ — IMPERSONAL FORMS			

+ dative:
Вона́ за́вжди **раді́є** подару́нкам бабу́сі.
She is always happy with her grandmother's gifts.

за + accusative:
Ми **раді́ли** за на́ших коле́г, які́ перемогли́ в ко́нкурсі.
We were happy for our colleagues who won the contest.

Ви **зраді́єте**, коли́ дізна́єтеся цю нови́ну.
You will be glad when you hear this news.

Пораді́йте за нас!
Be happy for us!

Раді́ючи перемо́зі, вони́ стриба́ли від ща́стя.
Rejoicing in their victory, they were jumping for joy.

Present/Future Stems: раху- | пораху-
Conjugation: 1st (-ють)

рахува́ти | порахува́ти
to count, to calculate

ОСОБА / PERSON	НЕДОКОНАНИЙ ВИД / IMPERFECTIVE ASPECT		ДОКОНАНИЙ ВИД / PERFECTIVE ASPECT
ТЕПЕРІШНІЙ ЧАС — PRESENT TENSE			
я	раху́ю		
ти	раху́єш		
він, вона, воно	раху́є		
ми	раху́ємо		
ви	раху́єте		
вони	раху́ють		
МИНУЛИЙ ЧАС — PAST TENSE			
він (я, ти)	рахува́в		порахува́в
вона (я, ти)	рахува́ла		порахува́ла
воно	рахува́ло		порахува́ло
вони (ми, ви)	рахува́ли		порахува́ли
МАЙБУТНІЙ ЧАС — FUTURE TENSE			
	ANALYTIC	SYNTHETIC	
я	бу́ду рахува́ти	рахува́тиму	пораху́ю
ти	бу́деш рахува́ти	рахува́тимеш	пораху́єш
він, вона, воно	бу́де рахува́ти	рахува́тиме	пораху́є
ми	бу́демо рахува́ти	рахува́тимемо	пораху́ємо
ви	бу́дете рахува́ти	рахува́тимете	пораху́єте
вони	бу́дуть рахува́ти	рахува́тимуть	пораху́ють
УМОВНИЙ СПОСІБ — CONDITIONAL MOOD			
він (я, ти)	рахува́в би		порахува́в би
вона (я, ти)	рахува́ла б		порахува́ла б
воно	рахува́ло б		порахува́ло б
вони (ми, ви)	рахува́ли б		порахува́ли б
НАКАЗОВИЙ СПОСІБ — IMPERATIVE MOOD			
ти	раху́й		пораху́й
ми	раху́ймо		пораху́ймо
ви	раху́йте		пораху́йте
він, вона, воно	(не)ха́й раху́є		(не)ха́й пораху́є
вони	(не)ха́й раху́ють		(не)ха́й пораху́ють
ДІЄПРИКМЕТНИКИ — VERBAL ADJECTIVES (PARTICIPLES)			
ACTIVE			
PASSIVE			порахо́ваний
ДІЄПРИСЛІВНИКИ — VERBAL ADVERBS			
	раху́ючи, рахува́вши		порахува́вши
БЕЗОСОБОВІ ФОРМИ — IMPERSONAL FORMS			
			порахо́вано

+ accusative:

Застосу́нок автомати́чно **раху́є** гро́ші на всіх ва́ших раху́нках.
The app automatically counts money on all your accounts.

Бухга́лтер **порахува́в** прибу́тки та ви́трати компа́нії.
The accountant calculated the profits and expenses of the company.

до + genitive:

Заплю́щ о́чі й **пораху́й** до десяти́.
Close your eyes and count to ten.

Порахува́вши діте́й, вихова́телька помі́тила, що двох бракува́ло.
After counting the children, the teacher noticed that two were missing.

№ 392

рва́ти[ся] | порва́ти[ся]

to tear sth; to pick (flowers, etc.) [to tear; to rush (only imperfective)]

Present/Future Stems: **рв-** | **порв-**

Conjugation: **1st (-уть)**

ОСОБА PERSON	НЕДОКОНАНИЙ ВИД IMPERFECTIVE ASPECT		ДОКОНАНИЙ ВИД PERFECTIVE ASPECT
\multicolumn{4}{c}{ТЕПЕРІШНІЙ ЧАС — PRESENT TENSE}			

ТЕПЕРІШНІЙ ЧАС — PRESENT TENSE

я	рву́[ся]	
ти	рве́ш[ся]	
він, вона, воно	рве́[ться]	
ми	рвемо́[ся]	
ви	рвете́[ся]	
вони	рву́ть[ся]	

МИНУЛИЙ ЧАС — PAST TENSE

він (я, ти)	рва́в[ся]	порва́в[ся]
вона (я, ти)	рва́ла[ся]	порва́ла[ся]
воно	рва́ло[ся]	порва́ло[ся]
вони (ми, ви)	рва́ли[ся]	порва́ли[ся]

МАЙБУТНІЙ ЧАС — FUTURE TENSE

	ANALYTIC	SYNTHETIC	
я	бу́ду рва́ти[ся]	рва́тиму[ся]	порву́
ти	бу́деш рва́ти[ся]	рва́тимеш[ся]	порве́ш
він, вона, воно	бу́де рва́ти[ся]	рва́тиме[ться]	порве́[ться]
ми	бу́демо рва́ти[ся]	рва́тимемо[ся]	порвемо́
ви	бу́дете рва́ти[ся]	рва́тимете[ся]	порвете́
вони	бу́дуть рва́ти[ся]	рва́тимуть[ся]	порву́ть[ся]

УМОВНИЙ СПОСІБ — CONDITIONAL MOOD

він (я, ти)	рва́в[ся] би [б]	порва́в[ся] би [б]
вона (я, ти)	рва́ла[ся] б	порва́ла[ся] б
воно	рва́ло[ся] б	порва́ло[ся] б
вони (ми, ви)	рва́ли[ся] б	порва́ли[ся] б

НАКАЗОВИЙ СПОСІБ — IMPERATIVE MOOD

ти	рви́[ся]	порви́
ми	рві́мо[ся]	порві́мо
ви	рві́ть[ся]	порві́ть
він, вона, воно	(не)ха́й рве́[ться]	(не)ха́й порве́[ться]
вони	(не)ха́й рву́ть[ся]	(не)ха́й порву́ть[ся]

ДІЄПРИКМЕТНИКИ — VERBAL ADJECTIVES (PARTICIPLES)

ACTIVE		
PASSIVE	рва́ний	по́рваний

ДІЄПРИСЛІВНИКИ — VERBAL ADVERBS

рвучи́[сь], рва́вши[сь]	порва́вши[сь]

БЕЗОСОБОВІ ФОРМИ — IMPERSONAL FORMS

рва́но	по́рвано

+ *accusative* **+ на +** *accusative*:

Він **порва́в** її лист на мале́нькі шматки́. — *He tore her letter into small pieces.*

Ма́ма пів дня **рва́ла** ви́шні. — *Mom picked cherries for half a day.*

Ця ткани́на шви́дко **рве́ться**. — *This fabric tears quickly.*

-ся + до + *genitive* **= у (в), на +** *accusative*:

Після кані́кул ді́ти **рва́лися** до шко́ли (у шко́лу). — *After the holidays, kids were rushing to school.*

Present/Future Stems: реагу- | відреагу-
Conjugation: **1st (-ють)**

реагува́ти | відреагува́ти, зреагува́ти

to react, to respond

ОСОБА / PERSON	НЕДОКОНАНИЙ ВИД / IMPERFECTIVE ASPECT		ДОКОНАНИЙ ВИД / PERFECTIVE ASPECT
ТЕПЕРІШНІЙ ЧАС — PRESENT TENSE			
я	реагу́ю		
ти	реагу́єш		
він, вона, воно	реагу́є		
ми	реагу́ємо		
ви	реагу́єте		
вони	реагу́ють		
МИНУЛИЙ ЧАС — PAST TENSE			
він (я, ти)	реагува́в		відреагува́в
вона (я, ти)	реагува́ла		відреагува́ла
воно	реагува́ло		відреагува́ло
вони (ми, ви)	реагува́ли		відреагува́ли
МАЙБУТНІЙ ЧАС — FUTURE TENSE			
	ANALYTIC	SYNTHETIC	
я	бу́ду реагува́ти	реагува́тиму	відреагу́ю
ти	бу́деш реагува́ти	реагува́тимеш	відреагу́єш
він, вона, воно	бу́де реагува́ти	реагува́тиме	відреагу́є
ми	бу́демо реагува́ти	реагува́тимемо	відреагу́ємо
ви	бу́дете реагува́ти	реагува́тимете	відреагу́єте
вони	бу́дуть реагува́ти	реагува́тимуть	відреагу́ють
УМОВНИЙ СПОСІБ — CONDITIONAL MOOD			
він (я, ти)	реагува́в би		відреагува́в би
вона (я, ти)	реагува́ла б		відреагува́ла б
воно	реагува́ло б		відреагува́ло б
вони (ми, ви)	реагува́ли б		відреагува́ли б
НАКАЗОВИЙ СПОСІБ — IMPERATIVE MOOD			
ти	реагу́й		відреагу́й
ми	реагу́ймо		відреагу́ймо
ви	реагу́йте		відреагу́йте
він, вона, воно	(не)ха́й реагу́є		(не)ха́й відреагу́є
вони	(не)ха́й реагу́ють		(не)ха́й відреагу́ють
ДІЄПРИКМЕТНИКИ — VERBAL ADJECTIVES (PARTICIPLES)			
ACTIVE			
PASSIVE			
ДІЄПРИСЛІВНИКИ — VERBAL ADVERBS			
	реагу́ючи, реагува́вши		відреагува́вши
БЕЗОСОБОВІ ФОРМИ — IMPERSONAL FORMS			

на + *accusative*:
Я не **реагу́ю** на безпідста́вну кри́тику.
I do not respond to baseless criticism.

+ *instrumental*:
Гляда́чі **відреагува́ли** бурхли́вими о́плесками.
The audience responded with wild applause.

Дя́кую, що шви́дко **відреагува́ли** (**зреагува́ли**) на моє́ повідо́млення.
Thank you for your quick response to my message.

Він ви́йшов, не **відреагува́вши** (**зреагува́вши**) на запита́ння журналі́ста.
He left without reacting to the journalist's question.

№ 394

регулюва́ти | відрегулюва́ти
to regulate, to adjust

Present/Future Stems: **регулю-** | **відрегулю-**
Conjugation: **1st (-ють)**

ОСОБА / PERSON	НЕДОКОНАНИЙ ВИД / IMPERFECTIVE ASPECT		ДОКОНАНИЙ ВИД / PERFECTIVE ASPECT
ТЕПЕРІШНІЙ ЧАС — PRESENT TENSE			
я	регулю́ю		
ти	регулю́єш		
він, вона, воно	регулю́є		
ми	регулю́ємо		
ви	регулю́єте		
вони	регулю́ють		
МИНУЛИЙ ЧАС — PAST TENSE			
він (я, ти)	регулюва́в		відрегулюва́в
вона (я, ти)	регулюва́ла		відрегулюва́ла
воно	регулюва́ло		відрегулюва́ло
вони (ми, ви)	регулюва́ли		відрегулюва́ли
МАЙБУТНІЙ ЧАС — FUTURE TENSE			
	ANALYTIC	SYNTHETIC	
я	бу́ду регулюва́ти	регулюва́тиму	відрегулю́ю
ти	бу́деш регулюва́ти	регулюва́тимеш	відрегулю́єш
він, вона, воно	бу́де регулюва́ти	регулюва́тиме	відрегулю́є
ми	бу́демо регулюва́ти	регулюва́тимемо	відрегулю́ємо
ви	бу́дете регулюва́ти	регулюва́тимете	відрегулю́єте
вони	бу́дуть регулюва́ти	регулюва́тимуть	відрегулю́ють
УМОВНИЙ СПОСІБ — CONDITIONAL MOOD			
він (я, ти)	регулюва́в би		відрегулюва́в би
вона (я, ти)	регулюва́ла б		відрегулюва́ла б
воно	регулюва́ло б		відрегулюва́ло б
вони (ми, ви)	регулюва́ли б		відрегулюва́ли б
НАКАЗОВИЙ СПОСІБ — IMPERATIVE MOOD			
ти	регулю́й		відрегулю́й
ми	регулю́ймо		відрегулю́ймо
ви	регулю́йте		відрегулю́йте
він, вона, воно	(не)ха́й регулю́є		(не)ха́й відрегулю́є
вони	(не)ха́й регулю́ють		(не)ха́й відрегулю́ють
ДІЄПРИКМЕТНИКИ — VERBAL ADJECTIVES (PARTICIPLES)			
ACTIVE			
PASSIVE	регульо́ваний		відрегульо́ваний
ДІЄПРИСЛІВНИКИ — VERBAL ADVERBS			
	регулю́ючи, регулюва́вши		відрегулюва́вши
БЕЗОСОБОВІ ФОРМИ — IMPERSONAL FORMS			
	регульо́вано		відрегульо́вано

+ accusative:

Термоста́т автомати́чно **регулю́є** температу́ру в буди́нку.
The thermostat automatically regulates the temperature in the house.

Він **відрегулюва́в** кондиціоне́р до комфо́ртнішої температу́ри.
He adjusted the air conditioner to a more comfortable temperature.

Відрегулю́йте яскра́вість моніто́ра.
Adjust the brightness of the monitor.

На **регульо́ваному** перехре́сті послі́довність ру́ху вка́зує світлофо́р.
At a controlled intersection, the sequence of traffic is indicated by a traffic light.

Present/Future Stems: реєстру- | зареєстру- **реєструва́ти[ся] | зареєструва́ти[ся]**
Conjugation: 1st (-ють)   *to register sth/sb [to get registered]*

ОСОБА / PERSON	НЕДОКОНАНИЙ ВИД / IMPERFECTIVE ASPECT		ДОКОНАНИЙ ВИД / PERFECTIVE ASPECT
ТЕПЕРІШНІЙ ЧАС — PRESENT TENSE			
я	реєстру́ю[ся]		
ти	реєстру́єш[ся]		
він, вона, воно	реєстру́є[ться]		
ми	реєстру́ємо[ся]		
ви	реєстру́єте[ся]		
вони	реєстру́ють[ся]		
МИНУЛИЙ ЧАС — PAST TENSE			
він (я, ти)	реєструва́в[ся]		зареєструва́в[ся]
вона (я, ти)	реєструва́ла[ся]		зареєструва́ла[ся]
воно	реєструва́ло[ся]		зареєструва́ло[ся]
вони (ми, ви)	реєструва́ли[ся]		зареєструва́ли[ся]
МАЙБУТНІЙ ЧАС — FUTURE TENSE	ANALYTIC	SYNTHETIC	
я	бу́ду реєструва́ти[ся]	реєструва́тиму[ся]	зареєстру́ю[ся]
ти	бу́деш реєструва́ти[ся]	реєструва́тимеш[ся]	зареєстру́єш[ся]
він, вона, воно	бу́де реєструва́ти[ся]	реєструва́тиме[ться]	зареєстру́є[ться]
ми	бу́демо реєструва́ти[ся]	реєструва́тимемо[ся]	зареєстру́ємо[ся]
ви	бу́дете реєструва́ти[ся]	реєструва́тимете[ся]	зареєстру́єте[ся]
вони	бу́дуть реєструва́ти[ся]	реєструва́тимуть[ся]	зареєстру́ють[ся]
УМОВНИЙ СПОСІБ — CONDITIONAL MOOD			
він (я, ти)	реєструва́в[ся] би [б]		зареєструва́в[ся] би [б]
вона (я, ти)	реєструва́ла[ся] б		зареєструва́ла[ся] б
воно	реєструва́ло[ся] б		зареєструва́ло[ся] б
вони (ми, ви)	реєструва́ли[ся] б		зареєструва́ли[ся] б
НАКАЗОВИЙ СПОСІБ — IMPERATIVE MOOD			
ти	реєстру́й[ся]		зареєстру́й[ся]
ми	реєстру́ймо[ся]		зареєстру́ймо[ся]
ви	реєстру́йте[ся]		зареєстру́йте[ся]
він, вона, воно	(не)ха́й реєстру́є[ться]		(не)ха́й зареєстру́є[ться]
вони	(не)ха́й реєстру́ють[ся]		(не)ха́й зареєстру́ють[ся]
ДІЄПРИКМЕТНИКИ — VERBAL ADJECTIVES (PARTICIPLES)			
ACTIVE			
PASSIVE	реєстро́ваний		зареєстро́ваний
ДІЄПРИСЛІВНИКИ — VERBAL ADVERBS			
	реєстру́ючи[сь], реєструва́вши[сь]		зареєструва́вши[сь]
БЕЗОСОБОВІ ФОРМИ — IMPERSONAL FORMS			
	реєстро́вано		зареєстро́вано

+ accusative + у (в), на + locative:
Ми **реєстру́ємо** всіх кліє́нтів у на́шій систе́мі. *We register all clients in our system.*

на + accusative:
На ви́бори **зареєстро́вано** шість кандида́тів. *Six candidates are registered for the elections.*

-ся + instrumental = -ся + як + nominative:
Вона́ **зареєструва́лася** підприє́мцем. *She registered as an entrepreneur.*

-ся + у (в), на + locative:
Ха́й він **зареєстру́ється** на цьо́му са́йті. *Let him register on this website.*

рекомендува́ти | порекомендува́ти

to recommend

Present/Future Stems:
рекоменду- | порекоменду-
Conjugation: **1st (-ють)**

ОСОБА / PERSON	НЕДОКОНАНИЙ ВИД / IMPERFECTIVE ASPECT		ДОКОНАНИЙ ВИД / PERFECTIVE ASPECT
ТЕПЕРІШНІЙ ЧАС — PRESENT TENSE			
я	рекоменду́ю		
ти	рекоменду́єш		
він, вона, воно	рекоменду́є		
ми	рекоменду́ємо		
ви	рекоменду́єте		
вони	рекоменду́ють		
МИНУЛИЙ ЧАС — PAST TENSE			
він (я, ти)	рекомендува́в		порекомендува́в
вона (я, ти)	рекомендува́ла		порекомендува́ла
воно	рекомендува́ло		порекомендува́ло
вони (ми, ви)	рекомендува́ли		порекомендува́ли
МАЙБУТНІЙ ЧАС — FUTURE TENSE			
	ANALYTIC	SYNTHETIC	
я	бу́ду рекомендува́ти	рекомендува́тиму	порекоменду́ю
ти	бу́деш рекомендува́ти	рекомендува́тимеш	порекоменду́єш
він, вона, воно	бу́де рекомендува́ти	рекомендува́тиме	порекоменду́є
ми	бу́демо рекомендува́ти	рекомендува́тимемо	порекоменду́ємо
ви	бу́дете рекомендува́ти	рекомендува́тимете	порекоменду́єте
вони	бу́дуть рекомендува́ти	рекомендува́тимуть	порекоменду́ють
УМОВНИЙ СПОСІБ — CONDITIONAL MOOD			
він (я, ти)	рекомендува́в би		порекомендува́в би
вона (я, ти)	рекомендува́ла б		порекомендува́ла б
воно	рекомендува́ло б		порекомендува́ло б
вони (ми, ви)	рекомендува́ли б		порекомендува́ли б
НАКАЗОВИЙ СПОСІБ — IMPERATIVE MOOD			
ти	рекоменду́й		порекоменду́й
ми	рекоменду́ймо		порекоменду́ймо
ви	рекоменду́йте		порекоменду́йте
він, вона, воно	(не)ха́й рекоменду́є		(не)ха́й порекоменду́є
вони	(не)ха́й рекоменду́ють		(не)ха́й порекоменду́ють
ДІЄПРИКМЕТНИКИ — VERBAL ADJECTIVES (PARTICIPLES)			
ACTIVE			
PASSIVE	рекомендо́ваний		порекомендо́ваний
ДІЄПРИСЛІВНИКИ — VERBAL ADVERBS			
	рекоменду́ючи, рекомендува́вши		порекомендува́вши
БЕЗОСОБОВІ ФОРМИ — IMPERSONAL FORMS			
	рекомендо́вано		порекомендо́вано

+ *infinitive*:
Міністе́рство охоро́ни здоро́в'я **рекоменду́є** зроби́ти ще́плення.
The Ministry of Health recommends getting vaccinated.

+ *accusative*:
Мій друг **порекомендува́в** ва́ші по́слуги.
My friend recommended your services.

+ *dative* = **для** + *genitive*:
Цей туропера́тор **порекоменду́є** вам (для вас) чудо́ві місця́ для відпочи́нку.
This tour operator will recommend you great vacation spots.

до + *genitive*:
Підру́чник **рекомендо́вано** до дру́ку.
The textbook is recommended for publication.

Present/Future Stems:
ремонту- | відремонту-
Conjugation: **1st (-ють)**

ремонтува́ти | відремонтува́ти, поремонтува́ти

to repair, to fix, to mend

ОСОБА / PERSON	НЕДОКОНАНИЙ ВИД / IMPERFECTIVE ASPECT		ДОКОНАНИЙ ВИД / PERFECTIVE ASPECT
ТЕПЕРІШНІЙ ЧАС — PRESENT TENSE			
я	ремонту́ю		
ти	ремонту́єш		
він, вона, воно	ремонту́є		
ми	ремонту́ємо		
ви	ремонту́єте		
вони	ремонту́ють		
МИНУЛИЙ ЧАС — PAST TENSE			
він (я, ти)	ремонтува́в		відремонтува́в
вона (я, ти)	ремонтува́ла		відремонтува́ла
воно	ремонтува́ло		відремонтува́ло
вони (ми, ви)	ремонтува́ли		відремонтува́ли
МАЙБУТНІЙ ЧАС — FUTURE TENSE			
	ANALYTIC	SYNTHETIC	
я	бу́ду ремонтува́ти	ремонтува́тиму	відремонту́ю
ти	бу́деш ремонтува́ти	ремонтува́тимеш	відремонту́єш
він, вона, воно	бу́де ремонтува́ти	ремонтува́тиме	відремонту́є
ми	бу́демо ремонтува́ти	ремонтува́тимемо	відремонту́ємо
ви	бу́дете ремонтува́ти	ремонтува́тимете	відремонту́єте
вони	бу́дуть ремонтува́ти	ремонтува́тимуть	відремонту́ють
УМОВНИЙ СПОСІБ — CONDITIONAL MOOD			
він (я, ти)	ремонтува́в би		відремонтува́в би
вона (я, ти)	ремонтува́ла б		відремонтува́ла б
воно	ремонтува́ло б		відремонтува́ло б
вони (ми, ви)	ремонтува́ли б		відремонтува́ли б
НАКАЗОВИЙ СПОСІБ — IMPERATIVE MOOD			
ти	ремонту́й		відремонту́й
ми	ремонту́ймо		відремонту́ймо
ви	ремонту́йте		відремонту́йте
він, вона, воно	(не)ха́й ремонту́є		(не)ха́й відремонту́є
вони	(не)ха́й ремонту́ють		(не)ха́й відремонту́ють
ДІЄПРИКМЕТНИКИ — VERBAL ADJECTIVES (PARTICIPLES)			
ACTIVE			
PASSIVE	ремонто́ваний		відремонто́ваний
ДІЄПРИСЛІВНИКИ — VERBAL ADVERBS			
	ремонту́ючи, ремонтува́вши		відремонтува́вши
БЕЗОСОБОВІ ФОРМИ — IMPERSONAL FORMS			
	ремонто́вано		відремонто́вано

+ accusative:

Він сам **ремонту́є** свою́ маши́ну.	*He repairs his car himself.*
До́бре, що санте́хнік шви́дко **відремонтува́в** (**поремонтува́в**) трубу́.	*Good thing the plumber quickly fixed the pipe.*
Якщо́ хо́чеш, я **відремонту́ю** (**поремонту́ю**) твій комп'ю́тер.	*If you want, I will fix your computer.*
Усі́ шко́ли мі́ста бу́дуть **відремонто́вані** (**поремонто́вані**) до ве́ресня.	*All schools in the city will be repaired by September.*

ризикува́ти | ризикну́ти

to risk, to take one's chance

Present/Future Stems: **ризику-** | **ризикн-**
Conjugation: **1st (-ють)** | **1st (-уть)**

ОСОБА / PERSON	НЕДОКОНАНИЙ ВИД / IMPERFECTIVE ASPECT	ДОКОНАНИЙ ВИД / PERFECTIVE ASPECT
ТЕПЕРІШНІЙ ЧАС — PRESENT TENSE		
я	ризику́ю	
ти	ризику́єш	
він, вона, воно	ризику́є	
ми	ризику́ємо	
ви	ризику́єте	
вони	ризику́ють	
МИНУЛИЙ ЧАС — PAST TENSE		
він (я, ти)	ризикува́в	ризикну́в
вона (я, ти)	ризикува́ла	ризикну́ла
воно	ризикува́ло	ризикну́ло
вони (ми, ви)	ризикува́ли	ризикну́ли

МАЙБУТНІЙ ЧАС — FUTURE TENSE

	ANALYTIC	SYNTHETIC	
я	бу́ду ризикува́ти	ризикува́тиму	ризикну́
ти	бу́деш ризикува́ти	ризикува́тимеш	ризикне́ш
він, вона, воно	бу́де ризикува́ти	ризикува́тиме	ризикне́
ми	бу́демо ризикува́ти	ризикува́тимемо	ризикнемо́
ви	бу́дете ризикува́ти	ризикува́тимете	ризикнете́
вони	бу́дуть ризикува́ти	ризикува́тимуть	ризикну́ть

УМОВНИЙ СПОСІБ — CONDITIONAL MOOD

він (я, ти)	ризикува́в би	ризикну́в би
вона (я, ти)	ризикува́ла б	ризикну́ла б
воно	ризикува́ло б	ризикну́ло б
вони (ми, ви)	ризикува́ли б	ризикну́ли б

НАКАЗОВИЙ СПОСІБ — IMPERATIVE MOOD

ти	ризику́й	ризикни́
ми	ризику́ймо	ризикні́мо
ви	ризику́йте	ризикні́ть
він, вона, воно	(не)ха́й ризику́є	(не)ха́й ризикне́
вони	(не)ха́й ризику́ють	(не)ха́й ризикну́ть

ДІЄПРИКМЕТНИКИ — VERBAL ADJECTIVES (PARTICIPLES)

ACTIVE

PASSIVE

ДІЄПРИСЛІВНИКИ — VERBAL ADVERBS

ризику́ючи, ризикува́вши	ризикну́вши

БЕЗОСОБОВІ ФОРМИ — IMPERSONAL FORMS

Хто не **ризику́є**, той не п'є шампа́нського (прислів'я). — He who does not take risks does not drink champagne (proverb).

+ *instrumental*:

Вона́ **ризикну́ла** своїми збере́женнями й вкла́ла все у фо́нди. — She risked her savings and invested everything in funds.

Я **ризикну́** й запрошу́ її на поба́чення. — I will take a chance and ask her out.

Ризикну́вши своїм життя́м, поліція́нтка запобі́гла траге́дії. — Risking her life, the policewoman prevented a tragedy.

№ 399

Present/Future Stems: **ріж-** | **поріж-**

рі́зати[ся] | порі́зати[ся]

Conjugation: **1st (-уть)**

to cut, to chop; to hurt (imperfective) [to cut oneself]

ОСОБА / PERSON	НЕДОКОНАНИЙ ВИД / IMPERFECTIVE ASPECT		ДОКОНАНИЙ ВИД / PERFECTIVE ASPECT
ТЕПЕРІШНІЙ ЧАС — PRESENT TENSE			
я	рі́жу[ся]		
ти	рі́жеш[ся]		
він, вона, воно	рі́же[ться]		
ми	рі́жемо[ся]		
ви	рі́жете[ся]		
вони	рі́жуть[ся]		
МИНУЛИЙ ЧАС — PAST TENSE			
він (я, ти)	рі́зав[ся]		порі́зав[ся]
вона (я, ти)	рі́зала[ся]		порі́зала[ся]
воно	рі́зало[ся]		порі́зало[ся]
вони (ми, ви)	рі́зали[ся]		порі́зали[ся]
МАЙБУТНІЙ ЧАС — FUTURE TENSE			
	ANALYTIC	SYNTHETIC	
я	бу́ду рі́зати[ся]	рі́затиму[ся]	порі́жу[ся]
ти	бу́деш рі́зати[ся]	рі́затимеш[ся]	порі́жеш[ся]
він, вона, воно	бу́де рі́зати[ся]	рі́затиме[ться]	порі́же[ться]
ми	бу́демо рі́зати[ся]	рі́затимемо[ся]	порі́жемо[ся]
ви	бу́дете рі́зати[ся]	рі́затимете[ся]	порі́жете[ся]
вони	бу́дуть рі́зати[ся]	рі́затимуть[ся]	порі́жуть[ся]
УМОВНИЙ СПОСІБ — CONDITIONAL MOOD			
він (я, ти)	рі́зав[ся] би [б]		порі́зав[ся] би [б]
вона (я, ти)	рі́зала[ся] б		порі́зала[ся] б
воно	рі́зало[ся] б		порі́зало[ся] б
вони (ми, ви)	рі́зали[ся] б		порі́зали[ся] б
НАКАЗОВИЙ СПОСІБ — IMPERATIVE MOOD			
ти	ріж[ся]		порі́ж[ся]
ми	рі́жмо[ся]		порі́жмо[ся]
ви	рі́жте[ся]		порі́жте[ся]
він, вона, воно	(не)ха́й рі́же[ться]		(не)ха́й порі́же[ться]
вони	(не)ха́й рі́жуть[ся]		(не)ха́й порі́жуть[ся]
ДІЄПРИКМЕТНИКИ — VERBAL ADJECTIVES (PARTICIPLES)			
ACTIVE			
PASSIVE	рі́заний		порі́заний
ДІЄПРИСЛІВНИКИ — VERBAL ADVERBS			
	рі́жучи[сь], рі́завши[сь]		порі́завши[сь]
БЕЗОСОБОВІ ФОРМИ — IMPERSONAL FORMS			
	рі́зано		порі́зано

+ accusative:
Як ти **рі́жеш** цибу́лю і не пла́чеш? — *How do you chop onions and not cry?*

+ instrumental:
Він випадко́во **порі́зав** па́лець ноже́м. — *He accidentally cut his finger with a knife.*
Яскра́ве сві́тло **рі́зало** о́чі. — *The bright light was hurting the eyes.*
Я **порі́жу** сир, а ти **порі́ж** о́вочі. — *I will cut the cheese, and you cut the veggies.*

-ся + instrumental:
Вона́ **порі́залася** скло́м від розби́тої скля́нки. — *She cut herself by a shard from a broken glass.*

№ 400

роби́ти[ся] | зроби́ти[ся]

to do, to make [to happen; to become]

Present/Future Stems: роб(л)- | зроб(л)-
Conjugation: **2nd (-ять)**

ОСОБА / PERSON	НЕДОКОНАНИЙ ВИД / IMPERFECTIVE ASPECT		ДОКОНАНИЙ ВИД / PERFECTIVE ASPECT
ТЕПЕРІШНІЙ ЧАС — PRESENT TENSE			
я	роблю́[ся]		
ти	ро́биш[ся]		
він, вона, воно	ро́бить[ся]		
ми	ро́бимо[ся]		
ви	ро́бите[ся]		
вони	ро́блять[ся]		
МИНУЛИЙ ЧАС — PAST TENSE			
він (я, ти)	роби́в[ся]		зроби́в[ся]
вона (я, ти)	роби́ла[ся]		зроби́ла[ся]
воно	роби́ло[ся]		зроби́ло[ся]
вони (ми, ви)	роби́ли[ся]		зроби́ли[ся]
МАЙБУТНІЙ ЧАС — FUTURE TENSE			
	ANALYTIC	SYNTHETIC	
я	бу́ду роби́ти[ся]	роби́тиму[ся]	зроблю́[ся]
ти	бу́деш роби́ти[ся]	роби́тимеш[ся]	зро́биш[ся]
він, вона, воно	бу́де роби́ти[ся]	роби́тиме[ться]	зро́бить[ся]
ми	бу́демо роби́ти[ся]	роби́тимемо[ся]	зро́бимо[ся]
ви	бу́дете роби́ти[ся]	роби́тимете[ся]	зро́бите[ся]
вони	бу́дуть роби́ти[ся]	роби́тимуть[ся]	зро́блять[ся]
УМОВНИЙ СПОСІБ — CONDITIONAL MOOD			
він (я, ти)	роби́в[ся] би [б]		зроби́в[ся] би [б]
вона (я, ти)	роби́ла[ся] б		зроби́ла[ся] б
воно	роби́ло[ся] б		зроби́ло[ся] б
вони (ми, ви)	роби́ли[ся] б		зроби́ли[ся] б
НАКАЗОВИЙ СПОСІБ — IMPERATIVE MOOD			
ти	роби́[ся]		зроби́[ся]
ми	робі́мо[ся]		зробі́мо[ся]
ви	робі́ть[ся]		зробі́ть[ся]
він, вона, воно	(не)ха́й ро́бить[ся]		(не)ха́й зро́бить[ся]
вони	(не)ха́й ро́блять[ся]		(не)ха́й зро́блять[ся]

ДІЄПРИКМЕТНИКИ — VERBAL ADJECTIVES (PARTICIPLES)

ACTIVE		
PASSIVE	ро́блений	зро́блений

ДІЄПРИСЛІВНИКИ — VERBAL ADVERBS

ро́блячи[сь], роби́вши[сь]	зроби́вши[сь]

БЕЗОСОБОВІ ФОРМИ — IMPERSONAL FORMS

ро́блено	зро́блено

+ accusative:
Вона́ рідко **ро́бить** помилки́. — *She rarely makes mistakes.*
Що ви там **роби́ли**? — *What were you doing there?*

для + genitive:
Ми **зроби́ли** для вас усе́ можли́ве. — *We have done everything possible for you.*
Усі́ на́ші ви́роби **зро́блені** в Украї́ні. — *All our products are made in Ukraine.*
Що це тут **ро́биться**? — *What is happening here?*

Present/Future Stems: розбива- | розіб'-
Conjugation: 1st (-ють)

розбива́ти[ся] | розби́ти[ся]

to break sth; to defeat; to divide [to break (into pieces), to crash]

ОСОБА / PERSON	НЕДОКОНАНИЙ ВИД / IMPERFECTIVE ASPECT		ДОКОНАНИЙ ВИД / PERFECTIVE ASPECT
ТЕПЕРІШНІЙ ЧАС — PRESENT TENSE			
я	розбива́ю[ся]		
ти	розбива́єш[ся]		
він, вона, воно	розбива́є[ться]		
ми	розбива́ємо[ся]		
ви	розбива́єте[ся]		
вони	розбива́ють[ся]		
МИНУЛИЙ ЧАС — PAST TENSE			
він (я, ти)	розбива́в[ся]		розби́в[ся]
вона (я, ти)	розбива́ла[ся]		розби́ла[ся]
воно	розбива́ло[ся]		розби́ло[ся]
вони (ми, ви)	розбива́ли[ся]		розби́ли[ся]
МАЙБУТНІЙ ЧАС — FUTURE TENSE			
	ANALYTIC	SYNTHETIC	
я	бу́ду розбива́ти[ся]	розбива́тиму[ся]	розіб'ю́[ся]
ти	бу́деш розбива́ти[ся]	розбива́тимеш[ся]	розіб'є́ш[ся]
він, вона, воно	бу́де розбива́ти[ся]	розбива́тиме[ться]	розіб'є́[ться]
ми	бу́демо розбива́ти[ся]	розбива́тимемо[ся]	розіб'ємо́[ся]
ви	бу́дете розбива́ти[ся]	розбива́тимете[ся]	розіб'єте́[ся]
вони	бу́дуть розбива́ти[ся]	розбива́тимуть[ся]	розіб'ю́ть[ся]
УМОВНИЙ СПОСІБ — CONDITIONAL MOOD			
він (я, ти)	розбива́в[ся] би [б]		розби́в[ся] би [б]
вона (я, ти)	розбива́ла[ся] б		розби́ла[ся] б
воно	розбива́ло[ся] б		розби́ло[ся] б
вони (ми, ви)	розбива́ли[ся] б		розби́ли[ся] б
НАКАЗОВИЙ СПОСІБ — IMPERATIVE MOOD			
ти	розбива́й[ся]		розбий[ся]
ми	розбива́ймо[ся]		розби́ймо[ся]
ви	розбива́йте[ся]		розби́йте[ся]
він, вона, воно	(не)ха́й розбива́є[ться]		(не)ха́й розіб'є́[ться]
вони	(не)ха́й розбива́ють[ся]		(не)ха́й розіб'ю́ть[ся]
ДІЄПРИКМЕТНИКИ — VERBAL ADJECTIVES (PARTICIPLES)			
ACTIVE			
PASSIVE			розби́тий
ДІЄПРИСЛІВНИКИ — VERBAL ADVERBS			
	розбива́ючи[сь], розбива́вши[сь]		розби́вши[сь]
БЕЗОСОБОВІ ФОРМИ — IMPERSONAL FORMS			
			розби́то

+ accusative:
Це **розбива́є** моє́ се́рце. — It breaks my heart.
Ві́йсько **розби́ло** во́рога вщент. — The army completely defeated the enemy.

на + accusative:
Ваш креди́т бу́де **розби́то** на три части́ни. — Your loan will be divided into three parts.

-ся + на + accusative:
Ва́за **розби́лася** на дрібні́ шмато́чки. — The vase shattered into small pieces.

-ся + об + accusative:
У фі́льмі вертолі́т **розби́вся** об ске́лю. — In the movie, the helicopter crashed into a rock.

№ 402

розбира́ти[ся] | розібра́ти[ся]

to disassemble, to dismantle; to make out [to figure out, to understand]

Present/Future Stems: **розбира-** | **розбер-**
Conjugation: **1st (-ють)** | **1st (-уть)**

ОСОБА / PERSON	НЕДОКОНАНИЙ ВИД / IMPERFECTIVE ASPECT		ДОКОНАНИЙ ВИД / PERFECTIVE ASPECT
ТЕПЕРІШНІЙ ЧАС — PRESENT TENSE			
я	розбира́ю[ся]		
ти	розбира́єш[ся]		
він, вона, воно	розбира́є[ться]		
ми	розбира́ємо[ся]		
ви	розбира́єте[ся]		
вони	розбира́ють[ся]		
МИНУЛИЙ ЧАС — PAST TENSE			
він (я, ти)	розбира́в[ся]		розібра́в[ся]
вона (я, ти)	розбира́ла[ся]		розібра́ла[ся]
воно	розбира́ло[ся]		розібра́ло[ся]
вони (ми, ви)	розбира́ли[ся]		розібра́ли[ся]
МАЙБУТНІЙ ЧАС — FUTURE TENSE			
	ANALYTIC	SYNTHETIC	
я	бу́ду розбира́ти[ся]	розбира́тиму[ся]	розберу́[ся]
ти	бу́деш розбира́ти[ся]	розбира́тимеш[ся]	розбере́ш[ся]
він, вона, воно	бу́де розбира́ти[ся]	розбира́тиме[ться]	розбере́[ться]
ми	бу́демо розбира́ти[ся]	розбира́тимемо[ся]	розберемо́[ся]
ви	бу́дете розбира́ти[ся]	розбира́тимете[ся]	розберете́[ся]
вони	бу́дуть розбира́ти[ся]	розбира́тимуть[ся]	розберу́ть[ся]
УМОВНИЙ СПОСІБ — CONDITIONAL MOOD			
він (я, ти)	розбира́в[ся] би [б]		розібра́в[ся] би [б]
вона (я, ти)	розбира́ла[ся] б		розібра́ла[ся] б
воно	розбира́ло[ся] б		розібра́ло[ся] б
вони (ми, ви)	розбира́ли[ся] б		розібра́ли[ся] б
НАКАЗОВИЙ СПОСІБ — IMPERATIVE MOOD			
ти	розбира́й[ся]		розбери́[ся]
ми	розбира́ймо[ся]		розбері́мо[ся]
ви	розбира́йте[ся]		розбері́ть[ся]
він, вона, воно	(не)ха́й розбира́є[ться]		(не)ха́й розбере́[ться]
вони	(не)ха́й розбира́ють[ся]		(не)ха́й розберу́ть[ся]
ДІЄПРИКМЕТНИКИ — VERBAL ADJECTIVES (PARTICIPLES)			
ACTIVE			
PASSIVE			розі́браний
ДІЄПРИСЛІВНИКИ — VERBAL ADVERBS			
	розбира́ючи[сь], розбира́вши[сь]		розібра́вши[сь]
БЕЗОСОБОВІ ФОРМИ — IMPERSONAL FORMS			
			розі́брано

+ accusative:
Рятува́льники **розбира́ють** зава́ли.
Rescuers are dismantling the debris.

на + accusative:
Меха́нік **розібра́в** маши́ну на части́ни.
The mechanic disassembled the car.

Я не мо́жу **розібра́ти**, що тут напи́сано.
I cannot make out what is written here.

Він уже́ **розібра́вся**, як це зроби́ти.
He already figured out how to do it.

-ся + у (в) + locative:
Ви поспіши́ли, не **розібра́вшись** у ситуа́ції.
You rushed without understanding the situation.

Present/Future Stems: **розважа-** | **розваж-**　　　　**розважáти[ся]** | **розвáжити[ся]**
Conjugation: **1st (-ють)** | **2nd (-ать)**　　　　*to entertain; to comfort [to have fun]*

ОСОБА / PERSON	НЕДОКОНАНИЙ ВИД / IMPERFECTIVE ASPECT		ДОКОНАНИЙ ВИД / PERFECTIVE ASPECT
ТЕПЕРІШНІЙ ЧАС — PRESENT TENSE			
я	розважáю[ся]		
ти	розважáєш[ся]		
він, вона, воно	розважáє[ться]		
ми	розважáємо[ся]		
ви	розважáєте[ся]		
вони	розважáють[ся]		
МИНУЛИЙ ЧАС — PAST TENSE			
він (я, ти)	розважáв[ся]		розвáжив[ся]
вона (я, ти)	розважáла[ся]		розвáжила[ся]
воно	розважáло[ся]		розвáжило[ся]
вони (ми, ви)	розважáли[ся]		розвáжили[ся]
МАЙБУТНІЙ ЧАС — FUTURE TENSE			
	ANALYTIC	SYNTHETIC	
я	бýду розважáти[ся]	розважáтиму[ся]	розвáжу[ся]
ти	бýдеш розважáти[ся]	розважáтимеш[ся]	розвáжиш[ся]
він, вона, воно	бýде розважáти[ся]	розважáтиме[ться]	розвáжить[ся]
ми	бýдемо розважáти[ся]	розважáтимемо[ся]	розвáжимо[ся]
ви	бýдете розважáти[ся]	розважáтимете[ся]	розвáжите[ся]
вони	бýдуть розважáти[ся]	розважáтимуть[ся]	розвáжать[ся]
УМОВНИЙ СПОСІБ — CONDITIONAL MOOD			
він (я, ти)	розважáв[ся] би [б]		розвáжив[ся] би [б]
вона (я, ти)	розважáла[ся] б		розвáжила[ся] б
воно	розважáло[ся] б		розвáжило[ся] б
вони (ми, ви)	розважáли[ся] б		розвáжили[ся] б
НАКАЗОВИЙ СПОСІБ — IMPERATIVE MOOD			
ти	розважáй[ся]		розвáж[ся]
ми	розважáймо[ся]		розвáжмо[ся]
ви	розважáйте[ся]		розвáжте[ся]
він, вона, воно	(не)хáй розважáє[ться]		(не)хáй розвáжить[ся]
вони	(не)хáй розважáють[ся]		(не)хáй розвáжать[ся]
ДІЄПРИКМЕТНИКИ — VERBAL ADJECTIVES (PARTICIPLES)			
ACTIVE			
PASSIVE			розвáжений
ДІЄПРИСЛІВНИКИ — VERBAL ADVERBS			
	розважáючи[сь], розважáвши[сь]		розвáживши[сь]
БЕЗОСОБОВІ ФОРМИ — IMPERSONAL FORMS			
			розвáжено

+ *accusative*:
Цей рóбот **розважáє** домáшніх тварúн.　　*This robot entertains pets.*

+ *instrumental*:
Клóун **розважáв** дітéй фóкусами, пісня́ми та жáртами.　　*The clown was entertaining the children with tricks, songs, and jokes.*

у (в) + *locative*:
Пóдруга **розвáжила** менé в моє́му гóрі.　　*A friend comforted me in my grief.*

-ся + у (в), на + *locative*:
Дíти чудóво **розвáжилися** в пáрку атракціóнів.　　*Children had great fun in the amusement park.*

розвива́ти[ся] | розви́нути[ся]

to develop sth [to develop, to evolve]

Present/Future Stems: **розвива-** | **розвин-**
Conjugation: **1st (-ють) | 1st (-уть)**

ОСОБА / PERSON	НЕДОКОНАНИЙ ВИД / IMPERFECTIVE ASPECT		ДОКОНАНИЙ ВИД / PERFECTIVE ASPECT
ТЕПЕРІШНІЙ ЧАС — PRESENT TENSE			
я	розвива́ю[ся]		
ти	розвива́єш[ся]		
він, вона, воно	розвива́є[ться]		
ми	розвива́ємо[ся]		
ви	розвива́єте[ся]		
вони	розвива́ють[ся]		
МИНУЛИЙ ЧАС — PAST TENSE			
він (я, ти)	розвива́в[ся]		розви́нув[ся]
вона (я, ти)	розвива́ла[ся]		розви́нула[ся]
воно	розвива́ло[ся]		розви́нуло[ся]
вони (ми, ви)	розвива́ли[ся]		розви́нули[ся]
МАЙБУТНІЙ ЧАС — FUTURE TENSE			
	ANALYTIC	SYNTHETIC	
я	бу́ду розвива́ти[ся]	розвива́тиму[ся]	розви́ну[ся]
ти	бу́деш розвива́ти[ся]	розвива́тимеш[ся]	розви́неш[ся]
він, вона, воно	бу́де розвива́ти[ся]	розвива́тиме[ться]	розви́не[ться]
ми	бу́демо розвива́ти[ся]	розвива́тимемо[ся]	розви́немо[ся]
ви	бу́дете розвива́ти[ся]	розвива́тимете[ся]	розви́нете[ся]
вони	бу́дуть розвива́ти[ся]	розвива́тимуть[ся]	розви́нуть[ся]
УМОВНИЙ СПОСІБ — CONDITIONAL MOOD			
він (я, ти)	розвива́в[ся] би [б]		розви́нув[ся] би [б]
вона (я, ти)	розвива́ла[ся] б		розви́нула[ся] б
воно	розвива́ло[ся] б		розви́нуло[ся] б
вони (ми, ви)	розвива́ли[ся] б		розви́нули[ся] б
НАКАЗОВИЙ СПОСІБ — IMPERATIVE MOOD			
ти	розвива́й[ся]		розви́нь[ся]
ми	розвива́ймо[ся]		розви́ньмо[ся]
ви	розвива́йте[ся]		розви́ньте[ся]
він, вона, воно	(не)ха́й розвива́є[ться]		(не)ха́й розви́не[ться]
вони	(не)ха́й розвива́ють[ся]		(не)ха́й розви́нуть[ся]
ДІЄПРИКМЕТНИКИ — VERBAL ADJECTIVES (PARTICIPLES)			
ACTIVE			
PASSIVE			розви́нений, розви́нутий
ДІЄПРИСЛІВНИКИ — VERBAL ADVERBS			
	розвива́ючи[сь], розвива́вши[сь]		розви́нувши[сь]
БЕЗОСОБОВІ ФОРМИ — IMPERSONAL FORMS			
			розви́нено, розви́нуто

+ accusative:

Ця гра **розвива́є** уя́ву та крити́чне ми́слення.
This game develops imagination and critical thinking.

Я не **розвива́тиму** (**бу́ду розвива́ти**) цю те́му.
I will not elaborate on this topic.

Насампере́д, **розвива́йте** на́вички слу́хання та розумі́ння мо́ви.
First of all, develop your listening and language comprehension skills.

На́ша компа́нія успі́шно **розвива́ється**.
Our company is successfully developing.

Ва́жко уяви́ти, як техноло́гії **розви́нуться** че́рез сто ро́ків.
It is difficult to imagine how technology will evolve in a hundred years.

№ 405

Present/Future Stems: **розв'язу- | розв'яж-**
Conjugation: **1st (-ють) | 1st (-уть)**

розв'язувати[ся] | розв'язати[ся]

to untie, to undo; to solve [to come undone; to get resolved]

ОСОБА / PERSON	НЕДОКОНАНИЙ ВИД / IMPERFECTIVE ASPECT		ДОКОНАНИЙ ВИД / PERFECTIVE ASPECT
ТЕПЕРІШНІЙ ЧАС — PRESENT TENSE			
я	розв'язую		
ти	розв'язуєш		
він, вона, воно	розв'язує[ться]		
ми	розв'язуємо		
ви	розв'язуєте		
вони	розв'язують[ся]		
МИНУЛИЙ ЧАС — PAST TENSE			
він (я, ти)	розв'язував[ся]		розв'язáв[ся]
вона (я, ти)	розв'язувала[ся]		розв'язáла[ся]
воно	розв'язувало[ся]		розв'язáло[ся]
вони (ми, ви)	розв'язували[ся]		розв'язáли[ся]
МАЙБУТНІЙ ЧАС — FUTURE TENSE			
	ANALYTIC	SYNTHETIC	
я	бýду розв'язувати	розв'язуватиму	розв'яжý
ти	бýдеш розв'язувати	розв'язуватимеш	розв'яжеш
він, вона, воно	бýде розв'язувати[ся]	розв'язуватиме[ться]	розв'яже[ться]
ми	бýдемо розв'язувати	розв'язуватимемо	розв'яжемо
ви	бýдете розв'язувати	розв'язуватимете	розв'яжете
вони	бýдуть розв'язувати[ся]	розв'язуватимуть[ся]	розв'яжуть[ся]
УМОВНИЙ СПОСІБ — CONDITIONAL MOOD			
він (я, ти)	розв'язував[ся] би [б]		розв'язáв[ся] би [б]
вона (я, ти)	розв'язувала[ся] б		розв'язáла[ся] б
воно	розв'язувало[ся] б		розв'язáло[ся] б
вони (ми, ви)	розв'язували[ся] б		розв'язáли[ся] б
НАКАЗОВИЙ СПОСІБ — IMPERATIVE MOOD			
ти	розв'язуй		розв'яжи́
ми	розв'язуймо		розв'яжíмо
ви	розв'язуйте		розв'яжíть
він, вона, воно	(не)хáй розв'язує[ться]		(не)хáй розв'яже[ться]
вони	(не)хáй розв'язують[ся]		(не)хáй розв'яжуть[ся]
ДІЄПРИКМЕТНИКИ — VERBAL ADJECTIVES (PARTICIPLES)			
ACTIVE			
PASSIVE			розв'язаний
ДІЄПРИСЛІВНИКИ — VERBAL ADVERBS			
	розв'язуючи[сь], розв'язувавши[сь]		розв'язáвши[сь]
БЕЗОСОБОВІ ФОРМИ — IMPERSONAL FORMS			
			розв'язано

+ accusative:

Воná **розв'язáла** стрíчку й постáвила квíти у вáзу.
She untied the ribbon and put the flowers in the vase.

Ми обов'язкóво **розв'яжемо** цю проблéму.
We will definitely solve this problem.

У цих кросíвках чáсто **розв'язуються** шнурки́.
The laces of these sneakers often come undone.

Чомý конфлíкт не **розв'язáвся** ми́рно?
Why was the conflict not resolved peacefully?

№ 406

розгляда́ти | розгля́нути

to examine, to consider, to review, to look into

Present/Future Stems: розгляда- | розглян-
Conjugation: 1st (-ють) | 1st (-уть)

ОСОБА / PERSON	НЕДОКОНАНИЙ ВИД / IMPERFECTIVE ASPECT		ДОКОНАНИЙ ВИД / PERFECTIVE ASPECT
\multicolumn{4}{c}{**ТЕПЕРІШНІЙ ЧАС — PRESENT TENSE**}		

ТЕПЕРІШНІЙ ЧАС — PRESENT TENSE

	IMPERFECTIVE
я	розгляда́ю
ти	розгляда́єш
він, вона, воно	розгляда́є
ми	розгляда́ємо
ви	розгляда́єте
вони	розгляда́ють

МИНУЛИЙ ЧАС — PAST TENSE

	IMPERFECTIVE	PERFECTIVE
він (я, ти)	розгляда́в	розгля́нув
вона (я, ти)	розгляда́ла	розгля́нула
воно	розгляда́ло	розгля́нуло
вони (ми, ви)	розгляда́ли	розгля́нули

МАЙБУТНІЙ ЧАС — FUTURE TENSE

	ANALYTIC	SYNTHETIC	PERFECTIVE
я	бу́ду розгляда́ти	розгляда́тиму	розгля́ну
ти	бу́деш розгляда́ти	розгляда́тимеш	розгля́неш
він, вона, воно	бу́де розгляда́ти	розгляда́тиме	розгля́не
ми	бу́демо розгляда́ти	розгляда́тимемо	розгля́немо
ви	бу́дете розгляда́ти	розгляда́тимете	розгля́нете
вони	бу́дуть розгляда́ти	розгляда́тимуть	розгля́нуть

УМОВНИЙ СПОСІБ — CONDITIONAL MOOD

	IMPERFECTIVE	PERFECTIVE
він (я, ти)	розгляда́в би	розгля́нув би
вона (я, ти)	розгляда́ла б	розгля́нула б
воно	розгляда́ло б	розгля́нуло б
вони (ми, ви)	розгляда́ли б	розгля́нули б

НАКАЗОВИЙ СПОСІБ — IMPERATIVE MOOD

	IMPERFECTIVE	PERFECTIVE
ти	розгляда́й	розгля́нь
ми	розгляда́ймо	розгля́ньмо
ви	розгляда́йте	розгля́ньте
він, вона, воно	(не)ха́й розгляда́є	(не)ха́й розгля́не
вони	(не)ха́й розгляда́ють	(не)ха́й розгля́нуть

ДІЄПРИКМЕТНИКИ — VERBAL ADJECTIVES (PARTICIPLES)

	IMPERFECTIVE	PERFECTIVE
ACTIVE		
PASSIVE		розгля́нутий

ДІЄПРИСЛІВНИКИ — VERBAL ADVERBS

IMPERFECTIVE	PERFECTIVE
розгляда́ючи, розгляда́вши	розгля́нувши

БЕЗОСОБОВІ ФОРМИ — IMPERSONAL FORMS

	PERFECTIVE
	розгля́нуто

+ accusative:

Він любить **розгляда́ти** фаса́ди буди́нків у це́нтрі мі́ста.
He likes to look at the facades of buildings in the city center.

Суд повто́рно **розгля́нув** спра́ву, але́ не зміни́в ви́року.
The court reexamined the case but did not change the verdict.

Ми **розгля́немо** ва́шу зая́ву про́тягом двох робо́чих днів.
We will review your application within two business days.

Будь ла́ска, **розгля́ньте** на́шу пропози́цію.
Please consider our proposal.

Present/Future Stems: **розда-** | *special*

Conjugation: **1st (-ють)** | *special*

роздава́ти | розда́ти

to distribute, to give out

ОСОБА / PERSON	НЕДОКОНАНИЙ ВИД / IMPERFECTIVE ASPECT		ДОКОНАНИЙ ВИД / PERFECTIVE ASPECT
ТЕПЕРІШНІЙ ЧАС — PRESENT TENSE			
я	роздаю́		
ти	роздає́ш		
він, вона, воно	роздає́		
ми	роздаємо́		
ви	роздаєте́		
вони	роздаю́ть		
МИНУЛИЙ ЧАС — PAST TENSE			
він (я, ти)	роздава́в		розда́в
вона (я, ти)	роздава́ла		роздала́
воно	роздава́ло		роздало́
вони (ми, ви)	роздава́ли		роздали́
МАЙБУТНІЙ ЧАС — FUTURE TENSE			
	ANALYTIC	SYNTHETIC	
я	бу́ду роздава́ти	роздава́тиму	розда́м
ти	бу́деш роздава́ти	роздава́тимеш	роздаси́
він, вона, воно	бу́де роздава́ти	роздава́тиме	розда́сть
ми	бу́демо роздава́ти	роздава́тимемо	роздамо́
ви	бу́дете роздава́ти	роздава́тимете	роздасте́
вони	бу́дуть роздава́ти	роздава́тимуть	роздаду́ть
УМОВНИЙ СПОСІБ — CONDITIONAL MOOD			
він (я, ти)	роздава́в би		розда́в би
вона (я, ти)	роздава́ла б		роздала́ б
воно	роздава́ло б		роздало́ б
вони (ми, ви)	роздава́ли б		роздали́ б
НАКАЗОВИЙ СПОСІБ — IMPERATIVE MOOD			
ти	роздава́й		розда́й
ми	роздава́ймо		розда́ймо
ви	роздава́йте		розда́йте
він, вона, воно	(не)ха́й роздає́		(не)ха́й розда́сть
вони	(не)ха́й роздаю́ть		(не)ха́й роздаду́ть
ДІЄПРИКМЕТНИКИ — VERBAL ADJECTIVES (PARTICIPLES)			
ACTIVE			
PASSIVE			ро́зданий
ДІЄПРИСЛІВНИКИ — VERBAL ADVERBS			
	роздаючи́, роздава́вши		розда́вши
БЕЗОСОБОВІ ФОРМИ — IMPERSONAL FORMS			
			ро́здано

+ accusative:
Волонте́ри **роздаю́ть** ї́жу на ву́лицях мі́ста.
Volunteers distribute food on the streets of the city.

+ dative:
Святи́й Мико́лай **розда́в** ді́тям подару́нки.
Saint Nicholas distributed gifts to the children.

Украї́нський у́ряд **розда́сть** старта́пам де́в'ять мільйо́нів гри́вень.
The Ukrainian government will give out nine million hryvnias to startups.

Розда́й, будь ла́ска, зо́шити однокла́сникам.
Please distribute the notebooks to your classmates.

№ 408

роздяга́ти[ся] | роздягну́ти[ся], роздягти́[ся]

to undress sb [to undress]

Present/Future Stems: **роздяга- | роздягн-**
Conjugation: **1st (-ють) | 1st (-уть)**

ОСОБА / PERSON	НЕДОКОНАНИЙ ВИД / IMPERFECTIVE ASPECT		ДОКОНАНИЙ ВИД / PERFECTIVE ASPECT
ТЕПЕРІШНІЙ ЧАС — PRESENT TENSE			
я	роздяга́ю[ся]		
ти	роздяга́єш[ся]		
він, вона, воно	роздяга́є[ться]		
ми	роздяга́ємо[ся]		
ви	роздяга́єте[ся]		
вони	роздяга́ють[ся]		
МИНУЛИЙ ЧАС — PAST TENSE			
він (я, ти)	роздяга́в[ся]		роздягну́в[ся], роздя́г[ся]
вона (я, ти)	роздяга́ла[ся]		роздягну́ла[ся], роздягла́[ся]
воно	роздяга́ло[ся]		роздягну́ло[ся], роздягло́[ся]
вони (ми, ви)	роздяга́ли[ся]		роздягну́ли[ся], роздягли́[ся]
МАЙБУТНІЙ ЧАС — FUTURE TENSE			
	ANALYTIC	SYNTHETIC	
я	бу́ду роздяга́ти[ся]	роздяга́тиму[ся]	роздягну́[ся]
ти	бу́деш роздяга́ти[ся]	роздяга́тимеш[ся]	роздя́гнеш[ся]
він, вона, воно	бу́де роздяга́ти[ся]	роздяга́тиме[ться]	роздя́гне[ться]
ми	бу́демо роздяга́ти[ся]	роздяга́тимемо[ся]	роздя́гнемо[ся]
ви	бу́дете роздяга́ти[ся]	роздяга́тимете[ся]	роздя́гнете[ся]
вони	бу́дуть роздяга́ти[ся]	роздяга́тимуть[ся]	роздя́гнуть[ся]
УМОВНИЙ СПОСІБ — CONDITIONAL MOOD			
він (я, ти)	роздяга́в[ся] би [б]		роздягну́в[ся]/роздя́г[ся] би [б]
вона (я, ти)	роздяга́ла[ся] б		роздягну́ла[ся]/роздягла́[ся] б
воно	роздяга́ло[ся] б		роздягну́ло[ся]/роздягло́[ся] б
вони (ми, ви)	роздяга́ли[ся] б		роздягну́ли[ся]/роздягли́[ся] б
НАКАЗОВИЙ СПОСІБ — IMPERATIVE MOOD			
ти	роздяга́й[ся]		роздягни́[ся]
ми	роздяга́ймо[ся]		роздягні́мо[ся]
ви	роздяга́йте[ся]		роздягні́ть[ся]
він, вона, воно	(не)ха́й роздяга́є[ться]		(не)ха́й роздя́гне[ться]
вони	(не)ха́й роздяга́ють[ся]		(не)ха́й роздя́гнуть[ся]
ДІЄПРИКМЕТНИКИ — VERBAL ADJECTIVES (PARTICIPLES)			
ACTIVE			
PASSIVE			роздя́гнений, роздя́гнутий
ДІЄПРИСЛІВНИКИ — VERBAL ADVERBS			
	роздяга́ючи[сь], роздяга́вши[сь]		роздягну́вши[сь], роздя́гши[сь]
БЕЗОСОБОВІ ФОРМИ — IMPERSONAL FORMS			
			роздя́гнено, роздя́гнуто

+ accusative:

Ма́ма **роздягну́ла** (**роздягла́**) до́ньку після прогу́лянки.
The mom undressed her daughter after a walk.

Пора́нених **роздягну́ли** (**роздягли́**), щоб нада́ти доме́дичну допомо́гу.
The wounded were undressed to provide first aid.

Ді́ти **роздягну́лися** (**роздягли́ся**) й пішли́ купа́тись.
The children undressed and went swimming.

Роздягні́ться, будь ла́ска, до по́яса.
Undress to the waist, please.

Present/Future Stems: **розказу-** | **розкаж-**
Conjugation: **1st (-ють)** | **1st (-уть)**

розка́зувати | розказа́ти
to tell (less formal than **розповіда́ти***)*
See also: **розповіда́ти** | **розпові́сти** (№ 414)

ОСОБА / PERSON	НЕДОКОНАНИЙ ВИД / IMPERFECTIVE ASPECT		ДОКОНАНИЙ ВИД / PERFECTIVE ASPECT
ТЕПЕРІШНІЙ ЧАС — PRESENT TENSE			
я	розка́зую		
ти	розка́зуєш		
він, вона, воно	розка́зує		
ми	розка́зуємо		
ви	розка́зуєте		
вони	розка́зують		
МИНУЛИЙ ЧАС — PAST TENSE			
він (я, ти)	розка́зував		розказа́в
вона (я, ти)	розка́зувала		розказа́ла
воно	розка́зувало		розказа́ло
вони (ми, ви)	розка́зували		розказа́ли
МАЙБУТНІЙ ЧАС — FUTURE TENSE	ANALYTIC	SYNTHETIC	
я	бу́ду розка́зувати	розка́зуватиму	розкажу́
ти	бу́деш розка́зувати	розка́зуватимеш	розка́жеш
він, вона, воно	бу́де розка́зувати	розка́зуватиме	розка́же
ми	бу́демо розка́зувати	розка́зуватимемо	розка́жемо
ви	бу́дете розка́зувати	розка́зуватимете	розка́жете
вони	бу́дуть розка́зувати	розка́зуватимуть	розка́жуть
УМОВНИЙ СПОСІБ — CONDITIONAL MOOD			
він (я, ти)	розка́зував би		розказа́в би
вона (я, ти)	розка́зувала б		розказа́ла б
воно	розка́зувало б		розказа́ло б
вони (ми, ви)	розка́зували б		розказа́ли б
НАКАЗОВИЙ СПОСІБ — IMPERATIVE MOOD			
ти	розка́зуй		розкажи́
ми	розка́зуймо		розкажі́мо
ви	розка́зуйте		розкажі́ть
він, вона, воно	(не)ха́й розка́зує		(не)ха́й розка́же
вони	(не)ха́й розка́зують		(не)ха́й розка́жуть
ДІЄПРИКМЕТНИКИ — VERBAL ADJECTIVES (PARTICIPLES)			
ACTIVE			
PASSIVE			розка́заний
ДІЄПРИСЛІВНИКИ — VERBAL ADVERBS			
	розка́зуючи, розка́зувавши		розказа́вши
БЕЗОСОБОВІ ФОРМИ — IMPERSONAL FORMS			
			розка́зано

+ accusative:
Мій хло́пець ча́сто **розка́зує** анекдо́ти.
My boyfriend often tells jokes.

+ dative:
Та́то **розказа́в** (**розпові́в**) мені́ ва́шу чудо́ву нови́ну.
Dad told me your great news.

про + accusative:
Я ніко́му не **розкажу́** (**розпові́м**) про ва́ші пла́ни.
I will not tell anyone about your plans.

Розкажи́ мені́ ка́зку.
Tell me a fairy tale.

№ 410

розкрива́ти[ся] | розкри́ти[ся]

to open sth; to uncover, to reveal
[to open; to become uncovered; to be developed]

Present/Future Stems: розкрива- | розкри-
Conjugation: **1st (-ють)**

ОСОБА / PERSON	НЕДОКОНАНИЙ ВИД / IMPERFECTIVE ASPECT		ДОКОНАНИЙ ВИД / PERFECTIVE ASPECT
ТЕПЕРІШНІЙ ЧАС — PRESENT TENSE			
я	розкрива́ю[ся]		
ти	розкрива́єш[ся]		
він, вона, воно	розкрива́є[ться]		
ми	розкрива́ємо[ся]		
ви	розкрива́єте[ся]		
вони	розкрива́ють[ся]		
МИНУЛИЙ ЧАС — PAST TENSE			
він (я, ти)	розкрива́в[ся]		розкри́в[ся]
вона (я, ти)	розкрива́ла[ся]		розкри́ла[ся]
воно	розкрива́ло[ся]		розкри́ло[ся]
вони (ми, ви)	розкрива́ли[ся]		розкри́ли[ся]
МАЙБУТНІЙ ЧАС — FUTURE TENSE			
	ANALYTIC	SYNTHETIC	
я	бу́ду розкрива́ти[ся]	розкрива́тиму[ся]	розкри́ю[ся]
ти	бу́деш розкрива́ти[ся]	розкрива́тимеш[ся]	розкри́єш[ся]
він, вона, воно	бу́де розкрива́ти[ся]	розкрива́тиме[ться]	розкри́є[ться]
ми	бу́демо розкрива́ти[ся]	розкрива́тимемо[ся]	розкри́ємо[ся]
ви	бу́дете розкрива́ти[ся]	розкрива́тимете[ся]	розкри́єте[ся]
вони	бу́дуть розкрива́ти[ся]	розкрива́тимуть[ся]	розкри́ють[ся]
УМОВНИЙ СПОСІБ — CONDITIONAL MOOD			
він (я, ти)	розкрива́в[ся] би (б)		розкри́в[ся] би (б)
вона (я, ти)	розкрива́ла[ся] б		розкри́ла[ся] б
воно	розкрива́ло[ся] б		розкри́ло[ся] б
вони (ми, ви)	розкрива́ли[ся] б		розкри́ли[ся] б
НАКАЗОВИЙ СПОСІБ — IMPERATIVE MOOD			
ти	розкрива́й[ся]		розкри́й[ся]
ми	розкрива́ймо[ся]		розкри́ймо[ся]
ви	розкрива́йте[ся]		розкри́йте[ся]
він, вона, воно	(не)ха́й розкрива́є[ться]		(не)ха́й розкри́є[ться]
вони	(не)ха́й розкрива́ють[ся]		(не)ха́й розкри́ють[ся]
ДІЄПРИКМЕТНИКИ — VERBAL ADJECTIVES (PARTICIPLES)			
ACTIVE			
PASSIVE			розкри́тий
ДІЄПРИСЛІВНИКИ — VERBAL ADVERBS			
	розкрива́ючи[сь], розкрива́вши[сь]		розкри́вши[сь]
БЕЗОСОБОВІ ФОРМИ — IMPERSONAL FORMS			
			розкри́то

+ *accusative*:
Імени́нниця ра́дісно **розкри́ла** подару́нок. — The birthday girl joyfully opened the gift.

+ *dative*:
Я **розкри́ю** тобі́ всю пра́вду. — I will reveal the whole truth to you.

Зло́чин було́ **розкри́то** аж че́рез де́сять ро́ків. — The crime was solved only ten years later.

-ся + у (в), на + *locative*:
У нове́лі **розкрива́ється** те́ма митця́ і люди́ни. — In the novella, the theme of the artist and the person is developed.

Кві́ти ще не **розкри́лись**. — The flowers have not yet opened.

Present/Future Stems: розлуча- | розлуч-
Conjugation: **1st (-ють)** | **2nd (-ать)**

розлуча́ти[ся] | розлучи́ти[ся]

to separate sb; to divorce sb [to separate; to divorce]

ОСОБА / PERSON	НЕДОКОНАНИЙ ВИД / IMPERFECTIVE ASPECT	ДОКОНАНИЙ ВИД / PERFECTIVE ASPECT
ТЕПЕРІШНІЙ ЧАС — PRESENT TENSE		
я	розлуча́ю[ся]	
ти	розлуча́єш[ся]	
він, вона, воно	розлуча́є[ться]	
ми	розлуча́ємо[ся]	
ви	розлуча́єте[ся]	
вони	розлуча́ють[ся]	
МИНУЛИЙ ЧАС — PAST TENSE		
він (я, ти)	розлуча́в[ся]	розлучи́в[ся]
вона (я, ти)	розлуча́ла[ся]	розлучи́ла[ся]
воно	розлуча́ло[ся]	розлучи́ло[ся]
вони (ми, ви)	розлуча́ли[ся]	розлучи́ли[ся]
МАЙБУТНІЙ ЧАС — FUTURE TENSE	ANALYTIC / SYNTHETIC	
я	бу́ду розлуча́ти[ся] / розлуча́тиму[ся]	розлучу́[ся]
ти	бу́деш розлуча́ти[ся] / розлуча́тимеш[ся]	розлу́чиш[ся]
він, вона, воно	бу́де розлуча́ти[ся] / розлуча́тиме[ться]	розлу́чить[ся]
ми	бу́демо розлуча́ти[ся] / розлуча́тимемо[ся]	розлу́чимо[ся]
ви	бу́дете розлуча́ти[ся] / розлуча́тимете[ся]	розлу́чите[ся]
вони	бу́дуть розлуча́ти[ся] / розлуча́тимуть[ся]	розлу́чать[ся]
УМОВНИЙ СПОСІБ — CONDITIONAL MOOD		
він (я, ти)	розлуча́в[ся] би [б]	розлучи́в[ся] би [б]
вона (я, ти)	розлуча́ла[ся] б	розлучи́ла[ся] б
воно	розлуча́ло[ся] б	розлучи́ло[ся] б
вони (ми, ви)	розлуча́ли[ся] б	розлучи́ли[ся] б
НАКАЗОВИЙ СПОСІБ — IMPERATIVE MOOD		
ти	розлуча́й[ся]	розлучи́[ся]
ми	розлуча́ймо[ся]	розлучі́мо[ся]
ви	розлуча́йте[ся]	розлучі́ть[ся]
він, вона, воно	(не)ха́й розлуча́є[ться]	(не)ха́й розлу́чить[ся]
вони	(не)ха́й розлуча́ють[ся]	(не)ха́й розлу́чать[ся]
ДІЄПРИКМЕТНИКИ — VERBAL ADJECTIVES (PARTICIPLES)		
ACTIVE		
PASSIVE		розлу́чений
ДІЄПРИСЛІВНИКИ — VERBAL ADVERBS		
	розлуча́ючи[сь], розлуча́вши[сь]	розлучи́вши[сь]
БЕЗОСОБОВІ ФОРМИ — IMPERSONAL FORMS		
		розлу́чено

+ accusative:
У фі́льмі війна́ **розлуча́є** двох зако́ханих.
In the movie, the war separates two lovers.

з (із, зі) + instrumental:
Наре́шті суд офіці́йно **розлучи́в** акто́рку з чолові́ком.
Finally, the court officially divorced the actress from her husband.

-ся + че́рез + accusative:
Вони́ **розлучи́лися** че́рез фіна́нсові пробле́ми.
They divorced due to financial problems.

-ся + з (із, зі) + instrumental:
Розлучи́вшись із чолові́ком, вона́ розпочала́ нове́ життя́.
After divorcing her husband, she started a new life.

№ 412

розмі́щувати[ся] | розміс́тити[ся] *Present/Future Stems:* **розміщу- | розміщ-/розміст-**
to place, to arrange; to accommodate sb
[to be accommodated, to stay]   *Conjugation:* **1st (-ють) | 2nd (-ять)**

ОСОБА / PERSON	НЕДОКОНАНИЙ ВИД / IMPERFECTIVE ASPECT		ДОКОНАНИЙ ВИД / PERFECTIVE ASPECT
ТЕПЕРІШНІЙ ЧАС — PRESENT TENSE			
я	розмі́щую[ся]		
ти	розмі́щуєш[ся]		
він, вона, воно	розмі́щує[ться]		
ми	розмі́щуємо[ся]		
ви	розмі́щуєте[ся]		
вони	розмі́щують[ся]		
МИНУЛИЙ ЧАС — PAST TENSE			
він (я, ти)	розмі́щував[ся]		розмісти́в[ся]
вона (я, ти)	розмі́щувала[ся]		розмісти́ла[ся]
воно	розмі́щувало[ся]		розмісти́ло[ся]
вони (ми, ви)	розмі́щували[ся]		розмісти́ли[ся]
МАЙБУТНІЙ ЧАС — FUTURE TENSE			
	ANALYTIC	SYNTHETIC	
я	бу́ду розмі́щувати[ся]	розмі́щуватиму[ся]	розміщу́[ся]
ти	бу́деш розмі́щувати[ся]	розмі́щуватимеш[ся]	розмі́стиш[ся]
він, вона, воно	бу́де розмі́щувати[ся]	розмі́щуватиме[ться]	розмі́стить[ся]
ми	бу́демо розмі́щувати[ся]	розмі́щуватимемо[ся]	розмі́стимо[ся]
ви	бу́дете розмі́щувати[ся]	розмі́щуватимете[ся]	розмі́стите[ся]
вони	бу́дуть розмі́щувати[ся]	розмі́щуватимуть[ся]	розмі́стять[ся]
УМОВНИЙ СПОСІБ — CONDITIONAL MOOD			
він (я, ти)	розмі́щував[ся] би [б]		розмісти́в[ся] би [б]
вона (я, ти)	розмі́щувала[ся] б		розмісти́ла[ся] б
воно	розмі́щувало[ся] б		розмісти́ло[ся] б
вони (ми, ви)	розмі́щували[ся] б		розмісти́ли[ся] б
НАКАЗОВИЙ СПОСІБ — IMPERATIVE MOOD			
ти	розмі́щуй[ся]		розмісти́[ся]
ми	розмі́щуймо[ся]		розмісті́мо[ся]
ви	розмі́щуйте[ся]		розмісті́ть[ся]
він, вона, воно	(не)ха́й розмі́щує[ться]		(не)ха́й розмі́стить[ся]
вони	(не)ха́й розмі́щують[ся]		(не)ха́й розмі́стять[ся]
ДІЄПРИКМЕТНИКИ — VERBAL ADJECTIVES (PARTICIPLES)			
ACTIVE			
PASSIVE			розмі́щений
ДІЄПРИСЛІВНИКИ — VERBAL ADVERBS			
	розмі́щуючи[сь], розмі́щувавши[сь]		розмісти́вши[сь]
БЕЗОСОБОВІ ФОРМИ — IMPERSONAL FORMS			
			розмі́щено

+ *accusative* + у (в), на + *locative*:
Ми ча́сто **розмі́щуємо** рекла́му на цьо́му са́йті.   *We often place advertisements on this site.*
Вас **розмі́стять** в окре́мих кімна́тах.   *You will be accommodated in separate rooms.*
Ці книги́ **розмі́щені** в алфаві́тному поря́дку.   *These books are arranged in alphabetical order.*

-ся + у (в), на + *locative*:
Учасники конфере́нції **розмісти́лися** в готе́лі «Полі́сся».   *The participants of the conference are staying in the Polissia Hotel.*

Present/Future Stems: розмовля- | порозмовля-
Conjugation: 1st (-ють)

розмовля́ти | порозмовля́ти
to speak, to talk
See also: говори́ти | поговори́ти (№ 102)

ОСОБА / PERSON	НЕДОКОНАНИЙ ВИД / IMPERFECTIVE ASPECT		ДОКОНАНИЙ ВИД / PERFECTIVE ASPECT
ТЕПЕРІШНІЙ ЧАС — PRESENT TENSE			
я	розмовля́ю		
ти	розмовля́єш		
він, вона, воно	розмовля́є		
ми	розмовля́ємо		
ви	розмовля́єте		
вони	розмовля́ють		
МИНУЛИЙ ЧАС — PAST TENSE			
він (я, ти)	розмовля́в		порозмовля́в
вона (я, ти)	розмовля́ла		порозмовля́ла
воно	розмовля́ло		порозмовля́ло
вони (ми, ви)	розмовля́ли		порозмовля́ли
МАЙБУТНІЙ ЧАС — FUTURE TENSE	ANALYTIC	SYNTHETIC	
я	бу́ду розмовля́ти	розмовля́тиму	порозмовля́ю
ти	бу́деш розмовля́ти	розмовля́тимеш	порозмовля́єш
він, вона, воно	бу́де розмовля́ти	розмовля́тиме	порозмовля́є
ми	бу́демо розмовля́ти	розмовля́тимемо	порозмовля́ємо
ви	бу́дете розмовля́ти	розмовля́тимете	порозмовля́єте
вони	бу́дуть розмовля́ти	розмовля́тимуть	порозмовля́ють
УМОВНИЙ СПОСІБ — CONDITIONAL MOOD			
він (я, ти)	розмовля́в би		порозмовля́в би
вона (я, ти)	розмовля́ла б		порозмовля́ла б
воно	розмовля́ло б		порозмовля́ло б
вони (ми, ви)	розмовля́ли б		порозмовля́ли б
НАКАЗОВИЙ СПОСІБ — IMPERATIVE MOOD			
ти	розмовля́й		порозмовля́й
ми	розмовля́ймо		порозмовля́ймо
ви	розмовля́йте		порозмовля́йте
він, вона, воно	(не)ха́й розмовля́є		(не)ха́й порозмовля́є
вони	(не)ха́й розмовля́ють		(не)ха́й порозмовля́ють
ДІЄПРИКМЕТНИКИ — VERBAL ADJECTIVES (PARTICIPLES)			
ACTIVE			
PASSIVE			
ДІЄПРИСЛІВНИКИ — VERBAL ADVERBS			
	розмовля́ючи, розмовля́вши		порозмовля́вши
БЕЗОСОБОВІ ФОРМИ — IMPERSONAL FORMS			

з (із, зі) + *instrumental*:
Моя́ сестра́ не **розмовля́є** зі мно́ю.   *My sister does not talk to me.*

+ *instrumental*:
Ра́ніше я **розмовля́в** росі́йською.   *I used to speak Russian.*

на + *accusative*:
Ми до́вго **розмовля́ли** на різнома́нітні те́ми.   *We talked for a long time on various topics.*

про + *accusative*:
Ме́неджери **порозмовля́ють** про це за́втра.   *The managers will talk about this tomorrow.*

№ 414

розповіда́ти | розповісти́
to tell (more formal than розказувати)
See also: розка́зувати | розказа́ти (№ 409)

Present/Future Stems: **розповіда-** | *special*
Conjugation: **1st (-ють)** | *special*

ОСОБА / PERSON	НЕДОКОНАНИЙ ВИД / IMPERFECTIVE ASPECT		ДОКОНАНИЙ ВИД / PERFECTIVE ASPECT
ТЕПЕРІШНІЙ ЧАС — PRESENT TENSE			
я	розповіда́ю		
ти	розповіда́єш		
він, вона, воно	розповіда́є		
ми	розповіда́ємо		
ви	розповіда́єте		
вони	розповіда́ють		
МИНУЛИЙ ЧАС — PAST TENSE			
він (я, ти)	розповіда́в		розпові́в
вона (я, ти)	розповіда́ла		розповіла́
воно	розповіда́ло		розповіло́
вони (ми, ви)	розповіда́ли		розповіли́
МАЙБУТНІЙ ЧАС — FUTURE TENSE			
	ANALYTIC	SYNTHETIC	
я	бу́ду розповіда́ти	розповіда́тиму	розпові́м
ти	бу́деш розповіда́ти	розповіда́тимеш	розповіси́
він, вона, воно	бу́де розповіда́ти	розповіда́тиме	розпові́сть
ми	бу́демо розповіда́ти	розповіда́тимемо	розповімо́
ви	бу́дете розповіда́ти	розповіда́тимете	розповісте́
вони	бу́дуть розповіда́ти	розповіда́тимуть	*not formed*
УМОВНИЙ СПОСІБ — CONDITIONAL MOOD			
він (я, ти)	розповіда́в би		розпові́в би
вона (я, ти)	розповіда́ла б		розповіла́ б
воно	розповіда́ло б		розповіло́ б
вони (ми, ви)	розповіда́ли б		розповіли́ б
НАКАЗОВИЙ СПОСІБ — IMPERATIVE MOOD			
ти	розповіда́й		
ми	розповіда́ймо		
ви	розповіда́йте		
він, вона, воно	(не)ха́й розповіда́є		(не)ха́й розпові́сть
вони	(не)ха́й розповіда́ють		

ДІЄПРИКМЕТНИКИ — VERBAL ADJECTIVES (PARTICIPLES)

ACTIVE

PASSIVE

ДІЄПРИСЛІВНИКИ — VERBAL ADVERBS

	розповіда́ючи, розповіда́вши	розпові́вши

БЕЗОСОБОВІ ФОРМИ — IMPERSONAL FORMS

+ *accusative*:
Профе́сор ча́сто **розповіда́є** ціка́ві істо́рії про відо́мих украї́нців.
The professor often tells interesting stories about famous Ukrainians.

+ *dative*:
Подру́га **розповіла́** (**розказа́ла**) мені́ спра́вжню причи́ну звільнення.
A friend told me the real reason for her dismissal.

про + *accusative*:
Споча́тку я ко́ротко **розпові́м** вам про на́шу компа́нію.
First, I will tell you briefly about our company.

Розпові́вши всю пра́вду, він відчу́в полегшення.
After telling the whole truth, he felt relieved.

№ 415

Present/Future Stems: **розрахову-** | **розраху-** **розрахо́вувати[ся] | розрахува́ти[ся]**
Conjugation: **1st (-ють)**   *to calculate; to count (on); to expect [to pay; quit (a job)]*

ОСОБА / PERSON	НЕДОКОНАНИЙ ВИД / IMPERFECTIVE ASPECT		ДОКОНАНИЙ ВИД / PERFECTIVE ASPECT
ТЕПЕРІШНІЙ ЧАС — PRESENT TENSE			
я	розрахо́вую[ся]		
ти	розрахо́вуєш[ся]		
він, вона, воно	розрахо́вує[ться]		
ми	розрахо́вуємо[ся]		
ви	розрахо́вуєте[ся]		
вони	розрахо́вують[ся]		
МИНУЛИЙ ЧАС — PAST TENSE			
він (я, ти)	розрахо́вував[ся]		розрахува́в[ся]
вона (я, ти)	розрахо́вувала[ся]		розрахува́ла[ся]
воно	розрахо́вувало[ся]		розрахува́ло[ся]
вони (ми, ви)	розрахо́вували[ся]		розрахува́ли[ся]
МАЙБУТНІЙ ЧАС — FUTURE TENSE			
	ANALYTIC	SYNTHETIC	
я	бу́ду розрахо́вувати[ся]	розрахо́вуватиму[ся]	розраху́ю[ся]
ти	бу́деш розрахо́вувати[ся]	розрахо́вуватимеш[ся]	розраху́єш[ся]
він, вона, воно	бу́де розрахо́вувати[ся]	розрахо́вуватиме[ться]	розраху́є[ться]
ми	бу́демо розрахо́вувати[ся]	розрахо́вуватимемо[ся]	розраху́ємо[ся]
ви	бу́дете розрахо́вувати[ся]	розрахо́вуватимете[ся]	розраху́єте[ся]
вони	бу́дуть розрахо́вувати[ся]	розрахо́вуватимуть[ся]	розраху́ють[ся]
УМОВНИЙ СПОСІБ — CONDITIONAL MOOD			
він (я, ти)	розрахо́вував[ся] би (б)		розрахува́в[ся] би (б)
вона (я, ти)	розрахо́вувала[ся] б		розрахува́ла[ся] б
воно	розрахо́вувало[ся] б		розрахува́ло[ся] б
вони (ми, ви)	розрахо́вували[ся] б		розрахува́ли[ся] б
НАКАЗОВИЙ СПОСІБ — IMPERATIVE MOOD			
ти	розрахо́вуй[ся]		розраху́й[ся]
ми	розрахо́вуймо[ся]		розраху́ймо[ся]
ви	розрахо́вуйте[ся]		розраху́йте[ся]
він, вона, воно	(не)ха́й розрахо́вує[ться]		(не)ха́й розраху́є[ться]
вони	(не)ха́й розрахо́вують[ся]		(не)ха́й розраху́ють[ся]
ДІЄПРИКМЕТНИКИ — VERBAL ADJECTIVES (PARTICIPLES)			
ACTIVE			
PASSIVE			розрахо́ваний
ДІЄПРИСЛІВНИКИ — VERBAL ADVERBS			
	розрахо́вуючи[сь], розрахо́вувавши[сь]		розрахува́вши[сь]
БЕЗОСОБОВІ ФОРМИ — IMPERSONAL FORMS			
			розрахо́вано

+ accusative:
Підря́дник **розрахува́в** ва́ртість ремо́нту. *The contractor calculated the repair cost.*

на + accusative:
Я **розрахо́вую** на твою́ допомо́гу. *I am counting on your help.*

Автобус **розрахо́ваний** на два́дцять шість пасажи́рів. *The bus is designed to accommodate twenty-six passengers.*

-ся + instrumental:
Мо́жна **розрахува́тися** ка́рткою? *Can I pay by card?*

Він **розрахува́вся** і бу́де шука́ти нову́ робо́ту. *He resigned and will be looking for a new job.*

розробля́ти | розроби́ти

to develop, to create

Present/Future Stems: **розробля- | розроб(л)-**
Conjugation: **1st (-ють) | 2nd (-ять)**

ОСОБА / PERSON	НЕДОКОНАНИЙ ВИД / IMPERFECTIVE ASPECT		ДОКОНАНИЙ ВИД / PERFECTIVE ASPECT
ТЕПЕРІШНІЙ ЧАС — PRESENT TENSE			
я	розробля́ю		
ти	розробля́єш		
він, вона, воно	розробля́є		
ми	розробля́ємо		
ви	розробля́єте		
вони	розробля́ють		
МИНУЛИЙ ЧАС — PAST TENSE			
він (я, ти)	розробля́в		розроби́в
вона (я, ти)	розробля́ла		розроби́ла
воно	розробля́ло		розроби́ло
вони (ми, ви)	розробля́ли		розроби́ли
МАЙБУТНІЙ ЧАС — FUTURE TENSE			
	ANALYTIC	SYNTHETIC	
я	бу́ду розробля́ти	розробля́тиму	розроблю́
ти	бу́деш розробля́ти	розробля́тимеш	розро́биш
він, вона, воно	бу́де розробля́ти	розробля́тиме	розро́бить
ми	бу́демо розробля́ти	розробля́тимемо	розро́бимо
ви	бу́дете розробля́ти	розробля́тимете	розро́бите
вони	бу́дуть розробля́ти	розробля́тимуть	розро́блять
УМОВНИЙ СПОСІБ — CONDITIONAL MOOD			
він (я, ти)	розробля́в би		розроби́в би
вона (я, ти)	розробля́ла б		розроби́ла б
воно	розробля́ло б		розроби́ло б
вони (ми, ви)	розробля́ли б		розроби́ли б
НАКАЗОВИЙ СПОСІБ — IMPERATIVE MOOD			
ти	розробля́й		розроби́
ми	розробля́ймо		розробі́мо
ви	розробля́йте		розробі́ть
він, вона, воно	(не)ха́й розробля́є		(не)ха́й розро́бить
вони	(не)ха́й розробля́ють		(не)ха́й розро́блять
ДІЄПРИКМЕТНИКИ — VERBAL ADJECTIVES (PARTICIPLES)			
ACTIVE			
PASSIVE			розро́блений
ДІЄПРИСЛІВНИКИ — VERBAL ADVERBS			
	розробля́ючи, розробля́вши		розроби́вши
БЕЗОСОБОВІ ФОРМИ — IMPERSONAL FORMS			
			розро́блено

+ *accusative*:

Старта́п **розробля́є** нові́тню осві́тню платфо́рму.
The startup is developing a modern educational platform.

Учи́телька сама́ **розроби́ла** програ́му ку́рсу.
The teacher developed the course program herself.

Ра́зом ми **розро́бимо** ефекти́вний план дій.
Together we will develop an effective action plan.

Розро́блені в Украї́ні програ́ми використо́вують у всьо́му сві́ті.
Apps developed in Ukraine are used all over the world.

Present/Future Stems: розумі- | зрозумі-
Conjugation: **1st (-ють)**

розуміти[ся] | зрозуміти
to understand, to comprehend; to realize
[to be knowledgeable about]

ОСОБА / PERSON	НЕДОКОНАНИЙ ВИД / IMPERFECTIVE ASPECT		ДОКОНАНИЙ ВИД / PERFECTIVE ASPECT
ТЕПЕРІШНІЙ ЧАС — PRESENT TENSE			
я	розумію[ся]		
ти	розумієш[ся]		
він, вона, воно	розуміє[ться]		
ми	розуміємо[ся]		
ви	розумієте[ся]		
вони	розуміють[ся]		
МИНУЛИЙ ЧАС — PAST TENSE			
він (я, ти)	розумів[ся]		зрозумів
вона (я, ти)	розуміла[ся]		зрозуміла
воно	розуміло[ся]		зрозуміло
вони (ми, ви)	розуміли[ся]		зрозуміли
МАЙБУТНІЙ ЧАС — FUTURE TENSE			
	ANALYTIC	SYNTHETIC	
я	буду розуміти[ся]	розумітиму[ся]	зрозумію
ти	будеш розуміти[ся]	розумітимеш[ся]	зрозумієш
він, вона, воно	буде розуміти[ся]	розумітиме[ться]	зрозуміє
ми	будемо розуміти[ся]	розумітимемо[ся]	зрозуміємо
ви	будете розуміти[ся]	розумітимете[ся]	зрозумієте
вони	будуть розуміти[ся]	розумітимуть[ся]	зрозуміють
УМОВНИЙ СПОСІБ — CONDITIONAL MOOD			
він (я, ти)	розумів[ся] би [б]		зрозумів би
вона (я, ти)	розуміла[ся] б		зрозуміла б
воно	розуміло[ся] б		зрозуміло б
вони (ми, ви)	розуміли[ся] б		зрозуміли б
НАКАЗОВИЙ СПОСІБ — IMPERATIVE MOOD			
ти	розумій[ся]		зрозумій
ми	розуміймо[ся]		зрозуміймо
ви	розумійте[ся]		зрозумійте
він, вона, воно	(не)хай розуміє[ться]		(не)хай зрозуміє
вони	(не)хай розуміють[ся]		(не)хай зрозуміють
ДІЄПРИКМЕТНИКИ — VERBAL ADJECTIVES (PARTICIPLES)			
ACTIVE			
PASSIVE			
ДІЄПРИСЛІВНИКИ — VERBAL ADVERBS			
	розуміючи[сь], розумівши[сь]		зрозумівши
БЕЗОСОБОВІ ФОРМИ — IMPERSONAL FORMS			

+ *accusative*:
Я досить добре **розумію** українську мову. — I understand Ukrainian quite well.
Сподіваюсь, ви мене **зрозуміли**. — I hope you understood me.
Вони **зрозуміли**, що було занадто пізно. — They realized that it was too late.
Зрозумій мене правильно. — Get me right.

-ся + **на** + *locative*:
Вона дуже добре **розуміється** на винах. — She is very knowledgeable about wines.

№ 418

розчаро́вувати[ся] | розчарува́ти[ся]   *Present/Future Stems:* розчарову- | розчару-
to disappoint [to be disappointed]   *Conjugation:* **1st (-ють)**

ОСОБА / PERSON	НЕДОКОНАНИЙ ВИД / IMPERFECTIVE ASPECT		ДОКОНАНИЙ ВИД / PERFECTIVE ASPECT
ТЕПЕРІШНІЙ ЧАС — PRESENT TENSE			
я	розчаро́вую[ся]		
ти	розчаро́вуєш[ся]		
він, вона, воно	розчаро́вує[ться]		
ми	розчаро́вуємо[ся]		
ви	розчаро́вуєте[ся]		
вони	розчаро́вують[ся]		
МИНУЛИЙ ЧАС — PAST TENSE			
він (я, ти)	розчаро́вував[ся]		розчарува́в[ся]
вона (я, ти)	розчаро́вувала[ся]		розчарува́ла[ся]
воно	розчаро́вувало[ся]		розчарува́ло[ся]
вони (ми, ви)	розчаро́вували[ся]		розчарува́ли[ся]
МАЙБУТНІЙ ЧАС — FUTURE TENSE			
	ANALYTIC	SYNTHETIC	
я	бу́ду розчаро́вувати[ся]	розчаро́вуватиму[ся]	розчару́ю[ся]
ти	бу́деш розчаро́вувати[ся]	розчаро́вуватимеш[ся]	розчару́єш[ся]
він, вона, воно	бу́де розчаро́вувати[ся]	розчаро́вуватиме[ться]	розчару́є[ться]
ми	бу́демо розчаро́вувати[ся]	розчаро́вуватимемо[ся]	розчару́ємо[ся]
ви	бу́дете розчаро́вувати[ся]	розчаро́вуватимете[ся]	розчару́єте[ся]
вони	бу́дуть розчаро́вувати[ся]	розчаро́вуватимуть[ся]	розчару́ють[ся]
УМОВНИЙ СПОСІБ — CONDITIONAL MOOD			
він (я, ти)	розчаро́вував[ся] би [б]		розчарува́в[ся] би [б]
вона (я, ти)	розчаро́вувала[ся] б		розчарува́ла[ся] б
воно	розчаро́вувало[ся] б		розчарува́ло[ся] б
вони (ми, ви)	розчаро́вували[ся] б		розчарува́ли[ся] б
НАКАЗОВИЙ СПОСІБ — IMPERATIVE MOOD			
ти	розчаро́вуй[ся]		розчару́й[ся]
ми	розчаро́вуймо[ся]		розчару́ймо[ся]
ви	розчаро́вуйте[ся]		розчару́йте[ся]
він, вона, воно	(не)ха́й розчаро́вує[ться]		(не)ха́й розчару́є[ться]
вони	(не)ха́й розчаро́вують[ся]		(не)ха́й розчару́ють[ся]
ДІЄПРИКМЕТНИКИ — VERBAL ADJECTIVES (PARTICIPLES)			
ACTIVE			
PASSIVE			розчаро́ваний
ДІЄПРИСЛІВНИКИ — VERBAL ADVERBS			
	розчаро́вуючи[сь], розчаро́вувавши[сь]		розчарува́вши[сь]
БЕЗОСОБОВІ ФОРМИ — IMPERSONAL FORMS			
			розчаро́вано

Результа́ти опи́тування **розчаро́вують**.   *The survey results are disappointing.*

+ accusative:
Він **розчару́є** свої́х батькі́в, якщо́ поки́не навча́ння.   *He will disappoint his parents if he quits his studies.*

+ instrumental:
Ма́ма **розчаро́вана** твоє́ю поведі́нкою.   *Mom is disappointed with your behavior.*

-ся + у (в) + locative:
Він давно́ **розчарува́вся** в полі́тиці.   *He has long been disappointed in politics.*

Бага́то люде́й **розчару́ються**, якщо́ дізна́ються пра́вду.   *Many people will be disappointed if they learn the truth.*

№ 419

Present/Future Stems: **рост-** | **вирост-**

Conjugation: **1st (-уть)**

рости́ | зрости́
to grow (up); to increase

See also: вироста́ти | ви́рости (№ 51)

ОСОБА / PERSON	НЕДОКОНАНИЙ ВИД / IMPERFECTIVE ASPECT		ДОКОНАНИЙ ВИД / PERFECTIVE ASPECT
ТЕПЕРІШНІЙ ЧАС — PRESENT TENSE			
я	росту́		
ти	росте́ш		
він, вона, воно	росте́		
ми	ростемо́		
ви	ростете́		
вони	росту́ть		
МИНУЛИЙ ЧАС — PAST TENSE			
він (я, ти)	ріс		ви́ріс
вона (я, ти)	росла́		ви́росла
воно	росло́		ви́росло
вони (ми, ви)	росли́		ви́росли
МАЙБУТНІЙ ЧАС — FUTURE TENSE			
	ANALYTIC	SYNTHETIC	
я	бу́ду рости́	рости́му	ви́росту
ти	бу́деш рости́	рости́меш	ви́ростеш
він, вона, воно	бу́де рости́	рости́ме	ви́росте
ми	бу́демо рости́	рости́мемо	ви́ростемо
ви	бу́дете рости́	рости́мете	ви́ростете
вони	бу́дуть рости́	рости́муть	ви́ростуть
УМОВНИЙ СПОСІБ — CONDITIONAL MOOD			
він (я, ти)	ріс би		зріс би
вона (я, ти)	росла́ б		зросла́ б
воно	росло́ б		зросло́ б
вони (ми, ви)	росли́ б		зросли́ б
НАКАЗОВИЙ СПОСІБ — IMPERATIVE MOOD			
ти	рости́		зрости́
ми	рості́мо		зрості́мо
ви	рості́ть		зрості́ть
він, вона, воно	(не)ха́й росте́		(не)ха́й зросте́
вони	(не)ха́й росту́ть		(не)ха́й зросту́ть
ДІЄПРИКМЕТНИКИ — VERBAL ADJECTIVES (PARTICIPLES)			
ACTIVE			ви́рослий
PASSIVE			
ДІЄПРИСЛІВНИКИ — VERBAL ADVERBS			
	росту́чи, рі́сши		зрі́сши
БЕЗОСОБОВІ ФОРМИ — IMPERSONAL FORMS			

Ка́жуть, що чужі́ ді́ти **росту́ть** шви́дко.
Рані́ше тут **росли́** со́няшники.
Експе́рти прогнозу́ють, що ско́ро ці́ни **зросту́ть**.
Якби́ ви займа́лися ма́ркетингом, ва́ші дохо́ди **зросли́ б**.

They say that other people's children grow up fast.
Sunflowers used to grow here.
Experts predict that prices will rise soon.
If you did marketing, your income would increase.

№ 420

руйнува́ти[ся] | зруйнува́ти[ся]
to destroy, to break, to ruin [to be destroyed]

Present/Future Stems: **руйну- | зруйну-**
Conjugation: **1st (-ють)**

ОСОБА / PERSON	НЕДОКОНАНИЙ ВИД / IMPERFECTIVE ASPECT		ДОКОНАНИЙ ВИД / PERFECTIVE ASPECT
ТЕПЕРІШНІЙ ЧАС — PRESENT TENSE			
я	руйну́ю		
ти	руйну́єш		
він, вона, воно	руйну́є[ться]		
ми	руйну́ємо		
ви	руйну́єте		
вони	руйну́ють[ся]		
МИНУЛИЙ ЧАС — PAST TENSE			
він (я, ти)	руйнува́в[ся]		зруйнува́в[ся]
вона (я, ти)	руйнува́ла[ся]		зруйнува́ла[ся]
воно	руйнува́ло[ся]		зруйнува́ло[ся]
вони (ми, ви)	руйнува́ли[ся]		зруйнува́ли[ся]
МАЙБУТНІЙ ЧАС — FUTURE TENSE			
	ANALYTIC	SYNTHETIC	
я	бу́ду руйнува́ти	руйнува́тиму	зруйну́ю
ти	бу́деш руйнува́ти	руйнува́тимеш	зруйну́єш
він, вона, воно	бу́де руйнува́ти[ся]	руйнува́тиме[ться]	зруйну́є[ться]
ми	бу́демо руйнува́ти	руйнува́тимемо	зруйну́ємо
ви	бу́дете руйнува́ти	руйнува́тимете	зруйну́єте
вони	бу́дуть руйнува́ти[ся]	руйнува́тимуть[ся]	зруйну́ють[ся]
УМОВНИЙ СПОСІБ — CONDITIONAL MOOD			
він (я, ти)	руйнува́в[ся] би [б]		зруйнува́в[ся] би [б]
вона (я, ти)	руйнува́ла[ся] б		зруйнува́ла[ся] б
воно	руйнува́ло[ся] б		зруйнува́ло[ся] б
вони (ми, ви)	руйнува́ли[ся] б		зруйнува́ли[ся] б
НАКАЗОВИЙ СПОСІБ — IMPERATIVE MOOD			
ти	руйну́й		зруйну́й
ми	руйну́ймо		зруйну́ймо
ви	руйну́йте		зруйну́йте
він, вона, воно	(не)ха́й руйну́є[ться]		(не)ха́й зруйну́є[ться]
вони	(не)ха́й руйну́ють[ся]		(не)ха́й зруйну́ють[ся]
ДІЄПРИКМЕТНИКИ — VERBAL ADJECTIVES (PARTICIPLES)			
ACTIVE			
PASSIVE	руйно́ваний		зруйно́ваний
ДІЄПРИСЛІВНИКИ — VERBAL ADVERBS			
	руйну́ючи[сь], руйнува́вши[сь]		зруйнува́вши[сь]
БЕЗОСОБОВІ ФОРМИ — IMPERSONAL FORMS			
	руйно́вано		зруйно́вано

+ accusative:

Ці жінки-підприємиці **руйну́ють** стереоти́пи.	These female entrepreneurs are breaking stereotypes.
Землетру́с **зруйнува́в** со́тні буди́нків.	The earthquake destroyed hundreds of houses.
Такі зви́чки **руйну́ють** твоє́ здоро́в'я.	Such habits will ruin your health.
Зруйно́вано полови́ну мі́ста.	Half of the city was destroyed.
Стосу́нки між на́ми, на жаль, вже давно́ **зруйнува́лись**.	The relationship between us, unfortunately, has long since broken down.

Present/Future Stems: **руха-** | **поруха-**
Conjugation: **1st (-ють)**

ру́хати[ся] | пору́хати[ся]

to move sth/sb [to move]

ОСОБА / PERSON	НЕДОКОНАНИЙ ВИД / IMPERFECTIVE ASPECT		ДОКОНАНИЙ ВИД / PERFECTIVE ASPECT
ТЕПЕРІШНІЙ ЧАС — PRESENT TENSE			
я	ру́хаю[ся]		
ти	ру́хаєш[ся]		
він, вона, воно	ру́хає[ться]		
ми	ру́хаємо[ся]		
ви	ру́хаєте[ся]		
вони	ру́хають[ся]		
МИНУЛИЙ ЧАС — PAST TENSE			
він (я, ти)	ру́хав[ся]		пору́хав[ся]
вона (я, ти)	ру́хала[ся]		пору́хала[ся]
воно	ру́хало[ся]		пору́хало[ся]
вони (ми, ви)	ру́хали[ся]		пору́хали[ся]
МАЙБУТНІЙ ЧАС — FUTURE TENSE			
	ANALYTIC	SYNTHETIC	
я	бу́ду ру́хати[ся]	ру́хатиму[ся]	пору́хаю[ся]
ти	бу́деш ру́хати[ся]	ру́хатимеш[ся]	пору́хаєш[ся]
він, вона, воно	бу́де ру́хати[ся]	ру́хатиме[ться]	пору́хає[ться]
ми	бу́демо ру́хати[ся]	ру́хатимемо[ся]	пору́хаємо[ся]
ви	бу́дете ру́хати[ся]	ру́хатимете[ся]	пору́хаєте[ся]
вони	бу́дуть ру́хати[ся]	ру́хатимуть[ся]	пору́хають[ся]
УМОВНИЙ СПОСІБ — CONDITIONAL MOOD			
він (я, ти)	ру́хав[ся] би [б]		пору́хав[ся] би [б]
вона (я, ти)	ру́хала[ся] б		пору́хала[ся] б
воно	ру́хало[ся] б		пору́хало[ся] б
вони (ми, ви)	ру́хали[ся] б		пору́хали[ся] б
НАКАЗОВИЙ СПОСІБ — IMPERATIVE MOOD			
ти	ру́хай[ся]		пору́хай[ся]
ми	ру́хаймо[ся]		пору́хаймо[ся]
ви	ру́хайте[ся]		пору́хайте[ся]
він, вона, воно	(не)ха́й ру́хає[ться]		(не)ха́й пору́хає[ться]
вони	(не)ха́й ру́хають[ся]		(не)ха́й пору́хають[ся]
ДІЄПРИКМЕТНИКИ — VERBAL ADJECTIVES (PARTICIPLES)			
ACTIVE			
PASSIVE	ру́ханий		
ДІЄПРИСЛІВНИКИ — VERBAL ADVERBS			
	ру́хаючи[сь], ру́хавши[сь]		пору́хавши[сь]
БЕЗОСОБОВІ ФОРМИ — IMPERSONAL FORMS			
	ру́хано		

+ instrumental:
Паціє́нт ле́две **ру́хає** ного́ю. — *The patient barely moves his leg.*

+ accusative:
Рефо́рма **ру́хатиме** (**бу́де ру́хати**) на́шу еконо́міку впере́д. — *The reform will be moving our economy forward.*

Щоб заспоко́їтись, **пору́хайте** па́льцями ніг. — *To calm yourself down, wiggle your toes.*

У на́шій шко́лі ді́ти бага́то **ру́хаються** на сві́жому пові́трі. — *In our school, children move a lot in the fresh air.*

Ру́хаймося да́лі. — *Let's move forward.*

№ 422

рятува́ти[ся] | врятува́ти[ся], урятува́ти[ся]

to save, to rescue [to save oneself, to escape]

Present/Future Stems: ряту- | вряту

Conjugation: 1st (-ють)

ОСОБА PERSON	НЕДОКОНАНИЙ ВИД IMPERFECTIVE ASPECT		ДОКОНАНИЙ ВИД PERFECTIVE ASPECT
\multicolumn{4}{c}{ТЕПЕРІШНІЙ ЧАС — PRESENT TENSE}		

ТЕПЕРІШНІЙ ЧАС — PRESENT TENSE

я	ряту́ю[ся]	
ти	ряту́єш[ся]	
він, вона, воно	ряту́є[ться]	
ми	ряту́ємо[ся]	
ви	ряту́єте[ся]	
вони	ряту́ють[ся]	

МИНУЛИЙ ЧАС — PAST TENSE

він (я, ти)	рятува́в[ся]	врятува́в[ся]
вона (я, ти)	рятува́ла[ся]	врятува́ла[ся]
воно	рятува́ло[ся]	врятува́ло[ся]
вони (ми, ви)	рятува́ли[ся]	врятува́ли[ся]

МАЙБУТНІЙ ЧАС — FUTURE TENSE

	ANALYTIC	SYNTHETIC	
я	бу́ду рятува́ти[ся]	рятува́тиму[ся]	вряту́ю[ся]
ти	бу́деш рятува́ти[ся]	рятува́тимеш[ся]	вряту́єш[ся]
він, вона, воно	бу́де рятува́ти[ся]	рятува́тиме[ться]	вряту́є[ться]
ми	бу́демо рятува́ти[ся]	рятува́тимемо[ся]	вряту́ємо[ся]
ви	бу́дете рятува́ти[ся]	рятува́тимете[ся]	вряту́єте[ся]
вони	бу́дуть рятува́ти[ся]	рятува́тимуть[ся]	вряту́ють[ся]

УМОВНИЙ СПОСІБ — CONDITIONAL MOOD

він (я, ти)	рятува́в[ся] би [б]	врятува́в[ся] би [б]
вона (я, ти)	рятува́ла[ся] б	врятува́ла[ся] б
воно	рятува́ло[ся] б	врятува́ло[ся] б
вони (ми, ви)	рятува́ли[ся] б	врятува́ли[ся] б

НАКАЗОВИЙ СПОСІБ — IMPERATIVE MOOD

ти	ряту́й[ся]	вряту́й[ся]
ми	ряту́ймо[ся]	вряту́ймо[ся]
ви	ряту́йте[ся]	вряту́йте[ся]
він, вона, воно	(не)ха́й ряту́є[ться]	(не)ха́й вряту́є[ться]
вони	(не)ха́й ряту́ють[ся]	(не)ха́й вряту́ють[ся]

ДІЄПРИКМЕТНИКИ — VERBAL ADJECTIVES (PARTICIPLES)

ACTIVE		
PASSIVE		врято́ваний

ДІЄПРИСЛІВНИКИ — VERBAL ADVERBS

	ряту́ючи[сь], рятува́вши[сь]	врятува́вши[сь]

БЕЗОСОБОВІ ФОРМИ — IMPERSONAL FORMS

		врято́вано

+ accusative:
До́нори кро́ві щодня́ **ряту́ють** життя́.
Blood donors save lives every day.

від + genitive:
Він **урятува́в** усі́х ме́шканців буди́нку від поже́жі.
He saved all the residents of the house from the fire.

-ся + від + genitive:
Лю́ди **ряту́ються** від спе́ки на рі́чці.
People escape from the heat on the river.

На ща́стя, усі́ **врятува́лися**.
Fortunately, everyone got saved.

Present/Future Stems: сад(ж)- | посад(ж)-

Conjugation: 2nd (-ять)

сади́ти | посади́ти

to plant; to seat; to imprison

ОСОБА / PERSON	НЕДОКОНАНИЙ ВИД / IMPERFECTIVE ASPECT		ДОКОНАНИЙ ВИД / PERFECTIVE ASPECT
ТЕПЕРІШНІЙ ЧАС — PRESENT TENSE			
я	саджу́		
ти	са́диш		
він, вона, воно	са́дить		
ми	са́димо		
ви	са́дите		
вони	са́дять		
МИНУЛИЙ ЧАС — PAST TENSE			
він (я, ти)	сади́в		посади́в
вона (я, ти)	сади́ла		посади́ла
воно	сади́ло		посади́ло
вони (ми, ви)	сади́ли		посади́ли
МАЙБУТНІЙ ЧАС — FUTURE TENSE			
	ANALYTIC	SYNTHETIC	
я	бу́ду сади́ти	сади́тиму	посаджу́
ти	бу́деш сади́ти	сади́тимеш	поса́диш
він, вона, воно	бу́де сади́ти	сади́тиме	поса́дить
ми	бу́демо сади́ти	сади́тимемо	поса́димо
ви	бу́дете сади́ти	сади́тимете	поса́дите
вони	бу́дуть сади́ти	сади́тимуть	поса́дять
УМОВНИЙ СПОСІБ — CONDITIONAL MOOD			
він (я, ти)	сади́в би		посади́в би
вона (я, ти)	сади́ла б		посади́ла б
воно	сади́ло б		посади́ло б
вони (ми, ви)	сади́ли б		посади́ли б
НАКАЗОВИЙ СПОСІБ — IMPERATIVE MOOD			
ти	сади́		посади́
ми	садім́о		посадім́о
ви	саді́ть		посаді́ть
він, вона, воно	(не)ха́й са́дить		(не)ха́й поса́дить
вони	(не)ха́й са́дять		(не)ха́й поса́дять
ДІЄПРИКМЕТНИКИ — VERBAL ADJECTIVES (PARTICIPLES)			
ACTIVE			
PASSIVE	са́джений		поса́джений
ДІЄПРИСЛІВНИКИ — VERBAL ADVERBS			
	са́дячи, сади́вши		посади́вши
БЕЗОСОБОВІ ФОРМИ — IMPERSONAL FORMS			
	са́джено		поса́джено

+ accusative:

Ми **са́димо** карто́плю в тра́вні. — We plant potatoes in May.

у (в), на + locative:

Нас **посади́ли** в пе́ршому ряду́. — We were seated in the first row.

у (в), на + accusative:

Та́то **посади́в** мене́ на по́їзд. — Dad put me on the train.

Коли́ вже наре́шті **поса́дять** цього́ олігáрха? — When will they finally imprison this oligarch?

Тут **поса́джені** гарбузи́ та кабачки́. — Pumpkins and zucchini are planted here.

№ 424

сварúти[ся] | насварúти[ся]

to scold sb [to scold]
See another meaning: сварúти[ся] | посварúти[ся] (№ 425)

Present/Future Stems: **свар-** | **насвар-**
Conjugation: **2nd (-ять)**

ОСОБА / PERSON	НЕДОКОНАНИЙ ВИД / IMPERFECTIVE ASPECT		ДОКОНАНИЙ ВИД / PERFECTIVE ASPECT
ТЕПЕРІШНІЙ ЧАС — PRESENT TENSE			
я	сварю́[ся]		
ти	сва́риш[ся]		
він, вона, воно	сва́рить[ся]		
ми	сва́римо[ся]		
ви	сва́рите[ся]		
вони	сва́рять[ся]		
МИНУЛИЙ ЧАС — PAST TENSE			
він (я, ти)	сварúв[ся]		насварúв[ся]
вона (я, ти)	сварúла[ся]		насварúла[ся]
воно	сварúло[ся]		насварúло[ся]
вони (ми, ви)	сварúли[ся]		насварúли[ся]
МАЙБУТНІЙ ЧАС — FUTURE TENSE			
	ANALYTIC	SYNTHETIC	
я	бу́ду сварúти[ся]	сварúтиму[ся]	насварю́[ся]
ти	бу́деш сварúти[ся]	сварúтимеш[ся]	насва́риш[ся]
він, вона, воно	бу́де сварúти[ся]	сварúтиме[ться]	насва́рить[ся]
ми	бу́демо сварúти[ся]	сварúтимемо[ся]	насва́римо[ся]
ви	бу́дете сварúти[ся]	сварúтимете[ся]	насва́рите[ся]
вони	бу́дуть сварúти[ся]	сварúтимуть[ся]	насва́рять[ся]
УМОВНИЙ СПОСІБ — CONDITIONAL MOOD			
він (я, ти)	сварúв[ся] би [б]		насварúв[ся] би [б]
вона (я, ти)	сварúла[ся] б		насварúла[ся] б
воно	сварúло[ся] б		насварúло[ся] б
вони (ми, ви)	сварúли[ся] б		насварúли[ся] б
НАКАЗОВИЙ СПОСІБ — IMPERATIVE MOOD			
ти	сварú[ся]		насварú[ся]
ми	сварі́мо[ся]		насварі́мо[ся]
ви	сварі́ть[ся]		насварі́ть[ся]
він, вона, воно	(не)ха́й сва́рить[ся]		(не)ха́й насва́рить[ся]
вони	(не)ха́й сва́рять[ся]		(не)ха́й насва́рять[ся]
ДІЄПРИКМЕТНИКИ — VERBAL ADJECTIVES (PARTICIPLES)			
ACTIVE			
PASSIVE			насва́рений
ДІЄПРИСЛІВНИКИ — VERBAL ADVERBS			
	сва́рячи[сь], сварúвши[сь]		насварúвши[сь]
БЕЗОСОБОВІ ФОРМИ — IMPERSONAL FORMS			
			насва́рено

+ *accusative* = **-ся** + **на** + *accusative*:
Ми рідко **сва́римо** на́ших діте́й. =
Ми рідко **сва́римося** на на́ших діте́й.

We rarely scold our children.

за + *accusative*:
Учи́тель **насварú́в** його́ за спи́сування.

The teacher scolded him for copying.

через + *accusative*:
Бабу́ся **насварúла** її́ (**насварúлася** на не́ї) че́рез розби́ту ва́зу.

Grandma scolded her because of the broken vase.

№ 425

Present/Future Stems: **свар- | посвар-**
Conjugation: **2nd (-ять)**

сварити[ся] | посварити[ся]
to cause a fight, to make sb quarrel [to argue, to fight (not physically)]
See another meaning: **сварити[ся] | насварити[ся]** (№ 424)

ОСОБА / PERSON	НЕДОКОНАНИЙ ВИД / IMPERFECTIVE ASPECT		ДОКОНАНИЙ ВИД / PERFECTIVE ASPECT
ТЕПЕРІШНІЙ ЧАС — PRESENT TENSE			
я	сварю́[ся]		
ти	сва́риш[ся]		
він, вона, воно	сва́рить[ся]		
ми	сва́римо[ся]		
ви	сва́рите[ся]		
вони	сва́рять[ся]		
МИНУЛИЙ ЧАС — PAST TENSE			
він (я, ти)	сварив[ся]		посварив[ся]
вона (я, ти)	сварила[ся]		посварила[ся]
воно	сварило[ся]		посварило[ся]
вони (ми, ви)	сварили[ся]		посварили[ся]
МАЙБУТНІЙ ЧАС — FUTURE TENSE			
	ANALYTIC	SYNTHETIC	
я	буду сварити[ся]	сваритиму[ся]	посварю́[ся]
ти	будеш сварити[ся]	сваритимеш[ся]	посва́риш[ся]
він, вона, воно	буде сварити[ся]	сваритиме[ться]	посва́рить[ся]
ми	будемо сварити[ся]	сваритимемо[ся]	посва́римо[ся]
ви	будете сварити[ся]	сваритимете[ся]	посва́рите[ся]
вони	будуть сварити[ся]	сваритимуть[ся]	посва́рять[ся]
УМОВНИЙ СПОСІБ — CONDITIONAL MOOD			
він (я, ти)	сварив[ся] би [б]		посварив[ся] би [б]
вона (я, ти)	сварила[ся] б		посварила[ся] б
воно	сварило[ся] б		посварило[ся] б
вони (ми, ви)	сварили[ся] б		посварили[ся] б
НАКАЗОВИЙ СПОСІБ — IMPERATIVE MOOD			
ти	свари́[ся]		посвари́[ся]
ми	сварі́мо[ся]		посварі́мо[ся]
ви	сварі́ть[ся]		посварі́ть[ся]
він, вона, воно	(не)хай сва́рить[ся]		(не)хай посва́рить[ся]
вони	(не)хай сва́рять[ся]		(не)хай посва́рять[ся]
ДІЄПРИКМЕТНИКИ — VERBAL ADJECTIVES (PARTICIPLES)			
ACTIVE			
PASSIVE			
ДІЄПРИСЛІВНИКИ — VERBAL ADVERBS			
	сва́рячи[сь], сваривши[сь]		посваривши[сь]
БЕЗОСОБОВІ ФОРМИ — IMPERSONAL FORMS			

+ *accusative* + **з (із, зі)** + *instrumental*:
Сестра́ **посвари́ла** мене́ з найкра́щою по́другою. — *My sister made me quarrel with my best friend.*

-ся + **че́рез** + *accusative*:
Його́ батьки́ ча́сто **сва́ряться** че́рез фіна́нси. — *His parents frequently argue over finances.*

-ся + **з (із, зі)** + *instrumental*:
Він зно́ву **посвари́вся** з ді́вчиною. — *He had a fight with his girlfriend again.*
Ді́ти, не **сварі́ться**! — *Kids, don't fight (argue)!*

№ 426

світи́ти[ся] | посвіти́ти[ся]

to shine; to light [to shine, to glow]

Present/Future Stems: **свіч-/світ-** | **посвіч-/посвіт-**

Conjugation: **2nd (-ять)**

ОСОБА / PERSON	НЕДОКОНАНИЙ ВИД / IMPERFECTIVE ASPECT		ДОКОНАНИЙ ВИД / PERFECTIVE ASPECT
ТЕПЕРІШНІЙ ЧАС — PRESENT TENSE			
я	свічу́[ся]		
ти	сві́тиш[ся]		
він, вона, воно	сві́тить[ся]		
ми	сві́тимо[ся]		
ви	сві́тите[ся]		
вони	сві́тять[ся]		
МИНУЛИЙ ЧАС — PAST TENSE			
він (я, ти)	світи́в[ся]		посвіти́в[ся]
вона (я, ти)	світи́ла[ся]		посвіти́ла[ся]
воно	світи́ло[ся]		посвіти́ло[ся]
вони (ми, ви)	світи́ли[ся]		посвіти́ли[ся]
МАЙБУТНІЙ ЧАС — FUTURE TENSE			
	ANALYTIC	SYNTHETIC	
я	бу́ду світи́ти[ся]	світи́тиму[ся]	посвічу́[ся]
ти	бу́деш світи́ти[ся]	світи́тимеш[ся]	посві́тиш[ся]
він, вона, воно	бу́де світи́ти[ся]	світи́тиме[ться]	посві́тить[ся]
ми	бу́демо світи́ти[ся]	світи́тимемо[ся]	посві́тимо[ся]
ви	бу́дете світи́ти[ся]	світи́тимете[ся]	посві́тите[ся]
вони	бу́дуть світи́ти[ся]	світи́тимуть[ся]	посві́тять[ся]
УМОВНИЙ СПОСІБ — CONDITIONAL MOOD			
він (я, ти)	світи́в[ся] би [б]		посвіти́в[ся] би [б]
вона (я, ти)	світи́ла[ся] б		посвіти́ла[ся] б
воно	світи́ло[ся] б		посвіти́ло[ся] б
вони (ми, ви)	світи́ли[ся] б		посвіти́ли[ся] б
НАКАЗОВИЙ СПОСІБ — IMPERATIVE MOOD			
ти	світи́[ся]		посвіти́[ся]
ми	світі́мо[ся]		посвіті́мо[ся]
ви	світі́ть[ся]		посвіті́ть[ся]
він, вона, воно	(не)ха́й сві́тить[ся]		(не)ха́й посві́тить[ся]
вони	(не)ха́й сві́тять[ся]		(не)ха́й посві́тять[ся]
ДІЄПРИКМЕТНИКИ — VERBAL ADJECTIVES (PARTICIPLES)			
ACTIVE			
PASSIVE			
ДІЄПРИСЛІВНИКИ — VERBAL ADVERBS			
	сві́тячи[сь], світи́вши[сь]		посвіти́вши[сь]
БЕЗОСОБОВІ ФОРМИ — IMPERSONAL FORMS			

Ця ла́мпа **сві́тить** зана́дто яскра́во. — *This lamp shines too brightly.*

Надво́рі **світи́ло** со́нце, хоча́ було́ хо́лодно. — *The sun was shining outside even though it was cold.*

+ instrumental + **у (в)**, **на** + *accusative*:
Посвіти́ ліхта́риком у куто́к. — *Shine a flashlight into the corner.*

-ся + **від** + *genitive*:
Дівчина **світи́лася** від ща́стя. — *The girl was glowing with happiness.*

Present/Future Stems: **святку-** | **відсвятку-**

Conjugation: **1st (-ють)**

святкува́ти | відсвяткува́ти

to celebrate

ОСОБА / PERSON	НЕДОКОНАНИЙ ВИД / IMPERFECTIVE ASPECT		ДОКОНАНИЙ ВИД / PERFECTIVE ASPECT
ТЕПЕРІШНІЙ ЧАС — PRESENT TENSE			
я	святку́ю		
ти	святку́єш		
він, вона, воно	святку́є		
ми	святку́ємо		
ви	святку́єте		
вони	святку́ють		
МИНУЛИЙ ЧАС — PAST TENSE			
він (я, ти)	святкува́в		відсвяткува́в
вона (я, ти)	святкува́ла		відсвяткува́ла
воно	святкува́ло		відсвяткува́ло
вони (ми, ви)	святкува́ли		відсвяткува́ли
МАЙБУТНІЙ ЧАС — FUTURE TENSE			
	ANALYTIC	SYNTHETIC	
я	бу́ду святкува́ти	святкува́тиму	відсвятку́ю
ти	бу́деш святкува́ти	святкува́тимеш	відсвятку́єш
він, вона, воно	бу́де святкува́ти	святкува́тиме	відсвятку́є
ми	бу́демо святкува́ти	святкува́тимемо	відсвятку́ємо
ви	бу́дете святкува́ти	святкува́тимете	відсвятку́єте
вони	бу́дуть святкува́ти	святкува́тимуть	відсвятку́ють
УМОВНИЙ СПОСІБ — CONDITIONAL MOOD			
він (я, ти)	святкува́в би		відсвяткува́в би
вона (я, ти)	святкува́ла б		відсвяткува́ла б
воно	святкува́ло б		відсвяткува́ло б
вони (ми, ви)	святкува́ли б		відсвяткува́ли б
НАКАЗОВИЙ СПОСІБ — IMPERATIVE MOOD			
ти	святку́й		відсвятку́й
ми	святку́ймо		відсвятку́ймо
ви	святку́йте		відсвятку́йте
він, вона, воно	(не)ха́й святку́є		(не)ха́й відсвятку́є
вони	(не)ха́й святку́ють		(не)ха́й відсвятку́ють
ДІЄПРИКМЕТНИКИ — VERBAL ADJECTIVES (PARTICIPLES)			
ACTIVE			
PASSIVE			відсвятко́ваний
ДІЄПРИСЛІВНИКИ — VERBAL ADVERBS			
	святку́ючи, святкува́вши		відсвяткува́вши
БЕЗОСОБОВІ ФОРМИ — IMPERSONAL FORMS			
			відсвятко́вано

+ accusative:

Зазвича́й я **святку́ю** Різдво́ в ко́лі сім'ї́. — *I usually celebrate Christmas with my family.*

Кандида́т уже́ **святкува́в** перемо́гу, не дочека́вшись офіці́йних результа́тів. — *The candidate was already celebrating his victory without waiting for the official results.*

Пі́сля ремо́нту ми **відсвятку́ємо** новосі́лля. — *After the renovation, we will celebrate a housewarming party.*

Відсвяткува́вши свій сороко́вий день наро́дження, він ви́рушив у до́вгу мандрі́вку. — *Having celebrated his fortieth birthday, he set off on a long journey.*

№ 428

сиди́ти[ся] | поси́діти

to sit; to stay; to fit (imperfective) [to sit (impersonal)]

See also: **сіда́ти** | **сі́сти** (№ 429)

Present/Future Stems: **сид(ж)-** | **посид(ж)-**

Conjugation: **2nd (-ять)**

ОСОБА / PERSON	НЕДОКОНАНИЙ ВИД / IMPERFECTIVE ASPECT		ДОКОНАНИЙ ВИД / PERFECTIVE ASPECT
ТЕПЕРІШНІЙ ЧАС — PRESENT TENSE			
я	сиджу́		
ти	сиди́ш		
він, вона, воно	сиди́ть[ся]		
ми	сидимо́		
ви	сидите́		
вони	сидя́ть		
МИНУЛИЙ ЧАС — PAST TENSE			
він (я, ти)	сиді́в		поси́дів
вона (я, ти)	сиді́ла		поси́діла
воно	сиді́ло[ся]		поси́діло
вони (ми, ви)	сиді́ли		поси́діли
МАЙБУТНІЙ ЧАС — FUTURE TENSE			
	ANALYTIC	SYNTHETIC	
я	бу́ду сиді́ти	сиді́тиму	поси́джу
ти	бу́деш сиді́ти	сиді́тимеш	поси́диш
він, вона, воно	бу́де сиді́ти[ся]	сиді́тиме[ться]	поси́дить
ми	бу́демо сиді́ти	сиді́тимемо	поси́димо
ви	бу́дете сиді́ти	сиді́тимете	поси́дите
вони	бу́дуть сиді́ти	сиді́тимуть	поси́дять
УМОВНИЙ СПОСІБ — CONDITIONAL MOOD			
він (я, ти)	сиді́в би		поси́дів би
вона (я, ти)	сиді́ла б		поси́діла б
воно	сиді́ло[ся] б		поси́діло б
вони (ми, ви)	сиді́ли б		поси́діли б
НАКАЗОВИЙ СПОСІБ — IMPERATIVE MOOD			
ти	сиди́		поси́дь
ми	сиді́мо		поси́дьмо
ви	сиді́ть		поси́дьте
він, вона, воно	(не)ха́й сиди́ть[ся]		(не)ха́й поси́дить
вони	(не)ха́й сидя́ть		(не)ха́й поси́дять
ДІЄПРИКМЕТНИКИ — VERBAL ADJECTIVES (PARTICIPLES)			
ACTIVE			
PASSIVE			
ДІЄПРИСЛІВНИКИ — VERBAL ADVERBS			
	сидячи́, сиді́вши		поси́дівши
БЕЗОСОБОВІ ФОРМИ — IMPERSONAL FORMS			

у (в), **на** + *locative*:
Я **сиджу́** на диванчику в коридо́рі. — *I am sitting on a little couch in the hallway.*

Цей костю́м іде́ально на тобі́ **сиди́ть**. — *This suit fits you perfectly.*

за + *instrumental*:
Ми **посиді́ли** за столо́м, тро́хи поговори́ли. — *We sat at the table, talked a little.*

За́втра я **сиді́тиму** (**бу́ду сиді́ти**) вдо́ма. — *Tomorrow I will stay at home.*

Поси́дь тут на ла́вці, по́ки я схо́джу в магази́н. — *Sit here on the bench while I go to the store.*

dative + **-ся**:
Їй не **сиди́ться**: зно́ву їде подорожува́ти. — *She cannot sit still; she goes traveling again.*

№ 429

Present/Future Stems: **сіда-** | **сяд-**
Conjugation: **1st (-ють)** | **1st (-уть)**

сіда́ти | сі́сти

to sit (down); to board (transport); to set (about sun, etc.)
See also: сиди́ти[ся] | поси́діти (№ 428)

ОСОБА / PERSON	НЕДОКОНАНИЙ ВИД / IMPERFECTIVE ASPECT		ДОКОНАНИЙ ВИД / PERFECTIVE ASPECT
ТЕПЕРІШНІЙ ЧАС — PRESENT TENSE			
я	сіда́ю		
ти	сіда́єш		
він, вона, воно	сіда́є		
ми	сіда́ємо		
ви	сіда́єте		
вони	сіда́ють		
МИНУЛИЙ ЧАС — PAST TENSE			
він (я, ти)	сіда́в		сів
вона (я, ти)	сіда́ла		сі́ла
воно	сіда́ло		сі́ло
вони (ми, ви)	сіда́ли		сі́ли
МАЙБУТНІЙ ЧАС — FUTURE TENSE			
	ANALYTIC	SYNTHETIC	
я	бу́ду сіда́ти	сіда́тиму	ся́ду
ти	бу́деш сіда́ти	сіда́тимеш	ся́деш
він, вона, воно	бу́де сіда́ти	сіда́тиме	ся́де
ми	бу́демо сіда́ти	сіда́тимемо	ся́демо
ви	бу́дете сіда́ти	сіда́тимете	ся́дете
вони	бу́дуть сіда́ти	сіда́тимуть	ся́дуть
УМОВНИЙ СПОСІБ — CONDITIONAL MOOD			
він (я, ти)	сіда́в би		сів би
вона (я, ти)	сіда́ла б		сі́ла б
воно	сіда́ло б		сі́ло б
вони (ми, ви)	сіда́ли б		сі́ли б
НАКАЗОВИЙ СПОСІБ — IMPERATIVE MOOD			
ти	сіда́й		сядь
ми	сіда́ймо		ся́дьмо
ви	сіда́йте		ся́дьте
він, вона, воно	(не)ха́й сіда́є		(не)ха́й ся́де
вони	(не)ха́й сіда́ють		(не)ха́й ся́дуть
ДІЄПРИКМЕТНИКИ — VERBAL ADJECTIVES (PARTICIPLES)			
ACTIVE			
PASSIVE			
ДІЄПРИСЛІВНИКИ — VERBAL ADVERBS			
	сіда́ючи, сіда́вши		сі́вши
БЕЗОСОБОВІ ФОРМИ — IMPERSONAL FORMS			

y (в), на + *accusative*:

Зазвича́й я **сіда́ю** на ту ла́вку, але́ за́раз вона́ за́йнята.
I usually sit on that bench, but it is occupied right now.

У грудні со́нце **сіда́є** ду́же ра́но.
In December, the sun sets very early.

Ми вже **сі́ли** на по́їзд, але́ він ще не ви́рушив.
We have already boarded the train, but it has not left yet.

за + *accusative*:

За́раз я ви́п'ю ка́ви й **ся́ду** за робо́ту.
Now I will drink coffee and sit down to work.

Ді́ти, **ся́дьте**, будь ла́ска, за па́рти.
Children, please sit down at your desks.

скáржитися | поскáржитися

to complain, to make complaints

Present/Future Stems: **скарж-..-ся | поскарж-..-ся**

Conjugation: **2nd (-ать)**

ОСОБА / PERSON	НЕДОКОНАНИЙ ВИД / IMPERFECTIVE ASPECT		ДОКОНАНИЙ ВИД / PERFECTIVE ASPECT
ТЕПЕРІШНІЙ ЧАС — PRESENT TENSE			
я	скáржуся		
ти	скáржишся		
він, вона, воно	скáржиться		
ми	скáржимося		
ви	скáржитеся		
вони	скáржаться		
МИНУЛИЙ ЧАС — PAST TENSE			
він (я, ти)	скáржився		поскáржився
вона (я, ти)	скáржилася		поскáржилася
воно	скáржилося		поскáржилося
вони (ми, ви)	скáржилися		поскáржилися
МАЙБУТНІЙ ЧАС — FUTURE TENSE	ANALYTIC	SYNTHETIC	
я	бýду скáржитися	скáржитимуся	поскáржуся
ти	бýдеш скáржитися	скáржитимешся	поскáржишся
він, вона, воно	бýде скáржитися	скáржитиметься	поскáржиться
ми	бýдемо скáржитися	скáржитимемося	поскáржимося
ви	бýдете скáржитися	скáржитиметеся	поскáржитеся
вони	бýдуть скáржитися	скáржитимуться	поскáржаться
УМОВНИЙ СПОСІБ — CONDITIONAL MOOD			
він (я, ти)	скáржився б		поскáржився б
вона (я, ти)	скáржилася б		поскáржилася б
воно	скáржилося б		поскáржилося б
вони (ми, ви)	скáржилися б		поскáржилися б
НАКАЗОВИЙ СПОСІБ — IMPERATIVE MOOD			
ти	скáржся		поскáржся
ми	скáржмося		поскáржмося
ви	скáржтеся		поскáржтеся
він, вона, воно	(не)хáй скáржиться		(не)хáй поскáржиться
вони	(не)хáй скáржаться		(не)хáй поскáржаться
ДІЄПРИКМЕТНИКИ — VERBAL ADJECTIVES (PARTICIPLES)			
ACTIVE			
PASSIVE			
ДІЄПРИСЛІВНИКИ — VERBAL ADVERBS			
	скáржачись, скáржившись		поскáржившись
БЕЗОСОБОВІ ФОРМИ — IMPERSONAL FORMS			

Так, жи́ти ста́ло ва́жче, але́ я не **скáржуся**.
Yes, life has become more difficult, but I do not complain.

на + *accusative*:
Ранíше він чáсто **скáржився** на бóлі в спи́ні.
Previously, he often complained of back pain.

+ *dative*:
Якщó ви не відреагýєте, ми **поскáржимося** вáшому начáльнику.
If you do not react, we will complain to your boss.

у (в) + *accusative*:
Поскáржся на них у полíцію.
Make a complaint to the police about them.

Present/Future Stems: скасову- | скасу-
Conjugation: **1st (-ють)**

скасо́вувати | скасува́ти
to cancel

ОСОБА / PERSON	НЕДОКОНАНИЙ ВИД / IMPERFECTIVE ASPECT		ДОКОНАНИЙ ВИД / PERFECTIVE ASPECT
ТЕПЕРІШНІЙ ЧАС — PRESENT TENSE			
я	скасо́вую		
ти	скасо́вуєш		
він, вона, воно	скасо́вує		
ми	скасо́вуємо		
ви	скасо́вуєте		
вони	скасо́вують		
МИНУЛИЙ ЧАС — PAST TENSE			
він (я, ти)	скасо́вував		скасува́в
вона (я, ти)	скасо́вувала		скасува́ла
воно	скасо́вувало		скасува́ло
вони (ми, ви)	скасо́вували		скасува́ли
МАЙБУТНІЙ ЧАС — FUTURE TENSE	ANALYTIC	SYNTHETIC	
я	бу́ду скасо́вувати	скасо́вуватиму	скасу́ю
ти	бу́деш скасо́вувати	скасо́вуватимеш	скасу́єш
він, вона, воно	бу́де скасо́вувати	скасо́вуватиме	скасу́є
ми	бу́демо скасо́вувати	скасо́вуватимемо	скасу́ємо
ви	бу́дете скасо́вувати	скасо́вуватимете	скасу́єте
вони	бу́дуть скасо́вувати	скасо́вуватимуть	скасу́ють
УМОВНИЙ СПОСІБ — CONDITIONAL MOOD			
він (я, ти)	скасо́вував би		скасува́в би
вона (я, ти)	скасо́вувала б		скасува́ла б
воно	скасо́вувало б		скасува́ло б
вони (ми, ви)	скасо́вували б		скасува́ли б
НАКАЗОВИЙ СПОСІБ — IMPERATIVE MOOD			
ти	скасо́вуй		скасу́й
ми	скасо́вуймо		скасу́ймо
ви	скасо́вуйте		скасу́йте
він, вона, воно	(не)ха́й скасо́вує		(не)ха́й скасу́є
вони	(не)ха́й скасо́вують		(не)ха́й скасу́ють
ДІЄПРИКМЕТНИКИ — VERBAL ADJECTIVES (PARTICIPLES)			
ACTIVE			
PASSIVE			скасо́ваний
ДІЄПРИСЛІВНИКИ — VERBAL ADVERBS			
	скасо́вуючи, скасо́вувавши		скасува́вши
БЕЗОСОБОВІ ФОРМИ — IMPERSONAL FORMS			
			скасо́вано

Натисні́ть на кно́пку «**Скасува́ти**». — *Click on the "Cancel" button.*
+ accusative:
Ми **скасува́ли** по́дорож в оста́нню хвили́ну. — *We canceled the trip at the last minute.*
Укрзалізни́ця **скасу́є** три поїзди́. — *Ukrainian Railways will cancel three trains.*
На жаль, ваш рейс **скасо́вано**. — *Unfortunately, your flight has been canceled.*

№ 432

складáти [ся] | склáсти [ся]

to put together; to take (exams) [to consist of; to turn out]

Present/Future Stems: склада- | склад-
Conjugation: 1st (-ють) | 1st (-уть)

ОСОБА / PERSON	НЕДОКОНАНИЙ ВИД / IMPERFECTIVE ASPECT		ДОКОНАНИЙ ВИД / PERFECTIVE ASPECT
ТЕПЕРІШНІЙ ЧАС — PRESENT TENSE			
я	склада́ю [ся]		
ти	склада́єш [ся]		
він, вона, воно	склада́є [ться]		
ми	склада́ємо [ся]		
ви	склада́єте [ся]		
вони	склада́ють [ся]		
МИНУЛИЙ ЧАС — PAST TENSE			
він (я, ти)	склада́в [ся]		склав [ся]
вона (я, ти)	склада́ла [ся]		скла́ла [ся]
воно	склада́ло [ся]		скла́ло [ся]
вони (ми, ви)	склада́ли [ся]		скла́ли [ся]
МАЙБУТНІЙ ЧАС — FUTURE TENSE	ANALYTIC	SYNTHETIC	
я	бу́ду склада́ти [ся]	склада́тиму [ся]	складу́ [ся]
ти	бу́деш склада́ти [ся]	склада́тимеш [ся]	складе́ш [ся]
він, вона, воно	бу́де склада́ти [ся]	склада́тиме [ться]	складе́ [ться]
ми	бу́демо склада́ти [ся]	склада́тимемо [ся]	складемо́ [ся]
ви	бу́дете склада́ти [ся]	склада́тимете [ся]	складете́ [ся]
вони	бу́дуть склада́ти [ся]	склада́тимуть [ся]	складу́ть [ся]
УМОВНИЙ СПОСІБ — CONDITIONAL MOOD			
він (я, ти)	склада́в [ся] би [б]		склав [ся] би [б]
вона (я, ти)	склада́ла [ся] б		скла́ла [ся] б
воно	склада́ло [ся] б		скла́ло [ся] б
вони (ми, ви)	склада́ли [ся] б		скла́ли [ся] б
НАКАЗОВИЙ СПОСІБ — IMPERATIVE MOOD			
ти	склада́й [ся]		склади́ [ся]
ми	склада́ймо [ся]		складі́мо [ся]
ви	склада́йте [ся]		складі́ть [ся]
він, вона, воно	(не)ха́й склада́є [ться]		(не)ха́й складе́ [ться]
вони	(не)ха́й склада́ють [ся]		(не)ха́й складу́ть [ся]
ДІЄПРИКМЕТНИКИ — VERBAL ADJECTIVES (PARTICIPLES)			
ACTIVE			
PASSIVE			скла́дений
ДІЄПРИСЛІВНИКИ — VERBAL ADVERBS			
	склада́ючи [сь], склада́вши [сь]		скла́вши [сь]
БЕЗОСОБОВІ ФОРМИ — IMPERSONAL FORMS			
			скла́дено

+ accusative:

Ді́вчинка сама́ **склада́є** свій гардеро́б. — *The girl puts together her wardrobe herself.*

Ра́зом вони́ **скла́ли** пазл за пів годи́ни. — *Together, they assembled the puzzle in half an hour.*

Студе́нти **склада́тимуть** (**бу́дуть склада́ти**) і́спити в че́рвні. — *Students will take exams in June.*

-ся + з (із, зі) + genitive:

Музе́й **склада́ється** з п'яти́ за́лів. — *The museum consists of five halls.*

Не так **скла́лося**, як гада́лося (прика́зка). — *It did not turn out as expected (saying).*

№ 433

Present/Future Stems: **скороч-** | **скороч-/скорот-**
Conjugation: **1st (-ють)** | **2nd (-ять)**

скорóчувати[ся] | скоротúти[ся]

to shorten, to reduce; to lay off [to decline; to contract]

ОСОБА / PERSON	НЕДОКОНАНИЙ ВИД / IMPERFECTIVE ASPECT		ДОКОНАНИЙ ВИД / PERFECTIVE ASPECT
ТЕПЕРІШНІЙ ЧАС — PRESENT TENSE			
я	скорóчую		
ти	скорóчуєш		
він, вона, воно	скорóчує[ться]		
ми	скорóчуємо		
ви	скорóчуєте		
вони	скорóчують[ся]		
МИНУЛИЙ ЧАС — PAST TENSE			
він (я, ти)	скорóчував[ся]		скоротúв[ся]
вона (я, ти)	скорóчувала[ся]		скоротúла[ся]
воно	скорóчувало[ся]		скоротúло[ся]
вони (ми, ви)	скорóчували[ся]		скоротúли[ся]
МАЙБУТНІЙ ЧАС — FUTURE TENSE			
	ANALYTIC	SYNTHETIC	
я	бýду скорóчувати	скорóчуватиму	скорочý
ти	бýдеш скорóчувати	скорóчуватимеш	скорóтиш
він, вона, воно	бýде скорóчувати[ся]	скорóчуватиме[ться]	скорóтить[ся]
ми	бýдемо скорóчувати	скорóчуватимемо	скорóтимо
ви	бýдете скорóчувати	скорóчуватимете	скорóтите
вони	бýдуть скорóчувати[ся]	скорóчуватимуть[ся]	скорóтять[ся]
УМОВНИЙ СПОСІБ — CONDITIONAL MOOD			
він (я, ти)	скорóчував[ся] би (б)		скоротúв[ся] би (б)
вона (я, ти)	скорóчувала[ся] б		скоротúла[ся] б
воно	скорóчувало[ся] б		скоротúло[ся] б
вони (ми, ви)	скорóчували[ся] б		скоротúли[ся] б
НАКАЗОВИЙ СПОСІБ — IMPERATIVE MOOD			
ти	скорóчуй		скоротú
ми	скорóчуймо		скоротíмо
ви	скорóчуйте		скоротíть
він, вона, воно	(не)хáй скорóчує[ться]		(не)хáй скорóтить[ся]
вони	(не)хáй скорóчують[ся]		(не)хáй скорóтять[ся]
ДІЄПРИКМЕТНИКИ — VERBAL ADJECTIVES (PARTICIPLES)			
ACTIVE			
PASSIVE			скорóчений
ДІЄПРИСЛІВНИКИ — VERBAL ADVERBS			
	скорóчуючи[сь], скорóчувавши[сь]		скоротúвши[сь]
БЕЗОСОБОВІ ФОРМИ — IMPERSONAL FORMS			
			скорóчено

+ accusative:
Краї́на **скорóчує** використáння плáстику.
The country is reducing the use of plastic.

до + genitive:
Áвтор **скоротúв** ромáн до трьохсóт сторíнок.
The author shortened the novel to three hundred pages.

Компáнія **скорóчуватиме** (**бýде скорóчувати**) працівникíв чéрез фінáнсові問проблéми.
The company will lay off employees due to financial problems.

Кількість насéлення щорóку **скорóчується**.
The population is decreasing every year.

М'я́зи мóжуть **скорóчуватися** мимовóлі.
Muscles can contract involuntarily.

слу́хати[ся] | послу́хати[ся]

to listen (to); to attend (course, etc.) [to obey]

Present/Future Stems: **слуха-** | **послуха-**

Conjugation: **1st (-ють)**

ОСОБА / PERSON	НЕДОКОНАНИЙ ВИД / IMPERFECTIVE ASPECT		ДОКОНАНИЙ ВИД / PERFECTIVE ASPECT
ТЕПЕРІШНІЙ ЧАС — PRESENT TENSE			
я	слу́хаю[ся]		
ти	слу́хаєш[ся]		
він, вона, воно	слу́хає[ться]		
ми	слу́хаємо[ся]		
ви	слу́хаєте[ся]		
вони	слу́хають[ся]		
МИНУЛИЙ ЧАС — PAST TENSE			
він (я, ти)	слу́хав[ся]		послу́хав[ся]
вона (я, ти)	слу́хала[ся]		послу́хала[ся]
воно	слу́хало[ся]		послу́хало[ся]
вони (ми, ви)	слу́хали[ся]		послу́хали[ся]
МАЙБУТНІЙ ЧАС — FUTURE TENSE	ANALYTIC	SYNTHETIC	
я	бу́ду слу́хати[ся]	слу́хатиму[ся]	послу́хаю[ся]
ти	бу́деш слу́хати[ся]	слу́хатимеш[ся]	послу́хаєш[ся]
він, вона, воно	бу́де слу́хати[ся]	слу́хатиме[ться]	послу́хає[ться]
ми	бу́демо слу́хати[ся]	слу́хатимемо[ся]	послу́хаємо[ся]
ви	бу́дете слу́хати[ся]	слу́хатимете[ся]	послу́хаєте[ся]
вони	бу́дуть слу́хати[ся]	слу́хатимуть[ся]	послу́хають[ся]
УМОВНИЙ СПОСІБ — CONDITIONAL MOOD			
він (я, ти)	слу́хав[ся] би [б]		послу́хав[ся] би [б]
вона (я, ти)	слу́хала[ся] б		послу́хала[ся] б
воно	слу́хало[ся] б		послу́хало[ся] б
вони (ми, ви)	слу́хали[ся] б		послу́хали[ся] б
НАКАЗОВИЙ СПОСІБ — IMPERATIVE MOOD			
ти	слу́хай[ся]		послу́хай[ся]
ми	слу́хаймо[ся]		послу́хаймо[ся]
ви	слу́хайте[ся]		послу́хайте[ся]
він, вона, воно	(не)ха́й слу́хає[ться]		(не)ха́й послу́хає[ться]
вони	(не)ха́й слу́хають[ся]		(не)ха́й послу́хають[ся]
ДІЄПРИКМЕТНИКИ — VERBAL ADJECTIVES (PARTICIPLES)			
ACTIVE			
PASSIVE	слу́ханий		
ДІЄПРИСЛІВНИКИ — VERBAL ADVERBS			
	слу́хаючи[сь], слу́хавши[сь]		послу́хавши[сь]
БЕЗОСОБОВІ ФОРМИ — IMPERSONAL FORMS			
	слу́хано		

+ accusative:

Ра́ніше він **слу́хав** цей подка́ст, але́ бі́льше не **слу́хає**.
He used to listen to this podcast but does not anymore.

Вона́ **послу́хала** його́ і звільни́лася з робо́ти.
She listened to him and quit her job.

Насту́пного семе́стру я **слу́хатиму** (**бу́ду слу́хати**) курс істо́рії Украї́ни.
Next semester I will take a course on the history of Ukraine.

Послу́хайте нову́ пі́сню гу́рту «Океа́н Е́льзи».
Listen to the new song by "Okean Elzy" band.

-ся + genitive:

Ва́ші ді́ти не **слу́хаються** вчителі́в.
Your children disobey the teachers.

№ 435

Present/Future Stems: **смі-..-ся | посмі-..-ся**
Conjugation: **1st (-ють)**

сміятися | посміятися
to laugh

ОСОБА / PERSON	НЕДОКОНАНИЙ ВИД / IMPERFECTIVE ASPECT		ДОКОНАНИЙ ВИД / PERFECTIVE ASPECT
ТЕПЕРІШНІЙ ЧАС — PRESENT TENSE			
я	сміюся		
ти	смієшся		
він, вона, воно	сміється		
ми	сміємося		
ви	смієтеся		
вони	сміються		
МИНУЛИЙ ЧАС — PAST TENSE			
він (я, ти)	сміявся		посміявся
вона (я, ти)	сміялася		посміялася
воно	сміялося		посміялося
вони (ми, ви)	сміялися		посміялися
МАЙБУТНІЙ ЧАС — FUTURE TENSE			
	ANALYTIC	SYNTHETIC	
я	буду сміятися	сміятимуся	посміюся
ти	будеш сміятися	сміятимешся	посмієшся
він, вона, воно	буде сміятися	сміятиметься	посміється
ми	будемо сміятися	сміятимемося	посміємося
ви	будете сміятися	сміятиметеся	посміється
вони	будуть сміятися	сміятимуться	посміються
УМОВНИЙ СПОСІБ — CONDITIONAL MOOD			
він (я, ти)	сміявся б		посміявся б
вона (я, ти)	сміялася б		посміялася б
воно	сміялося б		посміялося б
вони (ми, ви)	сміялися б		посміялися б
НАКАЗОВИЙ СПОСІБ — IMPERATIVE MOOD			
ти	смійся		посмійся
ми	сміймося		посміймося
ви	смійтеся		посмійтеся
він, вона, воно	(не)хай сміється		(не)хай посміється
вони	(не)хай сміються		(не)хай посміються
ДІЄПРИКМЕТНИКИ — VERBAL ADJECTIVES (PARTICIPLES)			
ACTIVE			
PASSIVE			
ДІЄПРИСЛІВНИКИ — VERBAL ADVERBS			
	сміючись, сміявшись		посміявшись
БЕЗОСОБОВІ ФОРМИ — IMPERSONAL FORMS			

А вони тільки **сміються**. — *And they just laugh.*

з (**із**, **зі**) + *genitive*:
Друзі **посміялися** з його жарту. — *Friends laughed at his joke.*
З вас люди **сміятимуться** (**будуть сміятися**). — *People will laugh at you.*
Не **смійтеся**, я серйозно. — *Don't laugh. I'm serious.*

№ 436

снитися | наснитися, приснитися

to have dreams, to appear in dreams (while sleeping)

Present/Future Stems: сн-..-ся | насн-..-ся

Conjugation: **2nd (-ять)**

ОСОБА / PERSON	НЕДОКОНАНИЙ ВИД / IMPERFECTIVE ASPECT		ДОКОНАНИЙ ВИД / PERFECTIVE ASPECT
ТЕПЕРІШНІЙ ЧАС — PRESENT TENSE			
я	снюся		
ти	снишся		
він, вона, воно	сниться		
ми	снимося		
ви	снитеся		
вони	сняться		
МИНУЛИЙ ЧАС — PAST TENSE			
він (я, ти)	снився		наснився
вона (я, ти)	снилася		наснилася
воно	снилося		наснилося
вони (ми, ви)	снилися		наснилися
МАЙБУТНІЙ ЧАС — FUTURE TENSE			
	ANALYTIC	SYNTHETIC	
я	буду снитися	снитимуся	наснюся
ти	будеш снитися	снитимешся	наснишся
він, вона, воно	буде снитися	снитиметься	насниться
ми	будемо снитися	снитимемося	наснимося
ви	будете снитися	снитиметеся	наснитеся
вони	будуть снитися	снитимуться	насняться
УМОВНИЙ СПОСІБ — CONDITIONAL MOOD			
він (я, ти)	снився б		наснився б
вона (я, ти)	снилася б		наснилася б
воно	снилося б		наснилося б
вони (ми, ви)	снилися б		наснилися б
НАКАЗОВИЙ СПОСІБ — IMPERATIVE MOOD			
ти	снися		наснися
ми	снімося		наснімося
ви	сніться		насніться
він, вона, воно	(не)хай сниться		(не)хай насниться
вони	(не)хай сняться		(не)хай насняться
ДІЄПРИКМЕТНИКИ — VERBAL ADJECTIVES (PARTICIPLES)			
ACTIVE			
PASSIVE			
ДІЄПРИСЛІВНИКИ — VERBAL ADVERBS			
	снившись		наснившись
БЕЗОСОБОВІ ФОРМИ — IMPERSONAL FORMS			

+ *dative* + [...] + *nominative*:

Мені часто **сняться** сни. — *I often have dreams (while sleeping).*

Що тобі **наснилося (приснилося)**? — *What did you dream about?*

у (в) + *locative*:

Таке в страшному сні не **наснилося (приснилося)** б. — *Such a thing would not have occurred in a nightmare.*

Нехай тобі **насняться (присняться)** солодкі сни! — *May you have sweet dreams!*

Present/Future Stems: сніда- | посніда-

Conjugation: **1st (-ють)**

снідати | поснідати

to have breakfast

ОСОБА / PERSON	НЕДОКОНАНИЙ ВИД / IMPERFECTIVE ASPECT		ДОКОНАНИЙ ВИД / PERFECTIVE ASPECT
ТЕПЕРІШНІЙ ЧАС — PRESENT TENSE			
я	снідаю		
ти	снідаєш		
він, вона, воно	снідає		
ми	снідаємо		
ви	снідаєте		
вони	снідають		
МИНУЛИЙ ЧАС — PAST TENSE			
він (я, ти)	снідав		поснідав
вона (я, ти)	снідала		поснідала
воно	снідало		поснідало
вони (ми, ви)	снідали		поснідали
МАЙБУТНІЙ ЧАС — FUTURE TENSE			
	ANALYTIC	SYNTHETIC	
я	буду снідати	снідатиму	поснідаю
ти	будеш снідати	снідатимеш	поснідаєш
він, вона, воно	буде снідати	снідатиме	поснідає
ми	будемо снідати	снідатимемо	поснідаємо
ви	будете снідати	снідатимете	поснідаєте
вони	будуть снідати	снідатимуть	поснідають
УМОВНИЙ СПОСІБ — CONDITIONAL MOOD			
він (я, ти)	снідав би		поснідав би
вона (я, ти)	снідала б		поснідала б
воно	снідало б		поснідало б
вони (ми, ви)	снідали б		поснідали б
НАКАЗОВИЙ СПОСІБ — IMPERATIVE MOOD			
ти	снідай		поснідай
ми	снідаймо		поснідаймо
ви	снідайте		поснідайте
він, вона, воно	(не)хай снідає		(не)хай поснідає
вони	(не)хай снідають		(не)хай поснідають

ДІЄПРИКМЕТНИКИ — VERBAL ADJECTIVES (PARTICIPLES)

ACTIVE

PASSIVE

ДІЄПРИСЛІВНИКИ — VERBAL ADVERBS

снідаючи, снідавши   поснідавши

БЕЗОСОБОВІ ФОРМИ — IMPERSONAL FORMS

у (в), на + *locative*:
Моя дружина **снідає** на роботі.   *My wife has breakfast at work.*

+ *instrumental*:
Раніше ми **снідали** кашею, а тепер **снідаємо** бутербродами.   *We used to have porridge for breakfast, but now we have sandwiches.*

Спочатку я прийму душ, а потім **поснідаю**.   *First, I will take a shower, and then I will have breakfast.*

Снідаючи, він зазвичай читає новини.   *While having breakfast, he usually reads the news.*

№ 438

спа́ти | поспа́ти
to sleep, to be asleep

Present/Future Stems: **сп(л)- | посп(л)-**

Conjugation: **2nd (-ять)**

ОСОБА PERSON	НЕДОКОНАНИЙ ВИД IMPERFECTIVE ASPECT		ДОКОНАНИЙ ВИД PERFECTIVE ASPECT
\multicolumn{4}{c}{**ТЕПЕРІШНІЙ ЧАС — PRESENT TENSE**}		
я	сплю		
ти	спиш		
він, вона, воно	спить		
ми	спимо́		
ви	спите́		
вони	сплять		

ОСОБА	НЕДОКОНАНИЙ ВИД		ДОКОНАНИЙ ВИД
\multicolumn{4}{c}{**МИНУЛИЙ ЧАС — PAST TENSE**}		
він (я, ти)	спав		поспа́в
вона (я, ти)	спа́ла		поспа́ла
воно	спа́ло		поспа́ло
вони (ми, ви)	спа́ли		поспа́ли

МАЙБУТНІЙ ЧАС — FUTURE TENSE

	ANALYTIC	SYNTHETIC	
я	бу́ду спа́ти	спа́тиму	посплю́
ти	бу́деш спа́ти	спа́тимеш	поспи́ш
він, вона, воно	бу́де спа́ти	спа́тиме	поспи́ть
ми	бу́демо спа́ти	спа́тимемо	поспимо́
ви	бу́дете спа́ти	спа́тимете	поспите́
вони	бу́дуть спа́ти	спа́тимуть	поспля́ть

УМОВНИЙ СПОСІБ — CONDITIONAL MOOD

він (я, ти)	спав би		поспа́в би
вона (я, ти)	спа́ла б		поспа́ла б
воно	спа́ло б		поспа́ло б
вони (ми, ви)	спа́ли б		поспа́ли б

НАКАЗОВИЙ СПОСІБ — IMPERATIVE MOOD

ти	спи		поспи́
ми	спі́мо		поспі́мо
ви	спі́ть		поспі́ть
він, вона, воно	(не)ха́й спить		(не)ха́й поспи́ть
вони	(не)ха́й сплять		(не)ха́й поспля́ть

ДІЄПРИКМЕТНИКИ — VERBAL ADJECTIVES (PARTICIPLES)

ACTIVE

PASSIVE

ДІЄПРИСЛІВНИКИ — VERBAL ADVERBS

	спля́чи, спа́вши		поспа́вши

БЕЗОСОБОВІ ФОРМИ — IMPERSONAL FORMS

у (в), на + *locative*:
Я пога́но **сплю** в літаку́.

I sleep poorly on a plane.

з (із, зі) + *instrumental*:
Дити́на со́лодко **спа́ла** з ведме́диком.

The child was sleeping sweetly with her teddy bear.

Сього́дні вночі́ я до́бре **спа́тиму** (**бу́ду спа́ти**).

I will sleep well tonight.

Неха́й ді́ти сього́дні до́вше **поспля́ть**.

Let the children sleep longer today.

Present/Future Stems: співа- | проспіва-

співа́ти | проспіва́ти, заспіва́ти

Conjugation: **1st (-ють)**

to sing

ОСОБА PERSON	НЕДОКОНАНИЙ ВИД IMPERFECTIVE ASPECT		ДОКОНАНИЙ ВИД PERFECTIVE ASPECT
ТЕПЕРІШНІЙ ЧАС — PRESENT TENSE			
я	співа́ю		
ти	співа́єш		
він, вона, воно	співа́є		
ми	співа́ємо		
ви	співа́єте		
вони	співа́ють		
МИНУЛИЙ ЧАС — PAST TENSE			
він (я, ти)	співа́в		проспіва́в
вона (я, ти)	співа́ла		проспіва́ла
воно	співа́ло		проспіва́ло
вони (ми, ви)	співа́ли		проспіва́ли
МАЙБУТНІЙ ЧАС — FUTURE TENSE			
	ANALYTIC	SYNTHETIC	
я	бу́ду співа́ти	співа́тиму	проспіва́ю
ти	бу́деш співа́ти	співа́тимеш	проспіва́єш
він, вона, воно	бу́де співа́ти	співа́тиме	проспіва́є
ми	бу́демо співа́ти	співа́тимемо	проспіва́ємо
ви	бу́дете співа́ти	співа́тимете	проспіва́єте
вони	бу́дуть співа́ти	співа́тимуть	проспіва́ють
УМОВНИЙ СПОСІБ — CONDITIONAL MOOD			
він (я, ти)	співа́в би		проспіва́в би
вона (я, ти)	співа́ла б		проспіва́ла б
воно	співа́ло б		проспіва́ло б
вони (ми, ви)	співа́ли б		проспіва́ли б
НАКАЗОВИЙ СПОСІБ — IMPERATIVE MOOD			
ти	співа́й		проспіва́й
ми	співа́ймо		проспіва́ймо
ви	співа́йте		проспіва́йте
він, вона, воно	(не)ха́й співа́є		(не)ха́й проспіва́є
вони	(не)ха́й співа́ють		(не)ха́й проспіва́ють
ДІЄПРИКМЕТНИКИ — VERBAL ADJECTIVES (PARTICIPLES)			
ACTIVE			
PASSIVE	спі́ваний		проспі́ваний
ДІЄПРИСЛІВНИКИ — VERBAL ADVERBS			
	співа́ючи, співа́вши		проспіва́вши
БЕЗОСОБОВІ ФОРМИ — IMPERSONAL FORMS			
	спі́вано		проспі́вано

Моя́ двоюрі́дна сестра́ ду́же га́рно **співа́є**. — My cousin sings beautifully.

+ accusative:

Споча́тку ми **проспіва́ли** Гімн Украї́ни. — First, we sang the National Anthem of Ukraine.

Хор **заспіва́в** «Ой у лу́зі черво́на кали́на». — The choir started singing "Oh, there's a red viburnum in the meadow."

Гурт **співа́тиме** (**бу́де співа́ти**) суча́сну ве́рсію украї́нської наро́дної пі́сні. — The band will sing a modern version of a Ukrainian folk song.

Проспіва́вши кі́лька пісе́нь, фронтме́н зверну́вся до глядачі́в. — After singing several songs, the frontman spoke to the audience.

співчува́ти | поспівчува́ти

to sympathize, to feel for, to condole

Present/Future Stems: співчува- | поспівчува-
Conjugation: 1st (-ють)

ОСОБА / PERSON	НЕДОКОНАНИЙ ВИД / IMPERFECTIVE ASPECT		ДОКОНАНИЙ ВИД / PERFECTIVE ASPECT
ТЕПЕРІШНІЙ ЧАС — PRESENT TENSE			
я	співчува́ю		
ти	співчува́єш		
він, вона, воно	співчува́є		
ми	співчува́ємо		
ви	співчува́єте		
вони	співчува́ють		
МИНУЛИЙ ЧАС — PAST TENSE			
він (я, ти)	співчува́в		поспівчува́в
вона (я, ти)	співчува́ла		поспівчува́ла
воно	співчува́ло		поспівчува́ло
вони (ми, ви)	співчува́ли		поспівчува́ли
МАЙБУТНІЙ ЧАС — FUTURE TENSE	ANALYTIC	SYNTHETIC	
я	бу́ду співчува́ти	співчува́тиму	поспівчува́ю
ти	бу́деш співчува́ти	співчува́тимеш	поспівчува́єш
він, вона, воно	бу́де співчува́ти	співчува́тиме	поспівчува́є
ми	бу́демо співчува́ти	співчува́тимемо	поспівчува́ємо
ви	бу́дете співчува́ти	співчува́тимете	поспівчува́єте
вони	бу́дуть співчува́ти	співчува́тимуть	поспівчува́ють
УМОВНИЙ СПОСІБ — CONDITIONAL MOOD			
він (я, ти)	співчува́в би		поспівчува́в би
вона (я, ти)	співчува́ла б		поспівчува́ла б
воно	співчува́ло б		поспівчува́ло б
вони (ми, ви)	співчува́ли б		поспівчува́ли б
НАКАЗОВИЙ СПОСІБ — IMPERATIVE MOOD			
ти	співчува́й		поспівчува́й
ми	співчува́ймо		поспівчува́ймо
ви	співчува́йте		поспівчува́йте
він, вона, воно	(не)ха́й співчува́є		(не)ха́й поспівчува́є
вони	(не)ха́й співчува́ють		(не)ха́й поспівчува́ють
ДІЄПРИКМЕТНИКИ — VERBAL ADJECTIVES (PARTICIPLES)			
ACTIVE			
PASSIVE			
ДІЄПРИСЛІВНИКИ — VERBAL ADVERBS			
	співчува́ючи, співчува́вши		поспівчува́вши
БЕЗОСОБОВІ ФОРМИ — IMPERSONAL FORMS			

+ *dative*:

Співчува́ю вам… — *I feel for you… (My condolences to you…)*

Со́тні люде́й прийшли́ **поспівчува́ти** ро́дичам заги́блих. — *Hundreds of people came to sympathize with the relatives of the victims.*

Хоро́ший друг ви́слухає і **поспівчува́є**. — *A good friend will listen and empathize.*

Вона́ хоті́ла я́кось допомогти́, **співчува́ючи** її втра́ті. — *She wanted to help somehow, sympathizing with her loss.*

Present/Future Stems: спілку-..-ся | поспілку-..-ся

спілкува́тися | поспілкува́тися

Conjugation: **1st (-ють)**

to communicate, to talk with

ОСОБА / PERSON	НЕДОКОНАНИЙ ВИД / IMPERFECTIVE ASPECT		ДОКОНАНИЙ ВИД / PERFECTIVE ASPECT
ТЕПЕРІШНІЙ ЧАС — PRESENT TENSE			
я	спілку́юся		
ти	спілку́єшся		
він, вона, воно	спілку́ється		
ми	спілку́ємося		
ви	спілку́єтеся		
вони	спілку́ються		
МИНУЛИЙ ЧАС — PAST TENSE			
він (я, ти)	спілкува́вся		поспілкува́вся
вона (я, ти)	спілкува́лася		поспілкува́лася
воно	спілкува́лося		поспілкува́лося
вони (ми, ви)	спілкува́лися		поспілкува́лися
МАЙБУТНІЙ ЧАС — FUTURE TENSE			
	ANALYTIC	SYNTHETIC	
я	бу́ду спілкува́тися	спілкува́тимуся	поспілку́юся
ти	бу́деш спілкува́тися	спілкува́тимешся	поспілку́єшся
він, вона, воно	бу́де спілкува́тися	спілкува́тиметься	поспілку́ється
ми	бу́демо спілкува́тися	спілкува́тимемося	поспілку́ємося
ви	бу́дете спілкува́тися	спілкува́тиметеся	поспілку́єтеся
вони	бу́дуть спілкува́тися	спілкува́тимуться	поспілку́ються
УМОВНИЙ СПОСІБ — CONDITIONAL MOOD			
він (я, ти)	спілкува́вся б		поспілкува́вся б
вона (я, ти)	спілкува́лася б		поспілкува́лася б
воно	спілкува́лося б		поспілкува́лося б
вони (ми, ви)	спілкува́лися б		поспілкува́лися б
НАКАЗОВИЙ СПОСІБ — IMPERATIVE MOOD			
ти	спілку́йся		поспілку́йся
ми	спілку́ймося		поспілку́ймося
ви	спілку́йтеся		поспілку́йтеся
він, вона, воно	(не)ха́й спілку́ється		(не)ха́й поспілку́ється
вони	(не)ха́й спілку́ються		(не)ха́й поспілку́ються
ДІЄПРИКМЕТНИКИ — VERBAL ADJECTIVES (PARTICIPLES)			
ACTIVE			
PASSIVE			
ДІЄПРИСЛІВНИКИ — VERBAL ADVERBS			
	спілку́ючись, спілкува́вшись		поспілкува́вшись
БЕЗОСОБОВІ ФОРМИ — IMPERSONAL FORMS			

Вони́ бі́льше не **спілку́ються**.
They no longer communicate.

з (із, зі) + *instrumental*:
Він **спілку́ється** з іноземними коле́гами англі́йською мо́вою.
He communicates with foreign colleagues in English.

про + *accusative*:
Наш журналі́ст **поспілкува́вся** про це з ки́ївськими студе́нтами.
Our journalist talked about it with Kyiv students.

Щоб покра́щити на́стрій, части́ше **спілку́йтеся** з рі́дними та дру́зями.
To improve your mood, communicate more often with family and friends.

№ 442

сподіва́тися | —
to hope, to expect

Present/Future Stems: сподіва-...-ся | —
Conjugation: 1st (-ють)

ОСОБА / PERSON	НЕДОКОНАНИЙ ВИД / IMPERFECTIVE ASPECT	ДОКОНАНИЙ ВИД / PERFECTIVE ASPECT
ТЕПЕРІШНІЙ ЧАС — PRESENT TENSE		
я	сподіва́юся	
ти	сподіва́єшся	
він, вона, воно	сподіва́ється	
ми	сподіва́ємося	
ви	сподіва́єтеся	
вони	сподіва́ються	
МИНУЛИЙ ЧАС — PAST TENSE		
він (я, ти)	сподіва́вся	
вона (я, ти)	сподіва́лася	
воно	сподіва́лося	
вони (ми, ви)	сподіва́лися	

МАЙБУТНІЙ ЧАС — FUTURE TENSE

PERSON	ANALYTIC	SYNTHETIC
я	бу́ду сподіва́тися	сподіва́тимуся
ти	бу́деш сподіва́тися	сподіва́тимешся
він, вона, воно	бу́де сподіва́тися	сподіва́тиметься
ми	бу́демо сподіва́тися	сподіва́тимемося
ви	бу́дете сподіва́тися	сподіва́тиметеся
вони	бу́дуть сподіва́тися	сподіва́тимуться

УМОВНИЙ СПОСІБ — CONDITIONAL MOOD

він (я, ти)	сподіва́вся б
вона (я, ти)	сподіва́лася б
воно	сподіва́лося б
вони (ми, ви)	сподіва́лися б

НАКАЗОВИЙ СПОСІБ — IMPERATIVE MOOD

ти	сподіва́йся
ми	сподіва́ймося
ви	сподіва́йтеся
він, вона, воно	(не)ха́й сподіва́ється
вони	(не)ха́й сподіва́ються

ДІЄПРИКМЕТНИКИ — VERBAL ADJECTIVES (PARTICIPLES)

ACTIVE

PASSIVE

ДІЄПРИСЛІВНИКИ — VERBAL ADVERBS

сподіва́ючись, сподіва́вшись

БЕЗОСОБОВІ ФОРМИ — IMPERSONAL FORMS

Я ду́же **сподіва́юсь**, що ви прийдете. — *I very much hope you will come.*

на + *accusative*:
Вона́ до кінця́ **сподіва́лася** на перемо́гу їхньої кома́нди. — *She hoped to the end for the victory of their team.*

Сподіва́ймось на кра́ще. — *Let's hope for the best.*

Я хо́чу крізь сльо́зи смія́тись, се́ред ли́ха співа́ти пісні́, без наді́ї таки́ **сподіва́тись**… (Ле́ся Украї́нка). — *I want to laugh through tears, sing songs amid distress, without hope — to still hope… (Lesia Ukrainka)*

Present/Future Stems: спостеріга- | спостереж-
Conjugation: **1st (-ють)** | **1st (-уть)**

спостеріга́ти[ся] | спостерегти́[ся]

to observe; to follow, to watch [to be observed]

ОСОБА / PERSON	НЕДОКОНАНИЙ ВИД / IMPERFECTIVE ASPECT		ДОКОНАНИЙ ВИД / PERFECTIVE ASPECT
ТЕПЕРІШНІЙ ЧАС — PRESENT TENSE			
я	спостеріга́ю		
ти	спостеріга́єш		
він, вона, воно	спостеріга́є[ться]		
ми	спостеріга́ємо		
ви	спостеріга́єте		
вони	спостеріга́ють[ся]		
МИНУЛИЙ ЧАС — PAST TENSE			
він (я, ти)	спостеріга́в[ся]		спостері́г[ся]
вона (я, ти)	спостеріга́ла[ся]		спостерегла́[ся]
воно	спостеріга́ло[ся]		спостерегло́[ся]
вони (ми, ви)	спостеріга́ли[ся]		спостерегли́[ся]
МАЙБУТНІЙ ЧАС — FUTURE TENSE			
	ANALYTIC	SYNTHETIC	
я	бу́ду спостеріга́ти	спостеріга́тиму	спостережу́
ти	бу́деш спостеріга́ти	спостеріга́тимеш	спостереже́ш
він, вона, воно	бу́де спостеріга́ти[ся]	спостеріга́тиме[ться]	спостереже́[ться]
ми	бу́демо спостеріга́ти	спостеріга́тимемо	спостережемо́
ви	бу́дете спостеріга́ти	спостеріга́тимете	спостережете́
вони	бу́дуть спостеріга́ти[ся]	спостеріга́тимуть[ся]	спостережу́ть[ся]
УМОВНИЙ СПОСІБ — CONDITIONAL MOOD			
він (я, ти)	спостеріга́в[ся] би [б]		спостері́г[ся] би [б]
вона (я, ти)	спостеріга́ла[ся] б		спостерегла́[ся] б
воно	спостеріга́ло[ся] б		спостерегло́[ся] б
вони (ми, ви)	спостеріга́ли[ся] б		спостерегли́[ся] б
НАКАЗОВИЙ СПОСІБ — IMPERATIVE MOOD			
ти	спостеріга́й		спостережи́
ми	спостеріга́ймо		спостережі́мо
ви	спостеріга́йте		спостережі́ть
він, вона, воно	(не)ха́й спостеріга́є[ться]		(не)ха́й спостереже́[ться]
вони	(не)ха́й спостеріга́ють[ся]		(не)ха́й спостережу́ть[ся]
ДІЄПРИКМЕТНИКИ — VERBAL ADJECTIVES (PARTICIPLES)			
ACTIVE			
PASSIVE			спостере́жений
ДІЄПРИСЛІВНИКИ — VERBAL ADVERBS			
	спостеріга́ючи[сь], спостеріга́вши[сь]		спостері́гши[сь]
БЕЗОСОБОВІ ФОРМИ — IMPERSONAL FORMS			
			спостере́жено

за + *instrumental*:

Я давно́ **спостеріга́ю** за ва́шою дія́льністю. — *I have been following your activities for a long time.*

Уче́ні **спостерегли́** ціка́ве я́вище. — *Scientists have observed an interesting phenomenon.*

Журі́ ува́жно **спостеріга́тиме** (**бу́де спостеріга́ти**) за ви́ступами конкурса́нтів. — *The jury will carefully observe the performances of the contestants.*

На Пі́вдні Украї́ни **спостеріга́ється** суттє́ве потепління. — *In the south of Ukraine, significant warming is observed.*

сприймáти[ся] | сприйня́ти[ся]

to perceive, to take [to be perceived]

Present/Future Stems: **сприйма-** | **сприйм-**
Conjugation: **1st (-ють)** | **1st (-уть)**

ОСОБА / PERSON	НЕДОКОНАНИЙ ВИД / IMPERFECTIVE ASPECT	ДОКОНАНИЙ ВИД / PERFECTIVE ASPECT
ТЕПЕРІШНІЙ ЧАС — PRESENT TENSE		
я	сприймáю	
ти	сприймáєш	
він, вона, воно	сприймáє[ться]	
ми	сприймáємо	
ви	сприймáєте	
вони	сприймáють[ся]	
МИНУЛИЙ ЧАС — PAST TENSE		
він (я, ти)	сприймáв[ся]	сприйня́в[ся]
вона (я, ти)	сприймáла[ся]	сприйня́ла[ся]
воно	сприймáло[ся]	сприйня́ло[ся]
вони (ми, ви)	сприймáли[ся]	сприйня́ли[ся]

МАЙБУТНІЙ ЧАС — FUTURE TENSE

	ANALYTIC	SYNTHETIC	
я	бýду сприймáти	сприймáтиму	сприймý
ти	бýдеш сприймáти	сприймáтимеш	сприймéш
він, вона, воно	бýде сприймáти[ся]	сприймáтиме[ться]	сприймé[ться]
ми	бýдемо сприймáти	сприймáтимемо	сприймемó
ви	бýдете сприймáти	сприймáтимете	сприймéтé
вони	бýдуть сприймáти[ся]	сприймáтимуть[ся]	сприймýть[ся]

ОСОБА	НЕДОКОНАНИЙ ВИД	ДОКОНАНИЙ ВИД
УМОВНИЙ СПОСІБ — CONDITIONAL MOOD		
він (я, ти)	сприймáв[ся] би [б]	сприйня́в[ся] би [б]
вона (я, ти)	сприймáла[ся] б	сприйня́ла[ся] б
воно	сприймáло[ся] б	сприйня́ло[ся] б
вони (ми, ви)	сприймáли[ся] б	сприйня́ли[ся] б
НАКАЗОВИЙ СПОСІБ — IMPERATIVE MOOD		
ти	сприймáй	сприйми́
ми	сприймáймо	сприйми́мо
ви	сприймáйте	сприйми́ть
він, вона, воно	(не)хáй сприймáє[ться]	(не)хáй сприймé[ться]
вони	(не)хáй сприймáють[ся]	(не)хáй сприймýть[ся]
ДІЄПРИКМЕТНИКИ — VERBAL ADJECTIVES (PARTICIPLES)		
ACTIVE		
PASSIVE	сприйманий	сприйнятий
ДІЄПРИСЛІВНИКИ — VERBAL ADVERBS		
	сприймáючи[сь], сприймáвши[сь]	сприйня́вши[сь]
БЕЗОСОБОВІ ФОРМИ — IMPERSONAL FORMS		
	сприймано	сприйнято

+ *accusative*:
Він погáно **сприймáє** кри́тику. — He does not take criticism well.

як + *accusative*:
Вонá **сприйня́ла** мої словá як обрáзу. — She took my words as an insult.

Кóжен **сприймé** це по-свóєму. — Everyone will perceive it in their own way.

Не **сприймáйте** це занáдто серйóзно. — Do not take it too seriously.

Дéякі запози́чені словá бíльше не **сприймáються** як іншомóвні. — Some loanwords are no longer perceived as foreign.

Present/Future Stems: спричиня- | спричин-
Conjugation: **1st (-ють)** | **2nd (-ять)**

спричиня́ти[ся] | спричини́ти[ся]

to cause [to cause (less common)]

ОСОБА / PERSON	НЕДОКОНАНИЙ ВИД / IMPERFECTIVE ASPECT		ДОКОНАНИЙ ВИД / PERFECTIVE ASPECT
ТЕПЕРІШНІЙ ЧАС — PRESENT TENSE			
я	спричиня́ю		
ти	спричиня́єш		
він, вона, воно	спричиня́є[ться]		
ми	спричиня́ємо		
ви	спричиня́єте		
вони	спричиня́ють[ся]		
МИНУЛИЙ ЧАС — PAST TENSE			
він (я, ти)	спричиня́в[ся]		спричини́в[ся]
вона (я, ти)	спричиня́ла[ся]		спричини́ла[ся]
воно	спричиня́ло[ся]		спричини́ло[ся]
вони (ми, ви)	спричиня́ли[ся]		спричини́ли[ся]
МАЙБУТНІЙ ЧАС — FUTURE TENSE			
	ANALYTIC	SYNTHETIC	
я	бу́ду спричиня́ти	спричиня́тиму	спричиню́
ти	бу́деш спричиня́ти	спричиня́тимеш	спричи́ниш
він, вона, воно	бу́де спричиня́ти[ся]	спричиня́тиме[ться]	спричи́нить[ся]
ми	бу́демо спричиня́ти	спричиня́тимемо	спричи́нимо
ви	бу́дете спричиня́ти	спричиня́тимете	спричи́ните
вони	бу́дуть спричиня́ти[ся]	спричиня́тимуть[ся]	спричи́нять[ся]
УМОВНИЙ СПОСІБ — CONDITIONAL MOOD			
він (я, ти)	спричиня́в[ся] би [б]		спричини́в[ся] би [б]
вона (я, ти)	спричиня́ла[ся] б		спричини́ла[ся] б
воно	спричиня́ло[ся] б		спричини́ло[ся] б
вони (ми, ви)	спричиня́ли[ся] б		спричини́ли[ся] б
НАКАЗОВИЙ СПОСІБ — IMPERATIVE MOOD			
ти	спричиня́й		спричини́
ми	спричиня́ймо		спричині́мо
ви	спричиня́йте		спричині́ть
він, вона, воно	(не)ха́й спричиня́є[ться]		(не)ха́й спричи́нить[ся]
вони	(не)ха́й спричиня́ють[ся]		(не)ха́й спричи́нять[ся]
ДІЄПРИКМЕТНИКИ — VERBAL ADJECTIVES (PARTICIPLES)			
ACTIVE			
PASSIVE	спричи́нюваний		спричи́нений
ДІЄПРИСЛІВНИКИ — VERBAL ADVERBS			
	спричиня́ючи[сь], спричиня́вши[сь]		спричини́вши[сь]
БЕЗОСОБОВІ ФОРМИ — IMPERSONAL FORMS			
	спричи́нювано		спричи́нено

+ accusative:

Він захоті́в дізна́тися, що **спричиня́є** грозу́. — *He wanted to know what causes a thunderstorm.*

Зли́ва **спричини́ла** зато́ри на доро́гах. — *The heavy rain caused traffic jams.*

Підви́щення мініма́льної зарпла́ти **спричи́нить** інфля́цію. — *Raising the minimum wage will cause inflation.*

Це **спричи́нено** генети́чними особли́востями. — *This is caused by genetic characteristics.*

-ся + до + genitive:

Прийняття́ христия́нства **спричини́лося** до суттє́вих змін у суспі́льстві. — *The adoption of Christianity led to significant changes in society.*

№ 446

сприя́ти | посприя́ти

to contribute, to conduce, to facilitate

Present/Future Stems: **сприя-** | **посприя-**
Conjugation: **1st (-ють)**

ОСОБА / PERSON	НЕДОКОНАНИЙ ВИД / IMPERFECTIVE ASPECT		ДОКОНАНИЙ ВИД / PERFECTIVE ASPECT
ТЕПЕРІШНІЙ ЧАС — PRESENT TENSE			
я	сприя́ю		
ти	сприя́єш		
він, вона, воно	сприя́є		
ми	сприя́ємо		
ви	сприя́єте		
вони	сприя́ють		
МИНУЛИЙ ЧАС — PAST TENSE			
він (я, ти)	сприя́в		посприя́в
вона (я, ти)	сприя́ла		посприя́ла
воно	сприя́ло		посприя́ло
вони (ми, ви)	сприя́ли		посприя́ли
МАЙБУТНІЙ ЧАС — FUTURE TENSE			
	ANALYTIC	SYNTHETIC	
я	бу́ду сприя́ти	сприя́тиму	посприя́ю
ти	бу́деш сприя́ти	сприя́тимеш	посприя́єш
він, вона, воно	бу́де сприя́ти	сприя́тиме	посприя́є
ми	бу́демо сприя́ти	сприя́тимемо	посприя́ємо
ви	бу́дете сприя́ти	сприя́тимете	посприя́єте
вони	бу́дуть сприя́ти	сприя́тимуть	посприя́ють
УМОВНИЙ СПОСІБ — CONDITIONAL MOOD			
він (я, ти)	сприя́в би		посприя́в би
вона (я, ти)	сприя́ла б		посприя́ла б
воно	сприя́ло б		посприя́ло б
вони (ми, ви)	сприя́ли б		посприя́ли б
НАКАЗОВИЙ СПОСІБ — IMPERATIVE MOOD			
ти	сприя́й		посприя́й
ми	сприя́ймо		посприя́ймо
ви	сприя́йте		посприя́йте
він, вона, воно	(не)ха́й сприя́є		(не)ха́й посприя́є
вони	(не)ха́й сприя́ють		(не)ха́й посприя́ють
ДІЄПРИКМЕТНИКИ — VERBAL ADJECTIVES (PARTICIPLES)			
ACTIVE			
PASSIVE			
ДІЄПРИСЛІВНИКИ — VERBAL ADVERBS			
	сприя́ючи, сприя́вши		посприя́вши
БЕЗОСОБОВІ ФОРМИ — IMPERSONAL FORMS			

+ *dative*:

Регуля́рні фізи́чні впра́ви **сприя́ють** міцно́му імуніте́ту.
Regular physical exercises contribute to strong immunity.

Те́пла зима́ **посприя́ла** низьки́м ви́тратам на електроене́ргію.
A warm winter contributed to low electricity costs.

На́ша компа́нія **сприя́тиме** (**бу́де сприя́ти**) зроста́нню ва́ших прибу́тків.
Our company will facilitate the growth of your profits.

Регуля́рне чита́ння трену́є ваш мо́зок, **сприя́ючи** ро́звитку зосере́дженості.
Regular reading exercises your brain, helping to develop concentration.

Present/Future Stems: **спрямову-** | **спряму-** **спрямо́вувати[ся]** | **спрямува́ти[ся]**
Conjugation: **1st (-ють)**

to direct, to turn [to be directed to]

ОСОБА / PERSON	НЕДОКОНАНИЙ ВИД / IMPERFECTIVE ASPECT		ДОКОНАНИЙ ВИД / PERFECTIVE ASPECT
ТЕПЕРІШНІЙ ЧАС — PRESENT TENSE			
я	спрямо́вую		
ти	спрямо́вуєш		
він, вона, воно	спрямо́вує[ться]		
ми	спрямо́вуємо		
ви	спрямо́вуєте		
вони	спрямо́вують[ся]		
МИНУЛИЙ ЧАС — PAST TENSE			
він (я, ти)	спрямо́вував[ся]		спрямува́в[ся]
вона (я, ти)	спрямо́вувала[ся]		спрямува́ла[ся]
воно	спрямо́вувало[ся]		спрямува́ло[ся]
вони (ми, ви)	спрямо́вували[ся]		спрямува́ли[ся]
МАЙБУТНІЙ ЧАС — FUTURE TENSE			
	ANALYTIC	SYNTHETIC	
я	бу́ду спрямо́вувати	спрямо́вуватиму	спряму́ю
ти	бу́деш спрямо́вувати	спрямо́вуватимеш	спряму́єш
він, вона, воно	бу́де спрямо́вувати[ся]	спрямо́вуватиме[ться]	спряму́є[ться]
ми	бу́демо спрямо́вувати	спрямо́вуватимемо	спряму́ємо
ви	бу́дете спрямо́вувати	спрямо́вуватимете	спряму́єте
вони	бу́дуть спрямо́вувати[ся]	спрямо́вуватимуть[ся]	спряму́ють[ся]
УМОВНИЙ СПОСІБ — CONDITIONAL MOOD			
він (я, ти)	спрямо́вував[ся] би [б]		спрямува́в[ся] би [б]
вона (я, ти)	спрямо́вувала[ся] б		спрямува́ла[ся] б
воно	спрямо́вувало[ся] б		спрямува́ло[ся] б
вони (ми, ви)	спрямо́вували[ся] б		спрямува́ли[ся] б
НАКАЗОВИЙ СПОСІБ — IMPERATIVE MOOD			
ти	спрямо́вуй		спряму́й
ми	спрямо́вуймо		спряму́ймо
ви	спрямо́вуйте		спряму́йте
він, вона, воно	(не)ха́й спрямо́вує[ться]		(не)ха́й спряму́є[ться]
вони	(не)ха́й спрямо́вують[ся]		(не)ха́й спряму́ють[ся]
ДІЄПРИКМЕТНИКИ — VERBAL ADJECTIVES (PARTICIPLES)			
ACTIVE			
PASSIVE			спрямо́ваний
ДІЄПРИСЛІВНИКИ — VERBAL ADVERBS			
	спрямо́вуючи[сь], спрямо́вувавши[сь]		спрямува́вши[сь]
БЕЗОСОБОВІ ФОРМИ — IMPERSONAL FORMS			
			спрямо́вано

+ *accusative* + на + *accusative*:

Я хо́чу **спрямува́ти** ва́шу ува́гу на оди́н моме́нт. — *I want to direct your attention to one point.*

Усі **спрямува́ли** по́гляд на чоловіка, який підня́в ру́ку. — *Everyone turned their eyes to the man who raised his hand.*

Ми **спряму́ємо** всі на́ші зуси́лля на те, щоб заверши́ти проє́кт якнайшви́дше. — *We will direct all our efforts to complete the project as soon as possible.*

Спряму́йте свою лють на продукти́вну робо́ту. — *Channel your rage into productive work.*

-ся + на + *accusative*:

Части́на прибу́тків компа́нії **спрямо́вується** на благоді́йність. — *Part of the company's profits goes to charity.*

ставáти [ся] | стáти [ся]

to become; to stand [to happen]

Present/Future Stems: **ста-** | **стан-**
Conjugation: **1st (-ють)** | **1st (-уть)**

ОСОБА / PERSON	НЕДОКОНАНИЙ ВИД / IMPERFECTIVE ASPECT		ДОКОНАНИЙ ВИД / PERFECTIVE ASPECT
ТЕПЕРІШНІЙ ЧАС — PRESENT TENSE			
я	стаю́		
ти	стаєш		
він, вона, воно	стає́ [ться]		
ми	стаємо́		
ви	стаєте́		
вони	стаю́ть [ся]		
МИНУЛИЙ ЧАС — PAST TENSE			
він (я, ти)	ставáв [ся]		стáв [ся]
вона (я, ти)	ставáла [ся]		стáла [ся]
воно	ставáло [ся]		стáло [ся]
вони (ми, ви)	ставáли [ся]		стáли [ся]
МАЙБУТНІЙ ЧАС — FUTURE TENSE			
	ANALYTIC	SYNTHETIC	
я	бу́ду ставáти	ставáтиму	стáну
ти	бу́деш ставáти	ставáтимеш	стáнеш
він, вона, воно	бу́де ставáти [ся]	ставáтиме [ться]	стáне [ться]
ми	бу́демо ставáти	ставáтимемо	стáнемо
ви	бу́дете ставáти	ставáтимете	стáнете
вони	бу́дуть ставáти [ся]	ставáтимуть [ся]	стáнуть [ся]
УМОВНИЙ СПОСІБ — CONDITIONAL MOOD			
він (я, ти)	ставáв [ся] би [б]		стáв [ся] би [б]
вона (я, ти)	ставáла [ся] б		стáла [ся] б
воно	ставáло [ся] б		стáло [ся] б
вони (ми, ви)	ставáли [ся] б		стáли [ся] б
НАКАЗОВИЙ СПОСІБ — IMPERATIVE MOOD			
ти	ставáй		стань
ми	ставáймо		стáньмо
ви	ставáйте		стáньте
він, вона, воно	(не)хáй стає́ [ться]		(не)хáй стáне [ться]
вони	(не)хáй стаю́ть [ся]		(не)хáй стáнуть [ся]
ДІЄПРИКМЕТНИКИ — VERBAL ADJECTIVES (PARTICIPLES)			
ACTIVE			
PASSIVE			
ДІЄПРИСЛІВНИКИ — VERBAL ADVERBS			
	стаю́чи [сь], ставáвши [сь]		стáвши [сь]
БЕЗОСОБОВІ ФОРМИ — IMPERSONAL FORMS			

+ *instrumental*:
Він **став** таки́м чудо́вим ку́харем завдяки́ бабу́сі.
He became such a great cook thanks to his grandmother.

у (**в**), **на** + *accusative*:
Ми **стáли** в кіне́ць че́рги.
We joined the end of the line.

dative + [...] + *adverb* (*to feel*):
Сподіва́юся, що ско́ро тобі́ **стáне** кра́ще.
I hope you become better soon.

з (**із**, **зі**) + *instrumental* + **-ся**:
З ним за́вжди **стаю́ться** (*also*: **трапля́ються**) які́сь приго́ди.
Some adventures always happen with him.

Present/Future Stems: став(л)- | постав(л)-
Conjugation: 2nd (-ять)

ста́вити[ся] | поста́вити[ся]

to put, to place (often vertically) [to regard sth; to treat sb]

ОСОБА / PERSON	НЕДОКОНАНИЙ ВИД / IMPERFECTIVE ASPECT		ДОКОНАНИЙ ВИД / PERFECTIVE ASPECT
ТЕПЕРІШНІЙ ЧАС — PRESENT TENSE			
я	ста́влю[ся]		
ти	ста́виш[ся]		
він, вона, воно	ста́вить[ся]		
ми	ста́вимо[ся]		
ви	ста́вите[ся]		
вони	ста́влять[ся]		
МИНУЛИЙ ЧАС — PAST TENSE			
він (я, ти)	ста́вив[ся]		поста́вив[ся]
вона (я, ти)	ста́вила[ся]		поста́вила[ся]
воно	ста́вило[ся]		поста́вило[ся]
вони (ми, ви)	ста́вили[ся]		поста́вили[ся]
МАЙБУТНІЙ ЧАС — FUTURE TENSE			
	ANALYTIC	SYNTHETIC	
я	бу́ду ста́вити[ся]	ста́витиму[ся]	поста́влю[ся]
ти	бу́деш ста́вити[ся]	ста́витимеш[ся]	поста́виш[ся]
він, вона, воно	бу́де ста́вити[ся]	ста́витиме[ться]	поста́вить[ся]
ми	бу́демо ста́вити[ся]	ста́витимемо[ся]	поста́вимо[ся]
ви	бу́дете ста́вити[ся]	ста́витимете[ся]	поста́вите[ся]
вони	бу́дуть ста́вити[ся]	ста́витимуть[ся]	поста́влять[ся]
УМОВНИЙ СПОСІБ — CONDITIONAL MOOD			
він (я, ти)	ста́вив[ся] би [б]		поста́вив[ся] би [б]
вона (я, ти)	ста́вила[ся] б		поста́вила[ся] б
воно	ста́вило[ся] б		поста́вило[ся] б
вони (ми, ви)	ста́вили[ся] б		поста́вили[ся] б
НАКАЗОВИЙ СПОСІБ — IMPERATIVE MOOD			
ти	став[ся]		постав[ся]
ми	ста́вмо[ся]		поста́вмо[ся]
ви	ста́вте[ся]		поста́вте[ся]
він, вона, воно	(не)ха́й ста́вить[ся]		(не)ха́й поста́вить[ся]
вони	(не)ха́й ста́влять[ся]		(не)ха́й поста́влять[ся]
ДІЄПРИКМЕТНИКИ — VERBAL ADJECTIVES (PARTICIPLES)			
ACTIVE			
PASSIVE	ста́влений		поста́влений
ДІЄПРИСЛІВНИКИ — VERBAL ADVERBS			
	ста́влячи[сь], ста́вивши[сь]		поста́вивши[сь]
БЕЗОСОБОВІ ФОРМИ — IMPERSONAL FORMS			
	ста́влено		поста́влено

+ accusative:
У кінці́ ре́чення **ста́вимо** кра́пку. — At the end of the sentence, we put a full stop.

у (в), **на** + *accusative*:
Вона́ **поста́вила** ке́лихи в серва́нт. — She placed the wine glasses into the cupboard.
Я **поста́влю** цей проє́кт на пе́рше мі́сце. — I will put this project first.

-ся + до + *accusative*:
Ді́ти пога́но **ста́вилися** до ньо́го в шко́лі. — The kids treated him poorly at school.

№ 450

становИ́ти | —
to be, to constitute

Present/Future Stems: **станов(л)- | —**
Conjugation: **2nd (-ять) | —**

ОСОБА / PERSON	НЕДОКОНАНИЙ ВИД / IMPERFECTIVE ASPECT		ДОКОНАНИЙ ВИД / PERFECTIVE ASPECT
ТЕПЕРІШНІЙ ЧАС — PRESENT TENSE			
я	становлю́		
ти	стано́виш		
він, вона, воно	стано́вить		
ми	стано́вимо		
ви	стано́вите		
вони	стано́влять		
МИНУЛИЙ ЧАС — PAST TENSE			
він (я, ти)	станови́в		
вона (я, ти)	станови́ла		
воно	станови́ло		
вони (ми, ви)	станови́ли		
МАЙБУТНІЙ ЧАС — FUTURE TENSE			
	ANALYTIC	SYNTHETIC	
я	бу́ду станови́ти	станови́тиму	
ти	бу́деш станови́ти	станови́тимеш	
він, вона, воно	бу́де станови́ти	станови́тиме	
ми	бу́демо станови́ти	станови́тимемо	
ви	бу́дете станови́ти	станови́тимете	
вони	бу́дуть станови́ти	станови́тимуть	
УМОВНИЙ СПОСІБ — CONDITIONAL MOOD			
він (я, ти)	станови́в би		
вона (я, ти)	станови́ла б		
воно	станови́ло б		
вони (ми, ви)	станови́ли б		
НАКАЗОВИЙ СПОСІБ — IMPERATIVE MOOD			
ти	станови́		
ми	станові́мо		
ви	станові́ть		
він, вона, воно	(не)ха́й стано́вить		
вони	(не)ха́й стано́влять		
ДІЄПРИКМЕТНИКИ — VERBAL ADJECTIVES (PARTICIPLES)			
ACTIVE			
PASSIVE			
ДІЄПРИСЛІВНИКИ — VERBAL ADVERBS			
	стано́влячи, станови́вши		
БЕЗОСОБОВІ ФОРМИ — IMPERSONAL FORMS			

+ accusative:

По́хибка **стано́вить** п'ять відсо́тків.
The margin of error constitutes five percent.

Карто́пля **станови́ла** осно́ву харчува́ння в се́лах.
Potatoes were the basis of food in villages.

Бюдже́т фі́льму **станови́тиме** (**бу́де станови́ти**) 200 мільйо́нів до́ларів.
The budget for the film will be 200 million dollars.

Кі́лькість сміття́ невпи́нно збі́льшується, **стано́влячи** загро́зу океа́ну.
The amount of garbage constantly increases, posing a threat to the ocean.

№ 451

Present/Future Stems: **стара-..-ся** | **постара-..-ся**

Conjugation: **1st (-ють)**

старáтися | постарáтися

to strive, to try, to do one's best

ОСОБА / PERSON	НЕДОКОНАНИЙ ВИД / IMPERFECTIVE ASPECT		ДОКОНАНИЙ ВИД / PERFECTIVE ASPECT
ТЕПЕРІШНІЙ ЧАС — PRESENT TENSE			
я	старáюся		
ти	старáєшся		
він, вона, воно	старáється		
ми	старáємося		
ви	старáєтеся		
вони	старáються		
МИНУЛИЙ ЧАС — PAST TENSE			
він (я, ти)	старáвся		постарáвся
вона (я, ти)	старáлася		постарáлася
воно	старáлося		постарáлося
вони (ми, ви)	старáлися		постарáлися
МАЙБУТНІЙ ЧАС — FUTURE TENSE			
	ANALYTIC	SYNTHETIC	
я	бýду старáтися	старáтимуся	постарáюся
ти	бýдеш старáтися	старáтимешся	постарáєшся
він, вона, воно	бýде старáтися	старáтиметься	постарáється
ми	бýдемо старáтися	старáтимемося	постарáємося
ви	бýдете старáтися	старáтиметеся	постарáєтеся
вони	бýдуть старáтися	старáтимуться	постарáються
УМОВНИЙ СПОСІБ — CONDITIONAL MOOD			
він (я, ти)	старáвся б		постарáвся б
вона (я, ти)	старáлася б		постарáлася б
воно	старáлося б		постарáлося б
вони (ми, ви)	старáлися б		постарáлися б
НАКАЗОВИЙ СПОСІБ — IMPERATIVE MOOD			
ти	старáйся		постарáйся
ми	старáймося		постарáймося
ви	старáйтеся		постарáйтеся
він, вона, воно	(не)хáй старáється		(не)хáй постарáється
вони	(не)хáй старáються		(не)хáй постарáються
ДІЄПРИКМЕТНИКИ — VERBAL ADJECTIVES (PARTICIPLES)			
ACTIVE			
PASSIVE			
ДІЄПРИСЛІВНИКИ — VERBAL ADVERBS			
	старáючись, старáвшись		постарáвшись
БЕЗОСОБОВІ ФОРМИ — IMPERSONAL FORMS			

+ *infinitive*:

Вонá **старáється** складáти іспити на відмíнно. — *She strives to pass exams excellently.*

Усí учáсники **старáлися** показáти свій найкрáщий результáт. — *All participants were trying to show their best result.*

Я **постарáюся** закíнчити звіт зáвтра. — *I will do my best to finish the report tomorrow.*

Постарáйся крáще настýпного рáзу. — *Try harder next time.*

№ 452

створювати[ся] | створити[ся]
to create, to make [to be created]
Also: творити (imperfective)

Present/Future Stems: створю- | створ-
Conjugation: **1st (-ють)** | **2nd (-ять)**

ОСОБА / PERSON	НЕДОКОНАНИЙ ВИД / IMPERFECTIVE ASPECT		ДОКОНАНИЙ ВИД / PERFECTIVE ASPECT
ТЕПЕРІШНІЙ ЧАС — PRESENT TENSE			
я	створюю		
ти	створюєш		
він, вона, воно	створює[ться]		
ми	створюємо		
ви	створюєте		
вони	створюють[ся]		
МИНУЛИЙ ЧАС — PAST TENSE			
він (я, ти)	створював[ся]		створив[ся]
вона (я, ти)	створювала[ся]		створила[ся]
воно	створювало[ся]		створило[ся]
вони (ми, ви)	створювали[ся]		створили[ся]
МАЙБУТНІЙ ЧАС — FUTURE TENSE			
	ANALYTIC	SYNTHETIC	
я	буду створювати	створюватиму	створю
ти	будеш створювати	створюватимеш	створиш
він, вона, воно	буде створювати[ся]	створюватиме[ться]	створить[ся]
ми	будемо створювати	створюватимемо	створимо
ви	будете створювати	створюватимете	створите
вони	будуть створювати[ся]	створюватимуть[ся]	створять[ся]
УМОВНИЙ СПОСІБ — CONDITIONAL MOOD			
він (я, ти)	створював[ся] би [б]		створив[ся] би [б]
вона (я, ти)	створювала[ся] б		створила[ся] б
воно	створювало[ся] б		створило[ся] б
вони (ми, ви)	створювали[ся] б		створили[ся] б
НАКАЗОВИЙ СПОСІБ — IMPERATIVE MOOD			
ти	створюй		створи
ми	створюймо		створімо
ви	створюйте		створіть
він, вона, воно	(не)хай створює[ться]		(не)хай створить[ся]
вони	(не)хай створюють[ся]		(не)хай створять[ся]
ДІЄПРИКМЕТНИКИ — VERBAL ADJECTIVES (PARTICIPLES)			
ACTIVE			
PASSIVE	створюваний		створений
ДІЄПРИСЛІВНИКИ — VERBAL ADVERBS			
	створюючи[сь], створювавши[сь]		створивши[сь]
БЕЗОСОБОВІ ФОРМИ — IMPERSONAL FORMS			
	створювано		створено

+ accusative:
Ми самі **створюємо** (**творимо**) своє майбутнє. — We ourselves create our future.
Міський голова **створив** план озеленення. — The mayor created a plan for landscaping.
Кілька гірлянд чи свічок **створять** святкову атмосферу у вашому домі. — A few string lights or candles will create a festive atmosphere in your home.

для + genitive:
Ви **створені** для цієї посади. — You were made for this position.
У місті **створюються** сприятливі умови для малого бізнесу. — Favorable conditions for small businesses are created in the city.

№ 453

Present/Future Stems: **стеж- | постеж-**

Conjugation: **2nd (-ать)**

сте́жити | посте́жити

to watch, to follow, to monitor

ОСОБА / PERSON	НЕДОКОНАНИЙ ВИД / IMPERFECTIVE ASPECT		ДОКОНАНИЙ ВИД / PERFECTIVE ASPECT
ТЕПЕРІШНІЙ ЧАС — PRESENT TENSE			
я	сте́жу		
ти	сте́жиш		
він, вона, воно	сте́жить		
ми	сте́жимо		
ви	сте́жите		
вони	сте́жать		
МИНУЛИЙ ЧАС — PAST TENSE			
він (я, ти)	сте́жив		посте́жив
вона (я, ти)	сте́жила		посте́жила
воно	сте́жило		посте́жило
вони (ми, ви)	сте́жили		посте́жили
МАЙБУТНІЙ ЧАС — FUTURE TENSE			
	ANALYTIC	SYNTHETIC	
я	бу́ду сте́жити	сте́житиму	посте́жу
ти	бу́деш сте́жити	сте́житимеш	посте́жиш
він, вона, воно	бу́де сте́жити	сте́житиме	посте́жить
ми	бу́демо сте́жити	сте́житимемо	посте́жимо
ви	бу́дете сте́жити	сте́житимете	посте́жите
вони	бу́дуть сте́жити	сте́житимуть	посте́жать
УМОВНИЙ СПОСІБ — CONDITIONAL MOOD			
він (я, ти)	сте́жив би		посте́жив би
вона (я, ти)	сте́жила б		посте́жила б
воно	сте́жило б		посте́жило б
вони (ми, ви)	сте́жили б		посте́жили б
НАКАЗОВИЙ СПОСІБ — IMPERATIVE MOOD			
ти	стеж		посте́ж
ми	сте́жмо		посте́жмо
ви	сте́жте		посте́жте
він, вона, воно	(не)ха́й сте́жить		(не)ха́й посте́жить
вони	(не)ха́й сте́жать		(не)ха́й посте́жать
ДІЄПРИКМЕТНИКИ — VERBAL ADJECTIVES (PARTICIPLES)			
ACTIVE			
PASSIVE			
ДІЄПРИСЛІВНИКИ — VERBAL ADVERBS			
	сте́жачи, сте́живши		посте́живши
БЕЗОСОБОВІ ФОРМИ — IMPERSONAL FORMS			

за + *instrumental*:

Мені здає́ться, той чоловік **сте́жить** за на́ми.
I think that man is watching us.

Раніше вона́ **сте́жила** за оста́нніми тенде́нціями мо́ди.
She used to follow the latest fashion trends.

Тепе́р я **сте́житиму** (**бу́ду сте́жити**) кра́ще за здоро́в'ям зубів.
Now I will monitor the health of my teeth better.

у (**в**), **на** + *locative*:

Сте́жте за на́ми в соцмере́жах.
Follow us on social networks.

№ 454

стосуватися | —
to concern, to have to do, to apply

Present/Future Stems: стосу-..-ся | —
Conjugation: 1st (-ють) | —

ОСОБА / PERSON	НЕДОКОНАНИЙ ВИД / IMPERFECTIVE ASPECT	ДОКОНАНИЙ ВИД / PERFECTIVE ASPECT
ТЕПЕРІШНІЙ ЧАС — PRESENT TENSE		
я		
ти		
він, вона, воно	стосується	
ми		
ви		
вони	стосуються	
МИНУЛИЙ ЧАС — PAST TENSE		
він	стосувався	
вона	стосувалася	
воно	стосувалося	
вони	стосувалися	

МАЙБУТНІЙ ЧАС — FUTURE TENSE

PERSON	ANALYTIC	SYNTHETIC
я		
ти		
він, вона, воно	буде стосуватися	стосуватиметься
ми		
ви		
вони	будуть стосуватися	стосуватимуться

УМОВНИЙ СПОСІБ — CONDITIONAL MOOD

він	стосувався б
вона	стосувалася б
воно	стосувалося б
вони	стосувалися б

НАКАЗОВИЙ СПОСІБ — IMPERATIVE MOOD

ти	
ми	
ви	
він, вона, воно	(не)хай стосується
вони	(не)хай стосуються

ДІЄПРИКМЕТНИКИ — VERBAL ADJECTIVES (PARTICIPLES)

ACTIVE

PASSIVE

ДІЄПРИСЛІВНИКИ — VERBAL ADVERBS

стосуючись, стосувавшись

БЕЗОСОБОВІ ФОРМИ — IMPERSONAL FORMS

+ genitive:

Ця проблема **стосується** всіх мешканців міста.
This problem concerns all residents of the city.

Ваше запитання не **стосується** теми лекції.
Your question has nothing to do with the topic of the lecture.

Раніше цей закон не **стосувався** депутатів і членів їхніх сімей.
Previously, this law did not apply to deputies and members of their families.

Дослідження **стосуватиметься** (**буде стосуватися**) чоловіків 18-35 років.
The research will concern men aged 18-35.

Present/Future Stems: сто- | посто-
Conjugation: 2nd (-ять)

стоЯ́ти | постоЯ́ти
to stand; to be placed (vertically)

ОСОБА / PERSON	НЕДОКОНАНИЙ ВИД / IMPERFECTIVE ASPECT		ДОКОНАНИЙ ВИД / PERFECTIVE ASPECT
ТЕПЕРІШНІЙ ЧАС — PRESENT TENSE			
я	стою́		
ти	стої́ш		
він, вона, воно	стої́ть		
ми	стоїмо́		
ви	стоїте́		
вони	стоя́ть		
МИНУЛИЙ ЧАС — PAST TENSE			
він (я, ти)	стоя́в		постоя́в
вона (я, ти)	стоя́ла		постоя́ла
воно	стоя́ло		постоя́ло
вони (ми, ви)	стоя́ли		постоя́ли
МАЙБУТНІЙ ЧАС — FUTURE TENSE	ANALYTIC	SYNTHETIC	
я	бу́ду стоя́ти	стоя́тиму	постою́
ти	бу́деш стоя́ти	стоя́тимеш	постої́ш
він, вона, воно	бу́де стоя́ти	стоя́тиме	постої́ть
ми	бу́демо стоя́ти	стоя́тимемо	постої́мо
ви	бу́дете стоя́ти	стоя́тимете	постої́те
вони	бу́дуть стоя́ти	стоя́тимуть	постоя́ть
УМОВНИЙ СПОСІБ — CONDITIONAL MOOD			
він (я, ти)	стоя́в би		постоя́в би
вона (я, ти)	стоя́ла б		постоя́ла б
воно	стоя́ло б		постоя́ло б
вони (ми, ви)	стоя́ли б		постоя́ли б
НАКАЗОВИЙ СПОСІБ — IMPERATIVE MOOD			
ти	стій		постій
ми	сті́ймо		пості́ймо
ви	сті́йте		пості́йте
він, вона, воно	(не)ха́й стої́ть		(не)ха́й постої́ть
вони	(не)ха́й стоя́ть		(не)ха́й постоя́ть
ДІЄПРИКМЕТНИКИ — VERBAL ADJECTIVES (PARTICIPLES)			
ACTIVE			
PASSIVE			
ДІЄПРИСЛІВНИКИ — VERBAL ADVERBS			
	стоячи́, стоя́вши		постоя́вши
БЕЗОСОБОВІ ФОРМИ — IMPERSONAL FORMS			

у (в), на + *locative*:

Велосипе́д **стої́ть** у гаражі́.   The bicycle is in the garage.

Ді́ти **стоя́ли** на зупи́нці й чека́ли на авто́бус.   The children were standing at the bus stop and waiting for the bus.

Він за́вжди **стоя́тиме** (**бу́де стоя́ти**) на своє́му, його́ не перекона́єш.   He will always stand his ground; you cannot convince him.

Будь ла́ска, **сті́йте** в че́рзі.   Please stand in line.

№ 456

страждáти | постраждáти
to suffer (from)

Present/Future Stems: стражда- | постражда-
Conjugation: 1st (-ють)

ОСÓБА / PERSON	НЕДОКОНАНИЙ ВИД / IMPERFECTIVE ASPECT		ДОКОНАНИЙ ВИД / PERFECTIVE ASPECT
\multicolumn{4}{c}{**ТЕПЕРІШНІЙ ЧАС — PRESENT TENSE**}		

ТЕПЕРІШНІЙ ЧАС — PRESENT TENSE

	Imperfective
я	стражда́ю
ти	стражда́єш
він, вона, воно	стражда́є
ми	стражда́ємо
ви	стражда́єте
вони	стражда́ють

МИНУЛИЙ ЧАС — PAST TENSE

	Imperfective	Perfective
він (я, ти)	стражда́в	постражда́в
вона (я, ти)	стражда́ла	постражда́ла
воно	стражда́ло	постражда́ло
вони (ми, ви)	стражда́ли	постражда́ли

МАЙБУТНІЙ ЧАС — FUTURE TENSE

	ANALYTIC	SYNTHETIC	Perfective
я	бу́ду стражда́ти	стражда́тиму	постражда́ю
ти	бу́деш стражда́ти	стражда́тимеш	постражда́єш
він, вона, воно	бу́де стражда́ти	стражда́тиме	постражда́є
ми	бу́демо стражда́ти	стражда́тимемо	постражда́ємо
ви	бу́дете стражда́ти	стражда́тимете	постражда́єте
вони	бу́дуть стражда́ти	стражда́тимуть	постражда́ють

УМОВНИЙ СПОСІБ — CONDITIONAL MOOD

	Imperfective	Perfective
він (я, ти)	стражда́в би	постражда́в би
вона (я, ти)	стражда́ла б	постражда́ла б
воно	стражда́ло б	постражда́ло б
вони (ми, ви)	стражда́ли б	постражда́ли б

НАКАЗОВИЙ СПОСІБ — IMPERATIVE MOOD

	Imperfective	Perfective
ти	стражда́й	постражда́й
ми	стражда́ймо	постражда́ймо
ви	стражда́йте	постражда́йте
він, вона, воно	(не)ха́й стражда́є	(не)ха́й постражда́є
вони	(не)ха́й стражда́ють	(не)ха́й постражда́ють

ДІЄПРИКМЕТНИКИ — VERBAL ADJECTIVES (PARTICIPLES)

	Imperfective	Perfective
ACTIVE		постражда́лий
PASSIVE		

ДІЄПРИСЛІВНИКИ — VERBAL ADVERBS

Imperfective	Perfective
стражда́ючи, стражда́вши	постражда́вши

БЕЗОСОБОВІ ФОРМИ — IMPERSONAL FORMS

від + *genitive*:

Вона́ **стражда́є** від безсо́ння. — *She suffers from insomnia.*

Мі́сто **постражда́ло** від него́ди. — *The city suffered from bad weather.*

Не хвилю́йтеся, ва́ші збере́ження не **постражда́ють**. — *Do not worry, your savings will not be affected.*

Ко́шти були́ спрямо́вані для грома́дян, **постражда́лих** від ава́рії на ГЕС. — *The funds were directed to citizens affected by the accident at the hydroelectric power station.*

Present/Future Stems: стриба- | стрибн-
Conjugation: 1st (-ють) | 1st (-уть)

стрибáти | стрибнýти

to jump, to leap, to hop

ОСОБА / PERSON	НЕДОКОНАНИЙ ВИД / IMPERFECTIVE ASPECT	ДОКОНАНИЙ ВИД / PERFECTIVE ASPECT
ТЕПЕРІШНІЙ ЧАС — PRESENT TENSE		
я	стрибáю	
ти	стрибáєш	
він, вона, воно	стрибáє	
ми	стрибáємо	
ви	стрибáєте	
вони	стрибáють	
МИНУЛИЙ ЧАС — PAST TENSE		
він (я, ти)	стрибáв	стрибнýв
вона (я, ти)	стрибáла	стрибнýла
воно	стрибáло	стрибнýло
вони (ми, ви)	стрибáли	стрибнýли

МАЙБУТНІЙ ЧАС — FUTURE TENSE

PERSON	ANALYTIC	SYNTHETIC	PERFECTIVE
я	бýду стрибáти	стрибáтиму	стрибнý
ти	бýдеш стрибáти	стрибáтимеш	стрибнéш
він, вона, воно	бýде стрибáти	стрибáтиме	стрибнé
ми	бýдемо стрибáти	стрибáтимемо	стрибнемó
ви	бýдете стрибáти	стрибáтимете	стрибнетé
вони	бýдуть стрибáти	стрибáтимуть	стрибнýть

УМОВНИЙ СПОСІБ — CONDITIONAL MOOD

	IMPERFECTIVE	PERFECTIVE
він (я, ти)	стрибáв би	стрибнýв би
вона (я, ти)	стрибáла б	стрибнýла б
воно	стрибáло б	стрибнýло б
вони (ми, ви)	стрибáли б	стрибнýли б

НАКАЗОВИЙ СПОСІБ — IMPERATIVE MOOD

	IMPERFECTIVE	PERFECTIVE
ти	стрибáй	стрибнú
ми	стрибáймо	стрибнímо
ви	стрибáйте	стрибнíть
він, вона, воно	(не)хáй стрибáє	(не)хáй стрибнé
вони	(не)хáй стрибáють	(не)хáй стрибнýть

ДІЄПРИКМЕТНИКИ — VERBAL ADJECTIVES (PARTICIPLES)

ACTIVE

PASSIVE

ДІЄПРИСЛІВНИКИ — VERBAL ADVERBS

IMPERFECTIVE	PERFECTIVE
стрибáючи, стрибáвши	стрибнýвши

БЕЗОСОБОВІ ФОРМИ — IMPERSONAL FORMS

у (в), на + *locative*:
Діти **стрибáють** на батýті.
Children are jumping on a trampoline.

з + *genitive*, **у (в), на** + *accusative*:
Білка **стрибнýла** з дáху на дéрево.
The squirrel leaped from the roof to a tree.

від + *genitive*:
Він **стрибáтиме** від рáдості, як побáчить ваш подарýнок.
He will jump for joy when he sees your gift.

Стрибнýвши у вóду, вонá відрáзу відчýла припли́в енéргії.
Having jumped into the water, she immediately felt a surge of energy.

№ 458

стри́гти[ся] | підстри́гти[ся], постри́гти[ся]
to cut (hair), to trim, to clip (nails) [to get a haircut]

Present/Future Stems: стриж- | підстриж-
Conjugation: 1st (-уть)

ОСОБА / PERSON	НЕДОКОНАНИЙ ВИД / IMPERFECTIVE ASPECT		ДОКОНАНИЙ ВИД / PERFECTIVE ASPECT
ТЕПЕРІШНІЙ ЧАС — PRESENT TENSE			
я	стрижу́[ся]		
ти	стриже́ш[ся]		
він, вона, воно	стриже́[ться]		
ми	стриже́мо́[ся]		
ви	стриже́те́[ся]		
вони	стрижу́ть[ся]		
МИНУЛИЙ ЧАС — PAST TENSE			
він (я, ти)	стри́г[ся]		підстри́г[ся]
вона (я, ти)	стри́гла[ся]		підстри́гла[ся]
воно	стри́гло[ся]		підстри́гло[ся]
вони (ми, ви)	стри́гли[ся]		підстри́гли[ся]
МАЙБУТНІЙ ЧАС — FUTURE TENSE			
	ANALYTIC	SYNTHETIC	
я	бу́ду стри́гти[ся]	стри́гтиму[ся]	підстрижу́[ся]
ти	бу́деш стри́гти[ся]	стри́гтимеш[ся]	підстриже́ш[ся]
він, вона, воно	бу́де стри́гти[ся]	стри́гтиме[ться]	підстриже́[ться]
ми	бу́демо стри́гти[ся]	стри́гтимемо[ся]	підстриже́мо́[ся]
ви	бу́дете стри́гти[ся]	стри́гтимете[ся]	підстриже́те́[ся]
вони	бу́дуть стри́гти[ся]	стри́гтимуть[ся]	підстрижу́ть[ся]
УМОВНИЙ СПОСІБ — CONDITIONAL MOOD			
він (я, ти)	стри́г[ся] би (б)		підстри́г[ся] би (б)
вона (я, ти)	стри́гла[ся] б		підстри́гла[ся] б
воно	стри́гло[ся] б		підстри́гло[ся] б
вони (ми, ви)	стри́гли[ся] б		підстри́гли[ся] б
НАКАЗОВИЙ СПОСІБ — IMPERATIVE MOOD			
ти	стрижи́[ся]		підстрижи́[ся]
ми	стрижі́мо[ся]		підстрижі́мо[ся]
ви	стрижі́ть[ся]		підстрижі́ть[ся]
він, вона, воно	(не)ха́й стриже́[ться]		(не)ха́й підстриже́[ться]
вони	(не)ха́й стрижу́ть[ся]		(не)ха́й підстрижу́ть[ся]
ДІЄПРИКМЕТНИКИ — VERBAL ADJECTIVES (PARTICIPLES)			
ACTIVE			
PASSIVE	стри́жений		підстри́жений
ДІЄПРИСЛІВНИКИ — VERBAL ADVERBS			
	стрижучи́[сь], стри́гши[сь]		підстри́гши[сь]
БЕЗОСОБОВІ ФОРМИ — IMPERSONAL FORMS			
	стри́жено		підстри́жено

Цей перука́р ду́же до́бре **стриже́**.
This hairdresser cuts hair very well.
+ *accusative*:
Він **підстри́г** (**постри́г**) бо́роду й прийня́в душ.
He trimmed his beard and took a shower.
Вона́ **підстри́гла** ні́гті на рука́х і нога́х.
She clipped her fingernails and toenails.
Підстрижі́ть (**пострижі́ть**) мене́, будь ла́ска, ко́ротко.
Please cut my hair short.
Ма́єш га́рний ви́гляд! Ти **підстри́глася** (**постри́глася**)?
You look nice! Did you get a haircut?

Present/Future Stems: **сумніва-..-ся | засумніва-..-ся**
Conjugation: **1st (-ють)**

сумніва́тися | засумніва́тися
to doubt, to have doubts

ОСОБА / PERSON	НЕДОКОНАНИЙ ВИД / IMPERFECTIVE ASPECT		ДОКОНАНИЙ ВИД / PERFECTIVE ASPECT
ТЕПЕРІШНІЙ ЧАС — PRESENT TENSE			
я	сумніва́юся		
ти	сумніва́єшся		
він, вона, воно	сумніва́ється		
ми	сумніва́ємося		
ви	сумніва́єтеся		
вони	сумніва́ються		
МИНУЛИЙ ЧАС — PAST TENSE			
він (я, ти)	сумніва́вся		засумніва́вся
вона (я, ти)	сумніва́лася		засумніва́лася
воно	сумніва́лося		засумніва́лося
вони (ми, ви)	сумніва́лися		засумніва́лися
МАЙБУТНІЙ ЧАС — FUTURE TENSE	ANALYTIC	SYNTHETIC	
я	бу́ду сумніва́тися	сумніва́тимуся	засумніва́юся
ти	бу́деш сумніва́тися	сумніва́тимешся	засумніва́єшся
він, вона, воно	бу́де сумніва́тися	сумніва́тиметься	засумніва́ється
ми	бу́демо сумніва́тися	сумніва́тимемося	засумніва́ємося
ви	бу́дете сумніва́тися	сумніва́тиметеся	засумніва́єтеся
вони	бу́дуть сумніва́тися	сумніва́тимуться	засумніва́ються
УМОВНИЙ СПОСІБ — CONDITIONAL MOOD			
він (я, ти)	сумніва́вся б		засумніва́вся б
вона (я, ти)	сумніва́лася б		засумніва́лася б
воно	сумніва́лося б		засумніва́лося б
вони (ми, ви)	сумніва́лися б		засумніва́лися б
НАКАЗОВИЙ СПОСІБ — IMPERATIVE MOOD			
ти	сумніва́йся		засумніва́йся
ми	сумніва́ймося		засумніва́ймося
ви	сумніва́йтеся		засумніва́йтеся
він, вона, воно	(не)ха́й сумніва́ється		(не)ха́й засумніва́ється
вони	(не)ха́й сумніва́ються		(не)ха́й засумніва́ються
ДІЄПРИКМЕТНИКИ — VERBAL ADJECTIVES (PARTICIPLES)			
ACTIVE			
PASSIVE			
ДІЄПРИСЛІВНИКИ — VERBAL ADVERBS			
	сумніва́ючись, сумніва́вшись		засумніва́вшись
БЕЗОСОБОВІ ФОРМИ — IMPERSONAL FORMS			

Я **сумніва́юся**, що він прийде на вечі́рку. — *I doubt he will come to the party.*

у (в) + *locative*:
Вона́ **засумніва́лася** в його́ на́мірах. — *She started to doubt his intentions.*

Ти за́вжди **сумніва́тимешся** (**бу́деш сумніва́тися**), по́ки не спро́буєш. — *You will always have doubts until you try.*

Не **сумніва́йся** у свої́х си́лах. — *Do not doubt your abilities.*

№ 460

сумува́ти | засумува́ти, посумува́ти

to feel sad; to miss sb; to grieve

Present/Future Stems: **суму-** | **засуму-**

Conjugation: **1st (-ють)**

ОСОБА / PERSON	НЕДОКОНАНИЙ ВИД / IMPERFECTIVE ASPECT		ДОКОНАНИЙ ВИД / PERFECTIVE ASPECT
ТЕПЕРІШНІЙ ЧАС — PRESENT TENSE			
я	сум́ую		
ти	сум́уєш		
він, вона, воно	сум́ує		
ми	сум́уємо		
ви	сум́уєте		
вони	сум́ують		
МИНУЛИЙ ЧАС — PAST TENSE			
він (я, ти)	сумува́в		засумува́в
вона (я, ти)	сумува́ла		засумува́ла
воно	сумува́ло		засумува́ло
вони (ми, ви)	сумува́ли		засумува́ли
МАЙБУТНІЙ ЧАС — FUTURE TENSE			
	ANALYTIC	SYNTHETIC	
я	бу́ду сумува́ти	сумува́тиму	засум́ую
ти	бу́деш сумува́ти	сумува́тимеш	засум́уєш
він, вона, воно	бу́де сумува́ти	сумува́тиме	засум́ує
ми	бу́демо сумува́ти	сумува́тимемо	засум́уємо
ви	бу́дете сумува́ти	сумува́тимете	засум́уєте
вони	бу́дуть сумува́ти	сумува́тимуть	засум́ують
УМОВНИЙ СПОСІБ — CONDITIONAL MOOD			
він (я, ти)	сумува́в би		засумува́в би
вона (я, ти)	сумува́ла б		засумува́ла б
воно	сумува́ло б		засумува́ло б
вони (ми, ви)	сумува́ли б		засумува́ли б
НАКАЗОВИЙ СПОСІБ — IMPERATIVE MOOD			
ти	сум́уй		засум́уй
ми	сум́уймо		засум́уймо
ви	сум́уйте		засум́уйте
він, вона, воно	(не)ха́й сум́ує		(не)ха́й засум́ує
вони	(не)ха́й сум́ують		(не)ха́й засум́ують
ДІЄПРИКМЕТНИКИ — VERBAL ADJECTIVES (PARTICIPLES)			
ACTIVE			
PASSIVE			
ДІЄПРИСЛІВНИКИ — VERBAL ADVERBS			
	сум́уючи, сумува́вши		засумува́вши
БЕЗОСОБОВІ ФОРМИ — IMPERSONAL FORMS			

Він ча́сто **сум́ує** восени́. — *He often feels sad in the fall.*

Чому́ ти **засумува́в**? — *Why did you get sad?*

Дозво́льте собі́ тро́хи **посумува́ти**. — *Allow yourself to grieve a little.*

за + *instrumental*:

Я **сумува́тиму** (**бу́ду сумува́ти**) за тобо́ю. — *I will miss you.*

Не **сум́уй**, усе́ бу́де до́бре. — *Do not be sad; everything will be fine.*

Present/Future Stems: супереч- | —

Conjugation: 2nd (-ать) | —

супере́чити | —

to contradict, to go against

ОСОБА / PERSON	НЕДОКОНАНИЙ ВИД / IMPERFECTIVE ASPECT		ДОКОНАНИЙ ВИД / PERFECTIVE ASPECT
ТЕПЕРІШНІЙ ЧАС — PRESENT TENSE			
я	супере́чу		
ти	супере́чиш		
він, вона, воно	супере́чить		
ми	супере́чимо		
ви	супере́чите		
вони	супере́чать		
МИНУЛИЙ ЧАС — PAST TENSE			
він (я, ти)	супере́чив		
вона (я, ти)	супере́чила		
воно	супере́чило		
вони (ми, ви)	супере́чили		
МАЙБУТНІЙ ЧАС — FUTURE TENSE			
	ANALYTIC	SYNTHETIC	
я	бу́ду супере́чити	супере́читиму	
ти	бу́деш супере́чити	супере́читимеш	
він, вона, воно	бу́де супере́чити	супере́читиме	
ми	бу́демо супере́чити	супере́читимемо	
ви	бу́дете супере́чити	супере́читимете	
вони	бу́дуть супере́чити	супере́читимуть	
УМОВНИЙ СПОСІБ — CONDITIONAL MOOD			
він (я, ти)	супере́чив би		
вона (я, ти)	супере́чила б		
воно	супере́чило б		
вони (ми, ви)	супере́чили б		
НАКАЗОВИЙ СПОСІБ — IMPERATIVE MOOD			
ти	супере́ч		
ми	супере́чмо		
ви	супере́чте		
він, вона, воно	(не)ха́й супере́чить		
вони	(не)ха́й супере́чать		
ДІЄПРИКМЕТНИКИ — VERBAL ADJECTIVES (PARTICIPLES)			
ACTIVE			
PASSIVE			
ДІЄПРИСЛІВНИКИ — VERBAL ADVERBS			
	супере́чачи, супере́чивши		
БЕЗОСОБОВІ ФОРМИ — IMPERSONAL FORMS			

+ *dative*:

Це **супере́чить** здоро́вому глу́зду. — *It goes against common sense.*

Його́ вчи́нки ча́сто **супере́чили** його́ слова́м. — *His actions often contradicted his words.*

Така́ змі́на в зако́ні **супере́читиме** (**бу́де супере́чити**) Конститу́ції. — *Such a change in the law will contradict the Constitution.*

Вона́ ви́словила протиле́жну ду́мку, **супере́чивши** свої́й попере́дній пози́ції. — *She expressed the opposite opinion, contradicting her previous position.*

№ 462

сходити[ся] | зійти[ся]
to go down; to go up; to rise (sun, etc.) [to gather; to agree]

Present/Future Stems: **сход(ж)- | зійд-**
Conjugation: **2nd (-ять) | 1st (-уть)**

ОСОБА / PERSON	НЕДОКОНАНИЙ ВИД / IMPERFECTIVE ASPECT		ДОКОНАНИЙ ВИД / PERFECTIVE ASPECT
ТЕПЕРІШНІЙ ЧАС — PRESENT TENSE			
я	схо́джу[ся]		
ти	схо́диш[ся]		
він, вона, воно	схо́дить[ся]		
ми	схо́димо[ся]		
ви	схо́дите[ся]		
вони	схо́дять[ся]		
МИНУЛИЙ ЧАС — PAST TENSE			
він (я, ти)	схо́див[ся]		зійшо́в[ся]
вона (я, ти)	схо́дила[ся]		зійшла́[ся]
воно	схо́дило[ся]		зійшло́[ся]
вони (ми, ви)	схо́дили[ся]		зійшли́[ся]
МАЙБУТНІЙ ЧАС — FUTURE TENSE			
	ANALYTIC	SYNTHETIC	
я	бу́ду сходити[ся]	сходитиму[ся]	зійду́[ся]
ти	бу́деш сходити[ся]	сходитимеш[ся]	зійдеш[ся]
він, вона, воно	бу́де сходити[ся]	сходитиме[ться]	зійде[ться]
ми	бу́демо сходити[ся]	сходитимемо[ся]	зійдемо[ся]
ви	бу́дете сходити[ся]	сходитимете[ся]	зійдете[ся]
вони	бу́дуть сходити[ся]	сходитимуть[ся]	зійдуть[ся]
УМОВНИЙ СПОСІБ — CONDITIONAL MOOD			
він (я, ти)	сходив[ся] би [б]		зійшо́в[ся] би [б]
вона (я, ти)	сходила[ся] б		зійшла́[ся] б
воно	сходило[ся] б		зійшло́[ся] б
вони (ми, ви)	сходили[ся] б		зійшли́[ся] б
НАКАЗОВИЙ СПОСІБ — IMPERATIVE MOOD			
ти	сходь[ся]		зійди́[ся]
ми	сходьмо[ся]		зійді́мо[ся]
ви	сходьте[ся]		зійді́ть[ся]
він, вона, воно	(не)ха́й сходить[ся]		(не)ха́й зійде[ться]
вони	(не)ха́й сходять[ся]		(не)ха́й зі́йдуть[ся]
ДІЄПРИКМЕТНИКИ — VERBAL ADJECTIVES (PARTICIPLES)			
ACTIVE			
PASSIVE			
ДІЄПРИСЛІВНИКИ — VERBAL ADVERBS			
	сходячи[сь], сходивши[сь]		зійшо́вши[сь]
БЕЗОСОБОВІ ФОРМИ — IMPERSONAL FORMS			

Со́нце **схо́дить** на схо́ді. — The sun rises in the east.

на + *accusative (to go up)*:
Вони́ **зійшли́** на го́ру до обі́ду. — They climbed the mountain before noon.

з + *genitive (to go down)*:
Вони́ **зійшли́** з гори́ до за́ходу со́нця. — They descended the mountain before sunset.

-ся + **у (в)**, **на** + *locative*:
Мітингува́льники **схо́дяться** на майда́ні. — Demonstrators are gathering on the square.
Сто́рони **зійшли́ся** на компромі́сному варіа́нті. — The parties agreed on a compromise option.

№ 463

Present/Future Stems: **танцю-** | **потанцю-**

Conjugation: **1st (-ють)**

танцюва́ти | потанцюва́ти

to dance

ОСО́БА / PERSON	НЕДОКО́НАНИЙ ВИД / IMPERFECTIVE ASPECT		ДОКО́НАНИЙ ВИД / PERFECTIVE ASPECT
ТЕПЕ́РІШНІЙ ЧАС — PRESENT TENSE			
я	танцю́ю		
ти	танцю́єш		
він, вона, воно	танцю́є		
ми	танцю́ємо		
ви	танцю́єте		
вони	танцю́ють		
МИНУ́ЛИЙ ЧАС — PAST TENSE			
він (я, ти)	танцюва́в		потанцюва́в
вона (я, ти)	танцюва́ла		потанцюва́ла
воно	танцюва́ло		потанцюва́ло
вони (ми, ви)	танцюва́ли		потанцюва́ли
МАЙБУ́ТНІЙ ЧАС — FUTURE TENSE	ANALYTIC	SYNTHETIC	
я	бу́ду танцюва́ти	танцюва́тиму	потанцю́ю
ти	бу́деш танцюва́ти	танцюва́тимеш	потанцю́єш
він, вона, воно	бу́де танцюва́ти	танцюва́тиме	потанцю́є
ми	бу́демо танцюва́ти	танцюва́тимемо	потанцю́ємо
ви	бу́дете танцюва́ти	танцюва́тимете	потанцю́єте
вони	бу́дуть танцюва́ти	танцюва́тимуть	потанцю́ють
УМО́ВНИЙ СПО́СІБ — CONDITIONAL MOOD			
він (я, ти)	танцюва́в би		потанцюва́в би
вона (я, ти)	танцюва́ла б		потанцюва́ла б
воно	танцюва́ло б		потанцюва́ло б
вони (ми, ви)	танцюва́ли б		потанцюва́ли б
НАКАЗО́ВИЙ СПО́СІБ — IMPERATIVE MOOD			
ти	танцю́й		потанцю́й
ми	танцю́ймо		потанцю́ймо
ви	танцю́йте		потанцю́йте
він, вона, воно	(не)ха́й танцю́є		(не)ха́й потанцю́є
вони	(не)ха́й танцю́ють		(не)ха́й потанцю́ють
ДІЄПРИКМЕ́ТНИКИ — VERBAL ADJECTIVES (PARTICIPLES)			
ACTIVE			
PASSIVE			
ДІЄПРИСЛІ́ВНИКИ — VERBAL ADVERBS			
	танцю́ючи, танцюва́вши		потанцюва́вши
БЕЗОСОБО́ВІ ФО́РМИ — IMPERSONAL FORMS			

+ *accusative*:

Мій син **танцю́є** гопа́к. — *My son dances hopak.*

з (із, зі) + *instrumental*:

Мо́жна з ва́ми **потанцюва́ти**? — *May I dance with you?*

Вони́ **танцюва́тимуть** (**бу́дуть танцюва́ти**) са́льсу на своє́му весі́ллі. — *They will dance the salsa at their wedding.*

Потанцюва́вши з не́ю, він оста́точно закоха́вся. — *After dancing with her, he ultimately fell in love.*

текти́ | потекти́

to flow, to stream

Present/Future Stems: теч- | потеч-
Conjugation: 1st (-уть)

ОСОБА / PERSON	НЕДОКОНАНИЙ ВИД / IMPERFECTIVE ASPECT		ДОКОНАНИЙ ВИД / PERFECTIVE ASPECT
ТЕПЕРІШНІЙ ЧАС — PRESENT TENSE			
я			
ти			
він, вона, воно	тече́		
ми			
ви			
вони	течу́ть		
МИНУЛИЙ ЧАС — PAST TENSE			
він	тік		поті́к
вона	текла́		потекла́
воно	текло́		потекло́
вони	текли́		потекли́
МАЙБУТНІЙ ЧАС — FUTURE TENSE			
	ANALYTIC	SYNTHETIC	
я			
ти			
він, вона, воно	бу́де текти́	текти́ме	потече́
ми			
ви			
вони	бу́дуть текти́	текти́муть	потечу́ть
УМОВНИЙ СПОСІБ — CONDITIONAL MOOD			
він	тік би		поті́к би
вона	текла́ б		потекла́ б
воно	текло́ б		потекло́ б
вони	текли́ б		потекли́ б
НАКАЗОВИЙ СПОСІБ — IMPERATIVE MOOD			
ти			
ми			
ви			
він, вона, воно	(не)ха́й тече́		(не)ха́й потече́
вони	(не)ха́й течу́ть		(не)ха́й потечу́ть
ДІЄПРИКМЕТНИКИ — VERBAL ADJECTIVES (PARTICIPLES)			
ACTIVE			
PASSIVE			
ДІЄПРИСЛІВНИКИ — VERBAL ADVERBS			
	течучи́, ті́кши		поті́кши
БЕЗОСОБОВІ ФОРМИ — IMPERSONAL FORMS			

Біля буди́нку мого́ діду́ся **тече́** рі́чка.
A river flows near my grandfather's house.

у (**в**), **на**, **по** + *locative*:
По її щока́х **текли́** сльо́зи.
Tears were streaming down her cheeks.

з (**із**, **зі**) + *genitive*:
З прорва́ної труби́ **потекла́** вода́.
The water began to flow from the broken pipe.

Після капіта́льного ремо́нту з кра́на **текти́ме** (**бу́де текти́**) чисті́ша вода́.
After the overhaul, cleaner water will flow from the faucet.

Present/Future Stems: терп(л)- | потерп(л)-

Conjugation: 2nd (-ять)

терпі́ти | потерпі́ти

to endure, to tolerate

ОСОБА / PERSON	НЕДОКОНАНИЙ ВИД / IMPERFECTIVE ASPECT	ДОКОНАНИЙ ВИД / PERFECTIVE ASPECT
ТЕПЕРІШНІЙ ЧАС — PRESENT TENSE		
я	терплю́	
ти	те́рпиш	
він, вона, воно	те́рпить	
ми	те́рпимо	
ви	те́рпите	
вони	те́рплять	
МИНУЛИЙ ЧАС — PAST TENSE		
він (я, ти)	терпі́в	потерпі́в
вона (я, ти)	терпі́ла	потерпі́ла
воно	терпі́ло	потерпі́ло
вони (ми, ви)	терпі́ли	потерпі́ли

МАЙБУТНІЙ ЧАС — FUTURE TENSE

PERSON	ANALYTIC	SYNTHETIC	PERFECTIVE
я	бу́ду терпі́ти	терпі́тиму	поте́рплю
ти	бу́деш терпі́ти	терпі́тимеш	поте́рпиш
він, вона, воно	бу́де терпі́ти	терпі́тиме	поте́рпить
ми	бу́демо терпі́ти	терпі́тимемо	поте́рпимо
ви	бу́дете терпі́ти	терпі́тимете	поте́рпите
вони	бу́дуть терпі́ти	терпі́тимуть	поте́рплять

ОСОБА / PERSON	ІМПЕРФЕКТИВ	ПЕРФЕКТИВ
УМОВНИЙ СПОСІБ — CONDITIONAL MOOD		
він (я, ти)	терпі́в би	потерпі́в би
вона (я, ти)	терпі́ла б	потерпі́ла б
воно	терпі́ло б	потерпі́ло б
вони (ми, ви)	терпі́ли б	потерпі́ли б
НАКАЗОВИЙ СПОСІБ — IMPERATIVE MOOD		
ти	терпи́	потерпи́
ми	терпі́мо	потерпі́мо
ви	терпі́ть	потерпі́ть
він, вона, воно	(не)ха́й те́рпить	(не)ха́й поте́рпить
вони	(не)ха́й те́рплять	(не)ха́й поте́рплять

ДІЄПРИКМЕТНИКИ — VERBAL ADJECTIVES (PARTICIPLES)

ACTIVE

PASSIVE

ДІЄПРИСЛІВНИКИ — VERBAL ADVERBS

те́рплячи, терпі́вши	потерпі́вши

БЕЗОСОБОВІ ФОРМИ — IMPERSONAL FORMS

+ accusative:

Він **терпі́в** зубни́й біль без знебо́лювального.	He endured a toothache without painkillers.
Не зна́ю, як до́вго вона́ **терпі́тиме** (**бу́де терпі́ти**) таку́ поведі́нку.	I do not know how long she will tolerate such behavior.
Я б не **терпі́ла** тако́го ста́влення.	I would not tolerate such an attitude.
Потерпи́ тро́шки, ми вже ма́йже приї́хали.	Be patient for a moment; we are almost there.

№ 466

ти́снути[ся] | поти́снути[ся]

to press, to pressure; to shake (hands);
to be too tight (clothing) [to press closely together]

Present/Future Stems: **тисн- | потисн-**
Conjugation: **1st (-уть)**

ОСОБА / PERSON	НЕДОКОНАНИЙ ВИД / IMPERFECTIVE ASPECT		ДОКОНАНИЙ ВИД / PERFECTIVE ASPECT
ТЕПЕРІШНІЙ ЧАС — PRESENT TENSE			
я	ти́сну[ся]		
ти	ти́снеш[ся]		
він, вона, воно	ти́сне[ться]		
ми	ти́снемо[ся]		
ви	ти́снете[ся]		
вони	ти́снуть[ся]		
МИНУЛИЙ ЧАС — PAST TENSE			
він (я, ти)	ти́снув[ся], ти́с[ся]		поти́снув[ся], поти́с[ся]
вона (я, ти)	ти́снула[ся], ти́сла[ся]		поти́снула[ся], поти́сла[ся]
воно	ти́снуло[ся], ти́сло[ся]		поти́снуло[ся], поти́сло[ся]
вони (ми, ви)	ти́снули[ся], ти́сли[ся]		поти́снули[ся], поти́сли[ся]
МАЙБУТНІЙ ЧАС — FUTURE TENSE			
	ANALYTIC	SYNTHETIC	
я	бу́ду ти́снути[ся]	ти́снутиму[ся]	поти́сну[ся]
ти	бу́деш ти́снути[ся]	ти́снутимеш[ся]	поти́снеш[ся]
він, вона, воно	бу́де ти́снути[ся]	ти́снутиме[ться]	поти́сне[ться]
ми	бу́демо ти́снути[ся]	ти́снутимемо[ся]	поти́снемо[ся]
ви	бу́дете ти́снути[ся]	ти́снутимете[ся]	поти́снете[ся]
вони	бу́дуть ти́снути[ся]	ти́снутимуть[ся]	поти́снуть[ся]
УМОВНИЙ СПОСІБ — CONDITIONAL MOOD			
він (я, ти)	ти́снув[ся]/ти́с[ся] би [б]		поти́снув[ся]/поти́с[ся] би [б]
вона (я, ти)	ти́снула[ся]/ти́сла[ся] б		поти́снула[ся]/поти́сла[ся] б
воно	ти́снуло[ся]/ти́сло[ся] б		поти́снуло[ся]/поти́сло[ся] б
вони (ми, ви)	ти́снули[ся]/ти́сли[ся] б		поти́снули[ся]/поти́сли[ся] б
НАКАЗОВИЙ СПОСІБ — IMPERATIVE MOOD			
ти	ти́сни[ся]		поти́сни[ся]
ми	ти́снімо[ся]		поти́снімо[ся]
ви	ти́сніть[ся]		поти́сніть[ся]
він, вона, воно	(не)ха́й ти́сне[ться]		(не)ха́й поти́сне[ться]
вони	(не)ха́й ти́снуть[ся]		(не)ха́й поти́снуть[ся]
ДІЄПРИКМЕТНИКИ — VERBAL ADJECTIVES (PARTICIPLES)			
ACTIVE			
PASSIVE	ти́снений, ти́снутий		поти́снений, поти́снутий
ДІЄПРИСЛІВНИКИ — VERBAL ADVERBS			
	ти́снучи[сь], ти́снувши[сь]		поти́снувши[сь]
БЕЗОСОБОВІ ФОРМИ — IMPERSONAL FORMS			
	ти́снено, ти́снуто		поти́снено, поти́снуто

на + *accusative*:

Батьки́ ді́вчини ніко́ли не **ти́снули** (**ти́сли**) на не́ї.	The girl's parents never pressured her.
Президе́нти **поти́снули** (**поти́сли**) ру́ки.	The presidents shook hands.
Ці джи́нси мені́ **ти́снуть**, потрі́бен бі́льший ро́змір.	These jeans are too tight; I need a bigger size.
Не **ти́сни** на ме́не!	Do not put pressure on me!
Лю́ди в на́товпі **ти́снулися**, де́хто наві́ть штовха́вся.	People in the crowd pressed closely together, some were even pushing each other.

№ 467

Present/Future Stems: торгу- | поторгу-

Conjugation: **1st (-ють)**

торгува́ти[ся] | поторгува́ти[ся]

to trade; to sell [to bargain, to haggle]

ОСОБА PERSON	НЕДОКОНАНИЙ ВИД IMPERFECTIVE ASPECT		ДОКОНАНИЙ ВИД PERFECTIVE ASPECT
	ТЕПЕРІШНІЙ ЧАС — PRESENT TENSE		
я	торгу́ю[ся]		
ти	торгу́єш[ся]		
він, вона, воно	торгу́є[ться]		
ми	торгу́ємо[ся]		
ви	торгу́єте[ся]		
вони	торгу́ють[ся]		
	МИНУЛИЙ ЧАС — PAST TENSE		
він (я, ти)	торгува́в[ся]		поторгува́в[ся]
вона (я, ти)	торгува́ла[ся]		поторгува́ла[ся]
воно	торгува́ло[ся]		поторгува́ло[ся]
вони (ми, ви)	торгува́ли[ся]		поторгува́ли[ся]
	МАЙБУТНІЙ ЧАС — FUTURE TENSE		
	ANALYTIC	SYNTHETIC	
я	бу́ду торгува́ти[ся]	торгува́тиму[ся]	поторгу́ю[ся]
ти	бу́деш торгува́ти[ся]	торгува́тимеш[ся]	поторгу́єш[ся]
він, вона, воно	бу́де торгува́ти[ся]	торгува́тиме[ться]	поторгу́є[ться]
ми	бу́демо торгува́ти[ся]	торгува́тимемо[ся]	поторгу́ємо[ся]
ви	бу́дете торгува́ти[ся]	торгува́тимете[ся]	поторгу́єте[ся]
вони	бу́дуть торгува́ти[ся]	торгува́тимуть[ся]	поторгу́ють[ся]
	УМОВНИЙ СПОСІБ — CONDITIONAL MOOD		
він (я, ти)	торгува́в[ся] би[б]		поторгува́в[ся] би[б]
вона (я, ти)	торгува́ла[ся] б		поторгува́ла[ся] б
воно	торгува́ло[ся] б		поторгува́ло[ся] б
вони (ми, ви)	торгува́ли[ся] б		поторгува́ли[ся] б
	НАКАЗОВИЙ СПОСІБ — IMPERATIVE MOOD		
ти	торгу́й[ся]		поторгу́й[ся]
ми	торгу́ймо[ся]		поторгу́ймо[ся]
ви	торгу́йте[ся]		поторгу́йте[ся]
він, вона, воно	(не)ха́й торгу́є[ться]		(не)ха́й поторгу́є[ться]
вони	(не)ха́й торгу́ють[ся]		(не)ха́й поторгу́ють[ся]
	ДІЄПРИКМЕТНИКИ — VERBAL ADJECTIVES (PARTICIPLES)		
ACTIVE			
PASSIVE			
	ДІЄПРИСЛІВНИКИ — VERBAL ADVERBS		
	торгу́ючи[сь], торгува́вши[сь]		поторгува́вши[сь]
	БЕЗОСОБОВІ ФОРМИ — IMPERSONAL FORMS		

у (в), на + *locative*:
Він професі́йно **торгу́є** на фо́ндовій бі́ржі. — He trades professionally on the stock exchange.

+ *instrumental*:
Рані́ше вона́ **торгува́ла** по́судом на база́рі. — She used to sell dishes at the market.

-ся + з + *instrumental*:
Він за́вжди **торгу́ється** з продавця́ми на блоши́ному ри́нку. — He always bargains with sellers at the flea market.

Поторгува́вшись, вони́ домо́вились про ціну́. — After haggling, they agreed on a price.

№ 468

торка́ти[ся] | торкну́ти[ся]

to touch [to touch (more common)]

Present/Future Stems: **торка-** | **торкн-**
Conjugation: **1st (-ють)** | **1st (-уть)**

ОСОБА / PERSON	НЕДОКОНАНИЙ ВИД / IMPERFECTIVE ASPECT		ДОКОНАНИЙ ВИД / PERFECTIVE ASPECT
ТЕПЕРІШНІЙ ЧАС — PRESENT TENSE			
я	торка́ю[ся]		
ти	торка́єш[ся]		
він, вона, воно	торка́є[ться]		
ми	торка́ємо[ся]		
ви	торка́єте[ся]		
вони	торка́ють[ся]		
МИНУЛИЙ ЧАС — PAST TENSE			
він (я, ти)	торка́в[ся]		торкну́в[ся]
вона (я, ти)	торка́ла[ся]		торкну́ла[ся]
воно	торка́ло[ся]		торкну́ло[ся]
вони (ми, ви)	торка́ли[ся]		торкну́ли[ся]
МАЙБУТНІЙ ЧАС — FUTURE TENSE			
	ANALYTIC	SYNTHETIC	
я	бу́ду торка́ти[ся]	торка́тиму[ся]	торкну́[ся]
ти	бу́деш торка́ти[ся]	торка́тимеш[ся]	торкне́ш[ся]
він, вона, воно	бу́де торка́ти[ся]	торка́тиме[ться]	торкне́[ться]
ми	бу́демо торка́ти[ся]	торка́тимемо[ся]	торкнемо́[ся]
ви	бу́дете торка́ти[ся]	торка́тимете[ся]	торкнете́[ся]
вони	бу́дуть торка́ти[ся]	торка́тимуть[ся]	торкну́ть[ся]
УМОВНИЙ СПОСІБ — CONDITIONAL MOOD			
він (я, ти)	торка́в[ся] би [б]		торкну́в[ся] би [б]
вона (я, ти)	торка́ла[ся] б		торкну́ла[ся] б
воно	торка́ло[ся] б		торкну́ло[ся] б
вони (ми, ви)	торка́ли[ся] б		торкну́ли[ся] б
НАКАЗОВИЙ СПОСІБ — IMPERATIVE MOOD			
ти	торка́й[ся]		торкни́[ся]
ми	торка́ймо[ся]		торкні́мо[ся]
ви	торка́йте[ся]		торкні́ть[ся]
він, вона, воно	(не)ха́й торка́є[ться]		(не)ха́й торкне́[ться]
вони	(не)ха́й торка́ють[ся]		(не)ха́й торкну́ть[ся]
ДІЄПРИКМЕТНИКИ — VERBAL ADJECTIVES (PARTICIPLES)			
ACTIVE			
PASSIVE	то́рknaний		то́рknутий
ДІЄПРИСЛІВНИКИ — VERBAL ADVERBS			
	торка́ючи[сь], торка́вши[сь]		торкну́вши[сь]
БЕЗОСОБОВІ ФОРМИ — IMPERSONAL FORMS			
	то́ркнано		то́ркнуто

*+ accusative = -***ся** *+ genitive (more common)*:

Вона́ **торкну́ла** стру́ни гіта́ри. = Вона́ **торкну́лася** струн гіта́ри. — *She touched the strings of the guitar.*

Аспіра́нт **торкне́ться** цього́ пита́ння у свої́й дисерта́ції. — *The postgraduate student will address this issue in his dissertation.*

Не **торка́йся** духо́вки, вона́ гаря́ча! — *Do not touch the oven; it is hot!*

Торкні́ться екра́на планше́та, щоб уві́мкну́ти його́. — *Touch the tablet screen to turn it on.*

Present/Future Stems: трапля-...-ся | трап(л)-...-ся

Conjugation: 1st (-ють) | 2nd (-ять)

трапля́тися | тра́питися
to happen, to occur
See also: става́тися | ста́тися (№ 448)

ОСОБА / PERSON	НЕДОКОНАНИЙ ВИД / IMPERFECTIVE ASPECT		ДОКОНАНИЙ ВИД / PERFECTIVE ASPECT
ТЕПЕРІШНІЙ ЧАС — PRESENT TENSE			
я			
ти			
він, вона, воно	трапля́ється		
ми			
ви			
вони	трапля́ються		
МИНУЛИЙ ЧАС — PAST TENSE			
він	трапля́вся		тра́пився
вона	трапля́лася		тра́пилася
воно	трапля́лося		тра́пилося
вони	трапля́лися		тра́пилися
МАЙБУТНІЙ ЧАС — FUTURE TENSE			
	ANALYTIC	SYNTHETIC	
я			
ти			
він, вона, воно	бу́де трапля́тися	трапля́тиметься	тра́питься
ми			
ви			
вони	бу́дуть трапля́тися	трапля́тимуться	тра́пляться
УМОВНИЙ СПОСІБ — CONDITIONAL MOOD			
він	трапля́вся б		тра́пився б
вона	трапля́лася б		тра́пилася б
воно	трапля́лося б		тра́пилося б
вони	трапля́лися б		тра́пилися б
НАКАЗОВИЙ СПОСІБ — IMPERATIVE MOOD			
ти			
ми			
ви			
він, вона, воно	(не)ха́й трапля́ється		(не)ха́й тра́питься
вони	(не)ха́й трапля́ються		(не)ха́й тра́пляться
ДІЄПРИКМЕТНИКИ — VERBAL ADJECTIVES (PARTICIPLES)			
ACTIVE			
PASSIVE			
ДІЄПРИСЛІВНИКИ — VERBAL ADVERBS			
	трапля́ючись, трапля́вшись		тра́пившись
БЕЗОСОБОВІ ФОРМИ — IMPERSONAL FORMS			

з (із, зі) + *instrumental*:
Таке́ **трапля́ється** з усіма́. — This happens to everyone.

у (в), на + *locative* + [...]:
У цьо́му підру́чнику **трапля́ються** поми́лки. — Errors occur in this textbook.

Так **тра́пилося**, що нам довело́ся переї́хати. — It so happened that we had to move.

Ще не відо́мо, коли́ це **тра́питься**. — It is not yet known when this will happen.

Нічо́го страшно́го не **тра́пилося б**. — Nothing terrible would happen.

тремтíти | затремтíти

to tremble, to shake, to shiver

Present/Future Stems: тремч-/тремт- | затремч-/затремт-

Conjugation: 2nd (-ять)

ОСОБА / PERSON	НЕДОКОНАНИЙ ВИД / IMPERFECTIVE ASPECT		ДОКОНАНИЙ ВИД / PERFECTIVE ASPECT
ТЕПЕРІШНІЙ ЧАС — PRESENT TENSE			
я	тремчý		
ти	тремтúш		
він, вона, воно	тремтúть		
ми	тремтимó		
ви	тремтитé		
вони	тремтя́ть		
МИНУЛИЙ ЧАС — PAST TENSE			
він (я, ти)	тремтíв		затремтíв
вона (я, ти)	тремтíла		затремтíла
воно	тремтíло		затремтíло
вони (ми, ви)	тремтíли		затремтíли
МАЙБУТНІЙ ЧАС — FUTURE TENSE			
	ANALYTIC	SYNTHETIC	
я	бýду тремтíти	тремтíтиму	затремчý
ти	бýдеш тремтíти	тремтíтимеш	затремтúш
він, вона, воно	бýде тремтíти	тремтíтиме	затремтúть
ми	бýдемо тремтíти	тремтíтимемо	затремтимó
ви	бýдете тремтíти	тремтíтимете	затремтитé
вони	бýдуть тремтíти	тремтíтимуть	затремтя́ть
УМОВНИЙ СПОСІБ — CONDITIONAL MOOD			
він (я, ти)	тремтíв би		затремтíв би
вона (я, ти)	тремтíла б		затремтíла б
воно	тремтíло б		затремтíло б
вони (ми, ви)	тремтíли б		затремтíли б
НАКАЗОВИЙ СПОСІБ — IMPERATIVE MOOD			
ти	тремтú		затремтú
ми	тремтíмо		затремтíмо
ви	тремтíть		затремтíть
він, вона, воно	(не)хáй тремтúть		(не)хáй затремтúть
вони	(не)хáй тремтя́ть		(не)хáй затремтя́ть
ДІЄПРИКМЕТНИКИ — VERBAL ADJECTIVES (PARTICIPLES)			
ACTIVE	тремтя́чий		затремтíлий
PASSIVE			
ДІЄПРИСЛІВНИКИ — VERBAL ADVERBS			
	тремтячи́, тремтíвши		затремтíвши
БЕЗОСОБОВІ ФОРМИ — IMPERSONAL FORMS			

у (в) + *genitive* + [...] + *nominative*:
У нього **тремтя́ть** рýки. — His hands are trembling.

від + *genitive*:
Воná **тремтíла** від стрáху під час перегля́ду фíльму. — She was shaking with fear while watching the movie.

Пес **затремтíв** від хóлоду. — The dog shivered from the cold.

Хлóпець курúв на балкóні, **тремтячи́** (**тремтíвши**) від хвилювáння. — The boy was smoking on the balcony, trembling with worry.

№ 471

Present/Future Stems: трену- | потрену- **тренува́ти[ся] | потренува́ти[ся]**

Conjugation: **1st (-ють)** *to train sth/sb, to coach [to train, to work out, to practice]*

ОСОБА / PERSON	НЕДОКОНАНИЙ ВИД / IMPERFECTIVE ASPECT		ДОКОНАНИЙ ВИД / PERFECTIVE ASPECT
ТЕПЕРІШНІЙ ЧАС — PRESENT TENSE			
я	трену́ю[ся]		
ти	трену́єш[ся]		
він, вона, воно	трену́є[ться]		
ми	трену́ємо[ся]		
ви	трену́єте[ся]		
вони	трену́ють[ся]		
МИНУЛИЙ ЧАС — PAST TENSE			
він (я, ти)	тренува́в[ся]		потренува́в[ся]
вона (я, ти)	тренува́ла[ся]		потренува́ла[ся]
воно	тренува́ло[ся]		потренува́ло[ся]
вони (ми, ви)	тренува́ли[ся]		потренува́ли[ся]
МАЙБУТНІЙ ЧАС — FUTURE TENSE			
	ANALYTIC	SYNTHETIC	
я	бу́ду тренува́ти[ся]	тренува́тиму[ся]	потрену́ю[ся]
ти	бу́деш тренува́ти[ся]	тренува́тимеш[ся]	потрену́єш[ся]
він, вона, воно	бу́де тренува́ти[ся]	тренува́тиме[ться]	потрену́є[ться]
ми	бу́демо тренува́ти[ся]	тренува́тимемо[ся]	потрену́ємо[ся]
ви	бу́дете тренува́ти[ся]	тренува́тимете[ся]	потрену́єте[ся]
вони	бу́дуть тренува́ти[ся]	тренува́тимуть[ся]	потрену́ють[ся]
УМОВНИЙ СПОСІБ — CONDITIONAL MOOD			
він (я, ти)	тренува́в[ся] би [б]		потренува́в[ся] би [б]
вона (я, ти)	тренува́ла[ся] б		потренува́ла[ся] б
воно	тренува́ло[ся] б		потренува́ло[ся] б
вони (ми, ви)	тренува́ли[ся] б		потренува́ли[ся] б
НАКАЗОВИЙ СПОСІБ — IMPERATIVE MOOD			
ти	трену́й[ся]		потрену́й[ся]
ми	трену́ймо[ся]		потрену́ймо[ся]
ви	трену́йте[ся]		потрену́йте[ся]
він, вона, воно	(не)ха́й трену́є[ться]		(не)ха́й потрену́є[ться]
вони	(не)ха́й трену́ють[ся]		(не)ха́й потрену́ють[ся]
ДІЄПРИКМЕТНИКИ — VERBAL ADJECTIVES (PARTICIPLES)			
ACTIVE			
PASSIVE	трено́ваний		потрено́ваний
ДІЄПРИСЛІВНИКИ — VERBAL ADVERBS			
	трену́ючи[сь], тренува́вши[сь]		потренува́вши[сь]
БЕЗОСОБОВІ ФОРМИ — IMPERSONAL FORMS			
	трено́вано		потрено́вано

+ accusative:
Вона́ **трену́є** свого́ соба́ку роби́ти трю́ки. — *She trains her dog to do tricks.*
Ране́ше він **тренува́в** шкільну́ футбо́льну кома́нду. — *He used to coach the school's football team.*

з + instrumental:
Він **трену́ється** з тре́нером дві́чі на ти́ждень. — *He trains with a trainer twice a week.*
За́втра я **тренува́тимуся** (**бу́ду тренува́тися**) ще інтенси́вніше. — *Tomorrow I will be training even more intensively.*

Потрену́йся пе́ред дзе́ркалом. — *Practice in front of the mirror.*

тривáти | потривáти, протривáти

to last, to continue, to go on

Present/Future Stems: трива- | потрива-

Conjugation: 1st (-ють)

ОСОБА / PERSON	НЕДОКОНАНИЙ ВИД / IMPERFECTIVE ASPECT		ДОКОНАНИЙ ВИД / PERFECTIVE ASPECT
ТЕПЕРІШНІЙ ЧАС — PRESENT TENSE			
я			
ти			
він, вона, воно	тривáє		
ми			
ви			
вони	тривáють		
МИНУЛИЙ ЧАС — PAST TENSE			
він	тривáв		потривáв
вона	тривáла		потривáла
воно	тривáло		потривáло
вони	тривáли		потривáли
МАЙБУТНІЙ ЧАС — FUTURE TENSE	ANALYTIC	SYNTHETIC	
я			
ти			
він, вона, воно	бýде тривáти	тривáтиме	потривáє
ми			
ви			
вони	бýдуть тривáти	тривáтимуть	потривáють
УМОВНИЙ СПОСІБ — CONDITIONAL MOOD			
він	тривáв би		потривáв би
вона	тривáла б		потривáла б
воно	тривáло б		потривáло б
вони	тривáли б		потривáли б
НАКАЗОВИЙ СПОСІБ — IMPERATIVE MOOD			
ти			
ми			
ви			
він, вона, воно	(не)хáй тривáє		(не)хáй потривáє
вони	(не)хáй тривáють		(не)хáй потривáють
ДІЄПРИКМЕТНИКИ — VERBAL ADJECTIVES (PARTICIPLES)			
ACTIVE			
PASSIVE			
ДІЄПРИСЛІВНИКИ — VERBAL ADVERBS			
	тривáючи, тривáвши		потривáвши
БЕЗОСОБОВІ ФОРМИ — IMPERSONAL FORMS			

Життя́ тривáє. — *Life goes on.*

до + *genitive*:
Святкувáння **тривáло** до рáнку. — *The celebration lasted until the morning.*

+ *accusative*:
Їхні стосýнки **потривáли** (**протривáли**) оди́н рік. — *Their relationship lasted one year.*

Концéрт **тривáтиме** (**бýде тривáти**) однý годи́ну. — *The concert will last one hour.*

Проє́кт затягнýвся, **тривáючи** вже пóнад рік. — *The project has dragged on, lasting for more than a year.*

№ 473

Present/Future Stems: **трима-** | **потрима-**

Conjugation: **1st (-ють)**

трима́ти[ся] | потрима́ти[ся]

to hold, to keep [to hold, to hold on; to hang in]

ОСОБА / PERSON	НЕДОКОНАНИЙ ВИД / IMPERFECTIVE ASPECT		ДОКОНАНИЙ ВИД / PERFECTIVE ASPECT
ТЕПЕРІШНІЙ ЧАС — PRESENT TENSE			
я	трима́ю[ся]		
ти	трима́єш[ся]		
він, вона, воно	трима́є[ться]		
ми	трима́ємо[ся]		
ви	трима́єте[ся]		
вони	трима́ють[ся]		
МИНУЛИЙ ЧАС — PAST TENSE			
він (я, ти)	трима́в[ся]		потрима́в[ся]
вона (я, ти)	трима́ла[ся]		потрима́ла[ся]
воно	трима́ло[ся]		потрима́ло[ся]
вони (ми, ви)	трима́ли[ся]		потрима́ли[ся]
МАЙБУТНІЙ ЧАС — FUTURE TENSE			
	ANALYTIC	SYNTHETIC	
я	бу́ду трима́ти[ся]	трима́тиму[ся]	потрима́ю[ся]
ти	бу́деш трима́ти[ся]	трима́тимеш[ся]	потрима́єш[ся]
він, вона, воно	бу́де трима́ти[ся]	трима́тиме[ться]	потрима́є[ться]
ми	бу́демо трима́ти[ся]	трима́тимемо[ся]	потрима́ємо[ся]
ви	бу́дете трима́ти[ся]	трима́тимете[ся]	потрима́єте[ся]
вони	бу́дуть трима́ти[ся]	трима́тимуть[ся]	потрима́ють[ся]
УМОВНИЙ СПОСІБ — CONDITIONAL MOOD			
він (я, ти)	трима́в[ся] би [б]		потрима́в[ся] би [б]
вона (я, ти)	трима́ла[ся] б		потрима́ла[ся] б
воно	трима́ло[ся] б		потрима́ло[ся] б
вони (ми, ви)	трима́ли[ся] б		потрима́ли[ся] б
НАКАЗОВИЙ СПОСІБ — IMPERATIVE MOOD			
ти	трима́й[ся]		потрима́й[ся]
ми	трима́ймо[ся]		потрима́ймо[ся]
ви	трима́йте[ся]		потрима́йте[ся]
він, вона, воно	(не)ха́й трима́є[ться]		(не)ха́й потрима́є[ться]
вони	(не)ха́й трима́ють[ся]		(не)ха́й потрима́ють[ся]
ДІЄПРИКМЕТНИКИ — VERBAL ADJECTIVES (PARTICIPLES)			
ACTIVE			
PASSIVE	три́маний		потри́маний
ДІЄПРИСЛІВНИКИ — VERBAL ADVERBS			
	трима́ючи[сь], трима́вши[сь]		потрима́вши[сь]
БЕЗОСОБОВІ ФОРМИ — IMPERSONAL FORMS			
	три́мано		потри́мано

+ accusative + у (в), на + locative:
Він **трима́є** буке́т троя́нд у рука́х. — *He is holding a bouquet of roses in his hands.*
Потрима́й, будь ла́ска, мою́ су́мку. — *Please hold my bag (for a moment).*

-ся + за + accusative:
Водій мі́цно **трима́вся** за кермо́. — *The driver was holding tightly onto the wheel.*

-ся + у (в), на + locative:
Ці́ни **трима́тимуться** (**бу́дуть трима́тися**) на висо́кому рі́вні до кінця́ ро́ку. — *Prices will hold at a high level until the end of the year.*
Я співчува́ю вам. **Трима́йтеся**! — *I sympathize with you. Hang in there!*

№ 474

трясти́[ся] | потрясти́[ся]
to shake sth [to shake, to tremble]
Also: **труси́ти[ся]** | **потруси́ти[ся]**

Present/Future Stems: **тряс-** | **потряс-**
Conjugation: **1st (-уть)**

ОСОБА / PERSON	НЕДОКОНАНИЙ ВИД / IMPERFECTIVE ASPECT		ДОКОНАНИЙ ВИД / PERFECTIVE ASPECT
ТЕПЕРІШНІЙ ЧАС — PRESENT TENSE			
я	трясу́[ся]		
ти	трясе́ш[ся]		
він, вона, воно	трясе́[ться]		
ми	трясемо́[ся]		
ви	трясете́[ся]		
вони	трясу́ть[ся]		
МИНУЛИЙ ЧАС — PAST TENSE			
він (я, ти)	тряс[ся]		потря́с[ся]
вона (я, ти)	трясла́[ся]		потрясла́[ся]
воно	трясло́[ся]		потрясло́[ся]
вони (ми, ви)	трясли́[ся]		потрясли́[ся]
МАЙБУТНІЙ ЧАС — FUTURE TENSE			
	ANALYTIC	SYNTHETIC	
я	бу́ду трясти́[ся]	трясти́му[ся]	потрясу́[ся]
ти	бу́деш трясти́[ся]	трясти́меш[ся]	потрясе́ш[ся]
він, вона, воно	бу́де трясти́[ся]	трясти́ме[ться]	потрясе́[ться]
ми	бу́демо трясти́[ся]	трясти́мемо[ся]	потрясемо́[ся]
ви	бу́дете трясти́[ся]	трясти́мете[ся]	потрясете́[ся]
вони	бу́дуть трясти́[ся]	трясти́муть[ся]	потрясу́ть[ся]
УМОВНИЙ СПОСІБ — CONDITIONAL MOOD			
він (я, ти)	тряс[ся] би (б)		потря́с[ся] би (б)
вона (я, ти)	трясла́[ся] б		потрясла́[ся] б
воно	трясло́[ся] б		потрясло́[ся] б
вони (ми, ви)	трясли́[ся] б		потрясли́[ся] б
НАКАЗОВИЙ СПОСІБ — IMPERATIVE MOOD			
ти	тряси́[ся]		потряси́[ся]
ми	тряси́мо[ся]		потряси́мо[ся]
ви	тряси́ть[ся]		потряси́ть[ся]
він, вона, воно	(не)ха́й трясе́[ться]		(не)ха́й потрясе́[ться]
вони	(не)ха́й трясу́ть[ся]		(не)ха́й потрясу́ть[ся]
ДІЄПРИКМЕТНИКИ — VERBAL ADJECTIVES (PARTICIPLES)			
ACTIVE			
PASSIVE			
ДІЄПРИСЛІВНИКИ — VERBAL ADVERBS			
	трясучи́[сь], тря́сши[сь]		потря́сши[сь]
БЕЗОСОБОВІ ФОРМИ — IMPERSONAL FORMS			

+ accusative:
Ді́ти **трясу́ть** (**тру́сять**) де́рево, і з ньо́го па́дають гру́ші.
Children are shaking the tree, and pears are falling from it.

за + accusative:
Вона́ **потрясла́** (**потруси́ла**) його́ за пле́чі.
She shook him by the shoulders.

Потрясі́ть (**потрусі́ть**) пля́шку пе́ред тим, як налива́ти сік.
Shake the bottle before pouring the juice.

-ся + від + genitive:
Дити́на **трясла́ся** (**труси́лася**) від хо́лоду.
The child was shaking from the cold.

№ 475

Present/Future Stems: **турбу-** | **потурбу-**
Conjugation: **1st (-ють)**

турбува́ти[ся] | потурбува́ти[ся]

to bother, to trouble, to disturb [to worry; to take care]

ОСОБА / PERSON	НЕДОКОНАНИЙ ВИД / IMPERFECTIVE ASPECT	ДОКОНАНИЙ ВИД / PERFECTIVE ASPECT
ТЕПЕРІШНІЙ ЧАС — PRESENT TENSE		
я	турбу́ю[ся]	
ти	турбу́єш[ся]	
він, вона, воно	турбу́є[ться]	
ми	турбу́ємо[ся]	
ви	турбу́єте[ся]	
вони	турбу́ють[ся]	
МИНУЛИЙ ЧАС — PAST TENSE		
він (я, ти)	турбува́в[ся]	потурбува́в[ся]
вона (я, ти)	турбува́ла[ся]	потурбува́ла[ся]
воно	турбува́ло[ся]	потурбува́ло[ся]
вони (ми, ви)	турбува́ли[ся]	потурбува́ли[ся]

МАЙБУТНІЙ ЧАС — FUTURE TENSE

	ANALYTIC	SYNTHETIC	
я	бу́ду турбува́ти[ся]	турбува́тиму[ся]	потурбу́ю[ся]
ти	бу́деш турбува́ти[ся]	турбува́тимеш[ся]	потурбу́єш[ся]
він, вона, воно	бу́де турбува́ти[ся]	турбува́тиме[ться]	потурбу́є[ться]
ми	бу́демо турбува́ти[ся]	турбува́тимемо[ся]	потурбу́ємо[ся]
ви	бу́дете турбува́ти[ся]	турбува́тимете[ся]	потурбу́єте[ся]
вони	бу́дуть турбува́ти[ся]	турбува́тимуть[ся]	потурбу́ють[ся]

	УМОВНИЙ СПОСІБ — CONDITIONAL MOOD	
він (я, ти)	турбува́в[ся] би [б]	потурбува́в[ся] би [б]
вона (я, ти)	турбува́ла[ся] б	потурбува́ла[ся] б
воно	турбува́ло[ся] б	потурбува́ло[ся] б
вони (ми, ви)	турбува́ли[ся] б	потурбува́ли[ся] б

	НАКАЗОВИЙ СПОСІБ — IMPERATIVE MOOD	
ти	турбу́й[ся]	потурбу́й[ся]
ми	турбу́ймо[ся]	потурбу́ймо[ся]
ви	турбу́йте[ся]	потурбу́йте[ся]
він, вона, воно	(не)ха́й турбу́є[ться]	(не)ха́й потурбу́є[ться]
вони	(не)ха́й турбу́ють[ся]	(не)ха́й потурбу́ють[ся]

ДІЄПРИКМЕТНИКИ — VERBAL ADJECTIVES (PARTICIPLES)		
ACTIVE		
PASSIVE		потурбо́ваний

ДІЄПРИСЛІВНИКИ — VERBAL ADVERBS	
турбу́ючи[сь], турбува́вши[сь]	потурбува́вши[сь]

БЕЗОСОБОВІ ФОРМИ — IMPERSONAL FORMS	
	потурбо́вано

+ *accusative*:
Що вас **турбу́є**? — *What is bothering you?*

+ *instrumental*:
Я не хо́чу **турбува́ти** тебе́ свої́ми пробле́мами. — *I do not want to trouble you with my problems.*
Ви́бачте, що **потурбува́в**. — *Sorry for disturbing you.*

-ся + за, про + *accusative*:
Ма́ма **турбу́ється** за (про) майбу́тнє си́на. — *Mom is worried about her son's future.*
Ми **потурбува́лись** про те, щоб у вас була́ найкра́ща кімна́та. — *We took care to provide you with the best room.*

№ 476

тягну́ти[ся], тягти́[ся] | потягну́ти[ся], потягти́[ся]

to drag, to pull [to stretch; to reach for; to last a long time]

Present/Future Stems:
тягн- | потягн-
Conjugation: **1st (-уть)**

ОСОБА PERSON	НЕДОКОНАНИЙ ВИД IMPERFECTIVE ASPECT		ДОКОНАНИЙ ВИД PERFECTIVE ASPECT
\multicolumn{4}{c}{**ТЕПЕРІШНІЙ ЧАС — PRESENT TENSE**}		

	ТЕПЕРІШНІЙ ЧАС — PRESENT TENSE	
я	тягну́[ся]	
ти	тя́гнеш[ся]	
він, вона, воно	тя́гне[ться]	
ми	тя́гнемо[ся]	
ви	тя́гнете[ся]	
вони	тя́гнуть[ся]	

	МИНУЛИЙ ЧАС — PAST TENSE	
він	тягну́в[ся], тя́г[ся]	потягну́в[ся], потя́г[ся]
вона	тягну́ла[ся], тягла́[ся]	потягну́ла[ся], потягла́[ся]
воно	тягну́ло[ся], тягло́[ся]	потягну́ло[ся], потягло́[ся]
вони	тягну́ли[ся], тягли́[ся]	потягну́ли[ся], потягли́[ся]

	МАЙБУТНІЙ ЧАС — FUTURE TENSE		
	ANALYTIC	SYNTHETIC	
я	бу́ду тяг(ну́)ти	тяг(ну́)ти́му[ся]	потягну́[ся]
ти	бу́деш тяг(ну́)ти	тяг(ну́)ти́меш[ся]	потя́гнеш[ся]
він, вона, воно	бу́де тяг(ну́)ти	тяг(ну́)ти́ме[ться]	потя́гне[ться]
ми	бу́демо тяг(ну́)ти	тяг(ну́)ти́мемо[ся]	потя́гнемо[ся]
ви	бу́дете тяг(ну́)ти	тяг(ну́)ти́мете[ся]	потя́гнете[ся]
вони	бу́дуть тяг(ну́)ти	тяг(ну́)ти́муть[ся]	потя́гнуть[ся]

	УМОВНИЙ СПОСІБ — CONDITIONAL MOOD	
він	тяг(ну́в)[ся] би [б]	потя́г(ну́в)[ся] би [б]
вона	тяг(ну́)ла́[ся] б	потяг(ну́)ла́[ся] б
воно	тяг(ну́)ло́[ся] б	потяг(ну́)ло́[ся] б
вони	тяг(ну́)ли́[ся] б	потяг(ну́)ли́[ся] б

	НАКАЗОВИЙ СПОСІБ — IMPERATIVE MOOD	
ти	тягни́[ся]	потягни́[ся]
ми	тягні́мо[ся]	потягні́мо[ся]
ви	тягні́ть[ся]	потягні́ть[ся]
він, вона, воно	(не)ха́й тя́гне[ться]	(не)ха́й потя́гне[ться]
вони	(не)ха́й тя́гнуть[ся]	(не)ха́й потя́гнуть[ся]

	ДІЄПРИКМЕТНИКИ — VERBAL ADJECTIVES (PARTICIPLES)	
ACTIVE		
PASSIVE	тя́гнений, тя́гнутий	потя́гнений, потя́гнутий

	ДІЄПРИСЛІВНИКИ — VERBAL ADVERBS	
	тягну́чи[сь], тягну́вши[сь], тя́гши[сь]	потягну́вши[сь], потя́гши[сь]

	БЕЗОСОБОВІ ФОРМИ — IMPERSONAL FORMS	
	тя́гнено, тя́гнуто	потя́гнено, потя́гнуто

+ accusative + за + accusative:
Малю́к **тя́гне** іграшку за мотузку.
The kid is pulling the toy by the rope.

Вона́ ле́две **тягну́ла** (**тягла́**) но́ги додо́му.
She could hardly drag her legs home.

з + instrumental:
Не **тягни́** з відповіддю.
Do not drag your feet on answering.

-ся + у (в), на + accusative:
Доро́га **тя́гнеться** на со́тні кіломе́трів.
The road stretches for hundreds of kilometers.

-ся + instrumental + до + genitive:
Він **потягну́вся** (**потя́гся**) руко́ю до телефо́на.
He reached his hand towards the phone.

Present/Future Stems: **уника-** | **уникн-**   **уника́ти | уни́кнути**
Conjugation: **1st (-ють) | 1st (-уть)**   *to avoid*

ОСОБА / PERSON	НЕДОКОНАНИЙ ВИД / IMPERFECTIVE ASPECT		ДОКОНАНИЙ ВИД / PERFECTIVE ASPECT
ТЕПЕРІШНІЙ ЧАС — PRESENT TENSE			
я	уника́ю		
ти	уника́єш		
він, вона, воно	уника́є		
ми	уника́ємо		
ви	уника́єте		
вони	уника́ють		
МИНУЛИЙ ЧАС — PAST TENSE			
він (я, ти)	уника́в		уни́кнув, уни́к
вона (я, ти)	уника́ла		уни́кнула, уни́кла
воно	уника́ло		уни́кнуло, уни́кло
вони (ми, ви)	уника́ли		уни́кнули, уни́кли
МАЙБУТНІЙ ЧАС — FUTURE TENSE	ANALYTIC	SYNTHETIC	
я	бу́ду уника́ти	уника́тиму	уни́кну
ти	бу́деш уника́ти	уника́тимеш	уни́кнеш
він, вона, воно	бу́де уника́ти	уника́тиме	уни́кне
ми	бу́демо уника́ти	уника́тимемо	уни́кнемо
ви	бу́дете уника́ти	уника́тимете	уни́кнете
вони	бу́дуть уника́ти	уника́тимуть	уни́кнуть
УМОВНИЙ СПОСІБ — CONDITIONAL MOOD			
він (я, ти)	уника́в би		уни́кнув/уни́к би
вона (я, ти)	уника́ла б		уни́кнула/уни́кла б
воно	уника́ло б		уни́кнуло/уни́кло б
вони (ми, ви)	уника́ли б		уни́кнули/уни́кли б
НАКАЗОВИЙ СПОСІБ — IMPERATIVE MOOD			
ти	уника́й		уни́кни
ми	уника́ймо		уни́кнімо
ви	уника́йте		уни́кніть
він, вона, воно	(не)ха́й уника́є		(не)ха́й уни́кне
вони	(не)ха́й уника́ють		(не)ха́й уни́кнуть
ДІЄПРИКМЕТНИКИ — VERBAL ADJECTIVES (PARTICIPLES)			
ACTIVE			
PASSIVE			
ДІЄПРИСЛІВНИКИ — VERBAL ADVERBS			
	уника́ючи, уника́вши		уни́кнувши, уни́кши
БЕЗОСОБОВІ ФОРМИ — IMPERSONAL FORMS			

+ genitive:

Вона́ **уника́є** зу́стрічі з коли́шнім.   *She avoids meeting her ex.*

Водíй **уни́кнув** (**уни́к**) зіткнення, вча́сно звернувши на узбíччя.   *The driver avoided a collision by turning to the side of the road in time.*

Корупціоне́ри не **уни́кнуть** покара́ння.   *Corruptionists will not escape punishment.*

Уника́йте конта́ктів з людьми́ під час каранти́ну.   *Avoid contact with people during quarantine.*

№ 478

усвідо́млювати | усвідо́мити

to realize; to comprehend

Present/Future Stems: **усвідомлю-** | **усвідом(л)-**
Conjugation: **1st (-ють)** | **2nd (-ять)**

ОСОБА / PERSON	НЕДОКОНАНИЙ ВИД / IMPERFECTIVE ASPECT		ДОКОНАНИЙ ВИД / PERFECTIVE ASPECT
ТЕПЕРІШНІЙ ЧАС — PRESENT TENSE			
я	усвідомлюю		
ти	усвідомлюєш		
він, вона, воно	усвідомлює		
ми	усвідомлюємо		
ви	усвідомлюєте		
вони	усвідомлюють		
МИНУЛИЙ ЧАС — PAST TENSE			
він (я, ти)	усвідомлював		усвідомив
вона (я, ти)	усвідомлювала		усвідомила
воно	усвідомлювало		усвідомило
вони (ми, ви)	усвідомлювали		усвідомили
МАЙБУТНІЙ ЧАС — FUTURE TENSE			
	ANALYTIC	SYNTHETIC	
я	буду усвідомлювати	усвідомлюватиму	усвідомлю
ти	будеш усвідомлювати	усвідомлюватимеш	усвідомиш
він, вона, воно	буде усвідомлювати	усвідомлюватиме	усвідомить
ми	будемо усвідомлювати	усвідомлюватимемо	усвідомимо
ви	будете усвідомлювати	усвідомлюватимете	усвідомите
вони	будуть усвідомлювати	усвідомлюватимуть	усвідомлять
УМОВНИЙ СПОСІБ — CONDITIONAL MOOD			
він (я, ти)	усвідомлював би		усвідомив би
вона (я, ти)	усвідомлювала б		усвідомила б
воно	усвідомлювало б		усвідомило б
вони (ми, ви)	усвідомлювали б		усвідомили б
НАКАЗОВИЙ СПОСІБ — IMPERATIVE MOOD			
ти	усвідомлюй		усвідом
ми	усвідомлюймо		усвідоммо
ви	усвідомлюйте		усвідомте
він, вона, воно	(не)хай усвідомлює		(не)хай усвідомить
вони	(не)хай усвідомлюють		(не)хай усвідомлять
ДІЄПРИКМЕТНИКИ — VERBAL ADJECTIVES (PARTICIPLES)			
ACTIVE			
PASSIVE	усвідомлюваний		усвідомлений
ДІЄПРИСЛІВНИКИ — VERBAL ADVERBS			
	усвідомлюючи, усвідомлювавши		усвідомивши
БЕЗОСОБОВІ ФОРМИ — IMPERSONAL FORMS			
	усвідомлювано		усвідомлено

+ accusative:

Ва́жко **усвідо́мити** поня́ття мультивсе́світу.
It is difficult to comprehend the concept of a multiverse.

Вона́ не **усвідо́млювала** ці́нності свої́х дитя́чих фотогра́фій, по́ки сама́ не ста́ла ма́мою.
She did not realize the value of her childhood photos until she became a mother herself.

Ми з жа́хом **усвідо́мили**, наскі́льки ми помиля́лись.
We were horrified to realize how wrong we were.

Усвідо́мивши свою́ по́ми́лку, дівчина попроси́ла ви́бачення.
Having realized her mistake, the girl apologized.

№ 479

Present/Future Stems: **усміха-..-ся | усміхн-..-ся**
Conjugation: **1st (-ють) | 1st (-уть)**

усміха́тися | усміхну́тися
to smile

Also: **посміха́тися | посміхну́тися** *(to smile ironically)*

ОСОБА PERSON	НЕДОКОНАНИЙ ВИД IMPERFECTIVE ASPECT		ДОКОНАНИЙ ВИД PERFECTIVE ASPECT
ТЕПЕРІШНІЙ ЧАС — PRESENT TENSE			
я	усміха́юся		
ти	усміха́єшся		
він, вона, воно	усміха́ється		
ми	усміха́ємося		
ви	усміха́єтеся		
вони	усміха́ються		
МИНУЛИЙ ЧАС — PAST TENSE			
він (я, ти)	усміха́вся		усміхну́вся
вона (я, ти)	усміха́лася		усміхну́лася
воно	усміха́лося		усміхну́лося
вони (ми, ви)	усміха́лися		усміхну́лися
МАЙБУТНІЙ ЧАС — FUTURE TENSE			
	ANALYTIC	SYNTHETIC	
я	бу́ду усміха́тися	усміха́тимуся	усміхну́ся
ти	бу́деш усміха́тися	усміха́тимешся	усміхне́шся
він, вона, воно	бу́де усміха́тися	усміха́тиметься	усміхне́ться
ми	бу́демо усміха́тися	усміха́тимемося	усміхне́мо́ся
ви	бу́дете усміха́тися	усміха́тиметеся	усміхне́те́ся
вони	бу́дуть усміха́тися	усміха́тимуться	усміхну́ться
УМОВНИЙ СПОСІБ — CONDITIONAL MOOD			
він (я, ти)	усміха́вся б		усміхну́вся б
вона (я, ти)	усміха́лася б		усміхну́лася б
воно	усміха́лося б		усміхну́лося б
вони (ми, ви)	усміха́лися б		усміхну́лися б
НАКАЗОВИЙ СПОСІБ — IMPERATIVE MOOD			
ти	усміха́йся		усміхни́ся
ми	усміха́ймося		усміхні́мося
ви	усміха́йтеся		усміхні́ться
він, вона, воно	(не)ха́й усміха́ється		(не)ха́й усміхне́ться
вони	(не)ха́й усміха́ються		(не)ха́й усміхну́ться
ДІЄПРИКМЕТНИКИ — VERBAL ADJECTIVES (PARTICIPLES)			
ACTIVE			
PASSIVE			
ДІЄПРИСЛІВНИКИ — VERBAL ADVERBS			
	усміха́ючись, усміха́вшись		усміхну́вшись
БЕЗОСОБОВІ ФОРМИ — IMPERSONAL FORMS			

Він за́вжди **усміха́ється**.
He is always smiling.

від + *genitive*:
Под́руга ши́роко **усміха́лася** від ща́стя.
My friend was smiling widely with happiness.

+ *dative* = **до** + *genitive*:
Несподі́вано вона́ **усміхну́лася** йому́ (до ньо́го).
Suddenly, she smiled at him.

Він глузли́во **посміхну́вся** й похита́в голово́ю.
He smirked mockingly and shook his head.

Усміхні́ться, я фотографу́ю!
Smile, I am taking a photo!

утво́рювати[ся] | утвори́ти[ся]

to form, to create, to establish [to be formed]

Present/Future Stems: **утворю-** | **утвор-**
Conjugation: **1st (-ють)** | **2nd (-ять)**

ОСОБА / PERSON	НЕДОКОНАНИЙ ВИД / IMPERFECTIVE ASPECT		ДОКОНАНИЙ ВИД / PERFECTIVE ASPECT
ТЕПЕРІШНІЙ ЧАС — PRESENT TENSE			
я	утво́рюю		
ти	утво́рюєш		
він, вона, воно	утво́рює[ться]		
ми	утво́рюємо		
ви	утво́рюєте		
вони	утво́рюють[ся]		
МИНУЛИЙ ЧАС — PAST TENSE			
він (я, ти)	утво́рював[ся]		утвори́в[ся]
вона (я, ти)	утво́рювала[ся]		утвори́ла[ся]
воно	утво́рювало[ся]		утвори́ло[ся]
вони (ми, ви)	утво́рювали[ся]		утвори́ли[ся]
МАЙБУТНІЙ ЧАС — FUTURE TENSE			
	ANALYTIC	SYNTHETIC	
я	бу́ду утво́рювати	утво́рюватиму	утворю́
ти	бу́деш утво́рювати	утво́рюватимеш	утво́риш
він, вона, воно	бу́де утво́рювати[ся]	утво́рюватиме[ться]	утво́рить[ся]
ми	бу́демо утво́рювати	утво́рюватимемо	утво́римо
ви	бу́дете утво́рювати	утво́рюватимете	утво́рите
вони	бу́дуть утво́рювати[ся]	утво́рюватимуть[ся]	утво́рять[ся]
УМОВНИЙ СПОСІБ — CONDITIONAL MOOD			
він (я, ти)	утво́рював[ся] би [б]		утвори́в[ся] би [б]
вона (я, ти)	утво́рювала[ся] б		утвори́ла[ся] б
воно	утво́рювало[ся] б		утвори́ло[ся] б
вони (ми, ви)	утво́рювали[ся] б		утвори́ли[ся] б
НАКАЗОВИЙ СПОСІБ — IMPERATIVE MOOD			
ти	утво́рюй		утвори́
ми	утво́рюймо		утворі́мо
ви	утво́рюйте		утворі́ть
він, вона, воно	(не)ха́й утво́рює[ться]		(не)ха́й утво́рить[ся]
вони	(не)ха́й утво́рюють[ся]		(не)ха́й утво́рять[ся]
ДІЄПРИКМЕТНИКИ — VERBAL ADJECTIVES (PARTICIPLES)			
ACTIVE			
PASSIVE	утво́рюваний		утво́рений
ДІЄПРИСЛІВНИКИ — VERBAL ADVERBS			
	утво́рюючи[сь], утво́рювавши[сь]		утвори́вши[сь]
БЕЗОСОБОВІ ФОРМИ — IMPERSONAL FORMS			
	утво́рювано		утво́рено

+ accusative:

Дзвінкі́ та глухі́ приголо́сні **утво́рюють** па́ри: [д] — [т], [з] — [с] то́що.
Voiced and unvoiced consonants form pairs: /d/ — /t/, /z/ — /s/, etc.

У 2019 ро́ці Кабмі́н **утвори́в** комі́сію зі станда́ртів украї́нської мо́ви.
In 2019, the Cabinet of Ministers established a commission on Ukrainian language standards.

Ра́зом ми **утво́римо** бі́льшість.
Together we will form the majority.

Голосні́ зву́ки **утво́рюються** за допомо́гою го́лосу.
Vowel sounds are formed with the help of the voice.

У результа́ті **утвори́лося** за́мкнуте ко́ло.
As a result, a vicious circle was formed.

№ 481

Present/Future Stems: **уявля- | уяв(л)-** **уявля́ти[ся] | уяви́ти[ся]**
Conjugation: **1st (-ють) | 2nd (-ять)** *to imagine, to picture [to be imagined]*

ОСОБА / PERSON	НЕДОКОНАНИЙ ВИД / IMPERFECTIVE ASPECT		ДОКОНАНИЙ ВИД / PERFECTIVE ASPECT
ТЕПЕРІШНІЙ ЧАС — PRESENT TENSE			
я	уявля́ю		
ти	уявля́єш		
він, вона, воно	уявля́є[ться]		
ми	уявля́ємо		
ви	уявля́єте		
вони	уявля́ють[ся]		
МИНУЛИЙ ЧАС — PAST TENSE			
він (я, ти)	уявля́в[ся]		уяви́в[ся]
вона (я, ти)	уявля́ла[ся]		уяви́ла[ся]
воно	уявля́ло[ся]		уяви́ло[ся]
вони (ми, ви)	уявля́ли[ся]		уяви́ли[ся]
МАЙБУТНІЙ ЧАС — FUTURE TENSE			
	ANALYTIC	SYNTHETIC	
я	бу́ду уявля́ти	уявля́тиму	уявлю́
ти	бу́деш уявля́ти	уявля́тимеш	уя́виш
він, вона, воно	бу́де уявля́ти[ся]	уявля́тиме[ться]	уя́вить[ся]
ми	бу́демо уявля́ти	уявля́тимемо	уя́вимо
ви	бу́дете уявля́ти	уявля́тимете	уя́вите
вони	бу́дуть уявля́ти[ся]	уявля́тимуть[ся]	уя́влять[ся]
УМОВНИЙ СПОСІБ — CONDITIONAL MOOD			
він (я, ти)	уявля́в[ся] би [б]		уяви́в[ся] би [б]
вона (я, ти)	уявля́ла[ся] б		уяви́ла[ся] б
воно	уявля́ло[ся] б		уяви́ло[ся] б
вони (ми, ви)	уявля́ли[ся] б		уяви́ли[ся] б
НАКАЗОВИЙ СПОСІБ — IMPERATIVE MOOD			
ти	уявля́й		уяви́
ми	уявля́ймо		уяві́мо
ви	уявля́йте		уяві́ть
він, вона, воно	(не)ха́й уявля́є[ться]		(не)ха́й уя́вить[ся]
вони	(не)ха́й уявля́ють[ся]		(не)ха́й уя́влять[ся]
ДІЄПРИКМЕТНИКИ — VERBAL ADJECTIVES (PARTICIPLES)			
ACTIVE			
PASSIVE	уя́влюваний		уя́влений
ДІЄПРИСЛІВНИКИ — VERBAL ADVERBS			
	уявля́ючи[сь], уявля́вши[сь]		уяви́вши[сь]
БЕЗОСОБОВІ ФОРМИ — IMPERSONAL FORMS			
	уя́влювано		уя́влено

+ accusative:
Ва́жко **уяви́ти** життя́ без техноло́гій.   *It is hard to imagine life without technology.*
Він пере́їхав до Австра́лії. **Уявля́єш?**   *He moved to Australia. Can you imagine?*

+ instrumental:
Вона́ на мить **уяви́ла** себе́ президе́нтом компа́нії.   *For a moment, she imagined herself as the company's president.*

dative + -ся + nominative:
Як вам **уявля́ється** життя́ че́рез сто ро́ків?   *How do you imagine life in a hundred years?*

№ 482

фарбува́ти[ся] | пофарбува́ти[ся], нафарбува́ти[ся]

*to paint [to dye hair (***пофарбува́тися***); to put makeup (***нафарбува́тися***)]*

Present/Future Stems:
фарбу- | **пофарбу-**
Conjugation: **1st (-ють)**

ОСО́БА PERSON	НЕДОКО́НАНИЙ ВИД IMPERFECTIVE ASPECT		ДОКО́НАНИЙ ВИД PERFECTIVE ASPECT
ТЕПЕ́РІШНІЙ ЧАС — PRESENT TENSE			
я	фарбу́ю[ся]		
ти	фарбу́єш[ся]		
він, вона́, воно́	фарбу́є[ться]		
ми	фарбу́ємо[ся]		
ви	фарбу́єте[ся]		
вони́	фарбу́ють[ся]		
МИНУ́ЛИЙ ЧАС — PAST TENSE			
він (я, ти)	фарбува́в[ся]		пофарбува́в[ся]
вона́ (я, ти)	фарбува́ла[ся]		пофарбува́ла[ся]
воно́	фарбува́ло[ся]		пофарбува́ло[ся]
вони́ (ми, ви)	фарбува́ли[ся]		пофарбува́ли[ся]
МАЙБУ́ТНІЙ ЧАС — FUTURE TENSE			
	ANALYTIC	SYNTHETIC	
я	бу́ду фарбува́ти[ся]	фарбува́тиму[ся]	пофарбу́ю[ся]
ти	бу́деш фарбува́ти[ся]	фарбува́тимеш[ся]	пофарбу́єш[ся]
він, вона́, воно́	бу́де фарбува́ти[ся]	фарбува́тиме[ться]	пофарбу́є[ться]
ми	бу́демо фарбува́ти[ся]	фарбува́тимемо[ся]	пофарбу́ємо[ся]
ви	бу́дете фарбува́ти[ся]	фарбува́тимете[ся]	пофарбу́єте[ся]
вони́	бу́дуть фарбува́ти[ся]	фарбува́тимуть[ся]	пофарбу́ють[ся]
УМО́ВНИЙ СПО́СІБ — CONDITIONAL MOOD			
він (я, ти)	фарбува́в[ся] би [б]		пофарбува́в[ся] би [б]
вона́ (я, ти)	фарбува́ла[ся] б		пофарбува́ла[ся] б
воно́	фарбува́ло[ся] б		пофарбува́ло[ся] б
вони́ (ми, ви)	фарбува́ли[ся] б		пофарбува́ли[ся] б
НАКАЗО́ВИЙ СПО́СІБ — IMPERATIVE MOOD			
ти	фарбу́й[ся]		пофарбу́й[ся]
ми	фарбу́ймо[ся]		пофарбу́ймо[ся]
ви	фарбу́йте[ся]		пофарбу́йте[ся]
він, вона́, воно́	(не)ха́й фарбу́є[ться]		(не)ха́й пофарбу́є[ться]
вони́	(не)ха́й фарбу́ють[ся]		(не)ха́й пофарбу́ють[ся]
ДІЄПРИКМЕ́ТНИКИ — VERBAL ADJECTIVES (PARTICIPLES)			
ACTIVE			
PASSIVE	фарбо́ваний		пофарбо́ваний
ДІЄПРИСЛІ́ВНИКИ — VERBAL ADVERBS			
	фарбу́ючи[сь], фарбува́вши[сь]		пофарбува́вши[сь]
БЕЗОСОБО́ВІ ФО́РМИ — IMPERSONAL FORMS			
	фарбо́вано		пофарбо́вано

+ accusative:
Ми **фарбу́ємо** цей парка́н ко́жного лі́та. — *We paint this fence every summer.*

у (в) + accusative:
Він **пофарбува́в** у бузко́вий ко́лір кімна́ту до́ньки. — *He painted his daughter's room in lilac color.*

+ instrumental:
Дівчина **нафарбува́ла** гу́би черво́ною пома́дою. — *The girl painted her lips with red lipstick.*
Вона́ зроби́ла за́чіску й **нафарбува́лась**. — *She styled her hair and applied makeup.*

-ся + у (в) + accusative:
Він зміни́в о́браз, **пофарбува́вшись** у руди́й ко́лір. — *He changed his image, dyeing his hair red.*

№ 483

Present/Future Stems: форму- | сформу-
Conjugation: **1st (-ють)**

формувáти[ся] | сформувáти[ся]

to form sth, to shape sth [to form]

ОСОБА / PERSON	НЕДОКОНАНИЙ ВИД / IMPERFECTIVE ASPECT		ДОКОНАНИЙ ВИД / PERFECTIVE ASPECT
ТЕПЕРІШНІЙ ЧАС — PRESENT TENSE			
я	формýю[ся]		
ти	формýєш[ся]		
він, вона, воно	формýє[ться]		
ми	формýємо[ся]		
ви	формýєте[ся]		
вони	формýють[ся]		
МИНУЛИЙ ЧАС — PAST TENSE			
він (я, ти)	формувáв[ся]		сформувáв[ся]
вона (я, ти)	формувáла[ся]		сформувáла[ся]
воно	формувáло[ся]		сформувáло[ся]
вони (ми, ви)	формувáли[ся]		сформувáли[ся]
МАЙБУТНІЙ ЧАС — FUTURE TENSE			
	ANALYTIC	SYNTHETIC	
я	бýду формувáти[ся]	формувáтиму[ся]	сформýю[ся]
ти	бýдеш формувáти[ся]	формувáтимеш[ся]	сформýєш[ся]
він, вона, воно	бýде формувáти[ся]	формувáтиме[ться]	сформýє[ться]
ми	бýдемо формувáти[ся]	формувáтимемо[ся]	сформýємо[ся]
ви	бýдете формувáти[ся]	формувáтимете[ся]	сформýєте[ся]
вони	бýдуть формувáти[ся]	формувáтимуть[ся]	сформýють[ся]
УМОВНИЙ СПОСІБ — CONDITIONAL MOOD			
він (я, ти)	формувáв[ся] би [б]		сформувáв[ся] би [б]
вона (я, ти)	формувáла[ся] б		сформувáла[ся] б
воно	формувáло[ся] б		сформувáло[ся] б
вони (ми, ви)	формувáли[ся] б		сформувáли[ся] б
НАКАЗОВИЙ СПОСІБ — IMPERATIVE MOOD			
ти	формýй[ся]		сформýй[ся]
ми	формýймо[ся]		сформýймо[ся]
ви	формýйте[ся]		сформýйте[ся]
він, вона, воно	(не)хáй формýє[ться]		(не)хáй сформýє[ться]
вони	(не)хáй формýють[ся]		(не)хáй сформýють[ся]
ДІЄПРИКМЕТНИКИ — VERBAL ADJECTIVES (PARTICIPLES)			
ACTIVE			
PASSIVE	формóваний		сформóваний
ДІЄПРИСЛІВНИКИ — VERBAL ADVERBS			
	формýючи[сь], формувáвши[сь]		сформувáвши[сь]
БЕЗОСОБОВІ ФОРМИ — IMPERSONAL FORMS			
	формóвано		сформóвано

+ accusative:

Прем'є-мінíстр **формýє** склад Кабінéту Міністрів Украïни.
The Prime Minister forms the composition of the Cabinet of Ministers of Ukraine.

Нарéшті ми **сформувáли** чіткий план дій.
Finally, we formed a clear action plan.

у (в) + accusative:

Сформýйте тíсто в невеликі кýльки.
Shape the dough into small balls.

Погáні звички **формýються** швидко.
Bad habits form quickly.

-ся + у (в), на + locative:

Нарéшті в парлáменті **сформувáлася** бíльшість.
Finally, a majority was formed in the parliament.

№ 484

фотографува́ти[ся] | сфотографува́ти[ся]
to photograph, to take a picture (of) [to take a picture (with)]

Present/Future Stems:
фотографу- | сфотографу-
Conjugation: **1st (-ють)**

ОСОБА / PERSON	НЕДОКОНАНИЙ ВИД / IMPERFECTIVE ASPECT		ДОКОНАНИЙ ВИД / PERFECTIVE ASPECT
ТЕПЕРІШНІЙ ЧАС — PRESENT TENSE			
я	фотографу́ю[ся]		
ти	фотографу́єш[ся]		
він, вона, воно	фотографу́є[ться]		
ми	фотографу́ємо[ся]		
ви	фотографу́єте[ся]		
вони	фотографу́ють[ся]		
МИНУЛИЙ ЧАС — PAST TENSE			
він (я, ти)	фотографува́в[ся]		сфотографува́в[ся]
вона (я, ти)	фотографува́ла[ся]		сфотографува́ла[ся]
воно	фотографува́ло[ся]		сфотографува́ло[ся]
вони (ми, ви)	фотографува́ли[ся]		сфотографува́ли[ся]
МАЙБУТНІЙ ЧАС — FUTURE TENSE	ANALYTIC	SYNTHETIC	
я	бу́ду фотографува́ти[ся]	фотографува́тиму[ся]	сфотографу́ю[ся]
ти	бу́деш фотографува́ти[ся]	фотографува́тимеш[ся]	сфотографу́єш[ся]
він, вона, воно	бу́де фотографува́ти[ся]	фотографува́тиме[ться]	сфотографу́є[ться]
ми	бу́демо фотографува́ти[ся]	фотографува́тимемо[ся]	сфотографу́ємо[ся]
ви	бу́дете фотографува́ти[ся]	фотографува́тимете[ся]	сфотографу́єте[ся]
вони	бу́дуть фотографува́ти[ся]	фотографува́тимуть[ся]	сфотографу́ють[ся]
УМОВНИЙ СПОСІБ — CONDITIONAL MOOD			
він (я, ти)	фотографува́в[ся] би [б]		сфотографува́в[ся] би [б]
вона (я, ти)	фотографува́ла[ся] б		сфотографува́ла[ся] б
воно	фотографува́ло[ся] б		сфотографува́ло[ся] б
вони (ми, ви)	фотографува́ли[ся] б		сфотографува́ли[ся] б
НАКАЗОВИЙ СПОСІБ — IMPERATIVE MOOD			
ти	фотографу́й[ся]		сфотографу́й[ся]
ми	фотографу́ймо[ся]		сфотографу́ймо[ся]
ви	фотографу́йте[ся]		сфотографу́йте[ся]
він, вона, воно	(не)ха́й фотографу́є[ться]		(не)ха́й сфотографу́є[ться]
вони	(не)ха́й фотографу́ють[ся]		(не)ха́й сфотографу́ють[ся]
ДІЄПРИКМЕТНИКИ — VERBAL ADJECTIVES (PARTICIPLES)			
ACTIVE			
PASSIVE	фотогра́фований		сфотогра́фований
ДІЄПРИСЛІВНИКИ — VERBAL ADVERBS			
	фотографу́ючи[сь], фотографува́вши[сь]		сфотографува́вши[сь]
БЕЗОСОБОВІ ФОРМИ — IMPERSONAL FORMS			
	фотогра́фовано		сфотогра́фовано

+ accusative:
Моя́ сестра́ **фотографу́є** все, що ті́льки мо́жна. *My sister takes pictures of everything she can.*
Нас **сфотографува́в** перехо́жий. *A passerby took a picture of us.*

на + accusative:
Під час пої́здки я **фотографува́тиму** (**бу́ду фотографува́ти**) на нови́й фотоапара́т. *During the trip, I will take pictures with a new camera.*
Сфотографу́йте нас, будь ла́ска! *Please take a photo of us!*

з (із, зі) + instrumental:
Вона́ ча́сто **фотографу́ється** з відо́мими людьми́. *She often takes pictures with famous people.*

Present/Future Stems: **функціону-** | **зафункціону-** **функціонува́ти** | **зафункціонува́ти**
Conjugation: **1st (-ють)**   *to function, to run*

ОСОБА / PERSON	НЕДОКОНАНИЙ ВИД / IMPERFECTIVE ASPECT		ДОКОНАНИЙ ВИД / PERFECTIVE ASPECT
ТЕПЕРІШНІЙ ЧАС — PRESENT TENSE			
я	функціону́ю		
ти	функціону́єш		
він, вона, воно	функціону́є		
ми	функціону́ємо		
ви	функціону́єте		
вони	функціону́ють		
МИНУЛИЙ ЧАС — PAST TENSE			
він (я, ти)	функціонува́в		зафункціонува́в
вона (я, ти)	функціонува́ла		зафункціонува́ла
воно	функціонува́ло		зафункціонува́ло
вони (ми, ви)	функціонува́ли		зафункціонува́ли
МАЙБУТНІЙ ЧАС — FUTURE TENSE			
	ANALYTIC	SYNTHETIC	
я	бу́ду функціонува́ти	функціонува́тиму	зафункціону́ю
ти	бу́деш функціонува́ти	функціонува́тимеш	зафункціону́єш
він, вона, воно	бу́де функціонува́ти	функціонува́тиме	зафункціону́є
ми	бу́демо функціонува́ти	функціонува́тимемо	зафункціону́ємо
ви	бу́дете функціонува́ти	функціонува́тимете	зафункціону́єте
вони	бу́дуть функціонува́ти	функціонува́тимуть	зафункціону́ють
УМОВНИЙ СПОСІБ — CONDITIONAL MOOD			
він (я, ти)	функціонува́в би		зафункціонува́в би
вона (я, ти)	функціонува́ла б		зафункціонува́ла б
воно	функціонува́ло б		зафункціонува́ло б
вони (ми, ви)	функціонува́ли б		зафункціонува́ли б
НАКАЗОВИЙ СПОСІБ — IMPERATIVE MOOD			
ти	функціону́й		зафункціону́й
ми	функціону́ймо		зафункціону́ймо
ви	функціону́йте		зафункціону́йте
він, вона, воно	(не)ха́й функціону́є		(не)ха́й зафункціону́є
вони	(не)ха́й функціону́ють		(не)ха́й зафункціону́ють
ДІЄПРИКМЕТНИКИ — VERBAL ADJECTIVES (PARTICIPLES)			
ACTIVE			
PASSIVE			
ДІЄПРИСЛІВНИКИ — VERBAL ADVERBS			
	функціону́ючи, функціонува́вши		зафункціонува́вши
БЕЗОСОБОВІ ФОРМИ — IMPERSONAL FORMS			

Ва́ше се́рце **функціону́є**, як тре́ба.
Your heart is functioning as it should.

Прит́улок для твари́н **функціонува́в** неофіці́йно.
The animal shelter functioned unofficially.

Оно́влений сайт повноці́нно **зафункціону́є** пе́ршого ве́ресня.
The updated website will be fully operational on September 1.

як + *nominative*:
Функціону́ючи як оборо́нна спору́да, за́мок ча́сто зазнава́в руйнува́нь.
Functioning as a defensive structure, the castle was often subjected to destruction.

№ 486

хвали́ти[ся] | похвали́ти[ся]

to praise [to boast, to brag]

Present/Future Stems: **хвал- | похвал-**
Conjugation: **2nd (-ять)**

ОСОБА / PERSON	НЕДОКОНАНИЙ ВИД / IMPERFECTIVE ASPECT		ДОКОНАНИЙ ВИД / PERFECTIVE ASPECT
ТЕПЕРІШНІЙ ЧАС — PRESENT TENSE			
я	хвалю́[ся]		
ти	хва́лиш[ся]		
він, вона, воно	хва́лить[ся]		
ми	хва́лимо[ся]		
ви	хва́лите[ся]		
вони	хва́лять[ся]		
МИНУЛИЙ ЧАС — PAST TENSE			
він (я, ти)	хвали́в[ся]		похвали́в[ся]
вона (я, ти)	хвали́ла[ся]		похвали́ла[ся]
воно	хвали́ло[ся]		похвали́ло[ся]
вони (ми, ви)	хвали́ли[ся]		похвали́ли[ся]
МАЙБУТНІЙ ЧАС — FUTURE TENSE			
	ANALYTIC	SYNTHETIC	
я	бу́ду хвали́ти[ся]	хвали́тиму[ся]	похвалю́[ся]
ти	бу́деш хвали́ти[ся]	хвали́тимеш[ся]	похва́лиш[ся]
він, вона, воно	бу́де хвали́ти[ся]	хвали́тиме[ться]	похва́лить[ся]
ми	бу́демо хвали́ти[ся]	хвали́тимемо[ся]	похва́лимо[ся]
ви	бу́дете хвали́ти[ся]	хвали́тимете[ся]	похва́лите[ся]
вони	бу́дуть хвали́ти[ся]	хвали́тимуть[ся]	похва́лять[ся]
УМОВНИЙ СПОСІБ — CONDITIONAL MOOD			
він (я, ти)	хвали́в[ся] би [б]		похвали́в[ся] би [б]
вона (я, ти)	хвали́ла[ся] б		похвали́ла[ся] б
воно	хвали́ло[ся] б		похвали́ло[ся] б
вони (ми, ви)	хвали́ли[ся] б		похвали́ли[ся] б
НАКАЗОВИЙ СПОСІБ — IMPERATIVE MOOD			
ти	хвали́[ся]		похвали́[ся]
ми	хвалі́мо[ся]		похвалі́мо[ся]
ви	хвалі́ть[ся]		похвалі́ть[ся]
він, вона, воно	(не)ха́й хва́лить[ся]		(не)ха́й похва́лить[ся]
вони	(не)ха́й хва́лять[ся]		(не)ха́й похва́лять[ся]
ДІЄПРИКМЕТНИКИ — VERBAL ADJECTIVES (PARTICIPLES)			
ACTIVE			
PASSIVE	хва́лений		похва́лений
ДІЄПРИСЛІВНИКИ — VERBAL ADVERBS			
	хва́лячи[сь], хвали́вши[сь]		похвали́вши[сь]
БЕЗОСОБОВІ ФОРМИ — IMPERSONAL FORMS			
	хва́лено		похва́лено

+ accusative:
Учителі́ ча́сто **хва́лять** мою́ моло́дшу сестру́.
Teachers often praise my younger sister.

за + accusative:
Ме́неджер **похвали́в** кома́нду за чудо́ву робо́ту.
The manager praised the team for their excellent work.

Якщо́ сам себе́ не **похва́лиш** — ніхто́ тебе́ не **похва́лить** (прислів'я).
If you do not praise yourself, nobody will praise you (proverb).

-ся + dative + instrumental:
Вона́ **похвали́лася** дру́зям нове́ньким а́вто.
She bragged to her friends about her new car.

№ 487

Present/Future Stems: **хвилюва́ти[ся] | розхвилюва́ти[ся], схвилюва́ти[ся]**
хвилю- | розхвилю-
Conjugation: **1st (-ють)**   *to worry sb, to concern sb, to agitate sb [to worry, to be nervous]*

ОСОБА / PERSON	НЕДОКОНАНИЙ ВИД / IMPERFECTIVE ASPECT		ДОКОНАНИЙ ВИД / PERFECTIVE ASPECT
ТЕПЕРІШНІЙ ЧАС — PRESENT TENSE			
я	хвилю́ю[ся]		
ти	хвилю́єш[ся]		
він, вона, воно	хвилю́є[ться]		
ми	хвилю́ємо[ся]		
ви	хвилю́єте[ся]		
вони	хвилю́ють[ся]		
МИНУЛИЙ ЧАС — PAST TENSE			
він (я, ти)	хвилюва́в[ся]		розхвилюва́в[ся]
вона (я, ти)	хвилюва́ла[ся]		розхвилюва́ла[ся]
воно	хвилюва́ло[ся]		розхвилюва́ло[ся]
вони (ми, ви)	хвилюва́ли[ся]		розхвилюва́ли[ся]
МАЙБУТНІЙ ЧАС — FUTURE TENSE			
	ANALYTIC	SYNTHETIC	
я	бу́ду хвилюва́ти[ся]	хвилюва́тиму[ся]	розхвилю́ю[ся]
ти	бу́деш хвилюва́ти[ся]	хвилюва́тимеш[ся]	розхвилю́єш[ся]
він, вона, воно	бу́де хвилюва́ти[ся]	хвилюва́тиме[ться]	розхвилю́є[ться]
ми	бу́демо хвилюва́ти[ся]	хвилюва́тимемо[ся]	розхвилю́ємо[ся]
ви	бу́дете хвилюва́ти[ся]	хвилюва́тимете[ся]	розхвилю́єте[ся]
вони	бу́дуть хвилюва́ти[ся]	хвилюва́тимуть[ся]	розхвилю́ють[ся]
УМОВНИЙ СПОСІБ — CONDITIONAL MOOD			
він (я, ти)	хвилюва́в[ся] би [б]		розхвилюва́в[ся] би [б]
вона (я, ти)	хвилюва́ла[ся] б		розхвилюва́ла[ся] б
воно	хвилюва́ло[ся] б		розхвилюва́ло[ся] б
вони (ми, ви)	хвилюва́ли[ся] б		розхвилюва́ли[ся] б
НАКАЗОВИЙ СПОСІБ — IMPERATIVE MOOD			
ти	хвилю́й[ся]		розхвилю́й[ся]
ми	хвилю́ймо[ся]		розхвилю́ймо[ся]
ви	хвилю́йте[ся]		розхвилю́йте[ся]
він, вона, воно	(не)ха́й хвилю́є[ться]		(не)ха́й розхвилю́є[ться]
вони	(не)ха́й хвилю́ють[ся]		(не)ха́й розхвилю́ють[ся]
ДІЄПРИКМЕТНИКИ — VERBAL ADJECTIVES (PARTICIPLES)			
ACTIVE			
PASSIVE			розхвильо́ваний
ДІЄПРИСЛІВНИКИ — VERBAL ADVERBS			
	хвилю́ючи[сь], хвилюва́вши[сь]		розхвилюва́вши[сь]
БЕЗОСОБОВІ ФОРМИ — IMPERSONAL FORMS			
			розхвильо́вано

+ accusative:
Це пита́ння **хвилю́є** мене́ найбі́льше. — *This question concerns me the most.*

Розхвильо́ваний (**схвильо́ваний**) ба́тько чека́в під кабіне́том лі́каря. — *The agitated father was waiting outside the doctor's office.*

за + accusative:
Я **хвилю́юся** за вас, коли ви не прихо́дите вча́сно додо́му. — *I worry about you when you do not come home on time.*

Він ду́же **розхвилюва́вся** на співбе́сіді. — *He became very nervous at the interview.*

Не **хвилю́йтеся**, ми все з'ясу́ємо. — *Don't worry, we will figure it all out.*

хворíти | захворíти

to be ill, to get sick

Present/Future Stems: хворі- | захворі-
Conjugation: 1st (-ють)

ОСОБА / PERSON	НЕДОКОНАНИЙ ВИД / IMPERFECTIVE ASPECT		ДОКОНАНИЙ ВИД / PERFECTIVE ASPECT
ТЕПЕРІШНІЙ ЧАС — PRESENT TENSE			
я	хворíю		
ти	хворíєш		
він, вона, воно	хворíє		
ми	хворíємо		
ви	хворíєте		
вони	хворíють		
МИНУЛИЙ ЧАС — PAST TENSE			
він (я, ти)	хворíв		захворíв
вона (я, ти)	хворíла		захворíла
воно	хворíло		захворíло
вони (ми, ви)	хворíли		захворíли
МАЙБУТНІЙ ЧАС — FUTURE TENSE	ANALYTIC	SYNTHETIC	
я	бýду хворíти	хворíтиму	захворíю
ти	бýдеш хворíти	хворíтимеш	захворíєш
він, вона, воно	бýде хворíти	хворíтиме	захворíє
ми	бýдемо хворíти	хворíтимемо	захворíємо
ви	бýдете хворíти	хворíтимете	захворíєте
вони	бýдуть хворíти	хворíтимуть	захворíють
УМОВНИЙ СПОСІБ — CONDITIONAL MOOD			
він (я, ти)	хворíв би		захворíв би
вона (я, ти)	хворíла б		захворíла б
воно	хворíло б		захворíло б
вони (ми, ви)	хворíли б		захворíли б
НАКАЗОВИЙ СПОСІБ — IMPERATIVE MOOD			
ти	хворíй		захворíй
ми	хворíймо		захворíймо
ви	хворíйте		захворíйте
він, вона, воно	(не)хáй хворíє		(не)хáй захворíє
вони	(не)хáй хворíють		(не)хáй захворíють
ДІЄПРИКМЕТНИКИ — VERBAL ADJECTIVES (PARTICIPLES)			
ACTIVE			захворíлий
PASSIVE			
ДІЄПРИСЛІВНИКИ — VERBAL ADVERBS			
	хворíючи, хворíвши		захворíвши
БЕЗОСОБОВІ ФОРМИ — IMPERSONAL FORMS			

Діти чáсто **хворíють** узимку.
Children are often sick in winter.

на + *accusative*:

Мій син **захворíв** на вітрянку.
My son got sick with chickenpox.

Сподівáємось, що бíльше ніхтó в сім'ї не **захворíє**.
We hope that no one else in the family will get sick.

Бýдьте здорóві! Не **хворíйте**!
Be healthy! Do not be sick! (Take care!)

Захворíвши на грип, залишáйтеся вдóма.
When you get sick with the flu, stay at home.

№ 489

Present/Future Stems: хова- | схова-   **хова́ти[ся] | схова́ти[ся], захова́ти[ся]**

Conjugation: **1st** (-ють)   *to hide sth [to hide, to conceal oneself]*

ОСОБА / PERSON	НЕДОКОНАНИЙ ВИД / IMPERFECTIVE ASPECT		ДОКОНАНИЙ ВИД / PERFECTIVE ASPECT
ТЕПЕРІШНІЙ ЧАС — PRESENT TENSE			
я	хова́ю[ся]		
ти	хова́єш[ся]		
він, вона, воно	хова́є[ться]		
ми	хова́ємо[ся]		
ви	хова́єте[ся]		
вони	хова́ють[ся]		
МИНУЛИЙ ЧАС — PAST TENSE			
він (я, ти)	хова́в[ся]		схова́в[ся]
вона (я, ти)	хова́ла[ся]		схова́ла[ся]
воно	хова́ло[ся]		схова́ло[ся]
вони (ми, ви)	хова́ли[ся]		схова́ли[ся]
МАЙБУТНІЙ ЧАС — FUTURE TENSE			
	ANALYTIC	SYNTHETIC	
я	бу́ду хова́ти[ся]	хова́тиму[ся]	схова́ю[ся]
ти	бу́деш хова́ти[ся]	хова́тимеш[ся]	схова́єш[ся]
він, вона, воно	бу́де хова́ти[ся]	хова́тиме[ться]	схова́є[ться]
ми	бу́демо хова́ти[ся]	хова́тимемо[ся]	схова́ємо[ся]
ви	бу́дете хова́ти[ся]	хова́тимете[ся]	схова́єте[ся]
вони	бу́дуть хова́ти[ся]	хова́тимуть[ся]	схова́ють[ся]
УМОВНИЙ СПОСІБ — CONDITIONAL MOOD			
він (я, ти)	хова́в[ся] би [б]		схова́в[ся] би [б]
вона (я, ти)	хова́ла[ся] б		схова́ла[ся] б
воно	хова́ло[ся] б		схова́ло[ся] б
вони (ми, ви)	хова́ли[ся] б		схова́ли[ся] б
НАКАЗОВИЙ СПОСІБ — IMPERATIVE MOOD			
ти	хова́й[ся]		схова́й[ся]
ми	хова́ймо[ся]		схова́ймо[ся]
ви	хова́йте[ся]		схова́йте[ся]
він, вона, воно	(не)ха́й хова́є[ться]		(не)ха́й схова́є[ться]
вони	(не)ха́й хова́ють[ся]		(не)ха́й схова́ють[ся]
ДІЄПРИКМЕТНИКИ — VERBAL ADJECTIVES (PARTICIPLES)			
ACTIVE			
PASSIVE	хо́ваний		схо́ваний
ДІЄПРИСЛІВНИКИ — VERBAL ADVERBS			
	хова́ючи[сь], хова́вши[сь]		схова́вши[сь]
БЕЗОСОБОВІ ФОРМИ — IMPERSONAL FORMS			
	хо́вано		схо́вано

+ *accusative* + **від** + *genitive*:
Ми **хова́ємо** лі́ки від діте́й.   *We hide medicines from children.*

Батьки́ **схова́ли** (**захова́ли**) цуке́рки, але́ я зна́ю, де вони́.   *My parents hid the candies, but I know where they are.*

-**ся** + **від** + *genitive*:
Вона́ **хова́лася** від та́та, гра́ючи в хо́ванки.   *She was hiding from her father, playing hide and seek.*

у (**в**), **на** + *locative*:
Схова́йтеся в укритті́, щоб перечека́ти триво́гу.   *Hide in a shelter to wait out the alarm.*

№ 490

ходи́ти | походи́ти

to go, to walk; to attend; to circulate (multidirectional)

Present/Future Stems: **ход(ж)- | поход(ж)-**

Conjugation: **2nd (-ять)**

ОСОБА / PERSON	НЕДОКОНАНИЙ ВИД / IMPERFECTIVE ASPECT		ДОКОНАНИЙ ВИД / PERFECTIVE ASPECT
ТЕПЕРІШНІЙ ЧАС — PRESENT TENSE			
я	ходжу́		
ти	хо́диш		
він, вона, воно	хо́дить		
ми	хо́димо		
ви	хо́дите		
вони	хо́дять		
МИНУЛИЙ ЧАС — PAST TENSE			
він (я, ти)	ходи́в		походи́в
вона (я, ти)	ходи́ла		походи́ла
воно	ходи́ло		походи́ло
вони (ми, ви)	ходи́ли		походи́ли
МАЙБУТНІЙ ЧАС — FUTURE TENSE			
	ANALYTIC	SYNTHETIC	
я	бу́ду ходи́ти	ходи́тиму	походжу́
ти	бу́деш ходи́ти	ходи́тимеш	похо́диш
він, вона, воно	бу́де ходи́ти	ходи́тиме	похо́дить
ми	бу́демо ходи́ти	ходи́тимемо	похо́димо
ви	бу́дете ходи́ти	ходи́тимете	похо́дите
вони	бу́дуть ходи́ти	ходи́тимуть	похо́дять
УМОВНИЙ СПОСІБ — CONDITIONAL MOOD			
він (я, ти)	ходи́в би		походи́в би
вона (я, ти)	ходи́ла б		походи́ла б
воно	ходи́ло б		походи́ло б
вони (ми, ви)	ходи́ли б		походи́ли б
НАКАЗОВИЙ СПОСІБ — IMPERATIVE MOOD			
ти	ходи́		походи́
ми	ході́мо		поході́мо
ви	ході́ть		поході́ть
він, вона, воно	(не)ха́й хо́дить		(не)ха́й похо́дить
вони	(не)ха́й хо́дять		(не)ха́й похо́дять
ДІЄПРИКМЕТНИКИ — VERBAL ADJECTIVES (PARTICIPLES)			
ACTIVE			
PASSIVE	хо́джений		
ДІЄПРИСЛІВНИКИ — VERBAL ADVERBS			
	хо́дячи, ходи́вши		походи́вши
БЕЗОСОБОВІ ФОРМИ — IMPERSONAL FORMS			
	хо́джено		

до + *genitive* = **у (в)** + *accusative*:

Раніше діти **ходи́ли** до шко́ли (в шко́лу) пішки, а за́раз ї́здять на велосипе́дах.
Children used to go to school on foot, but now they ride bicycles.

Хо́дять чутки́ про ва́ше підви́щення.
Rumors are circulating about your promotion.

на + *accusative*:

Під час відпу́стки вона́ **походи́ла** на маса́ж.
During her vacation, she went for a massage.

З ве́ресня на́ша до́нька **ходи́тиме** (**бу́де ходи́ти**) на бале́т.
From September on, our daughter will attend ballet classes.

Ходи́ сюди́!
Come over here!

Present/Future Stems: хоч- | захоч-
Conjugation: 1st (-уть)

хоті́ти[ся] | захоті́ти[ся]

to want [to feel like, to want (impersonal)]

ОСОБА / PERSON	НЕДОКОНАНИЙ ВИД / IMPERFECTIVE ASPECT		ДОКОНАНИЙ ВИД / PERFECTIVE ASPECT
ТЕПЕРІШНІЙ ЧАС — PRESENT TENSE			
я	хо́чу		
ти	хо́чеш		
він, вона, воно	хо́че[ться]		
ми	хо́чемо		
ви	хо́чете		
вони	хо́чуть		
МИНУЛИЙ ЧАС — PAST TENSE			
він (я, ти)	хоті́в		захоті́в
вона (я, ти)	хоті́ла		захоті́ла
воно	хоті́ло[ся]		захоті́ло[ся]
вони (ми, ви)	хоті́ли		захоті́ли
МАЙБУТНІЙ ЧАС — FUTURE TENSE			
	ANALYTIC	SYNTHETIC	
я	бу́ду хоті́ти	хоті́тиму	захо́чу
ти	бу́деш хоті́ти	хоті́тимеш	захо́чеш
він, вона, воно	бу́де хоті́ти[ся]	хоті́тиме[ться]	захо́че[ться]
ми	бу́демо хоті́ти	хоті́тимемо	захо́чемо
ви	бу́дете хоті́ти	хоті́тимете	захо́чете
вони	бу́дуть хоті́ти	хоті́тимуть	захо́чуть
УМОВНИЙ СПОСІБ — CONDITIONAL MOOD			
він (я, ти)	хоті́в би		захоті́в би
вона (я, ти)	хоті́ла б		захоті́ла б
воно	хоті́ло[ся] б		захоті́ло[ся] б
вони (ми, ви)	хоті́ли б		захоті́ли б
НАКАЗОВИЙ СПОСІБ — IMPERATIVE MOOD			
ти	хоти́		захоти́
ми	хоті́мо		захоті́мо
ви	хоті́ть		захоті́ть
він, вона, воно	(не)ха́й хо́че[ться]		(не)ха́й захо́че[ться]
вони	(не)ха́й хо́чуть		(не)ха́й захо́чуть
ДІЄПРИКМЕТНИКИ — VERBAL ADJECTIVES (PARTICIPLES)			
ACTIVE			
PASSIVE			
ДІЄПРИСЛІВНИКИ — VERBAL ADVERBS			
	хотячи́, хоті́вши		захоті́вши
БЕЗОСОБОВІ ФОРМИ — IMPERSONAL FORMS			

+ *accusative (with countable nouns)*:
Мій син ду́же **хо́че** соба́ку.
My son really wants a dog.

+ *genitive (with uncountable nouns)*:
Я **захоті́ла** ка́ви та шокола́ду.
I started to want coffee and chocolate.

+ *infinitive*:
Ми **б хоті́ли** пої́хати в по́дорож по Украї́ні.
We would like to go on a trip around Ukraine.

Якщо́ че́сно, мені́ **хо́четься** відпочи́ти.
Honestly, I feel like having a rest.

dative + -ся + genitive:
Ді́тям **захоті́лося** моро́зива.
The children wanted some ice cream.

№ 492

цікáвити[ся] | зацікáвити[ся], поцікáвитися

to interest [to be interested in; to inquire (поцікáвитися)]

Present/Future Stems: **цікав(л)- | зацікав(л)-**
Conjugation: **2nd (-ять)**

ОСОБА / PERSON	НЕДОКОНАНИЙ ВИД / IMPERFECTIVE ASPECT		ДОКОНАНИЙ ВИД / PERFECTIVE ASPECT
ТЕПЕРІШНІЙ ЧАС — PRESENT TENSE			
я	цікáвлю[ся]		
ти	цікáвиш[ся]		
він, вона, воно	цікáвить[ся]		
ми	цікáвимо[ся]		
ви	цікáвите[ся]		
вони	цікáвлять[ся]		
МИНУЛИЙ ЧАС — PAST TENSE			
він (я, ти)	цікáвив[ся]		зацікáвив[ся]
вона (я, ти)	цікáвила[ся]		зацікáвила[ся]
воно	цікáвило[ся]		зацікáвило[ся]
вони (ми, ви)	цікáвили[ся]		зацікáвили[ся]
МАЙБУТНІЙ ЧАС — FUTURE TENSE	ANALYTIC	SYNTHETIC	
я	бýду цікáвити[ся]	цікáвитиму[ся]	зацікáвлю[ся]
ти	бýдеш цікáвити[ся]	цікáвитимеш[ся]	зацікáвиш[ся]
він, вона, воно	бýде цікáвити[ся]	цікáвитиме[ться]	зацікáвить[ся]
ми	бýдемо цікáвити[ся]	цікáвитимемо[ся]	зацікáвимо[ся]
ви	бýдете цікáвити[ся]	цікáвитимете[ся]	зацікáвите[ся]
вони	бýдуть цікáвити[ся]	цікáвитимуть[ся]	зацікáвлять[ся]
УМОВНИЙ СПОСІБ — CONDITIONAL MOOD			
він (я, ти)	цікáвив[ся] би [б]		зацікáвив[ся] би [б]
вона (я, ти)	цікáвила[ся] б		зацікáвила[ся] б
воно	цікáвило[ся] б		зацікáвило[ся] б
вони (ми, ви)	цікáвили[ся] б		зацікáвили[ся] б
НАКАЗОВИЙ СПОСІБ — IMPERATIVE MOOD			
ти	цікáв[ся]		зацікáв[ся]
ми	цікáвмо[ся]		зацікáвмо[ся]
ви	цікáвте[ся]		зацікáвте[ся]
він, вона, воно	(не)хáй цікáвить[ся]		(не)хáй зацікáвить[ся]
вони	(не)хáй цікáвлять[ся]		(не)хáй зацікáвлять[ся]
ДІЄПРИКМЕТНИКИ — VERBAL ADJECTIVES (PARTICIPLES)			
ACTIVE			
PASSIVE			зацікáвлений
ДІЄПРИСЛІВНИКИ — VERBAL ADVERBS			
	цікáвлячи[сь], цікáвивши[сь]		зацікáвивши[сь]
БЕЗОСОБОВІ ФОРМИ — IMPERSONAL FORMS			

+ accusative:
Менé це не **цікáвить**. — *I am not interested in this.*
Я дýмаю, вас **зацікáвить** ця лéкція. — *I think you will be interested in this lecture.*
Ми **зацікáвлені** у співпрáці з вáми. — *We are interested in working with you.*

+ instrumental:
Вонá **цікáвиться** украї́нською істóрією. — *She is interested in Ukrainian history.*
Лíкар **поцікáвився** твоїм здорóв'ям. — *The doctor asked about your health.*

Present/Future Stems: цілу- | поцілу-
Conjugation: **1st (-ють)**

цілува́ти[ся] | поцілува́ти[ся]
to kiss sb/sth [to kiss]

ОСОБА / PERSON	НЕДОКОНАНИЙ ВИД / IMPERFECTIVE ASPECT		ДОКОНАНИЙ ВИД / PERFECTIVE ASPECT
ТЕПЕРІШНІЙ ЧАС — PRESENT TENSE			
я	цілу́ю[ся]		
ти	цілу́єш[ся]		
він, вона, воно	цілу́є[ться]		
ми	цілу́ємо[ся]		
ви	цілу́єте[ся]		
вони	цілу́ють[ся]		
МИНУЛИЙ ЧАС — PAST TENSE			
він (я, ти)	цілува́в[ся]		поцілува́в[ся]
вона (я, ти)	цілува́ла[ся]		поцілува́ла[ся]
воно	цілува́ло[ся]		поцілува́ло[ся]
вони (ми, ви)	цілува́ли[ся]		поцілува́ли[ся]
МАЙБУТНІЙ ЧАС — FUTURE TENSE			
	ANALYTIC	SYNTHETIC	
я	бу́ду цілува́ти[ся]	цілува́тиму[ся]	поцілу́ю[ся]
ти	бу́деш цілува́ти[ся]	цілува́тимеш[ся]	поцілу́єш[ся]
він, вона, воно	бу́де цілува́ти[ся]	цілува́тиме[ться]	поцілу́є[ться]
ми	бу́демо цілува́ти[ся]	цілува́тимемо[ся]	поцілу́ємо[ся]
ви	бу́дете цілува́ти[ся]	цілува́тимете[ся]	поцілу́єте[ся]
вони	бу́дуть цілува́ти[ся]	цілува́тимуть[ся]	поцілу́ють[ся]
УМОВНИЙ СПОСІБ — CONDITIONAL MOOD			
він (я, ти)	цілува́в[ся] би [б]		поцілува́в[ся] би [б]
вона (я, ти)	цілува́ла[ся] б		поцілува́ла[ся] б
воно	цілува́ло[ся] б		поцілува́ло[ся] б
вони (ми, ви)	цілува́ли[ся] б		поцілува́ли[ся] б
НАКАЗОВИЙ СПОСІБ — IMPERATIVE MOOD			
ти	цілу́й[ся]		поцілу́й[ся]
ми	цілу́ймо[ся]		поцілу́ймо[ся]
ви	цілу́йте[ся]		поцілу́йте[ся]
він, вона, воно	(не)ха́й цілу́є[ться]		(не)ха́й поцілу́є[ться]
вони	(не)ха́й цілу́ють[ся]		(не)ха́й поцілу́ють[ся]
ДІЄПРИКМЕТНИКИ — VERBAL ADJECTIVES (PARTICIPLES)			
ACTIVE			
PASSIVE	ціло́ваний		поціло́ваний
ДІЄПРИСЛІВНИКИ — VERBAL ADVERBS			
	цілу́ючи[сь], цілува́вши[сь]		поцілува́вши[сь]
БЕЗОСОБОВІ ФОРМИ — IMPERSONAL FORMS			
	ціло́вано		поціло́вано

+ *accusative*:
Батьки́ **цілу́ють** дочку́ пе́ред сном. — The parents kiss their daughter before bed.

у (в) + *accusative*:
Він привіта́вся і **поцілува́в** її́ в щоку́. — He said hello and kissed her on the cheek.

Цілу́й, цілу́й, цілу́й її́, — Знов мо́лодість не бу́де! (Олекса́ндр Оле́сь). — Kiss her, kiss her, kiss her — There will be no youth again! (Oleksander Oles)

Зако́хані **цілува́лися** під зо́ряним не́бом. — The lovers were kissing under the starry sky.

Тут ми впе́рше **поцілува́лися**. — Here we kissed for the first time.

№ 494

цінува́ти[ся] | поцінува́ти

to appreciate [to be valued]

Present/Future Stems: ціну- | поціну-
Conjugation: **1st (-ють)**

ОСОБА / PERSON	НЕДОКОНАНИЙ ВИД / IMPERFECTIVE ASPECT		ДОКОНАНИЙ ВИД / PERFECTIVE ASPECT
ТЕПЕРІШНІЙ ЧАС — PRESENT TENSE			
я	ціну́ю		
ти	ціну́єш		
він, вона, воно	ціну́є[ться]		
ми	ціну́ємо		
ви	ціну́єте		
вони	ціну́ють[ся]		
МИНУЛИЙ ЧАС — PAST TENSE			
він (я, ти)	цінува́в[ся]		поцінува́в
вона (я, ти)	цінува́ла[ся]		поцінува́ла
воно	цінува́ло[ся]		поцінува́ло
вони (ми, ви)	цінува́ли[ся]		поцінува́ли
МАЙБУТНІЙ ЧАС — FUTURE TENSE			
	ANALYTIC	SYNTHETIC	
я	бу́ду цінува́ти	цінува́тиму	поціну́ю
ти	бу́деш цінува́ти	цінува́тимеш	поціну́єш
він, вона, воно	бу́де цінува́ти[ся]	цінува́тиме[ться]	поціну́є
ми	бу́демо цінува́ти	цінува́тимемо	поціну́ємо
ви	бу́дете цінува́ти	цінува́тимете	поціну́єте
вони	бу́дуть цінува́ти[ся]	цінува́тимуть[ся]	поціну́ють
УМОВНИЙ СПОСІБ — CONDITIONAL MOOD			
він (я, ти)	цінува́в[ся] би		поцінува́в би
вона (я, ти)	цінува́ла[ся] б		поцінува́ла б
воно	цінува́ло[ся] б		поцінува́ло б
вони (ми, ви)	цінува́ли[ся] б		поцінува́ли б
НАКАЗОВИЙ СПОСІБ — IMPERATIVE MOOD			
ти	ціну́й		поціну́й
ми	ціну́ймо		поціну́ймо
ви	ціну́йте		поціну́йте
він, вона, воно	(не)ха́й ціну́є[ться]		(не)ха́й поціну́є
вони	(не)ха́й ціну́ють[ся]		(не)ха́й поціну́ють
ДІЄПРИКМЕТНИКИ — VERBAL ADJECTIVES (PARTICIPLES)			
ACTIVE			
PASSIVE	ціно́ваний		поціно́ваний
ДІЄПРИСЛІВНИКИ — VERBAL ADVERBS			
	ціну́ючи[сь], цінува́вши[сь]		поцінува́вши
БЕЗОСОБОВІ ФОРМИ — IMPERSONAL FORMS			
	ціно́вано		поціно́вано

+ accusative:
Я ду́же **ціну́ю** ва́шу допомо́гу. — *I really appreciate your help.*

за + accusative:
Він **цінува́в** свого́ дру́га за його́ щи́рість. — *He appreciated his friend for his sincerity.*

Фільм ви́соко **поцінува́ли** на міжнаро́дних фестива́лях. — *The film was highly appreciated at international festivals.*

Ціну́йте мале́нькі щасли́ві моме́нти. — *Appreciate little happy moments.*

У цій компа́нії **ціну́ється** ініціати́ва. — *At this company, initiative is valued.*

№ 495

Present/Future Stems: чека- | почека-

Conjugation: **1st (-ють)**

чека́ти | почека́ти, зачека́ти

to wait, to await

ОСОБА / PERSON	НЕДОКОНАНИЙ ВИД / IMPERFECTIVE ASPECT		ДОКОНАНИЙ ВИД / PERFECTIVE ASPECT
ТЕПЕРІШНІЙ ЧАС — PRESENT TENSE			
я	чека́ю		
ти	чека́єш		
він, вона, воно	чека́є		
ми	чека́ємо		
ви	чека́єте		
вони	чека́ють		
МИНУЛИЙ ЧАС — PAST TENSE			
він (я, ти)	чека́в		почека́в
вона (я, ти)	чека́ла		почека́ла
воно	чека́ло		почека́ло
вони (ми, ви)	чека́ли		почека́ли
МАЙБУТНІЙ ЧАС — FUTURE TENSE			
	ANALYTIC	SYNTHETIC	
я	бу́ду чека́ти	чека́тиму	почека́ю
ти	бу́деш чека́ти	чека́тимеш	почека́єш
він, вона, воно	бу́де чека́ти	чека́тиме	почека́є
ми	бу́демо чека́ти	чека́тимемо	почека́ємо
ви	бу́дете чека́ти	чека́тимете	почека́єте
вони	бу́дуть чека́ти	чека́тимуть	почека́ють
УМОВНИЙ СПОСІБ — CONDITIONAL MOOD			
він (я, ти)	чека́в би		почека́в би
вона (я, ти)	чека́ла б		почека́ла б
воно	чека́ло б		почека́ло б
вони (ми, ви)	чека́ли б		почека́ли б
НАКАЗОВИЙ СПОСІБ — IMPERATIVE MOOD			
ти	чека́й		почека́й
ми	чека́ймо		почека́ймо
ви	чека́йте		почека́йте
він, вона, воно	(не)ха́й чека́є		(не)ха́й почека́є
вони	(не)ха́й чека́ють		(не)ха́й почека́ють
ДІЄПРИКМЕТНИКИ — VERBAL ADJECTIVES (PARTICIPLES)			
ACTIVE			
PASSIVE			
ДІЄПРИСЛІВНИКИ — VERBAL ADVERBS			
	чека́ючи, чека́вши		почека́вши

БЕЗОСОБОВІ ФОРМИ — IMPERSONAL FORMS

на + *accusative* = + *genitive*:

Ми на зупи́нці, **чека́ємо** на трамва́й (трамва́я). — We are at the stop, waiting for the tram.

Вона́ **почека́ла** пів годи́ни й пішла́. — She waited for half an hour and left.

від + *genitive*:

Керівни́цтво **чека́тиме** (**бу́де чека́ти**) від вас поя́снень. — Management will wait for an explanation from you.

Чека́йте, що ви ма́єте на ува́зі? — Wait, what do you mean?

Почека́йте (**зачека́йте**) на ме́не тут, будь ла́ска. — Wait for me here, please.

№ 496

чи́стити | почи́стити

to clean, to scrub; to brush (teeth); to peel (vegetables)

Present/Future Stems: чищ-/чист- | почищ-/почист-
Conjugation: **2nd (-ять)**

ОСОБА PERSON	НЕДОКОНАНИЙ ВИД IMPERFECTIVE ASPECT		ДОКОНАНИЙ ВИД PERFECTIVE ASPECT
ТЕПЕРІШНІЙ ЧАС — PRESENT TENSE			
я	чи́щу		
ти	чи́стиш		
він, вона, воно	чи́стить		
ми	чи́стимо		
ви	чи́стите		
вони	чи́стять		
МИНУЛИЙ ЧАС — PAST TENSE			
він (я, ти)	чи́стив		почи́стив
вона (я, ти)	чи́стила		почи́стила
воно	чи́стило		почи́стило
вони (ми, ви)	чи́стили		почи́стили
МАЙБУТНІЙ ЧАС — FUTURE TENSE			
	ANALYTIC	SYNTHETIC	
я	бу́ду чи́стити	чи́ститиму	почи́щу
ти	бу́деш чи́стити	чи́ститимеш	почи́стиш
він, вона, воно	бу́де чи́стити	чи́ститиме	почи́стить
ми	бу́демо чи́стити	чи́ститимемо	почи́стимо
ви	бу́дете чи́стити	чи́ститимете	почи́стите
вони	бу́дуть чи́стити	чи́ститимуть	почи́стять
УМОВНИЙ СПОСІБ — CONDITIONAL MOOD			
він (я, ти)	чи́стив би		почи́стив би
вона (я, ти)	чи́стила б		почи́стила б
воно	чи́стило б		почи́стило б
вони (ми, ви)	чи́стили б		почи́стили б
НАКАЗОВИЙ СПОСІБ — IMPERATIVE MOOD			
ти	чисть		почи́сть
ми	чи́стьмо		почи́стьмо
ви	чи́стьте		почи́стьте
він, вона, воно	(не)ха́й чи́стить		(не)ха́й почи́стить
вони	(не)ха́й чи́стять		(не)ха́й почи́стять
ДІЄПРИКМЕТНИКИ — VERBAL ADJECTIVES (PARTICIPLES)			
ACTIVE			
PASSIVE	чи́щений		почи́щений
ДІЄПРИСЛІВНИКИ — VERBAL ADVERBS			
	чи́стячи, чи́стивши		почи́стивши
БЕЗОСОБОВІ ФОРМИ — IMPERSONAL FORMS			
	чи́щено		почи́щено

+ accusative:
Я **чи́щу** зу́би вра́нці і вве́чері.
I brush my teeth in the morning and in the evening.

від + genitive:
Вона́ **почи́стила** взуття́ від бру́ду.
She cleaned the dirt from her shoes.

+ instrumental:
Я **почи́щу** карто́плю звича́йним ноже́м.
I will peel the potatoes with an ordinary knife.
Доро́ги вже **почи́щені** від снігу.
The roads have already been cleared of snow.

Present/Future Stems: **чита-** | **почита-**   **читáти** | **почитáти, прочитáти**
Conjugation: **1st (-ють)**   *to read* (**почитáти** — *for some time*, **прочитáти** — *until the end*)

ОСОБА / PERSON	НЕДОКОНАНИЙ ВИД / IMPERFECTIVE ASPECT		ДОКОНАНИЙ ВИД / PERFECTIVE ASPECT
ТЕПЕРІШНІЙ ЧАС — PRESENT TENSE			
я	читáю		
ти	читáєш		
він, вона, воно	читáє		
ми	читáємо		
ви	читáєте		
вони	читáють		
МИНУЛИЙ ЧАС — PAST TENSE			
він (я, ти)	читáв		почитáв
вона (я, ти)	читáла		почитáла
воно	читáло		почитáло
вони (ми, ви)	читáли		почитáли
МАЙБУТНІЙ ЧАС — FUTURE TENSE			
	ANALYTIC	SYNTHETIC	
я	бýду читáти	читáтиму	почитáю
ти	бýдеш читáти	читáтимеш	почитáєш
він, вона, воно	бýде читáти	читáтиме	почитáє
ми	бýдемо читáти	читáтимемо	почитáємо
ви	бýдете читáти	читáтимете	почитáєте
вони	бýдуть читáти	читáтимуть	почитáють
УМОВНИЙ СПОСІБ — CONDITIONAL MOOD			
він (я, ти)	читáв би		почитáв би
вона (я, ти)	читáла б		почитáла б
воно	читáло б		почитáло б
вони (ми, ви)	читáли б		почитáли б
НАКАЗОВИЙ СПОСІБ — IMPERATIVE MOOD			
ти	читáй		почитáй
ми	читáймо		почитáймо
ви	читáйте		почитáйте
він, вона, воно	(не)хáй читáє		(не)хáй почитáє
вони	(не)хáй читáють		(не)хáй почитáють
ДІЄПРИКМЕТНИКИ — VERBAL ADJECTIVES (PARTICIPLES)			
ACTIVE			
PASSIVE	чи́таний		
ДІЄПРИСЛІВНИКИ — VERBAL ADVERBS			
	читáючи, читáвши		почитáвши
БЕЗОСОБОВІ ФОРМИ — IMPERSONAL FORMS			
	чи́тано		

+ accusative:

Я зáраз **читáю** її нови́й ромáн. — *I am currently reading her new novel.*

Ми **почитáли** трóхи й лягли́ спáти. — *We read a little and went to bed.*

Ви **прочитáли** всю стаття́? — *Did you read the whole article?*

Він **читáтиме** (**бýде читáти**) свої́ вірші на зýстрічі з читачáми. — *He will be reading his poems at a meeting with readers.*

Мáмо, **почитáй** мені́, будь лáска. — *Mom, read to me, please.*

№ 498

чу́ти[ся] | почу́ти[ся]
to hear; to feel, to sense [to be heard]

Present/Future Stems: **чу-** | **почу-**
Conjugation: **1st (-ють)**

ОСОБА / PERSON	НЕДОКОНАНИЙ ВИД / IMPERFECTIVE ASPECT		ДОКОНАНИЙ ВИД / PERFECTIVE ASPECT
ТЕПЕРІШНІЙ ЧАС — PRESENT TENSE			
я	чу́ю		
ти	чу́єш		
він, вона, воно	чу́є[ться]		
ми	чу́ємо		
ви	чу́єте		
вони	чу́ють[ся]		
МИНУЛИЙ ЧАС — PAST TENSE			
він (я, ти)	чув[ся]		почу́в[ся]
вона (я, ти)	чу́ла[ся]		почу́ла[ся]
воно	чу́ло[ся]		почу́ло[ся]
вони (ми, ви)	чу́ли[ся]		почу́ли[ся]
МАЙБУТНІЙ ЧАС — FUTURE TENSE			
	ANALYTIC	SYNTHETIC	
я	бу́ду чу́ти	чу́тиму	почу́ю
ти	бу́деш чу́ти	чу́тимеш	почу́єш
він, вона, воно	бу́де чу́ти[ся]	чу́тиме[ться]	почу́є[ться]
ми	бу́демо чу́ти	чу́тимемо	почу́ємо
ви	бу́дете чу́ти	чу́тимете	почу́єте
вони	бу́дуть чу́ти[ся]	чу́тимуть[ся]	почу́ють[ся]
УМОВНИЙ СПОСІБ — CONDITIONAL MOOD			
він (я, ти)	чув[ся] би [б]		почу́в[ся] би [б]
вона (я, ти)	чу́ла[ся] б		почу́ла[ся] б
воно	чу́ло[ся] б		почу́ло[ся] б
вони (ми, ви)	чу́ли[ся] б		почу́ли[ся] б
НАКАЗОВИЙ СПОСІБ — IMPERATIVE MOOD			
ти	чуй		почу́й
ми	чу́ймо		почу́ймо
ви	чу́йте		почу́йте
він, вона, воно	(не)ха́й чу́є[ться]		(не)ха́й почу́є[ться]
вони	(не)ха́й чу́ють[ся]		(не)ха́й почу́ють[ся]
ДІЄПРИКМЕТНИКИ — VERBAL ADJECTIVES (PARTICIPLES)			
ACTIVE			
PASSIVE	чу́тий		почу́тий
ДІЄПРИСЛІВНИКИ — VERBAL ADVERBS			
	чу́ючи[сь], чу́вши[сь]		почу́вши[сь]
БЕЗОСОБОВІ ФОРМИ — IMPERSONAL FORMS			
	чу́то		почу́то

+ accusative:
Я чу́ю тебе́. А ти мене́ **чу́єш**?
I can hear you. Can you hear me?

про + accusative:
Ми ви́їхали, щой́но **почу́ли** про ава́рію.
We left as soon as we heard about the accident.

Почу́вши нови́ну, він зателефонува́в ба́тьку.
When he heard the news, he called his father.

Із сусі́дньої кімна́ти **чу́вся** чийсь го́лос.
Someone's voice could be heard from the next room.

Вам не **почу́лося**.
You heard me right.

№ 499

Present/Future Stems: **шука-** | **пошука-**

Conjugation: **1st (-ють)**

шука́ти | пошука́ти

to look for, to search for

ОСОБА / PERSON	НЕДОКОНАНИЙ ВИД / IMPERFECTIVE ASPECT		ДОКОНАНИЙ ВИД / PERFECTIVE ASPECT
ТЕПЕРІШНІЙ ЧАС — PRESENT TENSE			
я	шука́ю		
ти	шука́єш		
він, вона, воно	шука́є		
ми	шука́ємо		
ви	шука́єте		
вони	шука́ють		
МИНУЛИЙ ЧАС — PAST TENSE			
він (я, ти)	шука́в		пошука́в
вона (я, ти)	шука́ла		пошука́ла
воно	шука́ло		пошука́ло
вони (ми, ви)	шука́ли		пошука́ли
МАЙБУТНІЙ ЧАС — FUTURE TENSE			
	ANALYTIC	SYNTHETIC	
я	бу́ду шука́ти	шука́тиму	пошука́ю
ти	бу́деш шука́ти	шука́тимеш	пошука́єш
він, вона, воно	бу́де шука́ти	шука́тиме	пошука́є
ми	бу́демо шука́ти	шука́тимемо	пошука́ємо
ви	бу́дете шука́ти	шука́тимете	пошука́єте
вони	бу́дуть шука́ти	шука́тимуть	пошука́ють
УМОВНИЙ СПОСІБ — CONDITIONAL MOOD			
він (я, ти)	шука́в би		пошука́в би
вона (я, ти)	шука́ла б		пошука́ла б
воно	шука́ло б		пошука́ло б
вони (ми, ви)	шука́ли б		пошука́ли б
НАКАЗОВИЙ СПОСІБ — IMPERATIVE MOOD			
ти	шука́й		пошука́й
ми	шука́ймо		пошука́ймо
ви	шука́йте		пошука́йте
він, вона, воно	(не)ха́й шука́є		(не)ха́й пошука́є
вони	(не)ха́й шука́ють		(не)ха́й пошука́ють
ДІЄПРИКМЕТНИКИ — VERBAL ADJECTIVES (PARTICIPLES)			
ACTIVE			
PASSIVE	шу́каний		
ДІЄПРИСЛІВНИКИ — VERBAL ADVERBS			
	шука́ючи, шука́вши		пошука́вши
БЕЗОСОБОВІ ФОРМИ — IMPERSONAL FORMS			
	шу́кано		

+ *accusative*:

Мій син за́раз **шука́є** робо́ту. — *My son is currently searching for a job.*

Вона́ до́вго **шука́ла** телефо́н, але́ так і не знайшла́. — *She was searching for the phone for a long time but never found it.*

Я **пошука́ю** цю кни́гу в місце́вій бібліоте́ці. — *I will look for this book at the local library.*

Пошука́й на ку́хні. — *Look in the kitchen.*

№ 500

щасти́ти | пощасти́ти
to have luck, to be lucky

Present/Future Stems: щаст- | пощаст-
Impersonal Verb

ОСОБА PERSON	НЕДОКОНАНИЙ ВИД IMPERFECTIVE ASPECT		ДОКОНАНИЙ ВИД PERFECTIVE ASPECT
ТЕПЕРІШНІЙ ЧАС — PRESENT TENSE			
безособова форма *impersonal form*	щасти́ть		
МИНУЛИЙ ЧАС — PAST TENSE			
безособова форма *impersonal form*	щасти́ло		пощасти́ло
МАЙБУТНІЙ ЧАС — FUTURE TENSE			
	ANALYTIC	SYNTHETIC	
безособова форма *impersonal form*	бу́де щасти́ти	щасти́тиме	пощасти́ть
УМОВНИЙ СПОСІБ — CONDITIONAL MOOD			
безособова форма *impersonal form*	щасти́ло б		пощасти́ло б
НАКАЗОВИЙ СПОСІБ — IMPERATIVE MOOD			
безособова форма *impersonal form*	(не)ха́й щасти́ть		(не)ха́й пощасти́ть
ДІЄПРИКМЕТНИКИ — VERBAL ADJECTIVES (PARTICIPLES)			
ACTIVE			
PASSIVE			
ДІЄПРИСЛІВНИКИ — VERBAL ADVERBS			
БЕЗОСОБОВІ ФОРМИ — IMPERSONAL FORMS			

у (в) + *locative*:
Тобі́ ча́сто **щасти́ть** у цій грі.
You often get lucky in this game.

з (із, зі) + *instrumental*:
Нам ду́же **пощасти́ло** з виклада́чем.
We were very lucky with the teacher.

+ *infinitive*:
Сподіва́юсь, нам **пощасти́ть** знайти́ мі́сце для парко́вки.
Hopefully, we will be lucky enough to find a parking space.

Хай вам **щасти́ть** у ви́вченні украї́нської мо́ви! :)
Good luck with learning the Ukrainian language! :)

Index of Ukrainian Verbs

Verb	№	Verb	№	Verb	№
аналізувати	1	виживати	34	витримувати	59
атакувати	2	вижити	34	виходити	60
бажати	3	визнавати	35	виявити[ся]	61
бачити[ся]	4	визнати	35	виявляти[ся]	61
берегти[ся]	5	визначати[ся]	36	відбувати[ся]	62
бити[ся]	6	визначити[ся]	36	відбути[ся]	62
бігати	7	виїжджати	37	відвідати	63
бігти	8	виїхати	37	відвідувати	63
блокувати	9	вийти	60	відкладати[ся]	64
боліти	10	викидати[ся]	38	відкласти[ся]	64
бороти[ся]	11	викинути[ся]	38	відкривати[ся]	65
боятися	12	викладати	39	відкрити[ся]	65
бракувати	13	викласти	39	відмовити[ся]	66
брати[ся]	14	викликати	40	відмовляти[ся]	66
брехати	15	виконати[ся]	41	відповідати	67
бувати	16	виконувати[ся]	41	відповісти	67
будити[ся]	17	використати[ся]	42	відпочивати	68
будувати	18	використовувати[ся]	42	відпочити	68
бути	19	вимагати	43	відпускати	69
вагатися	20	вимикати[ся]	44	відпустити	69
вбивати	21	вимкнути[ся]	44	відреагувати	393
вбити	21	вимовити[ся]	45	відрегулювати	394
вважати[ся]	22	вимовляти[ся]	45	відремонтувати	397
ввійти	99	виникати	46	відрізнити[ся]	70
ввімкнути[ся]	80	виникнути	46	відрізняти[ся]	70
вивходити	99	виправити[ся]	47	відсвяткувати	427
вдягати[ся]	288	виправляти[ся]	47	відчинити[ся]	71
вдягнути[ся]	288	випускати	48	відчиняти[ся]	71
вдягти[ся]	288	випустити	48	відчувати[ся]	72
везти	23	вирішити[ся]	49	відчути[ся]	72
вести[ся]	24	вирішувати[ся]	49	вірити[ся]	73
вечеряти	25	виробити[ся]	50	вітати[ся]	74
вживати[ся]	27	виробляти[ся]	50	вішати[ся]	75
вжити[ся]	27	виростати	51	вказати	76
взувати[ся]	26	вирости	51	вказувати	76
взути[ся]	26	виростити	52	вкладати[ся]	77
взяти[ся]	14	вирощувати	52	вкласти[ся]	77
вибачати	28	вирушати	53	включати[ся]	78
вибачити	28	вирушити	53	включити[ся]	78
вибирати[ся]	29	висіти	54	вкрасти	224
вибрати[ся]	29	висловити[ся]	55	вкусити[ся]	229
вивчати[ся]	30	висловлювати[ся]	55	влаштовувати[ся]	79
вивчити[ся]	30	вистачати	56	влаштувати[ся]	79
вигравати	31	вистачити	56	вмерти	81
виграти	31	виступати	57	вмикати[ся]	80
видалити[ся]	32	виступити	57	вмирати	81
видаляти[ся]	32	витратити[ся]	58	вміти	82
виділити[ся]	33	витрачати[ся]	58	водити[ся]	83
виділяти[ся]	33	витримати	59	возити[ся]	84

Index of Ukrainian Verbs

Verb	№	Verb	№	Verb	№
володіти	85	діяти[ся]	119	завдати	145
впасти	296	довести[ся]	121	завершити[ся]	146
впливати	86	довірити[ся]	120	завершувати[ся]	146
вплинути	86	довіряти[ся]	120	заволодіти	85
вражати[ся]	87	доводити[ся]	121	загрожувати	148
вразити[ся]	87	доглядати	122	загрозити	148
враховувати	88	доглянути	122	загубити[ся]	108
врахувати	88	додавати[ся]	123	задзвонити	113
врятувати[ся]	422	додати[ся]	123	задовольнити[ся]	149
вставати	89	дозволити[ся]	124	задовольняти[ся]	149
вставити	90	дозволяти[ся]	124	заздрити	150
вставляти	90	домовитися	125	зазнавати[ся]	151
встановити[ся]	91	домовлятися	125	зазнати[ся]	151
встановлювати[ся]	91	допомагати	126	займати[ся]	152
встати	89	допомогти	126	зайняти[ся]	152
встигати	92	дорожчати	127	зайти	179
встигнути	92	досліджувати	128	закінчити[ся]	153
встигти	92	дослідити	128	закінчувати[ся]	153
вступати	93	доставити	129	закохати[ся]	154
вступити	93	доставляти	129	закохувати[ся]	154
втекти	94	досягати	130	закривати[ся]	155
втікати	94	досягнути	130	закрити[ся]	155
втомити[ся]	95	досягти	130	залежати	156
втомлювати[ся]	95	дотримати[ся]	131	залишати[ся]	157
втратити[ся]	96	дотримувати[ся]	131	залишити[ся]	157
втрачати[ся]	96	доходити	132	замерзати	158
втримати[ся]	97	дружити	133	замерзнути	158
втримувати[ся]	97	думати	134	замерзти	158
втрутитися	98	дякувати	135	замінити	159
втручатися	98	жартувати	136	замінювати	159
входити	99	жити	137	заміняти	159
вчити[ся]	100	жувати	138	замовити	160
гарантувати	101	з'ясовувати[ся]	209	замовляти	160
говорити	102	з'ясувати[ся]	209	заощаджувати	161
годувати	103	забезпечити	139	заощадити	161
голосувати	104	забезпечувати	139	запам'ятати[ся]	162, 298
горіти	105	забирати[ся]	140	запам'ятовувати[ся]	162
готувати[ся]	106	заблокувати	9	заперечити	163
грати[ся]	107	заболіти	10	заперечувати	163
губити[ся]	108	заборонити	141	записати[ся]	164
гуляти	109	забороняти	141	записувати[ся]	164
давати[ся]	110	забракнути	13	запитати	165
дарувати	111	забракувати	13	запитувати	165
дати[ся]	110	забрати[ся]	140	запідозрити	319
дешевшати	112	забувати[ся]	142	запізнитися	166
дзвонити	113	забути[ся]	142	запізнюватися	166
дивитися	114	зав'язати	147	заплатити	327
дивувати[ся]	115	зав'язувати	147	заплутати[ся]	167
дихати	116	завагатися	20	заплутувати[ся]	167
дихнути	116	завадити	143	запобігати	168
дізнаватися	117	заважати	143	запобігти	168
дізнатися	117	завантажити[ся]	144	заповнити[ся]	169
дійти	132	завантажувати[ся]	144	заповнювати[ся]	169
ділити[ся]	118	завдавати	145	запропонувати	381

Index of Ukrainian Verbs

Verb	№	Verb	№	Verb	№
запросити	170	згоріти	105	існувати	210
запрошувати	170	згубити[ся]	108	іти[ся]	211
зареєструвати[ся]	395	здавати[ся]	192	їздити	213
заробити	171	здати[ся]	192	їсти	212
заробляти	171	здивувати[ся]	115	їхати	214
заряджати[ся]	172	здобувати	193	йти[ся]	211
зарядити[ся]	172	здобути	193	казати	215
засинати	173	зібрати[ся]	183	катати[ся]	216
заслуговувати	174	зізнаватися	194	керувати[ся]	217
заслужити	174	зізнатися	194	кидати[ся]	218
засмутити[ся]	175	зійти[ся]	462	кинути[ся]	218
засмучувати[ся]	175	зіпсувати[ся]	387	класти	219
заснути	173	з'їздити	212	коментувати	220
заспівати	439	з'їсти	213	користуватися	221
заспокоїти[ся]	176	зламати[ся]	232	кохати[ся]	222
заспокоювати[ся]	176	зловити	240	коштувати	223
засумніватися	459	злякати[ся]	243	красти	224
засумувати	460	змагатися	195	крикнути	226
затремтіти	470	зменшити[ся]	196	критикувати	225
затримати[ся]	177	зменшувати[ся]	196	кричати	226
затримувати[ся]	177	змерзнути	246	купати[ся]	227
зафункціонувати	485	змерзти	246	купити	228
захворіти	488	змінити[ся]	197	купляти	228
захистити[ся]	178	змінювати[ся]	197	купувати	228
захищати[ся]	178	змогти	251	курити	230
заховати[ся]	489	змусити	198	кусати[ся]	229
заходити	179	змушувати	198	лазити	231
захопити[ся]	180	знайомити[ся]	199	ламати[ся]	232
захоплювати[ся]	180	знайти[ся]	201	лежати	233
захотіти[ся]	491	знати[ся]	200	летіти	234
зацікавити[ся]	492	знаходити[ся]	201	лити[ся]	235
зачекати	495	значити	289	лишати[ся]	157
зачинити[ся]	181	зненавидіти	271	лишити[ся]	157
зачиняти[ся]	181	зникати	202	лізти	236
зберегти[ся]	182	зникнути	202	лікувати[ся]	237
зберігати[ся]	182	знищити	203	лінуватися	238
збирати[ся]	183	знищувати	203	літати	239
збільшити[ся]	184	знімати[ся]	204	ловити	240
збільшувати[ся]	184	знудити[ся]	274	любити	241
збрехати	15	зняти[ся]	204	лягати	242
збудувати	18	зосереджувати[ся]	205	лягти	242
звати[ся]	185	зосередити[ся]	205	лякати[ся]	243
звернути[ся]	186	зрадіти	390	малювати[ся]	244
звертати[ся]	186	зреагувати	393	мати	245
звикати	187	зробити[ся]	400	мерзнути	246
звикнути	187	зрозуміти	417	мерзти	246
звикти	187	зрости	419	мити[ся]	247
звинуватити	188	зруйнувати[ся]	420	містити[ся]	248
звинувачувати	188	зупинити[ся]	206	мішати	249
звільнити[ся]	189	зупиняти[ся]	206	мовчати	250
звільняти[ся]	189	зустріти[ся]	207	могти	251
звучати	190	зустрічати[ся]	207	молити[ся]	252
згадати[ся]	191	з'явитися	208	мріяти	253
згадувати[ся]	191	з'являтися	208	мусити	254

Index of Ukrainian Verbs

Verb	№	Verb	№	Verb	№
наближати[ся]	255	обняти[ся]	280	переходити	312
наблизити[ся]	255	ображати[ся]	284	писати	313
набувати	256	образити[ся]	284	питати	314
набути	256	обрати	278	пити	315
наважитися	257	оголосити	285	підвищити[ся]	316
наважуватися	257	оголошувати	285	підвищувати[ся]	316
навчати[ся]	258	одержати	286	підіймати[ся]	318
навчити[ся]	258	одержувати	286	підійняти[ся]	318
нагадати	259	одружити[ся]	287	підійти	323
нагадувати	259	одружувати[ся]	287	підкреслити[ся]	317
наголосити	260	одягати[ся]	288	підкреслювати[ся]	317
наголошувати[ся]	260	одягнути[ся]	288	підніматти[ся]	318
надіслати[ся]	261	одягти[ся]	288	підняти[ся]	318
надсилати[ся]	261	означати	289	підозрювати	319
назвати[ся]	262	описати	290	підписати[ся]	320
називати[ся]	262	описувати	290	підписувати[ся]	320
належати	263	організовувати[ся]	291	підстригти[ся]	458
наливати[ся]	264	організувати[ся]	291	підтверджувати[ся]	321
налити[ся]	264	отримати	292	підтвердити[ся]	321
намагатися	265	отримувати	292	підтримати	322
намалювати[ся]	244	охоронити	293	підтримувати	322
нападати	266	охороняти	293	підходити	323
напасти	266	оцінити	294	піти	211
написати	313	оцінювати	294	плавати	324
наполягати	267	очікувати	295	плакати	325
наполягти	267	падати	296	планувати	326
народжувати[ся]	268	палити	297	платити	327
народити[ся]	268	пам'ятати[ся]	298	пливти	328
насварити[ся]	424	пекти[ся]	299	плисти	328
наснитися	436	перебивати[ся]	300	побажати	3
насолоджуватися	269	перебити[ся]	300	побачити[ся]	4
насолодитися	269	перебувати	301	поберегти[ся]	5
натискати	270	перебути	301	побити[ся]	6
натиснути	270	переважати	302	побігати	7
нафарбувати[ся]	482	переважити	302	побігти	8
ненавидіти	271	перевищити	303	побороти[ся]	11
нести[ся]	272	перевищувати	303	побоятися	12
носити[ся]	273	перевірити[ся]	304	побувати	16
нудити[ся]	274	перевіряти[ся]	304	побудувати	18
нюхати	275	переглядати[ся]	305	побути	19
об'єднати[ся]	277	переглянути[ся]	305	повагатися	20
об'єднувати[ся]	277	передавати[ся]	306	поважати	329
обговорити	276	передати[ся]	306	повезти	23
обговорювати	276	переїжджати	307	повернути[ся]	330
обирати	278	переїхати	307	повертати[ся]	330
обідати	279	перейти	312	повести[ся]	24
обіймати[ся]	280	переконати[ся]	308	повестися	334
обіймяти[ся]	280	переконувати[ся]	308	повечеряти	25
обіцяти	281	перемагати	309	повзати	331
обмежити[ся]	282	перемогти	309	повзти	332
обмежувати[ся]	282	переставати	310	повисіти	54
обмінювати[ся]	283	перестати	310	повідомити	333
обміняти[ся]	283	перетворити[ся]	311	повідомляти	333
обнімати[ся]	280	перетворювати[ся]	311	повірити[ся]	73

Index of Ukrainian Verbs

Verb	№	Verb	№	Verb	№
повісити[ся]	75	поламати[ся]	232	порівняти[ся]	350
поводити[ся]	83, 334	полежати	233	порізати[ся]	399
повозити[ся]	84	полетіти	234	порозмовляти	413
повторити[ся]	335	поливати	345	порухати	421
повторювати[ся]	335	полити	345	порушити[ся]	351
повчити[ся]	100	полізти	236	порушувати[ся]	351
погіршити[ся]	336	полікувати[ся]	237	посадити	423
погіршувати[ся]	336	полінуватися	238	посварити[ся]	425
поговорити	102	політати	239	посвітити[ся]	426
погоджувати[ся]	337	полюбити	241	посидіти	428
погодити[ся]	337	помагати	126	поскаржитися	430
погодувати	103	померти	81	послухати[ся]	434
пограти[ся]	107	помилитися	346	посміхатися	479
погрожувати	338	помилятися	346	посміхнутися	479
погрозити	338	помирати	81	посміятися	435
погуляти	109	помити[ся]	247	поснідати	437
подарувати	111	помістити[ся]	348	поспати	438
подешевшати	112	помітити	347	поспівчувати	440
подзвонити	113	помічати	347	поспілкуватися	441
подивитися	114	помішати	249	поспішати	352
поділити[ся]	118	поміщати[ся]	348	поспішити	352
подіяти[ся]	119	помовчати	250	посприяти	446
подобатися	339	помогти	126	поставити[ся]	449
подорожувати	340	помолитися	252	постаратися	451
подорожчати	127	помріяти	253	постежити	453
подружити[ся]	133	понести[ся]	272	постояти	455
подумати	134	поносити[ся]	273	постраждати	456
подякувати	135	понюхати	275	постригти[ся]	458
поєднати[ся]	341	пообідати	279	посумувати	460
поєднувати[ся]	341	пообіцяти	281	потанцювати	463
пожартувати	136	попалити	297	потекти	464
пожити	137	попереджати	349	потерпіти	465
пожувати	138	попередити	349	потиснути	466
позаздрити	150	попити	315	поторгувати[ся]	467
позвати	185	поплавати	324	потребувати	353
позичати	342	поплакати	325	потренувати[ся]	471
позичити	342	попливти	328	потривати	472
позмагатися	195	поплисти	328	потримати[ся]	473
познайомити[ся]	199	поповзати	331	потрясти[ся]	474
поїздити	212	поповзти	332	потурбувати[ся]	475
поїсти	213	поподорожувати	340	потягнути[ся]	476
поїхати	214	попрасувати	358	потягти[ся]	476
показати	343	попрати	359	пофарбувати[ся]	482
показувати	343	попрацювати	360	похвалити[ся]	486
покатати[ся]	216	попробувати	374	походити	490
покерувати[ся]	217	попросити	383	поцікавитися	492
покласти	219	попрощатися	386	поцілувати[ся]	493
покохати[ся]	222	порадити[ся]	389	поцінувати	494
покращити[ся]	344	порадіти	390	почати[ся]	354
покращувати[ся]	344	порахувати	391	почекати	495
покритикувати	225	порвати[ся]	392	починати[ся]	354
покупати[ся]	227	порекомендувати	396	почистити	496
покурити	230	поремонтувати	397	почитати	497
полазити	231	порівнювати[ся]	350	почуватися	355

Index of Ukrainian Verbs

Verb	№	Verb	№	Verb	№
почути[ся]	498	пройти[ся]	384	розкрити[ся]	410
поширити[ся]	356	прокидатися	380	розкритикувати	225
поширювати[ся]	356	прокинутися	380	розлучати[ся]	411
пошукати	499	прокоментувати	220	розлучити[ся]	411
пощастити	500	пропонувати	381	розмістити[ся]	412
пояснити	357	пропускати	382	розміщувати[ся]	412
пояснювати	357	пропустити	382	розмовляти	413
прасувати	358	просинатися	380	розповідати	414
прати	359	просити	383	розповісти	414
працювати	360	проснутися	380	розпочати[ся]	354
прибирати	361	проспівати	439	розпочинати[ся]	354
прибрати	361	простити	385	розраховувати[ся]	415
прибувати	362	протривати	472	розрахувати[ся]	415
прибути	362	проходити[ся]	384	розробити	416
привезти	364	прочитати	497	розробляти	416
привести	363	прощати	385	розуміти	417
привітати[ся]	74	прощатися	386	розхвилювати[ся]	487
приводити	363	псувати[ся]	387	розчаровувати[ся]	418
привозити	364	пускати[ся]	388	розчарувати[ся]	418
приготувати[ся]	106	пустити[ся]	388	рости	419
приєднати[ся]	365	радити[ся]	389	руйнувати[ся]	420
приєднувати[ся]	365	радіти	390	рухати[ся]	421
призвести	366	рахувати	391	рятувати[ся]	422
призводити	366	рвати[ся]	392	садити	423
приїжджати	367	реагувати	393	сварити[ся]	424, 425
приїхати	367	регулювати	394	світити[ся]	426
приймати	368	реєструвати[ся]	395	святкувати	427
прийняти	368	рекомендувати	396	сидіти[ся]	428
прийти	372	ремонтувати	397	сідати	429
принести	369	ризикнути	398	сісти	429
приносити	369	ризикувати	398	сказати	215
припинити[ся]	370	різати[ся]	399	скаржитися	430
припиняти[ся]	370	робити[ся]	400	скасовувати	431
припускати	371	розбивати[ся]	401	скасувати	431
припустити	371	розбирати[ся]	402	складати[ся]	432
приснитися	436	розбити[ся]	401	скласти[ся]	432
приходити	372	розбудити[ся]	17	скористатися	221
проаналізувати	1	розв'язати[ся]	405	скоротити[ся]	433
пробачати	373	розв'язувати[ся]	405	скорочувати[ся]	433
пробачити	373	розважати[ся]	403	слухати[ся]	434
пробувати	374	розважити[ся]	403	сміятися	435
провести	375	розвивати[ся]	404	снитися	436
проводити	375	розвинути[ся]	404	снідати	437
проголосувати	104	розглядати	406	спалити	297
програвати	376	розглянути	406	спати	438
програти	376	роздавати	407	спекти[ся]	299
продавати[ся]	377	роздати	407	спитати	314
продати[ся]	377	роздягати[ся]	408	співати	439
продовжити[ся]	378	роздягнути[ся]	408	співчувати	440
продовжувати[ся]	378	роздягти[ся]	408	спілкуватися	441
прозвучати	190	розібрати[ся]	402	спішити	352
проїжджати[ся]	379	розказати	409	спланувати	326
проіснувати	210	розказувати	409	сподіватися	442
проїхати[ся]	379	розкривати[ся]	410	сподобатися	339

Index of Ukrainian Verbs

Verb	№	Verb	№	Verb	№
спостерегти[ся]	443	увіходити	99	учити[ся]	100
спостерігати[ся]	443	уживати[ся]	27	уявити[ся]	481
сприймати[ся]	444	ужити[ся]	27	уявляти[ся]	481
сприйняти[ся]	444	узувати[ся]	26	фарбувати[ся]	482
спричинити[ся]	445	узути[ся]	26	формувати[ся]	483
спричиняти[ся]	445	узяти[ся]	14	фотографувати[ся]	484
сприяти	446	указати	76	функціонувати	485
спробувати	374	указувати	76	хвалити[ся]	486
спрямовувати[ся]	447	укладати[ся]	77	хвилювати[ся]	487
спрямувати[ся]	447	укласти[ся]	77	хворіти	488
ставати[ся]	448	украсти	224	ховати[ся]	489
ставити[ся]	449	укусити[ся]	229	ходити	490
становити	450	улаштовувати[ся]	79	хотіти[ся]	491
старатися	451	улаштувати[ся]	79	цікавити[ся]	492
стати[ся]	448	умерти	81	цілувати[ся]	493
створити[ся]	452	умикати[ся]	80	цінувати[ся]	494
створювати[ся]	452	умирати	81	чекати	495
стежити	453	уміти	82	чистити	496
стосуватися	454	уникати	477	читати	497
стояти	455	уникнути	477	чути[ся]	498
страждати	456	упасти	296	шукати	499
стрибати	457	упливати	86	щастити	500
стрибнути	457	уплинути	86		
стригти[ся]	458	уражати[ся]	87		
сумніватися	459	уразити[ся]	87		
сумувати	460	ураховувати	88		
суперечити	461	урахувати	88		
сформувати[ся]	483	урятувати[ся]	422		
сфотографувати[ся]	484	усвідомити	478		
схвилювати[ся]	487	усвідомлювати	478		
сховати[ся]	489	усміхатися	479		
сходити[ся]	462	усміхнутися	479		
танцювати	463	уставати	89		
текти	464	уставити	90		
терпіти	465	уставляти	90		
тиснути	466	установити[ся]	91		
торгувати[ся]	467	установлювати[ся]	91		
торкати[ся]	468	устати	89		
торкнути[ся]	468	устигати	92		
трапитися	469	устигнути	92		
траплятися	469	устигти	92		
тремтіти	470	утворити[ся]	480		
тренувати[ся]	471	утворювати[ся]	480		
тривати	472	утекти	94		
тримати[ся]	473	утікати	94		
трясти[ся]	474	утомити[ся]	95		
турбувати[ся]	475	утомлювати[ся]	95		
тягнути[ся]	476	утратити[ся]	96		
тягти[ся]	476	утрачати[ся]	96		
убивати	21	утримати[ся]	97		
убити	21	утримувати[ся]	97		
уважати[ся]	22	утрутитися	98		
увійти	99	утручатися	98		
увімкнути[ся]	80	уходити	99		

Index of English Verbs

Verb	№	Verb	№
abandon	218	await	495
accept	368	bake	299
accommodate	412	ban	141
accompany	375	bargain	467
accuse	188	bathe	227
ache	10	be	16, 19, 210, 301, 450
achieve	130	be a part (of)	99
acquire	256	be able	82, 251
act	119	be about	183, 211
add	123, 365	be accommodated	412
address	186	be acquainted	200
adhere	131	be afraid	12
adjust	394	be alive	137
admire	180	be allowed	124
admit	35, 194	be amazed	115
adopt (a law)	368	be angry	284
advise	389	be asleep	438
affect	86, 119	be back	330
agitate	487	be baked	299
agree	125, 337, 462	be bored	274
allocate	33	be born	268
allow	124	be called	185, 262
amaze	87, 115	be careful	5
analyze	1	be carried away	180
announce	285	be charged	172
answer	67	be cold	246
anticipate	295	be common	24
appear	208	be confirmed	321
appear in dreams	436	be considered	22
apply	454	be contained	248
apply makeup	244	be created	452
appreciate	294, 494	be dangerous	148
approach	255, 323	be decided	49
approve	337	be delayed	177
argue	425	be deposited	64
arise	46	be destroyed	420
arouse	40	be developed	410
arrange	79, 125, 412	be different	70
arrive	362, 367, 372	be directed	447
ask	165, 314, 383	be disappointed	418
assault	2, 266	be disrupted	351
assess	294	be effective	126
assist	126	be emphasized	260
assume	371	be engaged in	152
attach	365	be enough	56
attack	2, 266	be felt	72
attempt	265, 374	be filmed	204
attend	63, 490, 434	be fond of	222
avoid	477	be for sale	377

Index of English Verbs

Verb	№
be forgotten	142
be formed	480
be found	83, 201
be friends	133
be glad	390
be guided	217
be hanging	54
be happy	390
be heard	498
be ill	488
be imagined	481
be impressed	87
be in time	92
be in use	27
be interested in	492
be kept	182
be knowledgeable	200, 417
be late	166
be lazy	238
be led on	24
be left	157
be loaded	144
be lost	96
be lucky	23, 500
be missing	13
be named	185
be nervous	487
be observed	443
be on fire	105
be over	153
be passed	306
be perceived	444
be performed	41
be placed (horizontally)	233
be placed (vertically)	455
be produced	50
be pronounced	45
be put	77
be released	60
be remembered	298
be removed	32
be resolved	49
be satisfied	149
be sent	261
be short of	13
be silent	250
be sold	377
be studied	30
be sunburned	299
be surprised	87, 115
be taken off	204
be too tight	466
be transmitted	306
be treated	237

Verb	№
be underlined	317
be used	42
be valued	494
be worth	223
be wrong	346
beat	6
become	256, 355, 400, 448
become arrogant	151
become better	344
become cheaper	112
become closed	155
become convinced	308
become entangled	167
become equal	350
become established	91
become filled	169
become free	189
become open	65, 71
become revealed	209
become uncovered	410
become worse	336
beg	252
begin	354
behave	334
believe	73
belong	263
bite	229
blame	188
block	9
board	429
boast	486
book	160
bore	274
borrow	342
bother	84, 475
brag	486
break	6, 232, 300, 401, 420
break down	232
breathe	116
bring	23, 24, 83, 84, 121, 129, 363, 364 369
bring closer	255
brush	496
build	18
burn	105, 297, 299
buy	228
calculate	391, 415
call	40, 113, 185, 262
calm (down)	176
can	251
cancel	431
capture	180
carry	272, 273, 369
catch	240

Index of English Verbs

Verb	№	Verb	№
cause	145, 366, 445	contribute	446
cause a fight	425	convince	308
celebrate	427	cook	106
change	197	coordinate	337
charge	172	correct	47
check	304	corrupt	387
chew	138	cosset	273
chime	113	cost	223
choose	29, 278	count	391, 415
chop	399	cover	155
circulate	490	crash	401
clean	247, 361, 496	crawl	231, 236, 331, 332
click	270	create	416, 452, 480
climb	231, 236	creep	331, 332
clip (nails)	458	criticize	225
close	155, 181	cross	307, 312
coach	471	cry	325
collect	183	cure	237
combine	341	cut	399
come	362, 367, 372	cut (hair)	458
come (easy, difficult)	110	dance	463
come back to mind	191	dare	257
come near	323	date	207
come together	277	decide	49
comfort	403	declare	285
comment	220	decline	433
communicate	441	decrease	196, 296
compare	350	defeat	11, 309, 401
compete	195	defend	178
complain	430	define	36
complete	146	delay	177
complete studies	30	delete	32
comprehend	417, 478	deliver	129
conceal	489	demand	43
concentrate	205	deny	163
concern	454, 487	depart	53
conclude	146	depend	156
condole	440	describe	290
conduce	446	deserve	174
conduct	375	desire	3
confess	194	destroy	203, 420
confide	120	detain	177
confirm	321	detect	61
confuse	167	deteriorate	336, 387
congratulate	74	determine	36
consider	22, 406	detest	271
consist of	432	devalue	112
constitute	450	develop	50, 404, 416
consult	389	die	81
contact	186	direct	447
contain	248	disappear	202
continue	378, 472	disappoint	418
contract	433	disassemble	402
contradict	461	discontinue	370

Index of English Verbs

Verb	№	Verb	№
discover	61, 65	facilitate	446
discuss	276	fall	242, 296
dismantle	402	fall asleep	173
distinguish	33, 70	fall in love	154
distribute	407	fantasize	253
disturb	143, 475	feed	103
divide	118, 401	feel	72, 448, 491, 498
divorce	411	feel for	440
do	41, 152, 400	feel like	491
do laundry	359	feel nauseous	274
do one's best	451	feel sad	460
doubt	459	fight	6, 11
download	144	figure out	402
drag	476	fill	169
draw	244, 375	fill out	169
dream	253	find	201
dress	288	find out	117, 209
drink	315	finish	146, 153
drive	23, 83, 84, 217	fire	189
drive by	379	fit	77, 348, 428
drive over	307	fix	397
drop	296	flee	94
dye hair	482	flow	235, 464
earn	171	fly	234, 239
eat	138, 213	focus	205
elect	278	follow	131, 217, 443, 453
emerge	46, 208	forbid	141
emphasize	260, 317	force	198
enclose	77	forget	142
end	146	forgive	28, 373, 385
endeavor	265	form	480, 483
endure	59, 465	free	189
enjoy	269	freeze	158
enroll	164	frighten	243
ensure	139	fulfill	41
enter	93, 99, 179	function	485
entertain	403	gain	193, 256
entrust	120	gather	183, 462
envy	150	get	193, 286, 292
escape	422	get (a job)	79
establish	91, 480	get a haircut	458
evolve	404	get away with	62
examine	406	get by	300
exceed	303	get checked	304
exchange	283	get closed	181
exchange glances	305	get cold	246
excuse	28, 111	get confused	167
exhaust	95	get down to	14
exist	210	get dressed	288
expect	295, 415, 442	get lost	108
explain	357	get married	287
explore	128	get off transport	60
express	55	get organized	291
extend	378	get out	29, 140

Index of English Verbs

Verb	№	Verb	№
get ready	106, 183	have doubts	459
get registered	395	have dreams	436
get resolved	405	have fun	109, 403
get scared	243	have luck	500
get sick	488	have lunch	279
get spoiled	387	have to	121, 245, 254
get tired	95	have to do (concern)	454
get to	132	hear	498
get to know	199	help	126
get undone	405	hesitate	20
get up	89	hide	489
get upset	175	highlight	33
get used	187	hold	97, 177, 280, 473
give	110, 192	hold on	473
give a call	113	hop	457
give a speech	57	hope	442
give an explanation	357	hug	280
give as a present	111	hurry (up)	352
give birth	268	hurt	10, 399
give in to	110	imagine	481
give out	407	impress	87
glow	426	imprison	423
go	211, 212, 214, 490	improve	344
go against	461	include	78
go bad	387	increase	123, 184, 316, 318, 419
go by transport	212, 214	indicate	76
go down	462	inflict	145
go for a walk	109	influence	86
go in	179	inform	333, 349
go on	472	inquire	492
go out	60	insert	90
go to bed	242	insist	267
go up	318, 462	inspect	304
go up in price	127	install	91, 375
grade	294	insult	284
graduate	48, 153	intend	183, 326
greet	74, 207	interest	492
grieve	460	interfere	98
grovel	331	interrupt	300
grow	51, 52, 419	intervene	98
grow up	51	introduce	199, 262
guarantee	101	invest	77
guard	293	investigate	128, 209
haggle	467	invite	170
hand over	192, 306	iron	358
hang	54, 75	join	78, 365
hang in	473	joke	136
hang out	83	jump	457
happen	16, 119, 400, 448, 469	keep	5, 131, 182, 473
happen again	335	keep (a word, etc.)	131
hate	271	keep in mind	298
have	245	keep up with	92
have breakfast	437	kid	136
have dinner	25	kill	21

Index of English Verbs

Verb	№
kiss	493
knot	147
know	82, 200
know how	82
lack	13
last	472, 476
laugh	435
lay	219
lay off	433
lay out	39
lead	24
lead to	366
leap	457
learn	30, 100, 117
leave	37, 60, 140, 157
lend	342
let	110, 124, 382
let go	69, 388
let in	388
let know	333
let out	48
lie (be in lying position)	233
lie (deceive)	15
lie down	242
lift	318
light	426
like	241, 339
limit	282
linger	177
listen	434
live	137
load	144, 172
lock	155, 181
look	114
look after	114, 122
look for	499
look into	406
look over	305
look through	305
lose	96, 108, 376
lose (a game)	376
love	222, 241
mail	261
maintain	322
make	198, 400, 452
make a mistake	346
make an appointment	164
make complaints	430
make fall in love	154
make friends	133
make it	92
make love	222
make money	171
make out	402

Verb	№
make sb quarrel	425
make sure	308
make up one's mind	36
manage	92, 217
manage (in time)	92
manufacture	50
mark	347
marry	287
may	251
mean	289
meddle	236
meet	4, 67, 199, 207
memorize	162
mend	397
mention	191
miss	379, 382, 460
mix	249
monitor	453
move	37, 307, 421
munch	138
must	254
name	262
need	353
negotiate	125
notice	347
notify	333, 349
nourish	103
obey	434
object	163
observe	443
obtain	256
occupy	152
occur	469
offend	284
offer	381
open	65, 71, 410
operate	217, 360
order	160
organize	79, 291
outnumber	302
overcome	11, 309
overspend	58
own	85
paint	244, 482
pardon	111
pass	306, 312, 379, 384
pass away	81
paste	90
pay	327, 415
pay (attention)	186
peel (vegetables)	496
perceive	444
perform	41, 57
persuade	308

Index of English Verbs

Verb	№	Verb	№
photograph	484	recognize	35
pick	183, 392	recommend	389, 396
pick up	140, 318	record	164
picture	481	reduce	196, 433
place	219, 348, 412, 449	refuse	66
plan	326	regard	449
plant	423	register	395
play	41, 107	regulate	394
point	343	rejoice	390
point out	76	release	48, 69, 189
possess	85	relocate	307
postpone	64	remain	157, 301
pour	235, 264, 345	remember	162, 191, 298
practice	471	remind	259
praise	486	remove	32
pray	252	rent	192, 204
predominate	302	rent out	192
prepare	106, 183	repair	397
preserve	182	repeat	335
press	270, 466	replace	159
pressure	466	request	165, 383
prevail	302	require	43, 353
prevent	143, 168	rescue	422
produce	50	research	128
prohibit	141	resemble	259
promise	281	resign	189
promote (at work)	316	resist	97
pronounce	45	resolve	49
propose	381	respect	329
protect	5, 178, 293	respond	393
prove	121	rest	68
provide	139	restrain	97
pull	476	restrict	282
put	219, 449	return	330
put aside	64	reveal	410
put away	361	review	305, 335, 406
put in action	388	ride	216
put in(to)	77	ring	113
put makeup	482	rise	89, 316, 462
put on (shoes)	26	rise (sun, etc.)	462
put out	39	risk	398
put together	432	ruin	420
quit	147, 189, 415	run	7, 8, 485
quit (a job)	189, 415	run around	273
raise	52, 316, 318, 351	run away	94
raise (a question)	351	rush	218, 272, 352, 392
reach	130, 132, 476	sail	324, 328
react	393	satisfy	149
read	497	save	64, 161, 182, 422
realize	417, 478	say	102, 215
recall	191	say goodbye	386
receive	286, 292	say hello	74
receive treatment	237	scare	243
recline	233	scold	424

Index of English Verbs

Verb	№	Verb	№
scream	226	stand	89, 448, 455
scrub	496	stand for	57
search	499	stand out	33
seat	423	stand up	89, 318
see	4	start	354
seem	192	stay	157, 206, 301, 412, 428
seize	180	stay in memory	162
select	29	stay in mind	298
sell	377, 467	steal	224
send	261	step into	93
send off	375	step out	57
sense	72, 498	stir	249
separate	411	stop	206, 310, 370
serve	62	stream	464
set (sun)	179, 429	stress	260
set (up)	91	stretch	476
set off	53	strike	87
set out	388	strive	451
settle	79	study	30, 100, 258
shake	470, 466, 474	subscribe	320
shake (hands)	466	substitute	159
shape	483	suffer	151, 456
share	118, 356	suffice	56
shield	155	suggest	381
shine	426	suit	79, 323
shiver	470	summon	40
shoot on camera	204	supplement	123
shorten	433	support	322
should	263	suppose	371
shout	226	surprise	115
show	61, 343	surrender	192
show up	208	survive	34
shut up	250	suspect	319
sign	320	swim	324, 328
signify	289	switch on	78
sing	439	switch to	312
sit	428, 429	sympathize	440
skip	382	take	14, 140, 152, 432, 444
sleep	438	take (away)	140
smell	275	take (exams)	432
smile	479	take (place, time)	152
smirk	479	take (time)	140
smoke	230, 297	take a picture	484
sniff	275	take a ride	379
solve	405	take a walk	384
soothe	176	take advantage	42, 221
sound	190	take as	368
speak	102, 413	take care	5, 122, 475
speak nonsense	272	take chance	398
spend (money)	58	take for a drive	216
spend (time)	375	take into account	88
spoil	387	take off	204
spot	347	take offense	284
spread	356	take place	62

Index of English Verbs

Verb	№	Verb	№
take pleasure in	269	wake up	17, 380
talk	102, 413, 441	walk	109, 121, 211, 384, 490
talk out of	66	walk by	384
tangle	167	walk into	179
taste	374	walk to	121
teach	39, 100, 258	wander	231
tear	392	want	491
tell	215, 409, 414	warn	349
text	313	wash	247
thank	135	wash clothes	359
think	22, 134	watch	114, 305, 443, 453
threaten	148, 338	water	345
throw	38, 218	wear	273, 288
throw out	38	weep	325
throw up	274	welcome	74
tidy	361	win	31, 309
tie	147	wish	3
tire	95	withstand	59
tolerate	465	work	323, 360
touch	468	work (for)	323
trade	467	work out	471
train	471	worry	475, 487
transform	311	worsen	336
travel	212, 340	write	313
treat	237, 334, 449	write down	164
tremble	470, 474		
trim	458		
trouble	475		
trust	73, 120		
try	265, 374, 451		
turn	311, 330, 447		
turn aside	186		
turn off	44		
turn on	80		
turn out	61, 432		
uncover	410		
undergo	151		
underline	317		
understand	402, 417		
undertake	14, 152		
undo	405		
undress	408		
unite	277		
untie	405		
upload	144		
upset	175		
use	27, 42, 221		
vacation	68		
vanish	202		
verify	304		
violate	351		
visit	16, 63, 179		
vote	104		
wait	295, 495		

Bibliography

1. Авраменко, Олександр. *Українська мова (рівень стандарту)*. Підруч. для 11 кл. закл. загальн. середн. освіти, Грамота, 2019.
2. Білодід, Іван, редактор. *Словник української мови в 11 томах*. АН УРСР. Інститут мовознавства, Наукова думка, 1970-1980.
3. Вихованець, Іван та Катерина Городенська. *Теоретична морфологія української мови*. Пульсари, 2004.
4. Горпинич, Володимир. *Морфологія української мови*. Академія, 2004.
5. Дзюбишина-Мельник, Наталія та ін. *Читай і знай!* 2-ге вид., Вид. дім «Києво-Могилянська академія», 2008.
6. Клименко, Ніна, редактор. *Граматичний словник української літературної мови. Словозміна: Близько 140 000 слів*. Видавничий Дім Дмитра Бураго, 2011.
7. Криволапова, Олена. *Дієслова руху в українській мові*. Навчально-методичний посібник для іноземних студентів, Харків, Цифра Принт, 2021.
8. Мазніченко, Євген та ін., редактори. *Український правопис*. Київ, НАН України, Наукова думка, 2019.
9. Мойсієнко, Анатолій, редактор. *Сучасна українська мова: Морфологія*. Знання, 2013.
10. Пономарів, Олександр та ін. *Сучасна українська мова*. 3-те вид., Либідь, 2005.
11. *Словник української мови*. Том. 1-14, Український мовно-інформаційний фонд НАН України, 2015-2024, sum20ua.com.
12. *Словники України online*. Український мовно-інформаційний фонд НАН України, lcorp.ulif.org.ua/dictua.
13. Шведова, Марія та ін. *Генеральний регіонально анотований корпус української мови (ГРАК)*. Київ, Львів, Єна, 2017-2024, uacorpus.org.
14. Pugh, Stefan, and Ian Press. *Ukrainian: A Comprehensive Grammar*. Routledge Grammars, 1999.
15. Shevchuk, Yuri. *Beginner's Ukrainian: with interactive online workbook*. 3rd integrated ed., New York, Hippocrene Books, 2022.
16. Shevchuk, Yuri. *Ukrainian-English Collocation Dictionary*. New York, Hippocrene Books, 2021.

About the Author

Anna Ohoiko (Анна Огойко) is a global Ukrainian teacher and the founder of **UkrainianLessons.com**. Her beautiful native language is Anna's passion, and helping people learn it is her life's mission. She thrives on delving into the depths of dictionaries and linguistic research, skillfully distilling the language into easy-to-understand charts, and simplifying complex grammar concepts. Anna's greatest joy lies in making the journey of learning Ukrainian more accessible and enjoyable for everyone.

Anna was born in 1991 – the year of the birth of independent Ukraine. She is originally from the town of Polonne in Khmelnytska oblast, in central-western Ukraine. Having always been passionate about languages, Anna graduated from Kyiv-Mohyla Academy and got a Master's degree in Theory, History of Ukrainian Language and Comparative Studies.

After participating in the Revolution of Dignity in 2014, Anna decided to dedicate her professional life to popularizing the Ukrainian language internationally by teaching it in the most accessible and exciting way — through UkrainianLessons.com. In 2016, she started the Ukrainian Lessons Podcast, which she designed as a step-by-step Ukrainian audio course for beginners. Since then, it has grown into a comprehensive language program for all levels.

From 2017 to 2018, she taught Ukrainian at the University of Pennsylvania through the Fulbright program. As of 2024, she works from her home office in Sweden, bringing inspiring resources for learning Ukrainian out there to the world.

> *Anna is clearly a brilliant linguist and manages to convey masses of information in an engaging and exciting way. It means a lot that she has created a resource that is so helpful and accessible for Ukrainian language learners and that includes contemporary Ukrainian culture.*
>
> Irene SanPietro from NYC

> *I decided to listen to one or two podcasts for interest's sake, but when Anna speaks on podcasts, it's as if she's there in person to teach you.*
>
> Shavonn Kravets from New Holland, PA

> *Anna is so charming and engaging, and her lessons are a delightful incentive to revive dormant vocabulary and traditions. Dedicated to the last syllable and motivating. It's always a pleasure to listen to her charming голосочок.*
>
> Rahneda Breker from the United States

> *Anna's sense of humor and her love of her culture comes through in the podcasts and makes the learning experience fun. Even though I don't usually eat beets, I am now eager to try the red borscht!*
>
> Mary Margaret Perez from Watsonville, California

About Ukrainian Lessons

This book was brought to you by **UkrainianLessons.com** — a cozy educational platform that provides high-quality, modern materials for mastering the Ukrainian language. Visit our website to explore a wide range of resources, including books, grammar charts, infographics, blog posts, and structured podcast courses — **Ukrainian Lessons Podcast** and **5 Minute Ukrainian**.

We are also proud to host the most active Ukrainian learners community on Facebook — a group where everyone can ask questions, practice Ukrainian and share their favorite materials. You can join this friendly community at ukrainianlessons.com/fbgroup.

❝ On my first visit to Kyiv, I felt confident in my already obtained basic skills in Ukrainian and was even slightly complimented in a souvenir shop. **I owe a huge credit to ukrainianlessons. com and Anna**. She takes you into this language, gradually enhancing new words and grammar.

Wilhelm Fuchs from Germany

❝ What a magnificent and extremely effective website! Unlike any other usual sites or books I am impressed at how **Ukrainian Lessons provides a warm-hearted, natural and creative learning experience**. In the podcasts Anna guides you through the Ukrainian language in everyday situations. She explains subtle differences in meaning and highlights **different aspects of Ukrainian customs and culture**. You can nearly picture yourself there… Truly wonderful!

Bea Nolan from Northern Ireland

❝ I'm delighted to have found your two podcasts — **5 Minute Ukrainian and Ukrainian Language Podcast**. They are lively, engaging, and informative, and I am loving them both. The premium materials are helping me make a proper start to studying your language, and your approach is very appealing and balanced.

Richard from Great Britain

❝ You can find it all here in a **most palatable and well-prepared mix — grammar, vocabulary, pronunciation, language functions** — all served up engagingly with a serving of cultural knowledge topping it up like a spoonful of сметана! **It doesn't get any better than this**!

Христина Сікорська from Winnipeg, Canada

More from Ukrainian Lessons

Ukrainian Lessons Podcast

Are you looking for a well-structured and easily accessible Ukrainian language course that can easily fit into your life? Ukrainian Lessons Podcast is exactly what its name says: Lessons of Ukrainian in the format of a podcast. This means you can enjoy learning Ukrainian with a real teacher from the comfort of your car, on your morning jog, or while cooking. Give it a go — all the lessons are free — and if you enjoy it and want to dig deeper, subscribe to the premium membership to receive PDF lesson notes and digital flashcards.

Find out more at ukrainianlessons.com/thepodcast or look for **Ukrainian Lessons Podcast** in your podcast app.

5 Minute Ukrainian

This series of mini-lessons is all about conversations. Each episode of 5 Minute Ukrainian contains a short dialogue that you will listen to at a natural and slow speed. Then your host Anna will teach you some essential phrases for that particular situation. Apart from the dialogues, there are also useful vocabulary boosters and grammar point episodes. You can also subscribe to receive comprehensive lesson notes with exercises and flashcards.

Find out more at ukrainianlessons.com/fmu or look for **5 Minute Ukrainian** in your podcast app.

1000 Most Common Ukrainian Words

This resource offers a carefully selected list of 1000 Ukrainian words essential for anyone looking to understand and speak basic Ukrainian. Each word is presented with its stress, important forms, English translation, and example sentences. In addition to being a comprehensive reference tool, the book is accompanied by digital flashcards with audio recordings to help perfect your pronunciation and images to serve as a memory aid. Get ready to boost your vocabulary and advance your Ukrainian skills to the next level!

Find out more at ukrainianlessons.com/1000words

More from Ukrainian Lessons

Ukrainian Handwriting Book

Whether you are just starting out to learn Ukrainian or want to finally learn how to write in cursive Cyrillic, this colorful workbook will be your guide. It is designed specifically for Ukrainian language learners to learn how to write by hand in Ukrainian, develop a better understanding of texts written in Cyrillic, and improve reading and pronunciation skills. From a single letter to syllables, words, and short texts — master your Cyrillic handwriting and enjoy learning Ukrainian with our delightful workbook!

Find out more at ukrainianlessons.com/handwriting-book

Ukrainian Phrasebook For Helping Refugees

Since the beginning of the brutal Russian invasion of Ukraine in 2022, people around the world #StandWithUkraine and put enormous effort into supporting the refugees. This phrasebook is for everyone helping Ukrainian people — at the borders, at immigration centers, at humanitarian organizations, in their homes, or at a distance. It includes 20 practical chapters of the most important Ukrainian words and phrases to facilitate communication and demonstrate care. Additional links to expand certain topics make this book an excellent basis for further Ukrainian learning.

Find out more at ukrainianlessons.com/phrasebook

Як іноземці козака рятували: Easy Ukrainian Book For Intermediate & Advanced Ukrainian Learnersy

If you already have some progress in Ukrainian and are looking for an immersive experience, check out this book. It is an easy read with exercises, vocabulary lists, and audio. The fun story is about Beatrice from Spain and Brian from the USA who are going to have an unforgettable summer in Ukraine... Available as paperback or ebook — whichever format you choose, you get free audio!

Find out more at ukrainianlessons.com/cossack

www.ingramcontent.com/pod-product-compliance
Lightning Source LLC
Chambersburg PA
CBHW070754300426
44111CB00014B/2399